Alice Echols

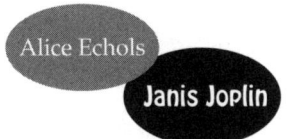

Janis Joplin

Alice Echols

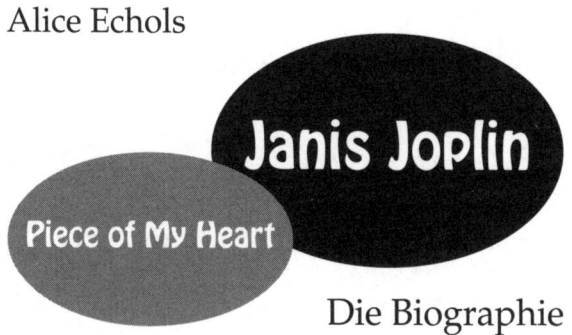

Die Biographie

Aus dem Amerikanischen von
Ekkehard Rolle

Wolfgang Krüger Verlag

Die amerikanische Originalausgabe erschien 1999
unter dem Titel ›Scares of Sweet Paradise: the Life and Times of Janis Joplin‹
im Verlag Metropolitan Books, Henry Holt and Company, Inc., New York
Copyright © 1999 by Alice Echols
›Where Are You Tonight?‹ by Bob Dylan
Copyright © 1978 by Special Rider Music
All rights reserved. International copyright
secured. Reprinted by permission
Deutsche Ausgabe
© Wolfgang Krüger Verlag, Frankfurt am Main 2000
Gesamtherstellung: Clausen & Bosse, Leck
Printed in Germany 2000
ISBN 3-8105-0522-6

Für meine Mutter
und im Gedenken an meinen Vater

Inhalt

- 11 Einleitung
- 27 Das unendliche Nirgendwo
- 77 Magnetische Musik
- 120 An den Rändern Amerikas
- 151 Die »Beautiful People«
- 209 Big Brother
- 250 Hoffnung und Hype in Monterey
- 292 Bye-bye, Baby
- 345 Das traurige kleine Mädchen
- 390 Tilt
- 443 Epilog
- 462 Wo sind sie heute?
- 468 Diskographie
- 475 Anmerkungen
- 542 Danksagung
- 545 Register

If you don't believe there's a price
For this sweet paradise
Just remind me to show you the scars.
  BOB DYLAN, »Where Are You Tonight?«

Einleitung

Als Janis Joplin ein kleines Mädchen war, entdeckte ihre Mutter eines Nachts, dass sie im Schlaf auf die Straße gelaufen war. »Janis, was machst du denn?«, rief sie ihrer Tochter hinterher. »Wo willst du hin?« Diese Frage sollten die Joplins ihrer trotzigen Tochter noch oft stellen. Damals gab Janis schlicht zurück: »Ich geh nach Hause. Ich geh nach Hause.« Schon als Kind schien Janis zu wissen, dass sie nicht nach Port Arthur gehörte, dass die texanische Stadt der Ölraffinerien einfach nicht ihr Zuhause sein konnte.

Janis hörte auf schlafzuwandeln, aber sie hörte nie auf weiterzuziehen. Das kleine Mädchen, das sich mitten in der Nacht mutterseelenallein auf den Nachhauseweg macht – es könnte kein prägnanteres und treffenderes Bild für die Sängerin geben, deren Leben und Musik von Rastlosigkeit bestimmt waren. Man kann die innere Unruhe in ihrer ganz eigenen, unverkennbaren Stimme hören. Janis gab sich nie damit zufrieden, nur den Ton zu treffen; sie trainierte ihre Stimme, dass sie klang, als würde sie zwei Töne gleichzeitig singen. Und während die meisten weißen Bluesmusiker respektierliche und biedere Versionen der Klassiker spielten, war Janis' Blues ein gnadenloser Angriff, ein greller, markerschütternder Schrei der Verwirrung und Verzweiflung über die zahllosen Ungerechtigkeiten des Lebens, darunter ihre eigene schreckliche Einsamkeit. Letztendlich war Zuhause ein Ort, nach dem Janis sich sehnte, den sie aber nie wirklich fand. Sie blieb vielmehr ihr ganzes Leben merkwürdig unverankert. Eine enge Freundin nannte sie »die eindeutig berühmteste Obdachlose der sechziger Jahre«, so augenfällig war ihre Einsamkeit.

Aber Janis' Entfremdung war mehr als eine individuelle Entfremdung – sie war das Gefühl einer Generation. »Sie hat die gleichen Veränderungen mitgemacht wie wir«, erklärte Jerry Garcia bei ihrem Tod. »Sie ging auf all die gleichen Trips. Sie war genau wie der Rest von uns – abgefuckt, ausgelaugt, an abwegigen Orten.« Garcia mag die Ähnlichkeiten übertrieben haben, aber Janis' Reise war sicherlich nicht nur ihre eigene. Wie unzählige andere Möchtegern-Beatniks verbrachte Janis Jahre auf der Straße, um auf Jack Kerouacs Spuren zu wandeln, und bereitete damit den Weg für die Gegenkultur. Junge Bohemiens, die kreuz und quer durch das Land zogen, lebten wie Nomaden und »segelten«, wie Tom Wolfe bemerkt, »Zigeunern gleich am Rand der Dienstleistungszentren« Amerikas.

Eine Zeit lang schlugen sie ihre Zelte in den zerfallenden Wohngebieten der Innenstädte Amerikas auf, beispielsweise in San Franciscos Stadtteil Haight-Ashbury, wo Janis Mitte der sechziger Jahre landete. Während ihre Eltern an der größten Völkerwanderung der amerikanischen Geschichte – der Stadtflucht nach dem Zweiten Weltkrieg – teilgenommen hatten, fanden Janis und gleichgesinnte Aussteiger den Weg zurück in die Metropolen, die ihre Eltern verlassen hatten. Im Gegensatz zu Generationen von Einwanderern, die auf ihrer Jagd nach dem amerikanischen Traum gezwungen waren, in Ghettos zu leben, »zogen« die Hippies »in das Ghetto, weil sie vor Amerika flohen«. Wie für die Beatniks vor ihnen halfen ständige Wanderschaft und Identifikation mit den Unterdrückten, sich gegen die Gleichgültigkeit, das Konventionelle und die übertriebene Häuslichkeit der fünfziger Jahre zu wehren. Ihr Lebensstil war durch Amerikas außergewöhnlichen Wohlstand gesichert, aber sie waren davon überzeugt, Reichtum und Komfort verursachten geistige und emotionale Verarmung und erstickten jegliche Glaubwürdigkeit und Ausdruckskraft. »Geld redet nicht, es flucht«, höhnte Bob Dylan.

Janis war der Inbegriff des »Mädchens, das keinem gehört«,

ohne Wurzeln, ungebunden und voller Trotz. Ihre Lage war so befreiend wie leidvoll. Sie sehnte sich nach Bewegung; sie war eine amüsante Ablenkung – von ihrem Selbst und den Kränkungen, die sie quälten, von ihrer Jugend in Port Arthur. Und der Starruhm brachte Janis eine Menge davon. Er steigerte aber auch ihre Einsamkeit, als sich ihr Leben zu einem verschwommenen Eindruck von Hotelzimmern, Garderoben, Flughäfen und Bars wandelte. Janis war anders. Sie war Aufsehen erregend gekleidet, ihre wilde Mähne mit pinkfarbenen und blauen Federn geschmückt, ihre Arme mit Reifen beladen, die geräuschvoll klimperten. Janis war häufig das Objekt der Bewunderung, aber auch von Spott und Verachtung. Auch wenn sie ihre Nase über die Spießer rümpfte, wollte Janis unbedingt geliebt werden, selbst von den Menschen, die sie verachtete. Obwohl sie sich dagegen sträubte, ihre Unabhängigkeit durch feste Beziehungen aufs Spiel zu setzen, verzweifelte sie daran, dass sie niemandem gehörte. Wie andere Rebellen ihrer Zeit lehnte Janis eine rigide Kategorisierung der Identität ab. Begriffe wie Rasse und manchmal sogar Sexualität wurden in ihrer Welt als Zwangsjacken betrachtet. Allerdings trieb Janis das Experimentieren weiter als die meisten ihrer Generation. Sie suchte Sex mit Männern und Frauen, erklärte sich zum »ersten weiß-schwarzen Menschen« und trank wie ein richtiger Kerl. Ihre Freiheit brachte ihr ein unbändiges Vergnügen, aber es hatte auch seinen Preis. Janis spielte den knallharten Typ, um sich gegen die Verachtung zu wehren, die ihre Aufsässigkeit hervorrief, doch die Erniedrigungen und Beleidigungen trafen sie trotz allem.

Janis' Unglück rührte zu einem großen Teil aus ihrem Wunsch, in einer Zeit eigenständig zu sein, in der man von Mädchen erwartete, dass sie sich damit zufrieden gaben, auf den »Richtigen« zu warten. Janis suchte zwar auch den Mann ihres Lebens, aber sie suchte noch etwas anderes. Mehr als einmal gestand sie: »Kein Typ hat mir je so viel Vergnügen bereitet wie ein Publikum.« Aber ihr Weg war auf keiner Landkarte verzeichnet, und sie ging ihn schwankend. Janis mag eine Rebellin gewesen sein (wenn man der Legende Glauben schenkt, war sie das erste Mädchen an der Universität von Texas, das keinen Büstenhalter trug), aber sie war nie imstande, mit dem orthodoxen Denken der fünfziger Jahre vollständig zu brechen. Genau genommen entkam niemand, auch nicht die entschlossensten Rebellen, den Fünfzigern unversehrt. Dass Janis ihrer Zeit so weit voraus war und sich weigerte, ein braves Mädchen zu sein, lange bevor es die Frauenbewegung gab, die ein solches Aufbegehren legitimierte, macht ihre Rebellion so bemerkenswert. Als Janis Joplin 1967 begann, die Schlagzeilen zu beherrschen, existierte die neue Frauenbewegung noch nicht; Karriere und Familie schienen für Frauen nach wie vor unvereinbar zu sein. Was die Beziehung zwischen den Geschlechtern betraf, war sogar die Gegenkultur nicht wirklich gegen herrschende Verhältnisse. Janis' Kampf wäre schwer genug gewesen, hätte sie sich nur bemüht, eine erfolgreiche Popsängerin zu werden. Sie versuchte aber auch, sich einen Platz in einer Kultur zu erkämpfen, in der die einzige geduldete Rolle der Frau die der »Alten« ihres Mannes war.

Janis mag das Mädchen gewesen sein, das niemandem gehört hat, aber sie starb nicht als Niemand. Schließlich wurde das »Schwein« von Port Arthur der erste weibliche Superstar der Rockmusik – eine Wendung des Schicksals, die Janis immer genoss. Wie ihr Idol Bessie Smith verkörperte Janis im Grunde genau die »Dynamik der Umkehrung«, die im Blues von so zentraler Bedeutung ist – die Entwicklung eines unbedeutenden Menschen zu einer bedeutenden Persönlichkeit. Janis rätselte in einem nachdenklichen Augenblick einmal, »welche seltsamen, verrückten Ereignisse« sie »an diesen Ort« gebracht hatten. Wie gewöhnlich spielte sie ihr Talent herunter und legte nahe, dass »jedes erdenkliche Scheißding dazu beigetragen hat, diese seltsame Person zu erschaffen, diese Mieze, die dieses eine Ding gut konnte, Mann, nur dieses eine Scheißding«. Janis erklärte, sie hätte »'ne Menge verloren auf dem Weg«, und fügte hinzu:»Ich werd's wohl nie wieder kriegen.« Aber sie gab nie auf und betonte immer wieder:»Ich weiß, ich mach nicht Schluss.« Janis erlitt verheerende Rückschläge, aber weder ihre Niederlagen noch ihr tragischer Tod können ihre Leistung oder ihr robustes Naturell in den Schatten stellen.

Vor Janis Joplin gab es schon einmal eine Janis – Janis Martin. Sie trat seit ihrem 11. Lebensjahr regelmäßig auf und hatte 1956 als 15-jährige mit »Will You, Willyum« einen Top-Ten-Hit für die Schallplattenfirma RCA. Die RCA hatte wenige Monate, bevor sie Martin unter Vertrag nahm, an Sun Records die beispiellose Ablösesumme von 25 000 Dollar für Elvis Presley gezahlt. Innerhalb kürzester Zeit hatte ein Angestellter der RCA den genialen Einfall, Janis Martin als den »weiblichen Elvis« zu vermarkten, um aus Elvis' Erfolg Kapital zu schlagen. Sowohl Elvis als auch sein Manager Colonel Tom Parker waren mit der Strategie einverstanden. Anfangs schien es das richtige Rezept zu sein, denn Martin stieß mit dem Rockabilly-Titel »My Boy Elvis« erneut in die Top Ten vor. Aber Janis Martin fand nie ihre Nische. Das Country-Publikum sah die Rock-&-Roll-Posen, die es bei der kleinen Janis noch bewundert hatte, jetzt oft als vulgär und unschicklich für eine junge Dame an. Martin behauptet, sie sei trotz ihrer Liebe zu Rhythm & Blues und Rock & Roll in die Country-Richtung gedrängt worden. Das Promotion-Foto ihrer Schallplattenfirma gibt allerdings einen eindeutigen Hinweis, warum ihre Karriere als Rock-&-Rollerin stockte. Schon ein kurzer Blick auf die ernste, Gitarre spielende Janis Martin macht deutlich, dass sie kein weiblicher Elvis war, wenn es denn einen hätte geben können. Während das spöttische Grinsen, das lange, schwarz gefärbte und mit Pomade frisierte Haar und sein zuckender Unterkörper signalisierten, dass Elvis kein Junge aus besten Verhältnissen war, erweckt sie den

Eindruck des wohlerzogenen Mädchens von nebenan. Der Versuch, sie als weibliches Gegenstück von Elvis zu vermarkten, musste einfach fehlschlagen. Die Mädchen der fünfziger Jahre – schwarz oder weiß – hätten niemals Starruhm erreichen können, wenn sie das gleiche sexuell anrüchige Terrain beansprucht hätten, das Elvis so mühelos besetzt hatte. Dies war schließlich das Nachkriegsamerika, in dem Mädchen sexy und nicht sexuell zu sein hatten. Es war nur folgerichtig, dass die RCA Janis Martin 1958 fallen ließ, als sie erfuhr, dass sie mit 15 heimlich geheiratet hatte und mittlerweile schwanger war.

In den fünfziger Jahren war Rock & Roll ein Männerverein. Der Film *Grace of My Heart*, der vage auf dem Leben von Carole King beruht, zeigt, wie eine junge Sängerin und Songwriterin von einem Talentsucher abgelehnt wird, der ihr ein Geheimnis der Musikindustrie verrät: jedes Label hat schon eine Sängerin und sinnt auf Wege, sie fallen zu lassen. Und so blieb es, bis King und andere New Yorker Songwriter anfingen, Hits für die Girl Groups zu schreiben. Das Phänomen hatte mit dem Titel »Maybe« von den Chantels (ein Song, den Janis zehn Jahre später coverte) lediglich als Modetrend begonnen, doch bis zu den frühen Sechzigern hatten die Girl Groups eine Basis für Frauen im Rock & Roll geschaffen. Die Sängerinnen (mit Ausnahme von Diana Ross) blieben allerdings anonym, obwohl ihre Songs äußerst populär waren. Sie waren für ihr Publikum namen- und gesichtslos, da die Schallplattenfirmen sie wie austauschbare Rädchen in einem musikalischen Getriebe behandelten. Auch die Folksängerinnen Joan Baez, Odetta und Mary Travers von Peter, Paul & Mary öffneten Frauen die Tür. Wegen ihrer Einfachheit – »Folk Music war so leicht«, scherzte Joni Mitchell, »dass ich in sechs Monaten Profi war« – und weil sie Ausdruckskraft über Virtuosität stellte, ermutigte Folk Music genauso wie der Punk in den Siebzigern Frauen, mit Gitarre, Ukulele oder Autoharp auf die Bühne zu klettern. Natürlich war Folk keine »Musik für den Bereich unterhalb des Halses«, wie Keith Richards einmal den Rock & Roll bezeichnete. Baez und andere weibliche Folkies projizierten Intelligenz und Ehrlichkeit, aber sie besaßen keine nennenswerte sexuelle Ausstrahlung. Im Gegensatz dazu sprühten schwarze Rhythm-&-Blues-Sängerinnen wie Etta James und Tina Turner (die heute ihren früheren Ehemann Ike für die am Mikrofon simulierte Fellatio verantwortlich macht) vor sexueller Energie, doch die meisten weißen Amerikaner hatten nie von ihnen gehört.

Als Janis Joplin 1967 mit Big Brother and the Holding Company die Bühne des Monterey Pop Festivals erstürmte, hatte die weiße Welt des Rock & Roll noch keine Frau wie sie gesehen oder gehört. Grace Slick, die Sängerin der Jefferson Airplane, erinnert sich: »Janis war *so* kraftvoll und *so* anders, all ihre Emotionen [lagen] offen.« Ihr Auftritt hinterließ ein atemloses Publikum, und Janis hatte ihren Weg gefunden. Der Rockkritiker Robert Christgau schwärmte von ihrer Performance und stilisierte sie zur vielleicht besten Rockstimme seit Ray Charles hoch. Aber er war genauso beeindruckt von ihrer linken Brustwarze, »erigiert unter ihrem gestrickten Hosenanzug, die hart genug aussah, dein Auge auszustechen«. Christgau schrieb, Janis »rockte und stampfte und drohte, jeden Augenblick das Mikrofon zu zerbrechen oder es zu verschlucken«. Als Columbia ein Jahr später das Album *Cheap Thrills* von Big Brother veröffentlichte, war Janis bereits einer der führenden Rock-Superstars. Ihr unglaublicher Aufstieg signalisierte, dass sich Amerika von den starren Kategorien der Nachkriegskultur entfernte, aber er zeugte auch und vor allem von ihrem außergewöhnlichen Talent und Ehrgeiz. Sie war einfach eine Naturgewalt. Janis' offen zur Schau gestellte Sexualität erwies sich als unwiderstehlich für eine Nation, die jetzt erst die Fünfziger überwand, vor allem für die Journalisten, denen sie eine endlose Reihe schockierender Vorlagen lieferte. Janis verglich ihre Performance mit einem Orgasmus, fluchte wie ein Scheunendrescher und kleidete sich wie eine Prostituierte auf

LSD. Sie war nicht die Vorhut – Janis war die Invasionsarmee, die das Rock-&-Roll-Land der Lust auf eine Weise einnahm, wie es noch keine weiße Frau getan hatte. Es wäre schön, wenn man sich vorstellen könnte, Janis hätte die Welt des Rock & Roll völlig neu gestaltet, aber dies gelang ihr nicht – ihr Sexismus dauerte hartnäckig an. Angesichts der gegenwärtigen Popularität von Musikerinnen vergisst man leicht, dass Rock & Roll erst seit kurzer Zeit ein angenehmeres Metier für Frauen geworden ist. Dass Janis die Kluft zwischen den Geschlechtern in der Rockmusik nicht im Alleingang überbrückt hat, ist kaum verwunderlich. Es ist jedoch merkwürdig, dass Janis schon bald nach ihrem Tod aus dem Äther verschwand, während die Musik von Jimi Hendrix und Jim Morrison ein wesentlicher Bestandteil der UKW-Programme geblieben ist. Dennoch wurde ihr Stil absorbiert, ohne Anerkennung und auf eine Weise, die ihren Einfluss verschleiert. Die Sängerin Debbie Harry bemerkt, dass »Leute [Janis] nachmachen, selbst wenn sie nicht wissen, dass sie es tun«. Sie betont, dass diejenigen, die »Janis nachmachen«, meistens sogar langmähnige Männer in Heavy-Metal-Bands sind. Das erklärt möglicherweise, warum sich niemand zu Janis' Relevanz bekennt. Robert Plant von Led Zeppelin, der große Verantwortung für die joplineske Qualität des Heavy-Metal-Gesangs trägt, hat ihren Einfluss meines Wissens nie erwähnt. Andererseits haben sich Rockerinnen von Janis' Stil meist ferngehalten, vielleicht aus Angst oder weil die Verzweiflung und der Masochismus, der ihre Auftritte antrieb, sie tief verunsicherten.

Die Welt des Rock & Roll spürte ihren gewaltigen Einfluss ebenso wie die gesamte Gesellschaft, obwohl sich beide hartnäckig dagegen wehrten. Janis erweiterte den Begriff der Schönheit für weiße Frauen, wie es Bessie Smith 40 Jahre zuvor für schwarze getan hatte. Während Jimi Hendrix dem »Krauskopf« der Schwarzen einen modischen Symbolcharakter verlieh, machte Janis das elektrisch geladene Haar populär, das viele weiße Mädchen im Teenageralter bisher mühsam glatt gebügelt hatten. Janis erzielte den Look, indem sie ihre nasse Mähne in einen vorgeheizten Backofen steckte. Man kann ihr die Befreiung der amerikanischen Frau von der Tyrannei wöchentlicher Besuche im Schönheitssalon als wesentlichen Verdienst anrechnen – und, wie sich die Rockkritikerin Lillian Roxon erinnert, auch von Hüftgürteln und Büstenhaltern.»Du konntest überall in Amerika auf einem Konzert oder Festival herumlaufen und sie sehen, die Töchter von Janis, die zähen und demolierten kleinen Gesichter herausfordernd frei von Make-up und anderen kosmetischen Verschönerungen, das Haar eindeutig dreieckig in seiner Elektrizität, die Kleider lang, locker und zigeunerhaft; und, schau Mami, keine Miederhöschen und, noch besser, Brustwarzen.« Wie Elvis weigerte sich Janis, die Grenzen anzuerkennen, die zu respektieren sie erzogen worden war. Durch die Aneignung schwarzer Ausdrucksformen unterminierten beide die Rassentrennung und zersetzten die Vorstellungen von weißer sexueller Zurückhaltung und schwarzer Promiskuität. So wie Elvis bei weißen Jungs eine neue Form der Maskulinität propagierte, erweiterte Janis die Möglichkeiten weißer Mädchen mit ihrem sexuell provokanten Stil. Etta James, deren feuriger Gesang Janis stark beeinflusst hat, sagte, sie sei »wie ein Engel« gewesen, »der kam und einen Weg bereitete, den weiße Miezen zuvor nicht gegangen waren«. Natürlich profitierten Janis und Elvis als Weiße auch von der Übernahme schwarzer Eigenschaften. Diese gängige Praxis des amerikanischen Showbusiness reicht bis zu den Blackface-Minstrelsängern des 19. Jahrhunderts zurück, aber Janis ging mit ihrer Verpflichtung den Schwarzen gegenüber ganz anders um als Elvis. Während er erklärt haben soll, Schwarze könnten seine Platten kaufen und seine Schuhe putzen, förderte Janis schwarze Künstler und bezahlte den Grabstein für Bessie Smith, die sie verehrte: »[Sie] hat mir gezeigt, dass ich 'ne Stimme hab, und mich gelehrt, wie man sie füllt.«

Janis stand in den Sechzigern keineswegs allein mit ihrer Weigerung, die Rassentrennung zu akzeptieren. Während sie versuchte, Etta James zu imitieren, träumte der Motown-Sänger Marvin Gaye davon, ein zweiter Frank Sinatra zu werden. Jimi Hendrix, Michael Bloomfield, Stevie Wonder, Paul Butterfield, die Rolling Stones und Sly Stone sind nur einige Künstler, deren Musik sich absichtlich einer Zuordnung widersetzte. Das rassenübergreifende Selbstverständnis, das die sechziger Jahre charakterisierte, blieb nicht nur auf die Welt der Musik beschränkt. Die Bürgerrechtsbewegung kämpfte für eine »geliebte Gemeinschaft« von Schwarzen und Weißen. Selbst Huey Newton und Bobby Seale, die Gründer der Black Panther Party, hörten Bob Dylans »Ballad of a Thin Man« statt Aretha Franklin oder Otis Redding, als sie ihr Zehn-Punkte-Programm entwarfen. Diese außergewöhnliche gegenseitige musikalische Befruchtung war jedoch nur von kurzer Dauer. Als das Jahrzehnt zu Ende ging, verfestigten sich politische und kulturelle Rassenschranken in einer Weise, die Janis' musikalische Entscheidungsfreiheit einschränkte.

Janis Joplin ist das Ergebnis fünfjähriger Recherchen und intensiver Interviews. Es ist nicht nur die Biographie der Sängerin, sondern auch eine Kulturgeschichte ihrer Zeit. Ich stelle Janis nicht wie andere Biographen als pathologisch veranlagte oder intakte Persönlichkeit dar oder erkläre sie zur Lesbierin. Ebenso wenig handele ich ihr Leben als beispielhafte Lektion über die Exzesse jener Zeit ab. Ich habe vielmehr versucht zu erkunden, warum die Sechziger für einen Großteil meiner Generation so starre Wahlmöglichkeiten präsentiert haben: die stille Verzweiflung der Vororte, die durch das Fernsehen und alle denkbaren materiellen Güter unter Kontrolle gehalten wurde, oder der ungezügelte Trieb, das Leben mit verzweifelter Hingabe »flachzulegen«. Die Lebensgeschichte Janis Joplins ist mein Versuch, diese Periode neu zu überdenken, über die wir nie hinwegzukommen scheinen. Selbst nach annähernd 40 Jahren stecken die Sechziger noch immer in einem Sumpf von Mythen, reduziert auf eine Sammlung von Klischees, die scheinbar dazu dienen, wirkliche Erinnerung abzublocken. Die Sechziger waren »Sex, Drogen und Rock & Roll« oder, um die Grateful Dead zu zitieren, ein »langer, seltsamer Trip«. Robin Williams hat einmal treffend bemerkt: »Wenn du dich an die Sechziger erinnern kannst, warst du nicht wirklich dabei.« Mit anderen Worten war das Jahrzehnt derart seltsam und bizarr, dass es sich dem Verständnis widersetzt. Es war, »als sei eine fliegende Untertasse gelandet«, erinnert sich Bob Dylan an die Sechziger. Viele ziehen es noch immer vor, das Jahrzehnt als die Zeit zu sehen, in der Amerika aus heiterem Himmel entführt wurde oder im Griff kollektiver Halluzination hoffnungslos den Verstand verlor.

Obwohl die herrschende Kultur sich gegen die Erinnerung sträubt, haben Akademiker die Sechziger zum Gegenstand einer lebhaften und kontroversen Debatte gemacht. Leider beschäftigen sich die meisten Geisteswissenschaftler vorrangig mit den radikalen politischen Strömungen jener Zeit. Ihre Veröffentlichungen stellen junge Radikale tendenziell wohlerzogen, patriotisch und optimistisch dar, zumindest, bis ihre Desillusionierung einsetzt. Der ehemalige Aktivist Paul Buhle betont jedoch, nicht alle Rebellen seien nette Jungs und Mädchen gewesen. Wie Janis und so viele andere jugendliche Nonkonformisten brach auch er in den frühen Sechzigern nach San Francisco auf, wo er Teil eines »bohemeartigen experimentellen Undergrounds« war, den ein beträchtlicher Zynismus und Selbstzerstörung kennzeichneten. Das war Janis' Welt, in Texas und San Francisco – eine Subkultur, die von Entrechteten und Desperados bevölkert war, Jugendlichen, die aus »dem emotionalen Dürregebiet ihrer Familien, ihrer Schulen, ihrer Heimatstädte und ihrer Jobs« geflüchtet waren.

Janis Joplin erzählt von jener anderen Welt der Aussteiger, dem Underground von Sex, Drogen und Rock & Roll, der uns weniger vertraut ist als seine Karikatur, an die wir uns gewöhnt haben. Diese Biographie ist keine akribische Aufzählung von Bettgeschichten und jedem einzelnen Schuss, den sich Janis gesetzt hat, aber sie handelt von Rock & Roll: seinem dynamischen Verhältnis zu Rasse und Geschlecht; der Verschmelzung von Kunst und Kommerz, die aus Bob Dylans Griff zur elektrischen Gitarre und dem frechen Pop der Beatles resultierte; dem Wandel einer »Weltanschauung« zum globalen Multimillionen-Business, besonders durch die Nachwirkungen von Woodstock; dem Blues-Revival und der Beziehung, die weiße Bluesmusiker wie Janis und Michael Bloomfield zu ihren schwarzen Vorbildern und der schwarzen Kultur hatten. Darüber hinaus stellt dieses Buch die mittlerweile übliche Ansicht in Frage, Sex, Drogen und Rock & Roll seien eine große, glückliche Party gewesen. Der Fotograf und Haight-Street-Szenegänger Bob Seidemann, dessen Aufnahmen Janis zum ersten Hippie-Pin-up Amerikas machten, sagt über diese Zeit: »Es war keine Party, Mann. Die Medien haben es gern als Party betrachtet, und wir haben Spaß gehabt und viel gelacht, aber es war sehr intensiv, und die Leute sind mitten unter uns und überall um uns herum krepiert.« Seidemann fügt hinzu: »[Wir haben] gefickt und geleckt und es uns besorgt, solange wir's kriegen konnten. Es war aufregend, dabei zu sein, denn du hast regelrecht auf der Kippe gestanden, aber du *warst* die Schneide des Schwerts, das geschnitten hat. Du bist das verdammte Kanonenfutter gewesen. Das ist es, was die Leute in der Gegenkultur gewesen sind. Wir alle haben uns selbst aufs Spiel gesetzt.«

»Setz dich selbst aufs Spiel« war ein Slogan, den die Radikalen der Sechziger häufig beschworen, um sich und ihre Anhänger zu größerem Widerstand anzutreiben. »Es gibt eine Zeit, in der das Bedienen einer Maschine so verhasst wird, euch so anwidert, dass ihr damit nichts mehr zu tun haben wollt«, erklärte Mario Savio 1964, ein Mitglied des Free Speech Movement der Universität von Berkeley.»Und ihr müsst euch auf das Getriebe legen und auf die Räder, auf die Hebel, auf den ganzen Apparat, und ihr müsst dafür sorgen, dass er anhält.« Hippies und politische Aktivisten lebten in unterschiedlichen Welten, aber sie beschäftigten sich beide mit äußerst riskanten Experimenten, die oft das Selbst zum Gegenstand hatten. Für Ken Kesey und die Merry Pranksters, deren Acid Tests zum Entstehen der Gegenkultur beitrugen, hieß das Ziel einfach »Vorrrann«, wie ihr mit Leuchtfarben bemalter Bus proklamierte.»Die Stimmung damals war: Spiel mit dem Feuer, solange du kannst.« Niemand tat das entschlossener als Janis, die gern erklärte:»Ich hab lieber zehn Jahre vom Superhypermeisten als in 'nem gottverdammten Sessel zu sitzen und fernzusehn und dabei siebzig zu werden.« Letztendlich handelt Janis' Biographie von den rastlosen und manchmal rücksichtslosen Ausflügen meiner Generation an ihre Grenzen – Ausflüge, von denen Janis und viele andere nie zurückgekehrt sind. Es handelt von Sehnsüchten, Verzweiflung und Entfremdung, dem Anlass unserer Selbstversuche, und den Freuden und dem Leid, das sie zur Folge hatten.

Mein Buch stützt sich zu einem großen Teil auf über 150 Interviews. Diese Interviews sind nicht gerade einfach zustande gekommen. Obwohl die meisten Menschen, die ich kontaktiert hatte, schließlich zu einem Gespräch bereit waren und sich oft sehr großzügig gezeigt haben, waren in der Regel beachtliche Überredungskünste nötig. Ich spürte schon früh, dass meine Anrufe gefürchtet waren. Die Menschen, die Janis persönlich kannten, mögen die Hoffnung gehegt haben, es könne unmöglich noch jemand ein Buch über sie schreiben wollen. Aber alle wussten insgeheim, dass eines Tages ein neuer Autor auftauchen und alles wieder ausgraben würde. Und da war ich, vielleicht nicht ihr Alptraum, aber auch nicht weit entfernt davon. Ihre Vorsicht war verständlich angesichts der nicht gerade respektvollen, sensationslüsternen Darstellungen, die Janis' Leben oft inspiriert hat. In allen Fällen riefen meine Anfragen die annähernd gleiche Reaktion hervor – Unbehagen. Wenn ich den Grund meines Anrufs erklärte, wurde ich gewöhnlich mit einem Seufzer oder anhaltendem Schweigen begrüßt. Milan Melvin, der in San Francisco als Diskjockey gearbeitet hatte und zwei Jahre lang immer wieder Janis' Liebhaber gewesen war, drückte aus, was praktisch alle fühlten: »Ein Zittern, diese Spur mit dir zu verfolgen.«

Deshalb war ich nur enttäuscht, aber kaum überrascht, als ich Patti Skaff anrief, eine von Janis' engsten Freundinnen aus den Tagen in Port Arthur, und sie meine Bitte nach einem Interview ablehnte. Nachdem sie einige meiner Artikel gelesen hatte, stimmte sie schließlich doch zu. Sie erzählte mir von ihrer und Janis' Verzweiflung, in Ost-Texas gefangen zu sein, und wie sie sich von der »scheinheiligen Kultur« ihrer ganzen Umgebung »aufs Kreuz gelegt« fühlten. Patti verehrte Janis, und um die Intensität ihrer Zuneigung und Loyalität zu illustrieren, schilderte sie mir einen bedeutsamen Vorfall.

In den siebziger Jahren lebte Patti in New York und arbeitete für den Bildhauer Mark di Suvero. Als der Künstler Neal Williams starb, arrangierten seine Freunde einen Gedenkgottesdienst im Socrates Sculpture Park, wo Patti als Direktorin arbeitete. All die Glitteraten, darunter Andy Warhol und sein Gefolge, erschienen zu der Feier. Wie es sich für ein Ereignis der Kunstwelt in den Siebzigern schickt, gab es eine gut ausgestattete Bar, ein reichhaltiges Büfett und vor allem viel Getue. Ein Feuer brannte den ganzen Abend. Schließlich hielt der Minimalist Larry Bell eine Lobrede auf seinen verstorbenen Freund. Bell und Williams gehörten zu den zahlreichen Künstlern, die Max's Kansas City, New Yorks angesagte Bar, zu ihrer zweiten Heimat gemacht hatten. Bell schilderte, wie Williams eines Nachts in Max's mit Janis eine feuchtfröhliche Diskussion begonnen hatte, die darin gipfelte, dass er ihr unter dem Tisch einen Fußtritt versetzte. Während die Trauergäste kicherten und lachten, wurde Patti immer wütender. Nach der Ansprache ging sie zu Williams' Freunden und fragte, was sie mit seiner Asche vorhätten, die sich in einer versiegelten Urne befand. »Es war ihnen irgendwie egal.« Vielleicht war es die Gleichgültigkeit der Freunde, vielleicht auch nur die Zeit, die sie für den Weg zu ihrem Apartment brauchte, die Patti auf eine Idee brachte: Sie steckte einen Dosenöffner ein, und als sie zurückkam, ging sie geradewegs zur Urne, öffnete sie und schüttete Williams Asche in das Feuer, während seine Freunde entsetzt zuschauten. »Ich hab's für sie getan«, erklärte Patti. »Ich fand einfach, dieser Typ geht zurück ins Feuer. Die Leute waren stinksauer auf mich, aber ich konnte's nicht lassen. Ich hab sie wirklich geliebt, und ich liebe sie immer noch. Ich habe sie damals verteidigt, und ich werde sie auch heute verteidigen. Janis war ein Opfer, und ich habe mich immer wie ihre große Schwester gefühlt.«

Pattis Wut an jenem Abend kam aus dem Gefühl, dass Janis einmal mehr verletzt worden war. Viele von Janis' engsten Freunden haben anfangs einen ähnlichen Groll gegen mich gehegt, die neue Biographin. Mit ihrer Geschichte zeigte Patti, wie weit sie gehen würde, Janis zu schützen, vor mir und jedem anderen. Milan Melvin war direkter. Er versprach, sein Bestes für mich und Janis zu tun, aber er warnte: »Wenn du mich falsch zitierst oder den Kontext veränderst, wird dich Janis heimsuchen, bis ich dich in die Finger bekomme.«

Obwohl ich Janis nicht gerade als Opfer sehe, verstehe ich diejenigen, die das tun. Janis wurde verleumdet, verachtet, verlacht und klein gemacht. Hier ist noch eine Geschichte: Kurze Zeit nach ihrem Tod veröffentlichte ein wenig bekannter Rockjournalist einen besonders gehässigen Artikel über Janis, die bei ihrem New Yorker Debüt das Publikum hingerissen und die gewöhnlich hartgesottenen Kritiker der Stadt in ihren Bann geschlagen hatte. Nach dem Auftritt zogen die Jungs der Band mit einigen hübschen Mädchen davon, und Janis, die allein zurückgeblieben war, machte sich auf den Weg zu einer Bar. Es hätte ein triumphaler Abend für sie sein können, aber als der Journalist Janis entdeckte, saß sie einsam am Tresen einer Kneipe auf der Lower East Side. Er gesellte sich zu ihr, fand sie aber bald »ermüdend«. Janis sprach in einem fort von sich, ihrer Karriere, ihrer Band, ohne dem Journalisten größere Beachtung zu schenken. Das muss ihn wütend gemacht haben, denn als er so dasaß und ihr mit halbem Ohr zuhörte, stellte er sich vor, sie mit einer drastischen Beleidigung zum Schweigen zu bringen: »Du vergisst, dass du Akne hast.« Eines konnten die Kritiker Janis nicht verzeihen: Dass da eine von Akne zernarbte Frau mit zerzausten Haaren stand, die sich weigerte, die Bühne für die Jungs oder die hübschen Mädchen freizumachen. »Was denkt die eigentlich, wer sie ist?«, war eine Reaktion, die Janis häufig provozierte. Aber für mich machen ihre Weigerung, sich mit den Spielregeln abzufinden, und ihr entschiedener Anspruch auf einen Platz – jede Menge Platz – auf und abseits der Bühne Janis zu etwas anderem als einem Opfer. Ihre Chuzpe und Unnachgiebigkeit sind für viele meiner – und ihrer – Generation immer noch so beeindruckend wie ihr Gesang.

Meine Biographie wird nicht allen gefallen, die Janis gekannt haben. Schließlich war sie manchmal Teil einer hässlichen, verkommenen Szene, die ich mit all ihren schmutzigen Details behandele. Und obwohl ich die soziale Bedeutung nicht hoch genug einschätzen kann, bin ich überzeugt, dass Janis' Vorstoß gegen die hausbackene Weiblichkeit in der Theorie manchmal ansprechender war als in der Praxis. Janis war überaus kompliziert, und daher überrascht es nicht, dass sie eine vielschichtige Reaktion in mir hervorrief – Ärger, Frustration, Freude und große Trauer. Ich hoffe jedoch, es wird deutlich, dass ich dieses Buch in Anerkennung und tiefer Achtung vor der nicht gerade hübschen, schmuddeligen Sängerin aus Texas geschrieben habe, die lamentierte: »Nein, es darf einfach nicht sein«, und dabei die Welt zu einem anderen Ort für uns alle gemacht hat.

Das unendliche Nirgendwo

»Was abgeht, geht dort nie ab«, fasste Janis das Leben in ihrer Heimatstadt zusammen. Port Arthur war so erdrückend, dass es den Eindruck erweckte, es sauge das Leben geradezu aus einem heraus, vor allem, wenn man ein intelligentes und neugieriges Mädchen wie Janis war. Im Schatten von Ölraffinerien, Chemiefabriken und einer Reihe riesiger flacher Öltanks nach der anderen schien die Stadt wie ein nachträglicher Einfall zu diesem riesigen Industriegelände. Wenn nachts die lodernden Flammen der Raffinerien den Himmel in »ein unheimliches Rot wie am Jüngsten Tag« verwandelten, dann sah die Stadt sogar wie die Hölle auf Erden aus. Dazu gab es einen Gestank, den manche Einwohner »den Gestank des Geldes« nannten. Das ganze »Goldene Dreieck« Port Arthur, Orange und Beaumont stank wie ein faules Ei. Es gab keinen Weg, den Dämpfen zu entgehen; in jenen Tagen stießen die Fabriken ihre Abgase einfach in die Luft. Auf Lamar, dem College, das auch Janis besuchte, schmolzen die Dämpfe einer nahen Schwefelfabrik mitunter sogar die Nylons der Mädchen. Nach einem Tag auf dem Campus »kamst du dir vor, als hättest du 'n Streichholzheftchen gegessen«. Für Janis und ihre Clique war das Goldene Dreieck ein stinkiger, vernebelter, moskitoverseuchter Sumpf – »ein Fußpilz«, der sich entlang der Küste von Texas und Louisiana ausbreitete. Selbst *Business Week*, die Stimme des Establishments, nannte Port Arthur eine der »zehn hässlichsten Städte auf dem Planeten«.

Aber das war noch nicht das Schlimmste. Die Stadt, die sich rühmte, »sie öle die Welt«, war für Janis und ihre Altersgenossen eine kulturelle und intellektuelle Wüste. Port Arthur mag technologisch an der vordersten Front gestanden haben, aber in allem anderen war es so trostlos, wie die Landschaft flach war. »Nur Autokinos und Colastände«, nörgelte Janis. Die einzige Buchhandlung war christlich. Die Stadt bot so wenig Abwechslung, dass Janis' Vater mit den Kindern Ausflüge zum Postamt machte, um die neuesten Steckbriefe anzuschauen. »Es gab einfach nichts, wohin man gehen konnte«, klagt Dave Moriaty, ein Freund von Janis aus der High School.

Patti Skaff führt die Kulturarmut auf die Mittelschicht Port Arthurs zurück, der »nichts Besseres einfiel, als alle zwei Jahre ein neues Auto zu kaufen. Schau dir an, wo sie ihren ersten Country Club errichtet haben – direkt unter einer Raffinerie.« Moriaty hat eine andere Erklärung. Die meisten Einwohner seien nach Port Arthur gezogen, um in den Raffinerien zu arbeiten. Die Stadt sei einer der wenigen Orte gewesen, wo es während der Depression Arbeitsplätze gab, sogar für hochqualifizierte Fachkräfte. »Es wurde 1940 aus dem Nichts zur fünftgrößten Stadt von Texas«, erzählt Moriaty. Aber nur wenige Menschen hätten daran gedacht, Port Arthur zu einem freundlichen Ort für die Kinder der vielen Arbeitskräfte zu machen, die von den Raffinerien angestellt wurden. »Intellektuelle und kulturelle Leistungen haben dir keinen Vorteil verschafft«, erinnert sich Moriaty. »Es hat keinen gekümmert, dass wir intelligent und talentiert waren.« Der schwule Aktivist Harry Britt, der in Port Arthur aufwuchs, versteht nur zu gut, warum Janis und ihre Heimatstadt nicht zueinander passten. »Port Arthur ist keine Janis-Joplin-Stadt. Port Arthur hat den Countrystar Tex Ritter, der im nahen Nederland geboren wurde, als sein Kind betrachtet, nicht Janis Joplin.«

Die Dissonanz, die Britt feststellt, war real. Sie lieferte Journalisten zudem einen idealen Aufhänger: Janis Joplin, scharfe Hippie-Braut aus dem bibelfesten Port Arthur, der Redneck-Stadt. Journalisten liebten die Unglaubwürdigkeit ihrer Geschichte. Die Bürger Port Arthurs waren ihrerseits froh, Janis zu verleugnen. Janis dagegen bereitete es ein ausgesprochenes Vergnügen, die überdimensionale Legende der berühmtesten rebellischen Außenseiterin des Lone Star State zu lancieren. Das war in den Jahren nach Präsident Kennedys Ermordung ein kluger Schritt, denn jetzt war es gestattet, Texas zu hassen. Janis und ihre Freunde waren zweifelsohne am falschen Ort, und sie empfanden es als Betrug, dort aufwachsen zu müssen. Ein genauer Blick auf die Kindheitserinnerungen ihrer Freunde löst auch das Rätsel, wie Janis Joplin aus solch einer Stadt hervorgehen konnte.

Janis' Heimatstadt lag zwar im Bibel-Gürtel, war aber kein typisches Provinznest. Im Gegensatz zu vielen Städten im Süden hatte Port Arthur eines der besten weißen Schulwesen in Texas, denn es wurde von den Ölfirmen finanziell gefördert. Und die offensichtliche Sorge der soliden Bürger Port Arthurs um Frömmigkeit und Anstand mag nicht zuletzt daran gelegen haben, dass ihre Innenstadt lebendiger war als andere Zentren im Süden, von New Orleans einmal abgesehen. Port Arthur war ein wahrhaftiges Sündenbabel, eine »weit offene Stadt mit Bordellen, Casinos, Spielautomaten – das ganze Ding«. Seine 32 Bordelle boten alle Freuden eines Rotlichtbezirks. (Nichts davon entging Janis und ihren Jugendfreunden; sie zählten die Bordelle der Stadt genau.) Die ganze Show wurde von einer Mafia-Familie aus New Orleans geleitet, die ein Vermögen an Seeleuten verdiente, die in Port Arthur ein oder zwei Nächte festsaßen. Die Polizei schaute bis in die späten fünfziger Jahre darüber hinweg. Dann schloss ein Untersuchungsausschuss der texanischen Behörden alle Etablissements. Neugierige Teenager, denen die sexuelle Subkultur nicht verborgen blieb, die in ihrer Mitte florierte, mussten von der Scheinheiligkeit und »Falschheit« der Stadtbewohner betroffen sein. Sie wussten zweifellos, dass nicht alle Männer, die Prostituierte aufsuchten, Seemänner auf Landurlaub waren und dass dieselben Polizisten, die von Gesetz und Ordnung sprachen, mit der Mafia gemeinsame Sache machten. Einmal versuchte der Sheriff der Stadt im Fernsehen zu erklären, wie »diese Briefumschläge voller Geld wie von Zauberhand auf dem Vordersitz seines Streifenwagens landeten, während er in einem Café eine Tasse Kaffee trank«.

Korruption, Glücksspiel und Prostitution waren nicht die einzigen charakteristischen Merkmale Port Arthurs. Es gab keine fest verwurzelte Klassenstruktur wie in den meisten Städten im Süden, da Port Arthur eine Stadt von Zuwanderern war. Zwischen den gebildeten »Yankees« der höheren Berufsgruppen und den hinterwäldlerischen Arbeitern aus Ost-Texas und Louisiana traten zweifellos Spannungen auf, aber ihre Kinder besuchten die gleiche High School. Klassenunterschiede wurden außerdem ignoriert, da Port Arthur eine Stadt war, in der die Gewerkschaften großen Einfluss hatten – die einzige in ganz Texas. Wie in der Automobilindustrie wurden auch die Arbeiter in den Raffinerien damals ziemlich gut bezahlt. Dave Moriaty erinnert sich: »Viele Väter aus der Arbeiterklasse haben ihren Jungs neue Autos gekauft.« Arbeiter mit langer Berufserfahrung verdienten manchmal sogar mehr als Akademiker. Dadurch lebten Kinder aus der Arbeiterklasse und der Mittelschicht nicht in vollständig unterschiedlichen Welten, vor allem, wenn sie wie Janis den gesellschaftlichen Sittenkodex in Frage stellten. Die relativ durchlässigen Klassengrenzen Port Arthurs sind eine Erklärung, warum Janis mit ihrer Mittelschicht-Erziehung manchmal wie ein Arbeiterkind wirkte.

Während die Familien von Arbeitern und Angestellten miteinander verkehrten, lebten Schwarze und Weiße in Port Arthur strikt getrennt. In den Fünfzigern belief sich der Bevölkerungsanteil der Schwarzen in Port Arthur auf 40 Prozent, dazu kam eine bedeutenden Anzahl von Cajuns und mexikanischen Amerikanern. Rassentrennung war die Regel; um die Integration an der High School zu verhindern, baute die Stadt tatsächlich eine zweite außerhalb der Stadtgrenzen. Rassismus war so in der Struktur der Stadt verankert, dass »Niggerklopfen« – wobei sich Weiße aus schnell fahrenden Autos hängten, Holzlatten schwangen und nach schwarzen Fußgängern zielten – ein Lieblingssport der weißen Teenager war. Wer versuchte, die Rassenschranken zu durchbrechen, fand dazu wenig Gelegenheit. Als ein Freund von Janis spontan bei einem Touch-Football-Spiel schwarzer Jugendlicher einsprang, wurde es sofort von der Polizei abgebrochen. Rassistische Unterdrückungspolitik wurde damals im Süden umso heftiger betrieben, je mehr die Bürgerrechtsbewegung – und der Rock & Roll – die Logik und Praxis der Rassentrennung auf den Kopf stellten. Rock-&-Roll-Konzerte und Tanzveranstaltungen förderten gerade den Kontakt der Rassen, und die Befürworter der kulturellen Trennung fürchteten, sie würden zur »Bastardisierung« Amerikas führen. Asa Carter, ein Verfechter der Rassentrennung, trat im Frühjahr 1956 dafür ein, Rock-&-Roll-Platten aus allen Jukeboxen in Birmingham und Anniston in Alabama zu entfernen. Im gleichen Jahr verbannte die Stadt San Antonio in Texas Rock & Roll aus den Musikautomaten seiner öffentlichen Schwimmbäder. Für viele Vertreter der Rassentrennung war Rock & Roll nur ein Komplott der NAACP, Weiße »auf das Niveau des Negers herunter« zu ziehen.

Obwohl Port Arthur weiße und schwarze Schulen, Kirchen, Trinkbrunnen und alles andere hatte, mussten Weiße immer noch durch den schwarzen Stadtteil, um zu den Raffinerien oder ans Meer zu gelangen. Bei diesen Fahrten konnten weiße Jugendliche wie Janis die Scheinheiligkeit der »Gleichheit« aus erster Hand sehen; sie trafen aber auch auf etwas, das vitaler war als die erschöpfte Kultur, in der sie sich gefangen fühlten. Und obwohl die Cajuns noch nicht die kulturelle Bedeutung erlangt hatten wie heute, schien auch die Cajun-Gemeinschaft der Gegend lebendig und dynamisch: sie »hatten Leidenschaft, sie hatten Musik, sie hatten Bars, Tanzabende und Streit miteinander«, erinnert sich Patti Skaff. Sobald Janis und ihre Freunde wie 18 aussahen, überquerten sie die Grenze zum Louisiana der Cajuns – nur wenige Minuten von Port Arthur über die Rainbow-Brücke – und verkehrten in den Kneipen dort.

Port Arthur stand geistig still, aber wirtschaftlich im Aufschwung und rühmte sich, den größten Petroleum-Seehafen der Welt zu haben. Nichts lag ferner als der Gedanke, die Stadt könnte in Schwierigkeiten geraten. Mit der Verkleinerung der Ölraffinerien begann in den siebziger Jahren allerdings ein Prozess, der Tausende von Arbeitsplätzen kostete. Port Arthur ist heute nur noch »ein armseliges, ruiniertes Überbleibsel einer Stadt«, wie Moriaty es nennt. Es ist quasi eine Geisterstadt, »seines Daseins beraubt«, und gleicht in seiner Trostlosigkeit den Städten des Rust Belts wie Flint in Michigan. In der Innenstadt sind keine Geschäfte, Apotheken oder Kaufhäuser mehr zu finden, nur verstreutes Gewerbe: ein Nagelsalon, eine Bar und eine Klinik für Chemotherapie – die Hinterlassenschaft der Luftverschmutzung. Selbst der Busbahnhof ist geschlossen. Port Arthurs feinstes Hotel, das elegante »Goodhue« mit seinen zwölf Stockwerken, ist verschwunden, abgerissen. Es war einmal Port Arthurs vornehmstes Hotel gewesen und der Ort, wo Janis' High-School-Klassentreffen stattgefunden hatte. Daher ist es nicht verwunderlich, dass sich der klägliche Rest der »Yankee-Elite« im Port Arthur Club trifft, einem fensterlosen Gebäude, wo die Mitglieder mit Erinnerungen an bessere Tage die Zeit totschlagen, ohne auf die mit Brettern vernagelten Geschäfte ringsherum blicken zu müssen.

Port Arthur ist heute überwiegend schwarz mit einem kleinen, aber einflussreichen vietnamesischen Bevölkerungsanteil. In den späten Siebzigern begannen die Weißen, in die nahe gelegenen Orte Port Neches, Groves und Nederland zu ziehen, manche sagen, um die Aufhebung der Rassentrennung an den Schulen zu umgehen. Wie zahlreiche andere Städte, die vor dem finanziellen Ruin standen, versuchte Port Arthur gute Miene zum bösen Spiel zu machen, indem es sich selbst ein Denkmal errichtete, das Museum der Golfküste. Es ist vielleicht das deutlichste Zeichen der Verzweiflung der Stadt, dass Janis dort besonders herausgestellt wird. Einige Dinge jedoch ändern sich nie. Als eine ältliche weiße freiwillige Mitarbeiterin erfährt, warum ich vorbeischaue, kann sie nicht umhin, mir zu erzählen, sie hätte Janis nie akzeptiert. So vermittelte sie mir, wenn auch nur für einen Augenblick, ein Bild davon, wie es war, Janis Joplin in Port Arthur zu sein.

Janis' Eltern Seth Joplin und Dorothy East lernten sich in Amarillo kennen, das in der Panhandle-Region von Texas liegt. Dorothy wuchs auf einer Farm in Nebraska und einer Ranch in Oklahoma auf. Als die Schweinezucht ihres Vaters fehlschlug, zogen sie nach Amarillo, wo er als Grundstücksmakler arbeitete. Dorothys Mutter, eine mürrische Frau, deren Laune durch die Schürzenjägerei und Trinkerei ihres Mannes nicht gerade gehoben wurde, verließ die Familie mehrmals. Dorothy erlebte schreckliche Streitereien ihrer Eltern und schwor sich, sie würde »dafür sorgen, dass die Dinge funktionieren«, wenn sie einmal verheiratet war. Auch Seth lernte in seiner Jugend Not und Elend kennen. Sein Vater leitete den Viehhof in Amarillo, aber die Familie war weit davon entfernt, finanziell gesichert zu sein. Um über die Runden zu kommen, nahmen die Joplins Untermieter auf. Eine Menge armer Amerikaner taten das, aber die meisten rissen deshalb ihre Familie nicht auseinander. Die Joplins fanden allerdings, sie müssten ihre Kinder vor den groben Arbeitern des Viehhofs schützen, die bei ihnen wohnten. Daher brachten sie ihre Tochter in der Stadt unter und Seth in einem kleinen Schuppen hinter dem Haus.

Dorothy hatte eine kräftige Sopranstimme, aber Amarillo bot nur wenig Gelegenheit, sie öffentlich zu Gehör zu bringen. Ihre Stimme brachte ihr ein Stipendium der Texas Christian

University ein. Da sie mit dem Gesangsunterricht dort nicht zufrieden war, kehrte sie nach Amarillo zurück und fand vorübergehend einen Job als Verkäuferin bei Montgomery Ward. Obwohl die Aufstiegschancen einer Frau in jenen Tagen begrenzt waren, erreichte Dorothy ziemlich viel. In kürzester Zeit hatte sie die Stelle der Kollegin eingenommen, die sie vertrat, und schon bald wurde sie zur Abteilungsleiterin befördert. Aber während Dorothy ein Energiebündel war, scheint Seth eher ein Faulpelz gewesen zu sein, der beinahe durch den Ingenieurkurs am Texas A&M fiel. Seth behauptete, die Große Depression und nicht die schlechten Noten hätten ihn gezwungen, sein Studium im letzten Semester abzubrechen. Er machte nie seinen Abschluss. 1932 kehrte Seth nach Amarillo zurück und fand eine Stelle als Tankwart. Er hatte den Ruf, nach der Arbeit ein wenig den »Playboy« zu spielen.

Seth lernte Dorothy bei einem Blind Date kennen. Er hatte ihr schon fast drei Jahre den Hof gemacht, als ihn 1935 einer seiner Freunde für eine Stelle bei der Texas Company in Port Arthur empfahl, die später in Texaco umbenannt wurde. Dorothys Chef bot an, ihr Gehalt zu verdoppeln, wenn sie blieb, aber sie entschied sich dafür, nach Port Arthur zu gehen. Seth arbeitete bei einem Texaco-Werk, das Petroleum-Container herstellte. Es war ein Job, der keine Ingenieurstätigkeit erforderte, aber er befreite ihn vom Militärdienst im Zweiten Weltkrieg. Der Familienlegende nach waren Seth und Dorothy trotz seiner neuen Stellung so arm, dass sie nicht sofort heiraten konnten. Ihre Hochzeit 1936 war eine spartanische Angelegenheit, bei der kein einziger Verwandter zugegen war. Bald stand jedoch Dorothys Mutter, die inzwischen geschieden war, mit ihrer jüngsten Tochter Mimi im Schlepptau vor der Tür. Ihr Auftauchen veranlasste Seth und Dorothy, ihr erstes Haus zu kaufen. Wenn die Joplins nicht arbeiteten, vergnügten sie sich auf der anderen Seite des Sabine River in den Bars von Vinton, Louisiana, der Stadt, in der später auch Janis und ihre Freunde laute

Trinkgelage veranstalteten. Als Dorothy sechs Jahre nach ihrer Hochzeit schwanger wurde, fand ihr glanzvolles Leben jenseits der Staatsgrenze ein abruptes Ende.

Janis Lyn wurde am Morgen des 19. Januar 1943 geboren. Sie blieb das einzige Kind, bis sie sechs war, und wenigstens in jenen Jahren war Janis der unumstrittene Star der Joplins. Sie glänzte nicht nur zu Hause; sie war auch so gut in der Schule, dass sie die zweite Klasse übersprang. Bis zur neunten Klasse war Janis ein beliebtes Mädchen; sie hatte sogar einen Freund, Jack Smith. Ihre Beziehung war »echt zahm« und belief sich auf ein paar Kirchenausflüge, Kinobesuche und Bridgepartien mit ihren Eltern. Er begleitete die Joplins auch zur Kirche, wo Janis durch ihren Gesang allmählich sehr angesehen war. Janis gehörte zu den Solostimmen des Kirchenchors, auch wenn sie nur den einen oder anderen Vers singen durfte. Es bedeutete ihr viel, und sie trieb Jack und andere an, in die Kirche zu gehen, um ihr zuzuhören. Janis hat diesen Teil ihrer Teenagerzeit der Presse gegenüber nie erwähnt. Sie zog stattdessen vor, zweifelhafte Geschichten darüber zu erzählen, wie sie Radkappen stahl. Aber entgegen ihrer Legende kam sich Janis in Port Arthur ursprünglich nicht wie ein Niemand vor. Ganz im Gegenteil. »Sie war bereits ein kleiner Star«, behauptet Jack, und »der Augenstern ihrer Mutter«.

Janis' wunderbare Sopranstimme muss Dorothy erfreut haben – aber sie berührte sie auch schmerzlich. Kurz vor ihrem sechsten Geburtstag hatte Dorothy Janis ein gebrauchtes Klavier gekauft und ihr einige Kinderlieder beigebracht. Janis liebte es, auf dem Klavier herumzuhämmern, aber es blieb nicht lange im Haus der Joplins. Eine Schilddrüsenoperation, bei der ihre Stimmbänder verletzt wurden, ruinierte Dorothys klare Singstimme. Daraufhin konnte sie es nicht mehr ertragen, Janis zuzuhören, und Seth, dem die nächtliche Kakophonie schon immer missfallen hatte, verkaufte das Klavier. Niemand weiß, wie Janis diesen Vorfall aufgenommen hat.

Zur selben Zeit bekam Janis eine Schwester. Kurz nach Lauras Geburt zogen die Joplins an den Rand des Griffing Parks, einer wohlhabenderen Gegend Port Arthurs. Obwohl ihr Heim nach den üblichen Maßstäben noch immer bescheiden war, signalisierte es den Aufstieg in die untere Mittelschicht. Vier Jahre nach Laura wurde Michael geboren. Janis war zehn Jahre alt. Die Joplins hegten hohe Erwartungen für ihre drei Kinder. Sie hielten sie an, zu lesen und fleißig zu lernen. Selbstverbesserung war die Regel im Haushalt der Joplins. Dorothy sorgte dafür, dass Janis, die seit frühester Kindheit begeistert zeichnete, privaten Kunstunterricht nahm. Im Gegensatz zu vielen ihrer Altersgenossen saßen Janis, Laura und Michael nicht stundenlang vor dem Fernseher. »Das größte Ding in unserem Haus war, wenn du gelernt hast, deinen Namen zu schreiben«, erinnerte sich Janis. »Dann hast du dir einen Ausweis für die Bibliothek besorgen müssen.« Janis betrachtete ihren Vater, der sich weigerte, einen Fernseher zu kaufen, als »heimlichen Intellektuellen. Er las, war beredt und ein Denker«. Seth war auch ein unverbesserlicher Tüftler, der seine kreative Energie darauf richtete, ungewöhnliche Geräte für den Spielplatz zu konstruieren, die den Kindern aus der Nachbarschaft Spaß machten und sie gelegentlich verletzten. Dorothy versuchte, ihre Kinder zu Disziplin und Ausdauer zu erziehen. Obwohl Laura mit großer Zuneigung über ihre Mutter schreibt und sie als ihre »beste Lehrerin« bezeichnet, betont sie, Dorothy hätte ihr Leben immer »überwacht«, sie angetrieben, sich selbst zu übertreffen, und Verbesserungsvorschläge gemacht bei allem, was sie taten, selbst wenn sie nur spielten.

Die Joplins wirkten auf die meisten Einwohner Port Arthurs wie die sprichwörtliche nette Familie von nebenan. Wie so viele Amerikaner, die die Wandlungen und Entbehrungen der Großen Depression und des Zweiten Weltkriegs durchlebt hatten, sehnten sich Seth und Dorothy Joplin vor allem nach einem »normalen« Zuhause. Was in den Nachkriegsjahren als normal aufgefasst wurde, war jedoch qualitativ etwas völlig anderes als alles Vorausgegangene. Die Historikerin Elaine Tyler May betont, die legendäre Kernfamilie der fünfziger Jahre sei nicht der »letzte Atemzug des ›traditionellen‹ Familienlebens« gewesen, wie allgemein angenommen wird, sondern die »erste rückhaltlose Anstrengung, ein Zuhause zu schaffen, das praktisch alle persönlichen Bedürfnisse seiner Mitglieder erfüllen sollte«. Nach dem neuen Evangelium des Familienlebens sollten Eltern die Freunde ihrer Kinder und Eheleute die engsten Gefährten sein. Unglücklicherweise erwies sich die Härte ihrer Jugend für die Joplins von Nachteil, als sie ihre »normale Fünfziger-Jahre-Familie« gründeten. Sie versuchten, gute Eltern zu sein, aber sie waren beide in Familien mit wenig Vertrautheit und emotionaler Wärme aufgewachsen. Auf die Frage, ob Janis in ihrer Jugend viel Zuneigung geschenkt worden sei, antwortete Dorothy vielsagend: »Also, sie hat ihren Teil bekommen.« Es ist eine beunruhigende, aber kaum überraschende Antwort, da Dorothy ihr Leben lang unter einem Gefühl der Entbehrung litt; selbst als sie die 70 überschritten hatte, beschwerte sie sich noch immer »halb-bitterlich«, dass es Morgen für Morgen nur einfache Hafergrütze zum Frühstück gab, bis sie aufs College ging.

Dorothy Joplin war eine aufmerksame Mutter, die hingebungsvoll Dr. Spock las, aber sie war selten warmherzig oder liebevoll. Bernard Giarratano, ein Sozialarbeiter, der Janis beratend zur Seite stand, als sie Anfang 20 war, beschreibt Dorothy als »sehr geradeaus, sehr gesetzt, sehr melancholisch. Wenn sie Leidenschaft besaß, dann irgendwo in der Finsternis der Nacht.« Jim Langdon, einer von Janis' engsten Freunden in Texas, teilt die Ansicht. Dorothy sei »sehr sittenstreng, kritisch, rigide und kühl« gewesen, »kein warmherziger Mensch«. Ein anderer Jugendfreund hat sie als sehr strenge Frau in Erinnerung, die eine außergewöhnlich starke Kontrolle ausgeübt habe – auf destruktive Art. Auch Seth, dem man nicht gerade vorwerfen konnte, dominant zu sein, blieb emotional distanziert. Er war ein äußerst zurückgezogener Mensch, der sich mit einem Mönch verglich, und er mag durchaus Alkoholiker gewesen sein. Seth hielt sich »irgendwie im Hintergrund«, was gewöhnlich die Garage war, der einzige Ort, an dem ihm Dorothy erlaubte, Alkohol zu trinken. Dort verbrachte er offenbar lange Stunden, bastelte und trank, fern vom Rest der Familie. Er war ein diskreter Trinker, kein heruntergekommener, stadtbekannter Säufer. Im Grunde scheint nur Dorothy gewusst zu haben, dass er trank; es muss ihr wehgetan haben, dass er die Einsamkeit und die Flasche ihrer Gesellschaft vorzog. Und als Sonntagsschullehrerin an Port Arthurs First Christian Church konnte es sie kaum begeistert haben, dass ihr Mann kein Christ war.

Trotz ihrer Unterschiede stritten Seth und Dorothy nie, wahrscheinlich, weil er sich rar machte. Seth unterhielt Janis als kleines Mädchen nach der Arbeit häufig mit Geschichten. Einmal machte ihm Dorothy Vorwürfe, als er erzählte, wie er während seiner Collegezeit illegal Schnaps gebrannt hatte. Statt sich mit ihr anzulegen, stellte Seth einfach seine abendlichen Plaudereien mit Janis ein. Das war seine Art, miteinander auszukommen, und als er sich weiter zurückzog, begann er das Leben zunehmend als großen Betrug zu betrachten. Er bezeichnete es als »großen Samstagabend-Schwindel«. Janis sprach als Erwachsene stolz von der zynischen Philosophie ihres Vaters, als würde sie enthüllen, wie cool er war und nicht wie unglücklich.

Janis' chronische Schwermut ist ein so großer Bestandteil ihrer Legende, dass sich ihre Biographen verzweifelt um eine Erklärung bemüht haben. Trotz aller Recherchen gibt es jedoch keinen Hinweis darauf, dass Janis' Familie außergewöhnlich pathologisch veranlagt war. Die Joplins hatten ihre Probleme, aber sie waren nicht auf spektakuläre Weise dysfunktional, wie es Amerikaner inzwischen von den Familien ihrer Berühmtheiten erwarten. Das heißt nicht, dass Janis die Geschichten einer schmerzlichen Kindheit erfunden hat oder dass die Familienverhältnisse rundherum rosig waren. Aber wenn es im Haushalt der Joplins Unzufriedenheit und Verbitterung gab, so blieb sie unter der Oberfläche, bis Janis ins Teenageralter kam. Janis sah ihr Leben zerrissen, hervorgerufen durch einen »geologischen Fehler«. Sie bezeichnete ihre frühen Jahre als idyllisch. »Dann hat die ganze Welt kehrtgemacht. Sie hat sich einfach gegen mich gestellt!« Janis erklärte immer wieder, die Wende sei im Alter von 14 Jahren eingetreten, als sie ihr gutes Aussehen verloren hätte. »Sie war hübsch gewesen, und plötzlich war sie hässlich«, sagte einmal eine Klassenkameradin. Jahre später führte Janis ihre Probleme an der High School halb im Scherz darauf zurück, dass sie »mit vierzehn keine Titten hatte«. Die meisten ihrer Klassenkameradinnen waren älter, was nicht gerade half, aber Janis' flacher Busen war das geringste ihrer Probleme. Als sie 14 wurde, fing sie an zuzunehmen, und in ihrem Gesicht begann sich »eine endlose Reihe schmerzlicher knallroter Pickel« auszubreiten. Janis' Akne war so schlimm, dass ihre Mutter sie zu einem Dermatologen brachte, der Trockeneis auf die schlimmsten Ausbrüche legte – eine von mehreren unwirksamen Behandlungsmethoden der damaligen Zeit – und Janis die Schuld gab, als sich ihre Haut nicht besserte.

1957 kam Janis in die Senior High. Ihre Verwandlung hätte zu keinem schlechteren Zeitpunkt stattfinden können. Ihr Schulfreund Grant Lyons erklärt: »Wenn du in Port Arthur, Texas, vierzehn geworden bist, hast du an 'ner Art sexuellem Wettrennen teilgenommen, wenn du 'n Mädchen warst. Und wenn du nichts vorzuweisen hattest, also dann hattest du schlechte Karten. Die Mädchen, die beliebt waren, sahen gut aus, Janis aber nicht.« Janis' Metamorphose muss dazu beigetragen haben, dass sie nicht für die Red Huzzars ausgewählt wurde, das erste Musikkorps der Schule. Das Football-Team der Thomas Jefferson High School war eine beständige Spitzenmannschaft, und ein großer Teil des Schullebens drehte sich um Sport. Die Red Huzzars (oder »Red Huzzies«, wie Janis sie nannte) traten im Cotton Bowl auf, und es wurde als besondere Leistung angesehen, sich einen Platz in der Truppe zu erobern. Janis begann die Senior High in der Gewissheit, sie würde ausgewählt werden; schließlich war sie immer populär gewesen. Die Niederlage war vernichtend. Janis hielt sich für einen Star, nicht für eine Verliererin. Ihre körperliche Verwandlung muss Janis wie ein schrecklicher Verrat vorgekommen sein.

Natürlich gab es in Port Arthur noch mehr reizlose Teenager, die größtenteils übersehen wurden. Janis hätte unauffällig bleiben können, aber sie beschloss dagegen anzugehen, was andere Mädchen als Schicksal akzeptierten. Als frühreifes Einzelkind war Janis in den ersten sechs Jahre ihres Lebens ohnehin nicht mit den Gefühlen der anderen Mädchen in Port Arthur aufgewachsen. Sie war äußerst intelligent, wissbegierig und halsstarrig und nicht die Art Kind, das die allgemeine Sicht der Dinge akzeptiert. Als Janis daranging, die Aufmerksamkeit der Leute zurückzugewinnen, betonte sie nicht nur ihre Andersartigkeit, sie schmückte sie sogar noch aus – besser negative Aufmerksamkeit als gar keine. Janis begann die High School in der vorschriftsmäßigen Garderobe der Fünfziger: sittsame Röcke und weiße Blusen, Söckchen und Mokassins. Innerhalb eines Jahres hatte sie sich vollständig umgekrempelt. Sie trug jetzt Röcke, die verwegen über dem Knie endeten, oder – noch gewagter – Strumpfhosen, mal schwarz, mal purpurrot, mit einem weißen Männerhemd, das ein schwarzer Gürtel zusammenhielt. Sie hatte sich in das einzige Beatnik-Mädchen in ganz Port Arthur verwandelt. Janis legte es darauf an, ein Schandfleck zu werden, ein Affront gegen alles, woran die Städter glaubten. Sie entwickelte ein spezielles, kehliges Gelächter und probierte es an ihrer Freundin Karleen Bennett aus. »War es laut genug, Karleen? War es irritierend genug?« Es war eine riskante Strategie, aber sie würde dafür sorgen, dass sie nicht unsichtbar blieb. Sie konnten sie verleumden, aber sie würden sie nicht ignorieren können.

Seth und Dorothy waren total überrascht von der Entschlossenheit ihrer Tochter, so viele gesellschaftliche Konventionen zu missachten, wie sie nur konnte. »Unsere Eltern waren in einer traurigen Lage«, bemerkte Bob Dylan Jahre später zu dem aufkommenden Generationskonflikt. Erwartungsgemäß war Janis' Mutter diejenige, die am meisten entsetzt war, dass sich Janis in ein böses Mädchen verwandelt hatte. Dorothy mag gewollt haben, dass Janis zur Geltung kam, wie Laura behauptet, aber sie hätte ihre Tochter nie dazu angehalten, sich aufreizend zu geben. »Sie hat sich einfach total verändert, über Nacht. Eine vollständige Abkehr von ihrem früheren Selbst.« Dorothy übertrieb nicht. Janis *war* ein braves Mädchen gewesen. Jahre später stellte Dorothy Janis' frühe Kindheit als perfekt dar. »Ich hab mir sogar ein paar Sorgen gemacht«, denn Janis »tat nie etwas, das ich korrigieren musste!«

Als sie der neuen Janis gegenüberstand, wusste Dorothy nicht, was sie tun sollte. Aber sie handelte entschlossen, auch wenn sie verwirrt war. »Denk, bevor du redest«, predigte sie Janis. »Lern, dich zu benehmen.« Das Leben wurde zu einem offenen Kampf zwischen Janis und ihrer Mutter. Laura fühlte sich von all dem Aufruhr derart »emotional terrorisiert«, dass sie »begann, in die Kirche zu gehen und für alle zu beten«, ein Schritt, der zweifelsohne ihre Position als gute Tochter festigte. Für Dorothy muss das Durcheinander Erinnerungen an die Streitereien geweckt haben, die die Ehe ihrer Eltern zerrüttet hatten. Sie hatte ihr Bestes getan, um in der Mittelschicht Fuß zu fassen, und sie war sich der starren Verbindung bewusst, die zwischen der Sexualmoral einer Frau und ihrer sozialen Stellung bestand. Möglicherweise fühlte Dorothy, dass ihr eigener Ruf auf dem Spiel stand und dass Janis' provokantes Verhalten ein schlechtes Licht auf sie und ihre Familie warf. Eines Nachts war Janis mit Karleen bis nach Mitternacht ausgeblieben, und Dorothy hielt ihr an der Haustür wütend vor: »Du ruinierst dein Leben. Die Leute werden denken, du bist ein billiges Flittchen!« Bei einer anderen Gelegenheit nannte sie Janis eine Hure. »Wir mussten es nachschlagen«, erinnert sich Karleen mit einem Lachen. »Aber Janis konnte nicht glauben, dass sie sie so bezeichnete, denn sie hatte nichts getan, um das zu verdienen.«

Janis machte kein Geheimnis aus dem Bruch mit ihrer Mutter. Als sie berühmt war, erklärte sie einmal, ihr Leben in Port Arthur sei ein »Schlauch, ein großer Schlauch« gewesen. »Ich war eins der Mädels, das immer Dinge tun wollte, die meine Mutter verboten hat, weil nur Jungs solche Dinge tun dürfen.« Dagegen sprach Janis liebevoll von ihrem Vater. »Er war sehr wichtig für mich, denn er hat mich zum Denken veranlasst«, erzählte sie einem Journalisten. »Er ist der Grund, dass ich so bin, wie ich bin, glaube ich.« Doch schließlich entfernte sich auch Seth von Janis, ein Schritt, der ihr lebenslang ein Rätsel blieb. »Er hat immer mit mir geredet, und dann hat er einfach damit aufgehört, als ich vierzehn war – vielleicht hätt er lieber 'n smarten Sohn gehabt oder so was – ich kann's mir nicht erklären.« Janis schien eher verwundert über den Rückzug ihres Vaters als wütend. Ihre Freunde stimmen überein, sie hätte Seth angebetet, und er sei ihrem Verhalten gegenüber ziemlich tolerant gewesen. Patti Skaff erschien Seth als ein idealer Vater, »einer dieser Henry-Fonda-mäßigen Väter«, während ihr eigener Vater seine Familie geführt hätte, als wäre sie DuPont. Die Diskrepanz zwischen Janis' Darstellung – sie beschrieb ihren Vater als warmherzig und offen – und dem emotional distanzierten Mann, den andere in ihm sahen, ist beeindruckend. In Wahrheit war Seth nicht unbedingt toleranter als Dorothy, er wollte einfach »nicht der Bösewicht sein, was Dorothy erst recht in diese Rolle trieb«. Auch wenn es Janis' rosiger Rückblick nicht vermuten lässt, »gerieten« sie und Seth »oft aneinander«, nur waren ihre Auseinandersetzungen nie so laut wie die mit Dorothy.

Seth und Dorothy setzten unterschiedliche Strategien im Umgang mit Janis ein. Ihr Vater versuchte, vernünftig mit ihr zu reden. Dagegen argumentierte ihre Mutter auf der Ebene dessen, was sie als richtig ansah – und was Janis immer gern in Frage stellte. Dorothy beschwor sie, »wie alle anderen zu sein«. Janis spielte nach außen hin mit, wenigstens eine Zeit lang. In der Schule trat sie den »guten Gruppen« bei, die bei Dorothy Anklang fanden – den Future Nurses of America, den Future Teachers of America, dem Kunstclub und dem Rechenschieber-Club. Aber Janis benahm sich weiterhin daneben und Dorothys Träume von einer »guten Familie« schienen für immer vereitelt, als die Joplins in den Ruf gerieten, eine der schwierigen Familien zu sein, deren Probleme immer wieder Stoff für den Tratsch der Stadt liefern.

Obwohl Janis mit beiden Elternteilen stritt, scheint sie Dorothys unbarmherzige Kritik tiefer verwundet und das Gefühl gefestigt zu haben, dass alles an ihr falsch war. Was immer Janis tat, »sie konnte nie die Zustimmung ihrer Mutter gewinnen«. Auch wenn sie aufgehört hätte, als böses Mädchen aufzutreten, hätte sie für Dorothy von dieser Zeit an nie wieder die Hauptrolle gespielt. Sie war nicht hübsch, und sie war nicht länger ein gefügiges Kind. Stattdessen war ihre Schwester Laura die perfekte Tochter geworden. Das alles hielt Janis nicht von dem Versuch ab, die Ablehnung rückgängig zu machen. Es sollte ihre Lebensaufgabe werden.

Jahre später erzählte sie, ihre Mutter hätte sie aus dem Haus geworfen, als sie 14 war. Auch wenn diese Geschichte unwahrscheinlich ist, fühlte sich Janis plötzlich als Außenseiterin. Sie begann, immer mehr Zeit bei Karleen zu verbringen. »Meine Eltern waren viel nachsichtiger als ihre«, erklärt Karleen. »Und sie mochten Janis. Ich meine, Janis gehörte zur Familie. Soweit ich mich erinnern kann, waren meine Eltern ein einziges Mal grob zu jemandem. Das war Jahre später, als Janis in der *Ed Sullivan Show* auftrat. Jemand war zu Besuch und machte abfällige Bemerkungen über sie, und meine Eltern forderten ihn auf zu gehen. ›Sie ist unsere zweite Tochter, und du wirst in unserem Haus nicht so über sie reden‹, haben sie gesagt.« Janis wurde so sehr Teil der Familie, dass Karleens Großmutter einmal fragte: »Lasst ihr sie niemals zu Hause?« Das war selten der Fall; Janis ging mit den Bennetts sogar zur Synagoge. Janis' engste Freundinnen auf der High School – Karleen und Arlene Elster – waren beide jüdisch, eine Fügung, die nicht ganz zufällig gewesen sein mag. Die Bürger Port Arthurs waren überwiegend Baptisten und Katholiken, und die wenigen jüdischen Familien der Stadt waren ebenfalls eine Art Außenseiter. Wer kein guter weißer Christ war, musste sich in Port Arthur als Außenseiter fühlen. Janis schien Trost in der Gesellschaft von Menschen zu finden, die sich ihrer Andersartigkeit ebenso schmerzlich bewusst waren. Sie freundete sich auch mit einer Schwarzen an, die bei ihren Eltern als Haushaltshilfe arbeitete. Sie gehörte zum lebenden Inventar der Joplins und war »etwas pummelig, sehr gefühlvoll und sang. Sie brachte Janis geheime Dinge bei, mysteriöse Dinge, die die weiße Kultur nicht kennt. Das lief nur zwischen den beiden.« Durch sie erblickte Janis eine andere Welt jenseits von Port Arthurs »Nonsens-Milieu«.

Die Verhaltensregeln Port Arthurs mögen Janis und ihren Altersgenossen unsinnig erschienen sein, aber alle kannten sie. Äußerer Schein war alles. Das traf nirgendwo mehr zu als an der Thomas Jefferson High School. Hackordnungen existieren an jeder High School, aber TJ High war besonders »gemein«. »Wenn sie dich einmal ausgedeutet hatten, war's das«, erklärt Karleens jüngerer Bruder Herman. »Du warst eine Zielscheibe. Es gab Gewinner und Verlierer und ein definitives Kastensystem.« Herman Bennett lernte seine Bedeutung kennen, als er eines Morgens entdeckte, dass ein Hakenkreuz in den Rasen vor dem Haus seiner Eltern gebrannt war – die Rache der Football-Mannschaft, weil er mit einem Mädchen ausgegangen war, das sich von einem der ihren getrennt hatte. Wenigstens war Karleens Bruder nicht der weichliche Junge, der als Ballkönigin nominiert wurde. Mary Karr behauptet in den Erinnerungen an ihr Leben im Goldenen Dreieck, man hätte in ihrer Heimatstadt gewusst, was man zu erwarten hatte: »Auf deiner größten Schwäche wird mit den gröbsten Ausdrücken herumgehackt. Genau gesagt, umso schlimmer eine Sache für dich ist, desto brutaler und deutlicher wird das Gerede darüber sein. So kriegen Kerle da unten, die mit kurzen Beinen geboren wurden, den Spitznamen Hinkebein und Mädels mit Akne heißen Pizzagesicht.« Herman Bennett kommt zu dem Schluss: »Ich bin sicher, wenn einer nicht schon genügend traumatisiert war, weil er anders war, dann hat die ganze Feindseligkeit dieser Leute das Leben ziemlich miserabel gemacht.« Janis' Freund Grant Lyons ist der Überzeugung, all das sei für ein Mädchen wie sie »absolut Gift« gewesen.

Die Jefferson High School war riesig, so groß wie die meisten Bezirks-Colleges. Ihre Stärke lag in der Berufsausbildung. Die Schule hatte eine komplett ausgestattete Druckerei, eine Werkstatt zur Metallbearbeitung und bot Schweißen, technisches Zeichnen, Bauzeichnen sowie einen Schreinerkurs an, in dem die älteren Schüler sogar ein Haus bauen mussten. Es war leicht, als Schreiner herauszuragen, in Englisch oder Mathematik gute Leistungen vorzuweisen war eine ganz andere Sache. »Wenn du in Port Arthur für eine wissenschaftliche Arbeit einen Preis bekommen hast, Mann, dann konntest du dich glücklich schätzen, wenn niemand davon gewusst hat. Das hätte dir Prügel einbringen können. Also hast du dir nicht anmerken lassen, dass du Bücher gelesen hast. Es war ein soziales Minus, wenn du gelesen hast.« Janis las nicht nur; auf Drängen ihrer Mutter nahm sie sogar an einem technischen Zeichenkurs teil, weil sie dachte, es könne für ihre Malerei hilfreich sein. Janis war das einzige Mädchen in dem Kurs und wurde von ihren Klassenkameraden unbarmherzig schikaniert. Dann sprach sie sich in einem anderen Kurs für die Aufhebung der Rassentrennung aus. Karleen war der gleichen Ansicht, blieb aber still, denn sie wusste, sie würde geächtet werden. »Es hat die Leute nicht gegen sie aufgebracht, sie haben gedacht, sie sei verrückt.«

Letztendlich machte ihr wachsender Ruf als Schulhure Janis endgültig zu einer Unberührbaren. Irgendwann in ihrem ersten Jahr an der Jefferson High begann Janis so aufzutreten, als wechsle sie ständig ihre Partner. Unter ihren Freunden gibt es keinen Konsens, wie Janis zu ihrer neuen Rolle kam. Ein Grund mag das Gerücht gewesen sein, sie ginge mit zahlreichen Jungs ins Bett, und Janis beschloss, wenn man sie schon als Hure bezeichnete, könne sie sich auch so benehmen. Vielleicht hatte sie es auch satt, ignoriert zu werden, und stürzte sich genau auf das, was ein Mädchen in Port Arthur ins Gerede brachte. Was immer der Grund war, Janis wusste mit Sicherheit, dass es keiner großen Anstrengung bedurfte, sich an der TJ High einen schlechten Namen zu machen. In ihrem Senior-Jahr kursierten Gerüchte, dass Janis Joplin Pornografie las und es überall mit den Jungs trieb. Wie an so vielen amerikanischen High Schools »konntest du's [an der TJ] einmal machen und alle auf der ganzen Schule haben's erfahren und behauptet, sie hätten mit dir geschlafen«. Patti glaubt, Janis könnte sich gesagt haben: »Oh, Scheiße, nur zu, ich mach's einfach«, sobald die Schüler anfingen, sie als Hure zu bezeichnen. Andere wiederum vermuten, dass Janis aufs Ganze gegangen ist, aber bei weitem nicht so häufig wie viele Mädchen, die einfach klug genug waren, über ihr Sexualleben Stillschweigen zu bewahren. Es gibt auch die Ansicht, Janis hätte zwar alles getan, um den Eindruck eines losen Mädels zu erwecken, sei es aber nie gewesen: »Es ist möglich, dass Janis die Anmachkönigin gespielt hat, ohne

Geschlechtsverkehr gehabt zu haben.« Karleen betont wie Janis' Klassenkamerad und Freund Tary Owens nachdrücklich, Janis sei bei ihrem Schulabschluss noch Jungfrau gewesen, wenn auch bis zum heutigen Tag »jeder Typ da unten behauptet, er hätte mit ihr geschlafen«. Sie hätte auch keine pornografischen Bücher gelesen. »Willst du wissen, was es war? Romane von Mickey Spillane.« Ob Janis ihre Jungfräulichkeit auf der High School verlor oder nicht, ist am Ende weniger wichtig als die Anstrengungen, die sie unternahm, anstößig zu erscheinen.

Mit Janis' Ruf wuchs auch ihre Ächtung. Der Country Club von Port Arthur richtete jedes Jahr einen Tanzabend für die Senior-Schüler der High School aus. Karleen gehörte dem Club an, aber ihre Klassenkameraden schlossen sie von dem Planungstreffen aus, weil sie mit Janis befreundet war. »Ich fand später heraus, dass sie mich nicht eingeladen hatten, weil sie dachten, ich würde Janis zu dem Tanzabend einladen, und das würde ihn einfach total ruinieren.« Ein Jahrzehnt später sollte sich Janis' über die »Country-Club-Mädels« auf den teuren Plätzen der ersten Reihe beschweren – oft die einzigen Mädchen, die sie bei ihren Konzerten wirklich sehen konnte. »Manchmal denken die, sie werden dich mögen. Und dann gehst du da raus und du beschädigst und verletzt ihre Weiblichkeit. Verstehst du: ›Keine Mieze sollte so dastehen.‹ Ich meine, sich vor den Gitarristen kauern und ›aaaahhh!‹ machen. Verstehst du, du schüttelst deine Titten, dein Haar ist strähnig, und du bist nicht geschminkt, und Schweiß läuft dein Gesicht runter, du kommst an das Scheiß-Mikrofon ran, Mann, und auf einmal macht's in ihren Köpfen einfach ›Klick‹ und sie stöhnen: ›Oooh nein!‹ ... und der Ausdruck auf ihren Gesichtern ist der absolute *Horror*. Die Mädels stöhnen: ›Oh mein Gott, sie mag ja singen können, aber sie muss sich nicht so aufführen!‹«

Es scheint praktisch unvorstellbar, dass Janis diese Strategie bewusster Provokation gewählt hätte, wenn sie geahnt hätte, wie heftig die Reaktion sein würde. Schüler spuckten sie an und warfen auf den Fluren Pennies nach ihr. Tary Owens erinnert sich: »Es wurde wirklich übel [in ihrem Senior-Jahr], denn da hat es diese Gruppe von Typen gegeben, zukünftige Studentenverbindungstypen, die Geschichten über sie erfanden und sie als Drecksau bezeichnet haben. Natürlich sagen die meisten von ihnen jetzt, sie hätten sie geliebt und sie sei einfach wunderbar gewesen.« Ein Grund für die unbarmherzigen Schikanen war, dass die Jungs »sie auf die Palme bringen« wollten, »sie dazu bringen wollten, dass sie ›Fuck you‹ sagt – und sie hat den Köder oft geschluckt«. Nach diesen Konfrontationen war Janis gewöhnlich »verletzt, was sie meistens durch Wut zeigte«. Oft suchte sie auch Trost bei einer Clique Jugendlicher, die genauso entfremdet waren wie sie.

Janis' Zugang zu dieser Welt kam durch Grant Lyons zustande, dessen Mutter das Little Theater von Port Arthur leitete. Lyons' Eltern kamen aus dem Osten, und seine Mutter war entschlossen, etwas Kultur in die lokale Szene zu bringen. Janis gehörte zu den Jugendlichen, die am Theater mitwirkten. Sie war Kulissenmalerin und spielte sogar die Unschuld vom Lande in einem Musical, das *Sunday Costs Five Pesos* hieß. Lyons war ein Footballstar, aber hier endet auch schon die Ähnlichkeit mit den beliebtesten Jungs der Jefferson High. Er hatte anfangs »überhaupt keine Freunde, weder Sportler noch Nichtsportler. Ich hatte keine Dates mit Mädels. Mein gesellschaftliches Leben war gleich null.« Dann lernte Lyons vier ebenso intelligente, rebellische Jungs – Dave Moriaty, Adrian Haston, Jim Langdon und Randy Tennant – kennen. Sie teilten die Begeisterung für Jazz und Folk Music, die Verzweiflung über die Spießigkeit und geistige Leere der Stadt und wurden gute Freunde. »Wir waren Saboteure«, behauptete Jim Langdon.

Wie zahlreiche angehende Rebellen der sechziger Jahre fühlten sie sich zu den Beatniks hingezogen. Artikel auflagenstarker Zeitschriften diffamierten die Beatniks gnadenlos, machten sie lächerlich und stellten oft die Männlichkeit der Männer in Frage. Diese Geschichten mögen die meisten Amerikaner abgeschreckt haben, aber sie machten all die Jugendlichen, die sich im Amerika der Fünfziger wie Mutanten vorkamen, auf eine alternative Existenz aufmerksam: Vielleicht konnten sie dem schrecklichen grauen Stumpfsinn entkommen, der sich vor ihnen zusammenbraute. Janis las in *Time* zum ersten Mal von den Beatniks. Jahre später, als sie bereits ein Star war, machte sie sich über ihre Vergangenheit als Teenager-Beatnik lustig. »Die Leute in Port Arthur dachten, ich sei ein Beatnik, und sie mochten keine Beatniks, obwohl sie nie einen gesehen hatten – ich auch nicht.« Auch wenn Janis nie einen leibhaftigen Beatnik gesehen hatte, der Artikel in *Time* verfehlte nicht seine Wirkung. Sie war hingerissen.

Wie ihre Vorbilder, war Port Arthurs kleine Bande von Beatniks eine männliche Gemeinschaft. Janis war das einzige Mädchen, dem es gelang, sich in ihre Reihen einzuschmeicheln. Vier der fünf Jungs hatten Freundinnen, die aber nicht Teil ihrer Clique waren; Mädchen und Weiblichkeit waren generell gleichbedeutend mit Konvention und Häuslichkeit. Aber Janis war kein typischer Teenager. Sie kam nicht als Freundin von einem der Jungs in die Clique, »sondern als eine, die zum Feiern da war, um in die Bars auf der anderen Seite des Flusses zu gehen und solche Sachen«, sagt Lyons. Im Gegensatz zu anderen Mädchen trug Janis »so ziemlich das Gleiche, was wir trugen, und kein Make-up«, und sie war »äußerst ausdrucksstark«. Diese Eigenschaft war »ein Teil dessen, was sie so amüsant gemacht hat«.

Patti Skaff sieht viele Gründe, warum Janis und die Jungs so gut miteinander auskamen. Sie waren alle Außenseiter und »emotional ausgehungert«. Und dann gab es noch das Energiebündel Janis. »Sie kam in einen Raum voller Leute und sagte gewöhnlich ›Hey Baby, was geht ab?‹ mit dieser lauten, energischen Stimme und hatte sofort alle Aufmerksamkeit.« Manchmal benutzte die Clique Janis als »Geheimwaffe« in Situationen, wo Leute vornehm taten. Jim Langdon erinnert sich, wie Janis einmal auf einer Party aufkreuzte, die ein »Prominenter aus Beaumont« gab. Sie hatte unter jedem Arm eine Flasche Schnaps und sagte nur: »Hört auf mit dieser Scheiße.« Die Gäste waren fassungslos; der Schock war weitaus wirkungsvoller, wenn er von einer Frau kam statt von einem Mann. Und Janis genoss es, Leute zu schockieren.

Dennoch war es nicht leicht, bei den Jungs mitzumischen, vor allem, weil man sich an der Jefferson High den Ruf des »Wahnsinns durch Umgang« einhandelte, wenn man mit Janis zusammen war. Und sie war eine Klasse unter den Jungs. Anfangs »machte die Bande keinen Platz für Janis. Aber sie hat ihr Ziel beharrlich verfolgt. Sie hat uns dauernd angerufen und gefragt: ›Wo geht ihr hin? Holt mich ab.‹« Und das taten die Jungs, denn sie waren höflich. »Ich meine, sie hat gejammert und geschmollt und verlangt, dabei zu sein, also haben wir sie mitgenommen.« Aber Janis bekam auch, was sie wollte, weil »sie amüsant war, weißt du, und sehr intelligent und sehr talentiert«. Lyons hatte nie den Eindruck, Janis hätte sich in die Clique eingeschmeichelt, aber er räumt ein, dass sie sich doch sehr anstrengen musste. »Sie war eindeutig ein Mädchen, und wir waren Jungs, und das hat einige Arbeit gekostet, aber sie hat's geschafft.« Janis schaffte es dadurch, dass sie wie ein Junge auftrat – wahrscheinlich der *einzige* Zugang für ein Mädchen. Sie hätte eine großartige Show abgeliefert, berichtet Jack Smith, der damals noch nicht zu der Beatnik-Clique gehörte. Janis hätte ihm nie erlaubt, mit ihr zu fluchen und zu scherzen, wie es Moriaty und die anderen Jungs taten. Smith behauptet: »Sie war ein Chamäleon« und sei bei den rebellischen Jungs knallhart aufgetreten, weil »sie einfach herausgefunden hatte, worauf die Clique aus war«.

Einer von den Jungs zu sein bedeutete natürlich, keinen

Freund zu haben, und Janis hatte während ihrer High-School-Zeit auffälligerweise keinen Freund, obwohl Jack Smith und Tary Owens behaupten, sie wären in sie verknallt gewesen. »Sie wurde von uns nicht als mögliche Sexualpartnerin angesehen«, erklärt Grant Lyons und fügt hinzu: »Ich weiß, es muss seltsam klingen angesichts der sexuellen Rolle, in die sie geschlüpft ist.« Moriaty nannte Janis immer »gutes altes Mädel«, was sie hasste. »Sie sagte immer: ›Verdammt, sag nicht gutes altes Mädel zu mir.‹ Sie fand, es war gönnerhaft und herablassend.« Es war sicherlich eine Bezeichnung, die den Mangel an sexuellem Interesse der Jungs an ihr unterstrich. Sich in ihre Clique »hineinzuflicken« sollte eine gute Übung dafür sein, in den Männerclub des Rock & Roll zu platzen, aber sie hinterließ bei Janis das Gefühl, sie wäre sexuell ein Nichts. Lyons ist der Ansicht, dieses Gefühl sei »permanent« gewesen, und sie hätte »immer versucht, sich da hindurchzuarbeiten oder es zu beseitigen«.

Wenn Janis nicht mit der Bande herumhing, versteckte sie sich oft irgendwo und malte, am liebsten Akte. Ihre Eltern fanden die Themenwahl »unangemessen« und betrachteten sie als weitere sexuelle Provokation. Karleen erklärt: »Ihre Eltern dachten, ein Großteil der Kunst sei ohnehin Pornografie.« Sie versuchten, Janis auf Landschaftsmalerei und Seestücke hinzulenken. Laura erinnert sich, wie ihr Vater sie und Janis zur Pleasure Pier fuhr, damit Janis Meeresszenen malen konnte. Aber Janis malte weiterhin unbeirrt Aktbilder. Die Dinge spitzten sich zu, als sie die Innenseite der Tür ihres Schlafzimmerschranks mit einem Akt dekorierte. Entschlossen, ihre beiden anderen Kinder vor »derartigen Anblicken« zu schützen, zwangen ihre Eltern Janis, das anstößige Bild zu übermalen. Für das Werk eines Teenagers, der im Goldenen Dreieck gefangen war, sind Janis' Gemälde bemerkenswert, aber ihre Passion für Kunst zählte als Defizit in Port Arthur und machte sie für die Jugendlichen außerhalb ihrer Clique nur noch absonderlicher. »Es ging das Gerücht um, dass sie zu einem alten verlassenen Autokino nahe der High School fuhr ... dort ihre Staffelei aufstellte und malte«, erinnert sich ein Klassenkamerad. »Sie war wild und seltsam und ungewöhnlich.« Für ihre Eltern und nahezu alle Klassenkameraden bestätigte Janis' künstlerische Ausdruckskraft nur ihre sexuelle Frühreife.

Auch Musik wurde für Janis und ihre rebellischen Freunde zur Passion. Musik war nicht nur Hintergrundgeräusch, sie war eine Deklaration des Andersseins. Wenn sie die nächtlichen Rundfunksendungen hörten und die Kisten des Schallplattengeschäfts durchkämmten, suchten sie Musik aus, die nie auf einem Tanzabend der TJ High gespielt wurde – vor allem Folk, Jazz und Blues. Es war für sie die Musik der Abtrünnigen, unbefleckt von Kommerzialität. Dagegen wirkte Rock & Roll in den späten Fünfzigern und frühen Sechzigern – den Frankie-Avalon-Jahren – hoffnungslos kommerziell, wie massenproduzierter Dreck. »Er schien so schal, nur schubidu«, erklärte Janis Jahre später. »Er hatte *nichts*.«

Bei ihren Partys oder wenn sie zwischen Port Arthur, Orange und Beaumont hin und her fuhren – sie nannten es »das Dreieck machen« – sang die Clique Folksongs. Wie für andere junge Folkies und weiße Blues-Fans war Huddie Ledbetter ihr Idol. Er war unter dem Namen Leadbelly bekannt und hinter der Staatsgrenze in Louisiana aufgewachsen. »Das ist es«, war Bob Dylans Reaktion, als er Leadbelly zum ersten Mal hörte. Grant Lyons brachte eine Leadbelly-Platte zu einer Party mit, wo Janis sie hörte. Sie äußerte später, seine Musik sei »wie ein Blitz« gewesen. »Sie *bedeutete* mir etwas.« Leadbelly, ein ehemaliger Sträfling, war zweimal begnadigt worden (einmal wegen Mord) und für verdrossene weiße Jugendliche unwiderstehlich, ein Blitzableiter für ihr Gefühl der Marginalität und Entfremdung. Der Musikwissenschaftler John Lomax hatte den Musiker auf einer seiner Reisen durch die Gefängnisse und Besserungsanstalten der Südstaaten entdeckt, bei denen er Folksongs für die Library of Congress sammelte. In den dreißiger Jahren wurde Leadbelly zum Liebling der weißen Linksintellektuellen. Sein erster professioneller Auftritt fand kurioserweise bei einer Versammlung der Modern Language Association statt, bei der sich alljährlich Literaturprofessoren und Hochschulabsolventen treffen. Leadbelly starb 1949 an amyotrophischer lateraler Sklerose. Seine Stimme hatte eine große Ausdruckskraft – wie »die Wucht eines Schmiedehammers, der auf Stahl trifft« – und dazu beigetragen, das Folk-Revival der späten fünfziger und frühen sechziger Jahre auszulösen.

Janis behauptet, die erste Platte, die sie je gekauft hätte, sei von Leadbelly gewesen, aber die erste Sängerin, die sie zu imitieren versuchte, war Odetta. Bevor Joan Baez die Bühne betrat, war Odetta die Queen der Folk Music. Sie hatte in Los Angeles das Licht der Welt erblickt und gehörte mit Richie Havens, Len Chandler und Jackie Washington zu der Hand voll jüngerer schwarzer Folksinger der Sechziger. Der Legende nach entdeckte Janis, dass sie singen konnte, als sie einen Song von Odetta meisterte. Obwohl die Meinungen über den Ort geteilt sind, erinnern sich alle an den Augenblick, an dem Janis »auf Odetta machte«. Da sie nicht mehr hören wollte, wie ihre Freunde einen Odetta-Song ruinierten, fing Janis plötzlich an, mit einer Stimme zu singen, die klang, als hätte sie Odetta herbeigezaubert. Der Schock verschlug den Jungs die Sprache. »Sie legte einfach los und klang genau wie Odetta. Das hat uns bloßgestellt. Wir haben immer Folksongs gesungen, wenn wir irgendwohin gefahren sind. Na ja, danach haben wir das immer noch gemacht, aber es war nicht mehr dasselbe. Wir waren nicht mehr in der selben Klasse.« Janis soll verkündet haben: »He, ich glaub, ich hab 'ne Stimme.« Das mag zutreffen, aber im Gegensatz zu den Jungs hatte Janis bereits eine Ahnung davon, dass sie singen konnte. Vielleicht hatte sie aber auch herausgefunden, dass sie sich mit ihrem Gesang selbst ausdrücken konnte, statt nur recht nett für andere zu klingen.

Die Leidenschaft der Clique waren Folk, Blues und Jazz, aber

Janis und die Jungs verbrachten auch zahllose Nächte in der Cajun-Stadt Vinton in Louisiana, wo Jim Langdon erste Engagements als Posaunist in Rock-&-Roll-Bands fand. Vinton war einer der Orte, wo »sie dir Alkohol verkauft haben, wenn du alt genug warst, um über den Tresen zu schauen«. Während die Bars in Port Arthur nur Schanklizenzen für Bier und Wein besaßen, war es in Louisiana auch erlaubt, Spirituosen zu verkaufen. Hinter der Grenze reihte sich eine Bar an die andere – Lou Ann's, Busters, Big Oak und Shady Rest waren beliebte Nachtclubs. Viele Mädchen, nicht nur »böse«, überquerten die Grenze, aber sie gingen nicht in die wirklich üblen Bars wie Busters und Shady Rest, die Janis und die Jungs bevorzugten. (Karleen nahm beispielsweise niemals an diesen Ausflügen teil.) Dort hörte die Clique weiße Soul-Bands wie die Boogie Kings und Jerry LaCroix and The Counts. In Lou Ann's spielten schwarze Musiker »großartige, erdige, fetzige Jimmy-Reed-Bluesmusik«, schwärmte Janis. Die Clique war von dem »Swamp Rock« begeistert, den sie in den Bars hörte, doch Patti war anderer Meinung. Sie hörte nur »laute, harte, treibende rhythmische Musik, Rock-Around-The-Clock-Musik. Es war der reine Beat. Und du konntest dort um elf Uhr morgens oder elf Uhr nachts hingehen und es war so ziemlich das Gleiche. Es war einfach üble, üble Musik, aber für uns war es Disneyland.«

Natürlich überschritten zahlreiche weiße Jugendliche (darunter einige der Musiker, mit denen Janis später spielen sollte) Grenzen, um einen Blick auf andere Kulturen zu werfen, die »authentischer« als ihre eigene schienen. Spätere Bluesmusiker wie Michael Bloomfield, Nick Gravenites und Paul Butterfield verkehrten in den Blues-Clubs der South Side von Chicago. Dave Getz, der Schlagzeuger von Big Brother, war unter den Tausenden von Jugendlichen gewesen, die die erste Rock-&-Roll-Show des Discjockeys Alan Freed im Brooklyn Paramount gesehen hatten. Und andere Teenager, darunter James Gurley und Peter Albin von Big Brother, frequentierten Jazzclubs wie das Black Hawk oder Jimbo's Bop City in San Francisco. Trotz aller Anstrengungen ihrer Eltern waren weiße Teenager aus der Mittelschicht fasziniert von den Randexistenzen der amerikanischen Gesellschaft – Lastwagenfahrer wie Elvis Presley und Tellerwäscher wie Little Richard, die zu Stars des frühen Rock & Roll aufstiegen. Der Prozess des »Prestiges von unten« war seit den zwanziger Jahren bei einer winzigen Minderheit von jungen weißen Jazzliebhabern in Gang gewesen, aber er drohte mit dem Aufkommen des Rock & Roll in den Fünfzigern und Sechzigern ein Massenphänomen zu werden.

Wenn es um Musik ging oder den Kampf für Gerechtigkeit – und beide waren miteinander verknüpft –, bezog Amerika »seinen Lebenssaft« definitiv von den Schwarzen. Die Kraft ihrer Kultur wurde weißen Teenagern zuerst von Männern vermittelt, deren Wege sich selten kreuzten – den Rundfunk-Discjockeys und den Beatnik-Schreibern. In den Vierzigern mussten die Programmgestalter des Rundfunks die Sendezeit ausfüllen, die durch den Wechsel von Sendungen wie *I Love Lucy* oder *Amos and Andy* zum Fernsehen frei geworden war. Sie begannen unter anderem, schwarze Hörer anzusprechen, und weiße Jugendliche waren die unbeabsichtigten Nutznießer, die jetzt ursprünglichere und wildere Musik als die übliche Mittelwellen-Kost hören konnten. Die Auswirkungen waren immens. Michael Bloomfield war nur einer von vielen Teenagern, deren Leben durch den Rundfunk unwiderruflich verändert wurde. Er blieb bis in die Nacht wach, hielt sein kleines Transistorradio ans Ohr gepresst und hörte die Sender seiner Heimatstadt, den Megawatt-Sender WLAC aus Nashville und XERB in Mexiko. Es war »eine andere Welt« für ihn, wie »ein Dschungel in der Stadt«. Janis und ihre Freunde hörten ebenfalls einige dieser Sender, aber auch lokale Discjockeys wie Big Bopper aus Beaumont, der mit dem Song »Chantilly Lace« berühmt wurde.

Alan Freed spürte, welch gewaltiges Marktpotential diese Musik bei den weißen Teenagern hatte. Er benutzte zuerst den

Ausdruck »Rock & Roll« für die Rhythm-&-Blues-Titel, die er und andere im Rundfunk spielten. Weiße Discjockeys wie Freed, John »R« Richbourg und Gene Nobles in Nashville oder George »Hound Dog« Lorenz in Buffalo waren eine Art von Rassenrebellen, die Schallplatten schwarzer Künstler statt weiße Coverversionen spielten und in ihren Sendungen oft einen »schwarzen« Sprachstil nachahmten. Viele ihrer Zuhörer – weiße wie schwarze – hielten John R und Gene Nobles vom Sender WLAC wegen ihres typischen Jargons für Schwarze. Wie zahlreiche junge Weiße im frühen Rock & Roll – die Songschreiber Jerry Leiber und Mike Stoller zum Beispiel – waren sie von schwarzer Kultur besonders angetan. Sie gingen so weit, eine Art schwarzen Kleidungsstil zu kultivieren und taten gelegentlich noch etwas Eindrucksvolleres. Johnny Otis, ein Rhythm-&-Blues-Musiker und Impresario, heiratete eine Schwarze, lebte in der schwarzen Gemeinschaft und kämpfte ein Leben lang gegen die Rassendiskriminierung.

Als Jazzliebhaber war Jack Kerouac nicht sonderlich an Rock & Roll interessiert, aber auch er war von der schwarzen Kultur angezogen und schrieb in *Unterwegs*, er wolle »Welten mit den glücklichen, treuherzigen, ekstatischen Negern Amerikas tauschen«. Niemand fing die Vernarrtheit der weißen Beatniks und Hipster in das Schwarzsein besser ein als Norman Mailer in seinem kontroversen Essay »Der weiße Neger« von 1957. »Der Neger (alle Ausnahmen zugelassen) konnte sich kaum die raffinierten Untersagungen der Zivilisation leisten und behielt daher die Kunst des Primitiven für sein Überleben bei, er lebte in der immensen Gegenwart, er existierte für seinen Kitzel am Samstagabend und gab die Vergnügungen des Geistes für die notwendigeren Vergnügungen des Körpers auf.« Sein Essay war so voll von rassistischen Objektivierungen, dass es selbst damals ziemliches Aufsehen erregte. Der Dichter Kenneth Rexroth, der »große alte Mann der Beat-Generation«, prangerte weiße Hipster wie Mailer an, die glaubten,

»der Neger wird mit einem Saxophon im Mund und einer Nadel in den Armen geboren... In Jazzkreisen nennen sie das Crow Jimism.« In »The Black Boy Looks at the White Boy« beschuldigt James Baldwin Weiße, den Schwarzen als »eine Art Phallussymbol auf zwei Beinen« anzusehen. Bei ihrem Versuch, Amerikas Rassenschranken zu durchbrechen, übernahm die nächste Generation weißer Jugendlicher trotz aller Anstrengungen, sich von gesellschaftlichen Zwängen zu befreien, kritiklos diese Fetischisierung des Schwarzseins.

Janis und ihre Clique bezogen einen Großteil ihrer Inspiration von der schwarzen Kultur, aber sie lebten nicht in New York oder San Francisco und frequentierten keine Clubs und Cafés, wo Weiße *und* Schwarze verkehrten. Das einzige Café Port Arthurs schloss nach sechs Monaten; Janis und ihre Freunde waren seine einzigen Kunden gewesen. In Ost-Texas herrschte Rassentrennung, und an den Rändern herumzuhängen bedeutete, in rauen Redneck-Schuppen in Louisiana zu verkehren. »Man musste sich mit keinem anlegen, um dort Ärger zu bekommen«, erinnert sich Dave Moriaty. »Du musstest nur reingehen und dich komisch aufführen und du hattest jede Menge Ärger.« Da sie sich als Outlaws gaben, lernten sie in den Bars von Vinton den harten Lebensstil der Arbeiterklasse kennen. Dave Getz von Big Brother weist darauf hin, dass sich Janis in dieser Welt richtig wohl gefühlt hätte, »auch wenn ihre Familie definitiv kein weißer Abschaum war. Janis fühlte sich zu dieser Südstaaten-Gesindel-Sache hingezogen. Es war ein Teil ihrer Persönlichkeit; deswegen hat sie sich bei den Motorradjungs wohl gefühlt, obwohl ihre Freunde gebildet waren und sie genauso. In dem Teil der Welt, in dem sie aufgewachsen ist, hat's 'ne Menge Leute gegeben, die so waren, und da bist du hingegangen, wenn du nicht auf dem Pfad der Tugend gewandelt bist. Und sie ist nicht auf dem Pfad der Tugend gewandelt.« Der Anschluss an die Welt des »White Trash« war zweifelsohne ein sicherer Weg für Janis, sich von ihren Eltern abzugrenzen, die diese Welt während der Neuordnung der Klassengesellschaft nach dem Zweiten Weltkrieg verlassen hatten.

Als Janis ein Senior auf der High School war, tat sie alles, um ihren Eltern zu zeigen, dass sie nie die Lehrerin ihrer Träume in Port Arthur werden würde. Sie begann zu trinken. »Meine Mutter hat Janis den allerersten Drink gemacht«, erzählt Karleen. »Meine Mutter sagte: ›Wenn du schon trinkst, dann tu's zu Hause.‹ Sie hat uns einen feinen Whiskey Sour gemixt. Wir haben ihn getrunken, und das war's.« Aber nicht für Janis. Sie weigerte sich, ihr Trinken auf zu Hause zu beschränken. »Dann fing Janis an, über den Fluss zu gehen.« An einem Wochenende ging Janis sogar weiter als Vinton. Sie erzählte ihren Eltern, sie würde mit Seths Auto zu Karleen fahren, um bei ihr zu übernachten. Stattdessen fuhr sie mit Jim Langdon und zwei weiteren Freunden nach New Orleans, um Musik zu hören. Wenn sie nicht einen kleinen Unfall gehabt hätten, wäre ihre Lüge nie ans Licht gekommen. Aber als die Polizei von Louisiana ihre Papiere überprüfte und entdeckte, dass sie es mit drei Volljährigen und einer Minderjährigen zu tun hatte, wurde die Situation bedrohlich. »Sie haben mit dem Gesetz gedroht, Unzucht mit Minderjährigen unterstellt, dabei war der Ausflug allein ihre Idee gewesen!« Als die Polizei die Joplins in Port Arthur anrief, tat Dorothy so, als sei nichts Außergewöhnliches passiert. Laura Joplin schreibt, Janis' Verhalten sei »so schlimm« gewesen, »dass unsere Eltern nicht wussten, was sie dazu sagen sollten«.

Missetaten stießen im Haus der Joplins auf eine Mauer aus Schweigen. Dagegen waren auf der High School zahllose Gerüchte über Janis' Promiskuität in Umlauf. Sie wurde sogar in das Büro des Schulberaters gerufen, um zu Anschuldigungen wegen »Trinkens und ungehörigen Benehmens« Stellung zu nehmen. Janis bestritt die Vorwürfe, aber später erzählte sie Karleen, sie hätte ihre Tasche äußerst vorsichtig auf den Boden des Büros stellen müssen, weil sie darin eine Weinflasche versteckt hatte. Die Joplins standen ihrer Wildheit derart hilflos gegenüber, dass sie Janis zu einem Psychologen schickten – in den fünfziger Jahren ein höchst ungewöhnlicher Schritt für Eltern, besonders in Port Arthur, wo der Besuch bei einem Psychologen gleichbedeutend mit dem Eingeständnis einer Geisteskrankheit war. Janis machte ihren Schulabschluss ohne Zwischenfall. Während der Abschlussball stattfand, fuhr sie mit Karleen in Port Arthur herum. Als Höhepunkt des Abends nahmen sie zwei Anhalter mit, die nach dem nahegelegenen Port Neches wollten, setzten sie dort ab, und das war's auch schon.

1970 erklärte Janis: »Ich bin jetzt seit zwölf, dreizehn Jahren diese Mieze. Damals war ich jünger, unerfahrener, aber ich war derselbe Mensch mit denselben Trieben und demselben Mumm und demselben Stil.« Da war sie 27 Jahre alt. Die mythische Janis Joplin – die knallharte, ungehobelte, schrille Tussi – war ein Geschöpf, an dem Janis seit ihrer Teenagerzeit bastelte. So konnte sie bestimmte Dinge unter Kontrolle bringen: Sie konnte sich sagen, dass nicht Janis abgelehnt wurde, sondern das kehlige Gelächter, das sie entwickelt hatte, ihr Fluchen, ihr Trinken oder ihr billiges Auftreten. Vielleicht dachte sie, die Fassade, die sie so geschickt konstruierte, könnte alle Schläge abfangen, während ihr Kern unberührt blieb. Die Verkörperung der knallharten Mieze brachte Janis zudem viel Beachtung ein, auch wenn sie negativ war. Auch Jim Langdon trat knallhart auf. »Port Arthur war feindselig ... Ich konnte's nie akzeptieren, von den Neandertalern dieser Welt schikaniert zu werden. Knallhart sein half.« Janis half es nicht allzu sehr. Ihr Auftreten lud lediglich zu weiteren Kränkungen ein.

Elvis war an der High School ebenfalls ein Außenseiter gewesen, aber diese Erfahrung verfolgte ihn nicht. Er machte Memphis zu seinem Zuhause und baute dort eine Villa. Janis dagegen floh aus Port Arthur. Ein unbeliebter Junge zu sein war kein Zuckerschlecken, aber von Jungs wurde nicht unbedingt Popularität verlangt. Für Mädchen war Beliebtheit die ganze Show, doch Janis hatte die bei Teenagern der fünfziger Jahre am meisten verhasste Position: sie war das Mädchen ohne Date. Ein Jahrzehnt nach ihrem High-School-Abschluss kämpfte Janis noch immer mit ihrer Heimatstadt und beklagte sich landesweit im Fernsehen, man hätte sie »aus der Klasse verlacht, aus der Stadt und aus dem Staat«. David Dalton entwirft in seinem Porträt von Janis ein gespenstisches Szenario: »Jedes Mal, wenn etwas schief ging, schien es gerade so, als würde sich diese große, hässliche, weitläufige Stadt drohend aufrichten und sagen: ›Wir kennen dich, und wir werden immer die Wahrheit über dich sagen.‹« Bei einer anderen Gelegenheit erklärte Janis: »Alle, die wie ich Ambitionen haben, verlassen Port Arthur so schnell wie möglich, oder sie werden in Beschlag genommen, unterdrückt und niedergemacht.« Sie tat so, als sei das ganz leicht, nur eine Frage der Entschlossenheit. Aber als die College-Zeit auf Janis zukam, lebte sie noch immer im »unendlichen Nirgendwo«.

»Du bist nicht aus Port Arthur entkommen, wenn du aufs Lamar gegangen bist«, erklärt Dave Moriaty. »Das war die enttäuschende Wahl; es gab keine Trennlinie zwischen dem High-School-Abschluss und Lamar auf der anderen Seite der Straße.« Genau genommen lag das Lamar State College of Technology nicht auf der anderen Straßenseite, sondern in der Nachbarstadt Beaumont, aber es war wie ein verlängerter Arm von TJ. »Du nimmst all diese High Schools«, erklärt Grant Lyons, »wickelst ein Lasso darum, ziehst es zusammen, und du hast Lamar Tech.« Die Vorstellung, Lamar sogar zwei Jahre lang besuchen zu müssen, war ein »Horror« für Grant. Zum Glück bekam er ein Football-Stipendium der Tulane-Universität in New Orleans. Schüler der Thomas Jefferson High School, die im Unterricht oder auf dem Spielfeld erfolgreich waren, entschieden sich gewöhnlich nicht für Lamar, wenn es sich ihre

Eltern leisten konnten. Dave Moriaty, der Sohn eines Elektroingenieurs, schrieb sich an der Universität von Texas in Austin ein, wohin die meisten »kreativen, abgedrehten Leute gingen«. Aber Jim Langdon, Adrian Haston, Tary Owens und Janis hatten weniger Glück. Janis' Noten in der High School waren gut gewesen, aber für sie oder ihre Eltern stand kein anderes College zur Debatte als Lamar.

Lamar war für die Jugendlichen im Goldenen Dreieck eher erschwinglich, weil sie zu Hause wohnen und so Kosten sparen konnten. Trotz der beschränkten finanziellen Möglichkeiten ihrer Eltern zog Janis in ein Wohnheim für Studentinnen. Vielleicht wollten Seth und Dorothy sie aus dem Haus haben, fern von ihren anderen Kindern. Vielleicht bestand Janis auch darauf auszuziehen, und ihre Eltern kapitulierten. Auf alle Fälle war Janis begeistert, von zu Hause weg zu sein. Laura erinnert sich, dass Janis sie praktisch »mit dem Versprechen ›Auf bald‹ rauswarf«, nachdem die Familie ihr geholfen hatte, den letzten Umzugskarton in ihr Zimmer zu tragen.

Lamar war sicherlich ein Fortschritt gegenüber der High School. Janis fühlte sich hier weniger als Freak, da sich die Rebellen aus Port Arthur mit anderen Außenseitern aus allen Teilen von Ost-Texas zusammentaten. Diese Gruppe von 50 unangepassten Studenten steckte ihr eigenes Gebiet in der Mensa ab und legte Wert darauf, unter sich zu bleiben. Sie war allerdings noch eine kleine Minderheit. Darüber hinaus waren manche Studenten an den Nachbartischen alte Bekannte, die Janis an der Jefferson High unabsichtlich »unterhalten« hatte. Die Mädchen, die Studentenverbindungen angehörten, tratschten, dass sie eine Hure sei, und versuchten sogar, Janis' Zimmergenossin zu überreden, sie loszuwerden. Zweifelsohne glaubten manche Studenten den Tratsch und hielten sich von ihr fern, um ihren Ruf nicht aufs Spiel zu setzen. Für Janis hatte Lamar auch in anderer Hinsicht eine unheimliche Ähnlichkeit mit Jefferson High. Die Seminare waren meistens langweilig, und Janis schwänzte einfach. Laura behauptet, ihre Schwester hätte Kunst als Hauptfach ernst genommen, Tary Owens meint dagegen, niemand aus ihrer Clique hätte irgendein Seminar ernst genommen. Janis' Studienbuch enthüllt, dass ihr nur drei übertragbare Stunden für ihren Collegeabschluss gutgeschrieben wurden. Das Guthaben stammte aus einem Schreibseminar, in dem sie eine glatte Zwei bekommen hatte. (Für den amerikanischen College- und Universitätsabschluss muss eine bestimmte Stundenzahl erfüllt werden, die je nach akademischem Grad bei ungefähr 120–140 liegt. Übertragbare Stunden bleiben beim Wechsel auf eine andere Universität gültig. Anm. d. Ü.) Selbst Janis' Interesse an Kunst schwand, als sie Tommy Stopher kennen lernte, einen Jungen aus Beaumont, und entschied, er sei der bessere Maler. Janis konnte nicht ertragen, Zweitbeste auf einem Gebiet zu sein, das sie mochte, sagt Tary Owens.

Wie viele Kunststudenten in Amerika perfektionierte Janis »die hohe Kunst des Ausgehens«. Patti und Janis saßen lieber »in Bars in Beaumont, wenn wir im Unterricht auf dem College sein sollten. Wir haben getrunken und geredet und getrunken und geredet. Wer weiß, worüber wir geredet haben.« Die »Jugendlichen, die ihren Ingenieur machen wollten, schauten immer nur kurz vorbei«, während Janis und ihre Clique sich die Zeit mit Partys vertrieben. Sie waren Musterbeispiele an Entspanntheit im Vergleich zu den Mädchen, die einen Abschluss im Heiratswesen anstrebten, und »den Jungs vom Land mit ihren Rechenschiebern«, die Ingenieure und Techniker in den Ölraffinerien werden wollten. Statt zu büffeln durchzechten sie die Nächte mit intensiven Diskussionen über Leadbellys Musik, Sartres *No Exit*, Ferlinghettis *A Coney Island of the Mind* oder die Werke Faulkners und Hemingways. Gelegentlich machten sie Musik, aber meistens hörten sie nur Schallplatten. Patti Skaff behauptet, damals »spielte Janis miserabel und die anderen waren genauso schlecht. Wenn du dir 'ne Posaune vorstellen kannst, 'ne miese Gitarre und 'ne Mundharmonika – da kam nicht viel bei raus.«

Janis, Patti Skaff und Dave McQueen waren das Herz ihrer Clique. Dave hatte als Jugendlicher das Leben am Rand der Gesellschaft kennen gelernt, denn wenn sein Vater nicht als Wanderarbeiter von Ölfeld zu Ölfeld zog, saß er im Gefängnis. Um eine »kalte, freudlose und einsame« Kindheit zu überleben, verlor er sich in Büchern. Als er 14 war, zog seine Mutter mit der Familie nach Port Arthur, wo sie Arbeit als Kellnerin fand. Der »unersättliche Leser« hing in seinem Senior-Jahr an der TJ High mit einigen Lamar-Studenten herum, die ihn mit den Beatnik-Autoren bekannt machten. »Ich begann, alles von diesen Typen zu lesen, was ich in die Finger bekam. Ich hab alles von Kerouac gelesen, auch das wirklich langweilige Zeug.« Auf Lamar begann er, mit Patti auszugehen, die es geschafft hatte, sich »aus der Universität von Texas zu trinken«. Patti studierte Kunst und stand manchmal Modell, allerdings immer in einem Badeanzug – es war ja schließlich Lamar! Pattis Eltern gehörten dem Port Arthur Country Club an, sie aber fühlte sich vom Lebensstil der Randexistenzen angezogen. Janis und Patti verstanden sich sofort, als sie sich kennen lernten, und bald trieben sie sich zu immer größeren Angriffen auf die herrschende Ordnung und Moral an. »Die eine sagte: ›Ich werd *dies* tun‹, und die andere sagte: ›Dann werd ich *das* tun.‹« Patti erwartete nicht viel während ihrer Jugend in Port Arthur. »Es war eine große Ausnahme, jemanden zu treffen, der überhaupt interessant war.«

Und Janis war eine große Ausnahme. Dave McQueen hörte zum ersten Mal von Janis, als ihm Tary Owens von »dieser Frau« erzählte, »die wir echt kennen lernen sollten, denn sie war eindeutig eine von uns. Also gingen wir eines Nachmittags die Straße hoch, in der das Haus der Joplins stand, zu Luby's Cafeteria, und wir saßen alle herum und tranken Kaffee und redeten den ganzen Nachmittag. Ich fand sie sensationell. Sie war eindeutig eine von uns. Wir waren einfach Leseratten, Rebellen und Radaubrüder, und wir alle wollten letztendlich in North Beach landen.« Bald bildeten Patti, Dave und Janis eine »Art Familie« in Beaumont. »Wir waren andauernd zusammen und hatten eine sehr intensive Beziehung zueinander.« Janis fuhr sogar mit Dave und Patti in die Flitterwochen nach New Orleans. Vor seiner Heirat hatten Dave und Janis einmal auf dem Rücksitz eines Autos miteinander geschlafen. »Ich fand sie immer hübsch, und da saßen wir nebeneinander, und eins führte zum anderen.« Die Beatniks nachzuahmen hieß, sexuell zu experimentieren: »Wir haben uns in dieser Kultur wie Gesetzlose und Abtrünnige gefühlt und sehr angestrengt versucht, hip zu sein.«

Wie auf den meisten Pendler-Colleges gab es auf Lamar wenig Campus-Leben. Bis die Studenten in den Sechzigern gegen die Bevormundung an den Universitäten rebellierten, hielten restriktive Sperrstunden die Studentinnen nachts in ihren Wohnheimen praktisch gefangen. Und Lamar hatte ein besonders wachsames Auge auf seine Studentinnen. Eine Kommilitonin von Janis, eine geschiedene 24-jährige, war nicht nur gezwungen, in einem Wohnheim zu leben; sie wurde sogar des Colleges verwiesen, weil sie auf der Terrasse des Heims einen Bikini getragen hatte. Die Rebellen von Lamar feierten ihre Partys einfach nicht auf dem Campus und umgingen so die Regeln. Das war nur möglich, weil Studenten nicht in Wohnheimen leben mussten. Janis hatte sich eine einfache Strategie ausgedacht, um die ganze Nacht zu feiern – sie schlich sich davon, *nachdem* die Einhaltung der Sperrstunde kontrolliert war. Bei ihren Partys außerhalb des Campus tranken Janis und ihre Freunde »gewaltige Mengen«, vor allem Bier. Sie kauften es gallonenweise im Paragon, einem Drive-in-Restaurant, wo es in Flaschen oder Kanister abgefüllt wurde. Janis' Clique brach noch andere Tabus – manchmal nahmen auch schwarze Jugendliche an ihren Partys teil. Obwohl sie sich nicht als politische Aktivisten sahen, verfochten sie die Gleichberechtigung aus Überzeugung. Die Clique war auch dabei, als versucht wurde, Farbigen den Zugang zum Walgreens-Imbiss in Beaumont zu erstreiten.

Janis mochte zwar die Partys, aber als das Herbstsemester zu Ende ging, hatte sie das College gründlich satt. Da sie kein Geld hatte, zog sie wieder nach Port Arthur. Ihre Eltern redeten auf sie ein, sich für Kurse in Kartenlochen und Maschineschreiben am Port Arthur College einzuschreiben. Dorothy war dort vor zwei Jahren als Schreibmaschinenlehrerin engagiert worden. (Eifrig wie immer hatte sie Maschineschreiben belegt und unterrichtete noch vor Ende ihres Semesters selbst. Bald darauf wurde Dorothy zur Archivarin des Colleges ernannt.) Janis kann nicht sonderlich begeistert gewesen sein, Sekretärin zu werden; dazu fehlte sie zu oft: 20 Tage in einem Zeitraum von vier Monaten. Die Vereinbarung mit ihren Eltern sah allerdings vor, dass sie die Sekretärinnenprüfung bestand, bevor sie in eine Großstadt zog.

Wenn sie nicht am Unterricht teilnahm, war sie mit Patti unterwegs. Sie schlenderten durch das Geschäftsviertel von Port Arthur und verkrochen sich meistens in den Hörkabinen des Schallplattenladens, wo sie alle Musikrichtungen vom Country-Blues aus dem Mississippi-Delta bis zum Jazz und Country in sich aufsogen. Manchmal gingen die beiden zu den Skaffs, wo Patti mit dem teuren Tonbandgerät ihres Vaters Janis' Gesang aufnahm. Auftritte waren noch in weiter Ferne, aber Janis sah in jenem Frühjahr Frances Vincent, eine Freundin vom Lamar Tech, mit den Beaumont Community Players auf der Bühne. Die Aufführung mag Erinnerungen an den Spaß geweckt haben, den sie als kleines Kind hatte, wenn sie in der Kirche ein Solo sang. Frances spielte in der Musikkomödie *The Boyfriend*. »Ich hatte eine der guten Rollen, und Janis schaute bei einer Probe vorbei. Als wir fertig waren und ich von der Bühne kam, sagte sie: ›Ich will machen, was *du* machst!‹ Sie hat es voller Enthusiasmus gesagt. Ich denke, sie wollte im Mittelpunkt des Interesses stehen. Sie war wegen der Sache ziemlich aufgeregt. Ich war etwas verblüfft, aber ich sagte zu ihr: ›Also, das kriegst du hin.‹ Ich hatte ja keine Ahnung. Wenn ich heute daran zurückdenke, denk ich ›Oha!‹« Es sollte etwas mehr als ein Jahr dauern, bis Janis ernsthaft auftrat.

Im Sommer 1961 bestand Janis die Sekretärinnenprüfung, und ihre Eltern schickten sie nach Los Angeles. Es schien ihnen die einzige Lösung, sie auf den rechten Weg zu bringen, wenn Tausende von Meilen zwischen ihr und dem Randgebiet der Boheme des Goldenen Dreiecks lagen. Sie konnten Janis über die beiden Schwestern Dorothys, die nach Los Angeles gezogen waren, immer noch »kontrollieren«. Jim Langdon »hatte den Eindruck, dass Janis nicht begeistert war von der Idee, bei ihren Tanten zu wohnen, aber sie wollte weg von zu Hause, und sie wollte nach Kalifornien«. Randy Tennant, ein Freund von Janis, teilt Langdons Ansicht. Obwohl sie ihre Tanten mochte, hätte ihr nicht gefallen, von ihnen beaufsichtigt zu werden. Von Janis' Eindruck, »sie würde verbannt«, war er allerdings überrascht. Janis wollte weg von Port Arthur, aber sie wollte nicht das Gefühl haben, sie würde weggeschickt. Der Besuch begann nicht sehr verheißungsvoll. Janis' Tanten, die sie am Busbahnhof abholten, waren nicht begeistert, ihre Nichte mit einem jungen Schwarzen zu sehen, der bei ihren glänzenden neuen Koffern stand und den sie stolz als ihren Reisebegleiter vorstellte. Als sie ihr Komplimente wegen der Koffer machten, betonte Janis, die seien nicht ihre Idee gewesen. »Mutter bestand darauf, sie mir zu kaufen. Ich wollte sie nicht. Ich hatte vor, mein Zeug in eine alte Reisetasche zu stecken, aber sie bestand darauf.«

Janis zog zuerst bei ihrer Tante Mimi ein, die in Brentwood lebte. Sie ließ sie in der »Künstlerbaracke« wohnen, in der ihr Mann malte. Janis' Eltern drängten sie, einen Job zu suchen. Mit Hilfe ihrer Tanten fand sie Arbeit als Locherin bei der Telefongesellschaft. Das war alles andere als das Künstlerleben in der Großstadt, das sie sich vorgestellt hatte. Janis saß mit Hunderten anderer Frauen in einem riesigen Raum und versuchte, trotz des ohrenbetäubenden Geklappers und der abstumpfenden Routine nicht die Konzentration zu verlieren. Sie muss die Arbeit gehasst haben. Später hatte Janis die Lacher auf ihrer Seite, wenn sie eine Anekdote von ihrem ersten Arbeitstag erzählte. »›Na, Schätzchen‹, fragt mich diese alte Lady, ›wie gefällt dir's, dein' Lebensunterhalt zu lochen?‹ Janis hat sich einfach kaputtgelacht, und sie hat es unaufhörlich erzählt.«

Von ihrer Tante Mimi zog Janis in ein Apartment, das Tante Barbara, eine Immobilienmaklerin, für sie gefunden hatte. Als sie die Miete nicht mehr bezahlen konnte, zog sie in das Apartment, das sich Barbara mit ihrer Tochter teilte. Janis stand Barbara näher, die nicht nur eine bewegte Vergangenheit, sondern auch eine unkonventionelle Gegenwart hatte. Barbara Irwin war zweimal verheiratet gewesen und hatte eine enge Beziehung zu ihrem Chef. Sie hatte kein Interesse, die Vorstellungen weiblicher Ehrbarkeit hochzuhalten, die Dorothy so angestrengt durchzusetzen versuchte, und muss Janis wie die Tante aus einem Traum erschienen sein. Barbaras Arbeitstag begann um 10 Uhr vormittags mit Martinis, die sie sich mit ihrem Chef mixte. Sechs Stunden später wiederholten sie das Ritual. Sie luden Janis sogar dazu ein.

Das Arrangement hätte funktionieren können, wäre da nicht Barbaras Tochter gewesen, die ihre Mutter nicht mit Janis teilen wollte. Die Situation spitzte sich derart zu, dass Janis auszog und ein Apartment in einem heruntergekommenen Stadtteil von Venice mietete. Die Gegend war schlimm, aber das Apartment war noch schlimmer. Eine riesige Stahltonne voller Abfall dominierte das Wohnzimmer. Janis' einziger Versuch, den Raum zu schmücken, bestand aus einer Collage, die sie aus einem »eingetrockneten Topf Erbsensuppe mit einem Schinkenknochen« konstruiert hatte, die an »einem alten Strick« hingen. Entsetzt über den Schmutz schrie Barbara sie an: »Du bist nicht aufgezogen worden, um so zu leben.« Sie bekamen einen Streit, der damit endete, dass Tante Barbara schwor, sie würde Janis dort nie mehr besuchen.

In Venice fand Janis eine billige Bleibe und die Überreste der Beatnik-Szene, die Lawrence Lipton 1959 in seinem Buch *The Holy Barbarians* für kurze Zeit bekannt gemacht hatte. Es gab die Kaffeehäuser, die zwanglose Folktreffs veranstalteten, bei denen jeder singen oder spielen konnte. Janis sang ein paar Mal im Gas House. Es gab kleinere Boheme-Berühmtheiten wie Eric Nord, der frühere Besitzer des Co-Existence Bagel Shop in San Francisco. Er gehörte zu denjenigen, die der Artikel »The Bored, the Bearded and the Beat« der Zeitschrift *Look* im August 1958 groß herausgestellt hatte. Aber im Großen und Ganzen war Venice im Sommer 1961, als Janis auftauchte, zu einer schäbigen Touristenfalle verkommen. Sie beschloss, sich ihren Traum zu erfüllen, die Küste hoch nach North Beach zu trampen und die dortige Szene zu erkunden. Ihre Tanten boten ihr an, die Busfahrt zu bezahlen, aber sie lehnte ab: »Ich will euer Geld nicht. Ich will dorthin, und zwar auf *meine* Art.« Sie schrieb Jim Langdon von ihrem Plan, nach San Francisco zu trampen. Er und Randy Tennant brachen von Port Arthur auf und wollten sie dort treffen. Sie trampten und sprangen auf Güterzüge, wurden aber schließlich an der Grenze nach Kalifornien festgenommen. Jim und Randy erreichten nie ihr Ziel, doch Janis blieb anscheinend einige Monate dort. Sie lernte Sally Lee kennen, eine weitere Rebellin aus dem Süden, die mit ihr nach Los Angeles zurücktrampte, um Janis' Habseligkeiten bei Tante Barbara abzuholen. Unterwegs kaufte sich Janis eine mit Schaffell gefütterte Bomberjacke aus dem Zweiten Weltkrieg. Als sie um Weihnachten herum nach Port Arthur zurückkehrte, lief sie Tag für Tag damit herum, die Innenseite nach außen gekehrt.

Janis kam unangemeldet zu Hause an und überraschte alle, als sie aus dem Taxi sprang und über ihr Gepäck stolperte. Sie hatte die hübschen Koffer, die Dorothy ihr geschenkt hatte, weggeworfen und durch zusammengeschnürte Schuhkartons ersetzt. Ihre Eltern waren glücklich, die verlorene Tochter zu sehen. Laura und Michael waren begeistert. Aber schon bald war die Frage, was Janis mit ihrem Leben anfangen würde, erneut das vorherrschende Thema im Haushalt der Joplins. Janis schrieb sich wieder am Lamar College ein. Diesmal wohnte sie zu Hause. Ihre Eltern ließen sie kommen und gehen, wie es ihr gefiel, solange sie zur Kirche ging und ihre Arbeit machte. Seth bot ihr sogar mehrmals an, die Hälfte zu einem Auto beizusteuern, wenn sie den Rest bezahlte. Also begann Janis bei einer Bowlingbahn als Kellnerin zu arbeiten. Laura behauptet, sie hätte ihre Unabhängigkeit genossen, doch Patti sagt, es sei ein »scheußlicher Job« gewesen, bei dem Janis ein Haarnetz tragen musste – ein deutliches Zeichen schlechter Arbeitsbedingungen.

Auch das Leben zu Hause begann wieder nach bekannten Mustern zu verlaufen. Janis' Eltern zogen »eine unsichtbare Linie zwischen Janis und Michael und mir«, erinnert sich Laura, »und tolerierten Verhaltensweisen bei ihr, die sie uns verboten«. Janis konnte nicht umhin, ihre Eltern zu provozieren, indem sie ihren Geschwistern riet, »sich so zu benehmen wie sie selbst«. Seit sie einen wirklichen Einblick in das Beatnik-Leben gehabt hatte, waren ihre »Verhaltensweisen« noch bedrohlicher. Sie hatte Marihuana geraucht und eine kleine Menge davon in ihre Schuhkartons gepackt. Tommy Stophers Bruder Wali erinnert sich, dass eines Abends nach Janis' Rückkehr »ein paar von uns herumhingen, und Jim Langdon macht Janis an und sagt: ›Wir wissen, dass du Marihuana hast, und wir wollen es ausprobieren. Du bist da draußen gewesen, du musst welches haben.‹ Und sie sagt: ›Es langt gerade für mich, Mann.‹ Nach langem Zögern hat sie schließlich einen dünnen kleinen Joint gedreht und wir haben ein paar Züge gemacht.« Wahrscheinlich wussten Janis' Eltern nichts davon, aber sie müssen sich über all die schlechten Angewohnheiten Sorgen gemacht haben, zu denen sie ihre Geschwister verleiten konnte.

Janis verbrachte immer mehr Zeit mit Patti. Wenn ihre Schicht um Mitternacht vorbei war, gingen die beiden gewöhnlich aus und teilten sich einen Sechserpack und den »Schmerz und die triste Lage«, in Ost-Texas festzusitzen. Manchmal waren sie von der Zuneigung, die sie füreinander empfanden, sogar selbst überrascht, besonders eines Nachts bei einer ihrer zahllosen feuchtfröhlichen Partys. »Ich weiß nicht, was die Ursache war«, erzählt Patti. »Wir haben uns auf einer Party umarmt und geküsst, und danach war die Hölle los.« Angeblich kam Pattis Mann Dave McQueen kurz danach und war so entsetzt, als er von dem Kuss hörte, dass er eine Bierflasche nach Patti warf. Die Flasche verfehlte sie nur knapp und traf stattdessen Jack Smith, der mehrere Vorderzähne verlor. Als Janis, sichtbar in Sorge, Jack aus dem Haus half und ihn mit ihrem Auto ins Krankenhaus fuhr, murmelte sie immer wieder: »Das hätte nicht passieren dürfen. Das ist schrecklich. Warum ist das passiert?«

Dave McQueen behauptet, es hätte an den Pillen gelegen, von denen er praktisch gelebt hätte. Die Luft von Port Arthur hatte bei ihm ernste chronische Allergien hervorgerufen, und die Medikamente hätten ihn gelegentlich ziemlich »irre« gemacht. »Ich war ein Speed Freak und hab's nicht mal gewusst.« Patti dagegen ist weniger sicher, dass ihn der Kuss nicht wirklich berührte: »Also vielleicht hat's ihn nicht entsetzt, vielleicht aber doch.« Der Kuss »bedeutete« Patti »etwas«: »Wir haben's getan. Wir haben's ernst gemeint. Wir haben die Leute nicht nur verarscht. Oh, vielleicht ein klein wenig.« Falls Patti und Janis die »Leute« nicht nur »verarscht« haben, dann möglicherweise, weil weder sie noch alle anderen Mitglieder der Clique die Intensität ihrer Gefühle füreinander richtig einordnen konnten. Bei einer Silvesterparty wurde Janis und Patti einmal vorgeschlagen, sich zu prügeln. »Ich denke, es war wahrscheinlich dieselbe Energie«, erklärt Patti, die den Kuss mit ihrem Kampf vergleicht, den sie schließlich vortäuschten. »Es ist einfach das Tier in dir, das große Mengen Bier und die Jugend zum Vorschein bringen. Aber ich habe sie wirklich aufrichtig geliebt. Und sie hat mich geliebt.«

Trotz all ihrer Vertrautheit wurden Janis und Patti nie ein Liebespaar, aber während jener Zeit hatte Janis wahrscheinlich zum ersten Mal Sex mit einer Frau. Die Clique feierte wie gewöhnlich, und Janis hatte ziemlich viel getrunken. Im Lauf des Abends verschwand sie mit einer Frau, mit der sie möglicherweise in einem Auto intim war, das hinter einer Hecke parkte. Jack Smith sollte Janis nach Hause fahren und suchte sie gerade, als sie plötzlich wieder auftauchte. »So, was denkst du jetzt von mir? Denkst du, das macht mich zu einem schlechten Menschen?«, fragte Janis. »Alkohol bringt dich dazu, komische Dinge zu tun.« Jack versicherte, seine Einstellung ihr gegenüber hätte sich nicht geändert. »Es schien einfach vollkommen natürlich, dass Janis so abenteuerlich war.« Das Ganze sei »situationsbedingt und zufällig« gewesen. »Ich denke irgendwie, alles an Janis war so.« Es ist unwahrscheinlich, dass die Clique Janis wegen ihrer sexuellen Experimente Schwierigkeiten machte, aber das heißt nicht, dass sie wegen ihrer gleichgeschlechtlichen Abenteuer wirklich unterstützt wurde.

Die Clique mag »bewusst versucht« haben, »auf der Kippe zu stehen«, aber Homosexualität war nicht wirklich cool. Dave hatte nicht einmal Patti von seinen gelegentlichen sexuellen Erfahrungen mit Männern erzählt. Und Janis war entgegen ihrer Art verschwiegen, wenn es um ihre Beziehungen zu Frauen ging. Sie war von dem Kuss und der Aufregung, die er verursacht hatte, sogar so betroffen, dass sie einen Therapeuten aufsuchte. Homophobie war allgegenwärtig und es sollte noch ein Jahrzehnt dauern, bis die Schwulenbewegung entstand. Niemand war vollständig frei davon, nicht einmal Janis.

Patti meint rückblickend, sie hätten sich »gerade genug« gegeben, »um weiterzumachen«, aber Janis sehnte sich nach mehr. Sie wollte aus Port Arthur ausbrechen. Sie hatte es schon einmal getan. Sie hatte jedoch keine Lust mehr, allein an die Westküste zu reisen. Dieses Mal wollte Janis Gesellschaft. »Warum sind alle außer mir ein Paar?« Jim Langdon erinnert sich, wie Janis eines Abends feststellte: »Da sind Jack und Nova, da sind Jim und Rae, da sind der und die, aber da ist immer nur Janis.« Sie bedrängte Patti, die verheiratet war, mit ihr nach Kalifornien zu trampen. »Janis hat mich angefleht, ich solle mitkommen«, erinnert sich Patti, »aber ich konnte's einfach nicht tun.« Danach war sie kurz in Frank Davis vernarrt, ein Lamar-Student und begeisterter Leadbelly-Anhänger, der Gitarre spielte. Womöglich dachte Janis, er sei ihr Ausweg aus Texas, ein Freund, mit dem sie Musik machen konnte.

Vielleicht war es ihre Einsamkeit oder ihre Überzeugung, dass sie immer allein sein würde und der Rest der Welt schmucke Paare, der den folgenden Vorfall erklärt. »Janis und ein anderer Typ und ich sind einmal spät morgens nach Galveston losgefahren«, erzählt Dave McQueen. »Wir haben ein paar Sechserpacks gekauft, am Strand gesessen und getrunken und den ganzen Tag geredet. Und am frühen Abend, als wir nach Hause fuhren, saß Janis auf dem Rücksitz. Plötzlich fing sie an zu schluchzen und brach total zusammen, einfach wegen nichts. So was hatte ich noch nie gesehen. Wir mussten anhalten. Sie stieg aus und lief eine Zeit lang die Straße auf und ab, rang verzweifelt die Hände und schluchzte nur. Ich versuchte, sie zu trösten, aber sie wollte nicht angefasst werden. Nach ein paar Minuten, fast genauso plötzlich, hat sie sich zusammengerissen und ist wieder eingestiegen, und wir sind weitergefahren und haben Witze gemacht wie immer.« Es war das einzige Mal, dass Dave »das Ausmaß ihrer Verletzlichkeit« sah.

Janis' Freunde fanden, dass ihr Auftreten als knallhartes Mädel ihre Einsamkeit oft verschlimmerte. »Janis wollte so sehr geliebt werden, aber sie ging auf Nummer Sicher. Du hast eine ganz schöne Reise machen müssen, wenn du diese weiche Seite berühren wolltest. Je mehr sie sich abgelehnt fühlte, desto zorniger wurde sie, desto hässlicher wurde sie, desto gemeiner wurde sie.« Und zwangsläufig wurde sie umso mehr abgelehnt. Frances Vincent hatte Mühe, Janis zu akzeptieren, als sie auf Lamar ihre Bekanntschaft machte. »Ihre Ausstrahlung war voller Wut. Aber ich verstand ziemlich schnell, dass sie nicht nur *sehr* intelligent war, sondern auch äußerst zerbrechlich und verletzlich.« »Janis konnte entzückend und unglaublich liebenswert sein«, sagt Frank Davis, »aber sie hat dich immer rumgeschubst wie eine Katze, die mit 'ner Maus spielt, um dich wütend, geradezu gewalttätig zu machen, damit du auf ihrem Leidensniveau warst.« Er löste die Beziehung zu Janis, weil er nicht in einem ewigen Kampf leben wollte.

Eine Zeit lang suchte Janis bei Jack Smith Gesellschaft und Trost, ihrem Freund aus der Junior High. Jack erinnert sich, wie ihn Janis einmal an eine Wand drängte und verkündete, sie beide gehörten zusammen und nicht er und Nova, seine Freundin. Nova war nicht in der Stadt, da sie aufs College ging, und Jack und Janis verbrachten viel Zeit miteinander. Aber Janis verhielt sich, als hätte sie mehr im Sinn, als miteinander auszugehen – sie erklärte Jack, sie wolle ihn heiraten. Er nahm sie nicht ernst. »Ich war einfach da, und andere nicht. Janis war glücklich damit, wie es war.« Schließlich war es gefahrlos, Jack einen Antrag zu machen – er war bereits in festen Händen. Janis war sicherlich nicht glücklich, das fünfte Rad am Wagen zu sein, aber auch nicht bereit, sich häuslich niederzulassen und zu heiraten.

Sie hätte nie etwas anderes sein wollen als »ein Beatnik«, erklärte Janis gern, als sie berühmt war. Sie wollte »sich zudröhnen, flachgelegt werden und Spaß haben«. Aber das ist nicht der Refrain, den Jack Smith hörte. Janis fragte ihn damals oft: »Warum kann ich nicht die Sorte Mensch sein, der das Haus mit dem weißen Gartenzaun will?« Es quälte sie, dass sie unkonventionelle Wünsche hatte, vor allem angesichts der Alternativen. Die Jobs, die sie gehabt hatte – Kellnerin, Locherin – waren die Art Arbeit, die eine junge Frau ohne Collegeausbildung in den frühen Sechzigern bekommen konnte. Es sah nicht danach aus, als könne sie ihren Lebensunterhalt als Sängerin verdienen. Und damals war es eher ein ferner Traum als ein Vorsatz, Sängerin zu werden. »Ich wusste, dass ich 'ne gute Stimme hatte«, sollte Janis später sagen, »und ich konnte immer 'n paar Bier damit verdienen.« Wie sich herausstellte, waren ein paar Biere alles, was ihre Stimme ihr in Ost-Texas einbrachte. Die wenigen Versuche, in der Gegend von Port Arthur zu singen, blieben ohne Erfolg. Jim Langdon hatte mit einem Freund vereinbart, dass Janis bei einer Silvesterfeier in einem Privatclub einige Songs mit dessen Jazzband singen durfte. Langdons Freund schickte Janis nach nur einer Nummer von der Bühne. Er wollte keine Sängerin, die einem Song ihren Stempel aufdrückte wie eine Dampfwalze.

Die Partys und Ausflüge über die Staatsgrenze zu den Bars von Vinton wurden von Mal zu Mal wilder. Janis und Patti hatten gelernt, die Cajuns anzumachen, damit sie nicht nur ihren Eintritt, sondern auch ihre Getränke bezahlten. Wenn den Einheimischen klar wurde, dass Janis und Patti nicht die Absicht hatten, ihren Teil des Handels zu erfüllen, wurden sie manchmal wütend, und die Jungs aus Texas mussten sich prügeln, um die Frauen zu retten. »Janis und Patti kamen meistens in diese missliche Lage, weil die Einheimischen sie angemacht und die Mädels ihnen Saures gegeben haben.« Damals rechnete kein Mann damit, dass sich Mädchen so verhielten, aber »in jenen Tagen verprügelten nicht mal Rednecks Frauen, mit denen sie nicht wenigstens verlobt waren«. Eines Abends hatte Patti, sehr zu Daves Entsetzen, in einer Bar reichlich geflirtet. Er kochte vor Wut und fuhr die Clique zurück nach Texas – mit einer Geschwindigkeit von ungefähr 110 Meilen. Die weiteren Ereignisse bleiben unklar: Dave hätte in einer Kurve die Kontrolle verloren und das Auto hätte sich dreimal überschlagen, bevor es im Straßengraben gelandet sei. Als sich der Wagen überschlug, soll einer der Insassen aufgestöhnt haben: »Ich hoffe, wir sterben alle.« Dave beteuert, es hätte keinen Unfall gegeben, und das Auto hätte sich schon gar nicht überschlagen. Sein 55er Oldsmobile sei ein »Panzer« und dafür viel zu schwer gewesen. Als der Wagen von der Straße abkam, seien zwei Reifen geplatzt, das sei alles gewesen. Niemand sei verletzt worden.

»Wir waren kreativ, wir waren Rebellen, wir standen einfach auf anderen Dingen. Also sind wir ausgegangen und haben verrückte Dinge getan. Wir sind die ganze Zeit mit den Autos unserer Eltern in der Gegend herumgefahren, wenn Benzin drin war und wir eins in die Finger kriegen konnten. Wir waren einfach diese Leute, die nicht aufgeben wollten. Ich glaube, wir waren nahe dran, im Gefängnis zu landen oder in einer Besserungsanstalt.« Die Clique hatte nie ernsthafte Schwierigkeiten, aber mehrere Begegnungen mit der Polizei. Janis überredete Jack eines Nachts, eine der tragbaren Lampen am Sockel der Zugbrücke nach Pleasure Island zu stehlen. Die Polizei steckte ihn ins Gefängnis, bis Janis einen Aufruhr veranstaltete und die Tat für sich reklamierte. Jack wurde schließlich freigelassen. Ein anderes Mal kletterte die Clique auf den Steg unter der Rainbow Bridge, die nach Louisiana führte. Ein Autofahrer vermutete einen Selbstmordversuch und alarmierte die Polizei, die sich mit heulenden Sirenen und blitzendem Blaulicht auf sie stürzte.

Die Rainbow Bridge, die höchste Brücke im Süden, war einer ihrer beliebtesten Treffpunkte. Sie sei ein Symbol gewesen für die Clique, erläutert Jim Langdon. »Keiner von uns hat geplant, in Port Arthur zu bleiben. Was immer vor uns lag, es war irgendwo da draußen. Zweihundert Fuß über dem Neches River ... hast du sehen können, dass es in der Ferne tatsächlich einen Horizont gab, nach dem man die Hand ausstrecken konnte.« Im Frühling 1962 entschieden sich einige Mitglieder der Clique für die Ehe, einige machten die ersten Schritte in die Richtung dieses Horizonts und zogen nach Austin. Janis gab Jack Smith Recht, als er ihr vorhielt, sie könne nicht ewig in Port Arthur herumhängen und Partys feiern. Aber nicht ganz: Warum sollte sie die Party beenden, wenn sie doch in Austin feiern konnte, wo sich eine lebendige Folk-Szene entwickelte? »Sie brach auf, um in Austin Eindruck zu schinden.« Janis war bereits ein kleiner Star gewesen; jetzt »würde sie sich das zurückholen«.

Magnetische Musik

Heute genießt Austin den Ruf der Musikmetropole des Südwestens, aber in den sechziger Jahren war die Stadt »das bestgehütete Geheimnis in Amerika«. Die Hauptstadt des Staates und Sitz der Universität von Texas war damals so klein, dass jeglicher Verkehr auf der Interstate 35 zum Stillstand kam, wenn ein Zug hindurchfuhr. Langdon und den Rebellen aus Port Arthur erschien Austin mit seinen saftigen, welligen Hügeln »wie Nirwana«, ein »kleines Zentrum der Erleuchtung« inmitten des »weiten primitiven Ödlands von Texas«. Seit etwa 1960 erfuhr Austin eine Art Invasion, als all die »schrägen Vögel, die irren Typen, merkwürdigen Gestalten und Künstler« im Collegealter »aus dem Rest des Staats dorthin wanderten«. Nahezu alle, die zu Janis' Clique gehörten, lebten eine Zeit lang in Austin. Die Stadt mag »rassistisch, stockkonservativ und langweilig« gewesen sein, aber es war auch »eine Oase für alle mit Verstand oder einem Funken Kreativität«. Für Rebellen wie Janis, die an Orten wie Port Arthur festgesessen hatten, war der Umzug nach Austin, »als bekäme man Asyl gewährt«.

Janis hörte schon bald nach ihrer Rückkehr aus Kalifornien von den Wundern Austins, hauptsächlich von Jack Smith, der die Stadt bereits besucht hatte. Er schwärmte von all den Menschen dort, die wie sie Bücher lasen. »Du hast Leute in unserem Alter finden können, die Apartments voller Bücher hatten und in der Mensa heiße Diskussionen geführt haben. Ich kam mit dieser großen Vision zurück.« Eines späten Abends, als die anderen Mitglieder der Clique den obligatorischen Ausflug nach Vinton unternahmen, drehte sich Janis zu Jack und sagte: »Lass uns dieses Austin besichtigen, von dem du immer redest.« Sie fuhren mit Seth Joplins Auto direkt in das Epizentrum der aufblühenden Gegenkultur Austins, das als »Ghetto« bekannt war: eine Ansammlung baufälliger Apartmenthäuser in der Nueces Street, die zwei Stockwerke hoch waren und wie Baracken wirkten. Als Janis und Jack am Morgen gegen halb sechs ankamen, fanden sie ein paar verschlafene Nachtschwärmer und den Folkie John Clay, der mit einer Flasche Wein zwischen den Beinen auf einem Kühlschrank saß und Banjo spielte. »Ich denke, du hast Recht«, sagte Janis und strahlte Jack an. »Hier wird mir's gefallen.«

Als sie am nächsten Tag nach Port Arthur zurückkamen, musste Janis die Konsequenzen tragen, weil sie zum wiederholten Male das Auto ihres Vaters ohne zu fragen genommen hatte. Janis' spontane Ausflüge aus Port Arthur waren inzwischen zur Routine geworden und riefen zu Hause Wut und Frustration hervor. Janis' letzte Eskapade brachte das Fass zum Überlaufen. Jetzt war ihren Eltern jede Lösung recht. Sie erlaubten ihr schließlich, das Goldene Dreieck zu verlassen und sich an der Universität von Texas einzuschreiben. Dorothy sprach allerdings ein Machtwort, als Janis ankündigte, sie wolle im Ghetto wohnen. Als ihre Mutter und Laura mit ihr nach Austin gefahren waren, um ein Apartment für sie zu suchen, hatte sie den beiden das Viertel gezeigt und sich damit keinen Dienst erwiesen. Letztendlich gab es aber keinen Streit – die Universität verlangte, dass Erstsemester in Wohnheimen oder von der Universität genehmigten Pensionen lebten, die von wachsamen Hausmüttern beaufsichtigt wurden. Janis wohnte in solch einer Pension, aber ihre Hausmutter kann nicht allzu wachsam gewesen sein, denn das Ghetto war schnell ihr bevorzugter Aufenthaltsort.

Die Universität von Texas wurde 1962 trotz der aufkeimenden Gegenkultur immer noch von Sportlern, Studentenverbindungen und »Bubbleheads« (Mädchen mit Hochfrisuren, die Studentenverbindungen angehörten) beherrscht. So konnte

Janis Gleichgesinnte schnell erkennen. Fredda Slote kam aus einem Internat in New England und trug »glatte, hüftlange Haare und eine kleine Drahtbrille«. Sie hatte an ihrem ersten Tag auf der Universität von Texas ein Jeanskleid an, das sie sich hatte nähen lassen, und Ledersandalen, die bis zum Knie geschnürt waren. Die hatte sie natürlich in Greenwich Village gekauft. »Ich sah nicht wie die durchschnittliche Studentin der Universität von Texas aus. Ich stand in einer Schlange, um mich für einen Kurs einzutragen, als eine junge Frau zu mir kam, mir auf die Schulter klopfte und sagte: ›Komm mit, ich will dich den Leuten vorstellen, mit denen du die nächsten vier Jahre verbringen wirst.‹ Und sie brachte mich rüber zur Mensa und stellte mich Powell St. John [ihrem späteren Freund] und all seinen Freunden vor. Und sie hatte Recht, diese Leute sind bis zum heutigen Tag meine engsten Freunde geblieben.«

Fredda Slote hätte in Brandeis oder Berkeley eine größere Anzahl unkonventioneller Studenten finden können, aber die Universitäten waren in den frühen Sechzigern größtenteils »Monolithen des Althergebrachten«. Collegestudenten waren damals sogar so angepasst, dass die meisten Beobachter ein Wiederaufleben des Konservatismus auf den amerikanischen Universitäten vorhersagten. John Clay stellte ein Jahrzehnt später rückblickend fest, es hätte an der Universität von Texas zweifelsohne einen »Generationsunterschied« gegeben, »aber nicht wie der, von dem man heute spricht. Leute wie Janis und ich haben die Werte unserer *eigenen* Generation abgelehnt.« Die meisten Studenten der Universität von Texas waren beispielsweise Befürworter der Rassentrennung, während Janis' Clique an Bürgerrechtsdemonstrationen teilnahm. Die wenigen schwarzen Studenten mussten sich mit der Demütigung »weißer« und »farbiger« Toiletten und vorsintflutlichen Besuchsregeln in den Wohnheimen abfinden. Boten und Lieferanten waren 1961 die einzigen schwarzen Männer, die Zugang zu den Frauenwohnheimen hatten, und sie durften nur den Vorraum betreten. Schwarzen Besucherinnen war es zwar erlaubt, die Zimmer zu betreten, aber nicht gestattet, die Toiletten und Trinkbrunnen zu benutzen. Wenn eine Schwarze eine Weiße besuchte, musste die Zimmertür geschlossen bleiben – eine seltsame Umkehrung der allgemeinen Collegeregel, dass die Türen offen stehen mussten, wenn Männer zu Besuch kamen. Diese erniedrigenden Reglements riefen bei den weißen Studenten so gut wie keinen Widerspruch hervor; sie waren meistens teilnahmslos und reservierten ihre Leidenschaft für den texanischen Football, Rivalitäten zwischen den Studentenverbindungen und Schönheitswettbewerbe. Jeden Monat schien es einen neuen Schönheitswettbewerb zu geben – den University-Sweetheart-Wettbewerb, den Varsity-Queen-Wettbewerb, den Miss-Campus-Busen-Wettbewerb – ganz zu schweigen vom jährlichen Wettstreit der Cheerleader.

Die unkonventionellen Studenten empfanden die strengen Campusregeln als Tyrannei, doch für die Mädchen hatte die Universität einen besonderen Schrecken. Janis' Freundin Pepi Plowman erinnert sich an ein Seminar in Naturwissenschaft, bei dem sie »mehr Angst« vor ihrer Laborpartnerin hatte als vor allem anderen. »Sie hatte diese Hochfrisur und alles an ihr war *absolut perfekt*. Da haben wir versucht, einigermaßen wir selbst zu sein und auch so auszusehen, statt den Erwartungen zu entsprechen – wenigstens die Mädels.« Ihre Anstrengungen mussten in dieser Atmosphäre der Gleichschaltung Aufsehen erregen. Keine war provokativer als Janis, deren Uniform noch immer aus einem weißen Herrenhemd bestand, das sie jetzt zu Khakihosen oder Jeans trug, und weißen Tennisschuhen oder Mokassins. Sie machte sich nicht die Mühe, einen Büstenhalter anzuziehen, Make-up aufzulegen oder ihre Haare zu »einem großen lackierten Helm« zu frisieren, um den perfekten Bubblehead-Look zu erzielen – und das 1962, als »die meisten Frauen das Schlafzimmer nie ohne Hüfthalter und komplettes Make-up verließen«. Wie schon in der Vergangenheit ging

Janis' Rebellion weit über das Tragen ungewöhnlicher Kleidung hinaus. Damals »ließen Frauen keine Fürze und sagten schon gar nicht ›Scheiße‹ in der Öffentlichkeit«, was Janis' Weigerung, damenhaft zu sein, »absolut revolutionär« machte.

Janis rief die beabsichtigte Reaktion hervor. Schon nach wenigen Monaten widmete ihr der *Daily Texan* einen ganzen Artikel. »Sie wagt es, anders zu sein!« schrie die Überschrift. Ein Foto, das eine hausbackene, aber entschlossen dreinschauende Janis zeigte, die Autoharp [amerikanische Knopfzither] spielte und sang, unterstrich die Aussage. Ohne Make-up und ordentliche Frisur sah Janis vollkommen anders aus als die Schönheiten, die gewöhnlich die Seiten der Campuszeitung zierten. »Sie geht barfuß, wenn sie sich danach fühlt, trägt Levi's im Unterricht, weil sie bequemer sind, und nimmt ihre Autoharp überall mit hin, um sie zur Hand zu haben, wenn ihr danach ist, ein Lied zu singen.« Obwohl es ihr Gesang war, der Pat Sharpe vom *Daily Texan* auf Janis aufmerksam gemacht hatte, schrieb sie hauptsächlich über ihr Aussehen, ihren Straßenjargon und ihre Freunde aus dem Ghetto. Sharpe mochte Janis, aber sie war entsetzt, als Janis mit einer Flasche Schnaps zum Interview in der Mensa erschien – dafür hätte sie von der Universität verwiesen werden können. Es war das erste Mal, dass Janis versuchte, einen Journalisten zu schockieren, und es sollte nicht das letzte Mal sein.

Janis arbeitete daran, die außergewöhnlichste Gestalt auf dem Campus zu werden, aber sie hatte einige Konkurrenz. »Alle haben eine bestimmte Pose einstudiert und alle haben versucht herauszufinden, was die Leute in Greenwich Village trugen. Wir haben die gleiche Art von Kleidung getragen – Barretts, Rollkragenpullover – und versucht, Beatniks zu sein.« Es überrascht nicht, dass Janis' Freunde – die selbsternannte Texas-Mafia – den Kern der Gegenkultur in Austin bildeten. Viele von ihnen zogen später nach San Francisco, wo sie am Entstehen der Kultur von Haight-Ashbury aktiv beteiligt waren. Neben Janis, Pepi und Fredda gab es Gilbert Shelton, der den *Texas Ranger* herausgab, eine preisgekrönte satirische Studentenzeitschrift und »die Bastion der Gegenkultur« auf dem Campus. Shelton war Kunststudent und Folkie. Er hatte sich die *Wonder Warthog*-Comics für den *Ranger* ausgedacht. 1966 begann er, *The Furry Freak Brothers* zu zeichnen, die ihm »seinen Lebensunterhalt und Ruhm bei der Gegenkultur in San Francisco« einbrachten.

Shelton arbeitete mit Jack Jackson zusammen, dessen Buch *God Nose* häufig als erstes Underground-Comicbuch angesehen wird. Jackson kümmerte sich später um den Verkauf psychedelischer Poster in Chet Helms' Avalon Ballroom in San Francisco. Helms war früher Mitglied der Jungrepublikaner gewesen und hatte sein Studium an der Universität von Texas abgebrochen. Wenn er nicht durch das Land trampte, gehörte er auch zu der Clique. Helms wurde später ein bedeutender Rock-&-Roll-Veranstalter in San Francisco, aber damals war er nur der »dürre Junge auf Peyote bei ihren Besäufnissen mittwochnachmittags«. Dann gab es die Englisch-Studentin Stephanie Chernikowski, die in Beaumont aufgewachsen und wie Janis in die Bars hinter der Staatsgrenze gegangen war. Als Teenager hatte sie Elvis vergöttert, aber auf der Universität von Texas stand sie auf Folk Music und lief mit einer »abgenutzten Taschenbuchausgabe von *Unterwegs* in der hinteren Tasche ihre Levi's« auf dem Campus herum. Dave Moriaty, der wie Janis aus Port Arthur stammte und bereits im Ghetto wohnte, als sie in Austin ankam, gründete später die *Rip Off Press* in San Francisco. Fredda Slotes Freund Powell St. John wohnte im gleichen Haus wie Moriaty und Jackson. Er spielte leidenschaftlich Mundharmonika bei den Conqueroo in Austin und später bei Mother Earth in San Francisco. Bob Brown, ein frühreifer Junge, der noch zur High School ging, verkehrte in der Ghetto-Clique und spielte mit Powell bei Conqueroo. Zur Clique gehörten auch Travis Rivers, der später das *Oracle*, die psychedelische Zeitung von Haight-Ashbury, herausgab, und die Brüder Ramsey und Lanny Wiggins. Lanny hatte ein »großes Repertoire an Songs« und beherrschte das fünfsaitige Banjo, was ihn zu einer Art »Guru« bei den Folkmusikern der Stadt machte. Dann war da Julie Paul, die Folk Music mochte und sich wie Janis weigerte, wie eine ordentliche Studentin herumzulaufen. Sie war übergewichtig und trug ebenfalls ein weißes Herrenhemd mit hochgekrempelten Ärmeln zu ihren Jeans und Mokassins. Julie war die Adoptivtochter eines Eisenbahnlobbyisten und in Austin aufgewachsen. Sie »trank oft und benahm sich dann daneben«, erinnert sich Ramsey Wiggins. »Und sie hatte gewöhnlich eine Marlboro im Mundwinkel hängen.« Julie raste mit ihrem roten TR3 durch die Stadt und war dabei oft betrunken. »Sie war ein gutes altes Mädel. Sie sagte immer: ›Wenn ich so betrunken bin, dass ich nicht mehr gehen kann, dann setzt mich einfach in mein Auto und fahr.‹ Und das haben wir gemacht, aufgeklärt wie wir waren, und sind mitgefahren.« Julie wurde oft mit Janis verglichen, denn ihre äußerliche Härte konnte ihre Verletzlichkeit und Liebenswürdigkeit nie ganz verbergen. Beide waren »mutig, aber unsicher«, doch es gab einen deutlichen Unterschied: Julie schien nicht andauernd überzukochen – sie hatte nicht Janis' Zorn.

Schließlich gab es noch die Brüder Stopher aus Beaumont. Wali Stopher war von Lamar auf die Universität von Texas gewechselt und eine Schlüsselfigur in Austins Gegenkultur (der erste Headshop der Stadt wurde nach ihm benannt). Walis hübscher Bruder Tommy setzte »den Maßstab der persönlichen Freiheit«, den die meisten Mitglieder der Clique, Janis eingeschlossen, »damals und später in ihrem Leben zu erfüllen versuchten«. Tommy Stopher, dessen Malerei Janis überzeugt hatte, ein anderes Ventil für ihre Kreativität zu suchen, war zumindest indirekt für Janis' Interesse am Singen verantwortlich. Er war außerdem der erste Mensch, den die Clique kennen gelernt hatte, »der sich selbst zum Künstler ausrief«. Stophers »persönlicher Held« war Janis' Lieblingsmaler Modigliani. Er liebte es, über den Künstler zu reden, »dass sein kurzes Leben aus zwei Geliebten, seiner Staffelei und der allgegenwärtigen Flasche Wein bestand, alles in ein und demselben Studio in Paris«. Tommy fand, das sei das wahre Leben. »Wir waren von dieser Weltlichkeit beeindruckt und fanden es schlüssig, dass Modiglianis Geliebte sich und ihr Kind durch einen Sprung aus dem Fenster getötet hat, als er schließlich an seinen Exzessen zugrunde gegangen war.« Janis teilte zweifelsohne Tommys Überzeugung, dass wahre Künstler ein auf wunderbare Weise dem Untergang geweihtes Leben führten.

»Die Folkies, die Kunststudenten und die *Ranger*-Clique haben eine regelrechte Mafia von Gegenkultur-Novizen gebildet«, erklärt Bob Brown. »Diese erstaunliche Gruppe von Außenseitern« funktionierte trotz ihrer Unterschiede »wie eine Studentenverbindung«, und ihr Wohnheim war das Ghetto. Es bestand nur aus vier oder fünf Apartments, aber es gab ein ständiges Kommen und Gehen. Dadurch war nur schwer festzustellen, wer dort tatsächlich wohnte. »Es war eine Bruchbude«, beschreibt Jack Jackson das Apartment, das er mit Dave Moriaty teilte. »Ich meine, keiner hat je den Boden gefegt.« Und so sahen auch die anderen Apartments aus, die 35 Dollar Monatsmiete kosteten und nie inseriert wurden, weil sie immer von Freund zu Freund weitergereicht wurden. Das Ghetto war die »Party-Station« und auch der Ort, an dem sich Paare zum Sex trafen. Da die Mädchen keine Männer in ihre Wohnheime oder Pensionen einladen durften und viele Jungs auf dem Campus oder in Zimmern wohnten, die wenig Intimsphäre boten, wurde das Ghetto – vor allem Tommy und Wali Stophers Apartment – »ein von allen genutztes Liebesnest«. Ihr Schlafzimmer »wurde dauernd von vögelnden Paaren benutzt, die nicht dort gewohnt haben. Es wurde so was wie 'n Scherz daraus, als ein Witzbold ›Arbeitszimmer‹ über die Tür geschrieben hat und das Schild mit 'ner stilisierten Zeichnung von 'nem Paar Hoden schmückte.« Janis soll in diesem Schlafzimmer viel Zeit verbracht haben.

Die Clique trank nicht nur Unmengen Alkohol, sie konsumierte auch ganze Ladungen Speed, Marihuana und Peyote. Schon der Besitz eines einzigen Marihuana-Joints zog eine lange Gefängnisstrafe – bis zu zehn Jahren – nach sich, aber Peyote, das in den nahe gelegenen Hudson's Cactus Gardens erhältlich war, war legal und spottbillig: Eine Pflanze kostete gerade zehn Cent. Dennoch nahmen nur wenige Peyote, aber alle nahmen Speed, selbst die spießigsten Studenten. Der Gesundheitsdienst der Colleges gab es bei den Examen nach der Hälfte und am Ende der Semester aus. »Wir haben alle mit Unmengen verschiedener Drogen experimentiert und die ganze Zeit getrunken«, erzählt Tary Owens, aber niemand hätte Speed gedrückt oder Heroin probiert. Jack Jackson und Bob Brown betonen allerdings, ihre Drogenexperimente seien etwas ganz anderes gewesen als das, was später folgte. Der Drogengebrauch sei ursprünglich aus ihrem Interesse an Mystizismus und den Schriften der Intellektuellen und Beatnik-Poeten heraus entstanden. »Die Leute haben Aldous Huxley schon lange gelesen, bevor irgend jemand von Timothy Leary gehört hat.« Die Clique hätte Drogen genommen, um ihr Bewusstsein zu verändern, nicht, um sich nur zu betäuben. Dieser Unterschied hatte ganz gewiss nicht die gleiche Bedeutung für alle.

Janis nahm mit Sicherheit Drogen, um sich zu betäuben. Sie dienten dazu, ihr Bewusstsein auszulöschen, nicht zu erweitern. Sie liebte Drogen, die sie aus der Realität entführten. Da Janis eine so wichtige Symbolfigur der Gegenkultur der sechziger Jahre ist, wird sie manchmal als Acid Queen des Rock angesehen. Janis' Reaktion auf ihren ersten LSD-Trip war allerdings eindeutig: »Shit, Mann, das is' kein Dope!« Jack Jackson kann sich nicht daran erinnern, Janis jemals auf einem Trip erlebt zu haben. »Sie war immer da mit ihrem Liter Bier in 'ner

Papiertüte. Ich denke, sie hatte Angst vor Acid, dass sie da rausgehen und niemals zurückkehren würde. Ich hatte nicht genug Verstand, davor Angst zu haben.« David Martinez, der damals ebenfalls im Ghetto wohnte, behauptet, mit ihr zweimal Peyote genommen zu haben. »Das erste Mal wusste sie nicht, was es war. Es war eine große Überraschung.« Janis hätte Halluzinogene eigentlich nicht gemocht. »Sie wollte sich nicht loslösen, und sie geriet in Panik.«

Der größte Teil der Beatnik-Clique war mit der Absicht auf die Universität von Texas gekommen, ihr Studium auch abzuschließen. Janis aber war nach Austin gekommen, um im Ghetto zu verkehren und Musik zu machen. Sie besuchte die Universität nur von Sommer bis Dezember 1962. Janis hatte Malerei als Hauptfach belegt, nahm aber nur an einem Seminar teil. Sie bekam in Anthropologie und Psychologie jeweils eine Drei und hatte sich in fünf weiteren Fächern zur Semesterprüfung gemeldet, zog ihre Meldung aber zurück. Das deutet darauf hin, dass Janis selbst in einer anregenden Umgebung eine Bummelstudentin war. Sie konnte allerdings sehr provokativ sein. Robert Morrison besuchte mit ihr ein Seminar über westliche Philosophie und erinnert sich an Janis als eine der wenigen hellen, offenherzigen Studentinnen. Sie hätte gewöhnlich ganz hinten gesessen und den Professor mitten in seinem Vortrag unterbrochen. »Moment mal, Jack, damit kommst du nicht durch.« Der junge Professor, der an einer der traditionsreichen Universitäten im Nordosten Amerikas studiert hatte, hätte das »geliebt«, denn Janis »war *so* klug«. Trotz ihrer mittelmäßigen Leistungen sei Janis sogar zu einem Förderprogramm für die intelligenten Studenten der Universität von Texas eingeladen worden.

Letztendlich war Janis nicht daran interessiert, was die Universität von Texas zu lehren hatte. Ihre wahre Erziehung fand anderswo statt, bei den Folktreffs auf dem Campus und bei Threadgill's, einer Honkytonk-Bar im Norden der Stadt. Während andere Studenten für das Examen büffelten, blieben Janis und die Clique bis spät in die Nacht auf und spielten Folk Music und Blues. Wie Hunderte anderer Studenten in Cambridge, Greenwich Village, Ann Arbor und Berkeley, die begeisterte Folkies waren, machten sie die Musik zum Mittelpunkt ihres Lebens. Bob Dylan war offiziell an der Universität von Minnesota eingeschrieben, in Wirklichkeit aber ein Student der »Universität von Dinkytown«, der Künstlerenklave in der Nähe des Campus. Andere College-Folkies wie Eric von Schmidt und Jim Rooney sagen von sich, sie seien »am Riff der Folk Music gescheitert«. Janis war nur eine der zahllosen Jugendlichen, die »von der Musik magnetisiert« wurden, wie Maria Muldaur bemerkt, die damals der Jim Kweskin Jug Band angehörte. »Es war nicht so, als hätten die Leute in den Studentenwohnheimen herumgesessen und sich gefragt: ›Wie können wir 'ne Million verdienen?‹ Wir haben einfach Musik gemacht wie Verrückte.«

Kunststudenten waren anscheinend die ersten, die Instrumente spielten, und ihre Partys »waren selten ohne Gitarren, Banjos, Fiedeln und Mundharmonikas«. Aber sie waren nicht die Einzigen, die das Folk-Fieber packte. Bei den unangepassten Studenten hatte bald »jeder, der 35 Dollar sein eigen nennen konnte, eine Harmonie-Gitarre und zupfte ›Old Joe Clark‹ oder etwas von Woodie Guthrie«. Obwohl Janis wegen der Musikszene nach Austin gezogen war, hatte sie anfangs Hemmungen mitzumischen. Ramsey Wiggins kannte sie mindestens einen Monat, bevor er überhaupt herausfand, dass sie singen konnte. »Ich weiß noch, wie ich im Ghetto war und etwas gehört habe, das ich für 'ne Platte hielt, die sie im Nachbarzimmer spielten, eine laute, kräftige, klare Altstimme. Ich war total geschockt, als ich da reingegangen bin, um zu fragen, wen sie da spielten, und herausfand, dass Janis gerade ein Tonband besang. Ich erinnere mich auch an Janis' abwehrende Haltung, als ich Beifall gespendet hab. Sie war sogar etwas verärgert.« Wiggins erzählte sofort seinem Bruder Lanny, dem Banjospieler, von Janis' Stimme.

Wali Stopher war dabei, als Janis das erste Mal mit Lanny und Powell St. John sang, die sie auf dem Banjo und mit der Mundharmonika begleiteten. Ihre Stimme hätte beide »umgehauen«. Wiggins und St. John waren bereits als The Waller Creek Boys aufgetreten und hatten Songs wie »Cripple Creek« und »Railroad Bill« gespielt, aber beide sangen nicht gern. Sie bestürmten Janis sofort, sich ihrem Duo anzuschließen, das sie nach einem verschmutzten Bach benannt hatten, der durch das Universitätsgelände floss. (Auch mit ihrem neuen Mitglied wurden sie gewöhnlich The Waller Creek Boys oder The Waller Creek Boys Plus One genannt. Es war letztendlich unbedeutend – Janis war schon immer einer von den Jungs gewesen.) Danach spielte Janis mit Lanny und Powell stundenlang Bluegrass, Blues, Country und Folk Music im Hinterhof des Ghettos. »Jedes Mal, wenn wir eine Party gefeiert haben, konntest du sicher sein, dass am Ende die Musiker in einer Ecke geübt und gespielt haben, und all ihre wichtigen besseren Hälften hingen zusammen herum und waren Witwen«, erinnert sich Fredda Slote. Jahre später sagte Janis, sie hätten sich »herumgetrieben und häufig betrunken«, seien »in gewaltige Schlägereien geraten« und hätten sich »im Matsch gewälzt, Bier getrunken und gesungen, gespielt und gesungen, gespielt und gesungen«.

Das Singen und Spielen blieb auf Partys beschränkt, bis Stephanie Chernikowski im Frühling 1962 die Folktreffs der Universität auf die Beine stellte. Sie waren nicht gut organisiert, aber sie markierten den Beginn von Austins Musikszene und Janis' Karriere als Sängerin. Obwohl Chernikowski sich den Folktreff ausgedacht hatte, damit ihre Musikerfreunde zusammenkommen konnten, wurde er bald zu einem wöchentlichen Ereignis, das all die Nonkonformisten zusammenbrachte, all die Jugendlichen, die das Gefühl hatten, »Verschleppte« zu sein. Auf den Universitäten von Chicago oder Berkeley, wo die Gegenkultur eher etabliert war, zogen Folktreffs, die auch Hootenannies genannt wurden, bereits Hunderte von Studenten und mehr an. Der Sänger Nick Gravenites behauptet, Tausende hätten die Treffs besucht, als er in den späten Fünfzigern an der Universität von Chicago studierte. Chernikowski schätzt, dass an der Universität von Texas 30 bis 40 Besucher erschienen. Anderen Quellen zufolge sollen sich an die hundert Menschen versammelt haben.

Die Musiker trafen sich jeden Mittwochabend an der Essensausgabe der Mensa, wo sie die hässlichen weißen Resopaltische und die orangefarbenen Plastikstühle beiseite schoben. Politische Aktivisten wie Jeff Shero Nightbyrd, David Martinez und Roger Baker, Kunststudenten wie Tommy Stopher und Roger Abrahams, die Redaktion des *Ranger* und allerlei Beatniks aus dem Ghetto gehörten praktisch jede Woche zum Publikum. Manchmal nahm sich ein Fakultätsmitglied ein paar Minuten Zeit, Wurzeln und Bedeutung der Folk Music zu erforschen. Die Folktreffs spiegelten in ihrem Egalitarismus, ihrer Zwanglosigkeit und ihrem Gemeinschaftssinn die politischen Bewegungen der sechziger Jahre wider. Die Musiker traten nicht auf einer Bühne auf, sondern saßen im Kreis auf dem Boden, teilten sich die Instrumente und sangen abwechselnd. Bob Brown erinnert sich, dass die Folktreffs »überhaupt nicht gemanagt oder dirigiert waren. Es gab einen Verhaltenscodex, aber keine wirklichen Regeln. Wenn jemand fertig war mit einem Song, hast du applaudiert, dann fing einfach ein anderer an zu spielen. Man musste nur den Nerv haben, vor dem nächsten Typ einzuspringen.«

10 bis 25 Musiker spielten an einem Abend, aber wenige waren so talentiert wie die Waller Creek Boys. »Einige von den Musikern waren echt scheußlich, aber wir haben unser Stöhnen unterdrückt und den grottenschlechten ebenso viel höfliche Achtung geschenkt wie den wirklich unterhaltsamen.« Jeder

hatte sich auf einen anderen Künstler spezialisiert: »Woody Guthrie, die Carter Family, Bob Dylan, Elizabeth Cotten, Jimmie Rodgers, Pete Seeger und so weiter. Der Dylan-Imitator fiel in einer Ecke zusammen und versuchte, sehr mitgenommen auszusehen, wie Dylan mit seinem Mundharmonikagestell um den Hals. Was mich beeindruckt hat, als ich Janis das erste Mal gesehen habe, war nicht ihre Stimme oder ihr zerzaustes Haar. Ich hatte noch nie 'n Mädchen gesehen, das keinen BH trug.«

Womit auch immer Janis die Aufmerksamkeit der Leute gewann, es war ihre Stimme, die sie gefesselt hielt. Ihr ungeheures Talent war sofort zu hören. »Es hat ein paar Wochen gedauert, sie zum Singen zu überreden«, erinnert sich Chernikowski. »Aber wenn sie auftrat, waren wir verzaubert.« Für manche Männer im Publikum war Janis' Talent wichtiger als ihr nachteiliges Äußeres. »Fast jeder wusste, dass sie vom Talent her ein Monster war. Sie konnte hässlich sein, pickelig, ihre Titten raushängen lassen, aber sie war so gut.« Während der Folktreffs sang Janis hauptsächlich in ihrer Bessie-Smith-Rollsplitt-Stimme. Gelegentlich offenbarte sie aber ihre natürliche Stimme, die klar und rein war. Robert Morrison sprach Janis eines Tags an, nachdem er ihre »hübsche« Stimme gehört hatte. »Joan Baez war damals richtig berühmt, und ich war ganz begeistert und sagte: ›Janis, ich hatte keine Ahnung, dass du so singen kannst. Du könntest ein Schallplattenstar werden!‹« Janis hatte kein Interesse. »Oh Mann, so will ich nicht singen.« Jack Smith, der ihre natürliche Stimme vom Kirchenchor her kannte, erklärte sie: »Ich werd nie mit Sängerinnen wie Joan Baez oder Judy Collins konkurrieren können. Und wer will das schon? Das is' Zuckerpapp, das bin nicht ich.«

Janis begann in Austin, ihre Musik wirklich ernst zu nehmen, vielleicht, weil sie das Engagement von Musikern wie Powell St. John und Lanny beeindruckt hat. In Austin war Singen kein Zeitvertreib wie die Ausflüge in das Goldene Dreieck oder nach Vinton – es ging darum, ein Handwerk zu lernen und zu meistern.»Janis und ihre Freunde versuchten, etwas über den Blues zu erfahren und die Musik aus den Appalachen. Es war wirklich ein intellektuelles Streben, obwohl sich das kaum jemand vergegenwärtigte.« Powell St. John behauptet, Janis sei eine »richtige Gelehrte« gewesen. »Sie kannte Musik, die ich damals noch nie gehört hatte. Ich stoße heute andauernd auf Zeug und denke, oh, Janis hat das gehört. Sie hat Dinge aus den verschiedensten Quellen aufgegabelt. Sie hat Bessie Smith geschätzt, aber auch andere. Leadbelly, Memphis Minnie und Countrymusik.«

Fredda Slote erinnert sich, wie intensiv sich alle mit dem Musizieren befassten. »Janis hat nicht einfach angefangen, Folk Music zu singen, und ist zufällig von den Medien entdeckt worden. Sie hat sehr hart daran gearbeitet. Sie hat sie erforscht und geübt. Sie war an den unterschiedlichsten Arten von Musik interessiert. Sie war einer der Menschen, die bis spät in die Nacht geübt haben, um eine einzige Phrasierung hinzukriegen oder den Übergang von einem Akkord zum nächsten. Sie waren alle Fanatiker. Das musst du sein, wenn du Musiker werden willst. Ein Künstler ist von Natur aus ein Fanatiker, und sie war's auch.« Aber Janis hatte kein Interesse an einer konventionellen Ausbildung. Als ihr ein Freund vorschlug, Gesangsunterricht zu nehmen, entgegnete sie: »Die wollen nur, dass ich anders singe.«

Janis war begeistert von der Reaktion, die ihr Gesang hervorrief, aber sie machte ihr auch Angst. Sie hatte es endlich geschafft, die Aufmerksamkeit der Menschen wiederzugewinnen, und sie wollte sie nicht mehr verlieren. Janis hatte mit Ausnahme ihrer Freundin Pepi Plowman keine große Konkurrenz in Austin. »Janis hat es nicht gern gesehen, wenn ich gesungen habe, außer wenn ich mit ihr allein war. Wenn sie bei dem Folktreff war, hab ich mich einfach verabschiedet. Wenn wir mit anderen Leuten zusammen waren und ich gefragt habe: ›Kennt ihr diesen Song?‹ und angefangen habe zu singen, hat sie immer gesagt: ›Den kenn ich. Den kann ich viel besser singen als du.‹ Sie hatte ein ausgeprägtes Konkurrenzdenken.« Trotz ihres Erfolgs blieb Janis ewig unsicher. Pepi besuchte sie in San Francisco, nachdem sich Janis auf dem Monterey Pop Festival einen Namen gemacht hatte.»Na, wie ist es, 'ne Band zu haben?«, fragte Pepi. Janis warf ihr einen Blick zu und schnauzte sie an:»Was? Denkst du daran, dir 'ne Band zuzulegen?« Janis hatte Grund, nervös zu sein: Pepi war nicht nur eine wunderbare Sängerin mit einer»kräftigen, bluesigen Stimme«, sie war auch eine gute Gitarristin. Janis dagegen lernte nie, richtig Gitarre zu spielen.»Sie konnte kaum die Autoharp spielen«, scherzt Frank Davis, der mit ihr auf das Lamar College gegangen war und ebenfalls Gitarre spielte. Pepis Aussehen muss Janis' Selbstvertrauen nicht gerade gestärkt haben.»Pepi war wirklich hübsch. Sie hatte langes, tolles, gelocktes Haar und eine Sonnenbräune«, erinnert sich Wali Stopher.

In den frühen Sechzigern deckte der Begriff»Folk Music« einen viel größeren musikalischen Bereich ab als heute. Er schloss auch akustisch gespielten Blues und Country Music ein. Bevor die Zeitschrift *Billboard* 1942 ihre»Harlem Hit Parade«einführte, wurden»Hillbilly« und»Race« (so wurden die Schallplatten mit ländlicher weißer und generell die Musik der Schwarzen unterschieden, Anm. d. Ü.) unter dem Sammelbegriff»Folk«sogar in einen Topf geworfen. Niemand fand es seltsam, dass Bob Dylan 1961 bei seinem Debüt in Gerde's Folk City, dem damals führenden Folk-Club New Yorks, als Opening Act für den Bluesmusiker John Lee Hooker auftrat.

Für Janis und andere Musiker des harten Kerns von Austin war das Genre irrelevant, solange die Musik»echt« war. Sie verehrten das Authentische und lehnten das Kommerzielle ab. »Wir standen nicht allein«, betont Powell St. John,»das war auch auf anderen Universitäten der Fall. Jeder wollte zu den Ursprüngen.« Folkies hatten die Aufgabe,»einen authentischen Folksong auszugraben«, wie es Dave Van Ronk mit »The House of the Rising Sun« getan hatte (das ironischerweise wenige Jahre später während der sogenannten britischen Invasion ein Top-Ten-Hit für die Gruppe The Animals wurde). Die Clique in Austin sei wie die Folkies in Cambridge, New York und Berkeley »snobistisch« gewesen, »wenn es um ihre Musik ging«, erklärt Pepi Plowman. »Damals haben wir auf Peter, Paul & Mary herabgesehen, weil sie kommerziell waren. Das Kingston Trio war's ebenfalls.« Powell St. John geht noch weiter und behauptet, sie hätten »Folksinger« nicht gemocht und das »ganze Buttondown-Kragen-Image« des Mainstream-Folk abgelehnt, den Gruppen wie das Kingston Trio populär gemacht hatten. »Joan Baez hat es gerade noch geschafft, aber Peter, Paul & Mary waren hoffnungslos.« Auch Bob Dylan hätte diese Art von Folk verspottet: »Es gibt da eine Zeile in einem Song, in der ein Clubbesitzer sagt: ›Du klingst wie 'n Hillbilly, wir wollen hier Folksinger.‹« Janis hätte sich gelegentlich über Joan Baez lustig gemacht und sie nachgeäfft, »nur um zu zeigen, dass sie es konnte«. Aber ihre Imitation von Jean Ritchie, einer Folksängerin, die sich auf die Musik der Appalachen spezialisiert hatte, war ehrlich gemeint. Das lag daran, dass »Jean Ritchie cool war«, stellt Powell klar.

Folkies waren ständig in Debatten verwickelt, wer oder was am coolsten, am meisten hip war, und Authentizität war der kritische Punkt. Peter Albin, der Bassist bei Big Brother, erinnert sich, dass die Fixierung auf Authentizität häufig der Anreiz war, »eine Nasenlänge voraus« zu sein. Die Musiker wetteiferten um die interessanteste Neuentdeckung und suchten nach besonders ausgefallenen und obskuren Liedern, Künstlern und Instrumenten. Peter erinnert sich an einen Folkie aus der Bay Area, der sich seiner neuesten Errungenschaft rühmte, einer »Wollzither«. Er behauptete, es sei ein »sehr ethnisches Instrument, das die Kroaten im vergangenen Jahrhundert gespielt hätten. Wenn du ihn gefragt hast: ›Wie wird es gespielt,

Bruce?‹, hat er geantwortet: ›Ich weiß es noch nicht, aber ich werde es herausfinden‹, was er nie tat.« Auch die Folkies in Austin waren Puristen, aber ihr Snobismus hatte texanische Züge. Ob Jimmie Rodgers, Hank Williams oder Rose Maddox (die Janis sehr mochte), Country besaß an der Universität von Texas einen kulturellen Stellenwert. Pete Seeger war selbstverständlich nicht so interessant wie Hank Williams, »obwohl wir uns natürlich auch Seeger angehört haben«, sagt Stephanie Chernikowski. Leadbelly wurde die ganze Zeit gespielt und eine immer größer werdende Zahl »cooler« Blueskünstler wie Sonny Terry und Brownie McGee, Jesse Fuller, Blind Lemon Jefferson und Forest City Joe.

1962 wurde Folk zum Big Business. Das Kingston Trio hatte 1958 mit »Tom Dooley« einen Riesenerfolg gehabt und die Welle ausgelöst. Ihr sauberer College-Look und das professionelle Auftreten machten Folksongs, die einmal die Domäne der Linken gewesen waren, für die Allgemeinheit akzeptabel. Das Chad Mitchell Trio, die Limelighters und zahllose andere eiferten dem Kingston Trio nach. Die Mode schlug zuerst in Greenwich Village ein, das bald an den Wochenenden von Touristen überrannt wurde, die Musiker hören wollten, die wie das Kingston Trio klangen. Der Verkehr in den Straßen war so groß, dass sich die Polizei gezwungen sah, Absperrungen aufzustellen. Bis zum Frühling 1961 hatten Hauseigentümer, die aus der Mode Kapital schlagen wollten, »jeden vorhandenen Winkel und jede Ecke, die zur gewerblichen Nutzung freigegeben war, in ein Kaffeehaus« verwandelt. 1963 war Folk Music so populär, dass jede Woche mindestens 11 Millionen Zuschauer *Hootenanny* einschalteten, eine Show des Senders ABC, in der kommerzielle Folkmusiker auftraten.

Janis' zukünftiger Manager Albert Grossman hatte das kommerzielle Potential der Folk Music schon früh erkannt. Jetzt beobachtete er mit großem Interesse, wie sie trickreich hochgespielt wurde. »Die amerikanische Öffentlichkeit ist wie eine schlafende Schönheit, die darauf wartet, vom Prinz der Folk Music wachgeküsst zu werden«, hatte er Robert Shelton von der *New York Times* in den späten Fünfzigern erklärt. Nur wenige Jahre später managte er Odetta, Bob Dylan und Peter, Paul & Mary – eine Gruppe, die er aus dem Nichts zusammengestellt hatte (»Paul« hieß eigentlich Paul Stookey und war ursprünglich ein Stand-up-Comedian). Grossman sah nur ein Problem: »Manche ›puren‹ Folksinger taten so, als sei Geld Gift.« Tatsächlich war Geld nicht das einzige Hindernis, das er zu überwinden hatte. Die mangelnde Popularität ihrer Musik war für ernsthafte Folkies der springende Punkt – er signalisierte ihre Besonderheit und ihren Widerstand. In diesem Umfeld war es Pflicht, das Kommerzielle zu verachten, auch wenn sie nicht von Herzen kam. Dave Van Ronk erinnert sich, wie sehr sein Zirkel von Folkies in Greenwich Village Peter Yarrows seichten Popsong »Puff the Magic Dragon« verabscheute. »Du hast diesen Song hassen *müssen*, auch wenn er dir gefallen hat!«

Für uns scheinen sich die Folksinger an der Universität von Texas und anderen Colleges mit ihrer Bindung an Authentizität und Egalitarismus, der Ablehnung des Kommerziellen und ihrer Sehnsucht nach Gemeinschaft nicht von den Aktivisten ihrer Zeit zu unterscheiden. Die Studenten, die sich im ganzen Land bei den Folktreffs versammelten, um zu singen und zuzuhören, lehnten auch die Kultur der Gleichgültigkeit und Anpassung ab, die an den Universitäten und in ganz Amerika vorherrschte. Aber obwohl beide Gruppierungen zahlreiche Gemeinsamkeiten hatten, betrachteten sich die Folkies nicht unbedingt als kulturelle Gesandte einer politischen Bewegung. Die Beziehung der Folk Music zu den Linken reicht bis zur Großen Depression und der Volksfront zurück, als die Kommunistische Partei Amerikas die Folk Music – »die Musik der Völker« – benutzte, um eine eigene, schlichte Form des Kommunismus zu propagieren. Eine Generation von Musikern – Paul Robeson, Cisco Houston, Leadbelly und Woody Guthrie –

sang Lieder, die die Klagen der Unterdrückten artikulierten. Guthrie schrieb »Diese Maschine tötet Faschisten« auf den Korpus seiner Gitarre. Die Hootenanny entstand genau genommen im Juli 1940, als Mitglieder der Demokratischen Partei in Seattle Veranstaltungen organisierten, um Geld für ihre Ziele zu sammeln. Zum Anreiz wurden dabei Folksongs gespielt. Pete Seeger und Woody Guthrie spielten auf solchen Veranstaltungen und brachten das Konzept und die Bezeichnung an die Ostküste. Seeger, die Almanac Singers und später die Weavers, die auf die schwarze Liste gesetzt wurden, hielten die Verbindung der Folk Music mit der Linken während der vierziger und fünfziger Jahre aufrecht. Einige der neuen Generation von Folksingern, allen voran Phil Ochs und Joan Baez, identifizierten sich explizit mit den politischen Bewegungen der Sechziger. Auch Bob Dylan, anfangs nur ein Woody-Guthrie-Klon unter vielen, produzierte Protestsongs wie Dutzendware. Er tat sie später als »Songs mit erhobenem Zeigefinger« ab.

Der Aktivismus war für einen großen Teil der Folkies allerdings nur nebensächlich und beschränkte sich auf Misstrauen gegenüber der Staatsgewalt und das Eintreten für die Rechte der Underdogs. Sie bekämpften die Rassentrennung und den Vietnamkrieg, als er mehr und mehr eskalierte. Tary Owens, Lanny und Ramsey Wiggins und Powell St. John gehörten zu den Folkies, die an den »Stand-ins« teilnahmen, um gegen die Rassentrennung in Austins Kinos zu protestieren. Einige Jahre später schrieb Bob Brown ein Antikriegslied, da es »bei meinen neuen Freunden auf dem College populär war, den Krieg zu hassen«. Jeff Shero Nightbyrd, ein Aktivist an der Universität von Texas, behauptet: »Damals bildeten alle entfremdeten und rebellierenden Gruppen eine Allianz, die Verfechter der Gleichberechtigung, die Motorradfahrer, die Folksänger und die Höhlenforscher.« Die meisten Folksinger, darunter auch Bob Dylan, Mister Zeigefinger höchstpersönlich, gehörten nicht dazu. »Wir waren Außenseiter, keine Aktivisten«, beharrt Stephanie Chernikowski.»Und als Außenseiter hatten wir ein düsteres Bild von Organisationen.« Der Spalt zwischen kulturellen und politischen Radikalen wurde zunehmend größer. Am Ende des Jahrzehnts »hielten uns [die Aktivisten] für apolitische Grasraucher, und wir hielten sie für widerliche, lästige, schreiende Typen«.

Ehemalige Folkies aus Austin neigen zu der Ansicht, die Ghetto-Clique sei hauptsächlich »apolitisch« gewesen, aber dieser Sachverhalt verdeckt, dass sie für den gewohnten Ablauf der Dinge eine Herausforderung darstellten. Sie zeigten durch ihre Kleidung, den Drogengebrauch, die Missachtung des Materialismus und die entschiedene Ablehnung der Rassentrennung anderen jungen Menschen eine Alternative auf. Für die Verwaltung der Universität von Texas war die Ghetto-Clique sicherlich eine Brutstätte der Subversion, die texanische Traditionen unterminierte. Das Büro des Studentenvorstehers begann 1962 die Gruppe zu überwachen, die »Zelle«, wie sie die Untersuchungsbeamten nannten. Sie waren am Drogengebrauch und der freizügigen Sexualität der Gruppe ebenso interessiert wie an den vereinzelten politischen Verbindungen zur Linken, die sie aufspüren konnten. 68 Personen – darunter der Romanschriftsteller Billy Lee Brammer, mehrere unabhängige Professoren und Ghettobewohner wie Powell, Pepi und Janis – wurden observiert.»Wir haben es alle vermutet«, sagt Tary Owens, der erst zehn Jahre später von der Liste erfuhr. Travis Rivers pflichtet ihm bei.»Ich hab immer gesagt: ›Die Augen von Texas ruhen auf dir – jederzeit.‹«

An Orten wie Cambridge, Berkeley und Greenwich Village, die eher eine großstädtische Atmosphäre hatten, führte die Suche nach den Wurzeln die Folkies dazu, obskure Schallplatten und Songbücher aufzustöbern. In Austin dagegen war Authentizität weniger schwer zu finden. Texas war ein Gebiet, in dem »echte« Musik, darunter Country & Western, noch lebendig war. »Für uns war alles weniger akademisch«, erklärt Chernikowski, »denn wir haben in der Vergangenheit gelebt.« Bei Threadgill's, einer Bier-Bar in einer ehemalige Tankstelle am nördlichsten Rand Austins, konnte man in der Tat jeden Mittwochabend Authentizität finden. Einmal in der Woche fuhren Janis und ihre Freunde dort hin, um mit Bluegrass- und Country-Veteranen zu spielen. Kenneth Threadgill, der Barbesitzer, war während der Prohibition Schwarzbrenner gewesen, und es heißt, er habe nach ihrer Aufhebung die erste Schanklizenz für Bier in Travis County erworben. Er war ein begeisterter Jimmie-Rodgers-Anhänger und hatte seine Jukebox mit alten Schellackplatten bestückt – ausschließlich Schallplatten von Jimmie Rodgers, der als der Vater von Hillbilly oder Country & Western gilt. Er hatte seine Karriere als Blackface-Künstler begonnen und trat oft mit Frank Stokes auf, einem schwarzen Sänger aus Memphis, der ihn angeblich einen großen Teil seines Repertoires lehrte. Rogers entwickelte ein Falsett-Jodeln, das wiederum zahllose Sänger beeinflusste, von dem berühmten Bluesmusiker Howlin' Wolf (dessen Spitzname, wie er selbst erklärt, von seinen fehlgeschlagenen Versuchen herrührt, wie Rogers zu klingen) bis hin zu einem Amateur wie Threadgill, der 1928 einen Auftritt Rodgers' miterlebt hatte.

Threadgill hatte die Tankstelle Mitte der dreißiger Jahre gekauft. Zehn Jahre später verkaufte er Limonade und Bier aus einigen alten Kühlboxen, während seine Freunde Gitarre und Geige spielten und Hillbillymusik sangen. Mitte der Fünfziger trat wöchentlich eine Gruppe lokaler Amateurmusiker auf, die Threadgill mit zwei Runden Bier entlohnte. Es gab wenig Stammgäste, hauptsächlich Typen, die sich irgendwie über Wasser hielten, Waldarbeiter und Handwerker – mit anderen Worten Rednecks. 1959 entdeckte eine Gruppe von Studenten der Universität von Texas die Bar. Sie mochten Bluegrass und begannen, bei Threadgill's zu musizieren. Im folgenden Jahr änderte sich nicht viel, denn die Studenten spielten dieselbe Musik wie die Veteranen, und das Publikum blieb klein.

Alles änderte sich jedoch, sobald die Studenten der Folktreffs von Threadgill's Wind bekommen hatten. Es wurde zum Ritual für die Waller Creek Boys und andere Folkies vom Campus, nach den Treffs zu Threadgill's zu fahren. Bei ihren Zusammenkünften mittwochabends ging es hoch her, was die meisten von Threadgill's Redneck-Stammgästen vertrieb. Bluegrass und Country & Western blieb die bevorzugte Musik, aber die jüngeren Studenten brachten den Blues und die Musik der Jug Bands mit. Während die Veteranen rein akustisch gespielt hatten, machten es die Menschenmengen, die sich jetzt in die Kneipe drängten, notwendig, dass Threadgill »ein Mikrofon und einen kleinen, alten Verstärker« aufstellte, »damit der Sänger überhaupt zu hören war«. Es gab keine Bühne bei Threadgill's. Stattdessen spielten die Musiker mitten unter den Gästen. »Wir haben alle um einen großen Eichentisch gesessen, der für die Musiker reserviert war, und da standen ein Mikrofon und ein kleiner Verstärker, und einer hat ein Lied gesungen und das Mikrofon dann an den nächsten weitergegeben.« Als die Bar im Lauf der Zeit jedoch immer überfüllter wurde, »mussten die Musiker in den Hinterzimmern warten, um sich an den Mikrofonen und der Gesangsanlage abzuwechseln, die Threadgill inzwischen installiert hatte«. An manchen Abenden war das Gedränge so groß, dass Threadgills Sohn, der oft hinter dem Tresen aushalf, in einem fort Bierflaschen öffnete, sie über die Köpfe der Leute reichte und das Geld einstrich, das zurückgereicht wurde. Threadgill verkaufte an diesen Abenden so viel Bier, dass die Lone-Star-Brauerei den regulären Musikern, die unter dem Namen Hootenanny Hoots aufzutreten begannen, T-Shirts spendierte. Allmählich kamen sogar Verbindungsstudenten zu Threadgill's, ein erster Hinweis, dass sich im Austin der Sechziger etwas veränderte – die Verwandlung des Verrückten und Exzentrischen zu dem, was »hip« und cool war.

Janis war die Hauptattraktion und der Grund dafür, dass Threadgill's jeden Mittwochabend zum Bersten voll war. »Oh ja, die Waller Creek Boys waren die Besten«, erinnert sich Pepi Plowman. »Sie waren nur ein kleines Akustik-Trio, aber Janis lieferte eine starke Show ab. Am Ende des Abends sang sie gewöhnlich Zeug wie ›Sal's Got a Wooden Leg‹ und hüpfte herum.« Jack Smith erinnert sich, wie Janis zum ersten Mal bewusst wurde, dass die Leute zu Threadgill's fuhren, nur um sie zu hören. »Sie dachte, die Welt sei absolut stehen geblieben. Ich hab nie 'n breiteres Grinsen oder größere Augen gesehen.« Stan Alexander, einer der Studenten, die Threadgill's entdeckt hatten, erinnert sich an die Begeisterung, die Janis hervorrief, obwohl sie ihren Stil noch nicht gefunden hatte. Sie hätte noch immer ihre Autoharp mit sich herumgetragen und Lieder von Joan Baez und Judy Collins gesungen. »Ihr Stimmumfang und ihre Stimmgewalt fingen gerade erst an, ins Spiel zu kommen, bei Songs wie ›Black Mountain Blues‹ von Bessie Smith und ein oder zwei Stücken, bei denen sie bewusst Odetta imitiert hat.« Aber es gab diese spürbare Erregung, dass bei Threadgill's etwas Neues passierte. Die Atmosphäre war energiegeladen, und der größte Teil der Energie war auf Janis gerichtet.

»Das Mädchen ist wirklich gut«, sagte Threadgill, als er Janis zum ersten Mal singen hörte. Er und seine Frau Mildred hatten sie sofort ins Herz geschlossen. Jack Jackson fand es verwunderlich, denn Janis war eindeutig verrückter und wilder als alle anderen Studenten. »Sie war schlimm, schmutzig und ungewaschen, mit 'nem schlechten Teint und verfilzten Haaren. Sie sah aus, als hätte sie die gleichen Sachen wochenlang getragen und sogar darin geschlafen. Und sie hatte diese Waschbärenfellmützen, rattenverseuchte alte Dinger – Gott weiß, wo sie die her hatte. Es ist einfach bizarr, dass Threadgill diese Vaternummer mit ihr gemacht hat.« Für die meisten Folkies hatte Threadgills Zuneigung jedoch nichts Mysteriöses. »Janis war offensichtlich bekümmert, und er hatte ein weiches Herz und eine väterliche

Haltung ihr gegenüber. Er war ein großartiger alter Typ«, erklärt Powell St. John.»Natürlich hat er sie gemocht«, sagt Stephanie Chernikowski.»Jeder hat sie angebetet. Sie war sehr charismatisch. Und sie konnte ihren Charme anknipsen wie jeder Performer.« Und dann war da ihre Stimme, die so kräftig war, dass sie kein Mikrofon nötig hatte. Bei den wenigen Auftritten der Waller Creek Boys auf anderen Bühnen musste sie sogar ein bis zwei Meter vom Mikrofon entfernt stehen, weil ihre Stimme Lannys Banjo und Powells Mundharmonika übertönte. Was immer seine Gründe waren, Threadgill zeigte Janis »eine Art von hinterwäldlerisch-korrekter Bewunderung und Takt, die sie nie verlangt oder von sonst jemandem bekommen hat«.

Janis mochte Threadgill ebenso.»Er hat sie alle übertroffen«, sagte Janis später.»Er war alt, ein großartiger kräftiger Mann mit einem Bierbauch und weißen, zurückgekämmten Haaren. Er hat immer polnische Würste aufgetischt und hartgekochte Eier und Grand Prize und Lone Star.« Mister Threadgill, wie ihn die Studenten nannten, sang jeden Mittwochabend nach einigem Zureden »T for Texas« von Jimmie Rodgers oder »Waitin' for a Train«.»Irgendeiner rief: ›Mr. Threadgill, Mr. Threadgill, kommen Sie raus und singen Sie uns ein Lied‹«, erinnerte sich Janis.»Und er sagte immer: ›Nein, lieber nicht‹, und sie haben gesagt: ›Kommen Sie schon, jetzt kommen Sie schon!‹, und er hat gesagt: ›In Ordnung.‹ Er hat die Bar dicht gemacht, und dann ist er nach vorne gegangen, und er hat seine Hände über seinen großen dicken Bauch gelegt, der von einer Barschürze bedeckt war … So kam er vor und hat seinen Kopf zurückgelehnt und gesungen, genau wie ein Vogel … Gott, war er phantastisch!« Wenn Threadgill jodelte, wurde es in der Bar totenstill.

Die Folkies waren nur »ein Haufen irrer Jugendlicher«, aber Kenneth Threadgill, ein aufrechter, waschechter Texaner, hieß sie willkommen, entweder aus echter Offenheit oder geschäftlichen Überlegungen. Dave Moriaty vertritt die Ansicht, Threadgill habe sich mit dem Folkie-Publikum »abgefunden«, um Geld zu verdienen. Powell St. John, der ursprünglich Bedenken hatte, die Bar aufzusuchen, bis er Threadgill persönlich kennen lernte, ist anderer Meinung: »Wir waren Lichtjahre von Threadgills Standpunkt entfernt, aber er war offen für uns.« Jack Jackson wunderte sich oft, warum Threadgill sie tolerierte, denn »seine Kunden waren die Sorte Leute aus der Arbeiterklasse, die für Langhaarige nichts übrig hatten«. Jackson erinnert sich, bei Threadgill's hätte es kaum Spannungen gegeben, doch manchmal »hast du diesen Redneck-Typen reinkommen sehen, der einen angewiderten Gesichtsausdruck bekam und wieder ging. Der Parkplatz war irgendwie unheimlich, aber ich kann mich an keine schlimmen Zwischenfälle erinnern, obwohl wir immer in Gruppen hingegangen sind. So kamen die Leute zu Threadgill's – in einer Karawane, einer Welle.« Andere Besucher der Bar beteuern, dass die Stammgäste Threadgills ein »ziemlich zahmer Haufen Rednecks mittleren Alters« waren, anders als diejenigen, die im Broken Spoke herumhingen, einer Cowboy-Bar in der Stadt. Janis und ihre Kumpane aus dem Goldenen Dreieck hatten natürlich jahrelang Redneck-Cajun-Bars aufgesucht. Es war weniger eine Vorliebe der Beatniks als die Suche nach Echtheit und Realität. »Die Erfahrung, die viele von uns gesucht haben, war die Folk-Erfahrung und Mr. Threadgill war fraglos einer aus dem Volk«, erklärt Ramsey Wiggins.

Threadgill und seine Stammgäste waren bereit, über das ungepflegte Äußere der Studenten hinwegzusehen, aber sie waren nicht farbenblind. Damals herrschte praktisch in ganz Austin Rassentrennung, und es ist unwahrscheinlich, dass Schwarze einen Fuß in die Bar gesetzt hätten, bevor die Folkies Threadgill's entdeckten. Hautfarbe schien dort kein Thema zu sein, bis Ed Guinn, ein Mischling, Folksinger und Student an der Universität von Texas, mit seinen Freunden bei Threadgill's auftreten wollte. John Clay, ein Folkie, der mit Guinn befreundet war, wendete sich an Threadgill, der ihm erklärte, Mischlinge seien nicht willkommen. Clay brachte Guinn aus Angst, sein Auftritt könne »zu viel Unruhe« stiften, von seinem Vorhaben ab.

Über 30 Jahre später ruft dieses Thema immer noch zwiespältige Reaktionen hervor. Dave Moriaty behauptet, die Bar hätte ihren Reiz für das Folkie-Publikum verloren, als Threadgill Guinns Auftreten ausschloss – damals hatte Janis die Stadt bereits verlassen. Andere wollen nichts davon gewusst haben, aber es muss aufgefallen sein, dass Schwarze keinen Zutritt zu der Bar hatten. »Ich wusste, und alle wussten, dass Schwarze nicht zu Threadgill's gingen«, gesteht Powell St. John, und Tary Owens bemerkt: »An den Wänden von Threadgill's hingen Poster, die wir heute als rassistisch bezeichnen würden.« Als Joan Baez in die Stadt kam, gab es einen halbherzigen Protestversuch. Nach ihrem Konzert an der Universität von Texas hatte Baez geplant, zu Threadgill's zu gehen. Als sie erfuhr, dass Schwarzen dort der Zutritt verweigert wurde, veranstaltete sie mit einigen anderen eine halbherzige Demonstration vor der Bar, die jedoch schnell im Sand verlief.

»Wenn man darauf zurückschaut«, erklärt Powell St. John, »wird klar, dass Schwarze bei Threadgill's keinen Zutritt hatten, weil der Laden schon immer so gewesen ist. Ich habe Threadgill nie für einen Rassisten gehalten, er ist einfach in diese Welt geboren worden.« Ramsey erinnert sich, Threadgill hätte gesagt, er müsse auf seine Stammgäste Rücksicht nehmen. Die Folkies der Universität von Texas seien »nur eine wöchentliche Verirrung« gewesen, und er hätte »Angst gehabt, Gäste zu verlieren, sogar Angst vor Gewalt, wenn er die Rassentrennung aufgehoben hätte, bevor es das Gesetz verlangte. Wir hatten alle unseren Teil an Protestmärschen der vergangenen Jahre hinter uns, und ziemlich viele Leute waren stinksauer. Gleichzeitig haben die kühleren Köpfe unter uns die Zwickmühle erkannt, in der Mr. Threadgill steckte, und gingen davon aus, das Gesetz, das diese peinliche Situation ändern würde, sei wahrscheinlich nur Monate entfernt. Und wir hatten Recht.« Wiggins' scharfsichtige Erkenntnis des moralische Dilemmas drückt akkurat die Zwangslage aus, in der die Bewohner Austins steckten. Woanders konnten die Folkies weiße Country-&-Western-Musiker von weitem verehren; dass ihre Idole manchmal nicht gerade erleuchtete politische Ansichten teilten war etwas, womit sie sich nicht auseinandersetzen mussten. Die Fans in Austin befanden sich jedoch mitten im Geschehen und tatsächlich in einem Dilemma.

Mit dem texanischen Bluessänger und Gitarristen Mance Lipscomb fand schließlich die Integration Einzug bei Threadgill's. Als Lipscomb 1966 zum ersten Mal auf dem Programm der Bar stand, erklärte Threadgill seinen Stammgästen: »Heute Abend kommt ein Schwarzer hierher und wir wollen keinen Ärger.« Und es gab keinen. »Der Laden war absolut brechend voll«, erinnert sich Powell. Lipscomb sei es gelungen, die Rassenschranken bei Threadgill's zu durchbrechen, da er ein »vollkommener Musiker« und so ein »netter, unbedrohlicher alter Gentleman« gewesen sei. Es war auch nicht zu seinem Schaden, dass Threadgills Idol Jimmie Rodgers vor vielen Jahren Lipscomb einmal gebeten hatte, mit ihm auf Tournee zu gehen, was dieser jedoch abgelehnt hatte.

Threadgill und seine Busenfreunde hatten einen gewaltigen Respekt vor Lipscombs musikalischem Können, aber die Jugendlichen vom College vergötterten ihn geradezu. »Hätte ich meinen Großvater aussuchen können, er wäre es gewesen«, schwärmt Powell St. John. Lipscomb pflegte seine jungen Fans zu »verwöhnen und ließ sich nach der Show von der Bühne auf Partys zerren«, berichtet Bob Brown, und Powell ergänzt: »Er hat uns immer erzählt, wie die Dinge waren, und nicht nur die Musik. Wir waren junge Leute, die Führung nötig hatten. Er hatte jede Einsicht, und er hat nicht gezögert, uns einzuweihen.«

Nicht nur in Austin lagen die Folkies Meistern wie Lipscomb zu Füßen. Toni Brown, die in Berkeley in einer Bluegrass-Band spielte, erinnert sich, wie sie Lipscomb, Elizabeth Cotten und anderen Veteranen auf Folk-Music-Partys zuhörte. Aber sie hebt die nahezu unüberwindbaren Barrieren hervor, die weiße Jugendliche von ihren Idolen trennten. Lipscomb hatte in Navasota, Texas, eine Farm gepachtet; Elizabeth Cotten war das Hausmädchen von Pete Seegers Familie gewesen. Die Beziehungen zwischen privilegierten jungen weißen Studenten und verarmten älteren schwarzen Musikern mussten problematisch sein.»Schwarze Musiker kamen nicht zu Partys, um sich mit Weißen zu unterhalten, sondern weil es eine Gelegenheit für sie war, in eine Szene zu stoßen, die das Potential hatte, ihnen ein paar Dollar einzubringen. Daher gab es von vornherein nicht nur eine Rassenschranke, es gab auch eine Klassenschranke.«

Die Verehrung lang vergessener Bluesmusiker aus dem provinziellen Süden und das Blues-Revival, das sie hervorrief, stellten die Abwertung der schwarzen Kultur sicherlich in Frage, auch wenn sie die sozialen Verhältnisse nicht veränderten. Phil Spiro, ein Folkie aus Cambridge, der eine wichtige Rolle bei der Wiederentdeckung des in Mississippi geborenen Bluesmusikers Son House spielte, behauptet, die meisten weißen Blues-Anhänger hätte es anscheinend nicht gekümmert, dass diese älteren Musiker »*noch immer* auf der falschen Seite dieser Armutsgrenze lebten«. Mit wenigen Ausnahmen »haben die Wiederentdecker diese alten Typen nicht als wirkliche, atmende, fühlende, intelligente Menschen betrachtet. Im Grunde genommen sind wir Sammler von Menschen gewesen, die wir bisweilen behandelt haben, als wären sie äußerst seltene Schallplatten – es ist nur ein existierendes Exemplar bekannt.«

Vielleicht war die Kluft in Austin paradoxerweise weniger extrem. Zum einen war der Einsatz niedrig: Austin war weit abgelegen; dort wurde keine Karriere wiederbelebt oder Starthilfe geleistet. Zum anderen waren sie alle Südstaatler – jung und alt, schwarz und weiß. Powell St. John ist überzeugt, dass Lipscomb »verstand, dass wir die Musik geliebt haben und dass wir weiße Jungs, aber keine Rassisten waren. Ich glaube, er hat das respektiert und unsere Musik gemocht. Er hat mir einmal ein Kompliment für mein Mundharmonikaspiel gemacht, und es war das größte Kompliment, das ich je bekommen habe.« Janis war allerdings diejenige, die sein höchstes Lob erntete. Nachdem er einen ihrer Auftritte in Austin erlebt hatte, sagte Lipscomb zu ihr: »Wenn ich dein Stimm hätt' und ich hätt' meine Fingers, ging mir's gut.« Janis vergaß seine Worte nie und erinnerte Lipscomb Jahre später an sein Kompliment, als sie bei einer Geburtstagsparty für Threadgill sang.

Während ihrer Zeit in Austin trat Janis als Talent in Erscheinung, das man ernst nehmen musste, und ihre Stimme wurde mit aufrichtigem Beifall begrüßt. Ihre Persönlichkeit rief allerdings eine eher ambivalente Reaktion hervor. »Sie konnte so ätzend sein«, sagt Pepi. »Janis hat sich so gut wie nichts gefallen lassen, von keinem«, erinnert sich Ramsey Wiggins. Auch Dave Martinez bestätigt, dass Janis schroff sein konnte. »Wenn sie jemanden langweilig fand, hat sie nicht gezögert, ihm das Wort abzuschneiden.« Während Martinez ihre Direktheit und Intelligenz bewunderte, fand Roger Baker, ein Ghetto-Bewohner, Janis sei ein »Affenarsch« gewesen. »Sie konnte echt gemein sein.« Ihre Beleidigungen seien wie »Präventivschläge« gewesen. Pepi erklärt Janis' Verteidigungshaltung: »Sie hat es nur schwer akzeptieren können, dass sie jemand wirklich gern hatte. Und sie hat immer vermutet, die Leute hätten irgendein verstecktes Motiv. Sie hat laufend gefragt: ›Versuchst du, mich niederzumachen?‹« Einige Jungs aus der Ghetto-Clique machten sich über Janis lustig. Pepi erinnert sich, wie Lanny Wiggins sie verspottete: »›Ja, ja, du kannst singen, na und? Trotzdem bist du 'ne Irre.‹« Mit John Clay hätte Janis »riesige Auseinandersetzungen« gehabt. Pepi betont: »Wenn einige von den Jungs gemein zu ihr waren«, hätte es daran gelegen, dass »sie so defensiv und ekelhaft zu ihnen war. Wenn sie in ein Zimmer kam, hat sie erst einmal eine bissige Bemerkung gemacht.«

Janis war keineswegs die einzige in der Clique, die Leute beleidigte. Das Ghetto war die Heimat des geistreichen Sarkasmus, der oft die letzte Zuflucht intelligenter Außenseiter war. »Bei diesem Verein wurde dauernd gespöttelt«, erzählt Pepi. »Janis hat es die ganze Zeit getan, und jeder hat seine eigene Art gehabt, mit ihr klarzukommen. Sie hatten eine Erwiderung parat oder haben etwas zu ihr gesagt, bevor sie Gelegenheit hatte, etwas zu ihnen zu sagen. Es war wie eine schlagfertige intellektuelle Debatte, aber manchmal war es nicht komisch.« Wali Stopher erklärt: »Das war unser Stil, denn wir waren aus Port Arthur oder Beaumont. Wir sind alle defensiv gewesen, weil wir das Gefühl hatten, das ganze Goldene Dreieck würde uns hassen.«

Die anderen mögen Janis in ihrer Schlagfertigkeit ebenbürtig gewesen sein, aber niemand benahm sich so ungeheuerlich wie sie. Selbst im Ghetto, wo es dafür einen Bonus gab, waren ihre betrunkenen Auftritte so legendär wie ihre Ausdrucksweise. »Manchmal glaube ich, sie ist persönlich dafür verantwortlich gewesen, dass der Gebrauch des Wortes ›fuck‹ so explosionsartig angestiegen ist«, sagt Ramsey Wiggins. »Janis hat uns alle dazu gebracht, dass wir unsere Unterhaltungen mit ›Ganz-fucking-weit-vorn!‹, ›un-fucking-glaublich!‹ und ›Große-fucking-Sache, das!‹ gespickt haben. Ich vermute, sie war nicht minder erfolgreich, die Angewohnheit in San Francisco zu verbreiten.«

Janis trat auch weit außerhalb des Ghettos nicht anders auf. Travis Rivers erinnert sich, wie er mit Janis zu einer Party ging, die John Silber, Bill Arrowsmith und Roger Shattuck, die

»Jungtürken-Professoren« der Universität von Texas, gaben. »Aus irgendeinem Grund hatten sie Janis eingeladen, vielleicht wegen der Hootenannies. Sie und ich haben gern getanzt, und sie kannte 'ne Art Rock-&-Roll-Tanz mit engem Körperkontakt, und ich auch.« Die Gattin eines der Professoren war entsetzt über den nicht salonfähigen Tanz und forderte sie auf, die Party zu verlassen. Ein andermal fuhren Janis und einige Freunde aus Austin die ganze Strecke nach Vinton zu einer ihrer früheren Lieblingsbars. Irgendwann im Lauf des Abends forderte ein Einheimischer Janis zum Tanzen auf und sie lehnte ab – was keine sonderliche Verletzung der Etikette war. Aber dann begannen Janis und Pepi, miteinander zu tanzen und sich provokativ zu verhalten, was »alle wütend gemacht hat«. Es entwickelte sich eine riesige Rauferei, die einem der Jungs aus ihrer Clique einen gebrochenen Kiefer bescherte. »Mann, wir hatten Glück, da lebendig rauszukommen«, erinnert sich Travis. Auch bei einer anderen Gelegenheit hatten sie das Glück zu überleben, dieses Mal auf einem texanischen Highway. Ramsey Wiggins war so vernünftig, nicht auf Janis zu hören. Sie fuhren gerade hinter einem langsamen Auto bergauf, als Janis ihn vom Rücksitz aus anschrie: »Los, du Hosenscheißer! Überhol schon! Zieh vorbei!« 25 Meter vor ihnen kam ein Sattelschlepper auf der Gegenfahrbahn »über die Kuppe gerast. Da ist mir zum ersten Mal klar geworden, dass dich Janis in Schwierigkeiten bringen konnte«, sagt Wiggins.

Stephanie Chernikowski ist der Ansicht, dass in all den Geschichten über Janis' anstößiges Verhalten ihre angenehme, weibliche Seite verloren geht. »Ich weiß noch, wie sie mich um meine Puderdose gebeten hat, weil sie ihre Nase pudern wollte.« Auch Pepi findet, Janis sei »innen weich wie Butter« gewesen. »Janis hatte eine extrovertierte Persönlichkeit«, erklärt Fredda Slote. »Und die war keine Lüge. Sie war zum Teil auch so. Aber nur zum Teil.« Eines Abends waren die Folkies wieder einmal bei Threadgill's versammelt und fanden heraus, dass Janis Geburtstag hatte. Fredda fuhr mit einem Freund zu einem Lebensmittelgeschäft, um einen Kuchen zu kaufen. »Wir hatten keine große Auswahl, was wir auf den Kuchen stellen konnten, denn es war spät nachts und es war ein vorgefertigter Geburtstagskuchen. Also haben wir 'n rosa Elefanten aus Plastik gekauft, denn sie hat immer dieses Mixgetränk bestellt, das ›Pink Elephant‹ heißt. Als wir zurückkamen, haben wir ihr den Kuchen feierlich überreicht, und sie sagte nur: ›Ooh, Mann, ein rosa Elefant.‹ Sie war einfach hin und weg.« Leider hinterließ Janis' Rührmichnichtan-Panzer bei den meisten eher ein Gefühl der Verärgerung als der Unterstützung und Zustimmung. »Janis war sich selbst der größte Feind«, bemerkt ihre Freundin Frances Vincent vom Lamar College. »Sie hat sich überall alles verdorben.«

Janis' Sexualität war ein weiteres Mittel, mit dem sie auf Konventionen pfiff. »Janis hat dauernd Leute angemacht«, behauptet Pepi. »Sie hat immer angekündigt: ›Ich werd den Soundso anmachen.‹ Wer weiß, ob es geklappt hat.« Die Universität von Texas war nicht die High School, und Janis' »Meisterschaft im Sex« brachte ihr sicherlich eine Menge Punkte ein. Selbst ihr eher zögerliches Interesse an Frauen scheint bei der Ghetto-Gemeinschaft einiges Aufsehen erregt zu haben, die diesen weniger vertrauten Aspekt ihrer Sexualität fälschlicherweise nur als eine weitere Bestätigung ihrer Beispiellosigkeit auffasste. Vielleicht fanden ihre Freunde damals tatsächlich cool, was sie heute als Janis' »Bisexualität« bezeichnen. Vielleicht wird diese Korrektur auch von der Furcht geschürt, dass das Eingeständnis früherer Homophobie als derzeitiges Vorurteil aufgefasst wird. Jedenfalls stimmen alle überein, dass Janis' Sexualität so ausgeprägt war, dass sich ihre intimen Beziehungen nicht nur auf Männer beschränkten. Janis' wichtigste Freundin in Austin war Julie Paul. Fredda Slote erinnert sich, Julie sei sehr maskulin gewesen. »Sie hat sich um Janis gekümmert und sie so behandelt, wie es ein Junge tun würde.« Aber schließlich neigte

Janis zu Affären mit »Freundinnen, die den Mann spielten«. Pepi Plowman erzählt, Janis hätte ihr erklärt: »Ich hab Julie nicht angemacht, sie hat mich angemacht. Ich bin nicht lesbisch, aber ich hab auch nichts dagegen.« Janis versteckte ihre Beziehung nicht, aber sie hängte sie auch nicht an die große Glocke. Auf die Frage, ob Janis' Verhältnis mit Julie bekannt war, antwortet Stephanie Chernikowski: »Ja und nein.«

»Julie war 'ne maskuline Lesbe *und* eine der sympathischsten Frauen, die ich je getroffen hab. Damals war's nicht ungewöhnlich, Lesbierinnen zu finden, die nicht die Selbsterkenntnis hatten, um zu wissen, was sie waren«, erzählt Powell St. John. »Aber Julie hat's gewusst.« Es gab zahlreiche Dramen während ihrer Affäre mit Janis. Powell St. John zufolge stritten Janis und Julie die ganze Zeit, wenn sie nicht »turtelten«. Julie war äußerst besitzergreifend und eifersüchtig, besonders, wenn sie getrunken hatte. Und sie trank andauernd. Als Julie eines Abends sternhagelvoll war, lief sie Janis im Ghetto hinterher und warf ihr vor, untreu zu sein. »Wir waren uns alle einig, dass es absurd war, sich aufzuregen, wenn sich Janis einen neuen Liebhaber genommen hat«, sagt Ramsey Wiggins. »Mein Bruder, der wahrscheinlich genauso betrunken war wie alle anderen, hat den Disput beendet, indem er Julie die Treppe runterwarf. Keine schlechte Leistung, wenn man bedenkt, dass Lanny klatschnass ungefähr 60 Kilo gewogen hat und Julie wie 'n Eishockey-Verteidiger gebaut war.« Pepi erinnert sich, Julie hätte Janis von unten angeschrien: »›Komm runter und kämpf wie ein Mann.‹ Es war echt ziemlich komisch.«

Janis war eine anstrengende Geliebte für Julie, denn »sie wechselte die Männer wie das Hemd«. Während der Monate in Austin schlief Janis tatsächlich zum ersten Mal mit zahlreichen Männern. Andere Mädchen in ihrer Clique waren attraktiver, aber Ramsey behauptet, sobald Tommy Stopher ihr sein Gütesiegel aufgedrückt hätte, hätten die anderen Jungs angefangen, sich für sie zu interessieren. »Tommys Zustimmung hat Janis zu einer Sexualpartnerin gemacht, auf die wir stolz waren, obwohl sie im herkömmlichen Sinn nicht hübsch war.« Aber nicht alle hatten Stophers »Qualitätskontrolle« nötig. Powell St. John ging bereits ganz am Anfang mit Janis ins Bett. Er erinnert sich an ihre zwei Wochen dauernde Affäre als »intensiv und unvergesslich, das war schon was«. Sie endete, als Janis mit einem anderen davonzog. »Ich habe Janis geliebt«, erklärt Powell. »Ich hab sie immer geliebt, und ich werde sie immer lieben.« Aber er betont, es hätte keine Chance gegeben, dass aus ihrer Beziehung mehr geworden wäre. »Sie war zu keiner Art von Bindung bereit, und ich auch nicht.«

Neben Powell hatte Janis auch ein kurzes Verhältnis mit Bill Killeen, einem Redakteur des *Ranger*, der sie angeblich »im Zaum hielt«, und mit Travis Rivers. »Frauen haben mich verwirrt, aber wenn Janis gesprochen hat, wusste ich, was sie meinte. Ich hab nicht hinter jeder Ecke nach einer Bedeutung gesucht. Ich war überrascht. [Es war], als würde ich mit mir selbst reden.« Rivers hatte auch eine schwierige Jugend hinter sich und teilte Janis' Vorliebe für Alkohol – er trank täglich ungefähr einen Liter Schnaps. Auch ihr unordentlicher Stil stieß ihn nicht ab. »Ich hab meine Klamotten auch nicht gewaschen. Es war unser Stil. Wir waren zornig. ›Nehmt uns, wie wir sind. Es geht nicht darum, wie wir aussehen.‹« Es gab nur ein Problem: Travis war bereits verheiratet. Janis war die zweite Frau, mit der er geschlafen hatte, und danach überkamen ihn Schuldgefühle. Als er Janis sagte, es müsse ein Onenight-Stand bleiben, sei sie wütend geworden, hätte »wild herumgefuchtelt« und ihn dabei geschlagen. Abgelehnt und gedemütigt hätte sich Janis mehrere Monate geweigert, mit ihm zu sprechen.

Ihre ungezwungene Affäre mit Ramsey war typischer. »Janis hat gern gefickt. Sie hat's genossen und hat's nicht getan, wenn sie sich nicht danach gefühlt hat. Sie stand auf – zumindest einmal – und ging, wenn sie eher genug hatte als ihr Partner, und war nicht beleidigt, wenn sie unverblümt angemacht wurde: ›He Janis, willste vögeln?‹ Das allein, ihre Ablehnung von Schuld und Scham, wenn es ums Ficken ging, war genug, um sich bei mir für immer beliebt zu machen.« Janis' sexuelle Offenheit und Verfügbarkeit mochten zweifellos in einer willkommenen Schamlosigkeit verwurzelt sein, aber sie waren auch ein Mittel, die Aufmerksamkeit der Männer zu erregen. Als sie berühmt war, erzählte Janis einem Journalisten, dass sie ihren »›Hallo-Jungs‹-Stil« vorgetäuscht hätte, um flachgelegt zu werden. »Janis *hat's* den Jungs leicht gemacht«, bestätigt Peggy Caserta, mit der Janis später ein Verhältnis hatte. »Weil sie sich so schlecht behandelt fühlte und gedacht hat, sie sei nicht hübsch, war sie immer glücklich, wenn sie jemand gefickt hat.«

Janis mag vielen Jungs als Musterbeispiel an sexueller Offenheit erschienen sein, aber sie täuschte manchmal einen Orgasmus vor oder gab sich mit schlechtem Sex zufrieden, um sexuell befreit zu wirken, und vielleicht auch, um das Ego ihrer männlichen Partner nicht zu verletzen. Fredda Slote erzählt: »Einer von den Jungs hat mir mal gesagt: ›Also, es ist toll, mit ihr zusammen zu sein, denn sie kommt in dreißig Sekunden, deswegen hast du nie das Gefühl, du hättest sie enttäuscht.‹ Aber als ich mit Janis über ihn sprach, sagte sie: ›Ach Mann, lass die Finger von dem. Der ist 'n Dreißig-Sekunden-Wunder.‹« Ein anderes Mal warnte Janis Fredda vor einem Mann, vor dessen phantasielosem und mechanischem sexuellen Vollzug sie geflüchtet war. »Janis sagte: ›Es ist ein *langsamer* Prozess mit ihm. Er braucht Stunden und Stunden und Stunden.‹ Und das war derselbe Typ, der in die Cafeteria kam und gefragt hat: ›Mann, hast du schon mal die Sekunden von Acht bis Elf gezählt?‹ Und Powell hat gesagt: ›Nein, warum sollte ich?‹ Und er sagt: ›Na, du musst was tun, um dich zu beschäftigen, während du fickst.‹«

Ramsey Wiggins war sich der romantischen Seite von Janis' bewusst, betont aber: »Hätte ich Janis gesagt, dass ich sie liebe, dass ich sie heiraten und mit ihr eine Familie gründen will, wäre sie wütend geworden, hätte sich vielleicht sogar verraten gefühlt. Wir hatten uns beide auf ein Leben außerhalb des Alltäglichen festgelegt.« Ramsey vermutlich nicht zu sehr, denn er heiratete bald danach. Wenn sich Janis nach einer liebevollen Beziehung gesehnt hat, hat sie es vermutlich nie deutlich gemacht. Sie machte stattdessen lieber den Eindruck, sie sei nur auf eine schnelle Nummer aus. Das war allem Anschein nach ihre Art, sich gegen die sexuelle Ablehnung zu verteidigen, von der sie dachte, sie würde hinter jeder Ecke lauern. Travis Rivers ist überzeugt, Janis hätte eine langfristige Beziehung gesucht, aber die meisten Männer hätten sie akzeptiert, wie sie war. Sie hätten vermutet, ihr knallhartes Auftreten signalisiere mangelndes Interesse an Romantik und Beständigkeit, und gedacht, Janis sei wie sie.

Janis mag versucht haben, ihre Sexualität nach dem Verhalten der Männer zu modellieren, aber sie nachzuahmen bot ihr nicht unbedingt eine Lösung. Schließlich herrschte noch immer die doppelte Moral, obwohl Janis alles tat, sie zu zerschlagen. Während die Promiskuität der Männer sie nicht als potentielle Lebenspartner ausschloss, dämpfte Janis' sexuelle Verfügbarkeit ihr Interesse, mit ihr mehr als Sex zu haben. »Es gab zwei Arten der Beziehung mit Janis: sexuell, was derb, ungesüßt, räuberisch und vergänglich war, und Freundschaft, die dauerhafter war.« Wie die meisten Männer der Clique wählte er die Freundschaft. »Wenigstens für uns bedeutete Sex, herumzuspielen.« Und das traf auf die meisten Männer zu, mit denen sie an der Universität von Texas schlief. In den acht oder neun Monaten, die sie in Austin war, entwickelte Janis keine dauerhafte Beziehung zu einem Mann. »Janis hat fortwährend nach Liebe gesucht«, sagt Fredda Slote. »Sie hätte ein Verhältnis mit einem dreiäugigen Hund angefangen, um Zuneigung zu bekommen, es hätte keine Rolle gespielt. Ich weiß nichts über Janis' Mutter, aber es hat dich nachdenklich gemacht.«

Wenn schon Janis' Verhältnis mit ihrer Clique manchmal gespannt war, so kann man sich vorstellen, um wie viel schwerer ihr der Umgang mit den Verbindungsstudenten und Bubbleheads fiel. Sie hassten Janis wegen ihrem schlechten Ruf und weil sie nicht vor ihrem Spott flüchtete. Wenn sie die Straße entlangging, »fuhren [die Typen] vorbei und johlten und riefen ihr alles Mögliche zu. Es flog ihr einfach um die Ohren«, erzählt Powell St. John. Aber Janis hätte es ihnen sofort mit gleicher Münze zurückgezahlt, was den Verbindungsstudenten nicht gerade gefiel. Sie hätten geschworen, Janis würde für ihre Hochnäsigkeit bezahlen. Und im Oktober 1962 hatten sie ihre Chance. Die Studentenverbindungen veranstalteten einen Wettbewerb, bei dem weibliche »Schönheiten« um den Titel der »Busenkönigin des Campus« und männliche »Ungeheuer« um den des »Hässlichen Mannes« stritten. Die Kandidaten repräsentierten die verschiedenen Verbindungen und versuchten, in geschmackloser Kleidung auf dem Campus auf Stimmenfang zu gehen. Ihre Namen wurden an einem großen Brett mitten auf dem Campus angeschlagen. Der *Daily Texan* berichtete ausführlich über den Wettstreit, der mehrere Tage dauerte, und Janis musste entdecken, dass sie für den »Hässlichen Mann« nominiert war.

Manche meinen, Janis' Aufstellung sei ein Scherz des *Ranger* gewesen. Jack Smith behauptet, Janis selbst hätte ihren Namen zum Spaß auf die Tafel geschrieben. Die meisten ihrer Freunde teilen jedoch die Ansicht, ihre Nominierung sei eine Vergeltung gewesen, die Rache dafür, dass Janis ein Verbindungsmitglied angemacht und dann stehen gelassen hatte. Was immer der Ursprung des Studentenulks war, Jack Jackson bezweifelt, dass er Janis verletzt hat: »Sie wird sich wahrscheinlich nicht gerade schreckliche Sorgen gemacht haben, was Verbindungsstudenten von ihr dachten.« Andere Zeugen beharren jedoch darauf, sie hätte sich erniedrigt gefühlt. »Natürlich war sie stocksauer«, sagt Pepi Plowman. »Sie hat Scherze darüber gemacht, aber ich wusste es besser.« Powell St. John sah sie danach in Tränen. »Das hat ihr den Rest gegeben. Ich konnte ihren Schmerz nicht wirklich verstehen, denn es kam mir so absurd vor. Ich hab einfach auf diese Leute gepfiffen, aber sie hat das nie richtig gekonnt, auch wenn sie sie verachtet hat. Die konnten sie nicht leiden, und das tat weh.« Fredda Slote erzählte: »Ich fing an, darüber zu lachen, und sie hat ausgesehen, als würde ich ihre Gefühle verletzen. Ich sagte: ›Janis, schau, du bist eine hübsche Frau, aber du wärst wirklich ein hässlicher Mann.‹ Aber es half nichts. Janis' Gefühle waren immer so nah an der Oberfläche. Es war so leicht, sie zu verletzen.« Janis gewann den Wettbewerb nicht. Da aber so viele ihrer Freunde meinen, sie hätte den Titel doch errungen, scheint Janis selbst die Quelle dieser Falschinformation gewesen zu sein. Der Presse gegenüber erwähnte Janis diesen Vorfall später nie. Stattdessen erklärte sie, man hätte sie aus dem Staat verlacht.

Etwa drei Monate nach dem Wettbewerb traf Robert Morrison, ein Kommilitone, Janis während der »toten Woche« – die Woche vor den Semesterprüfungen – auf der Hauptstraße. »He Mann, ich fahr morgen nach San Francisco«, rief Janis ihm entgegen. »Willst du mitkommen?« Morrison traute seinen Ohren nicht. Als er sie wegen der Examina fragte, sagte sie: »Oh Mann, vergiss Prüfungen. Sag sie ab.« Er protestierte, sie würden ungenügende Noten bekommen, aber Janis tat, als sei das nicht wichtig: »Oh Mann, das macht nichts. Ich werd' da rausfahren und erfolgreich sein.« Morrison erinnert sich: »Ich schaute sie an und dachte: ›Du armes irregeführtes Ding, du weißt nicht, wovon du redest.‹« Als er sagte, er könne keinesfalls mitkommen, tätschelte Janis seine Wange und warf ihm einen süßen Blick zu, der »Oh du armer Lutscher« zu sagen schien. In Wirklichkeit nahm Janis ihr Studium nicht ganz so leicht, denn sie wurde in keinem Fach mit »ungenügend« benotet. Ihr Studienbuch vermerkt stattdessen, dass sie ihre Meldung zu den Prüfungen offiziell zurückgezogen hat.

Powell St. John vertritt die Ansicht, der Wettbewerb der Studentenverbindungen hätte das Fass zum Überlaufen gebracht und »ihren Entschluss bestärkt, Texas zu verlassen«. Wali Stopher glaubt, Janis hätte einfach nicht mehr in Texas leben können: »Natürlich hat man sie rausgedeutet, weil sie es so weit getrieben hat.« Letztendlich sei ihr Texas nicht mehr lebenswert erschienen. Zur selben Zeit wurde Tary Owens von einigen High-School-Jungs übel zusammengeschlagen, als er in der Gegend von Beaumont als Anhalter unterwegs war. Es gab kaum 200 Rebellen auf einem Campus von 20 000 Studenten, aber für die Verwaltung der Universität von Texas und die Polizei von Austin war die Zahl immer noch bedrohlich, besonders, da die Zeichen des Widerstands zunahmen. In den frühen Sechzigern hatten die Behörden Austins den Eindruck, sie könnten »all die Leute zusammentreiben« und den kulturellen Wandel, der im Gang war, aufhalten. Die Polizei strengte sich nicht besonders an, ihre Aktivitäten zu verbergen. »Gilbert Shelton hat mir Geschichten erzählt«, berichtet Powell St. John, »wie er einmal ein Auto gesehen hat, das auf der Straße stand, mit 'nem Typ drin, der Kopfhörer trug und etwas auf ein Haus gerichtet hat. Also haben sie 'n Buch geholt und ihm damit eins übergezogen und mit Ferngläsern beobachtet, wie er rumschrie.«

Abgesehen von der kulturellen Repression der Stadt war Austins größter Nachteil für Janis, dass sie dort keinen Erfolg als Folksängerin haben konnte. Sie verließ die Stadt allerdings erst im Januar 1963, etwa drei Monate nach dem Wettbewerb. Chet Helms, der manchmal zu ihrer Clique gehörte, brachte sie dazu, mit ihm nach San Francisco zu trampen. Er behauptete, dort würde ihr heiserer Gesang ein großer Erfolg sein. Tary Owens ist überzeugt, Janis hätte Austin verlassen, weil sie eine Möglichkeit sah, zu singen. »Bis dahin hatten die Waller Creek

Boys einige semiprofessionelle Gigs gehabt, und sie hatte beschlossen, Sängerin zu werden. Sie versuchte Powell und Lanny zu überzeugen, mit ihr nach San Francisco zu ziehen.«
Janis hatte das begeisternde Gefühl entdeckt, einem Publikum den Atem zu verschlagen; sie hatte die Erregung gespürt, im Mittelpunkt der Aufmerksamkeit zu stehen. Bei aller Ablenkung, die sie suchte, war es vor allem das Auftreten, das den Schmerz beseitigen und ihr außergewöhnliches Kichern hervorrufen konnte. Für Jack Smith sind diese Augenblicke unvergesslich. »Am Ende dieses Kicherns war das größte Grinsen der Welt. Ihre Augen haben sich weit geöffnet, und sie hat ihre Arme ausgestreckt und gesagt: ›Gott, Jack, ist es nicht wundervoll?‹«

Jetzt richtete Janis ihr Augenmerk darauf, erfolgreich zu werden. Sie war schlau genug, der Campuszeitung zu erzählen, sie hätte das Ziel, Folksängerin zu werden, obwohl ihre größte Liebe der Blues sei. Dort war 1962 das Geld zu holen. Aber in Austin war Singen etwas, das man bei Threadgill's tat, den Folktreffs oder einer Samstagabend-Party; es war kein »Karriereschritt«. In Cambridge und New York konnte man daran denken, auf Dauer von der Folk Music zu leben. Austin war jedoch selten eine Station auf der »Überland-Party« reisender Folkmusiker. Janis wusste, was ihr bevorstand. Sie war nicht hübsch, sexy und klein wie Maria Muldaur von der Jim Kweskin Jug Band. Als Muldaur und ihre Band in die Stadt kamen, hielt sich Janis bei einer Party nach dem Konzert tatsächlich im Hintergrund. Sie glaubte, sie würde einen Wettstreit in jeder Hinsicht verlieren. »Janis hatte ein wahnsinniges Verlangen, berühmt zu werden«, sagt Pepi Plowman. »Sie wollte einfach jemand *sein*, weil sie immer mit solcher Geringschätzung betrachtet wurde.«

Erfolg war ein Mittel, es all jenen heimzuzahlen, die sie so lange verspottet hatten. Im Zeitalter des zornigen jungen Mannes war Janis eine zornige junge Frau, die eine Aggressivität besaß. Während ihrer Monate in Austin kämpfte sich Janis zäh voran und perfektionierte, was sie später als »Leben am äußeren Rand der Wahrscheinlichkeit« bezeichnete. Es gab die Krawalle in den Bars, die lebensgefährlichen Situationen unterwegs, die endlosen Trinkgelage und die Experimente mit Drogen und Sex. Es war ein risikoreiches Leben, und es war nicht nur das Ergebnis irgendeiner abstrakten Hingabe an die Abenteuerlust.

Janis und ihre Freunde weigerten sich, von einer repressiven Kultur in Schach gehalten zu werden. Während andere Jugendliche Protestmärsche veranstalteten und streikten, machten sie Musik und tranken und fuhren wie Verrückte. Das war ihr Protest, ihre Art, die Kompromisse ihrer Eltern und das Stillschweigen der Allgemeinheit abzulehnen. Sie verfolgten ihre Staatsverdrossenheit mit Unbekümmertheit und Mitteln, die oft selbstzerstörerisch waren. Aber nicht selbstmörderisch: Janis' Verwegenheit hatte weniger damit zu tun, nicht aufzugeben, sondern damit, nicht nachzugeben, nicht zu kapitulieren. Wali Stopher erinnert sich, wie sein Bruder Tommy mit ihr in Houston unterwegs war. »Sie sahen abscheulich aus«, und als sie an einer Bar vorbeigegangen seien, hätten die Gäste begonnen, sie anzupöbeln. Statt die Beleidigungen zu ignorieren, hätte Janis zurückgeknurrt: »Fuck you! Ich hab keine Angst vor euch.« Und sie hätten sie in Ruhe gelassen. »Eine Menge Leute fordern dich heraus, um zu sehen, ob du mutig genug bist, so auszusehen. Und, verstehst du, wenn du ›Ooh, tut mir Leid‹ sagst ... hast du schon verloren.« Was in diesen Geschichten ausgelassen wird, ist der hohe Preis, den Janis bezahlte – aber er ist in ihrem Gesang deutlich zu hören.

An dem Abend, als Janis Austin verließ, hielt sie bei Julie Pauls Wohnung an und gab ihr ein Tonband mit einem Song, den sie geschrieben hatte. »So Sad to Be Alone« ist eine Offenbarung, denn Janis klingt völlig anders als auf all ihren Schallplatten. Ihre Stimme erinnert sehr an Joan Baez. Sie singt davon, »andere Leute durch deine Tränen hindurch« anzuschauen und sich beraubt zu fühlen, ohne Freunde oder eine Familie. Keine kräftige Stimme, kein markantes, intensives Timbre oder gesalzener Text verbergen ihre Trauer und Verletzlichkeit. Im Gegensatz zu allen anderen Aufnahmen klingt Janis zart von Anfang bis Ende. Das Band war ihre letzte freundliche Geste, bevor sie zu ihrer hoffentlich großen Chance aufbrach. Es scheint, als hätte Janis gewusst, was vor ihr lag, als hätte sie in ihre Zukunft geschaut und gesehen, dass sie keinen Einfluss auf ihren Schmerz und ihre Einsamkeit haben würde. Es passt, dass Janis gerade bei Julie, die in vielerlei Hinsicht ihre Zwillingsschwester war, ihre Deckung fallen ließ und die Pose des knallharten Mädels aufgab, bevor sie Texas hinter sich ließ und diese Rolle wieder einnahm.

An den Rändern Amerikas

Janis und Chet brachen im Januar 1963 auf, um nach San Francisco zu trampen. Die Unschuld und Ignoranz, die für die fünfziger Jahre bestimmend waren, herrschten noch immer vor. Die »Sechziger« mit ihren erdbebenartigen Umwälzungen hatten noch nicht begonnen: politische Attentate waren immer noch Tragödien, die sich nur in anderen Ländern ereigneten; weiße Collegestudenten hatten noch nicht begonnen, »He LBJ, wie viele Kinder hast du heute getötet?«, zu skandieren, und Schwarze hatten noch nicht angefangen, die Innenstädte in Brand zu setzen, die sie eigentlich im Zaum halten sollten. Die Eroberung Amerikas durch die Beatles sollte erst in einem Jahr stattfinden; Bob Dylan hatte noch nicht zur elektrischen Gitarre gewechselt, und »Trip« bedeutete immer noch Ausflug.

Im Rückblick wird allerdings klar, dass sich die Sechziger bereits Mitte der fünfziger Jahre zu rühren begannen. Rosa Parks widersetzte sich in Montgomery, Alabama, der Rassentrennung. Elvis Presley, Chuck Berry und Little Richard landeten einen Schlag gegen die rassistische Musikindustrie, indem sie bewiesen, dass es einen Markt gab für etwas anderes als kraftlose weiße Unterhaltungsmusik. Mitte der Fünfziger verstrickte sich Amerika in den Vietnamkrieg, und Allen Ginsberg schrieb »Das Geheul«, ein Gedicht, dessen beängstigende Amerika-Vision durch den Krieg bestätigt wurde. Verzweifelt und trotzig drückte »Das Geheul« weit mehr als den Lobgesang der Beatniks auf das Wanderleben aus. Ginsbergs Gedicht wütete gegen den Materialismus, die bürokratische Rationalität und die Freudlosigkeit der amerikanischen Kultur, wofür es über alle Maßen verurteilt wurde. Selbst 30 Jahre später wetterte der neokonservative Publizist Norman Podhoretz noch immer gegen »seine Glorifizierung von Wahnsinn, Drogen und Homosexualität und seine generelle Verachtung und seinen Hass auf alles Gesunde, Normale oder Anständige«. Das Gedicht hätte »die Werte der Jugendkultur der sechziger Jahre gleichzeitig vorweggenommen und geholfen, sie zu propagieren«. Podhoretz hat Recht. »Das Geheul« nahm nicht nur den Wandel vorweg, den die Sechziger darstellten, es erzeugte auch ein Zukunftsgefühl bei denjenigen, die sich außer Tritt oder uneins mit der amerikanischen Kultur fühlten. Der Dichter Michael McClure erinnert sich, dass nach Ginsbergs leidenschaftlicher Lesung des Gedichts im Oktober 1955 »keiner von uns zu dem grauen, kalten, militaristischen Schweigen zurückkehren wollte, der intellektuellen Leere – dem Land ohne Poesie – der geistigen Finsternis«. Für die New Yorker Beatnik-Poetin Diane Di Prima bedeutete »Das Geheul«, dass all diejenigen, die sich »versteckt und geduckt« hatten, endlich »ihren Teil sagen« konnten.

Aber das war nicht so einfach. Der Geist der Fünfziger starb kaum an dem Abend, als Ginsberg in der 6 Gallery in San Francisco »Das Geheul« las, oder an dem Tag, als Parks sich weigerte, ihren Sitzplatz für einen weißen Fahrgast freizumachen. Die Beatniks, an die man sich heute als coole Typen in Khaki erinnert, wurden in der Presse angeprangert und von der Polizei ins Visier genommen. Lawrence Ferlinghetti, der Besitzer des City Lights Bookstore und Verleger von »Das Geheul«, wurde 1958 wegen Obszönität angeklagt. Als man kurz danach an ihn herantrat, auch William Burroughs *Naked Lunch* zu verlegen, lehnte Ferlinghetti ab und führte das zensorische Klima als Begründung an. Im gleichen Jahr begann die Polizei San Franciscos, bei den Vernissagen, Dichterlesungen und in den Jazz-Clubs, die die Beatniks frequentierten, sichtbar anwesend zu sein. Der Kolumnist Herb Caen förderte das harte Durchgreifen, als er sich beschwerte, das italienische Viertel North Beach, das zur Heimat der Beatniks geworden war, würde mehr nach Marihuana stinken als nach Knoblauch. Als Antwort auf die Drogen-Hysterie statuierte die Polizei an Jack Kerouacs Reisegefährten Neal Cassady ein Exempel und verhaftete ihn wegen Besitz und Verkauf einiger Joints. Der Richter war entschlossen, den Beatniks den Garaus zu machen, und verurteilte Cassady zu einer drakonischen Strafe von fünf Jahren bis lebenslänglich. In einer Rede auf der Nationalversammlung der Republikaner erklärte J. Edgar Hoover, Amerikas höchster Vollzugsbeamter und Chef des FBI, »Kommunisten, Beatniks und Eierköpfe« zu den gefährlichsten Gruppierungen in Amerika. Die Fünfziger gaben weder in Austin noch in San Francisco kampflos auf. Als sich das Jahrzehnt jedoch aufzulösen begann, tat es das mit Schwindel erregendem Tempo und enthüllte, wie Ginsberg bemerkt hatte, dass Amerika, das einmal »solide wie das Empire State Building« schien, »überhaupt nicht solide« war.

1963 war North Beach immer noch die Heimat des City Lights Bookstore und der Coffee Gallery, aber es gab weitaus mehr Lokale für Touristen und Oben-ohne-Clubs als Beatnik-Bars. Jack Kerouac, Allen Ginsberg oder William Burroughs saßen auch nicht nur in den Cafés und Bars herum. Die Welt der Beatnik-Autoren und Künstler war nicht leicht zu durchdringen. Der Schriftsteller Carl Solomon, dem Ginsberg »Das Geheul« gewidmet hatte, war schockiert, als ein Bekannter die Beatniks als Bewegung bezeichnete. Wie die meisten anderen Beatniks (Ginsberg war eine bedeutende Ausnahme) hatte Solomon eine »Aversion gegen Bewegungen«. Diane Di Prima schreibt in *Memoirs of a Beatnik*, sie hätte den Eindruck gehabt, in New York hätte es nicht mehr als 40 oder 50 Menschen gegeben, »die wussten, was wir wussten: die in Levi's und Arbeitshemden herumrannten, Kunst machten, Marihuana rauchten, auf dem neuen Jazz standen und den schwarzen Slang nachahmten. Wir vermuteten, dass vielleicht fünfzig weitere in San Francisco lebten ... Aber unsere Isolation war vollständig und undurchdringlich, und wir versuchten, nicht einmal mit einem Bruchteil unserer Kollegen zu kommunizieren. Unsere hauptsächliche Sorge war, unsere Integrität beizubehalten ... und cool zu bleiben.« In Wirklichkeit veröffentlichten Di Prima und ihre Freunde Literaturmagazine wie *Floating Bear*, was nahe legt, dass sie nicht vollständig isoliert waren und allein standen. Sie hatten aber bestimmt auch nicht die Absicht, ihre Reihen für ziellose, schwierige Jugendliche wie Janis zu öffnen.

North Beach blieb in jedem Fall für die Jugendlichen, die 1963 auf der Suche nach dem Leben der Beatniks kamen, weit hinter seinem Ruf zurück. Bob Kaufman, der den Begriff »Beatnik« geprägt und den denkwürdigen Satz »ausgefallene Leute kennen den Ausweg« formuliert hat, hatte mit Ginsberg das Journal *Beatitude* gegründet. San Franciscos bekanntester Beatnik-Poet war mittlerweile in sehr schlechter Verfassung. Kaufman war früher amphetaminabhängig gewesen, hatte im Gefängnis gesessen und sich einer Schocktherapie unterzogen. Jetzt trieb er sich in Bars herum, redete wirres Zeug und wetterte gegen alles und jeden. Auch Neal Cassady, der zwei Jahre in San Quentin inhaftiert gewesen war, lebte in North Beach; das Gefängnis, das Wanderleben und Amphetamin hatten auch ihn arg mitgenommen. Linda Gravenites, die ihr Studium abgebrochen hatte und 1959 nach North Beach gezogen war, erklärt, es sei schon damals »eine sehr deprimierende Szene« gewesen. Die meisten Beatniks waren aus North Beach fortgezogen und »alles, was übrig war, waren die Speed Freaks«. George Hunter, dem man zuschreibt, die Rock-Szene der Stadt ins Leben gerufen zu haben, war nach San Francisco gezogen, »um Teil der Beat Generation zu sein«, und entdeckte zu seinem Erstaunen, dass die Beatniks alle verschwunden waren.

Stattdessen füllte sich North Beach mit den verwahrlosten

Kindern der Beatniks, jungen Hipstern wie Janis, Chet Helms, Hunter und Linda Gottfried, Linda Gravenites und Sunshine, mit denen sich Janis anfreundete. Die drei Frauen waren in Los Angeles oder seiner näheren Umgebung aufgewachsen und teilten die Ansicht des Protagonisten in Kerouacs *The Dharma Bums*: »Das Einzige, was man tun konnte, war, aus L.A. abzuhauen.« Linda Gravenites war die Adoptivtochter reicher Republikaner und in dem nahe gelegenen Banning aufgewachsen. Sie hatte das Whittier College, Richard Nixons Alma Mater, besucht und dort ihre »eigene kleine Bürgerrechtsbewegung« organisiert: Sie ging mit einem Schwarzen und schrieb sich mit einer schwarzen Freundin für ein Zimmer ein. Linda wurde schließlich vom College verwiesen, weil sie eines Nachts betrunken in ihr Wohnheim gekommen war. Sie wechselte auf das San Bernardino Valley College und musste bei ihren Eltern wohnen. Schließlich lief sie nach San Francisco davon. Linda hatte bei ihrer Ankunft nichts als die sprichwörtlichen Kleider am Leib und zog in ein Haus in North Beach, das von Studenten des Kunstinstituts bewohnt wurde, für die sie Modell stand.

Sunshine, eine Halbindianerin vom Stamm der Menominee, war als Pat Nichols in Pasadena aufgewachsen. Sie hatte als Kind mehrere Sommer bei Verwandten in einem Reservat in Wisconsin verbracht und kann sich noch an Schilder erinnern, auf denen »Kein Zutritt für Indianer« stand. Die Rassendiskriminierung und die Vorurteile, auf die sie dort stieß, beeinflussten ihre Entscheidung, »der Allgemeinheit fernzubleiben«. Mit 13 wurde Sunshine schwanger. Ihre Klassenkameraden machten ihr das Leben zur Hölle, bis sie schließlich die Schule verließ. Ihr Kind wurde zur Adoption freigegeben. Obwohl sie den Unterricht nur sporadisch besuchte, war Sunshine eine Einser-Schülerin. Sie wandte sich den Beatniks zu und trug in ihren beiden letzten Jahren auf der High School nichts als »schwarze Strumpfhosen, ein schwarzes Trikot, einen braunen

Wildlederrock und Sandalen«. Sunshine ging mit schwarzen Jungs aus und ihr bester Freund war ein Schwarzer. Ihrer Clique gehörten auch eine Drag Queen und mehrere Künstler an, die alle in den angesagten Kaffeehäusern Hollywoods wie Mother Neptune's, Fifth Estate und Third Eye verkehrten. Sunshine war schon einige Male in San Francisco gewesen und hatte das Gefühl, die Verhältnisse seien dort anders. Als sie 1964 in North Beach ankam, arbeitete sie zunächst als Kellnerin bei Thelma's Soul Food und dann in der Coffee Gallery. Dort wurde sie 1972 die erste Barkellnerin, nachdem Kalifornien das »Equal Rights Amendment« verabschiedet hatte, das Frauen erlaubte, hinter einem Bartresen zu arbeiten.

Linda Gottfried war Janis' beste Freundin während ihrer Anfangsjahre in San Francisco. Lindas Eltern waren jüdische Flüchtlinge aus Osteuropa, die sich in einer ghettoähnlichen Gemeinschaft in Los Angeles niedergelassen hatte. Ihr Haushalt wirkte oberflächlich »wie die Fünfziger, aber hinter verschlossenen Türen war es wie im Zweiten Weltkrieg. Wir waren eine große Familie in einem winzig kleinen Haus, und es kam selten vor, dass jemand nicht zu Hause war, deshalb versuchte ich, so wenig Zeit dort zu verbringen, wie ich nur konnte.« Wie Janis und viele ihrer Freunde fühlte sich Linda anders als ihre Familie. Sie führte ein isoliertes, einsames Leben, bis sie im Februar 1963 nordwärts nach San Francisco zog. »Ich bin mir wirklich furchtbar fremd vorgekommen. Ich hatte nie Freunde. Dann traf ich diesen Typ und er sagte nach ein paar Tagen: ›Weißt du, es *gibt* Leute wie du in San Francisco. Du solltest zu dieser Bar gehen, der Coffee Gallery.‹ Also bin ich in den Bus gestiegen und losgefahren.«

Es sollte einige Jahre dauern, bis Jugendliche wie Linda und Janis Haight-Ashbury zum neuen Mekka der Boheme machten. Bis dahin blieb North Beach ein riskantes Ziel für Aussteiger, die alle möglichen gesellschaftlich sanktionierter Grenzen niederreißen wollten – zwischen Schwarz und Weiß, zwischen dem, was kriminell und was legal war, und manchmal auch zwischen der Homo- und der Heterosexualität.

Janis' und Chets Reise nach Westen begann unter schlechten Vorzeichen. Sie machten die erste Nacht in Fort Worth Station, wo Chets Eltern lebten. Als sie Austin verlassen hatten, begann Janis, das nette Mädchen von nebenan zu spielen. Sie hing sich an Chet, als wäre er ihr Freund. Aber sobald sie ihren Fuß in das Haus seiner Eltern setzten, verwandelte sie sich in die knallharte Janis und stampfte durch das Haus und »fluchte wie ein Landsknecht«. Janis' Kleider – Jeans, ein halb offenes Arbeitshemd und kein BH – trugen nicht zum Gelingen des Abends bei. Nach dem Essen gab es eine Szene, als Mrs. Helms Chet und Janis deutlich machte, dass sie nicht in ihrem Haus übernachten konnten. Chets Mutter war es gleichgültig, dass sie kein Liebespaar waren; dass ihr Sohn mit einer jungen Frau wie Janis befreundet war, war bedrückend genug. Schließlich fuhr Chets Bruder die beiden an den Stadtrand, wo sie ein Lastwagenfahrer mitnahm. Chet und Janis kamen 50 Stunden und unzählige Autos später in San Francisco an und fielen bei David Freiberg ein, einem Folkie, der vor einigen Jahren mit den Mendicant Folksingers for Peace an der Universität von Texas aufgetreten war.

Janis hatte klare Vorstellungen, was sie in North Beach wollte: Sie war nach San Francisco gekommen, um zu singen. Chet überredete schnell die Besitzerin von Coffee and Confusion, einem populären Treff, Janis an ihrer Hootenanny teilnehmen zu lassen. Er behauptet, Janis sei in dem Kaffeehaus auf der Grant Avenue so erfolgreich gewesen, dass jemand einen Hut herumreichte – was dort normalerweise untersagt war – und 50 Dollar sammelte. Vom Coffee and Confusion zog Janis die Straße hinunter in die Coffee Gallery. Viele, die als Folkie in der Coffee Gallery auftraten, sollten später Rocker werden. Zum Stamm gehörten Dave Freiberg, der bei Quicksilver Messenger Service landete, Marty Balin, später bei Jefferson Airplane, David Crosby von den Byrds und Crosby, Stills und Nash, Terry Garthwaite von Joy of Cooking, Nick Gravenites von The Electric Flag und James Gurley von Big Brother. Chet organisierte auch einige Auftritte in den Kaffeehäusern der South Bay, wo Janis Jerry Garcia kennen lernte und Jorma Kaukonen, der später bei Jefferson Airplane Gitarre spielen sollte. Obwohl Chet für Janis schon bald nach ihrer Ankunft in San Francisco keine Auftritte mehr arrangierte, machte sie rasch ihren Weg. Sie trat weiterhin in den Kaffeehäusern und Bars von North Beach auf und spielte mehrere Male mit Roger Perkins, Larry Hanks und dem Songwriter Billy Roberts, dessen »Hey Joe« Jimi Hendrix später berühmt gemacht hat. Und damals im Sommer 1963 machte sie zum ersten Mal in Monterey auf sich aufmerksam – auf einer Nebenbühne des Folk Festivals.

Janis war noch keinen Monat in San Francisco, als sie Linda Gottfried in der Coffee Gallery kennen lernte. Es war Lindas erster Tag in der Stadt, und sie hatte keine Unterkunft, bis ihr Janis anbot, bei ihr zu wohnen. »Wir haben uns irgendwie auf magische Weise kennen gelernt.« Janis lebte im Keller eines Hauses auf der Sacramento Street. »Diese Folksinger haben sie dort umsonst wohnen lassen, weil sie 'ne so gute Sängerin war«, erinnert sich Linda. »Sie ist einmal die Woche hochgekommen und hat ein paar Takte gesungen. Das war alles, was sie verlangt haben.« Janis und Linda »tickten sofort«. Sie waren beide mit dem Gefühl aufgewachsen, ihren Eltern und Altersgenossen entfremdet zu sein. Linda erklärt, sie hätten sich sogar ähnlich gesehen – eine Behauptung, die keine Fotografien untermauern. »Wir haben einander sofort erkannt. Es war wunderbar. Wir haben wie Zwillinge ausgesehen. Wir haben uns geliebt. Wir waren beide sehr, sehr einsam gewesen. Sie kam aus der gleichen Situation wie ich, sie hatte nicht bekommen, was du brauchst, um in die Welt zu ziehen.« Sie hätten jedoch nicht viel über ihre Vergangenheit gesprochen. »Unsere Realität begann, als wir nach North Beach kamen.«

Diese Realität war äußerst ungewiss. Janis und ihre Freunde lebten am äußersten Rand des herkömmlichen Amerika. Nach ihrem Tod erklärte Janis' Vater, sie sei während ihrer Zeit in North Beach »stempeln gegangen«, ein geringschätziger Ausdruck, der die Schande widerspiegelt, die er über den Weggang seiner Tochter empfand. Janis hielt sich wie viele Jugendliche in North Beach mit Arbeitslosenunterstützung, Gelegenheitsjobs, den wenigen Dollars, die sie beim Singen verdiente und der Großzügigkeit anderer über Wasser. Natürlich war es damals einfacher, auf der faulen Haut zu liegen: Arbeitslosigkeit und Wohnungslosigkeit waren relativ selten. Einfallsreiche Menschen konnten feste Jobs vermeiden, wenn sie die kostenlosen Mahlzeiten der Kirche der Heiligen Peter und Paul in North Beach in Anspruch nahmen, um vier Uhr morgens im Marktviertel Kisten mit unverkäuflichem Gemüse vor der Müllabfuhr retteten und bei der Salami-Fabrik nach Resten Ausschau hielten. Die Händler zeigten sich großzügiger, als es noch nicht so viele Bohemiens gab. Diane Di Prima und ihre Mitbewohner heizten ihr New Yorker Apartment mit Holzfeuer. Das Holz bekamen sie von den Arbeitern auf einer nahe gelegen Baustelle geschenkt. »Damals hatte noch keiner von Beatniks oder Hippies gehört und deshalb waren die Typen nett und freundlich, die dort gearbeitet haben.«

Ladendiebstahl war eine weitere Überlebenskunst der Bohemiens. Janis war noch keine zwei Monate in der Stadt, als sie deswegen in Berkeley festgenommen wurde. »Wir haben alle bei Safeway Steaks geklaut, wenn wir kein Geld hatten«, erklärt Chet Helms. »Die haben uns übern Tisch gezogen, also ist alles fair, was wir tun – so haben wir damals gedacht.« Janis hatte auch in Austin Ladendiebstähle begangen, aber hauptsächlich, weil es ihr Vergnügen bereitete, nicht erwischt zu werden; in San Francisco war Stehlen ein Ding der Notwendigkeit. Sie bettelte außerdem an der Kreuzung von Grant und Greene Street. Janis und eine Mulattin namens Shelley sollen sogar mit der Band der Heilsarmee für Geld gesungen haben. Als Janis berühmt war, witzelte sie, sie hätte sogar versucht, auf den Strich zu gehen, sei aber zu hässlich gewesen, um als Prostituierte Erfolg zu haben. »Wir haben für die Nacht gelebt«, erklärt Linda Gottfried, aber sie seien nicht untätig gewesen. Janis »hielt *immer* ihren Fahrplan ein«, selbst als sie arbeitslos gewesen sei. Sie hätte die Tage damit verbracht, sich vorzubereiten, sei abends nach North Beach gegangen, um zu singen und Musik zu hören, vor allem den Blues. »Sie hatte ein festes Programm. Es war Blues um 12 Uhr. Und dann hat sie den Countrysender gehört, den sie geliebt hat. Im Grunde ist sie mit Country aufgewachsen. Und dann haben wir uns um 3 Uhr *Dialing for Dollars* angesehen. Das ist die Wahrheit.« In der Fernsehshow wurde ein Spielfilm gezeigt, und danach wurde ein Zuschauer angerufen und nach der Höhe des täglichen Jackpots gefragt. »Sie ist nie außer Haus gegangen, bevor *Dialing for Dollars* vorbei war. Sie wollte sehen, ob wir gewonnen hatten. Dann ist sie über die Straße in die Billardhalle gegangen.« Janis hätte vor allem eine Passion für ihre Musik gehabt. »Sie hat Leadbelly, Billie Holiday, Bessie Smith studiert. Sonntags sind wir in verschiedene schwarze Kirchen gegangen und haben hinten gesessen und Gospels gesungen.« Die Vorstellung, Janis sei aus dem Nichts aufgetaucht, »ist verrückt. Ich meine, sie hat an ihrer Musik *gearbeitet*.«

Während jener Zeit lebte Janis auch mit Jae Whitaker zusammen, einer schwarzen Amateurmusikerin, die ihre Leidenschaft für Musik teilte. Jae kann sich nicht daran erinnern, dass Janis einen Fahrplan eingehalten hätte, aber sie hätte immer gesagt: »Ich werd's schaffen! Ich werd's schaffen!« Sie hätte sich danach gesehnt, im Rampenlicht zu stehen. Jae brachte Janis in ein Fotostudio, um Publicityaufnahmen machen zu lassen. In ihrem Apartment war das Radio immer an und sie sangen beide mit, und wenn sie in Bars gingen, sangen sie auch zur

Musikbox. Janis machte Jae auf Bob Dylan aufmerksam. »Ich weiß noch, dass wir etwas Gras geraucht und Wein getrunken haben, und Janis sagte: ›Ich muss dir von jemand erzählen, den ich einfach liebe. Ich muss ihn unbedingt mal kennen lernen.‹« Janis legte eine Platte von Bob Dylan auf und sagte: »Hör dir nur die Texte an. Er ist einfach wunderbar.« Jae mochte Dylans Texte, aber sie »dachte, er sei ein alter Mann. Ungefähr sechzig oder siebzig Jahre alt.« Sie erzählt, Janis hätte sich von Hank Williams und Hank Snow bis Blues und Pop alles angehört, aber Bessie Smith sei ihr Idol gewesen. »Sie dachte, sie sei die Reinkarnation von Bessie Smith. Wirklich.«

Innerhalb weniger Monate verbreitete sich Janis' Ruf. Toni Brown, die in der Bluegrassband The Crabgrassers spielte, hörte Janis in Berkeley den »Black Mountain Blues« singen: »Sie war unglaublich stark. Ich hatte von ihr gehört, denn es hatte die Runde gemacht, da gäbe es diese Sängerin, die Bessie Smith singt. Wir alle haben irgendwie gewusst, dass wir jemandem zugehört haben, der sehr berühmt werden würde.« James Gurley, der schon bald mit Janis bei Big Brother spielen sollte, fand ihre Stimme »unglaublich«, als er sie in der Coffee Gallery singen hörte. Linda Gottfried erzählt: »Es kam so weit, dass andere Sängerinnen nicht singen wollten, wenn sie bei den Hootenannies auftauchte.« Janis' Stimme war so ausdrucksstark, dass sie eine Menschenmenge anzog, wo immer sie sang. Als sie 1963 beim Monterey Folk Festival auftrat, erregte sie einiges Aufsehen. Janis war keiner der groß angekündigten Stars, sie sang nur bei den informellen Hootenannies auf einer Nebenbühne. Jae behauptet, Janis hätte dabei drei Wettbewerbe und Karten für die Shows auf der Hauptbühne gewonnen. »Alle haben sie einfach geliebt. Sie hat jedes verdammte Mal gewonnen, wenn sie da hoch gegangen ist und gesungen hat. Die sind einfach fuchsteufelswild geworden. Ich bin langsam aufmerksam geworden.«

Auch andere wurden aufmerksam. Ab und zu tauchten Talentsucher der Schallplattenfirmen auf, die sich interessiert zeigten, Janis unter Vertrag zu nehmen. Aus diesen Angeboten wurde jedoch nie etwas. Die meisten talentierten Folksinger aus dem Kreis der Kaffeehäuser der Bay Area blieben natürlich erfolglos. San Francisco war ein konkurrenzreicher Markt, der damals bei der Musikindustrie wenig Interesse weckte. Dazu hatte Janis in ihrem ersten Jahr in San Francisco einige entscheidende Nachteile, die ihre vielversprechenden Aussichten beeinträchtigten. »Sie hat verzweifelt jemanden gesucht, der sie auf der Gitarre begleitete«, erklärt Edward Knoll, ein befreundeter Beatnik, »aber niemand wollte *hinter* jemandem spielen.« Janis begann, sich selbst zu begleiten, obwohl sie keine gute Gitarristin war. Die meisten ihrer Probleme verursachte sie jedoch selbst. »Ich hab Janis immer gesagt: ›Du wirst es trotz deiner selbst schaffen‹«, erinnert sich Linda Poole, eine weitere Freundin von Janis aus North Beach. Sie hatte mit einem Promoter aus Los Angeles einen Aufnahmetermin für Janis vereinbart, doch sie tauchte gar nicht erst auf. RCA Victor wollte Janis unter Vertrag nehmen, aber sie verletzte sich am Bein, als sie betrunken versuchte, auf ihre Vespa zu steigen. Während sie sich von dem Unfall erholte, löste sich der Deal in Luft auf. Janis' Trinkerei wurde tatsächlich schnell zum Problem. Jae beteuert, Janis hätte damals nicht wesentlich mehr Alkohol konsumiert als alle anderen. Manche Zeitzeugen behaupten jedoch, sie hätte selbst zu jener Zeit schon heftig getrunken. Seit sie »mit Chet losgezogen ist, hat sie permanent gesoffen«, berichtet eine Bekannte. Als Janis in San Francisco ankam, hätte sie immer mit Freunden an den Straßenecken herumgelungert und sich mit den Stadtstreichern betrunken. Eines Nachts verunglückte sie mit dem Motorrad von Malcolm Waldron, einem Hipster aus Detroit, mit dem sie damals ein Verhältnis hatte. Während eines Streits war Janis auf seine Maschine gesprungen und in die Nacht gerast. Sie fuhr das Motorrad zu Schrott und verletzte sich am Arm.

Ein weiteres Problem war Janis' »Zisch-ab-Haltung«, die sie selbst in North Beach in Schwierigkeiten brachte. Als ihr ein einflussreicher Mann aus der Folk-Szene der Stadt Avancen machte, gab Janis zurück: »Willst du mich verarschen, Mann? Fick 'ne andere.« Die Folge war, dass sie in der Coffee Gallery Lokalverbot bekam. Der Schauspieler Howard Hesseman arbeitete damals als Barkellner und ließ Janis während seiner Schicht singen, aber sie musste sich selbst mitten in einem Lied verdrücken, wenn der abgewiesene Mann durch die Tür kam. Ein andermal stand Janis vor einer Vertragsunterzeichnung und pöbelte vor dem Anxious Asp, einer Bar in North Beach, einige Motorrad-Rocker an, die sie angestarrt hatten. »Sie haben die Scheiße aus ihr herausgeprügelt«, berichtet Chet. Janis sei von der Abreibung »ziemlich mitgenommen« gewesen, und eine weitere Chance war vertan. Janis stand sich fast immer selbst im Weg, wenn sie wieder einmal kurz davor war, weiterzukommen. Und dann gab es noch die Drogen.

Als Chet und Janis nach San Francisco kamen, »marschierten [sie] geradewegs in eine Speed-Meute«. Amphetamin war die bevorzugte Droge in North Beach und anderen Enklaven der Boheme, und es war leicht zu bekommen. Schon lange, bevor er sich mit der Herstellung von LSD einen Namen machte, leitete Augustus Owsley Stanley III ein Methedrin-Labor. Selbst das anständige Amerika sah damals Speed vorwiegend als harmlos an. Diane Di Prima nahm jahrelang Speed. »Meine Tante brachte gewöhnlich Flaschen mit Dexedrin mit aus dem Krankenhaus, wo sie arbeitete. Sie fand, es sei einfach großartig, dass wir mehr schreiben wollten und mehr lernen. Niemand wusste, dass damit etwas nicht in Ordnung war. Ich erinnere mich, dass einer meiner Brüder eine Flasche mit tausend Pillen hatte, und ich fragte ihn: ›Wo hast du die her?‹, und er sagte: ›Von Tante Ella.‹« Amphetamine wurden auch häufig verschrieben, vor allem Frauen, die übergewichtig waren oder über Müdigkeit und Depressionen klagten.

Für die Beatniks bestand ein enger Zusammenhang zwischen dem Gebrauch von Drogen und ihrer künstlerischen Absicht. »Die allgemeine Einstellung war, dass alle Erfahrung gut ist«, erklärt Diane Di Prima. »Drogen waren erstens kein Hilfsmittel, doch sie konnten dich als Mensch erweitern, vor allem aber als Künstler. Zweitens erkundeten wir alle die Grenzen des Bewusstseins, um ein Klischee zu verwenden. Und wir nahmen das sehr ernst.« Ginsberg schrieb unter dem Einfluss von Lachgas, Marihuana, Kokain, Heroin, Amphetamin und Psilocybin und allen möglichen Kombinationen davon. Burroughs war ein Junkie, und Kerouac nahm große Mengen Speed. Carl Solomon nahm ebenfalls Speed und schrieb in den späten Vierzigern darüber, »Benzedrin zu essen«. Drogen und Alkohol wurden als wesentlicher Bestandteil des kreativen Prozesses angesehen – sie gehörten dazu, auf Messers Schneide zu leben. Darum ging es beim Künstlerdasein. »Die Alkoholmenge, die in der Kunstwelt zwischen 1950 und 1960 konsumiert wurde, schien wie eine Flut«, sagt die Malerin Helen Frankenthaler. Linda Gottfried erinnert sich an wunderbare Tage, als sie und Janis begannen, Drogen zu nehmen. »Wir dachten, wir würden sprunghaft wachsen. Wir haben Tag und Nacht gearbeitet. Wir haben mehr Gemälde, mehr Gedichte und mehr Lieder geschaffen.« Speed war für Künstler und Schriftsteller Ende der fünfziger und Anfang der sechziger Jahre die Droge des Augenblicks. Di Prima behauptet: »Es brachte eine besondere Form von Kunst und eine besondere Ästhetik hervor«, das Resultat eines permanent aufgeputschten, verstärkten Empfindens. Auch für Janis war es Teil ihres kreativen Lebens, high zu sein. Als sie berühmt war, erklärte sie: »Eine Menge Künstler haben einen Kunststil und einen Lebensstil. Für mich sind sie eins.«

Völlig heruntergekommen zu leben – und das bedeutete, sich zu betrinken und Speed zu nehmen – war nicht nur allgemein ein Teil des Künstlerlebens, sondern in Janis' Augen auch ein notwendiger Schritt, sich in eine authentische Bluessängerin zu verwandeln. Um den Blues zu singen, musste man ihn auch leben. »Irgendwo tief innen hatte sie das Gefühl, dass man alles Mögliche mitmachen musste, um eine wirkliche Sängerin zu werden«, erklärt Sally Lee, eine Freundin aus North Beach, die Janis bereits 1961 bei ihrem Autostop nach San Francisco kennen gelernt hatte. »Sie hatte das Gefühl, sie müsse Lehrgeld zahlen, um den Blues zu singen. Sie fand, in gewisser Hinsicht hätte sie nicht genug gelitten«, sagt Chet Helms, der nach ihrem Tod Albert Grossman – Janis' Manager seit 1967 – die Schuld gab, er hätte sie dazu angehalten, »sich auf den Hund gekommen und ausrangiert« zu fühlen, und versucht, sie zu einer »weißen Billie Holiday« zu formen.

Aber Janis fühlte sich schon lange vor Albert Grossman gezwungen, unglücklich zu sein; ihr Methedrin- und Alkoholmissbrauch hatten schon viel früher begonnen. »Ich hab wirklich das Gefühl, dass Janis viele Dinge – auch das Trinken und die Drogen – getan hat, um sich auf die unterste Stufe zu stellen«, sagt Jae Whitaker. Janis hätte damit die Tatsache wettmachen wollen, dass sie nicht schwarz, arm oder gar in der Arbeiterklasse aufgewachsen war. »Sie wollte dieses Elend und diesen Schmerz fühlen, damit sie darüber singen und schreiben konnte.« Der Gitarrist Michael Pritchard spielte damals mit Janis. »Technisch gesehen konnte ich den Blues spielen, aber mir fehlte emotional und psychologisch, was der Blues impliziert.« Das hätte Janis gestört und sie hätte sich beschwert: »Du spielst keinen Blues, Mann.« Pritchard entgegnete: »Einer der Gründe, warum ich keinen Blues spiele, ist, dass ich keinen Blues kriegen will.« Michael Pritchard war in San Francisco mit Schwarzen aufgewachsen, die den Blues aus genau diesem Grund aufgegeben hatten – dem Leid, das mit ihm verbunden war.

Janis' aggressiver Gesangsstil war damals ein weiteres Hindernis auf dem Weg zum Erfolg innerhalb des Mainstream.

Ihre Stimme drückte ihre Randexistenz und Authentizität aus, aber die Öffentlichkeit war 1964 noch nicht aufnahmefähig für ihre Ursprünglichkeit. Edward Knoll hatte Janis durch ihren Freund Malcolm Waldron kennen gelernt und machte ihm den Vorschlag, sie sollte es einmal mit Gesangsunterricht versuchen. Waldron hätte erwidert: »Nein, nein, das sollte sie nicht tun. Sie sollte es rau lassen.« Letztendlich sollte Janis bestätigt werden, aber in den Mittsechzigern erwarteten die Folkies, dass Sängerinnen wie Joan Baez oder Judy Collins klangen. Die Folk-Gemeinschaft der Bay Area mag von Janis beeindruckt gewesen sein, aber ihr Stil hatte noch keinen Reiz für die Massen. Bei einer ihrer Spritztouren durch Texas machte sie bei Frank Davis und Pepi Plowman in Houston Halt und trat im Jester auf, einem Folk-Club. Schon nach kurzer Zeit wurde Janis von der Bühne gejagt. Davis ist der Ansicht, Janis hätte diese Ablehnung bewusst verursacht. »Ich habe eine Aufnahme von ihr, bei der sie aus vollem Hals zehn Minuten lang von toten Schwarzen kreischt. Sie war viel zu verdammt stark für alle.«

Davis glaubt, Janis hätte ihr Publikum auf die gleiche Art geprüft wie ihre Freunde und Liebhaber; sie hätte das Publikum »einem ziemlichen Trip« unterziehen wollen. Man hätte sie nehmen müssen, wie sie war, oder überhaupt nicht – auf der Bühne wie im wirklichen Leben. Jahre später erzählte Janis ihrem Manager Julius Karpen, sie hätte nicht nur »ziemlich heftig« gesungen, sondern auch so gelebt. Guy Clark, der texanische Sänger und Songwriter, glaubt, Janis an jenem Abend im Jester gehört zu haben. »Sie hat Autoharp gespielt und Balladen von John Jacob Niles gesungen. An ›Hangman, Hangman‹ erinnere ich mich besonders. Ich *mochte*, was sie tat. Ich fand, es war Lichtjahre voraus. Ich weiß nicht, ob sie es bewusst gemacht hat, damit die Leute sie hassten, aber es war definitiv ungewöhnlich.« Sie hätte in ihrer Bessie-Smith-Stimme gesungen und »sie ging keine Kompromisse ein. Ich fand, sie war wunderbar.« Aber damals war Clark einer der wenigen, die bereit waren, mit auf ihren Trip zu gehen.

Die Schritte, die Janis unternahm, um voranzukommen, waren ziemlich planlos. Sie ließ sich treiben. Nachdem sie fast ein Jahr in North Beach gelebt hatte, brach sie zu einem kurzen Ausflug nach New York auf. Wahrscheinlich war sie auf die Szene in Greenwich Village neugierig. An Weihnachten machte sie Station in Port Arthur und feierte mit ihren alten Freunden von Lamar und der Universität von Texas. Laura Joplin fragt sich, was ihre Schwester bei der Rückkehr nach Port Arthur empfunden haben muss, wo ihre Freunde gesetzt, sogar verheiratet lebten. Janis war immer anders als die anderen Mädchen und hauptsächlich mit Jungs befreundet gewesen, aber jetzt unterschieden sie ihre Unrast und ihre Ziellosigkeit auch von den Männern.

Im Sommer 1964 hatte Janis von einem Job als Locherin genug Geld gespart, um einen gebrauchten gelben Morris Minor zu kaufen. Sie bat ihre Freundin Linda Poole, mit ihr in den Osten zu fahren. Sie wollte ihr Glück in New York versuchen, aber sobald sie dort angekommen war, glitt sie tiefer in den Sumpf von Drogen und Alkohol. Janis und Linda wohnten bei Ken Hill, einem Freund und homosexuellen Schauspieler, den sie in San Francisco kennen gelernt hatten. Andy Rice, die im Bellevue-Hospital als Krankenhelferin arbeitete, war oft in Hills Apartment auf der Lower East Side: »Wir haben im Grunde vierundzwanzig Stunden am Tag gefeiert. Wir haben nur hier und da ein paar Stunden geschlafen.« Rice trank nicht viel, aber die anderen. Hill arbeitete als Barmann im Old Reliable, wo jugendliche Aussteiger nach und nach die ukrainischen, polnischen und russischen Gäste verdrängten. Janis und die anderen schauten meistens auf ein paar Runden vorbei, bevor das Old Reliable schloss. Dann kauften sie mehr Alkohol, gingen zu Hills Apartment zurück und tranken die Nacht durch. Hill wohnte direkt über einer Bar, die um 6 Uhr morgens öffnete, und sie waren gewöhnlich die ersten Gäste. Das war nahezu jeden Tag ihr Programm. Rice machte sich nicht viel aus Janis. »Sie hat mich wirklich abgeschreckt. Sie war eine sehr starke Frau, und ich bin es auch. Aber sie war viel selbstsicherer als ich. Sie machte ganz schön Rabatz.« Jedenfalls *schien* Janis selbstsicherer. Allerdings vertraute sie Rice an, Singen in der Öffentlichkeit würde ihr Angst machen. »Eine meiner stärksten Erinnerungen an sie ist, wie sie ›Walking the Dog‹ zur Jukebox sang. Diese Frau hatte es. Das ist mir in diesem Augenblick klar geworden.«

Schon bald begann Janis, bei den Knolls zu verkehren, die in einem für die Lower East Side typischen Apartment im vierten Stock eines Wohnblocks lebten: Die Badewanne stand in der Küche, und überall krabbelten riesige Kakerlaken herum. Sie hatte Edward Knoll und seine Frau Janice gerade erst kennen gelernt, als sie mit einer untersetzten, kurzhaarigen maskulinen Lesbe namens Adrianne vorbeischaute. Adrianne wirkte beeindruckend mit ihrer schwarzen Lederjacke und der massiven Motorradkette, die sie um ihren Oberkörper geschlungen hatte. Die beiden verkündeten beim Betreten der Wohnung, sie wollten Speed drücken. Das war etwas vollkommen Neues für Janis, die es bis zu diesem Zeitpunkt lediglich in Pillenform genommen hatte. Die Knolls injizierten Speed, allerdings nicht regelmäßig und in großen Mengen, und Janice hatte keine Gewissensbisse, den beiden die Nadel zu setzen. Sie erklärt, das sei damals so gewesen, als hätte man Menschen in eine aufregende neue Welt geleitet. Es hätte nur zur Anziehungskraft beigetragen, wenn etwas riskant war. Aber der Augenblick sucht sie seitdem heim. »Mann, ich lebe seit über dreißig Jahren mit dieser Schuld.«

Janis sang in New York so gut wie gar nicht, und es gibt keinen Hinweis, dass sie irgendetwas gearbeitet hätte. Stattdessen hing sie im Old Reliable herum. Mary Anne Kramer, eine

Freundin der Knolls, behauptet, sie hätte sich mit Billardspielen über Wasser gehalten. »Sie ging gewöhnlich zu den Typen im Old Reliable und sagte: ›He, will keiner von euch großen starken Jungs mit 'nem kleinen Mädel aus Texas Billard spielen?‹ Sie hat sie angeschmiert, denn sie hat echt gut gespielt.« Janis muss bei ihren Eltern den Eindruck erweckt haben, sie würde mit Riesenschritten Karriere machen; jedenfalls schickte Dorothy ihr Bühnenkleidung – eine schwarze Bluse, die mit winzigen Spiegeln übersät und leuchtend orange bestickt war, und ein imponierendes Kleid in Weiß und Rot. Sie schenkte die beiden Stücke Janice Knoll, weil sie ihr »zu protzig« waren. Wenige Jahre später war Janis' Garderobe derart Aufsehen erregend, dass sie für diese schlichten Teile nur noch ein Lachen übrig hatte. In den frühen Sechzigern trug Janis wie andere Folksinger aber noch die Uniform der Beatniks. Auf der Lower East Side hatte Janis nichts anderes als schwarze Levi's und einen schwarzen Pullover mit V-Ausschnitt an und um ihren Hals hing eine riesengroße goldene Taschenuhr an einer Goldkette.

Janis blieb vier Monate in New York. Auf dem Rückweg nach San Francisco machte sie wieder Halt in Port Arthur – natürlich unangekündigt. Laura war damals 15 und kam gerade aus der Schule, als ihre große Schwester ihr aus einem winzigen gelben Auto zuwinkte. Janis erkundigte sich kurz nach Lauras Befinden, um gleich darauf ihre eigene Lebensbeichte vom Stapel zu lassen. Sie schenkte ihrer kleinen Schwester eine ramponierte alte Gitarre, was Laura »umwerfend« fand, auch wenn der Hals »verzogen war und die Saiten so hoch über den Bünden lagen, dass ich einen Kapodaster benutzen musste, um überhaupt spielen zu können«. Das war offensichtlich alles, was Janis' Stippvisite bemerkenswert machte.

Janis kam im September 1964 zurück nach San Francisco. Zuerst wohnte sie in einer »berüchtigten Schwulenpension voller Transvestiten« auf der Geary Street. Bald darauf teilte sich Janis wieder eine Wohnung mit Linda Gottfried, dieses Mal ein Kellerapartment in der Baker Street. Hier bekam sie unerwarteten Besuch. Ihr Vater hatte Geschäfte als Vorwand benutzt, um nach San Francisco zu fliegen, aber in Wahrheit wollte er seine eigensinnige Tochter kontrollieren. Seit sie Texas verlassen hatte, war Janis ein paar Mal zu Besuch gewesen und hatte ab und zu geschrieben – heute existieren nur noch ein oder zwei Postkarten. Ihre Briefe waren Romane und hauptsächlich frei erfunden. Sie konnte schlecht schreiben, dass sie »auf Speed war und bei der Heilsarmee aß«. Sie konnte genauso wenig berichten, dass ihr Vorhaben, eine erfolgreiche Folksängerin zu werden, bisher zu nichts geführt hatte. Aber Janis schrieb ihrem Vater zumindest einen Brief, der ihre Verzweiflung deutlich machte.

Jahre später erzählte Seth Joplin, dass Janis damals sehr mutlos gewesen sei und das Gefühl gehabt hätte, nichts sei gut. »Ist das alles, was sein wird?« Seth war besorgt genug, um seine Tochter zu besuchen. Janis' Verzweiflung veranlasste Seth, ihr die bittere Auffassung anzuvertrauen, die Realität sei ein großer Schwindel, etwas, das man ertragen musste. »Ja, so ist das«, erklärte er seiner Tochter, »und du musst lernen, damit zu leben.« Seth hätte »die Geschichte vom Samstagabend-Schwindel« erzählt, erinnert sich Linda Gottfried, »dass du immer wieder hörst, du wirst am Samstagabend ausgehen und dich echt vergnügen, wenn du verdammt hart arbeitest. Und jeder lebt für dieses Vergnügen, doch es findet nie wirklich statt.« Janis' Vater sei »ein wunderbarer Typ und ein echter Intellektueller« gewesen. »Ich weiß noch, wie er gesagt hat, wenn wir schon Aussteiger sein wollten, sollten wir wenigstens jede Woche *Time* lesen.« Seth hätte Janis' rücksichtslosen Fahrstil gefürchtet, ihren Lebensstil aber nicht sonderlich verurteilt. »Er wollte sich nur vergewissern, dass Janis im wirklichen Leben zurechtkam. Er hat sie verstanden.« Dorothy Joplin dagegen hoffte immer noch, dass ihre Tochter ein anständiges Leben beginnen und Lehrerin werden würde.

Es gibt keine weiteren Berichte über Janis' Elend in jener Zeit, doch ihr Misserfolg als Sängerin mag ein Grund für ihre Verzweiflung gewesen sein. Obwohl sie schon bald zwei Jahre in North Beach gelebt hatte, sang Janis öfter zur Musikbox als auf der Bühne. Ihre Auftritte in der Coffee Gallery und beim Monterey Folk Festival 1963 hatten keine größere Anerkennung nach sich gezogen. Im Gegenteil – Janis hatte beachtliches Geschick bewiesen, jede Chance, die sie bekommen hatte, zu vertun. »Ich hatte 'n paar Möglichkeiten. Ich hab einfach *nichts* richtig ernst genommen.« Janis rauchte nicht nur Marihuana und trank, sie begann auch, regelmäßig Speed zu spritzen. Vielleicht dachte sie, es würde ihr helfen, eine bessere, authentischere Bluessängerin zu werden, oder vielleicht wollte sie einfach etwas, das die Begeisterung hervorrief, die sie empfand, wenn sie sang.

Ende 1964 war Janis ein Speed Freak, aus welchem Grund auch immer. Chet Helms war damals derart abhängig, dass einer seiner Freunde die Zwangseinweisung in eine Klinik veranlasste, um ihn von seiner Sucht zu befreien. Überall in San Francisco und New York waren Jugendliche amphetaminabhängig. Ihre Kiefer waren wie im Krampf zusammengepresst, ihre Sprechweise wie Schnellfeuer, und ihre Nächte kannten keinen Schlaf. Viele Süchtige griffen zu Heroin, um von ihrem Höhenflug wieder herunterzukommen. »Wenn jemand zu Heroin überging oder dem extremen Gebrauch von Methadon, den er nicht mehr kontrollieren konnte, gab's nichts mehr zu entdecken«, erklärt Diane Di Prima. »Dann war man verloren.« Mitte der sechziger Jahre streiften zahlreiche verlorene Menschen in North Beach und Greenwich Village umher.

Linda Gottfried erinnert sich an den Moment, als ihr und Janis bewusst wurde, dass sie süchtig waren. Das war im Herbst 1964, und die beiden waren auf dem Weg zum de-Young-Museum. Sie hätten sich »einfach angeschaut und gesagt: ›Lass uns nach Hause gehen und etwas Methadon nehmen.‹« Janis schilderte jene Tage einem Journalisten so: »Ich wollte Dope rauchen, Dope nehmen, Dope lecken, Dope lutschen, Dope ficken, ich wollte alles nehmen, was ich in die Finger kriegen konnte. He, Mann, was ist das? Ich probier's. Wie machst du's? Lutscht du's? Nein? Du schluckst es? Ich schluck's.« Michael Pritchard, mit dem Janis manchmal Musik machte, behauptet, Drogen seien nicht nur »Schmerzmittel« gewesen; sie hätten auch einen Gemeinschaftssinn erzeugt, vor allem, wenn Nadeln eine Rolle gespielt hätten. Das Injizieren der Droge hätte nicht nur den Schmerz derjenigen betäubt, die sich als Außenseiter gefühlt hätten, sondern auch ihren Status aufgewertet, ein Gefühl enormer Produktivität vermittelt, und es schien Bande zwischen ihnen zu schmieden.

Es dauerte nicht lange, bis Janis dealte. Sie hämmerte eines Tags an Sunshines Tür und schrie: »Ich will dir Speed verkaufen.« John Jennings, der später in der Band Wildflower spielte, kaufte Speed von Janis, als sie in der Baker Street wohnte. Es war genau der richtige Ort für einen Speed Freak, ein fensterloses Kellerapartment, in das man nur durch einen schmalen Durchgang hineinkam. »Es hatte keine Fenster, deshalb hast du das Licht anlassen müssen. Dort hat es weder Nacht noch Tag gegeben.« Jennings erinnert sich noch gut, dass Linda und Janis »so ziemlich alles« drückten, »was sie kriegen konnten, aber hauptsächlich Speed. Und dann haben sie herumgesessen und diesen billigen Schmuck poliert, den sie hatten. Oder sie haben Bilder auf kleine Karteikarten gemalt. Es war ganz schön abartig.« Jennings war einige Male zu Besuch, als Janis dealte. »Sie war wirklich glücklich, auf die Straße zu gehen und etwas aufzutreiben, denn sie hat einen guten Teil für sich genommen. Sie war sehr arm.«

Janis war damals in einer derart traurigen Verfassung, dass sie sich eines Tags sogar Wassermelonensaft drückte. »Sie hatte das Gefühl, sie würde zusammenbrechen«, berichtet Janice Knoll, die mittlerweile in San Francisco lebte. Janis hätte versucht, sich im San Francisco General Hospital behandeln zu lassen. Man hätte sie aber abgewiesen, weil das Krankenhauspersonal vermutete, sie würde ihre Sucht nur vortäuschen, um das System auf die Schippe zu nehmen. Als 1965 kein Methadon aufzutreiben war, begann Janis, Heroin zu nehmen. Linda Gottfried behauptet, Janis hätte Heroin sehr gemocht, da sie nach »etwas« gesucht hätte, »das den Schmerz tötete«.

Janis' Traum vom Erfolg erlitt genau zu jener Zeit zwei Rückschläge. George Hunter war von Los Angeles nach San Francisco gezogen und hatte die Folkrock-Band The Mainliners gegründet, die ihren Namen später in The Charlatans änderte. Er verdankte seinen anfänglichen Erfolg weniger seinen musikalischen Fähigkeiten als seinem guten Aussehen und seiner Vision. Er war einer der Ersten, die verstanden, dass die jugendlichen Beatniks sich aus den Kaffeehäusern auf die Tanzfläche locken ließen. Als Hunter 1965 die Band zusammenstellte, zeigte Janis Interesse. »Ich hatte keine Ahnung, dass sie 'ne echte Musikerin war, denn die ganze Szene, zu der wir gehört haben, hatte mit Dope zu tun.« Janis machte Hunter den Vorschlag, sich einen ihrer Auftritte in der Coffee Gallery anzuhören, aber er machte sich gar nicht erst die Mühe. »Ich weiß nicht. Ich konnt's einfach nicht sehen, sie bei den Charlatans unterzubringen. Die interessante Sache ist, dass sie 'ne Platte mit ein paar Liedern von Johnny Dodds hatte, einem Klarinettisten, die ich mir am Ende von ihr geliehen hab. Ich hätte aufmerksamer sein sollen – wenn sie diese Art von Schallplatten rumliegen hatte, verstand sie was von Musik. Aber ich konnte sie trotzdem nicht unterbringen. Das hätte damals dazu führen können, dass wir uns gegenseitig umgebracht hätten.«

Janis hatte ihn einfach falsch angepackt. Sie war derart aufgeputscht, dass ihr kehliges Gelächter noch irritierender war als sonst. Wenn Hunter nach Hause kam und Janis' Morris Minor in seiner Auffahrt stehen sah, murmelte er: »Oh Scheiße, *die* Alte ist da.« Janis sah auch nicht gerade wie eine Sängerin aus, die zu den Charlatans gepasst hätte, einer Designerband von hübschen Jungs, die den Zwirn der Zwanziger und Cowboy-Kleidung trugen. Sie war keine hübsche, gertenschlanke Blondine, aber Aussehen war bei den Charlatans genauso wichtig, vielleicht sogar wichtiger, wie musikalisches Können. »Ihr Aussehen, ihre Art und alles« waren ein Hindernis für Hunter. »Ich komm mir immer noch blöd vor, dass ich so blind war. Ach, es ist einfach unglaublich.«

Dann wurde Janis bei einem Probeauftritt kurz abgefertigt. Richard Oxtot, ein Dixieland-Musiker, spielte im Blind Lemon, einem Folk-Club in Berkeley. Eines Abends schaute Janis vorbei – ein »knallhart aussehendes Mädel, das auf einem Motorrad vorfuhr«. Sie fragte, ob sie ein paar Bluesnummern singen dürfe und »haute alle um«. Da Oxtot den Bandleader Turk Murphy kannte, der in der Jazz-Szene der Bay Area einen guten Namen hatte und gerade eine Sängerin suchte, arrangierte er einen Aufnahmetermin. Er kam mit einer behelfsmäßig zusammengestellten Band ins Studio und fand Janis »sensationell«. Auch Murphy war von ihrem Gesang beeindruckt, als Oxtot ihm das Band vorspielte, und erklärte sich bereit, Janis in dem Club vorsingen zu lassen, in dem er auftrat. Oxtots Frau staffierte Janis für den Abend aus, dann fuhren die drei gemeinsam zu dem Club. Sie saßen an einem Tisch, bestellten Drinks und warteten darauf, dass Murphy die erwartungsvolle Janis auf die Bühne rief. Als er das nach einigen Pausen noch immer nicht getan hatte, ging Oxtot hinter die Bühne, um nachzusehen, was los war. »Ich kann sie hier nicht auf die Bühne lassen«, sagte Murphy. »Sie ist ein Beatnik!« Oxtot behauptet, Janis hätte an diesem Abend »ziemlich gut« ausgesehen, aber Murphy ließ sich offenbar nicht täuschen.

Janis' Traum, Sängerin zu werden, wollte sich nicht erfüllen, und ihr Liebesleben ließ auch zu wünschen übrig. Sie hatte wie in Austin sexuelle Beziehungen mit Männern und Frauen.

Diane Di Prima erinnert sich: »Wir gingen mit allem Möglichen ins Bett – männlich, weiblich, was immer«, doch nicht jeder weibliche Beatnik war sexuell so wagemutig wie Janis. Sunshine erklärt, die weiblichen Bohemiens aus ihrem Bekanntenkreis hätten nicht gesucht, was gesellschaftlich sanktioniert, sondern »was dem Gefühl nach gut war«. Diese Zwanglosigkeit war damals möglich, da sich die Welten der Beatniks und der Schwulen häufig überlagerten, denn beide Gruppierungen gehörten zur Subkultur und waren kaum sichtbar für das anständige Amerika. Zahlreiche Beatnik-Autoren schrieben offen homoerotische Werke, und Allen Ginsbergs Freund Carl Solomon hatte das Gefühl, »in jenen Tagen waren Apostel der Heterosexualität nötig«.

Janis hatte mit zahllosen Männern Sex. George Hunter gehörte nicht dazu, denn »du hast nicht gewusst, was du dir vielleicht eingefangen hättest«. Meistens waren Janis' Affären mit Männern sehr kurzlebig. Ihre Beziehung mit Michael Pritchard dauerte zwei Wochen. Die Musik hatte sie mit dem Gitarristen zusammengeführt, der hinter dem allerersten Headshop San Franciscos wohnte, dem Magic Theater for Madmen Only. Ihr Verhältnis war »ein Vierundzwanzig-Stunden-Tag, echt intensiv«, aber Janis war so mit Musik beschäftigt, »dass Sex nur eine Nebensache war«.

Die beständigste Beziehung während ihrer ersten beiden Jahre in San Francisco hatte Janis mit einer Frau. Sie lernte Jae Whitaker im Frühling 1963 bei Gino and Carlo's kennen, einer Schwulen-Bar in North Beach, die um die Ecke von der Coffee Gallery lag. Janis hatte sich mit Chet Helms auseinandergelebt, weil sie 1963 und 1964 hauptsächlich in Lesben-Kreisen verkehrte. Jae war in den Bars von North Beach auf Janis und Linda Gottfried aufmerksam geworden und hatte ursprünglich ein Auge auf Linda geworfen. Sie alle kannten Mark Evans, einen Bisexuellen, der Jae letztendlich riet, es bei Janis zu versuchen. Linda sei schließlich heterosexuell, Janis aber offen für beide

Seiten. »Jae war so süß«, erinnert sich Linda. »Sie hatte 'n echt kurzen Afro und sah ein bisschen wie 'n androgyner Typ aus. Sie war wirklich nett, und sie hat Janis geliebt.« Die Beziehung war allerdings nicht einseitig, wenigstens nicht zu Beginn. Jae vermutet, Janis hätte sie gemocht, weil sie in der lesbischen Gemeinschaft als gute Partie galt und alten Blues und R & B kannte, aber auch, weil sie schwarz war. Die Hautfarbe hatte auch für Jae eine Rolle gespielt. »Wir waren beide Rebellen. Ich meine, ich fand weiße Mädels attraktiv.«

Ihre Beziehung dauerte gerade zwei Monate, als Janis bei Jae einzog. Unmittelbar danach begann es, mit ihrem Verhältnis bergab zu gehen. Janis verhielt sich immer ambivalent, wenn Jae zärtlich und rücksichtsvoll auftrat. Sie verließ einfach die Wohnung, war tagelang unterwegs, und Jae wusste nie, ob Janis' Reisegefährten nur Freunde waren, wie sie behauptete, oder Liebhaber. Jae war in jenen Tagen auch kein häuslicher Typ, doch sie »war zu gesetzt für Janis, selbst damals. Dass sie nach New York ging oder wohin auch immer und erwartete, sie könne zurückkommen und mit mir zusammen sein – damit konnte ich nicht umgehen.« Und dann hätte Janis andauernd getönt: »Niemand will mich ficken.« »Was zum Teufel denkst du, was ich tu?«, schnauzte Jae gewöhnlich zurück. »Sie hat es immer vor anderen Leuten gesagt. Sie wollte sie wissen lassen, dass sie noch zu haben war.« Jae vermutet, Janis hätte das getan, weil sie sich selbst hässlich fand. »Ich fand nicht, dass sie hässlich war. Ich fand, sie war sehr attraktiv. Aber ich hab ihr gesagt: ›Du tust nur verdammt hässliche Dinge.‹«

Janis forderte Jae andauernd heraus und fragte ein ums andere Mal, ob Jae sie wirklich liebe. Dabei war ihre Gleichgültigkeit so offensichtlich, dass Jae ihre Gefühle lieber nicht zu offen zeigte. Janis schuf vor allem eine Distanz zu Jae, wenn sie immer wieder erzählte, wie sehr sie sich nach einem trauten Heim sehnte. Sie schwafelte von einem weißen Gartenzaun und davon, sich mit einem Mann häuslich niederzulassen und Kinder zu bekommen. Jae war unschlüssig. »Ich wusste, ich war vorübergehend, und trotzdem ist sie bei mir eingezogen. Das hätte sie nicht gemusst. Ich glaube, auf eine gewisse Art habe ich ihr den weißen Gartenzaun gegeben.« Jae und Janis trennten sich Anfang 1964, und Janis zog aus. Jae sah sie danach nur selten. »Als sie anfing, mit Männern zu gehen und zu fixen, hab ich mich einfach aus ihrem Leben rausgehalten, sofern sie nicht angerufen hat.« Wenn Janis sich bei ihr meldete, bettelte sie gewöhnlich um Geld, und Jae gab ihr drei- oder viermal 20 Dollar. »Janis war ein wandelnder Widerspruch.« Sie hätte immer behauptet, sie sei nicht lesbisch, aber »man konnte fast alles, was Janis sagte, umdrehen, und dann war es auch die Wahrheit. Ich glaube, sie wollte Kinder, aber ich glaube auch, sie hat sich mit Frauen sehr wohl gefühlt, obwohl sie sich für das Gefühl bestraft hat. Sie fand, es sei nicht richtig.« Janis hätte sich allerdings immer Männer als Liebhaber ausgesucht, die bei nahezu jeder Frau Zweifel an ihrer Heterosexualität hervorgerufen hätten. »Ich hab sie immer gefragt: ›Wie willst du diesen weißen Gartenzaun kriegen und 'n Kind und alles, wenn du die beschissensten Arschlöcher von der Straße aufliest?‹ Sie hat gesagt: ›Das klappt schon, wenn ich so weit bin.‹«

Im Herbst 1964, etwa neun Monate, nachdem sie sich von Jae getrennt hatte, fing Janis eine Beziehung an, die Jaes Urteil über ihre Männer auf spektakuläre Weise bestätigt. Michel Raymond (ein Pseudonym) gilt einhellig als vollkommener Versager und war vielleicht sogar ein Soziopath. Janice Knoll war in Hawaii, als sie hörte, dass Janis mit Michel angebändelt hatte. Sie dachte sich, wie konnte Janis so dumm sein, und was hatte *er* vor? Michel war ein Elektronik-Genie. Er behauptete, er hätte auf der McGill University seinen Magister gemacht und während des Algerienkriegs für die französische Armee gekämpft. »Das konnte natürlich alles erlogen sein«, vermutet Edward Knoll. Michel hatte jahrelang gelogen. Nach seiner High-School-Zeit hatte er sich eines glamourösen Lebens gebrüstet, das in Wahrheit einer seiner Kommilitonen geführt hatte. Er gab vor, in einer kultivierten multinationalen Familie aufgewachsen zu sein, und behauptete, eine Tante in der High Society zu haben. Sie sei mit Berühmtheiten wie Dorothy Kilgallen auf Du und Du, einem regelmäßigen Gast in der Fernsehshow *What's My Life*. In Wirklichkeit war Michel in Niagara Falls unter schwierigen Verhältnissen aufgewachsen, und eine frühere Geliebte versicherte, er hätte nie eine Universität von innen gesehen.

Janis' neuer Freund war ein brillanter, verführerischer Hochstapler, der nach einem risikoreichen Leben süchtig war. Er hatte einer Freundin erzählt, er würde für das FBI arbeiten, und sie vermutet sogar, er habe die Wahrheit gesagt. Edward Knoll hatte sich ein Jahr zuvor mit Michel auf den verrückten Plan eingelassen, ein Nachrichtensystem an revolutionäre Gruppen im Mittleren Osten und Nordafrika zu verkaufen. (Offensichtlich waren Michels Phantasien grenzenlos: Im einen Augenblick half er den Franzosen und im nächsten ihren Gegnern, den algerischen Revolutionären.) Knoll und Michel hatten bereits Flugtickets nach Europa, aber sie kamen nicht über New York hinaus. Michel stand unter dem Einfluss von sehr starkem und äußerst reinem Speed, das er illegal von einer pharmazeutischen Firma erworben hatte. Er führte sich wie ein Wahnsinniger auf, und ihr Traum, einen staatsfeindlichen Sender aufzubauen, zerbrach. Knoll bezweifelt, dass Michel jemals vorhatte, den Plan durchzuführen: »Der Traum war sein Leben.«

Janis hat Michel anscheinend geliebt. Edward Knoll erinnert sich, sie hätte Michels Po getätschelt – eine liebevolle Geste, für die Janis nicht bekannt war. »In ihren Augen war es die wahre Liebe.« Knoll bezweifelt jedoch wie alle, die Janis und Michel kannten, dass er sie liebte. »Ich weiß nicht, ob Michel überhaupt jemanden gemocht hat. Ich glaube auch nicht, dass er irgendwen nicht gemocht hat.« Vielleicht war es seine Gleichgültigkeit, die Michel zu einem so effektiven Betrüger machte. Sunshine behauptet, Michel hätte zwei Frauen geschwängert, während er mit Janis zusammen war. Es kursiert auch die Geschichte, er hätte die Frau, mit der er zusammenlebte und die von ihm schwanger war, ins Wohnzimmer verbannt, als er eine andere Freundin bei sich aufnahm. Was die Sache aber noch schlimmer machte, Michel war bereits verheiratet. Diesen Teil seiner Vergangenheit kannten nur sehr wenige. Wie es scheint, hatte man ihn in seiner Heimat an der Ostküste gezwungen, ein Mädchen zu heiraten, das er geschwängert hatte. Er suchte schon nach wenigen Monaten das Weite, ließ sich aber aus irgendeinem Grund nicht scheiden. So erzählte zumindest Michel die Geschichte. Janis erklärte einer seiner ehemaligen Freundinnen: »Irgendwie glaub ich, er ist ganz einfach immer das, was einer in ihm sieht.«

Michel war ein Gauner, aber ein sehr attraktiver. Eine seiner früheren Freundinnen vermutet, sowohl sie als auch Janis hätten sich zu ihm hingezogen gefühlt, weil er eine dieser seltenen Entdeckungen sei – ein intelligenter, gut aussehender, charismatischer Mann, der keine Angst vor klugen Frauen hatte. »Wenn er mit dir zusammen war, dann war er mit dir zusammen. Und du konntest hundertprozentig du selbst sein bei ihm. Ich weiß, dass Janis dieses Gefühl gehabt hat. Er war sehr aufgeschlossen und hat akzeptiert, wer du warst.« Janis hätte wie sie »seinen Schmerz« gesehen, behauptet eine andere Freundin Michels. »Wir haben diesen Schmerz gekannt, und wir haben gedacht, er sei wie wir, aber das war er nicht.« Janis und Michel hatten immerhin ihre Amphetaminabhängigkeit gemeinsam. Chet Helms besuchte Janis damals und stellte fest, dass sie von der Droge total verwirrt war. »Sie hat ihre Meinung zweihundertmal geändert, bevor sie an die Tür kam. Sie war ausgezehrt, fast katatonisch, hat einfach nicht reagiert ... Das ist wie tödliches Speed.« Linda Poole, die in einer Safeway-Filiale arbeitete, brachte Janis Lebensmittel und flehte sie an, doch zu essen, denn Janis wurde zusehends weniger. Als John Jennings ein letztes Mal versuchte, von ihr Speed zu kaufen, erklärte Janis, sie würde damit aufhören. »Ach, das nehm ich nicht mehr. Ich verlaß die Stadt.« »Ihr Gesicht war blau, als hätte sie keine Blutzirkulation.« Jennings war sich nicht sicher, ob ihr leichenhaftes Aussehen an den Drogen lag oder nur an ihrem kalten, feuchten Apartment. Michel war in noch schlechterer Verfassung. Im Lauf des Frühlings bekam er solche Wahnvorstellungen, dass er seinen Land Rover mit Gewehren bestückte, die aus den Lüftungsschlitzen herausragten. Freunden erzählte er, er würde Nachrichten vom Mond empfangen. Janis überlegte ernsthaft, ihn in eine Klinik einweisen zu lassen, kniff aber dann. Michel landete trotzdem im San Francisco General Hospital und wurde zwölf Tage wegen »Speedparanoia« behandelt.

Als Michel entlassen wurde, plante er mit Janis, wieder auf den Pfad der Tugend zu gehen, dem Speed abzuschwören und zu heiraten. Sie beschlossen, dass Janis nach Port Arthur fahren sollte, um ihre Hochzeit vorzubereiten, während er nach Seattle flog. Janis hätte keinen unzuverlässigeren Mann für die Ehe finden können. Michel war »das Produkt seiner eigenen Phantasie«. Sie wusste wahrscheinlich nicht, dass er bereits verheiratet war, aber sie muss mit Sicherheit von den anderen Frauen in seinem Leben gewusst haben. Sunshine behauptet, Janis hätte dennoch das Gefühl gehabt, die Heirat würde all ihre Probleme lösen. Mittlerweile wollte sie auch unbedingt der Welt der Boheme entfliehen, bevor sie ganz am Boden war. Michel würde bestimmt auch ihre Eltern für sich einnehmen; er konnte sich so leicht verwandeln und seiner Umgebung anpassen. Janis wusste, dass seine tadellosen Manieren, sein blauer Serge-Anzug und seine schwarzen Oxford-Schuhe bei ihrer Mutter Anklang finden würden.

Niemand weiß, warum Michel versprach, Janis zu heiraten. »Das hat er jeder gesagt«, erklärt Edward Knoll. Eine frühere

Freundin Michels glaubt: »Er hatte es wahrscheinlich vor« – ein Jahr zuvor hatte er auch ihr die Ehe versprochen. Vielleicht brauchte es Michel, sich bei Frauen in die Klemme zu bringen. Es war zwar etwas völlig anderes, als Revolutionären in Nordafrika zu helfen oder Drogen von Pharmafirmen zu ergaunern, aber es war sicherlich eine Herausforderung und hochdramatisch, den Freund oder gar Verlobten bei mehreren Frauen gleichzeitig zu spielen. Michel blühte auf, wenn er Geschichten erfand und mit Frauen jonglierte.

Im Mai 1965 veranstalteten ihre Freunde eine Fahrgeld-Party für Janis, damit sie mit dem Bus nach Hause fahren konnte. Sie wussten alle, dass sie aus der Szene heraus musste, ob die Heirat nun stattfand oder nicht. Chet Helms findet, Michel hätte ihr weder helfen noch mit ihr fertig werden können. »Ihm ist nichts anderes eingefallen, als die Mühen aller zu koordinieren, sie zurück zu ihren Eltern in Port Arthur zu schicken.« Sie brachten das Fahrgeld auf, aber Sunshine berichtet, Janis hätte den Bus nach Texas nicht wie geplant bestiegen. Stattdessen sei sie Michel nach Seattle gefolgt. Er hatte dort vollständig durchgedreht und musste für längere Zeit in eine Klinik eingewiesen werden. Janis versuchte, ihn aus dem Krankenhaus herauszuholen, doch als er von angreifenden Raumfahrern zu halluzinieren begann, gab sie auf. Janis kehrte allein nach Port Arthur zurück. Sie wog nicht einmal 40 Kilo, ausgelaugt von Speed, Heroin und dem Leben an den Rändern. Sie war aus ihrer Heimatstadt geflohen, weil sie sich danach sehnte, zu singen, und weil sie etwas mehr wollte als Bowlingbahnen und Drive-Ins. Doch hier war sie wieder, zurück im unendlichen Nirgendwo.

Die »Beautiful People«

Nach den verheerenden Auswirkungen von San Francisco beschloss Janis, wie alle anderen zu werden. Als sie nach Port Arthur zurückkam, schlang sie ihr aufsässiges Haar zu einem ordentlichen Knoten, schrieb sich wieder auf Lamar ein, schwor den Drogen, dem Alkohol und Singen ab und machte sich daran, die Tochter zu werden, die sich ihre Mutter immer gewünscht hatte. Janis' Plan hatte allerdings zwei Haken. Dorothy hatte mit Laura bereits die ideale Tochter, die von Geburt an anständig zu sein schien. Obwohl es Janis ärgerte, dass die Einhaltung der Anstandsregeln Laura so leicht fiel, wollte sie von ihr lernen. Wie sich herausstellte, hatte Janis ungenügende Grundkenntnisse: als Laura mit ihr Kleider kaufen ging, wurde Janis' Ahnungslosigkeit offenkundig, noch bevor sie etwas anprobierte. Während sie begann, sich in der Umkleidekabine auszuziehen, musste Laura über die Straße flitzen und ihr Unterhosen kaufen. Laura war sechs Jahre jünger als Janis, aber es kam ihr vor, als würde sie ihre große Schwester beaufsichtigen. Noch verwirrender war, dass Janis auf Kleidern mit langen Ärmeln bestand, obwohl Ost-Texas unerträglich heiß und stickig war. Janis sagte natürlich nicht, dass sie die Einstichnarben auf ihren Armen verbergen musste.

In jenem Sommer versteckte sich Janis in jeder Hinsicht. Sie zog sich wie die Schildkröte in ihren Panzer zurück, mit der sie sich im »Turtle Blues« verglich, den sie damals schrieb. Janis versteckte vor allem ihr Talent und weigerte sich zu singen. Sie hatte Angst, dies würde alles wieder zerstören. Sich zu verkleiden scheint die einzige Überlebensstrategie gewesen zu sein, die sich Janis in Port Arthur vorstellen konnte. Das sollte sich im Lauf der Zeit als der andere große Haken in ihrem Plan erweisen. Es war schlicht unmöglich für Janis Joplin, sich genügend zu tarnen, um unauffällig zu bleiben – nicht in Port Arthur.

Janis war nach Texas zurückgekehrt, weil dieser Weg besser schien, als in San Francisco als Speed Freak zu sterben. »Sie hat mir erzählt, sie hätte Methedrin gedrückt«, berichtet Frances Vincent, Janis' Kommilitonin auf Lamar, »und eines Tags hätte sie einen Blick in den Spiegel geworfen und so etwas wie eine Erscheinung gehabt. Das hätte ihr wirklich Angst gemacht, genügend, dass sie von dort weg und nach Hause kommen wollte.« Es ist allerdings unwahrscheinlich, dass Janis zurückgekehrt wäre, wenn sie nicht daran geglaubt hätte, Michel würde sie heiraten. Wenn man in Port Arthur angepasst sein wollte, musste man verheiratet zu sein, und praktisch alle Freunde von Janis waren verheiratet. Genau genommen war es überall in Amerika schwierig, Single zu sein und sich nicht irgendwie als »Gift im sozialen System« zu fühlen. Für Janis war die Ehe ein notwendiger Teil ihrer Tarnung. Jack Smith, ihr Freund aus der Junior High, erinnert sich, dass sie unablässig von ihrem Verlobten erzählt hätte. »Er war angeblich das A und O von allem.« Bei Karleen Bennett schien Janis weniger enthusiastisch: Wenn Michel sie liebte, dann müsste ihre Hochzeit richtig sein. Karleen versuchte, Janis klarzumachen, sie sollte erst einmal überlegen, ob sie *ihn* liebte, aber vergeblich.

In der Zwischenzeit benahm sich Michel keinesfalls wie ihr Verlobter. Nachdem Janis nach Texas aufgebrochen war, reiste er mit Freunden nach Mexico. Dort lernte er Debbie Boutellier kennen, die am San Francisco State College studiert hatte und für eine Fluggesellschaft arbeitete. Sie schlossen einander ins Herz, und er schlug vor, ihr nach New York zu folgen, wo Debbie lebte. Sie musste allerdings zuerst in New Orleans Zwischenstation machen. »Michel sagte, er würde mit mir nach New Orleans kommen«, erzählt Debbie, »denn er wollte nach

Texas, um mit seiner Freundin Schluss zu machen. Also sind wir nach New Orleans zurückgeflogen.« Sie blieb dort in einem Hotel, während er nach Port Arthur fuhr. Bei den Joplins vermutete niemand, dass Michel in die Stadt gekommen war, um seine Beziehung mit Janis zu beenden. Er trat wie der perfekte Bräutigam auf. Laura beschreibt ihn als »furchtbar korrekt« und behauptet, er »schien Janis zu Füßen zu liegen«. Er hätte bei Seth sogar um Janis' Hand angehalten, der seiner Familie Michels Absichten und seine begeisterte Zustimmung mitgeteilt hätte. Janis »hüpfte auf und ab, knutschte [Michel] und klammerte sich an seinen ruhigen Arm, als sei er eine Haltestange zur Realität«.

Michel hatte Janis versprochen, er würde mehrere Tage bleiben, doch er brach abrupt auf und begründete seine frühe Abreise mit einem kürzlichen Todesfall in seiner Familie. Die Wahrheit war natürlich, dass er seine neue Freundin in New Orleans nicht allein lassen konnte. Michel erklärte Debbie später, er hätte keine andere Wahl gehabt, als mit der Maskerade fortzufahren. Sie ist selbst heute noch nicht sicher, was die Wahrheit ist. »Vielleicht ist er nicht dorthin gefahren, um mit ihr Schluss zu machen.« Schließlich, so betont Debbie, »hat er sie geliebt«. Für Janis' Familie gab Michel fast fehlerfrei den idealen Schwiegersohn. Er schrieb den Joplins einen Dankesbrief und schickte Dorothy sogar ein versilbertes Kaffeeservice. Nur eine falsche Note verdarb die Scharade. Michel bat die Joplins, Janis' Verlobung vorerst nicht in der Zeitung von Port Arthur bekannt zu geben, und erklärte, auch seine Eltern würden die Ankündigung zurückhalten. Er behauptete, er bräuchte Zeit, um sich um einige Details zu kümmern. Zu diesem Zeitpunkt muss Janis gewusst haben, dass ihrer Heirat nur die Tatsache im Weg stand, dass Michel bereits verheiratet war. Linda Gottfried, die später Janis' früheren Freund Malcolm Waldron heiratete, hatte Michels schwangere Frau kennen gelernt, kurz nachdem Janis San Francisco verlassen hatte. Sie hatte keine Zeit verschwendet, ihr davon zu schreiben. Aber selbst diese Bombe konnte Janis nicht davon abhalten, so zu tun, als sei ihre Verlobung ein ganz wunderbares und normales Ereignis. Sie legte einen »echten Anflug von Kleinbürgerlichkeit« an den Tag und begann, ihre Aussteuer vorzubereiten. Sie fing einen Quilt aus Texassternen an, und ihre Mutter nähte ihr ein Hochzeitskleid. Janis fuhr mit ihrer Freundin Patti McQueen nach Houston und kaufte bei Pier 1 Porzellan, Bettwäsche und Besteck. Und dann tat Janis, was sie noch nie getan hatte – sie wartete.

Janis tat in dem Jahr, in dem sie wieder im Goldenen Dreieck war, viele Dinge, die sie vorher nie getan hatte. Sie begann eine Therapie bei Bernard Giarratano, der bei einer Familienberatungsstelle als Sozialhelfer arbeitete. Frances Vincent hatte ihren Therapeuten empfohlen, der Janis aber nicht gefallen hatte. Giarratano erzählt, es sei »ein glücklicher Zufall« gewesen, dass Janis an ihn verwiesen wurde. Janis hätte nichts von ihrem früheren herausfordernden Benehmen an den Tag gelegt, als sie in seinem Büro erschienen sei. »Sie hat erklärt, sie wolle wie alle anderen sein – das waren ihre Worte. Aber sie hat es nicht gesagt, als sei es eine Forderung. Sie wusste, sie war nicht glücklich. Sie wusste, sie passte nicht dazu, und deswegen war sie am Boden.« Giarratano erinnert sich vor allem daran, dass sich Janis bei ihren Gesprächen ernste Sorgen gemacht hätte, sich der Herausforderung zu stellen, die der konventionelle Lebensstil ihrer Familie für sie dargestellt hätte. »Und die Vorbilder, von denen sie mir immer erzählt hat, waren ›Mutter, Vater und Laura‹.« Giarratano war überrascht, wie sehr Janis ihren Vater als Intellektuellen idealisierte und ihre Schwester wegen ihres Anstands. »In unseren Sitzungen war Laura Fräulein Saubermann, und, oh, wenn sie doch nur all die Tugenden besitzen könnte, die Laura hatte.« Giarratano wusste nichts von Janis, als sie das erste Mal zu ihm kam, daher war er erstaunt, als sie sich zu öffnen begann. Eines Tags hätte sie für ihn gesungen. »Alle sind aus ihren Büros gekommen, denn sie konnte *wirklich* singen.«

Janis fiel es leicht, Giarratano gegenüber offen zu sein. »Ich neige dazu, Angst zu haben, über andere Leute Urteile zu fällen. Ich habe den Eindruck, dass sie sich dadurch sicher gefühlt hat.« Offensichtlich sicher genug, um ihre Sehnsüchte zu beichten. »Sie wollte daran arbeiten, beständig zu werden, was hieß, von den Drogen wegzukommen, eine Universitätsausbildung zu machen und anschließend Gott weiß was zu tun. Sie hat es nicht gewusst.« Janis richtete all ihre Hoffnungen darauf, respektabel zu werden. Sie stellte sich vor, das würde ihr die Akzeptanz bringen, die sie so nötig hatte; für Janis »war wie alle anderen zu sein und akzeptiert zu werden ein und dasselbe«. Giarratano versuchte ihr die Einsicht zu vermitteln, dass es auch andere Wege gab, Anerkennung zu erlangen. Manchmal hatte er jedoch das Gefühl, dass Janis nichts sehnlicher wollte als »wie Port Arthur sein«, was er für ein schrecklich unsinniges und zweckloses Unterfangen hielt.

Schließlich sah Janis ein, dass sie sich nicht in eine Kopie ihrer Schwester verwandeln konnte. Sie sprach mit Giarratano darüber, wie sie sich selbst gegenüber aufrichtig und ehrlich bleiben konnte, »ohne eine Menge negativer Einstellungen zu provozieren«. Ablehnung zu vermeiden und ihre Authentizität beizubehalten war auch auf Lamar ein Problem für Janis, denn die anderen Studenten fanden sie komisch. »Janis war wirklich eine intelligente Frau. Und sie ging in die Vorlesungen, und anfangs wollte sie an allem teilhaben oder sogar eine Diskussion anstoßen, aber sie konnte sehen, dass sie nicht akzeptiert wurde. Ich weiß nicht, ob das mit ihren Ideen zu tun hatte oder mit ihrem Geschlecht.« Janis' Ablehnung auf Lamar war deprimierend angesichts ihrer Anstrengungen, wie alle anderen zu sein, aber sie fuhr mit ihrem Studium den Winter 1965 über fort. Ihr Hauptfach war Soziologie und sie bekam gute Noten. Frances Vincent behauptet, Janis hätte sich mit einem der Professoren angefreundet. »Sie fand, er sei zum Schreien komisch, und sie hatte wirklich höllischen Spaß an seinem Seminar.« Aber er war die große Ausnahme.

Obwohl sie sich die meiste Zeit elend fühlte, weigerte sich Janis während der ersten Monate in Port Arthur, das zu tun, was sie am meisten liebte – auftreten. Als Jim Langdon sie in Austin zum Singen überreden wollte, lehnte sie ab. Sie hatte Angst vor allem, was ihre Bemühungen um Konformität unterminieren konnte. Sie vermied es auch, allzu oft mit alten Freunden auszugehen, denn sie befürchtete, deren Trinkerei könne sie wieder an die Flasche bringen. Sie war noch immer ein nervöses Wrack von all dem Speed und reagierte überempfindlich auf Bewegungen und Geräusche um sie herum, dass ihr ein Arzt Tranquilizer verschrieb. Allmählich begann sie jedoch, sich mit einigen Leuten der alten Clique zu treffen. Eines Abends kam Grant Lyons mit seiner Frau zu Besuch. »Sie hatte ihr Haar hinten zu einem Knoten gebunden, und sie trug das erste Make-up, an das ich mich erinnern kann. Sie spielte Canasta mit diesen sehr, sehr langweiligen Leuten, mit denen ich keinen Augenblick verbracht hätte.« Es war für Lyons offensichtlich, dass Janis versuchte, etwas zu werden, was sie nicht war. Sie wirkte sehr zurückhaltend, und wenn sie rauchte, zitterten ihre Hände. Dave Moriaty, der Janis schon aus der High School kannte, traf sie auf einer Party. Sie sei »sehr dünn« gewesen, »aber voller Euphorie, beständig zu werden ... Sie hat mir all diese Propaganda verkündet, sie wolle aufs College gehen und Sekretärin werden, rechtschaffen werden und nie wieder versuchen, ein Beatnik zu sein.« Janis war immer die Seele der Party gewesen, aber jetzt war sie die Spielverderberin, die Freunde tadelte, sie würden zu viel fluchen und trinken. Jack Smith bezeichnet diese wenigen Monate als Janis' »Leben als Nonne«. Im November malte Janis sogar die Geburt Christi an die vordere Veranda ihres Elternhauses. Jack Smith kritisiert ihre Rolle als sittsames Mädchen: »Ich meine, sie wurde so bieder, dass die Leute nicht gern in ihrer Nähe waren! Sie war schlichtweg *langweilig*.«

Während Janis ihre alten Freunde in Port Arthur langweilte, dem Ort, wo nie etwas passierte, wurde San Francisco plötzlich der Ort, wo alles passierte – eine völlig neue Stadt. Im Mai 1965, als Janis das letzte Mal dort war, schien North Beach noch am Ende: die Zeit der akustischen Folk Music war vorüber, und die Beatnik-Szene war vollständig am Ende. Doch schon bald, nachdem Janis die Stadt verlassen hatte, begann sich die Boheme San Franciscos auf eine Weise ganz neu zu gestalten, die Janis niemals hätte ahnen können. Als sie ein Jahr später nach San Francisco zurückkehrte, sprach man von Hippies statt von Beatniks, und Haight-Ashbury hatte North Beach als cooles Epizentrum verdrängt. Es gab einige Überbleibsel aus den Beatnik-Jahren: Etwas Zen-Buddhismus, Marihuana, selbst der Begriff »Hippie« war schon von den Beatnik-Veteranen benutzt worden, um junge Möchtegern-Hipster verächtlich zu machen. Aber es gab auch das Neue und Schockierende – Rock & Roll, Neonfarben und LSD.

Ende 1965 war die neue Boheme elektrisiert von Möglichkeiten. Peggy Caserta, die Besitzerin der ersten Hippie-Boutique in Haight-Ashbury, erinnert sich an den Augenblick, als ihr das Ausmaß der Veränderungen bewusst wurde. Es war Anfang 1966, und Peggy war in ihrem Geschäft an der Ecke, wo die Haight Street auf die Ashbury traf. Draußen hatte der Fotograf Herb Greene gerade Aufnahmen von den schmuddeligen, struppigen Grateful Dead gemacht, als ihr Nachbar, ein Friseur, der das drohende Ende seines Salons ahnte, fragte: »Peggy, *was* ist hier *los*?« Innerhalb eines Jahres war der Friseursalon verschwunden, ersetzt durch einen weiteren Laden von Peggy. 1966 schienen die Konventionen – ja die Geschichte selbst – »Leine gezogen« zu haben, und die Veränderung schien unvermeidlich und unerbittlich wie ein LSD-Trip.

Die Neuigkeiten von Haight-Ashbury verbreiteten sich schnell, als die jungen Bohemiens an beiden Küsten Geschichten über die wilde neue Szene austauschten. Bob Seidemann beschloss Ende 1965, nach San Francisco zu ziehen, als er einen befreundeten New Yorker Hipster traf, der ihn fragte: »Kannst du dir vorstellen, dass die Leute in San Francisco LSD nehmen und zu Rockmusik tanzen?« Die Vorstellung war so unglaublich wie unwiderstehlich, und Haight-Ashbury begann sich mit Leuten wie Seidemann zu füllen, die unbedingt vor der kleinbürgerlichen Welt davonlaufen wollten. In ganz Amerika erhielten Eltern Briefe, die Tom Wolfe »Beautiful-People-Briefe« nannte. Solch ein Brief begann normalerweise mit einer Entschuldigung für das Verschwinden und fuhr dann fort: »Ich will euch nicht mit der ganzen Sache belästigen, wie es passiert ist, aber ich habe es wirklich versucht, weil ich wusste, dass ihr das wolltet, aber es hat einfach nicht geklappt mit [der Schule, dem College, meinem Job, Danny und mir], und deshalb bin ich hierher gekommen und es ist wirklich eine wunderbare Szene. Ich will nicht, dass ihr euch Sorgen macht. Ich habe einige BEAUTIFUL PEOPLE kennen gelernt.«

Es war nicht schwer, sie zu finden, besonders die bärtigen Typen mit ihren Jesuslocken. Die Garderobe der Beautiful People sollte ihre Andersartigkeit unterstreichen. Sie eigneten sich die Kleidung anderer Zeiten und Kulturen an: Wildleder, wie es Davy Crockett trug, Militärkleidung, buddhistische Gewänder, Anzüge im Stil König Edwards VII., Piratenhemden wie Errol Flynn, indianische Stirnbänder, Umhänge, Cowboystiefel und Beatle-Boots, Hüte – Bowler, Zylinder, Cowboy, Eskimo, einfach alles – und natürlich Perlen. Wunderbar zu sein war allerdings mehr, als nur einen Look zu klauen, es war eine Geisteshaltung, ein Standpunkt, eine Schwingung. Verrücktheit war genauso wichtig wie eine freundliche Ausstrahlung. Die Hippie-Szene war sowohl kollektivistisch (»Lasst uns alle zusammenkommen«) als auch individualistisch (»Mach dein eigenes Ding«), doch ihre Philosophie war dünn: ein wenig östlicher Mystizismus und die Überzeugung, dass alle »natürlichen« Dinge besser waren – Rock & Roll und synthetische Drogen wie LSD natürlich ausgenommen (ein Poster verkündete »Besser leben mit Chemie«).

Viele Faktoren kamen zusammen, damit das Phänomen Haight-Ashbury und die Gegenkultur der Hippies entstehen konnten. Sicherlich hatten Drogen und der Rock & Roll einen großen Anteil daran, aber der Wandel hätte nicht in einem solchen Ausmaß stattfinden können, wenn das weiße Amerika zu jener Zeit keine so außerordentliche Wohlstandsgesellschaft gewesen wäre. Auch wenn die weißen Rebellen der sechziger Jahre ein System ablehnten,»das seinen Müll über jeden schüttet ... und jedes Individuum auf seiner kleinen Insel der Annehmlichkeiten aussetzt«, wie es der Dramatiker Arthur Miller formuliert, ihre Revolte wurde gerade von Amerikas unerhörtem wirtschaftlichen Reichtum subventioniert und garantiert. In Haight-Ashbury war praktisch alles im Überfluss vorhanden, sogar Platz. Es war ein nahezu vergessener Stadtteil, ein gemischtrassisches Arbeiterviertel, in das die Bohemiens zogen, als North Beach immer mehr vermarktet wurde und die Mieten in die Höhe schossen. Und in dieser verschlafenen Gegend mussten die Beatniks keine Angst vor den Schikanen der Polizei haben, die in North Beach zur Routine geworden waren. Die untere Haight Street war bis in die frühen Fünfziger der Sitz des San Francisco State College gewesen. Einige Studenten und Lehrer blieben dort wohnen und verliehen der Gegend einen Hauch von Boheme, bevor die Zuwanderung aus North Beach begann. Da die Mieten billig waren und das Viertel nur eine schnelle Fahrt mit der Straßenbahn vom neuen College entfernt war, begann sich Haight-Ashbury mit Studenten, Akademikern, Aussteigern und sogar einigen Professoren zu füllen. Zwei riesige Stockwerke eines alten, ehemals schönen viktorianischen Hauses kosteten 175 Dollar im Monat. Man konnte in diesen Häusern auch Zimmer mieten, oft für nur 15 Dollar im Monat. In den Ballrooms und Theatern war auch nicht mehr viel los. Sie wurden schon bald die Heimstätten der neuen Rock-Tanzveranstaltungen, die »Dances« genannt wurden.

Die Beautiful People lebten von dem, was die »Gesellschaft, die den Mangel überwunden hatte«, wegwarf. 1966 begann eine anarchistische Gruppe, die sich Diggers nannte, im Golden Gate Park kostenlose Essen auszugeben. Die Diggers, die sich nach einer Gruppe englischer Radikaler im 17. Jahrhundert benannt hatten, waren Straßentheater-»Guerillas«, die entschlossen waren, die Gesellschaft aus ihrer Lethargie und Passivität zu reißen. »Alles war darauf angelegt, das Bewusstsein aufzurütteln«, erinnert sich Peter Coyote, Schauspieler bei der San Francisco Mime Troupe, aus der die Diggers hervorgingen. Das Essen, das die Diggers ausgaben, wurde manchmal von Bäckereien, Gemüsemärkten und Schlachtereien gestiftet, manchmal wurde es »befreit«. Obwohl sie oft als »anonyme Wohltäter« oder »coole Heilsarmee« gelobt wurden, hielten manche die Diggers für Betrüger, die den Jargon der Befreiung als Ausrede benutzten, jeden zu betrügen, der auch nur etwas mehr Mittel besaß. Die Diggers führten auch einen Laden, der mit gebrauchten Kleidern und Restposten ortsansässiger Firmen wie Levi Strauss gefüllt war, die sie gratis abgaben. Das Free Store war so überfüllt mit weißen Oxford-Hemden mit Button-Down-Kragen (Bürokleidung, die Aussteiger nicht mehr brauchten), dass ein weibliches Mitglied der Diggers einen genialen Weg fand, sie zu verschönern – die Batik. Diese neue Mode verbreitete sich in Windeseile. Auch Ausschussware von Levi's fand manchmal ihren Weg in die Gemeinschaft der Diggers. Einmal trugen fast alle Digger-Frauen hautenge Hosen aus einem silbermetallischen Gewebe – Designer-Ausschuss von Levi Strauss.

Zwei Läden, die Armee- und Marinekleidung verkauften, waren eine weitere Quelle für coole Garderobe, zum Beispiel robuste und spottbillige Seemannshosen mit weit ausgestellten Beinen und Uniformjacken. Wahrhaft wagemutige Hipster wie George Hunter verbrachten ganze Stunden in Billigläden, bei der Heilsarmee und Goodwill und durchstöberten Second-Hand-Kleidung nach coolen Teilen im Stil von Edward VII. und Queen Victoria. Die Beautiful People statteten auch ihre Apartments mit gebrauchten Möbeln und Haushaltsgeräten »antik« aus. Bob Seidemann erinnert sich: »Alle hatten den antiken Ofen und den antiken Kühlschrank in ihren Häusern, obwohl der verdammte Kühlschrank beschissen war – die Birne funktionierte nicht, und das Bier wurde nie kalt.« Selbst die Overheadprojektoren, die Lightshow-Künstler bei den Rock-Konzerten benutzten und die in den Militärläden verkauft wurden, stammten aus der Zeit des Zweiten Weltkriegs. Viele Jugendliche lebten von der Wohlfahrt, wie es schon Janis getan hatte. Richard Hundgen, der später als Roadie für Bands aus San Francisco arbeitete, behauptet, dass Hippie-Cliquen angefangen hätten, sich »Familien« zu nennen, wenn sie mit dem Sozialamt von San Francisco zu tun hatten. Plötzlich lebten zahllose Menschen unter einem Dach, die nicht verwandt waren. Die Sozialarbeiter bezeichneten sie als Familien, damit sie berechtigt waren, Essensmarken zu beziehen. Daher war die größte Sorge der weißen Jugendlichen aus der Mittelschicht nicht, einen Job zu finden, sondern wie sie ihn am besten vermeiden konnten.

Teilweise hatten Drogen die Jugendlichen, die Haight-Ashbury bevölkerten, dazu getrieben, auszusteigen, aber auch das Gefühl einer gewaltigen geistigen und emotionalen Leere. Wie Janis, Sunshine und andere Jugendliche vor ihnen hungerten sie nach Gemeinschaft und der Erfahrung von Intensität. Peter Coyote kam nach »zwanzig Jahren Marshmallows, Plastik und Himmel- und Höllespiel« nach Haight-Ashbury und war entschlossen, »das Leben flachzulegen. Ich möchte es schmecken, schlagen, fühlen, töten, ficken, und ich möchte, dass all diese Dinge auch mit mir gemacht werden.« Jim Haynie, der mit Coyote in der Mime Troupe arbeitete, war nach San Francisco gekommen, weil er »das graue Leben satt hatte«. Als Janis berühmt war, fragte sie der Journalist Nat Hentoff, ob sie sich Sorgen mache, dass ihre Stimme die Misshandlung nicht aushalten könne, die sie ihr beim Singen zufüge. Die Frage war für Janis von grundsätzlicher Bedeutung. Sie vertrat die Ansicht, es könne »dein Jetzt zerstören, wenn man sich wegen morgen Sorgen macht. Wir schauen auf unsere Eltern und sehen, wie sie aufgegeben und Kompromisse geschlossen haben und mit sehr wenig da rausgekommen sind. Deshalb wollen die Kinder 'ne Menge jetzt, statt 'n kleines bisschen von fast gar nichts über siebzig Jahre verteilt.«

Im Mai 1965 lieferte Augustus Owsley Stanley III., oder nur Owsley, der sein Studium an der Universität in Berkeley abgebrochen hatte, ein sofort wirkendes Heilmittel für den Mangel an emotionalem, intellektuellem und künstlerischem Anreiz, den so viele empfanden, die im Nachkriegsamerika aufwuchsen: Lysergsäurediäthylamid. LSD war legal, aber nicht überall erhältlich, bis Owsley, dessen Großvater Senator aus Kentucky gewesen war, es mit Hilfe seiner Freundin, einer Studentin, die in Berkeley ihr Examen gemacht hatte, herzustellen begann. Als Owsleys LSD in Haight-Ashbury bekannt wurde, wollten die Jugendlichen sofort ihr Bewusstsein erweitern und diesen »Orgasmus hinter den Augäpfeln« erfahren. LSD war das Gegenmittel für den »Abenteuermangel«. Anders als bei den meisten Drogen ging es bei LSD nicht darum, sich gut zu fühlen. Acid-Trips waren manchmal ein »Bummer«, eine Niete (ursprünglich ein Ausdruck der Hell's Angels für einen schlechten Motorradausflug), aber meistens eine geistige Katharsis, ja sogar transzendent. LSD machte auch nicht süchtig, denn, wie es ein Kenner ausdrückt, davon abhängig zu werden sei »wie danach süchtig zu sein, dass man die Scheiße rausgeprügelt bekommt«. Psychedelische Drogen (ursprünglich psychodelisch) öffneten den Geist für die Flut der Stimuli, die das Gehirn bei normaler Funktion auf ein leicht zu handhabendes Tröpfeln reduziert, wie Aldous Huxley erklärt hatte, ein früher Befürworter der Droge. Jerry Garcia behauptet, dass psychedelische Drogen ihn eine Realität betreten ließen, von der er »immer wusste, sie würde existieren, [die er] aber nie hatte finden können«. Meistenteils waren LSD-Erfahrungen auf den Augenblick bezogen und nicht leicht zu vermitteln. Bob Seidemann erinnert sich, wie ihm ein »heruntergekommener« Typ auf einem Trip erzählte: »Der Fußboden ist neutral und die Decke ist positiv. Das war eine wichtige Offenbarung. Ich war hin und weg, obwohl ich die Wahrheit nie rekonstruieren konnte, die mir da enthüllt worden ist.« Darüber hinaus beeinflussten psychedelische Drogen, wie man Musik hörte und spielte. Folkies griffen zur elektrischen Gitarre, um Krach zu machen, den Abenteuermangel zu bekämpfen und den monumentalen Reiz der Sinne – die Hochspannung – zu nutzen, die psychedelische Drogen erzeugten. Als Phil Lesh von den Grateful Dead das erste Mal elektrisch verstärkt spielte, legte er seine Gitarre sieben Stunden lang nicht aus den Händen. »Du kannst die ganze Musik hören«, wenn sie verstärkt ist, erklärt Lesh. »Das macht die Elektronik – sie verstärkt die Obertöne in einem Maß, das man bei einem akustischen Instrument nicht für möglich gehalten hat.« LSD und Elektrizität schienen einfach zusammenzugehören.

Die Verwandlung San Franciscos von der Heimat der Folk Music zur Heimat des Acid Rock verlief 1965 genauso dramatisch. LSD schlug ein, Bob Dylan griff beim Newport Folk Festival zur elektrischen Gitarre, und die britischen Rocker überschritten die Grenzen. Die Rolling Stones waren mit »(I Can't Get No) Satisfaction« die Nummer eins in diesem Jahr. Bis zur britischen Invasion hatte es in der kommerziellen Musik wenig Raum gegeben für Dinge, die nicht absolut sauber waren. Selbst »Will You Still Love Me Tomorrow« von den Shirelles war für manche mit seiner Andeutung von vorehelichem Sex zu schlüpfrig. Als »Louie, Louie« von den Kingmen 1963 ein Hit wurde, leitete das FBI eine Untersuchung ein, um die Bedeutung des undeutlich und verstümmelt gesungenen Texts herauszufinden. Während die Beatles die kommerzielle Lebensfähigkeit von Respektlosigkeit bewiesen, zeigten die Rolling Stones, dass es einen Markt für etwas noch Gemeineres, Düstereres gab. Ironischerweise eroberten die Briten Amerika mit seiner eigenen Musik – frühem Rock & Roll, hartem, treibendem R & B und dem Blues – schwarze Musik, die man beim amerikanischen Top-40-Rundfunk nicht begrüßt hatte. Hits wie »Twist and Shout« von den Beatles und »It's All Over Now« von den Rolling Stones waren ursprünglich von schwarzen Musikern in den Vereinigten Staaten aufgenommen worden, aber die meisten weißen Amerikaner waren sich dessen nicht bewusst. In einer seltsamen Wendung waren moderne britische Jugendliche mit der Verehrung amerikanischer Musik aufgewachsen. »Das aufregendste Ding am Lebendigsein war, auf die Amerikaner zu schauen«, erinnert sich ein Brite. »Amerika war das, wo wir alle sein wollten« – nicht das freudlose England, wo die Rationierung noch andauerte und die wirtschaftliche Erholung von den Folgen des Zweiten Weltkriegs Jahrzehnte in Anspruch nahm. »Die ersten Bücher, die ich überhaupt gekauft habe, waren über Amerika«, erinnert sich der englische Musiker Eric Clapton. »Die ersten Schallplatten waren amerikanische. Ich hatte mich einfach der amerikanischen Lebensweise verschrieben, ohne jemals dort gewesen zu sein.« Nur wenige Jahre später schauten Amerikaner sehnsüchtig nach England, das alles verkörperte, was cool war, besonders die lebhafte Carnaby Street in London.

Wie alle amerikanischen Jugendlichen war auch Bob Dylan von den modernen Briten fasziniert. 1966 behauptete er, Folk sei in den späten Fünfzigern und frühen Sechzigern nur ein »Ersatz« für Rock gewesen. In dieser Übergangsperiode hätte sich die Rock-Musik zu Teenybopper-Dreck entwickelt. Die Engländer hätten all das geändert, indem sie den Rock wieder belebt hätten. Dylan hatte die Rock-Version der Animals von »The House of the Rising Sun« geliebt, einem Folksong, den er auf seinem ersten Album gesungen hatte. Als er 1965 in England auf Tournee war, hatte er sich mit den Animals und den Beatles getroffen und im Studio mit Englands führender Bluesband, John Mayall's Bluesbreakers, herumgealbert. Auch andere amerikanische Folkmusiker, selbst die Puristen aus Cambridge, bewunderten die Beatles. Dylans Kumpan, der Maler und Gitarrist Bobby Neuwirth, war »hingerissen« von ihnen, denn sie hätten »europäische Harmonien in einen Everly-Brothers-Sack« gesteckt, »sie mit Rock & Roll und Rockabilly-Beat durchgeschüttelt und über den Atlantik zurückgeworfen«. Geoff und Maria Muldaur schwärmten ebenfalls von den Beatles. Selbst in Greenwich Village, das gewöhnlich hochnäsig war, seien die Folkies begeistert gewesen, erinnert sich John Sebastian, der schon bald die Lovin' Spoonful gründen sollte. Und in Kalifornien waren Folk-Veteranen wie David Crosby, Gene Clark und Roger (Jim) McGuinn von den Beatles beeindruckt, nachdem sie den Film *A Hard Day's Night* gesehen hatten. Crosby erinnert sich, er sei »so aufgekratzt aus diesem Film« gekommen, dass er sich »um die Stangen von Halteschildern« geschwungen hätte. »Genau da wusste ich, was mein Leben sein würde. Das wollte ich tun. Ich hab die Einstellung und den Spaß daran geliebt; es gab Sex, es gab Vergnügen, es gab alles, was ich vom Leben wollte.« Die drei Musiker gründeten mit Chris Hillman und Michael Clarke die Byrds und hatten kurz darauf im Frühling 1965 einen riesigen Hit mit ihrer Folkrock-Version von Bob Dylans »Mr. Tambourine Man«. Neuwirth will die elektrische Version der Byrds gehört haben, als er mit Bob Dylan und Dylans Manager Albert Grossman zusammensaß. »Es war großartig, denn niemand hätte sich je vorstellen können, dass jemand anderes als Peter, Paul und Mary einen von Dylans Songs covern könnte.« Roger McGuinn behaupte, Dylan hätte ihre Version zum ersten Mal in Los Angeles und nicht in New York gehört, wo die Byrds ihm nur ihr Arrangement gezeigt hätten. »Toll, Mann, du kannst drauf tanzen«, hätte Dylan erstaunt ausgerufen.

Es wird viel Aufhebens darum gemacht, dass Dylan beim Newport Folk Festival 1965 elektrisch verstärkte Musik spielte, aber Eric von Schmidt und Jim Rooney, Folkies aus Cambridge, weisen darauf hin, Dylan hätte seine Absichten schon früher in diesem Jahr auf seinem fünften Album deutlich gemacht, dem halb akustischen, halb elektrischen *Bringin' It All Back Home*. Dylan hatte sich in seiner ersten von vielen Reinkarnationen neu erfunden. Er war damals so quirlig, dass ihm sein Freund Richard Fariña den Spitznamen »Plastikmann« verlieh. Das Cover zeigt Dylan »in außergewöhnlichem Luxus. Albert Grossmans Frau Sally, begehrenswert, elegant, reserviert, in Feuerrot, liegt hinter Bob ... Dylan ist wie ein früher englischer Mod gekleidet: französische Manschetten, geknöpfter Kragen, keine Krawatte ... Es war ein optisches Fest von Überfluss und Verachtung. Ein visueller offener Brief an die alte Folk-Garde: zischt ab.« Dylan hatte die Paul Butterfield Blues Band angeheuert, eine gemischtrassische Gruppe, um ihn in Newport zu begleiten, denn sie war die einzige amerikanische Band, die annähernd so klang wie die Bluesbreakers aus England. Dylans elektrisches Set brachte wie der vorangehende Auftritt der Butterfield Blues Band die akustischen Ideologen auf die Barrikaden. Dylans Auftritt war besonders schrill. Er trat nach der traditionellen Folksängerin Cousin Emmie auf die Bühne, die ein hoffnungslos einschläferndes »Turkey in the Straw« gesungen hatte. Dylans elektrisches Ensemble klang ungeschliffen, als hätte es zu wenig geübt, und hetzte mit ohrenbetäubender Lautstärke durch drei Songs. Der Musikwissenschaftler Alan Lomax und Pete Seeger, die beide dem Festival-Komitee angehörten, waren wütend auf Dylan und die Tonmixer, die sich weigerten, die Lautstärke zu verringern. Pete Seeger schrie außer sich:»Wenn ich eine Axt hätte, würde ich augenblicklich das Kabel durchhacken!« Peter Yarrow von Peter, Paul & Mary trat für Dylans Recht ein, elektrische Musik zu machen, aber es sei wie eine »Kapitulation vor dem Feind« gewesen, »als würdest du plötzlich sehen, wie Martin Luther King Jr. für Zigaretten wirbt«. Dylan machte allerdings nicht Musik, um alte oder junge Folk-Aficionados zu unterhalten; er versuchte, die Engländer mit ihren eigenen Waffen zu schlagen. Der Produzent Paul Rothchild, der später mit den Doors und Janis arbeiten sollte, erinnert sich, wie er mit Dylan und Neuwirth eine Vorabmischung von »Like A Rolling Stone« anhörte. Sie hätten das Lied schon ungefähr 25-mal gespielt, als Rothchild auftauchte, und sie »grinsten wie zwei Katzen, die Kanarienvögel verspeist hatten«. Rothchild verstand bald, warum. »Was mir klar wurde, während ich da saß, war, dass einer von UNS – einer der sogenannten Village-Folksinger – Musik machte, die mit all DENEN konkurrieren würde – den Beatles und den Stones und den Dave Clark Five, ohne die Integrität der Folk Music oder die Kraft des Rock & Roll auch nur ein bisschen zu opfern.«

Dylan konnte die Dichter Allen Ginsberg und Michael McClure zu seinen größten Anhängern zählen. Ralph Gleason, der Musikkritiker des *San Francisco Chronicle*, berichtet, Ginsberg, Lawrence Ferlinghetti, Ken Kesey und zwei Hell's Angels hätten bei Dylans Konzert in Berkeley im Dezember 1965 in der ersten Reihe gesessen. In der darauf folgenden Woche saß McClure bei Dylans Auftritt in San Francisco angeblich in der Garderobe und quetschte ihn aus, »wie man einen Hit schreibt und Millionär wird«. Ginsberg antwortete denjenigen, die behaupteten, Dylan hätte sich verkauft: »Dylan hat sich an Gott verkauft. Das soll heißen, sein Auftrag war, seine Schönheit so weit wie möglich zu verbreiten. Es war eine künstlerische Herausforderung, zu sehen, ob große Kunst in einer Jukebox gemacht werden kann. Und er hat bewiesen, dass er das kann.« Ferlinghetti war allerdings verbittert über Dylans Erfolg. Seiner Ansicht nach war Dylan nur irgendein Junge mit einer elektrischen Gitarre und künstlerischem Dünkel, er aber ein »bedeutender Poet«. Aber mit dem Gewicht Ginsbergs auf seiner Seite schien Dylan das Unmögliche zustande gebracht zu haben – das Künstlerische mit dem Kommerziellen zu versöhnen. Die Folkies in San Francisco spürten die Auswirkungen unmittelbar. »Als Dylan elektrisch wurde«, erinnert sich Bill Belmont, damals Student am San Francisco State College, »ist jeder losgelaufen und hat sich eine elektrische Gitarre gekauft. Echt! Das war das Ende der Beatnik-Bewegung und der Anfang des elektrischen Rock & Roll, wie wir ihn kennen.« Terry Garthwaite von Joy of Cooking kehrte Mitte 1966 von einem einjährigen Auslandsaufenthalt zurück und stellte fest, dass der akustische Folk-Club von Berkeley, The Jabberwalk, jetzt Country Joe and the Fish präsentierte, eine elektrische Jug Band.

Der Reichtum Amerikas, Acid, die britische Invasion und Dylans Elektrifizierung waren die Auslöser, die die Hippie-Revolution in Gang brachten. San Francisco war auf einzigartige Weise bereit, auf die Veränderung zu reagieren. Ken Kesey, der *Einer flog über das Kuckucksnest* geschrieben hatte, lebte wenige Kilometer südlich in La Honda. Kesey hatte 1960 psychedelische Drogen verabreicht bekommen, als er sich für 75 Dollar am Tag als Versuchskaninchen für ein Experiment im Hospital der Veteran's Administration zur Verfügung gestellt hatte. Kesey und seine Freunde – die selbst ernannten Merry Pranksters – waren LSD-Missionare, die 1965 begannen, die Leute in San Francisco anzutörnen. Im Gegensatz zu Timothy Learys Betrieb in Millbrook, der anderen bedeutenden LSD-Bastion, die bei einer elitären Gruppe von Schriftstellern, Künstlern und Jazzmusikern Anklang fand, törnten die Pranksters bei den »Acid Tests«, ihren öffentlichen Happenings, alle möglichen

Leute an. Während Timothy Leary eine behutsame Methodik für LSD-Trips entwickelte, die eine kontrollierte Umgebung voraussetzte, hielten die Pranksters die Menschen an, »frei auszuflippen«. Das war ihre Lösung für die Unberechenbarkeit eines LSD-Trips. Millbrook war kühl, meditativ und in den Augen der Pranksters »eine einzige zickige Verstopfung«. Im Gegensatz dazu wurde bei den Acid Tests Rockmusik gespielt, verrücktes elektronisches Gedudel, und Sprachexperimente durchgeführt. Die Warlocks, die sich später in Grateful Dead umbenannten, wurden die Hausband der Pranksters und spielten Rock & Roll über eine Beschallungsanlage, die ihr größter Fan gekauft hatte, der Acid-King Owsley.

San Francisco wurde bald zum Schauplatz wilder Partys und die der Pranksters waren die ausgefallensten. Chet Helms erklärt, Mitte der Sechziger hätte es eine »riesige Party-Szene« gegeben, weil so viele Lokalitäten für Live-Musik zur Verfügung gestanden hätten. Viele Partygänger waren Studenten des San Francisco State und des San Francisco Art Institute, die später den Kern des Publikums im Fillmore und im Avalon bildeten. Auch viele Musiker, die in San Francisco Rockbands gründeten, hatten diese Partys besucht. Peter Albin von Big Brother behauptet, es hätte »bereits eine Art Kameradschaft untereinander« gegeben. Bob Cohen, der aus New York nach San Francisco gezogen war, gehörte der Party-Szene an und lebte nicht weit von Haight-Ashbury in einem typischen Hippie-Haus. Das viktorianische Gebäude stand auf der Pine Street und hatte drei Stockwerke mit zehn Ein- und Zwei-Schlafzimmer-Apartments. Es gab mehrere solcher Häuser in der Straße, die wie Zweigstellen der Party-Szene waren, doch das Haus mit der Nummer 2111 war in jeder Hinsicht das außergewöhnlichste. »In seiner Blütezeit«, erinnert sich Cohen, »hatten wir Ronny Davis und die Leute von der Mime Troupe, Leute vom American Conservatory Theater, Künstler. Janis Joplin hat dort gewohnt, einige von den Charlatans, einige von

Big Brother. Wir hatten sie alle. Es war fantastisch. Und es war eine einzige gigantische Party. Ich muss über tausend Leute gekannt haben.«

Die Partys entwickelten sich nicht nur aus der Musik- und LSD-Szene, sondern auch aus politischen Aktivitäten. 1964 hatte sich der Protest durch das Free Speech Movement an der Universität von Berkeley ausgeweitet. Die Aktivisten blickten über den Campus hinaus, um die Rassendiskriminierung in den Restaurants, Hotels und bei den Autohändlern in San Francisco aufzuheben. Natürlich protestierten sie auch gegen die Eskalation des Vietnamkriegs. Auf politische Demonstrationen folgten oft große Feiern und Dissidenten aller Richtungen – die politischen und kulturellen Radikalen – feierten gemeinsam und unterhielten engere Bindungen, die nur wenige Jahre zuvor nicht möglich gewesen waren. Der Du Bois Club, eine der auffälligsten linken Gruppierungen in San Francisco, die von den Sprösslingen der Kommunisten – den sogenannten Rote-Windel-Kindern – und Mitläufern dominiert wurde, war berühmt für seine Partys nach Demonstrationen. Terence Hallinan, der den Du Bois Club San Franciscos mitgegründet hatte, war bei den Musikern und Künstlern von Haight-Ashbury, darunter auch Janis, gut bekannt. Zu den Mitgliedern des Clubs gehörten auch Bill Resner, der mit seinem Bruder Hillel das Straight Theater eröffnete, den elektrischen Ballroom von Haight-Ashbury, sowie Luria Castell, die schon in Kuba gewesen war und behauptete, Che Guevara kennen gelernt zu haben. Jetzt wohnte auch sie in der Pine Street Nummer 2111.

San Franciscos künstlerischer Ausbruch war ein Multimedia-Happening, an dem nicht nur politisch Angehauchte, Pranksters und Musiker beteiligt waren, sondern auch Künstler, Tänzer, Dichter und Schauspieler. Obwohl es der »San-Francisco-Sound« war, der die Journalisten packte, traten bei den Rock-&-Roll-Partys auch Dichter, Tänzer, Schauspieltruppen und Lightshow-Künstler auf. Einer der ersten Auftritte von Big Brother fand bei *The Blast* statt, einem Multimedia-Ereignis, das »seiner Zeit weit voraus« gewesen sei, wie Dave Getz erklärt. »Es gab eine Rock-&-Roll-Band auf einer Seite der Bühne, ein Free-Jazz-Ensemble auf der anderen und Tänzer in der Mitte, Lichtprojektionen, und diese schwarze Opernsängerin, Crystal Mazur. Sie haben Comics auf die Leinwand projiziert und sie hat den Text dazu gesungen. Manchmal haben beide Bands gleichzeitig gespielt. Es war völlig spontan. Es war so avantgardistisch, dass noch nie jemand davon gehört hatte.«

Die Bay Area rühmte sich tatsächlich einer blühenden Avantgarde. Die poetische Renaissance San Franciscos, die Kenneth Rexroth in den späten Vierzigern anführte, hatte die Stadt auf die literarische Landkarte gebracht. Jetzt erregte die experimentelle Ann Halprin Dance Company Aufsehen mit ihren Nackttänzen, und das Tape Music Center war die Heimat experimenteller elektronischer Musiker wie Pauline Olivera, Ramon Sender, Morton Subotnik, Zack Stewart und Steve Reich. Zu dieser kleinen, aber vitalen Gemeinschaft von Avantgarde-Künstlern gehörten auch das Open Theater in Berkeley, The Committee, eine Stegreiftheater-Truppe, und das American Conservatory Theater. Ronny Davis hatte sich vom ACT getrennt, um die linksgerichtete San Francisco Mime Troupe zu gründen, die aggressive politische Satire aufführte, keine Pantomime. Die Maler Joan Brown, Wally Hendrick und Jay DeFeo gehörten ebenfalls der Szene an. Der Pazifik-Sender KPFA brachte zahllose Künstler und Intellektuelle zusammen. Bei KPFA berichtete Kenneth Rexroth regelmäßig über Bücher, Pauline Kael über Filme, Alan Watts über Philosophie und Ralph Gleason über Jazz. Trotz aller Aktivitäten behandelten Außenseiter die Kunstszene der Bay Area, als sei sie nur das Echo von New York – eine Vorstellung, die einheimische Schriftsteller und Künstler in Zorn versetzte. Als Tom Wolfe Ken Kesey fragte, ob ein Acid Test vergleichbar sei mit dem, »was Andy Warhol in New York macht«, antwortete Kesey kühl: »Nichts für ungut! Aber New York hinkt ungefähr zwei Jahre hinterher.«

Die Lightshow war beispielsweise etwas Neues aus San Francisco. Seymour Locks, ein Kunstprofessor, hatte sie Anfang der fünfziger Jahre erfunden. Anders als die Lightshows, die man mit Timothy Leary und Andy Warhol assoziierte und bei denen statische Bilder an die Wand geworfen wurden, projizierte Locks Licht durch Glasschalen, die er mit Farbe füllte und umrührte und schüttelte, um einen beweglichen Effekt zu erzielen. Er brachte seinem Studenten Elias Romero diese Technik bei, der in den frühen Sechzigern der »wahre Johnny Appleseed der Lightshows« in der Bay Area wurde. Romero veranstaltete samstagabends Lightshows in einer alten Kirche im Mission District, die er mit Ronny Davis mietete. Romero wohnte in einem verrückten Haus auf der Pine Street, das von Bill Ham, einem Maler, geführt wurde. Die beiden begannen zusammenzuarbeiten, und im Frühling 1965 präsentierte Ham Lightshows in seinem Keller in der Pine Street, manchmal zu klassischer Musik und manchmal mit einigen Jazzmusikern aus einem Nachtclub um die Ecke. Alton Kelley, ein späterer Poster-Künstler, erinnert sich, wie ihn jemand aus der Pine Street 2111 zu einer Lightshow in Hams Haus einlud. »Was zum Teufel ist eine Lightshow?« Kelley ging mit und fragte sich: »Was wird er tun, die Glühbirnen anschalten?« Stattdessen »waren die Fenster verdunkelt, das Licht ging aus und die Musik fing an. Dann begannen sich kleine Punkte zu bewegen und zu wirbeln und ihre Farbe zu verändern.« Das Bild war wie ein »bewegliches abstraktes Gemälde«, das an die Wand projiziert wurde und dessen Wirkung natürlich von einer Menge Marihuana gesteigert wurde.

Lightshows, Rock & Roll, psychedelische Drogen – Ende 1965 waren all die Kennzeichen der Hippie-Ära vorhanden. Heute werden allerdings nur wenige, die an der vordersten Front der »Sechziger« standen, zugeben, dass sie Hippies waren. Dave

Getz behauptet: »Ich hab mich nie als Hippie bezeichnet. Ich hab's gehasst.« Der Fotograf Bob Seidemann betont: »Wir haben uns Freaks genannt, nie Hippies.« »Hippies waren die Leute, die sich deinen Lieferwagen geliehen und ihn nicht zurückgebracht haben«, spottet der Schriftsteller Carl Gottlieb. Selbst Janis' enge Freundin Sunshine, deren Name allein ein unwiderlegbarer Beweis zu sein scheint, dass sie ein Hippie war, besteht darauf, ein Beatnik gewesen zu sein. Hippies, so erklärt sie, waren »Leute, die einfach irgendwie aufgetaucht sind und offensichtlich kein Hirn hatten. Sie haben nicht gewusst, wie man für sich sorgt. Sie haben nicht gewusst, wie man Kleider wäscht, einen Job behält, und sie haben nichts dafür getan, das Ganze durchzustehen.« Der Zeichner Robert Crumb, dessen Comics in fast allen Underground-Zeitungen der Sechziger erschienen, erinnert sich, dass er »von dem allgemeinen Optimismus mitgerissen« wurde »und eine Menge der gleichen LSD-inspirierten Visionen und Ideen teilte«. Aber er hätte »nie richtig bei der Hippie-Routine mitgemacht. Ich war nicht wunderbar genug ... Ich meine, in meiner Seele ... da lauerten düstere Dämonen. Die Hippies wussten das ... Sie haben unsere Schwingungen aufgeschnappt.« Selbst damals verurteilten die Diggers das ganze Hippie-Image als »Liebesschwindel« und behaupteten, die coolen Händler von Haight-Ashbury, die ihn begingen, versuchten »den gesamten Schmutz der Realität von Haight-Ashbury« zu überdecken. Viele langjährige Bewohner des Viertels machten die Medien für den Begriff Hippie verantwortlich. Milan Melvin, zeitweise Janis' Liebhaber, knurrt noch immer über das Wort. Für ihn waren Hippies die Möchtegerne, die Haight-Ashbury überfluteten, als »San Francisco (Be Sure to Wear Some Flowers in Your Hair)«, Scott McKenzies abgeschmackte Hymne an die Stadt, 1967 kurz vor dem Monterey Pop Festival in die Charts kam. Dieses Lied »war wirklich der letzte Nagel im Sarg. Die Spießer waren auf dem Marsch und traten die Gartenzäune von kleinen alten Damen nieder, um sich Blumen ins Haar zu stecken, damit sie in der Aufmachung ankommen konnten, die in den Zeitungen beschrieben wurde.«

Das Blumenkind war allerdings keine völlig freie Erfindung der Medien. Journalisten konnten immer junge Leute finden, die bestens in das Bild passten. Chet Helms, heute ein ausgewachsener Impresario, gehörte zu denjenigen, die den Reportern bereitwillig den Gefallen taten. Bob Simmons, ein Kamerad aus Chets Tagen in Texas, erinnert sich, die Presse fand, dass Chet »›einfach perfekt‹ aussah. Wie er in dieser afghanischen Lederjacke (die bei feuchtem Wetter wirklich komisch roch) Liebe predigte, Erleuchtung, Wiedergeburt und so weiter. Fast alle haben gesagt: ›Chet, geh und erzähl's der Presse, sag, was du willst, hilf einfach, die Party in Gang zu halten.‹« In der Absicht, den Hippie hochzuspielen, trugen Journalisten inzwischen alle Merkmale zusammen und machten daraus eine Karikatur, die Jugendliche anschließend zu verkörpern versuchten. Bald war der Mythos in Stein gemeißelt: Hippies und Beatniks waren gegensätzliche Pole. Während die Beatniks ausschließlich Trübsal und Tragik darstellten, waren die Hippies kindlicher Optimismus.

Die Dinge waren allerdings nie so einfach. Bevor die Medien über Haight-Ashbury herfielen, lebten Hippies und Beatniks in Koexistenz und hatten viele Gemeinsamkeiten. Bis zum Frühling 1967 gebrauchten sowohl die bürgerliche als auch die Underground-Presse »Hippie« und »Beatnik« als austauschbare Begriffe. Als »Hippie« in einem Artikel des *San Francisco Examiner* vom September 1965, der Haight-Ashbury zu »einer Art West Beach« ausrief, zum ersten Mal in der Presse auftauchte, lautete die Überschrift »Ein neues Paradies für Beatniks«. Und als Janis Mitte 1966 nach San Francisco zurückkehrte, nur ein Jahr nach ihrer Abreise, trug sie noch immer Jeans und ein blaues Arbeitshemd – die Uniform der Beatniks.

In einem langen Essay über Hippies im *New York Times Ma-*

gazine bestätigte Hunter S. Thompson die Verbindung und die feinen Unterschiede zwischen den beiden Gruppen. Er berichtete, Hippies »weisen jede Verwandtschaft mit der Beat Generation damit zurück, dass ›diese Typen negativ waren, aber unser Ding ist positiv‹. Sie lehnen auch die Politik ab, die ›nur ein weiteres Spiel‹ ist. Sie mögen auch kein Geld oder jegliche Art von Aggressivität.« Thompson bemerkte aber auch, wenn »Liebe« das »Kennwort« war, um nach Haight-Ashbury zu gelangen, dann sei Paranoia der »Stil« gewesen. Die ehemaligen Beatniks hätten die Hippies als »Beatniks der zweiten Generation« statt als »vollkommen neue Gattung« angesehen. Jerry Garcia behauptete später, es hätte größere Nähe zu den Beatniks gegeben: »Das Bild der Medien von dem unschuldigen Hippie-Blumenkind war ein Joke. He, jeder wusste, was lief. Es war nicht *so* unschuldig. Unser eigener Hintergrund war irgendwie dieser zutiefst zynische Beatnik-Bereich, der sich mit der Ankunft der psychedelischen Drogen zu etwas Netterem entwickelt hat.« Bob Seidemann drückt es deutlicher aus: »Scheiß auf die Love-Generation. Das war Scheiße, Mann. Das war ein Schwindel. Es war immer eine finstere Löschkopf-Welt.«

Während Garcia und Seidemann die Finsternis sahen, erkannten die Medien nur langsam den »apokalyptischen Rand« dessen, »was wie eine riesige Party von endloser Dauer aussah«. Sie brachten vor allem die eher selbstzerstörerischen Symptome von Haight-Ashbury nicht in Verbindung mit den Rassenunruhen und Attentaten, geschweige denn mit dem Vietnamkrieg. Für unverheiratete junge Männer, die an keiner Universität eingeschrieben waren, und das war der größte Teil der männlichen Bevölkerung von Haight, war der Krieg nicht abstrakt. Die Einberufung und der Alptraum, in den Dschungeln Vietnams zu kämpfen (und möglicherweise zu sterben), hingen wie ein Damoklesschwert über ihren Köpfen. Und als der Krieg eskalierte, wurde es schwieriger, die Einberufung zu vermeiden. Es klappte nicht mehr immer, wenn man behauptete, homosexuell zu sein, oder wenn man beim Wehramt dünn wie ein Zahnstocher erschien, ausgelaugt von Drogen und Schlafmangel.

Wenn man sich die »Hippie«-Musik der Zeit anhört, hört man fast genauso viel Furcht und böse Vorahnung wie Flower-Power-Schwachsinn. Für jedes »Get Together« oder »Wooden Ships« gibt es ein Lied wie »For What It's Worth« von Buffalo Springfield mit seiner denkwürdigen Zeile: »Paranoia strikes deep / Into your heart it will creep.« [*Die Paranoia trifft tief, sie wird in dein Herz kriechen.*] Darby Slicks »Somebody To Love«, das mit der Zeile beginnt: »When the truth is found to be lies / And all the joy within you dies« [*Wenn sich die Wahrheit als Lüge erweist und alle Freude in dir stirbt*], klingt nicht gerade nach einem Lied der Love-Generation, ebenso wenig wie »Feel-Like-I'm-Fixin'-to-Die-Rag«, die Antikriegshymne von Country Joe and the Fish. Wenn Grace Slick von Jefferson Airplane »White Rabbit« singt, hört man keine überschäumende LSD-Begeisterung in ihrer Stimme, sondern eher etwas Bedrohliches.

Auch die Musiker selbst waren nicht immer Boten des Friedens und der Liebe. Der Lightshow-Künstler Josh White erinnert sich, wie er Ende 1967 zum ersten Mal die neuen Bands im O'Keefe Center in Toronto sah. »Für uns *war* diese Show die Szene von San Francisco – die guten Schwingungen, die Liebe –, die nach Toronto kam. Was allerdings nach Toronto kam, war eine äußerst unangenehme Gruppe von Leuten, als Jefferson Airplane bekannt, und ein sehr seltsamer Haufen von feindseligen Typen, bekannt als Grateful Dead. Und dann war da noch die Headlights Light Show, die aus zwei Typen bestand, die sich geprügelt haben.« Es hätte leicht deutlich sein können, dass all das eine »dunklere Seite« hatte, wie es Darby Slick formuliert. Als Janis starb, machte es ihre Vorliebe für Alkohol und harte Drogen einfach, sie als anormal abzutun und ihren

Janis im zweiten Jahr auf der TJ High, ca. 1957 (Richard Hundgen)

Der Rechenschieber-Club der TJ High. Janis ist in der ersten Reihe außen rechts, Tari Owens der dritte von links in der hinteren Reihe. (Richard Hundgen)

Die Waller Creek Boys in Austin, 1962. Von links: Powell St. John, Lanny Wiggins und Janis. »Wir haben uns herumgetrieben und betrunken«, erklärte sie, »haben uns im Matsch gewälzt, Bier getrunken und gespielt und gesungen, gespielt und gesungen.« (*Cactus Yearbook*, Texas Student Publications)

Kenneth Threadgill, Austins prominentester Jodler (Burton Wilson)

Dave Moriaty, Janis' Freund aus der High School, leitete die Rip Off Press, Foto von 1969. Praktisch die gesamte Clique der Freaks von Austin zog nach San Francisco. (Bob Simmons)

Dave McQueen, 1971 (Steve Rahn)

Travis Rivers, Janis' Kumpan an der Universität von Texas (Bob Simmons)

Linda Gottfried Waldron (Jae Whitaker)

Jae Whitaker, Janis' Geliebte, 1963 (Jae Whitaker)

Janis' Versetzungsfoto, 1963 (Jae Whitaker)

Janis im Eleventh Door in Austin, März 1966 (Bob Simmons)

»Die Geburt einer Szene« – ein Handzettel für die erste Family-Dog-Tanzparty in der Longshoremen's Hall, 16. Oktober 1965 (Zeichnung: Alton Kelley)

Vorrrann mit Ken Kesey und den Merry Pranksters (Lisa Law)

Janis und Chet Helms vor ihrem Apartment in der Pine Street (Herb Greene)

Tod als Beispiel für die Fallstricke des Ruhmes anzusehen oder ihr Versagen, das psychedelische Experiment in sich aufzunehmen. Schließlich war Janis ein Junkie und eine Säuferin, kein *echter* Hippie. Aber wer war das schon? Es stellte sich heraus, dass selbst Amerikas Lieblingshippie Jerry Garcia heroinsüchtig war.

Das heißt nicht, dass sich Hippies von den Beatniks nicht unterschieden. Auch wenn Allen Ginsberg mit den Pranksters Freundschaft schloss und Neal Cassady sogar ihren Bus fuhr, waren nicht alle Beatniks total begeistert von den Veränderungen. Kerouac verließ eine Party der Pranksters, zu der ihn Cassady mitgenommen hatte. Er konnte keinen Sinn in dieser Szene sehen, außer dass sie unamerikanisch war. Bevor Kerouac ging, rettete er noch eine amerikanische Fahne, die als Sofadecke benutzt wurde. Während er sie gewissenhaft zusammenfaltete, fragte Kerouac die Pranksters, ob sie Kommunisten seien. Diane Di Prima bewegte sich mühelos in beiden Welten der Boheme und wäre durch die Party der Pranksters nicht aus der Fassung geraten. Aber sie vertritt die Ansicht, sie wären aus unterschiedlichem Holz gewesen. »Diese Kinder wurden weicher erzogen als wir.« Sie hätten nicht »die schwarzen Listen erlebt, die Rosenbergs und den Wahnsinn des Zweiten Weltkriegs. Das ist eine andere Welt.« Während die Hippies als friedliebend und optimistisch charakterisiert wurden, nahm Jack Kerouac einen Ton der Rebellion wahr, der insgesamt aufrührerischer, ablehnender war als seine eigene Revolte in den Fünfzigern.

Aber auch zuversichtlicher. Sowohl Beatniks als auch Hippies waren unstet, auf Urlaub von der Arbeit und dem Konsum, die ihnen Rückhalt gaben. Die Beatniks reisten allerdings unauffällig, während die Pranksters beispielsweise ihre Verrücktheit an die große Glocke hängten, wie es nur diejenigen können, die sich für unantastbar halten. Sie durchquerten das Land in einem Schulbus Baujahr 1939, der mit einem Regenbogen von Neonfarben angemalt war. Die Pranksters repräsentierten in den Worten von Tom Wolfe »etwas Wilderes und Verrückteres auf der Straße da draußen«. Wenn die Neonfarbe nicht die Polizisten anzog, taten es die Worte, die den Bus schmückten – »Furthur« auf der Front und »Caution: Weird Load« am Heck [*Vorrrann; Vorsicht: irre Ladung*]. Im Vergleich zu den Beatniks schienen Hippies definitiv Heranwachsende oder noch jünger zu sein. Es war schließlich kein PKW, den die Pranksters fuhren, sondern ein Schulbus, der traditionelle Ort von Kinderstreichen. Gab es etwas Besseres für ihre »Schau« und ihre »Späße«? Die Beatniks hatten gewiss nie das Gefühl der Freiheit oder der unbegrenzten Möglichkeiten gehabt, das die Mitte der sechziger Jahre charakterisierte, wie flüchtig auch immer. Selbst ein Skeptiker wie Robert Crumb fand es unmöglich, dem berauschenden Optimismus jener Tage gänzlich zu widerstehen. Und die Grateful Dead mögen aus einem »zynischen Beatnik-Bereich« gekommen sein, aber sie wurden von den Beatles angezogen durch deren Filme, die Garcia als »sehr high und sehr positiv« beschrieb. Das sei »besser, als am Boden zerstört« zu sein.

Rasse und Geschlecht spielten ebenfalls eine andere Rolle. Schwarz zu sein hatte für die Beatniks bedeutet, hip zu sein; die neuen Bohemiens bestanden – freiwillig oder gezwungenermaßen – auf ihrem eigenen Hipsein (Mitte der Sechziger begann die Black-Power-Bewegung die kühnsten Vorstellungen von Integration in den Schatten zu stellen). Kesey behauptete, er habe die Schwarzen »im Schwarzsein übertroffen«, wie er es ausdrückte. Entgegen Tom Wolfes Behauptung waren Schwarze für die neuen Bohemiens nicht vollkommen irrelevant, aber sie hatten auch nicht mehr die zentrale Bedeutung wie früher. Auch die Beziehungen zwischen Männern und Frauen waren nicht mehr ganz dieselben. Die Vision der Beatniks war explizit maskulin. Kerouac behauptete sogar, der »Kern« der Beat Generation sei »eine lebenslustige Gruppe amerikanischer Männer, die auf Spaß aus sind«. Seine Gemeinschaft war zwar auch sexistisch, doch Frauen hatten durchaus Möglichkeiten. Während es den Beatniks darum ging, der Familie zu entfliehen, wollten die Hippies sie mit all ihrer wunderbaren Ungleichheit wieder herstellen.»Hippies behandeln ihre Frauen wie Squaws«, soll das gnadenlose Urteil der Mutter von Danny Rifkin, dem Comanager der Grateful Dead, gelautet haben. Die neue Boheme war noch weniger aufgeschlossen für ehrgeizige, kreative Frauen als die ältere Subkultur der Beatniks, zu der sich Frauen wenigstens gelegentlich Zutritt verschaffen konnten, wenn sie die Verhaltensweisen der Männer an den Tag legten.

Diese Unterschiede waren für Janis in Port Arthur von geringer Bedeutung. Einige der Umwälzungen, die San Francisco erschütterten, erreichten allerdings schon Austin, wo die Folkies, mit denen Janis gespielt hatte, ebenfalls die elektrische Wende machten. Noch bevor Bob Dylan im September 1965 in Austin auftrat, hatten Powell St. John, Bob Brown und Wali Stopher – Janis' Musikerkollegen auf der Universität von Texas – mit Ed Guinn eine Rockband gegründet, die Conqueroo hieß. Da sie nicht die Songs aus den Top 40 bei Partys der Studentenverbindungen spielen wollten, begannen sie im I.L. Club aufzutreten, einem schwarzen Club auf der East Side, dessen Gäste von ihrer »Hippie-Folk-Music mit Rhythm-&-Blues-Anmutungen« nicht gerade begeistert waren. Allerdings erschienen zahlreiche weiße Beatnik-Studenten der Universität von Texas, was bedeutete, dass das Bier floss, und der Besitzer war glücklich. Eine gemischtrassische Gruppe, die für ein gemischtrassisches Publikum in einem schwarzen Club mitten in Texas spielte, war eine heikle Sache, aber Guinn behauptet: »Im Grunde genommen hat es funktioniert.« Es funktionierte den größten Teil von 1966, bis eine Rauferei ihren Auftritten ein Ende bereitete. Der Auslöser war ein Weißer gewesen, der das Wort »niggardly«

[*kümmerlich, schäbig*] gebraucht hatte. Die 13th Floor Elevators, eine andere Band aus Austin, hatte ebenfalls begonnen, »Hippie-Prototypen« anzuziehen. Sie wurde von Roky Erickson und Tommy Hall, zwei psychedelischen Pionieren, geleitet. Hall stammte aus der Folk-Szene der Universität von Texas, und die Band setzte einen elektrisch verstärkten Tonkrug bei ihrer Musik ein. Die Elevators galten als Austins führende Rockband und werden heute in weiten Kreisen als eine der wichtigsten psychedelischen Bands der Ära angesehen (Peter Buck von R.E.M. stuft das erste Album der Elevators »weit höher« ein als *Sgt. Pepper's Lonely Hearts Club Band* von den Beatles).

Janis entfernte sich 1965 kaum von Zuhause. Sie ging niemals in den I.L. Club oder den New Orleans Club, wo die Elevators spielten, und sie hörte noch immer Blues und Folk statt der neuen Rock-Klänge, die andere Folkies zu verlocken begannen. Es war nicht leicht, Austin und den alten Freunden fernzubleiben, vor allem, als Janis entdeckte, dass sie noch immer nicht akzeptiert wurde, obwohl sie sich die größte Mühe gab, so langweilig und sittsam zu sein wie ihre Heimatstadt. Giarratano erinnert sich, dass sie darüber Tränen vergossen habe, wie die Leute sie behandelten. »Aber für die war sie eine Verrückte und damit wollten sie nichts zu tun haben.« Bob Clark, einer von Janis' Freunden auf Lamar, teilt die Ansicht. Sie hätte trotz ihrer angestrengten Versuche, wie alle anderen zu sein, noch immer nicht nach Port Arthur gepasst. Eines Abends ging Clark mit Janis zum Ballett, und obwohl sie ein ganz normales Kleid trug und ihr Haar gelockt und zu einem perfekten Knoten gebunden trug, »sah sie *noch immer* anders aus«. Für Clark war das Dilemma offensichtlich. »Es war einfach unmöglich, dass dieses Mädel wie die Sorte Frauen sein konnte, die für den Titel der Miss Texas kandidieren.« Jack Smith sah es ähnlich. »Sie wollte wie die Menschen sein, die diesen weißen Gartenzaun wollen, und das hat nicht geklappt. Es hat überhaupt nicht geklappt.« Janis selbst sagte über diese Zeit: »Ich war da unten und hab versucht, von den Drogen loszukommen, nicht abzukacken, hab versucht, das College durchzustehen, weil meine Mutter 's so gewollt hat.«

Janis hätte vielleicht durchgehalten, wenn Michel sich so verhalten hätte, als wären seine Heiratsabsichten ernst. Er arbeitete als Ingenieur in der IBM-Niederlassung in Poughkeepsie und wohnte bei Debbie in New York. Janis vermutete, dass er sie betrog, denn oft nahm Debbie das Telefon ab. Es war vorherzusehen, dass Michel nicht die Wahrheit sagen würde. »Er hat Janis erzählt, ich sei seine Kusine«, sagt Debbie, und eine Zeit lang spielten alle bei seiner Lüge mit. Janis war so einsam und unglücklich in Port Arthur, dass sie Michel jeden Tag schrieb, manchmal sogar mehrmals. Debbie erinnert sich an Tage, an denen sie mehrere Briefe von Janis in ihrem Briefkasten fand und eine Schachtel selbst gemachter Pralinen vor der Tür. Michels Briefe und Anrufe bei Janis wurden jedoch allmählich weniger. Dann platzte der versprochene Besuch in Port Arthur zu Weihnachten, bei dem er Janis angeblich den Verlobungsring anstecken wollte. Janis schrieb ihm weiterhin und rief ihn an, aber sie war todunglücklich. »Es war die gleiche Art der Abweisung wie auf der High School, wenn sie nicht zu Verabredungen oder zum Schulball eingeladen wurde«, erklärt Sunshine. »Janis' Selbstachtung ging deswegen noch mehr den Bach hinunter.« Michels Treuebruch muss schmerzlich, aber auch befreiend gewesen sein. Sunshine vermutet, auch wenn Janis »eine Möglichkeit für ein geregeltes ›spießiges‹ Leben« verloren zu haben schien, hätte sie endlich das Gefühl gehabt, dass es »okay war, ihrem Herzen zu folgen. Der Verlust hat sie davon befreit, die Erwartungen ihrer Eltern erfüllen zu müssen, und ihr erlaubt, sie selbst zu sein.« Genauso wichtig waren die Bemühungen ihres Therapeuten, Janis die Einsicht zu vermitteln, dass Konformität nicht die Lösung all ihrer Probleme sein konnte. Als das neue Jahr begann, brach Janis aus ihrer Schale.

Während Janis' versuchter Wandlung war ihr Verlangen zu singen der größte Stolperstein. »Sie hat darüber gesprochen«, erzählt Giarratano. »Sie wusste, dass sie es tun wollte. Sie wusste nicht, wie es sich mit der normalen Welt vertragen würde, schon gar nicht mit ihrer Mutter und ihrem Vater, obwohl sie zu Hause Gitarre gespielt und wunderbar gesungen hat.« Während Giarratano Janis riet, einen Weg zu finden, wie sie auftreten konnte, ohne selbstzerstörerisch zu sein, hatten ihre Eltern keinen derartigen Rat für sie übrig. Für Dorothy und Seth führte Singen ins Verderben. Pech für sie, dass Janis' größter Fan ihr alter Freund Jim Langdon war, der jetzt eine regelmäßige Kolumne über Musik im *Austin American-Statesman* hatte. Als Janis sich bereit erklärte, am Thanksgiving-Wochenende im Halfway House, einem Kaffeehaus in Beaumont, zu singen, war Langdon im Publikum. Beaumont war weit entfernt von Austin, aber Langdon schrieb einen glühenden Artikel für seine Zeitung und bezeichnete Janis als »die beste weiße Bluessängerin in Amerika«. Eine Freundin Dorothys las die Kritik und sah die Schrift an der Wand. »Dorothy«, warnte sie, »du hast keine Chance!« Dorothy tadelte Langdon für die Kritik. »*Hör auf, ihr Mut zu machen.* Das nützt ihr nichts. Es schadet ihr, wenn du solche Dinge über sie schreibst.« Langdon merkte später an, Mrs. Joplin hätte gewollt, dass Janis »wieder auf die Schule geht, diese Stenografie lernt. Sie wollte nicht, dass sie wieder sang, weil das mit Drogen zu tun hatte.«

Janis fing erst im März 1966 wieder an, ernsthaft zu singen. Langdon verhalf ihr zu einem Auftritt im Eleventh Door in Austin, dem ersten kommerziellen Folk-Lokal der Stadt. »Sie hat mindestens die Hälfte des Publikums absolut hingerissen. Sie waren ungeheuer beeindruckt, nun ja, überwältigt, wirklich. Und dann gab es ein paar Prozent im Publikum, die absolut nicht gewusst haben, was sie da getroffen hat, denn das war nicht, was sie erwartet hatten. Sie haben eine Folksängerin erwartet, eine Sängerin in der Art von Joan Baez, und sie waren unangenehm berührt von Janis' Stärke, ihrer Wucht.« Eine Woche später war Janis wieder in Austin im Methodist Student Center und trat bei einer Benefizveranstaltung für eine von Tary Owens' Entdeckungen auf, einen mittellosen blinden Geiger namens Teodar Jackson. Einige Mitglieder der alten Ghetto-Clique tauchten bei ihren Auftritten in Austin auf. Bob Brown von den Conqueroo sah Janis bei dem Wohltätigkeitskonzert für Jackson und war schockiert, wie sie sich verändert hatte. »Sie trat in 'nem sehr erwachsenen und düsteren schwarzen Kleid auf – Kleid! –, ihr Haar zu 'nem Knoten frisiert. Und vielleicht sogar hohe Absätze! Alles war sehr förmlich, wie du's von 'nem Auftritt vor 'ner Versammlung von Collegeprofessoren mit dem Thema ›Der Folksong, seine Geschichte und Entwicklung in der ländlichen amerikanischen Kultur‹ erwartest. Wir waren stolz auf sie und voller Respekt, aber wir konnten es nicht fassen. Es war 'ne tolle Verwandlung von der Jeans-und-Sweatshirt-tragenden, grölenden, fluchenden Janis, die wir gekannt hatten. In der Zeit, in der sie sich verkrochen hatte, muss sie offensichtlich beschlossen haben, professionell auszusehen.« Powell St. John war auch verblüfft von Janis' neuem Look. Sie hätte »weibliche Bürokleidung« getragen, »Strümpfe und Schuhe mit Absätzen, hochgeschlossen bis zum Adamsapfel, und sie hatte eine seriöse Haltung auf der Bühne, als sie den Blues gesungen hat«. Powell fand ihr Aussehen »sehr streng«, aber sobald sie den Mund geöffnet hätte, sei sie die Janis von früher gewesen, die »wie Bessie Smith« gesungen hätte, »absolut authentisch«. Ihr Look sei sogar »ein netter Kontrast zu der Musik« gewesen. »Es hat großartig funktioniert, so wie die Blues Brothers in ihren Anzügen.«

Im Frühling begann Janis, ihre Runden im Folk-Zirkel von Texas zu machen. Sie reiste vom Eleventh Door in Austin zum Sand Mountain in Houston und zurück zum Halfway House in Beaumont. Ihre Auftritte waren so stark, dass sich die Neuigkeit von ihrem Talent schnell verbreitete. Frances Vincent arbeitete damals als Kellnerin im Halfway House und fuhr Janis zu ihrem Auftritt im Sand Mountain. »Sie war sehr besorgt deswegen«, erinnert sich Vincent. Es waren eine Menge Gerüchte über Janis in Umlauf, und an diesem Abend »war der Laden gerammelt voll. Es war einfach so unglaublich, all diese Leute zu sehen, die als Folksinger geschätzt wurden. Ich hab gedacht, Mann, die sind alle hier, nur um dieses Mädel zu hören. Und sie hat sie natürlich weggeblasen. Die waren bass erstaunt.«

Wie anderswo waren auch in Houston einige Folkies eher bestürzt als begeistert. Don Sanders, ein bekannter texanischer Folkmusiker, der Janis vor einigen Wochen beim Vorsingen im Sand Mountain gesehen hatte, »wusste nicht, was zum Teufel [ich] davon halten sollte«. Janis erschien in einem schillernden rosa Minikleid mit Glockenärmeln und tiefem Ausschnitt. Ihr Haar war nicht frisiert, aber auf einer Seite zurückgesteckt. Es war mitten in der Woche, und das Lokal war fast leer, als sie die Bühne betrat und mit Jelly Roll Mortons »Winin' Boy« begann. »Also in jenen Tagen«, erklärt Sanders, »waren Folksängerinnen irgendwie vergeistigt und hatten feine Gesichtszüge.« Und obwohl die Musik nicht nebensächlich gewesen sei, so hätten die Texte für die meisten Folkies immer noch große Bedeutung gehabt. »Also Janis ging da hoch und jammerte ›I'm a winin' boy, don't you deny me my name.‹ Ihr Gesicht lief rot an und sie schaukelte vor und zurück und schlug auf ihre Gitarre und sang mit ihrem ganzen Körper. Ich war so schockiert, dass es mich noch nicht mal kritisch gemacht hat. Ich hatte keinen Bezugspunkt. Ich dachte, sie hätte nicht die geringste Chance, mit dem Publikum zu kommunizieren, das dort hinkam.« Heute gesteht Sanders, ihn hätte bei ihrem Auftritt am meisten schockiert, dass sie »die Geschlechtergrenze so vehement überschritt«. Folksängerinnen sangen nicht »Winin' boy« in einer rauen Stimme, die wie ein Tenor klang.

Was Jim Langdon an Janis' Gesang so beeindruckte, war ihre Stimme, oder ihre Stimmen, denn damals klang Janis eine

Minute heiser und in der nächsten setzte sie ein klares »Jean-Ritchie-Falsett« ein. »Sie hatte wirklich eine Stimme wie ein Chamäleon«, behauptet Langdon. »Sie konnte jeden imitieren.« Frances Vincent erinnert sich, Janis hätte mit »beiden Stimmen« gesungen, »aber hauptsächlich in ihrer bluesigen, rauen. Wir haben darüber gesprochen. Ich denke, hinsichtlich der Vermarktung hatte sie recht. Sie war schlau und clever genug zu wissen, dass sie diesen Weg einschlagen musste.« Janis sang jedoch nicht nur in den beiden Stimmen, sie stellte so das gute und das böse Mädchen dar. Frances Vincent heiratete damals erneut. Janis erschien bei ihrer Hochzeit mit zurückgekämmten Haaren und trug ein »gouvernantenhaftes blaues Kleid, das so streng war, dass es wie ein Kleid aus der Depression aussah«. Damals hatte Janis ihr »wildes Leben« wieder aufgenommen, sie trank und rauchte Gras, aber Vincent betont, dass sie »für eine Hochzeit passend gekleidet zum Haus meiner Tante kam«. Janis spielte beide Rollen allerdings nicht mehr sehr lange. Als Karleen Bennett Janis im Frühling traf, versuchte sie, ihr die Ehe schmackhaft zu machen, aber Janis erklärte, sie hätte kein Interesse. Stattdessen versuchte sie ihre Freundin aus der High School zu überreden, sich tätowieren zu lassen.

Als Janis bereit war, ihre konservative Kleidung abzulegen, kam San Franciscos neue Szene der Bohemiens aus dem Underground zum Vorschein und begann, größeren Einfluss auszuüben. Acid und Rock hatten sich verbündet, um die Boheme zu verändern. Einige Stimmen behaupten, die verhängnisvolle Allianz sei bei den Acid Tests der Pranksters geschlossen worden, im Matrix, dem ersten Hippie-Nachtclub, oder in der Page Street Nr. 1090, wo Chet Helms begann, Jam Sessions zu veranstalten. Andere führen die ersten großen Rock-&-Roll-Tanzpartys an. Nur wenige weisen auf den Red Dog Saloon hin, eine modische Bar mit Restaurant in der Wüste Nevadas, Hunderte von Meilen entfernt von San Francisco. Im Frühling 1965, nicht lange, nachdem Bill Ham begonnen hatte, seine Lightshows in der Pine Street zu veranstalten, wurde Hams Assistent Bob Cohen von einem Typen angesprochen, der wie ein Cowboy gekleidet war und ihm 50 Dollar in die Hand drückte. Er lud Cohen und Ham ein, ihre Lightshow nach Virginia City in Nevada zu bringen. »Ich dachte, Virginia City sei aus der Serie *Bonanza*«, lacht Cohen. »Ich dachte nicht, es sei eine wirkliche Stadt. Also bin ich zurück in die Pine Street gegangen und hab zu Ham gesagt: ›Du wirst nie erraten, was passiert ist. Dieser verrückte Typ hat mir fünfzig Dollar gegeben, damit wir an diesen Ort Virginia City in Nevada fahren, der gar nicht existiert. Oder?‹« Sie holten eine Landkarte, stiegen in einen VW-Bus und fuhren nach Nevada.

Virginia City war eine ehemalige Geisterstadt, in der eine Gruppe psychedelischer Bohemiens friedlich unter den Einheimischen lebte. Die geistigen Väter des Red Dog Saloon waren Don Works, ein Mitglied der Native American Church, die das Ritual pflegte, Peyote zu essen, Mark Unobski, ein Folkmusiker und Sohn eines reichen Baumwollfarmers in Tennessee, und der »Cowboy« Chan Laughlin, dem einmal das Cabal, der führende Folk-Club Berkeleys, gehört hatte. Der Red Dog Saloon war ursprünglich als Folk-Nightclub konzipiert, denn die Stadt hatte unbedingt Unterhaltung nötig. Die Betreiber hatten vor, Folkmusiker zu buchen, die zwischen den Küsten unterwegs waren. »Mark war ein echter Visionär«, erinnert sich Cohen. »Er hatte die Idee, diese Bar zu restaurieren, so wie sie im vorigen Jahrhundert ursprünglich ausgesehen hatte, mit Barmännern und Kellnerinnen, die wie damals gekleidet waren. Sie wollten nur das beste Essen servieren und Live-Unterhaltung anbieten.« In der Zwischenzeit bauten Ham und Cohen eine ungewöhnliche Lichtbox, deren Farben im Takt der Musik pulsierten. »Ich hab die Elektronik hingekriegt und Bill hat die beweglichen Teile und das Innenleben kreiert. Es war Kunst, es war wunderbar.« Zufällig waren Ham und Cohen nicht die einzigen Bewohner der Pine Street, die mit dem ersten Hippie-Saloon zu tun hatten, wie ihn manche bezeichnen. Laughlin hatte bei seinem Aufenthalt in North Beach zwei Typen entdeckt, die er für Mitglieder der Byrds hielt, und sie vom Fleck weg für einen Auftritt in dem Saloon engagiert. In Wirklichkeit hatte er zwei Mitglieder der Charlatans gefunden, die das taten, was sie am besten konnten – als Rocker posieren. Obwohl die Charlatans damals nur »ihre Tamburine im Takt spielten« und mehr Publicityfotos als musikalische Kenntnisse hatten, wurden sie die Hausband des Red Dog. Zahlreiche Hippies machten sich auf den Treck von San Francisco nach Virginia City, auch Darby Slick von der Band Great Society. Er erinnert sich, dass es der Band »gelang, gleichzeitig gut gelaunt und böse zu wirken«. Milan Melvin, der damals im nahe gelegenen Reno als Discjockey arbeitete, verkehrte während des Sommers ebenfalls im Red Dog. Anfangs bestand das Publikum größtenteils aus Folkies, die es gewohnt waren, zu sitzen und der Musik zuzuhören. Aber »die Charlatans, Gott segne jeden Einzelnen von ihnen, rissen die Folkies von ihren Kaffeehausstühlen und brachten sie zum Tanzen«.

Für die Babyboomer, die mit einer regelmäßigen Kost von Westernfilmen groß geworden waren, war der Red Dog ein wahr gewordener Traum. Laughlin erklärte, dass der »Red Dog nach dem klassischen Saloon aus der Fernsehserie *Rauchende Colts* modelliert werden sollte«. Für Bob Cohen, der den ganzen Sommer dort mit Freunden aus der Pine Street verbrachte, war der Red Dog »das untergehende Amerika. Es war der letzte Ort, wo du 'ne Knarre tragen konntest. Und wir haben jede Knarre in der Stadt gekauft. Das war der wilde Westen, eine große Phantasiewelt, wo du sein konntest, wer immer du sein wolltest.« Cohen hatte früher in New York gelebt, aber er trug Western-Kleidung wie viele. »Da kamen all die Fransen und das Leder her, die einen großen Teil des Hippie-Images ausgemacht haben.«

Als der Sommer zu Ende ging, kehrte das Pine-Street-Kollektiv (das sich jetzt Family Dog nannte) nach San Francisco zurück. Vom Red Dog Saloon inspiriert und überzeugt, dass der Handel mit Gras – die Haupteinnahmequelle der meisten – zu riskant geworden war, beschlossen die Family Dog, Rock-&-Roll-Tanzpartys zu veranstalten. Alle wollten tanzen, ein Zeichen, dass die Sechziger wirklich begonnen hatten. Spaß zu haben und es zu zeigen war ein klarer Bruch mit der coolen Kaffeehaus-Kultur. Psychedelische Drogen und der neue Rock markierten, dass die Maßstäbe, was cool war, an Bedeutung verloren. Luria Castell schlug vor, dass die Family Dog ihre Tanzpartys in der Longshoremen's Hall, dem Versammlungssaal der Hafen- und Lagerarbeitergewerkschaft, veranstalten sollte. Die Wahl »war auf gewisse Art romantisch wegen der Dinge, die [der rot angehauchte] Harry Bridges und die Hafenarbeitergewerkschaft der Westküste repräsentierten – linke Philosophie und der Arbeiter, der arbeitende Mensch. Gerechtigkeit, verstehst du. Wir haben uns erhöht gefühlt, mit den am meisten verleumdeten Leuten Seite an Seite zu stehen«, erklärt Jim Hainie von der Mime Troupe. Die Family Dog nannten ihre erste Tanzveranstaltung »Ein Tribut an Dr. Seltsam« nach einer Figur aus den Marvel Comics, dem »Meister der mystischen Künste«. Alton Kelley entwarf das Plakat, das in der ganzen Stadt angeklebt wurde. Bill Ham sorgte für das Licht, und die Great Society, die Charlatans und Jefferson Airplane spielten. Der Eintritt kostete 2,50 Dollar und 2 Dollar für Studenten.

Am Abend des 16. Oktober 1965 erschienen zwischen 400 und 1200 Menschen in der Longshoremen's Hall. An diesem Wochenende hatten sich 14 000 Demonstranten aus den westlichen Bundesstaaten versammelt, um auf der ersten großen Antikriegsdemonstration der Bay Area zum Einberufungszentrum von Oakland zu marschieren. Am ersten Tag wurden sie von der Polizei, am zweiten von den Hell's Angels zurückgedrängt, aber einige fanden ihren Weg zur Tanzparty der Family

Dog. Allen Ginsberg hatte bei dem Marsch gesprochen und war wie viele »erstaunt« über die »Energie in der Luft und die Menge seltsamer Leute«. Al Kelley erinnert sich, er sei »überwältigt« gewesen »von all den Freaks, die aufgetaucht sind. Ich wusste nicht, dass es so viele Freaks in der Stadt gab, denn wir haben gedacht, *wir* wären die coolen Typen.« Der Schock der Erkenntnis traf alle. John Cipollina, der in wenigen Tagen die Rockband Quicksilver Messenger Service gründen sollte, kletterte auf die Bühne und war verblüfft, so viele Menschen mit langen Haaren zu sehen, die wie er aussahen. Als Chet Helms die Menge musterte, schwärmte er: »Sie können uns nicht alle hopsnehmen.« Darby Slick bestätigt, dass alle von der »Gewissheit der Geburt einer Szene« überwältigt waren. Ralph Gleason schwärmte von der Tanzveranstaltung in seiner Rubrik im *Chronicle* und machte noch mehr Menschen auf die entstehende Szene aufmerksam.

Das Family Dog-Kollektiv hatte die Hoffnung, dass seine Tanzpartys San Francisco in »das amerikanische Liverpool« verwandeln würden. Trotz seiner Rolle als Starthelfer der Szene mischten seine Mitglieder jedoch nicht lange genug mit, um bei dem Wandel eine führende Rolle zu übernehmen. Während die Family Dog noch im Geschäft waren, boten sie Bill Graham ihre Dienste an, dem Geschäftsführer der Mime Troupe. Deren Mitglieder waren gerade verhaftet worden, weil sie ohne Genehmigung im Golden Gate Park aufgetreten waren. Die Parkverwaltung hatte die Lizenz wegen angeblicher Obszönität entzogen. Graham organisierte gerade eine Benefizveranstaltung für die Truppe, und Luria Castell und Al Kelley boten sich an, im Austausch für eine Family-Dog-Werbung auf dem Plakat zu helfen. Im Lauf des Gesprächs erzählten Castell und Kelley von ihren Plänen, Tanzpartys im alten Fillmore Auditorium zu veranstalten, das man für nur 60 Dollar am Abend mieten konnte. Das Fillmore, wo Johnny Otis die große Etta James entdeckt hatte, war ein bekannter Veranstaltungsort für Rhythm & Blues, aber es machte gerade schwere Zeiten durch. Graham legte sich auf das Angebot nicht fest und versprach, sich wieder zu melden. Bevor sich Castell und Kelley das Fillmore sichern konnten, hatte Graham einen Pachtvertrag mit vier Jahren Laufzeit für das Theater unterzeichnet. Die Family Dog hatten nie viel Geld mit ihren Veranstaltungen verdient, aber Kelley behauptet, Grahams Vorgehen »hat uns sofort das Wasser abgegraben und aus dem Geschäft gedrängt. Wir kannten keine anderen Säle in San Francisco, die wir für diesen Preis mieten konnten.« Der letzte Family-Dog-Dance fand am 4. Februar 1966 statt.

Graham, der als Wolfgang Grajonca zur Welt kam, war ein frustrierter Schauspieler aus New York, der früher in den Catskills gekellnert hatte. Er arbeitete tagsüber als Büroleiter bei einer kleinen Firma in San Francisco und abends sah er sich häufig Theaterstücke an. Dabei lernte er Ronny Davis von der Mime Troupe kennen. Grahams erste Benefizveranstaltung fand am 6. November 1965 statt. Lawrence Ferlinghetti, die Stegreif-Gruppe The Committee, der Jazz-Saxophonist John Hardy, die Folksängerin Sandy Bull und die Rockgruppen Jefferson Airplane und The Fugs aus New York bestritten das Programm. Fast 4000 Menschen erschienen vor dem Loft der Mime Troupe, das nur 600 Personen fasste. Viele Menschen, darunter Dave Getz, wurden am Eingang zurückgewiesen, aber die Mime Troupe nahm immerhin mehr als 4000 Dollar an diesem Abend ein. Das nächste Benefiz wurde in dem viel größeren Fillmore im Herzen des gleichnamigen schwarzen Stadtteils veranstaltet. Peter Berg von der San Francisco Mime Troupe behauptet, die drei Benefizveranstaltungen, die Graham für die Theatergruppe organisierte, seien die »überragenden kulturellen Ereignisse« gewesen, »die zu Haight-Ashbury führten«, eine richtige »Kulturrevolution«. Robert Scheer, der Herausgeber der radikalen Zeitschrift *Ramparts*, fuhr mit Graham auf dessen Motorroller zum Benefiz für die Mime Troupe und fand

»diese verdammte Schlange« vor, »die um das Gebäude stand. Es war *unglaublich*. Überall waren Leute ... Wir haben nur ›Mann o Mann!‹ gesagt. Dann hat sich Bill auf dem Motorroller umgedreht und zu mir gesagt: ›*Das* ist das Geschäft der Zukunft.‹« Graham und die Mime Troupe trennten sich, als er beschloss, Rock-&-Roll-Tanzpartys zu veranstalten. Die Mime Troupe litt unter chronischem Geldmangel, und Peter Coyote behauptet, ihre Schauspieler seien »absolute Kunst-Sklaven« gewesen, die nur durch »Stehlen und Betrügen« überlebt hätten. »[Wir] haben getan, was wir tun mussten.« Dennoch stimmten sie dagegen, bei den lukrativen Tanzpartys aufzutreten.

Graham war nicht bereit, die Beute zu teilen, seit er das Geschäft der Zukunft entdeckt hatte – vor allem nicht mit einem LSD-Freak wie Chet Helms, dem Luria Castell den Namen »Family Dog« verkauft hatte, bevor sie von San Francisco nach Mexiko zog. The Family Dog machte bei ihren letzten Tanzveranstaltungen zwar Verluste, aber Chet wollte im Rock-&-Roll-Geschäft bleiben und tat sich mit John Carpenter zusammen, der damals Grace Slicks Gruppe The Great Society managte. Jerry Garcia hatte den »Glanz« in Chets Augen bei der zweiten Party in der Longshoremen's Hall bemerkt. Für ihn war Chet »immer ein Geschäftsmann, ein scharfsinniger Typ mit dem Gespür für einen Trend«. Aber Chet war Graham nicht ebenbürtig, mit dem er und Carpenter Mitte Februar 1966 eine lockere Partnerschaft vereinbarten. The Family Dog hatte keinen Veranstaltungsort, daher überließ Graham Chet und Carpenter jedes zweite Wochenende das Fillmore. Als Gegenleistung gaben sie ihm Tipps, welche Bands gerade heiß waren. Ihre Beziehungen standen von Anfang an auf schwachen Beinen, denn sie stritten um alles: eine prozentuale Beteiligung, das Rauchen von Marihuana während der Konzerte – Graham war dagegen. Die Partnerschaft brach auseinander, kurz nachdem Family Dog die Paul Butterfield Blues Band für drei Auftritte in die

Stadt geholt hatte, die über 18 000 Dollar einbrachten – ein beispielloser Betrag. Während sie ihre Einnahmen zählten, sprachen Chet, Carpenter und Graham begeistert davon, die Band erneut zu buchen. Schon um sechs Uhr am nächsten Morgen rief Graham Albert Grossman an, den Manager der Band, und sicherte sich für zwei Jahre alle Termine Butterfields in San Francisco. Damit war Family Dog aus dem Rennen. Graham erzählte die Geschichte gern: »Schau, ich bin Frühaufsteher«, war seine Antwort, als Chet ihn auf seine Aktion ansprach. Nur knapp einen Monat danach eröffnete Chet am 22. April 1966 den Avalon Ballroom, eine kleinere Halle acht Blocks vom Fillmore entfernt. Das Avalon war in der Puckett Academy of Dance untergebracht, aber das Gebäude hieß bei den Mitgliedern von Family Dog schon bald »Fuck It Academy of Dance«. In den Dreißigern hatte das Avalon zu einer Kette von Ballsälen gehört, in denen Swing getanzt wurde. Mit seinen roten Velourstapeten, den Spiegeln, vergoldeten Nischen und Säulen besaß das Avalon noch viel von seiner früheren Eleganz. Der federnde Holzboden, der sich synchron mit den Tänzern bewegte, machte es zum schwungvollsten Tanzsaal San Franciscos.

Chet und Graham repräsentierten eine neue Gattung von Rockveranstaltern. Anders als Dick Clark und Murray the K, in deren Teenagershows Rockmusiker wie »Pop-Pöbel« behandelt wurden, betrachteten sie die Musiker als Künstler. Beide veranstalteten eklektische Shows und setzten populäre Gruppen aus der Stadt zusammen mit Künstlern des Rhythm & Blues, Blues und Jazz, die bei dem jungen weißen Publikum wenig bekannt waren, auf ihr Programm. Pete Townshend von den Who respektierte Graham, weil er »das Eintrittsgeld, das er mit Spitzenbands wie den Who verdiente, an Leute wie Cannonball Adderly weitergab, die damals keine Kassenmagneten waren und mit denen wir im Fillmore gespielt haben«. Chet tat dasselbe und förderte unter anderen den Jazzmusiker Charles

Lloyd und den Bluesmusiker John Lee Hooker. Aber hier endet auch schon die Ähnlichkeit der beiden Veranstalter.

Im Gegensatz zu Chet behauptete Graham nie, ein netter Typ zu sein. Er hatte den Holocaust überlebt, weil er mit 63 Kindern im Alter von zehn Jahren durch Frankreich geflüchtet war, und vertrat jetzt die Ansicht, man müsse entweder zerstören oder zerstört werden. Graham war seinen Konkurrenten gegenüber äußerst rücksichtslos und schien vor allem Chets Hippie-Gutmütigkeit als persönlichen Affront aufzufassen. Er versuchte Bands zu zwingen, Exklusivverträge zu unterschreiben, die sie effektiv daran hinderten, im Avalon oder einem anderen Club der Bay Area aufzutreten. Milan Melvin organisierte damals Rundfunkwerbung für Grahams Fillmore und Chets Avalon. Er saß mehr als einmal in Grahams Büro, der »sich Chets Künstler für die Woche ansah, den Manager einer der Bands anrief und ihn anherrschte, wenn er seine Band jemals wieder für Chet spielen ließ, würde er, Bill, keine seiner Bands mehr buchen und seinen ganzen Einfluss in der Industrie geltend machen, um den Manager und seine Musiker arbeitslos zu machen«. Die einheimischen Bands hielten Grahams Drohungen gewöhnlich stand, doch Musiker von außerhalb kapitulierten hin und wieder.

Jerry Garcia erzählt, mit Chet hätte man Geschäfte gemacht, »wie du mit 'nem Hippie Geschäfte machst«, aber »mit Bill war es das Gegenteil ... Er war wie ein *Marsmensch*.« Grahams Ballroom war eine tragende Stütze der Gegenkultur, aber er veranstaltete in erster Linie Tanzpartys, um Geld zu verdienen. Um seinen Profit zu maximieren (der Einlass kostete anfangs nur 2,50 Dollar), missachtete er regelmäßig die Brandschutzbestimmungen und packte bis zu dreimal mehr Menschen in seinen Tanzsaal im ersten Stock als offiziell erlaubt war (die zulässige Besucherzahl betrug 956). Philip Elwood, der Musikkritiker des *San Francisco Examiner*, erklärt: »Ich will mir lieber nicht vorstellen, was hätte passieren können, wenn es dort gebrannt hätte, denn der Saal war im ersten Stock und es gab keinen Notausgang.« Ein Lightshow-Künstler behauptet, sein Partner hätte immer eine Axt mitgebracht, wenn sie im Fillmore gearbeitet hätten. Er hätte große Angst gehabt, von einem Feuer eingeschlossen zu werden. Graham vermied es, Eintrittskarten auszugeben, oder er verkaufte sie mehrmals, daher konnte man über seine wirklichen Einnahmen immer nur spekulieren. Grahams enger Mitarbeiter Jim Haynie behauptet: »Bills Gewinn war enorm. Wir wussten, dass er jede Woche Tausende von Dollars wegsteckte. Ich hatte das Gefühl, er schickt sie auf Schweizer Konten. Ich hab's aber nie genau erfahren.«

Trotz allem organisierte Graham, anders als Chet, zahlreiche Benefizveranstaltungen für politische Gruppen. Außerdem machten die Bands manchmal lieber Geschäfte mit Graham, denn er bezahlte sie immer. Chet war dagegen weniger zuverlässig. »Geld war immer ein Problem«, erinnert sich Jerry Garcia an seine Auftritte im Avalon. Chet hätte meistens versucht, nicht zu bezahlen. Er hätte immer eine Ausrede parat gehabt, beispielsweise: »Weißt du, ich hab Familie. Ich kann nicht gleich zahlen.« Graham war vor allem ein Kämpfer, der nicht vor den Behörden kapitulierte, die am liebsten sein Fillmore geschlossen und einen Großteil der entstehenden Szene aufgelöst hätten. Er mochte nichts lieber, als das Rathaus und die Polizei auszutricksen und kaltzustellen. Pete Townshend betrachtete Graham als »Fels« inmitten von Haight-Ashbury; ohne ihn »würden all diese Luftnummern in Stücke zerfallen«. Graham wurde gehasst und geliebt, und er hatte mit der Subkultur, die ihn reich machte, herzlich wenig Geduld. Aber er hielt sie mit seiner Geldgier zusammen. Graham starb 1991 bei einem Hubschrauberabsturz. Ein Poster-Künstler merkte nachdenklich an: »Es wären *100 000 Volt* nötig gewesen, diesen Motherfucker zu töten.«

Wenn Graham der Begründer der elektrischen Ballrooms war, dann war Chet Helms ihr Guru. Er hatte sehr lange Haare, war ausgesprochen locker und mehr von einem missionarischen Eifer als der Gier nach Profit motiviert. »Chet war in etwa wie der Hahn, der das Lob für den Sonnenaufgang einheimst. Er hat wirklich geglaubt, er hätte das ganze Ding erfunden.« Joan Didion ging Chet in ihrem Essay über Haight-Ashbury 1967 ziemlich an. »Nur um der Klarheit willen möchte ich die Aspekte der primitiven Religion kategorisieren, wie ich sie sehe«, hätte er von sich gegeben, oder: »Es gibt heute nur drei signifikante Datensätze auf der Welt.« Chet konnte großspurig sein, aber im Gegensatz zu Graham war er großzügig und jovial. Seine Freunde hatten freien Eintritt, er gab sogar ganzen Kommunen Freikarten. Diese gut gemeinten Gesten schadeten Chets Geschäft. Sein Mangel an Organisation und sein Hang, »von der Spitze des Stapels zu arbeiten«, waren nicht weniger abträglich. Letztendlich wurde Chet von seiner eigenen Großmannssucht ruiniert, als er immer wieder Tausende von Dollars in einen erfolglosen Ballroom in Denver steckte und damit das Avalon dem Untergang weihte.

Chet hatte im Sommer 1965 begonnen, Konzerte zu veranstalten. Sechs Monate später führte er die Family-Dog-Dances fort und setzte sich aktiv für die Legalisierung von Marihuana ein. Chet besserte sein mageres Einkommen damit auf, im Müll nach weggeworfener Kleidung zu suchen und gelegentlich Marihuana zu verkaufen. Er organisierte Jam Sessions im Haus Nr. 1090 in der Page Street, einer Pension, die dem Onkel von Peter Albin gehörte, dem späteren Bassisten von Big Brother. Peters Bruder Rodney kümmerte sich um die Hausverwaltung und zahlte dafür keine Miete. Er nahm die üblichen Verdächtigen auf, die auch die Häuser der Pine Street bevölkerten – Künstler, Beatniks und Freaks, hauptsächlich vom San Francisco State College. »Ich fand, es hätte eine Leuchtreklame haben sollen, auf der ›DROGEN‹ stand«, erinnert sich Sunshine, die ebenfalls dort wohnte. An ihrem ersten Abend fand eine Party statt. Jerry Garcia und die Warlocks kannten die Albin-

Brüder, die Bluegrass spielten, schon länger. Sie schauten vorbei, rauchten Gras und feierten mit.

Das wuchtige viktorianische Gebäude – bald nur als 1090 bekannt – war in einem kritischen, baufälligen Zustand, aber immer noch beeindruckend mit seinen Parkettböden und der Wendeltreppe aus Rotholz und Eiche. Der wahre Schatz des Gebäudes lag erstaunlicherweise im Keller neben der Küche: ein mit Rotholz getäfelter Ballsaal. Er war groß, hatte imposante Säulen und große Alkoven an den Seiten und sogar einen separaten Eingang von der Straße her, was ihn zu einem idealen Ort für Partys und Auftritte machte. Peter und Rodney Albin kannten eine Menge Folkmusiker in der Gegend und einige davon begannen, dort zu verkehren und zu spielen. John Jennings, der bald die Rockgruppe Wildflower gründen sollte, schwärmt: »Es war großartig. Der Traum eines Möchtegern-Beatniks.« Das Haus sollte bald *der* Aufenthaltsort für angehende Rockmusiker in Haight-Ashbury sein. Chet Helms, der die Szene kannte wie kein zweiter, spürte, dass dort etwas vor sich ging. Er hatte die Idee, informelle Sessions in dem Ballsaal im Keller zu organisieren. Sie wurden so populär, dass er begann, 75 Cent Eintritt zu nehmen. Das schreckte die Besuchermenge jedoch nicht ab. Im Gegenteil: die Sessions wurden noch populärer.

Aus diesen Sessions begann sich eine Band herauszukristallisieren: Sam Andrew an der Gitarre, Chuck Jones am Schlagzeug, Peter Albin, der von der Gitarre zum Bass wechselte, und Paul Beck, der wie Dylan sang und die Idee für ihren ersten Namen hatte: Blue Yard Hill. Anfangs managten Chet und Beck die Gruppe, die weiterhin im 1090 zusammenkam und hauptsächlich Songs der Rolling Stones spielte. Keiner wusste jedoch, dass sie schon Jahre zuvor von amerikanischen Blueskünstlern geschrieben und aufgenommen worden waren. Beck verließ die Band, bevor das Jahr vorüber war. James Gurley, der Gitarre spielte, trat an seine Stelle. Chet übernahm das

Management als Vollzeitjob. Er war in den frühen Tagen eine so zentrale Figur, dass er auf dem ersten Publicityfoto der Gruppe mit abgebildet war. Es dauerte nicht lange, bis die Band ihren Namen in Big Brother and the Holding Company änderte, das Resultat eines bekifften Gruppengesprächs über »1984, Monopolkapitalismus, Holdinggesellschaften und den Besitz von Aktien, als wären es Drogen«. Es war der coolste Name aller frühen San-Francisco-Bands und er traf genau ins Schwarze. Der Journalist Charles Perry, der immer am Puls der Zeit war, erinnert sich, dass sich die Leute gefragt hätten: »Oh Mann, kannst du für so 'n Namen verknackt werden?«

Wie die meisten anderen Bands aus San Francisco fingen Big Brother als Gruppe akustischer Amateure an. Peter hatte in San Mateo, 25 Meilen südlich von San Francisco, das Junior College absolviert und die meiste Erfahrung, denn er hatte schon in den Folk-Clubs der Gegend gespielt. Er verkehrte im Chateau in Menlo Park und im Boar's Head, einem Kaffeehaus, das sein Bruder und der Beatnik George »The Beast« Howell führten, den Janis während ihrer Zeit in North Beach kennen gelernt hatte. Peter hatte als Teenager Rock & Roll gehört, aber seine wahre Liebe war die Folk Music. Seine Eltern hatten ihn mit den Weavers, Leadbelly und Josh White bekannt gemacht, als das Kingston Trio die Folkwelle auslöste. Sam Andrew war das Kind eines Luftwaffensoldaten, hatte in der ganzen Welt gelebt und mit 14 Jahren in Okinawa seine eigene Rock-&-Roll-Band geleitet. Er hatte das San Francisco State College besucht und in den Kaffeehäusern der Stadt gespielt, doch Andrew gesteht, das sei »alles sehr dilettantisch« gewesen. Von 1963 bis 1964 hatte er an der Sorbonne studiert, danach war er nach Haight-Ashbury gezogen und bereitete sich gerade auf seinen Studienabschluss in Linguistik an der Universität von Kalifornien in Berkeley vor, als er am 1090 vorbeiging und jemanden Gitarre spielen hörte – wie sich herausstellte, Peter. »Ich kam aus einer sehr akademischen, linearen, abstrakten, humanistischen westeuropäischen Tradition«, erzählt Andrew. Ein Großteil dessen, was in Haight-Ashbury passiert sei, »war das Gegenteil davon«.

Während Sam sich an das Leben in Haight-Ashbury erst gewöhnen musste, schien es James Gurleys natürliche Heimat zu sein. Sam erklärt, James sei aus Detroit gekommen und »konnte sich so gut wie gar nicht verbal ausdrücken«. Gurley hatte vier Jahre bei den Katholischen Brüdern des Heiligen Kreuzes verbracht und sich darauf vorbereitet, Mönch zu werden. Dann begann er, ins Cup of Socrates zu gehen, ein Kaffeehaus der Beatniks in Detroit. Dort lernte er seine spätere Frau Nancy kennen, die als Kellnerin arbeitete und an der nahe gelegenen Wayne State University studierte. Bald waren die beiden unzertrennlich. James' Vater war Stuntfahrer und früher mit ihm bei lokalen Speedwayrennen durch brennende Sperrholzwände gefahren. Die »Menschliche Rammbock«-Nummer war beim Publikum ein großer Erfolg. James trug einen Helm und war auf der Motorhaube des alten Fords seines Vaters festgeschnallt. Der Stunt schlug allerdings seine Vorderzähne aus und versengte sein Haar so sehr, dass er es abrasierte. James und Nancy zogen 1962 nach San Francisco. Mit seinem kahlen Kopf wurde James in den Hipster-Kreisen als »der irre Jim Gurley« bekannt. Das Paar wohnte in der Pine Street, wo sich James stundenlang in einem Schrank verkroch, »mit einem Stethoskop, das auf den Korpus seiner Gitarre geklebt war, und er zupfte ineinander fließende Noten, die nur für seine Ohren bestimmt waren«. James passte zu Big Brother wie die Faust aufs Auge. Er und Sam wurden zu einem gewohnten Anblick in Haight-Ashbury, wie sie »mit einer zugedröhnten Aura von Langhaarigkeit die Straße heruntergingen und zusammen akustische Gitarre spielten«. James' Ruf als Mitglied der Haight-Ashbury-Szene steigerte sich noch, als sein Foto in der Geschäften des Viertels hing. Bob Seidemann hatte die Aufnahme für das Poster gemacht, auf dem James Gurley

Cowboykleidung trug und eine Indianerfeder in der Hand hielt.

Seidemann war schon auf der High School ein Hipster gewesen und hatte schon als Teenager die Cafés von Greenwich Village besucht. Er lernte James durch Nancy kennen, mit der er bei einem früheren Aufenthalt in San Francisco Bekanntschaft gemacht hatte. Seidemann kannte sie nur als »Schwester Nancy Nancy«. Sie hätte nämlich als Sprechstundenhilfe bei einem »Scriptarzt« gearbeitet, einem Arzt, der besondere Drogen verschrieben hätte. Nancy lief immer mit einem Stofftier – einer riesigen grünen Kröte – in der Stadt herum, die sie auf ihrer Hüfte trug, als wäre sie ihr Kind. Für Seidemann war sie »eine ein Meter sechzig große, großbrüstige, nicht sehr hübsche, supersexuelle, superzugedröhnte, supertolle Frau in den frühen Zwanzigern. Wir waren Freunde, die Sex hatten.« Seidemann erzählt, er hätte eines Abends mit ihr LSD genommen. Sie wären auf dem Weg zu seiner Wohnung gewesen, »um's zu treiben«, als sie an der Coffee Gallery vorbeikamen und Nancy ihn bat, zu warten – sie müsse mit jemandem reden. Zehn Minuten später kam sie mit James Gurley heraus und erklärte: »Ich geh mit diesem Typen.« James und Nancy gehörten zu den coolsten Paaren in Haight-Ashbury und den ersten, die LSD nahmen, als die Droge in San Francisco auftauchte. Sie verbrachten einige Zeit in Mexiko, wo sie mit den Indianern Pilze aßen, und James wollte danach nie wieder psychedelische Drogen nehmen. Nancy war außerhalb der Hipster-Gemeinschaft eine Unbekannte, in Haight-Ashbury aber eine einflussreiche Figur.

Chet stellte Big Brother im Dezember 1965 in Berkeleys Open Theater vor, wo die Band praktisch nur improvisierte und instrumental spielte. Der experimentelle Filmemacher Bruce Conner zeigte dazu »ein Bündel abgehackter Schnipsel«, die er aus einem Film geschnitten hatte, den er eines Abends im 1090 bei einer Session der Gruppe gedreht hatte. Kurze Zeit später buchte Chet sie ins Matrix. Der Nachtclub auf der unteren Fillmore Street war früher ein Pizza-Lokal gewesen. Viele Bands hatten dort ihren ersten Auftritt, obwohl der Laden so winzig war, dass die Instrumente anfangs nicht einmal mit Mikrofonen abgenommen wurden. Darby Slick erinnert sich, dass Chet »die Gruppe bei uns schon einige Zeit hochgejubelt hatte«, aber kaum jemand hatte sie spielen hören. Chet war »besonders high« von James Gurley. Bei Big Brothers Debut im Matrix hatten ausschliesslich geladene Gäste Zutritt. Viele Musiker der Stadt waren erschienen, um die neueste Band mitzubekommen. Slick traf Jerry Garcia vor dem Eingang und fragte ihn, was er von James' Spiel halte. Garcia antwortete: »Er ist cool« auf eine Weise, die »Respekt« signalisierte, aber kein »Übermaß an persönlicher Begeisterung«. Slick erinnert sich an das aggressive Spiel der Band und ihren höhenlastigen Sound. James Gurley benutzte »Fingerpicks und spielte deshalb doppelt so schnell wie alle anderen auf der lokalen Szene«. Peter sang fast alle Titel, und alle waren sich einig, dass er noch eine Menge zu lernen hätte. Das größte Problem der Band war der Schlagzeuger, der keinen Takt halten konnte, aber schließlich kam Dave Getz an Bord.

Getz war nach seinem Abschluss auf der Cooper Union in New York nach San Francisco gezogen, um das Art Institute zu besuchen. Nachdem er 1964 seinen Magister in Kunst gemacht hatte, ging er mit einem Fulbright-Stipendium nach Europa. Er kehrte genau zu dem Zeitpunkt nach San Francisco zurück, als die Hippie-Szene sich ausbreitete. Dave war immer an Musik interessiert und Rock-&-Roll-Anhänger gewesen, doch auf der High School hatte er beschlossen, Jazzmusiker zu werden. Er hatte bei den Catskills Schlagzeug gespielt, hatte zur zweiten Garnitur der All-High-School Jazz Band aus New York gehört, bei der eine große Rivalität herrschte, und war im Alter von 19 Jahren mit einer Dixielandband auf Europatournee gewesen. Kurz danach richtete er seine kreative Energie auf die Malerei.

Er war zu der Überzeugung gekommen, dass er nicht die Disziplin hätte, ein guter Jazzmusiker zu werden. Dave hörte sich allerdings noch immer avantgardistische Jazzmusiker wie Ornette Coleman an und hatte ein Schlagzeug in seinem Studio stehen. Ende 1965 interessierte er sich wieder für Rock & Roll und versuchte, mit Victor Morosco – einem späteren Poster-Künstler – und anderen am Art Institute, wo er inzwischen unterrichtete, eine Band zu gründen. »Ich machte gerade meine Ablösung von der alten Garde am Art Institute durch.« Deren Stil sei »definitiv dieses Macho-Maler-Ding« gewesen, »wozu Trinken in Bars und vor allem Engagement gehört haben. Du hast dich immer hart ranhalten müssen.« Getz wurde immer überzeugter, dass in der Rockmusik mehr kreative Impulse steckten als in der Kunst. Außerdem vermutete er, dass er seinen Job am Art Institute über kurz oder lang verlieren würde. Schließlich ließ er seine Haare wachsen und nahm LSD.

Daves Beziehung mit Big Brother begann, als er Peter Albin in einem Café direkt unter seinem Studio entdeckte. Mit seinem langen Haar war Peter schwer zu übersehen. Obwohl er ihn nie zuvor gesehen hatte, ging Dave auf ihn zu und sprach ihn auf die Länge seiner Haare an. Peter erklärte, er sei Mitglied einer Rock-&-Roll-Band, die in Kürze bei einem Rockkonzert gegen den Vietnamkrieg spielen würde. Dave hatte ebenfalls vor, zu »Peace Rock« zu gehen, das seine Freunde aus dem Institut mitorganisierten. Zu den Bands, die am 12. Februar 1966 im Fillmore spielen sollten, gehörten The Great Society, Wildflower, Quicksilver Messenger Service und Big Brother. Big Brothers Auftritt war wie eine Offenbarung für Dave: »Die haben mich von den Socken gerissen. Ich *musste* bei dieser Band spielen.« Die Band verschliss noch mehrere Schlagzeuger, bevor sie im März Dave fragte, ob er bei ihnen vorspielen wolle. »Der erste Song, den wir gespielt haben, war ein Rolling-Stones-Titel und wir haben 'ne halbe Stunde lang keine Pause gemacht. Es war so intensiv, dass niemand aufhören konnte.«

Es stand außer Frage, dass Dave Big Brothers neuer Schlagzeuger sein würde. »Es war einfach so, dass *ich* der Schlagzeuger war. Dann haben wir noch am selben Abend oder am nächsten im Matrix gespielt.«

Professionalität wurde bei den neuen Bands in San Francisco verächtlich abgetan. Professionell war gleichbedeutend mit glatt, der Musik aus Los Angeles und Verrat. Dennoch waren einige Bands professioneller als andere. Die Jefferson Airplane waren weitaus geschliffener als der Rest und von einer »Aura des Erfolgs« umgeben. Nachdem sie 1967 mit »Somebody to Love« und »White Rabbit« zwei Hits hatten, wurden die Airplane hartnäckig antikommerziell, aber anfangs schienen sie besser nach Los Angeles zu passen als nach San Francisco. Darby Slick, dessen eigene Band The Great Society auseinanderbrach, als seine Schwägerin Grace Slick sich den Airplane anschloss, behauptet, die Airplane seien damals »sehr showbizmäßig« gewesen. »Sie haben viel gelächelt und ein klares Image projiziert.« Wenn Marty Balin eine Ballade sang, fiel er sogar manchmal wie ein Schnulzensänger aufs Knie. Im Gegensatz dazu wären Big Brother »einfach *richtig* rau« gewesen, erklärt Sam Andrew. »Es war irgendwie, als würden Kunststudenten anfangen, Gitarre zu spielen, konzeptuelle Kunst oder so was. Ich hab Big Brother immer als ungeschult betrachtet, aber wir hatten ein Konzept.« Dave Getz stimmt zu. »Wir waren 'ne ausgeflippte Rockband, absolut. So haben wir das genannt, was wir gemacht haben.«

Bei den meisten Bands aus San Francisco galt Spontaneität als Tugend und Können war suspekt. »Wir haben einfach losgelegt«, erzählt Sam Andrew. »Wir hatten keine musikalischen Kenntnisse. Ich hatte ehrlich gesagt Angst, das bisschen anzubringen, was ich konnte. Damals war es sehr schwer, jemandem etwas zu zeigen. Jeder wollte was auch immer durch Experimentieren erreichen. Es gab keine lineare Vorgehensweise bei Big Brother oder viel weniger als bei anderen Bands.« Deshalb sei ein Autodidakt wie James Gurley teilweise »die vorherrschende Kraft« in den Anfangstagen von Big Brother gewesen, erklärt Dave. Die Band wurde von James' verzweifelten Versuchen angetrieben, das aggressive Saxophonspiel seines Idols John Coltrane, seine »Klangströme«, auf die Gitarre zu übertragen. Für Bob Seidemann war James »der Sound von Big Brother. Eine Minute war James Jimi Hendrix. Eine Minute war er *der* psychedelische Gitarrist in Amerika. Es gab einfach nichts Vergleichbares. Er hat vielleicht ab und zu seine Saite verfehlt, oder oft, aber es war Seele pur, Stimmung pur, Emotion pur, Schmerz pur, Leiden pur, Blues pur.« Andere fanden allerdings, dass Musiker auch dann Seele hatten, wenn sie die richtigen Noten trafen. Charles Perry vom *Rolling Stone* hörte eines Abends James ein 45-minütiges Solo spielen, »eine Erforschung der höchsten und tiefsten Register ohne Logik, wobei er es manchmal ewig mit einer oder zwei Noten hatte«.

Wenn es einen »San-Francisco-Sound« gab, bestand er aus ausgedehnten Improvisationen und Solos. Die Bands hatten nicht das Können, kompakte, prägnante Songs zu spielen, selbst wenn sie gewollt hätten. Big Brothers Bearbeitung von Griegs mittelmäßigem Klassiker »In the Hall of the Mountain King« und die 20-minütige Version von Bo Diddleys »Mona«, die Quicksilver Messenger Service spielte, sind gute Beispiele für die langen und manchmal ermüdenden Improvisationen der Bands aus San Francisco, die reichlich Rückkopplung einsetzten. Sie war schon bald ein wesentlicher Bestandteil der drogenreichen Musik-Mixtur. James warf am Ende der Grieg-Improvisation oft seinen Verstärker um, der heftig zurückkoppelte und einen Aufschlag produzierte, der durch den Ballroom hallte. Wenn die Unerfahrenheit der Musiker sie offener für das Experimentieren machte, dann machte sie das Spielen high. Verstimmte Instrumente waren eins der »wichtigsten Merkmale des San-Francisco-Sounds«, bemerkt Darby Slick. Das hätte nicht nur an der Unerfahrenheit gelegen oder daran, dass es noch keine billigen elektronischen Stimmgeräte gab wie heute, sondern auch an all dem Marihuana, das geraucht wurde. Slick erklärt, es sei äußerst frustrierend, eine Gitarre zu stimmen, wenn man bekifft ist: »Dein Ohr scheint gleichzeitig zu gut und dann wieder nicht gut genug zu sein. Die Saite klingt zu hoch oder vielleicht viel zu tief, alles zur gleichen Zeit.« Es sei durchaus möglich, »das Stimmen einer Saite eine Stunde lang zu verfolgen, hoch und runter, hoch und runter«. Und dann hätte es noch fünf weitere Saiten gegeben, die alle korrekt nach der ersten Saite gestimmt werden mussten. »Wenn die kleinste Abweichung zwischen einem Instrument und einem anderen in der klassischen Musik Wärme genannt wird, war die Musik aus San Francisco sehr heiß.« So heiß, dass die Talentsucher der Schallplattenfirmen keine Eile hatte, diese neuen Künstler unter Vertrag zu nehmen. Die Musik war einfach zu primitiv und seltsam.

Big Brother wussten, dass sie einen Sänger finden mussten, um auf sich aufmerksam zu machen. Sie hörten sich alle möglichen Sänger der Stadt an, bis Chet Helms Janis erwähnte. Er hatte sie schon einmal nach San Francisco gelockt, damals mit dem Versprechen, sie würde in den Kaffeehäusern berühmt werden. James Gurley und Peter Albin, die sie in North Beach gehört hatten, behaupten, die Idee hätte sie fasziniert. James konnte sich »direkt« an ihre unglaubliche Stimme erinnern. Chet hat allerdings einigen Widerstand von James und Peter in Erinnerung, die fürchteten, Janis würde »der Band eine zu seltsame Aura geben«. Chet gibt zu: »Sie war seltsam und komisch und abgedreht, und sie ließ dir die Nackenhaare zu Berge stehen.« Aber das tat auch die Band. Als Chet mit anderen Sängern in einer Sackgasse gelandet war, machte er sich daran, Janis zum Vorsingen nach San Francisco zu holen.

»Janis hat letztendlich nur gesagt: ›Ich werde sein, was ich bin‹«, erinnert sich Giarratano. Und sie war vor allem Sängerin.

Im Frühling 1966 beschloss sie endlich, wieder nach Austin zu ziehen, um ihren Traum in die Tat umzusetzen. Janis hatte Angst, wieder drogenabhängig zu werden, aber sie hatte eingesehen, dass Port Arthur genauso den Tod bedeutete wie Drogen. Langdons begeisterte Kritiken und die Auftritte, die sie nach sich zogen, gaben ihr die Hoffnung, dass diesmal alles anders ausgehen könnte. Sie sprach mit Giarratano zwei oder drei Sitzungen lang über ihren Schritt, bevor sie die Stadt verließ. Er konnte sehen, dass Singen der einzige Trost für Janis' Verzweiflung war, und er ließ sie ziehen, »sich selbst zu entwickeln und zu erkunden und singen zu gehen«. Aus Sorge, sie könne ihr neu gewonnenes Selbstbewusstsein wieder verlieren, verwies er Janis an eine Beratungsstelle in Austin, wo sie ihre Therapie fortsetzen konnte.

Janis verließ Port Arthur, um ihr Leben als Folksängerin wieder aufzunehmen Bei ihrer Ankunft in Austin war sie sich jedoch schon ziemlich sicher, sich einer Rockband, den 13th Floor Elevators, anzuschließen. Tommy Hall von den Elevators war allerdings nicht begeistert von dieser Idee, denn die Gruppe war keine Bluesband. Außerdem hatten die 13th Floor Elevators bereits Roky Erickson. Ein Kritiker schrieb damals, Roky sei ein so inbrünstiger Sänger, dass er »ein Lied nicht nur sang, er wurde es ... Es war, als würde er schreien, um aus seinem Körper herauszukommen.« Janis war von Ericksons Ansatz beeindruckt, aber die Vorliebe der Band, offen Drogen zu nehmen, stieß sie wahrscheinlich ab. Sie brachte auch die Behörden auf die Spur, und gegen Ende 1968 wurde Erickson wegen Marihuanabesitzes festgenommen. Er plädierte auf Geisteskrankheit und verbrachte fast vier Jahre in einer Heilanstalt für kriminelle Verrückte, wo er einer Schocktherapie unterzogen wurde.

Als Janis mit den Elevators liebäugelte, kam Travis Rivers in Austin an. Er wollte Janis finden und sie nach San Francisco holen, damit sie bei Big Brother vorsang. Das war zumindest

Travis' Absicht. Nachdem er mit ihren Freunden gesprochen hatte und sah, wie gut sie zurechtkam, änderte er jedoch seine Meinung. Aber als ein Freund Janis erzählte, dass Travis in der Stadt war, machte sie sich daran, ihn aufzuspüren. »Niemand hat gewusst, wo ich mich aufhielt. Bis zum heutigen Tag weiß ich nicht, wie sie mich gefunden hat. Ungefähr um sechs oder sieben Uhr morgens höre ich dieses Hämmern an der Tür. Also ging ich an die Tür und fragte, wer da war, und sie sagte: ›Hier ist Janis, Süßer, lass mich rein.‹«

Travis und Janis sprachen den ganzen Tag über die Risiken, nach San Francisco zurückzukehren. Da waren die Drogen und die wesentliche Frage, ob sie Rock & Roll singen konnte. Aber die Aussichten, nach ihrem Abschluss Lehrerin zu werden, machten Janis Angst. Travis erzählt, er hätte sie in eine Bar mitgenommen, sie hätten sich ein Bier geteilt und einer Rockband zugehört. Nach einigen Songs hätte sie ihm einen Schlag auf die Brust gegeben und erklärt: »Ich mach's.« Travis fuhr sie in das Goldene Dreieck zurück, damit sie ihre Entscheidung mit ihren Eltern besprechen konnte. Travis erinnerte sich an eine unangenehme Begegnung mit Seth Joplin vor einigen Jahren und beschloss, im Auto zu warten. »Als sie wieder zum Auto kam, fragte ich: ›Und was haben sie gesagt?‹, und sie sagte: ›Sie finden's okay.‹ Wie sich herausstellte, hat sie überhaupt nicht mit ihnen darüber geredet, nach Kalifornien zu gehen. Es kam total überraschend für sie.«

Als sie berühmt war, behauptete Janis gern, Travis hätte sie »dazu gefickt, Mitglied bei Big Brother zu werden. Er kam einfach und hat mich einfach *aufgegabelt* und aufs Bett geworfen, uiii, Baby! Er hat die ganze Nacht lang einfach die lebendige Scheiße aus mir rausgefickt! Mich die ganze Nacht gefickt, mich den ganzen Morgen gefickt. Ich hab mich *sooo* gut gefühlt.« Janis will von seinem sexuellen Können geschwärmt haben, um ihm einen »Gefallen« zu tun, damit es ihm nie an Mädchen fehle. Das hätte sie ihm zumindest erzählt, behauptet

Travis. Auch wenn es stimmen mag, ist es doch genauso wahrscheinlich, dass Janis die Geschichte erfunden hat, um ihre beachtlichen Ambitionen zu verschleiern und für ihr unstillbares sexuelles Verlangen zu werben. Wie auch immer, Janis wollte so schnell wie möglich mit Travis aufbrechen. Sie rief Chet an, um sich das Angebot bestätigen zu lassen und seine Zusicherung zu bekommen, dass er die Busfahrt zurück bezahlen würde, wenn die Dinge nicht klappen sollten. Als sie Chet ihre Sorgen wegen der Drogen anvertraute, schwor er, mittlerweile sei alles anders. Die Szene sei »wunderbar«.

Janis hatte es nicht nur unterlassen, ihren Eltern von ihrer Fahrt nach San Francisco zu erzählen, sie hatte auch über ihr Ziel in Austin gelogen. Dorothy und Seth glaubten, Janis wäre für eine Woche bei den Langdons zu Besuch, und erwarteten sie rechtzeitig zum Beginn des Sommersemesters zurück. Als Janis nicht nach Hause kam, rief Dorothy Jim Langdon an. Der hatte die wenig beneidenswerte Aufgabe, ihr zu erklären, dass Janis Texas verlassen hatte. Er selbst hatte ihr von diesem Schritt abgeraten. Er hielt ihn für verfrüht, und außerdem war er nicht begeistert, dass sie vor Auftritten davonlief, die er für sie arrangiert hatte. Das alles spielte für Dorothy keine Rolle, die ihm die Schuld gab, er hätte »Janis auf den Gedanken gebracht, sie könnte singen«. Sie schrie ihn an: »Ohne deinen Einfluss wäre meine Tochter noch zu Hause!«

Am 6. Juni 1966 schrieb Janis ihren Eltern einen Brief aus San Francisco. Es war kein typischer Beautiful-People-Brief voller Wunder, Ehrfurcht und vagen Vorstellungen. Janis' Reise in das Gelobte Land hatte schließlich ein Ziel. Janis erklärte ihren Eltern, dass Chet Helms in San Francisco jetzt »Mr. Big« war, der sie speziell für diese Band wollte. Chet, so behauptete sie, hätte ihr erzählt, sie würde reich und berühmt werden, wenn sie in San Francisco Rock & Roll sang. Sie bemühte sich, ihre Begeisterung zu verbergen, dass sie nicht mehr in Texas war, und betonte, sie sei überhaupt nicht sicher, in San Francisco die

»Cher für Arme« zu werden. Dann versicherte sie ihren Eltern, sie würde im Herbst zum Unterricht zurück sein, wenn es mit der Band nicht klappen sollte. Janis entschuldigte sich durch den ganzen Brief hindurch, sie wieder einmal enttäuscht zu haben, und betonte, sie sei fest entschlossen, es nicht wieder zu vermasseln. Der Brief ist so schonungslos realistisch und nüchtern, dass man leicht vergessen kann, dass sie die total abgedrehte, ausgeflippte, verrückte Welt des Rock & Roll im San Francisco des Jahres 1966 beschreibt. Janis' nüchterne Sicht war zum Teil nur vorgetäuscht, um ihre Eltern zu beruhigen. Bei Big Brother zu singen war nicht nur eine Kapriole. Es war ein Karriereschritt. Obwohl sie sich Mühe gab, reuevoll zu klingen, konnte Janis ihre Begeisterung, im Land der Beautiful People zu sein, nicht völlig verbergen. Die Tanzveranstaltungen, schrieb sie, seien »PHANTASTISCH«.

Big Brother

»Schmeißt die Alte raus«, sagte Bob Seidemann zu Dave Getz. Janis trat gerade im Avalon Ballroom zum ersten Mal mit Big Brother auf. »Er hat nur Spaß gemacht«, erinnert sich Dave, »und wir haben beide gelacht, denn es war offensichtlich, dass sie gut war.« Die Reaktion des Publikums war an diesem Abend jedoch zwiespältig. Chet Helms fand Janis großartig, und ein Großteil des Publikums teilte seine Meinung. James Gurleys Freund Stanley Mouse, ein Poster-Künstler, befürchtete jedoch, Big Brother würde den ausgeflippten, irren Sound verändern, um sich auf Janis einzustellen. Innerhalb der Band war das Urteil einstimmig: sie hatte ihre Sängerin gefunden. Als sie vorgesungen hatte, war Dave enttäuscht gewesen, dass Janis nicht »die wunderbare Seele« war, von der er geträumt hatte. Er hatte allerdings nicht den geringsten Zweifel, was ihren Gesang betraf. »Von dem Augenblick an, als ich sie hörte, wusste ich, dass sie absolut unglaublich war. Es stand für mich außer Frage.« Sam Andrew fand, »sie war von Anfang an wirklich stark. Ob du sie gemocht hast oder nicht, du hast sehen können, dass sie sehr extrem und ungewöhnlich war – ein Phänomen.« Peter Albin stimmt zu: »Wir haben vom ersten Augenblick an gewusst, dass wir sie einsetzen würden. Sie musste nur den Mund aufmachen und diese großartigen, druckvollen Töne mit ihrer rauen Stimme singen.« Das skeptischste Mitglied der Band scheint James Gurley gewesen zu sein, dessen Gitarrenarbeit den frühen Sound von Big Brother definierte. »Sie trug zerrissene Levi's, ein Sweatshirt, kein Make-up und ihr Haar war zerzaust. Sie hatte 'ne Menge Pickel und war etwas übergewichtig. Wenn du gesagt hättest: ›Diese

Frau wird in zwei Jahren die Göttin der Musik sein‹, hätte ich gesagt: ›Vergiss es, das wird nicht passieren.‹«

Was Janis betraf, verbrachte sie das Vorsingen »in Weltall-City ... zu Tode geängstigt«. Es war Juni 1966, aber Janis hatte noch überhaupt keine moderne Rock-Musik gehört außer der, die im Rundfunk gespielt wurde oder in der Bar in Austin, die sie mit Travis Rivers besucht hatte. Janis hatte noch nie ein Rockkonzert besucht, geschweige denn versucht, mit einer Band Rock & Roll zu singen. »Ich hab Blues gesungen – die Bessie-Smith-Art von Blues ... Ich hatte keine Ahnung, wie man das Zeug singt, ich hatte nie zu elektrischer Musik gesungen, ich hatte nie mit 'm Schlagzeug gesungen, ich hatte immer nur mit einer einzigen Gitarre gesungen.« Janis hatte allerdings nicht die ideologischen Bedenken mancher Folkies vor elektrisch verstärkter Musik. Pepi Plowman betont: »Janis ist ein gutes Beispiel für jemanden, der ohne mit der Wimper zu zucken vom Folk zum Rock überging.« Ihre Bereitschaft zur elektrischen Wende ging zu einem großen Teil auf ihre Erfahrungen bei Threadgill's zurück, wo die Veteranen im Gegensatz zu den Folkies die Unterscheidung zwischen elektrisch und akustisch ignorierten. Threadgill und seine Stammgäste hätten keine Vorbehalte gegen elektrische Instrumente gehabt, erklärt Powell St. John. »Sie mochten akustischen Bluegrass gern, aber sie mochten auch George Jones und jeden, der gute Musik machte. Das hat uns dazu gebracht, die kommerzielle Country-&-Western-Musik zu untersuchen, und wir haben herausgefunden, dass Musiker, die elektrische Instrumente benutzten, wie im Rhythm & Blues immer noch Musik machen konnten, die absolut ehrlich war.« Es ist kein Zufall, dass Austin einer der wenigen Orte war, wo Bob Dylan 1965 auf seiner Tournee während des elektrischen Sets nicht ausgebuht wurde.

Der Schritt zum Rock & Roll war zwar klein für Janis, aber es war eine Herausforderung, mit dieser heftigen elektrischen Schallwand hinter sich singen zu lernen. Sam Andrew behauptet, Big Brother hätten außerdem lauter und schneller gespielt als die meisten anderen Bands in San Francisco.»Ich kann nicht genug betonen, wie schnell wir damals gespielt haben. *Prestissimo*. Es war viel schneller als der Punkrock, der später kam. Die Metronomeinstellung war ungefähr Charlie Parker – 300 und mehr Viertelnoten pro Minute.« Anfangs versuchte Janis, mit diesem musikalischen Brei mitzuhalten. Sam erklärt scherzhaft, ihre Anstrengungen hätten wie »ein Tonband auf schnellem Vorlauf« geklungen.»Es war, als wäre sie auf einen vorbeifahrenden Güterzug aufgesprungen, der durch die Nacht rast, und nicht sicher, ob sie sich festhalten könnte.« Es war alles, was Janis tun konnte, um sich in der Kakophonie der Band zu hören. Oft schrie sie nur noch am Ende.

Die Band übte mit Janis in einem umgebauten Pferdestall, den die Feuerwehr San Franciscos früher genutzt hatte. Stanley Mouse und Alton Kelley, die beide psychedelische Poster entwarfen, hatten das Studio im ersten Stock gemietet. Eines Abends tauchte die Polizei auf.»Wir haben gehört, wie jemand an die Tür gehämmert hat«, erinnert sich Kelley.»Ich hab aufgemacht, und die Bullen haben gesagt: ›Uns liegt eine Meldung vor, dass hier eine Frau schreit.‹« Kelley erklärte: »Hier probt 'ne Band, und das war 'n Mädel, das *gesungen* hat.« Janis und die Band probten eine ganze Woche, bis sie eine aufgemöbelte Version des Gospel-Titels »Down on Me« und »I Know You Rider« spielen konnten – Songs, die Peter, Janis und James aus ihrer Folk-Vergangenheit kannten. Als sie das erste Mal im Avalon auftraten, spielte Big Brother in Sams Worten eine »wahnsinnige, temporeiche Free-Jazz-Getöse-Session«. Dann kam Janis auf die Bühne zu den Jungs und sang die Titel, die sie geprobt hatten. Sie sah fehl am Platz aus in ihren Jeans und dem Arbeitshemd und sie wusste es.»Ich hatte keine modischen Klamotten. Ich hatte an, was ich auf dem College getragen hab.« Doch als Janis zu singen begann, spielte ihr Äußeres auf einmal keine Rolle mehr.»Was für ein Adrenalinstoß,

Mann! Ein echter, leibhaftiger Drogenstoß ... Ich kann mich nur noch an das Gefühl erinnern – was für ein Heidenspaß, Mann. Die Musik hat bumm, bumm, bumm gemacht, und die Leute haben alle getanzt, und die Lichter, und ich hab da oben gestanden und ins Mikro gesungen und Spaß gehabt, und puuh! Ich fand's klasse. Also hab ich gesagt: ›Ich glaub, ich bleib, Jungs.‹«

Die Nachricht, dass Big Brother eine neue Sängerin hatte, machte schnell die Runde. Darby Slick von The Great Society sah die Band Ende Juli in der California Hall. Er war von ihrer kräftigen, durchdringenden Stimme beeindruckt und überrascht, wie gut es Janis gelang, das Publikum für sich zu gewinnen. »Es war fast unmöglich, sie nicht andauernd anzustarren. Sie tänzelte, sie stolzierte, sie schrie, sie flüsterte. Die Mundpropaganda lautete: Ein Star ist geboren.« Janis' Freundin Sunshine war jedoch nicht sofort bekehrt. »Sie hat am Anfang nicht besonders gut geklungen, und sie hat 'n Sweatshirt und Jeans getragen. Du glaubst nicht, wie schlecht sie ausgesehen hat. Ich hab ihr erklärt: ›Ich muss dir mal sagen, dass Spitzen, Samt, Leder und Federn zusammen echt toll aussehen.‹« Bill Belmont, der später Country Joe and the Fish managte, erinnert sich, dass ihn Leute geradezu gedrängt hätten, sich Big Brother anzuhören: »Mann, du musst dieses Mädel abchecken, sie ist wirklich unglaublich.« Er schaute sich einen Auftritt an und fand Janis »unerreicht scheußlich, aber sehr amüsant. Gurley hat auf gewisse Art wie [John] Cage gespielt, zügellos, avantgardistisch, Sam Andrew hat versucht, Rock & Roll zu spielen, und Peter und David haben versucht, die Rhythmusgruppe zu sein.« Belmont war nicht gerade wild begeistert von Janis. »Sie stand da oben und schrie. Gelegentlich hat sie's hingekriegt.« Er fand die Gruppe aber »unterhaltsam in ihrer Verrücktheit«.

In den ersten Monaten verbrachte Janis einen guten Teil ihrer Auftritte nur damit, während der Improvisationen der Band ein Tamburin zu schütteln. Peter Albin sang noch immer die meisten Titel wie »Oh, My Soul«, »It's a Deal« und »Whisperman«, das Dave Getz »irgendwie schrecklich« in Erinnerung hat. Bei diesen Liedern sang Janis nur Backup oder spielte Tamburin. Aber sie blieb nicht lange am Spielfeldrand. Um ihre neue Sängerin besser einzusetzen, improvisierte die Band weniger und wurde songorientierter. Und Janis lernte, Rock & Roll zu singen. Als Folkie hätte sie nur »dagestanden und ... einfach gesungen«, erklärte Janis. Aber jetzt konnte sie sich nicht mehr auf die »großen offenen Töne« und das »äußerst einfache Phrasieren« stützen, das sie eingesetzt hatte, wenn sie wie Bessie Smith gesungen hatte. »Du kannst so nicht vor 'ner Rockband singen, mit dem ganzen Rhythmus und der Lautstärke. Du musst laut singen und dich wild bewegen mit all dem in deinem Rücken.« Dave erinnert sich, dass Janis anfangs »überhaupt keine Zurückhaltung hatte. Sie hat geschrien und gebrüllt und geplärrt und ihre Stimme hat sich überschlagen. Das war am Anfang irgendwie wunderbar, weil sie die Töne nicht getroffen und daneben gesungen hat, und es war ihr einfach egal.«

Aber Janis war nicht alles egal, denn in ihrem ersten Jahr mit der Band setzte eine vollständige Verwandlung ein. Sie besuchte einen Hautarzt, der ihr Tetrazyklin gegen die Akne verschrieb, und sie versuchte allmählich, ihr Äußeres zu ändern. Janis hatte sich aus Angst, sie könnte lächerlich wirken, bisher keine großen Gedanken um ihr Aussehen gemacht. Aber jetzt war sie in Haight-Ashbury, wo die Hippie-Extravaganz regierte und nicht die Funktionalität der Beatniks. Die Mode schrieb vor, sich aufzuputzen, und so legte Janis ihre übliche Uniform aus Männerhemden, Sweatshirts und Jeans ab und begann, die billigen Läden nach auffälligen Kleidern zu durchstöbern. Janis' frühe Bemühungen um Eleganz waren unbeholfen und spiegelten ihre Gewohnheit wider, ihren Körper zu verdecken, statt ihn zur Schau zu stellen. Neben T-Shirts, Perlenketten und Levi's gehörten ein sackartiges Kleid aus einer ehemaligen Madras-Bettdecke zu ihrer Garderobe und ein Poncho, der früher ein Spitzentischtuch gewesen war und eher wie ein gigantisches Zierdeckchen aussah. Mit der Zeit bekam Janis ein besseres Gespür für Mode. Dabei half ihr ganz besonders James Gurleys Frau Nancy. Sie war eine der Frauen, die für den ganzen Look der »Hippie-Mädels« verantwortlich waren. Janis übernahm ihren Stil größtenteils direkt von ihr, vor allem die Unmengen von Armreifen und Federboas. Peggy Caserta erklärt, sie hätten »bei den Typen von Big Brother den Maßstab für Weiblichkeit dargestellt«. Janis sollte nie viel Make-up tragen, aber als Big Brother im März 1967 in dem englischen Film *Petulia* mitwirkten, drängte ihr ein prominentes Model auf dem Set einige Kosmetiktipps auf.

Janis änderte auch ihren Gesang, damit er für das Rock-Publikum attraktiv war. Sie begann, Soul zu hören, vor allem Otis Redding, den sie anbetete. Als Redding im Dezember im Fillmore auftrat, überredete sie Bill Graham, sie schon Stunden vor der Show in den Saal zu lassen, damit sie unmittelbar vor der Bühne stehen konnte. Sechs Monate später, als Redding erneut im Fillmore auftrat, stellten sich Janis und Sam Andrews so nahe an die Bühne, wie sie konnten. Sam behauptet, Janis hätte »jede Silbe, Bewegung und jeden Akkordwechsel Reddings absorbiert«. Sie hätte genau beobachtet, wie er einen Song durch seine Bewegungen »sichtbar« gemacht hätte. »Ich fing an, rhythmisch zu singen«, erklärte Janis, »und jetzt lerne ich von Otis Redding, einen Song voranzutreiben, statt nur drüber weg zu rutschen.« Obwohl sie Gesangsunterricht immer abgelehnt hatte, nahm Janis bei Judy Davis, der führenden Gesangslehrerin der Bay Area, sogar ein paar Stunden.

Janis war gerade einen Monat wieder in San Francisco, als alle Bandmitglieder im Juli 1966 nach Lagunitas zogen, das im Marin County auf der anderen Seite der Golden Gate Bridge lag. Dort teilten sie sich ein Haus. Die Grateful Dead und Quicksilver Messenger Service lebten bereits in Marin, als Big

Brother ankam. »Es war die Hippie-Version davon, etwas Geld zu verdienen und in die Vororte zu ziehen«, erklärt Sam. In Lagunitas gab es kein Nachtleben, das von den Proben abgelenkt hätte. Big Brother übten unermüdlich und sprachen andauernd über Musik und tausend andere Dinge. Sam erzählt, ihre Gespräche hätten »stundenlang bis in die Nacht hinein« gedauert, »jede Nacht, über ›Gott und das Universum‹, ein Lieblingsspruch von ihr, und wie man die Essenz des Blues in das einbringt, was wir spielten, ohne Puristen zu sein – ohne die Kraft dieser wunderbaren Musik dabei zu verwässern. Wir haben darüber geredet, was ein anderer Rhythmus hier oder Gitarrenakkord da bewirken würden.« Janis sei immer der Mittelpunkt dieser Diskussionen gewesen. »Wenn gesagt wurde, was zu tun war, kam es immer von Janis. Aber wir haben gemeinsam in dieser Sache gesteckt; sie hat sich über unsere Entdeckungen gefreut, genauso wie wir.«

Als Janis die Sängerin von Big Brother wurde, schloss sie sich einer Familie an, nicht nur einer Band. Dass die Band wie eine Kommune lebte, war sogar einer der Gründe, die Janis dazu bewogen, in San Francisco zu bleiben. Während der Acid-Rock-Explosion in der Bay Area ähnelte fast jede Band einer Großfamilie, der auch Freunde und Liebhaber angehörten. Zu den Mitgliedern der Big-Brother-Familie, die miteinander in Lagunitas wohnten, zählten James, Nancy, ihr kleiner Sohn Hongo Ishi (»Pilzmann« in Spanisch und Yahi-Indianisch), Sams Freundin Rita, Peters Frau Cindy und ihre Tochter Lisa. Dann waren da noch die Freunde wie Bob Seidemann, Stanley Mouse und Richard Hundgen.

Wenn Big Brother spielten, und das war praktisch jedes Wochenende der Fall, war die ganze Familie da. »Wir sind ins Avalon gegangen, und Nancy hat Hongo mitgebracht, und Cindy hat Lisa mitgebracht, und sie haben sie auf die Couch im Hinterzimmer schlafen gelegt«, erklärt Peter. »Sie sind nach vorne gegangen und haben getanzt und sind zurückgekommen, um nach ihnen zu sehen. Es war immer jemand im Zimmer oder an der Tür, der aufgepasst hat. Die Kinder haben eh die meiste Zeit geschlafen.« James erinnert sich, wie Jimi Hendrix eines Abends im Winterland, Bill Grahams zweitem Ballroom, den Babysitter für Hongo spielte. »Hongo hatte weiße Haare und einen Afro, seit er Baby war. Wenn Jimi Hendrix meinen Sohn gesehen hat, ist er einfach ausgeflippt. Er hat diesen Afro geliebt. An dem Abend ist er die ganze Zeit bei Hongo geblieben.«

Janis hatte versprochen, sich von Drogen fernzuhalten, doch sie schenkte Chets Versicherung Glauben, dass psychedelische Drogen die harten Drogen in Haight-Ashbury ersetzt hätten. Janis fand bald heraus, dass Speed trotz der Allgegenwart von LSD immer noch eine populäre Droge war, vor allem bei ihrer neuen Band. »Die Big-Brother-Szene begann mit Speed«, erklärt Richard Hundgen, ein Mitglied der Familie. »Es war billig und leicht zu bekommen, und sie haben schon früh gelernt, es zu drücken.« Nicht jeder in oder um die Band spritzte Speed, aber als Janis erst einmal nach Lagunitas gezogen war, fand sie kaum noch Unterstützung, um drogenfrei zu bleiben. Ein Mitglied der Band und seine Freundin experimentierten damals sogar schon mit Heroin. Wenn die Band nicht probte oder am Wochenende keinen Auftritt hatte, war Janis oft im Haus der Grateful Dead bei ihrem Saufkumpan zu finden, dem Keyboarder Ron »Pigpen« McKernan, der wie sie ein großer Bluesanhänger war. Hundgen erinnert sich, dass sie sich gelegentlich auch mit Nancy und Sams Freundin »Speedfreak Rita« die Nadel gesetzt hätte. Dann sei Janis die ganze Nacht aufgeblieben und hätte antikes Glas und Perlen aufgefädelt, die sie als Halsketten trugen oder um ihre Betten herum aufhängten. Dave Getz behauptet, Janis sei »mit Nadeln eine Wahnsinnige« gewesen. »Sie hat es geliebt, andere Leute anzufixen, sie hat den Kitzel geliebt, jemandem die Nadel zu setzen, ihnen einen

Schuss zu verpassen.« Dave hatte vor dem Umzug nach Lagunitas nie Drogen injiziert. Als er einen Versuch wagen wollte, hätten sich Nancy und Janis darüber gestritten, wer ihm die Nadel setzen durfte. Dave weiß nicht mehr, wer die Schlacht gewonnen hat, aber er erinnert sich, die ganze Nacht wach geblieben zu sein und neue Felle auf sein Schlagzeug gespannt zu haben.

Janis hatte eine Familie gefunden, doch sie war immer noch das schwarze Schaf. Kaum jemand fand sie attraktiv. Bob Seidemann hielt sie für »ein Arschloch, das richtig aggressiv und ätzend und lästig war«. Seidemann hatte damals das berühmte Foto aufgenommen, das Janis zum »ersten Hippie-Pin-up-Girl« machte, und sie wies immer darauf hin. Er hatte sie von der Hüfte aufwärts nackt in Positur gestellt, drapierte ein Samtcape um ihre Schultern und arrangierte mehrere Perlenketten so über ihrem Busen, dass eine Brustwarze zu sehen blieb. Seidemann wollte die Fotositzung gerade beenden, da sagte Janis: »Oh, du Motherfucker! Ich will meine verdammten Klamotten ausziehen.« Sie zog sich aus, obwohl er sie gebeten hatte, ihre Kleidung anzulassen. Nachdem er die Perlen neu arrangiert hatte, machte Seidemann noch weitere Aufnahmen. Einige Tage später kam Janis in das Geschäft von Mouse und Kelley, die Pacific Ocean Trading Company auf der Haight Street, wo sie Seidemanns Kontaktabzüge sah. Seidemann behauptet, sie hätte ihn gefragt: »Seh ich so gut aus?« Alle im Geschäft hätten einstimmig »nein« geantwortet. Später ging Janis einmal auf Seidemann los, weil sie kein Geld aus dem Verkauf des Posters sah. Sie schrie ihn an: »Du Motherfucker, du steckst all das Geld ein, das ich für dich verdiene.« Bob Seidemann kommt zu dem Schluss: »Sie war eine Nervensäge.«

Wieder einmal war Janis der einzige Single in einer Gruppe von Paaren: James und Nancy, Sam und Rita, Peter und Cindy. Innerhalb weniger Monate gehörten auch Dave und Nancy Parker dazu, die früher ein Mitglied der Grateful-Dead-Familie gewesen war. Obwohl Janis immer noch mit Michel in Verbindung stand, machte sie sich keine Illusionen mehr, dass er sie heiraten würde. Sie fand im Spätsommer schließlich sogar genau heraus, was er während ihrer »Verlobung« getan hatte. Debbie hatte auf Michels Vorschlag hin beschlossen, während eines Ausflugs nach San Francisco Janis zu besuchen. Die beiden Frauen machten aus, sich am Abend eines Auftritts von Big Brother im Avalon zu treffen. »Ich ging backstage«, erinnert sich Debbie. »Janis hatte eine Flasche Southern Comfort, und wir haben ein Gespräch von Mädel zu Mädel angefangen. Uns wurde langsam klar, dass die Dinge mit Michel etwas anders waren, als wir gedacht hatten. Wir hatten irgendwie gewusst, was vor sich ging, es aber nie so genau herausgefunden.« Da sie die Jungs von der Band ständig unterbrachen, schlossen sich Janis und Debbie mit der Flasche Southern Comfort in der Toilette ein und tauschten dort ihre Erfahrungen aus. »Je mehr wir herausgefunden haben, desto mehr haben wir gelacht. Er hatte uns beispielsweise am gleichen Tag ein Dutzend Rosen mit derselben Nachricht geschickt. Wir waren vollkommen hysterisch. Wir wussten, dass Michel ein durchtriebener Typ war, aber ...« Janis schien allerdings nicht untröstlich. »Was willst du machen? Du heulst entweder, wirst wütend oder lachst. Es war, als hätten wir einen Schwestern-gegen-diese-Kreatur-Vertrag.« Doch Janis hörte nicht auf zu erzählen, wie sehr Michel sie hereingelegt hatte, wann immer sie ihn Dave Getz gegenüber erwähnte. »Dieser Motherfucker«, sagte sie dann gewöhnlich.

Janis hatte eine Reihe Freunde, aber ihre heterosexuellen Beziehungen waren so kurzlebig, dass keiner ihrer Männer ein Mitglied der Big-Brother-Familie wurde. Vor dem Umzug nach Marin County hatte sich Janis mit Travis Rivers ein Apartment geteilt, der Chet Helms – dem zurückhaltenden Manager von Big Brother – den Gefallen getan hatte, sie aus Austin zu holen. Ihre Beziehung hatte sich allerdings verschlechtert, sobald sie in San Francisco angekommen waren, denn Travis gestand verlegen, dass er keine Bleibe in der Stadt hatte und sie nicht unterbringen konnte. Janis war so wütend, dass Chet ihr 100 Dollar vorstreckte, damit sie ein Zimmer in einem der tollen Häuser auf der Pine Street mieten konnten. Die beiden hatten dort erst einige Wochen gewohnt, als Janis eines Tags nach Hause kam und entdeckte, wie Travis und ein paar andere drückten. Dave Getz, der Janis damals begleitet hatte, erzählt, der Anblick der Fixer hätte sie so mit Angst und Verlangen erfüllt, dass sie ausgeflippt sei. Travis versuchte zu erklären, dass sie Meskalin genommen hätten, ein Halluzinogen, und nicht Speed, wie Janis gedacht hatte, aber sie glaubte ihm nicht. Sie erklärte Dave, sie fühle sich verraten; sie hätte eine Übereinkunft mit Travis: keine Fixerdrogen.

Am nächsten Tag machte Travis ihr einen Heiratsantrag. Janis lehnte auf der Stelle ab und Travis ließ die Idee fallen. Sein schneller Rückzug mag Janis signalisiert haben, dass er es nicht sonderlich ernst gemeint hatte, und das machte sie noch wütender. »Wenn du mich wirklich lieben würdest, dann würdest du auch wissen wollen, warum«, schluchzte Janis. Sie werde »berühmt werden, echt, echt berühmt«. Das würde dann das einzige Mal in ihrem Leben sein, wo sie jeden Jungen über 14 haben könnte, den sie wollte, und sie hätte nicht die Absicht, diese Gelegenheit zu verpassen. Janis wollte Travis provozieren. Als er nicht reagierte, stürmte sie aus dem Apartment und schrie: »Für so'n Spruch müsstest du mich jetzt verprügeln, wenn du mich wirklich lieben würdest.« Kurz danach erklärte Janis, dass sie mit der Band nach Lagunitas ziehen würde. Es sollte Monate dauern, bis sie wieder miteinander redeten.

Janis erkannte sehr schnell, dass sie als Rock-&-Roll-Sängerin eine besondere sexuelle Anziehungskraft besaß. Big Brother brachte ihr die Akzeptanz, nach der sie sich immer gesehnt hatte, und sexuelle Akzeptanz, die immer so unwahrscheinlich schien, so unerreichbar, war besonders angenehm. Die Bühne wurde zur Arena für ihre Sexualität, ein Ort, wo sie für ihre Verfügbarkeit und ihr Verlangen werben konnte. Edward Knoll versicherte Janis: »Dieser Song wird dir 'ne Menge Liebhaber einbringen«, nachdem er sie »Ball and Chain« singen gehört hatte. »Das hat ihr gefallen.« Ihre altbekannte Geschichte, Travis hätte sie zu Big Brother »gefickt«, bringt deutlich zum Ausdruck, dass für Janis Singen und sexuelle Attraktivität untrennbar verbunden waren. Als Janis ein Star war, sollte die Verbindung von Ruhm und erotischer Ausstrahlung zum Risiko werden, aber im Augenblick genoss sie die Aufmerksamkeit.

Janis begann schon nach wenigen Wochen bei Big Brother, mit James Gurley zu schlafen. Er behauptet, die Akne und ihre pummelige Figur hätten ihn zuerst abgeschreckt, aber die Jungs in der Band hätten damals auch keinen besonderen Anblick geboten. James betrachtete sie beide als ein »Paar von Desperados«, und er suchte eine Gelegenheit, seinen sexuellen Horizont zu erweitern. Er »musste eine Menge lernen«, da er in sexueller Hinsicht »sehr verklemmt« aufgewachsen war. Die katholische Erziehung hatte James »schüchtern, gehemmt und verkorkst« werden lassen, aber der schlaksige, gefühlvolle Gitarrist war eine sexuell attraktive Gestalt. »Nach den Shows haben mich oft Weiber gefragt, ob James später in meinem Zimmer sein würde«, erzählt Peter Albin. Viele Frauen fühlten sich von James angezogen, und Janis war keine Ausnahme. Er war allerdings nicht das erste Bandmitglied, hinter dem sie her war. Nach einem der ersten Auftritte der Band im nahe gelegenen Monterey »haben wir getanzt, und sie versuchte, mich anzumachen«, erinnert sich Peter Albin. »Es war einfach idiotisch, denn meine Frau wartete im Motel. Sie war offensichtlich dabei, ihre Fühler auszustrecken: ›Wer ist locker hier?‹ Es war auch eine Art Machtspiel.«

James zog gleich zu Beginn seiner neuen Beziehung aus dem Apartment, das er mit seiner Frau Nancy teilte, und lebte zwei

Wochen mit Janis zusammen. Janis erzählte Jim Langdon später, eines Tags sei Nancy in ihr Apartment gestürmt. »Was für 'ne peinliche Situation. Seine Alte kommt mit dem Balg und dem Hund in mein Schlafzimmer marschiert und macht uns an.« Das sei das Ende ihrer Liaison gewesen. James kann sich an den Vorfall nicht erinnern; Nancy sei aber bei einer Probe der Band aufgetaucht und hätte ihn gebeten, zu ihr zurückzukehren. Er gesteht: »Es war irgendwie melodramatisch.« James schlief noch eine Weile mit Janis, aber er kehrte zu Nancy zurück. Bald war alles vergeben. Dave Getz bezweifelt, dass sich Nancy ernsthafte Sorgen wegen James' Affären gemacht hat. Sie verkörperte schließlich »die Hippie-Ethik der Freiheit, ›jeder soll sein eigenes Ding machen‹.« Janis »mochte Nancy wirklich«, erinnert sich Peter, und Dave behauptet, Nancy »hat Janis geliebt. Sie hat Janis sogar genauso geliebt wie alle anderen.« James glaubt, die beiden Frauen hätten sich unter anderem so gut verstanden, weil Janis »sehr, sehr clever« gewesen sei. »Und Nancy war einer der wenigen Menschen, die an ihr Kaliber heranreichten.«

Janis' sexuelle Vorlieben waren immer noch »sehr weitläufig«. Sie war noch nicht lange bei Big Brother, als sie mit Dave eine Bar in North Beach besuchte und ihre frühere Freundin Jae Whitaker traf. Ihm fiel auf, dass Janis mit einer auffallend hübschen Frau Blicke wechselte, die Billard spielte. Als Janis verkündete: »Junge, macht die mich an«, war Dave schockiert. Er wusste damals noch nichts von Janis' sexuellen Neigungen und fragte erstaunt: »Was hast du gesagt? *Die*?« Dave war trotz seines künstlerischen Hintergrunds kaum weltoffener als die meisten Bewohner Haight-Ashburys, das eine eindeutig heterosexuelle Szene war. Hippiejungs konnten wie Mädchen aussehen, aber die Gegenkultur war überwiegend heterosexuell, auch wenn das spießige Amerika lange Haare mit Verweichlichung und Homosexualität assoziierte.

Peggy Caserta, die Besitzerin der schicken Boutique Mnasidika, entsprach überhaupt nicht dem heterosexuellen Maßstab Haight-Ashburys. Sie hörte Big Brother im Herbst 1966 im Matrix und machte Janis überglücklich, als sie ihr erzählte, wie sehr sie ihren Gesang mochte. Janis kam einen Monat später in Peggys Geschäft, immer noch schmuddelig und zerzaust. Sie hatte dieselben »schmutzigen, abgewetzten, ausgefransten Jeans« an, die sie schon im Matrix getragen hatte. Peggy sah, wie sie ein Paar Levi's für 4,50 Dollar betrachtete, »als wären sie aus der seltensten Seide«. Janis war abgebrannt und wollte 50 Cent anzahlen. Peggy schenkte ihr die Hose, weil sie Janis' Gesang so begeistert hatte. Janis war von ihrer Großzügigkeit und Chuzpe überrascht und fragte Peggy besorgt: »Werden sie dich nicht feuern?« Sie hatte gar nicht erst an die Möglichkeit gedacht, dass die Boutique Peggy gehören könnte. Peggy war aber nicht nur die Besitzerin, sie nahm sogar Hunderte von Dollar am Tag ein. Es war nicht das erste oder letzte Mal, dass sie mittellosen Musikern half. Peggy lieh den Dead modische Kleidung für ihre frühen Publicityfotos und schenkte Peter Albin eine todschicke Hose mit silbernen Streifen an den Seiten, als sie sah, dass ihm seine Jeans kaum bis zu den Knöcheln reichten.

Janis schaute danach öfter in der Boutique vorbei. Sie war herzlich, ließ ihre Hand auf Peggys Arm ruhen, die sich nicht viel dabei dachte und annahm, Janis sei ein ganz normales Hippie-Mädchen. Peggy hatte ein Verhältnis mit einer Frau namens Kim Chappell und sie gaben sich keine große Mühe, ihre Beziehung zu verbergen, auch wenn sie sich damals noch nicht »geoutet« hatten. Es wurde ohnehin vermutet, dass sie ein Liebespaar waren, denn Peggy war so feminin im herkömmlichen Sinn, wie Kim die stereotype maskuline Lesbe war. »Was ist los mit den zwei Miezen?«, fragte Peter Albin Janis einmal. »Sind das Lesben?« Janis antwortete, sie wüsste es nicht und es wäre ihr auch egal, aber sie halte sie für »tolle Ladys«.

Peggy war ganz und gar nicht die typische Bewohnerin von

Haight-Ashbury. Sie war eine ambitionierte Unternehmerin, die mit dem Gefühl aufgewachsen war, perfekt angepasst und überhaupt nicht ausgeflippt zu sein. Ihre Heimatstadt Covington in Louisiana lag nur 300 Meilen von Port Arthur entfernt – eine Tatsache, die Janis immer amüsierte. Es scheint, dass Peggys Kindheit und Jugend so glücklich verliefen, wie die von Janis tragisch waren. Peggy war ausgesprochen beliebt und sogar Cheerleaderin gewesen. Sie hätte zweifelsohne als biedere Hausfrau enden können, aber als sie auf das Perkinston Junior College in Mississippi wechselte, freundete sie sich mit der Haupt-Cheerleaderin an, die sie verführte. Peggy beendete die Affäre, bei der sie eine zögernde Rolle gespielt haben will. Es kam ihr nicht in den Sinn, dass sie lesbisch sein könnte. Die beiden blieben jedoch Freundinnen, und nach ihrem Abschluss wurden sie beide Flugbegleiterinnen und nahmen ihre Beziehung wieder auf. Im Lauf der nächsten Jahre hatte Peggy Affären mit Männern und Frauen. Sie wurde sich erst mit der Zeit bewusst, dass sie lesbisch war. 1964 ließ sich Peggy nach San Francisco versetzen und zog nach Haight-Ashbury, wo sie zufällig ein Apartment bei Romeo's fand, einer Schwulenbar, in der sie häufig verkehrte. Als Peggy in San Francisco ankam, trug sie noch »ganz biedere Kostüme und Hosenanzüge«, aber eine Freundin aus der Boheme machte sie bald mit Marihuana und Owsley-Acid bekannt. Kurz darauf beschloss sie, eine Boutique für Lesbierinnen zu eröffnen, die sie Mnasidika nannte. Eine Freundin hatte Peggy versichert, dass die Lesben der Bay Area den versteckten literarischen Bezug (Mnasidika und ihre Geliebte Bilitis wurden als die ersten bekannten Lesbierinnen der Geschichte angesehen) sofort erkennen würden. Das war jedoch nicht der Fall, aber Peggy fand, der nach Fernost und cool klingende Name könnte den wachsenden Hippie-Markt direkt vor ihrer Nase ansprechen.

Peggy war erst kurze Zeit mit Kim zusammen, als sie Janis kennen lernte. Kim Chappell war die Tochter eines reichen Kieferorthopäden aus Carmel in Kalifornien. Sie hatte in der Folk-Szene von Cambridge und Big Sur verkehrt und kannte Folkies wie John Cooke und Bobby Neuwirth. Joan Baez hatte die hübsche, androgyne Kim als ihre persönliche Assistentin ausgegeben und nach Cambridge gebracht. In der Öffentlichkeit spielten sie die »Kumpels«, daher wussten nur wenige, dass sie ein Liebespaar waren. Joan Baez war allerdings nie vorsichtig, wenn sich ein Mann von ihren Reizen angezogen fühlte, und ihr Verhältnis mit Kim hatte ein stürmisches Ende genommen, als sie einmal zu viel geflirtet hatte.

Janis erfuhr von Kims Verhältnis mit Joan Baez, kurz nachdem sie Peggy kennen gelernt hatte, der es ein Riesenvergnügen bereitete, davon zu erzählen. Aber die Verbindung zu einem Star war nur ein Grund, dass Janis von ihr so begeistert war. Peggy genoss die Akzeptanz, die man ihr nicht zugestand, sie war hübsch zu einer Zeit, in der man annahm, Lesbierinnen seien hässliche, maskuline Typen, und sie war unabhängig, was Janis offensichtlich am meisten bewunderte. »Janis hat Peggy abgöttisch verehrt«, führt Sunshine aus, »weil sie ein Geschäft in Haight-Ashbury besaß und eine tolle Geliebte hatte. Und es war fast so, als sei Kimmie noch wichtiger, weil sie Joan Baez' Geliebte gewesen war.« Als sie Peggy das erste Mal bei Sunshine erwähnte, sagte Janis: »Also, Peggys Geliebte hatte 'n Verhältnis mit Joan Baez.« Janis und Peggy fanden Stars einfach hinreißend, aber sie suchten auch Bestätigung für ihren sexuellen Nonkonformismus. Bei ihrer Suche nach Leitbildern war Joan Baez unwiderstehlich.

Janis verkehrte erst kurze Zeit in Peggys Boutique Mnasidika, als sie im Frühling 1967 ein Verhältnis mit Joe McDonald von Country Joe and the Fish begann. Joe und Janis hätten genauso gut von verschiedenen Planeten kommen können, daher überraschte es kaum, dass ihre Beziehung nur ein oder zwei Monate anhielt. Joe war in »roten Windeln« aufgewachsen und trug seine linksgerichteten Ansichten wie eine Fahne vor sich her. Janis stand links von der Mitte, aber sie hatte kein großes Interesse an der Bewegung. Janis suchte den Starruhm, während Joe ihn voller Skrupel vermied. Joe wollte die Telegraph Avenue, Berkeleys Hauptstraße, entlanggehen können, ohne von Fans belästigt zu werden, Janis dagegen war begeistert, wenn ihre Fans sie auf den Straßen von Haight-Ashbury erkannten. Joe teilte sich die Lorbeeren für Komposition und Text mit allen Mitgliedern seiner Band, auch wenn er den Song allein geschrieben hatte, was Janis verwirrte. McDonald sollte später vor allem bei Veteranen des Vietnamkriegs bedeutende politische Arbeit leisten, aber damals konnte er bisweilen äußerst schroff sein, wenn er jemanden als unaufgeklärt ansah. Ihre Beziehung endete jedoch nicht in einem politischen Streit, sondern weil Joe sie eines Abends sitzen ließ. Peggy übernahm es, McDonald zurechtzuweisen. Der war verblüfft, weil er mit Janis gar keine festen Pläne hatte. »Ich hab Joe angerufen und ihm Vorwürfe gemacht«, erzählt Peggy, »und er hat so getan, als wüsste er überhaupt nicht, wovon ich redete. Er sagte: ›Ich hab sie nicht sitzen lassen!‹ ›Also, sie ist hier und heult‹, hab ich gesagt. Er stöhnte: ›Oh nein.‹« Peggy kommt zu dem Schluss: »Janis war *verletzlich.*«

Janis hatte eine Reihe anderer Beziehungen, aber keine dauerte länger als ein paar Wochen. Peggy und Janis flirteten monatelang miteinander, bevor sie sich zum ersten Mal liebten. Nach dem Monterey Pop Festival im Juni 1967 sei ihre Beziehung intensiver geworden, erinnert sich Peggy. Big Brother hätten gerade mehrere Auftritte in Los Angeles hinter sich gebracht, als Janis sie vom Flughafen aus angerufen und gebeten hätte, sie abzuholen. »Ich kann nicht«, gab Peggy zurück, »ich arbeite gerade.« Janis hätte sich beschwert: »Du arbeitest dauernd. Ich will hier weg.« Peggy schlug vor, sie solle allein zu ihrem Häuschen am Stinson Beach fahren, und Janis kam kurz in die Boutique, um die Schlüssel abzuholen. Sie war noch nicht lange fort, als Peggy einen Anruf von einem Nachbarn bekam.»Mann, du hast Freunde! Diese Sängerin Janis Joplin ist hier draußen, und sie steht noch nicht richtig in der Einfahrt, da brüllt sie zu mir rüber: ›Hallo, Kumpel, habt ihr hier 'ne Bar?‹ Ich hab ihr vom Sand Dollar erzählt, und ich glaub, sie ist nicht mal in dein Haus gegangen. Sie ist zum Sand Dollar gegangen und hat sich besoffen, und dann ist sie zurückgekommen.«

Janis ließ nicht locker, und Peggy gab schließlich nach und kam nach Stinson Beach.»Wir hatten definitiv ein kleines sexuelles Etwas, als sie bei mir zu Hause war. Wir haben uns ausgezogen und auf der Sonnenterrasse gespielt. Ich finde nicht, dass wir wilden, leidenschaftlichen Sex hatten, aber wir haben uns gegenseitig mit Sonnenmilch eingerieben, und wir hatten einen erotischen Tag, küssten uns. Und dann musste ich zurück zur Arbeit.« Peggy kann sich nicht erinnern, wo sie sich zuerst liebten.»Ich weiß, manche Leute sagen: ›Wie konntest du nur vergessen, wo du warst, als du Janis Joplin zum ersten Mal geliebt hast? Wie konntest du das vergessen?‹ Aber Gott, wir haben uns monatelang endlos aufgegeilt. Wir waren wie Teenager. Wir haben alles gemacht, nur nicht gefickt. Es war wie *Happy Days* in den Fünfzigern, wo du geparkt hast und geknutscht, bis du so scharf warst, dass du fast explodiert bist.« Im Rückblick glaubt Peggy, dass ihre Schüchternheit sie abgehalten hat, bis zum Letzten zu gehen. Sie war gleichzeitig in Kim verliebt und hatte Angst, Janis könnte sie als erfahrene Liebhaberin ansehen und hohe Erwartungen haben – eine Last, die sie sich größtenteils selbst auferlegt hätte.»Vielleicht dachte ich, ich könnte nicht so gut sein, wie Janis von mir dachte, oder so gut, wie sie's von einer Lesbe erwartete.« Peggy wusste allerdings nicht, dass Janis bereits mit Frauen geschlafen hatte. Janis ließ Peggy jedenfalls in dem Glauben, sie verführe ein heterosexuelles Mädchen. Vielleicht hatte sie erkannt, dass Haight-Ashbury nicht North Beach war, wenn es um gleichgeschlechtlichen Sex ging.

Janis erforschte die Grenzen der Sexualität wie alle in Haight-Ashbury, die mit neuen Formen der Partnerschaft und Gemeinschaft experimentierten – den Großfamilien zum Beispiel und der Abkehr von der Monogamie. Vieles dort – der Sex, die Kommunen und vor allem der Rock & Roll – hatte einen provisorischen Charakter. Die Bands, sexuelle Beziehungen und die Großfamilien kamen oft zufällig zustande und waren das Resultat von glücklichen Zusammentreffen und gemeinsamer Augenblicke voll bekiffter Glückseligkeit. Dennoch gab es eine Methode hinter der scheinbaren Wahllosigkeit der Bay-Area-Bands. Obwohl sie vom Blues, Bob Dylan und der britischen Invasion beeinflusst waren, versuchten die Bands in San Francisco nicht, einen bestimmten Sound zu kopieren. Sie hatten sich, komme was da wolle, dem Eklektizismus und dem Experimentieren verschrieben und ließen sich von allen Stilrichtungen beeinflussen, vom Free Jazz und der Musik der Jugbands bis hin zu indischen Ragas. Sam Andrews erinnert sich: »Was alle [bei Big Brother] tun wollten ... war, eine lange Zeit richtig hart und schnell zu spielen, und dann hast du an dem gearbeitet, was immer bei der Improvisation herauskam.«

Alle versuchten irgendwie voranzukommen, die Manager genauso wie ihre Musiker. Bands wurden oft von Freunden oder selbst ernannten Impresarios gemanagt und hatten selten Roadies oder das Geld für angenehme Transportmittel. Als Big Brother im Sommer 1966 auf dem Vancouver Trips Festival spielten, hatten sie gerade genug Geld, um nach Seattle zu fliegen. Janis und die Jungs stiegen aus dem Flugzeug, liefen zu der Autobahn und trampten mit ihrer ganzen Ausrüstung im Schlepptau nach Vancouver. »Janis hat 'n paar Trommeln getragen und ich hatte 'ne Gitarre und Verstärker«, erinnert sich James Gurley. Selbst nach dem Erfolg beim Monterey Pop Festival »trug Janis die verdammten Verstärker und die Mikrofone«, behauptet John Morris, einer von Bill Grahams Männern. Sie hätten an »Neuland« gearbeitet.

Die behelfsmäßige Qualität der Szene war natürlich teilweise auf all die Drogen zurückzuführen. In jenen Tagen war es Pflicht, high zu sein. Es war der Beweis, dass man hip war. Drogen waren auch eine Medizin gegen Lampenfieber. Obwohl die Musiker einer Subkultur angehörten, die lauthals die Überlegenheit von Marihuana und psychedelischen Drogen gegenüber dem Alkohol verkündete (»die Spießerdroge«), tranken viele Musiker weiterhin Alkohol »wegen seiner nervenberuhigenden Eigenschaften«. Grace Slick trug wie Janis eine braune Papiertüte mit sich herum. Ihre enthielt allerdings Champagner statt Southern Comfort, der Janis' Markenzeichen war. Janis bezeichnete Big Brother als »alkydelische« Band, und das nicht nur wegen ihrer wohlbekannten Vorliebe für Alkohol. James Gurley behauptet, alle in der Band »brauchten ein paar Gläschen« Schnaps vor dem Auftritt. »Ich hatte so viel Lampenfieber, dass ich mich betrinken musste, um auf die Bühne zu gehen.« John Morris behauptet, er hätte »sieben Literflaschen und einen halben Liter Southern Comfort« gekauft, als Big Brother im Anderson Theater ihren ersten New Yorker Auftritt hatten. Damit hätte er den Schnapsladen leer gekauft. »Da waren jetzt, was, fünf Leute in dieser Band? Das ist 'ne Menge Scheiß-Whiskey für 'n Zeitraum von ungefähr drei Stunden.«

Die Bands waren von allem Möglichen high, wenn sie spielten, und die Menschen, die zum Tanzen in die neuen Ballrooms kamen, waren es auch. Chet Helms' Partner Bob Cohen, der für den Sound im Avalon sorgte, hört sich manchmal alte Tonbandaufnahmen der Shows an, die er damals gemischt hatte. Da liebte er die Musik, aber heute hört er eine Menge »Musiker in der falschen Tonart und verstimmte Instrumente«, wie er gesteht. Er fügt hinzu: »Aber wenn du bekifft bist und die Lautstärke aufdrehst, klingt es großartig.« Ray Riepen, der Besitzer des ersten elektrischen Ballrooms in Boston, erklärt: »Solange ich einen Overheadprojektor hatte und ein Stroboskop, hätte ich dort zwei Zithern haben können. Es hat sie nicht gejuckt; die haben's nicht gemerkt! Alles klingt perfekt, wenn du fünfhundert Mikrogramm LSD im Magen hast.« Laut Chet Helms kam das Publikum nicht nur, um die Bands zu sehen. »Es kam wegen der Atmosphäre und die Bands waren ein Teil davon. Im ersten Jahr hatte der Name einer Band keine große Bedeutung.« Die Shows im Avalon waren mehr als Tanzveranstaltungen, eine Form von Environment-Theater mit Licht, Sound und Musik. Im Gegensatz zu Bill Grahams Fillmore, wo das Publikum in den Genuss von »hochrangiger Unterhaltung« kam, ging man ins Avalon, um sich zu entspannen und durch eine »umwandelnde und befähigende Erfahrung« neu zu erschaffen.

Auch Bob Simmons arbeitete im Avalon: »Der Einfluss einer halben Tablette setzte eine Menge Dinge in absolut außergewöhnliche Erfahrungen um, die ich nie vergessen werde. Ich werde auch nicht sagen, dass sie nicht positiv waren. Es gibt wirklich so etwas wie Gruppenekstase auf einem spirituellen Niveau, und der Zynismus des Alters und der Abstand ändern nicht meine Erinnerung an diese Augenblicke. Es gab Zeiten, da war ich absolut sicher, dass der Boden des Avalon in einer anderen Dimension schwebte.« Simmons hebt jedoch im Gegensatz zu Chet die zentrale Bedeutung der Musik hervor. »Das Publikum war allein wegen der Musik da und weil es die Bands geliebt hat, nicht wegen der billigen ›Multimedia‹-Präsentation oder weil es ein Ort war, wo man eine ausgeflippte Erfahrung machen konnte. Die Lightshows waren eine wunderbare Idee, und das sind die meisten leider geblieben, eine Idee, die nie darüber hinausging, als ein paar Farben in Glasschalen auf Overheadprojektoren zu zermatschen und zwischendurch schlecht gemachte experimentelle Filme zu zeigen.« Im Sommer 1968 bestritt niemand, dass die Menschen wegen der Musik in die Ballrooms kamen. Als die 500 Lightshow-Künstler der Stadt ein Jahr später für höhere Löhne in

Streik traten, strich Bill Graham kurzerhand seine Lightshow. Die Besucherzahl blieb unverändert. Die Menschenschlangen standen weiterhin mehrere Häuserblocks weit an.

Damals hatte das Publikum die Musiker allerdings noch nicht zu Göttern erhoben. »Die Musik war das Ding, nicht die Musiker«, erklärt Jim Haynie, der für Graham das Fillmore führte. »Du hast die Band gekannt, und du bist auf den Sound abgefahren, und du hast vielleicht sogar den Namen von 'nem Typ gewusst und so 'n Zeugs. Aber es war nicht so, dass sie jeder kennen lernen wollte. Du bist hin, um die Musik zu hören.« Damals konnte das Publikum die Musiker im Grunde kaum sehen. »Es gab keine Strahler, die auf die Musiker gerichtet waren. Wir hatten 'ne Ellipsoidleuchte mit 750 Watt am Balkon, die sich nie bewegt hat und dreißig Meter oder so entfernt war. Es war *sehr* dunkel. Das einzige Licht auf der Bühne kam von der Lightshow.« Die meisten Musiker zogen es vor, in Dunkelheit gehüllt zu sein. »Du hast keine Spotlights gewollt«, erklärt Bill Belmont, der Road Manager von Country Joe and the Fish. »Manche Bands haben sich geweigert, Spotlights zuzulassen. Ich glaube, wir hatten in unserem Zusatzvertrag lange Zeit angeführt, dass keine Spotlights benutzt werden dürfen.«

Die Bands aus San Francisco zogen Lightshows hell erleuchteten Bühnen vor, da sie nicht bereit oder imstande waren, einen visuellen Anreiz zu bieten. »Die Musiker haben kaum was getan«, erzählt Joshua White, ein New Yorker Lightshow-Künstler. »Sie haben nur gespielt, oft mit dem Rücken zum Publikum. Zwischen den Liedern haben sie gestimmt und gestimmt und gestimmt. Keiner hat 'ne aalglatte Show gewollt. Wer in diesem sehr bescheidenen Zeitraum – ungefähr zwei Jahre – eine gut organisierte Show dargeboten hat, wurde als aalglatt und nicht authentisch angesehen.« Janis brachte es fertig, gleichzeitig dynamisch und authentisch zu sein, aber sie war eben nicht normal. Die Jefferson Airplane zahlten dem Lightshow-Künstler Glenn McKay fünf Jahre lang 10 Prozent ihrer Einnahmen (ein beträchtlicher Betrag), weil er »den Druck [von der Band] nahm«. McKay erzählt: »Sie haben großartige Musik gemacht, aber ihre Bühnenpräsenz war oft erbärmlich. Und wenn sie nicht erbärmlich war, war Grace betrunken und gab den Kids 'n Haufen Scheiße: ›Ich bin in 'ner Limousine hierher gekommen, wie seid ihr hergekommen?‹ Aber meistens hatte die Band keine Beziehung zum Publikum. Deswegen haben sie gedacht, ich sei jeden Penny wert, weil sie manchmal mit 'nem miserablen Konzert davongekommen sind, weil ich 'ne gute Lightshow geboten hab.« Bob Simmons behauptet, die Lightshows hätten noch einen anderen Zweck erfüllt. »Die Lightshows ließen den Saal im Dunkeln, damit du nicht sehen konntest, wie dreckig er war.«

Der Backstagebereich war stets genauso heruntergekommen wie der Rest des Saals. »Du hast Glück gehabt, wenn sie Cola für die Band gebracht haben«, erklärt Lyndall Erb, einer von Janis' Freunden. Bill Belmont, der 1968 Road Manager von Country Joe and the Fish wurde, behauptet, damals hätte es noch nicht einmal eine Garderoben-Szene gegeben. »Da gab es diese komischen kleinen, hässlichen Zimmer, die eine scheußliche gepolsterte Couch hatten, die auseinander fiel, und einen Mülleimer mit ein paar Cokes und Bier. Du bist nur da dringeblieben, wenn irgendein Groupie hinter dir her war und du es nicht sehen wolltest.« Die Distanz zwischen Künstlern und Publikum war minimal. Es war bisweilen schwierig, die Musiker von der Tanzfläche zu zerren und auf die Bühne zu bringen. Die Szene war primitiv und unorganisiert, ohne das große Geld und den Glanz, der Rock & Roll bald charakterisieren sollte.

Das soll nicht heißen, die Rockwelt San Franciscos sei eine Paradiesgemeinschaft Gleichgestellter gewesen, auf die der Kommerz keinen Zugriff hatte. Auch wenn sich die Musiker unter das Publikum gemischt haben mögen, unterschieden sie sich dennoch durch eine unbestreitbare Aura überlegenen Hip-seins. Dazu war ihnen Geld keineswegs gleichgültig. Paul Kantner von den Jefferson Airplane begann Rock & Roll zu spielen, weil »einige meiner Freunde 5000 Dollar am Abend eingesteckt haben, so wie die Byrds«. Keine der Bands – nicht einmal die Grateful Dead, deren knorriger, finsterer Keyboarder Pigpen die Schallplattenfirmen permanent abschreckte – hatte etwas dagegen, Geld zu verdienen. Die Bands waren auf gut bezahlte Auftritte und lukrative Schallplattenverträge aus, aber sie wollten nicht den Weg des Showbusiness gehen. Das Showbusiness – seine krasse Dummheit, Unehrlichkeit und Gleichgültigkeit gegenüber dem Künstlerischen – war der Feind. Die Musiker San Franciscos wollten nicht am laufenden Band zweieinhalbminütige Bubblegum-Hits produzieren, um den Plattenfirmen und Rundfunk-Programmgestaltern zu gefallen; sie hatten auch nicht die Absicht, ihren Stil zu verwässern, um in *American Bandstand* auftreten zu können oder in der Zeitschrift *Sixteen* groß herausgestellt zu werden. Sie waren Autisten, keine Entertainer zum Amüsement des Publikums. Als Bill Graham den Jefferson Airplane riet, nach einem spektakulären dreistündigen Auftritt noch einmal auf die Bühne zu gehen und sich zu verbeugen, knurrte Paul Kantner: »Scheiß drauf. Das ist Showbusiness.«

Im Sommer 1966 hatten alle führenden Bands San Franciscos außer Big Brother Schallplattenverträge. Die Airplane hatten sogar schon eine Platte veröffentlicht. Die einzige Firma, die Interesse an Big Brother gezeigt hatte, war Mainstream Records in New York. Bob Shad, der Besitzer des winzigen Labels, war nach San Francisco gereist, um einige neue Bands unter Vertrag zu nehmen – für ein Butterbrot. Während Big Brother vorspielte, schlug er Chet, der die Gruppe damals noch managte, vor, sich mit ihm zusammenzutun und »diese Band« mit einem lausigen Vertrag »total an sich zu binden«. Empört brach Chet die Audition ab, bevor die Big Brother überhaupt Gelegenheit hatte, mit Shad zu sprechen. Chet hatte im Interesse der Band gehandelt, doch die war sich da nicht so sicher. Big Brother befürchtete, er hätte den Handel verpatzt. Sie feuerten ihn im festen Glauben, er sei mit dem Avalon ohnehin zu beschäftigt, sie wirkungsvoll zu managen. Big Brother wollten gerade die Stadt für einen vierwöchigen Auftritt in Chicago verlassen, als ein weiteres Angebot auf den Tisch flatterte. Es gab nur ein Problem: Das Angebot galt nur für Janis. Paul Rothchild, ein A-&-R-Mann bei Elektra Records, hatte die Band in Los Angeles gehört und jetzt wollte er Janis für eine Bluesband mit Taj Mahal und Stefan Grossman gewinnen. Rothchild versprach, Elektra würde für die neue Gruppe ein Haus in Los Angeles mieten und sie finanzieren, bis sie sich auf die Plattenaufnahme vorbereitet hätte. Vor allem versprach er, dass die Firma intensiv Werbung für die Schallplatte machen würde. Janis fühlte sich geschmeichelt und traf sich nicht nur mit der Gruppe, sie zog sogar ernsthaft in Erwägung, Big Brother zu verlassen. Schließlich war Elektra ein etabliertes Folk-Label, das aggressiv in Rock-Territorium vorstieß, und Rothchild war ein bekannter Typ, der die hoch geschätzte Paul Butterfield Blues Band produzierte.

Janis schrieb ihren Eltern einen aufgeregten Brief und erzählte von Rothchilds Angebot und ihrer zwiespältigen Reaktion. Rothchild hatte sie scheinbar gewarnt, dass Rock & Roll nicht von Dauer sein würde – eine ironische Prophezeiung angesichts seiner späteren Rolle als Produzent der Doors. Er behauptete, die Rockmusik könne keinesfalls »immer außergewöhnlicher« werden, ein nicht gerade subtiler Seitenhieb auf Big Brother, die in jeder Hinsicht außergewöhnlich waren. Die Aussicht, Blues – ihre wahre Liebe – mit fähigen Musikern auf einem starken Label zu singen, war verlockend für Janis. Sie fragte sich, ob die Jungs von Big Brother wirklich bereit waren, hart zu arbeiten, um eine erfolgreiche Band zu werden. Sie machte sich allerdings auch Sorgen, sie könne ihre alten Bandkollegen enttäuschen, die sich tatsächlich verraten fühlten, als sie ihnen von Rothchilds Angebot erzählte. Wie konnte sie Big Brother im Stich lassen, wo die Band gerade jetzt zusammenkam?

Aber Janis schwärmte weiter. »Er wird mich zum Star machen!« Sie war besonders von Rothchilds Versprechen beeindruckt, wenn sie jetzt zusage, würde sie bald »einen Cadillac und ein Haus in den Hügeln von Hollywood« besitzen. Die Jungs waren alle schockiert, und Peter geriet schließlich mit ihr aneinander. Er konnte nicht glauben, dass jemand, der so ausdrücklich alternativ war, sich so leicht von den banalsten Aspekten des Amerikanischen Traums verführen ließ. Peter hatte angenommen, sie hätten sich alle von dieser bankrotten Vorstellung losgesagt. »Ich fand, ich musste unseren ganzen Lebensstil gegen diese krasse Kommerzialität verteidigen. Mag sein, dass ich sogar das Wort ›Familie‹ benutzt habe.« Dass man sie des Ausverkaufs bezichtigte, provozierte nur, was Sam Andrews Janis' »schulmeisterliche Art« nennt. Es war, als würde »Tante Polly Tom Sawyer tadeln«. Peter blieb jedoch standhaft und warnte Janis, wenn sie bei Elektra unterzeichne, könnte sie nicht mit Big Brother nach Chicago reisen; sie würden eine andere Sängerin finden. »Du bist raus!«, schrie er. Peter dachte die ganze Zeit: »Diese Frau mit ihrem pockennarbigen Gesicht und dem zerzausten Haar kann es nie allein schaffen.« Letztendlich stimmte Janis zu, sich nach Chicago zu entscheiden, aber der ganze Vorfall hatte bei Big Brother einen beachtlichen Aufruhr verursacht.

Chicago war ein völliges Desaster. Die Band fand keine Unterkunft oder auch nur einen Platz zum Schlafen. Die Angestellten der Motels schauten kurz auf die schmuddelige Gruppe mit den langen Haaren und den Instrumenten und wiesen sie ab. »Wir hatten ziemlich Schiss«, erinnert sich Dave. »Die Leute haben uns angesehen, als wollten sie uns verprügeln. Der letzte Pöbel hat uns auf der Straße beschimpft. Die ganze Zeit, jeden

Tag.« Nick Gravenites, der aus North Beach in seine Heimatstadt Chicago zurückgekehrt war, erkannte einige der Bandmitglieder auf der Straße und versuchte, sie herbeizuwinken. Die waren allerdings derart nervös, dass sie praktisch auf dem Absatz kehrtmachten und davonliefen. Sie dachten, er hätte es auf sie abgesehen. Big Brother wurden schließlich von Peters Onkel und Tante von der Straße gerettet, die sie in ihrem Haus an der Peripherie Chicagos aufnahmen und ihnen ein Auto liehen, damit sie zu den Auftritten fahren konnten.

Das Publikum im Mother Blues, einem Folk-Club in der Altstadt, der auf Rock umgeschwenkt hatte, war nicht viel freundlicher als die Menschen auf der Straße. Big Brothers Aussehen und ihr Sound waren für Chicago 1966 bei weiten zu fremdartig. Niemand in der Stadt schaute auch nur entfernt wie ein Hippie in San Francisco aus. Janis war begeistert gewesen, in der Welthauptstadt des Blues aufzutreten, aber sie hatte nicht die geringste Vorstellung, wie fremd der Blues von Big Brother für diejenigen klingen musste, die das Original gewöhnt waren. Auch die Butterfield Band aus Chicago, die anfangs sehr geradlinigen elektrischen Blues gespielt hatte, war auf den Widerstand von Bluespuristen wie den Musikwissenschaftler Alan Lomax gestoßen. In dessen Vorstellung war der Bluesmusiker ein »armer schwarzer Landarbeiter« und nicht ein paar neunmalkluge weiße Jugendliche mit Verstärkern. Einige jüngere Bluesmusiker schauten vorbei, um Big Brother zu hören. »Die meisten der hartnäckigen Bluestypen, die vorbeikamen, haben nur gegafft und den Kopf geschüttelt«, erinnert sich Dave. »Denen kam es vor, als würden wir ihre Kunstform verstümmeln.« Sogar Paul Butterfields Band, die im Lauf der Zeit experimenteller wurde, konnte mit dem San-Francisco-Sound wenig anfangen. Peter behauptet, Michael Bloomfield, der Gitarrist bei Butterfield, hätte Big Brother gehasst. »Es hat ihn immer gewurmt, dass diese weißen Kids aus San Francisco ihre Instrumente nicht beherrschten und trotzdem mehr Geld verdient haben als er.« Steve Miller, der seine Karriere als Blues-Gitarrist in Chicago begann, kritisierte ähnlich, dass Grateful Dead »kaum ›In the Midnight Hour‹ spielen konnten, und sie spielten es gewöhnlich fünfundvierzig Minuten lang«.

Aber Big Brother versuchte nicht, werkgetreue Versionen von Blues-Klassikern zu spielen – ganz im Gegenteil.»›Wir wollten zum Beispiel Erma Franklin nicht imitieren«, behauptet Peter.»Wir haben ihren Song ›Piece of My Heart‹ einfach durch die Big-Brother-Mühle gedreht. Und wir haben Big Mama Thorntons ›Ball and Chain‹ in einen Moll-Blues umgeändert. Wir haben die kompromisslose Arrangiermethode angewandt. Die Kettensägen-Methode.« Sam Andrews führt den radikalen Stil der Gruppe auf ihre Unerfahrenheit zurück: »Wir hatten keine Wahl. Es war das Einzige, was wir mit unserem Talent und unseren Fähigkeiten tun konnten. Ermas ›Piece of My Heart‹ hatte etwas Zartes und Geheimnisvolles, das über unseren Horizont ging.« Für die Puristen war ihre Musik allerdings ein »bedingungsloser Frontalangriff« auf den Blues. Peter erklärt: »Wir haben versucht, einiges von dem Blueszeugs zu spielen, wie Howlin' Wolfs ›Moanin' at Midnight‹. Natürlich haben sie mich ausgelacht, denn das wahre Ding lag auf der Straße.« Für Nick Gravenites, der mit Butterfields Band verkehrte, war Big Brother »einfach zu ausgeflippt. Dieser Tussi hingen die Haare runter und sie hatte diese *Bettdecke* an! Und der Schmuck! Hühnerknochen! Voodoo-Scheiß! Und dieses Patchouli-Parfüm, das *stank*! Ihr Teint war ein Schlachtfeld. Sie hatte diese Halsentzündung und schrie wie eine verwundete Eule! Ich mochte den Sound überhaupt nicht, aber ich war beeindruckt. Die waren von 'nem anderen Stern und sie ließen es heraushängen!« Dave Getz erinnert sich, dass sich alle in der Band von der negativen Reaktion »irgendwie eingeschüchtert« fühlten. Er war gleichzeitig voller Vertrauen: »Wir hatten unser eigenes Ding und wir wussten auch, dass der

Kontext, aus dem wir uns entwickelt hatten, nach Chicago kommen würde.«

Mother Blues hatte die Band für einen Monat gebucht, aber nach zwei Wochen starrten die Musiker auf leere Stühle. Janis warf dem Clubbesitzer vor, er würde sie betrügen. Der steckte in einer Zwickmühle. Er hatte der Band für die beiden ersten Wochen 1000 Dollar gegeben, aber ohne Einnahmen konnte er sie nicht weiter bezahlen. Peter versuchte erfolglos, die Musikergewerkschaft heranzuziehen, um an die Gage zu kommen. Der Band blieb nichts anderes übrig, als eine Bühnenshow zu entwickeln, die das Publikum anlocken würde. Sie stellten eine Go-go-Tänzerin an, der sie den Künstlernamen »Miss Proton, the Psychedelic Girl« gaben. Sie trug mit bunten Farben besprühte, glitzernde Trikots und einen Turban. Janis erzählte später in einem Interview, sie hätte sich kaputtgelacht bei dem Versuch zu singen, während »diese halb nackte Tussi direkt vor mir getanzt hat«. Big Brother war trotz des psychedelischen Go-go-Girls ein Flop in Chicago.

Die Band war bankrott und saß auf dem Trockenen, als Bob Shad ein zweites Mal wegen einer Vereinbarung mit Mainstream an sie herantrat. Er behauptete, Chet hätte sie übervorteilen wollen. Er hätte vorgehabt, die Aufnahmen im Avalon zu machen und der Band die Benutzung des Ballrooms in Rechnung zu stellen. Peter bezweifelt das. »Shad hat uns Dinge erzählt, die uns wütend auf Chet machen sollten, die uns dazu bringen sollten, aus Rache bei ihm zu unterschreiben.« Die Band hatte allerdings andere Gründe für einen Vertragsabschluß mit Shad. »Die Airplane hatten eine Schallplatte gemacht, und die Dead hatten einen Plattenvertrag«, erinnert sich Dave, und Peter fügt hinzu: »Uns kam der Gedanke, wir könnten Janis behalten, wenn wir diesen Vertrag unterschrieben.« Wie sich herausstellte, hatte Chet Recht, Shad zu misstrauen. Sam beschrieb ihn später als den »Meister ziemlich gerissener Geschäftspraktiken«, obwohl Shad in Wahrheit nicht schlimmer war als die meisten Besitzer kleiner unabhängiger Schallplattenfirmen. Er schloss mit Big Brother den Standardvertrag ab – einen Exklusivvertrag über fünf Jahre mit einem Tantiemensatz von fünf Prozent des Ladenverkaufspreises: das Copyright der Songs verblieb bei der Schallplattenfirma. Es war ein Vertrag, den alle schon bald bereuen sollten.

Big Brother fingen noch in Chicago an, ihr erstes Album aufzunehmen, und spielten vier Songs in einer neunstündigen Session ein. Sie stellten das Album im Herbst in Los Angeles fertig. Sam erinnert sich, dass die Aufnahmen reibungslos vonstatten gingen. Die Band spielte nach wie vor fünf oder sechs Sets am Abend im Mother Blues und hatte »reichlich Gelegenheit, den rauen Big-Brother-Sound zu polieren«. Shad war allerdings mehr daran interessiert, ein radiofreundliches Produkt aufzunehmen als den Sound der Band einzufangen, ihre schrillen, ausgedehnten Gitarrenimprovisationen. Er zwang die Band, ihre Songs zu kürzen, und sein Toningenieur weigerte sich, die Aussteuerungsanzeigen während der Aufnahme in den roten Bereich ausschlagen zu lassen, da er Verzerrungen vermeiden wollte. Er hatte »Schiss, dass die Nadel ins Rote ging«, erklärt Sam, »und wir wollten, dass die Nadel die ganze Zeit dort war.« Die Band war frustriert und fürchtete, die Schallplatte würde eine blechern klingende, harmlose Wiedergabe ihres heftig verzerrten Acid-Rocks sein. Shad war zudem kein Perfektionist und ließ Big Brother nicht mehr als zwölf Takes von einem Song aufnehmen. »Wenn wir's nicht richtig hingekriegt haben, haben wir eines der zwölf Takes ausgesucht, und das war's«, konstatiert Peter. Aber alle waren mit Janis' gedoppeltem Gesang zufrieden, besonders Shad, der ihr schmeichelte, sie sei von der Gruppe am besten zu vermarkten. Während der Sessions in Chicago sang Janis allerdings hauptsächlich Backup; einen Monat später sang sie in Los Angeles bei allen sechs Titeln die Leadstimme.

Shad versicherte der Band, er würde ihre erste Single in ein oder zwei Monaten veröffentlichen. Janis war begeistert. In einem Brief an ihre Eltern kündigte sie an, Big Brother würde bei einem zweiwöchigen Auftritt in Kanada 1500 Dollar verdienen. Was aber, wenn ihre Schallplatte ein Hit würde? Dann wären sie Stars und die 1500 Dollar schlichtweg schäbig. Janis hatte sich unnötig Sorgen gemacht: Ihre erste Single »Blindman« wurde gar nicht erst im Rundfunk gespielt. Der Song hatte den typischen Folk-Rock-Sound und erinnerte mit seinem Harmoniegesang stark an die Mamas & the Papas, aber Peters Solostimme ließ sehr zu wünschen übrig. Shad hatte den ungewöhnlichen, dreistimmig gesungenen Titel »All Is Loneliness« als B-Seite ausgesucht. Den hatte ein blinder New Yorker Straßensänger geschrieben, der sich Moondog nannte, aber die Titel auf der Rückseite einer Single kamen selten in die Charts. Mainstream veröffentlichte zwischen Mai 1967 und Februar 1968 vier weitere Singles der Band, aber keine hinterließ die geringste Spur in den Charts. Shad veröffentlichte das Album erst, nachdem das Monterey Pop Festival Janis berühmt gemacht hatte. Die Band verdiente keinen Penny daran, und der Vertrag kam sie teuer zu stehen, als sie später zu Columbia wechselte. Janis' Unentschlossenheit, ob sie in der Band bleiben sollte oder nicht, und die Versuche der Jungs, sie an sich zu binden, hatten langfristige Konsequenzen für Big Brother. Hätte Rothchild sich nicht um Janis bemüht, hätte die Band möglicherweise ein besseres Angebot einer bedeutenderen Schallplattenfirma abgewartet. Im Rückblick war das Mainstream-Fiasko das erste Anzeichen der Spannungen, die Big Brother in Zukunft verfolgen sollten.

Shad zahlte keine Vorschüsse und hatte jedem Bandmitglied nur 100 Dollar für die Aufnahmesession gegeben. Da sie kein Geld für den Rückflug hatten, zwängte sich die Gruppe (ohne Peter, dessen Verwandte das Flugticket bezahlten) mit ihrer Ausrüstung in ein geliehenes Auto und brach nach San Francisco auf. Sie durchquerten Landesteile, in denen lange Haare bei Männern als Landesverrat angesehen wurden. Die Bands aus San Francisco blieben lieber in ihrer gewohnten Umgebung; sich über die Bay Area hinauszuwagen war ein gefährliches Unterfangen. Die ersten langhaarigen Freaks, die der Rest Amerikas zu Gesicht bekam, waren meistens Musiker, die Schikanen und sogar Prügel riskierten, wenn sie auf Tournee gingen. Der Anlass war oft banal, zum Beispiel, wenn sie keine Socken zu Sandalen trugen. Als David Cohen von Country Joe and the Fish einmal nicht an Bord eines Flugzeugs gehen durfte, weil er keine Socken anhatte, sah sich die Band gezwungen, in Zukunft nicht mehr »unten ohne« zu gehen.

Bei ihrer Rückreise wurden Janis und die Jungs von einem Polizisten angehalten, der ihnen befahl, ihm in die nächste Stadt zu folgen. Er gab vor, Sams Fahrerlaubnis sei abgelaufen. Während sie in der Stadt das Auto untersuchten, machten sich die Polizisten über Sam, James und Dave lustig. »Seid ihr Jungs oder Mädels?« Janis wollte sich nicht damit abfinden und schrie: »Fick dich ins Knie, Mann.« Dave erinnert sich, dass sie »bereit war, sich mit ihnen zu streiten. Wir anderen wussten, wenn wir reagierten und den Köder schluckten ... würden sie uns ins Gefängnis werfen. Janis konnte mit dieser Art sehr gefährlich sein – sie fing mit den falschen Leuten Streit an und hatte kein Gefühl für gefährliche Situationen oder dafür, dass sie die Leute um sie herum immer in Gefahr brachte.« Dave schrie Janis an, den Mund zu halten, und sie kamen mit einer Strafe von 50 Dollar davon, die ihnen gerade genug Geld übrig ließ, um nach Hause zu kommen.

Janis musste Paul Rothchild immer noch die Nachricht beibringen, dass sie nicht nach Los Angeles ziehen würde. Schließlich erzählte sie ihm, sie hätte sich in einen der Jungs von Big Brother verliebt und beschlossen zu bleiben. Es stimmte zwar, dass sie in James vernarrt war, aber das war nicht ihr wahres Motiv. Janis war durch den Schallplattenvertrag an Mainstream gebunden. Außerdem hatte sie eine

Gruppe – eine Familie – gefunden, die sie akzeptierte, und sie liebte die Szene von Haight-Ashbury. Los Angeles dagegen war trotz seiner beachtlichen Verlockungen eine Unbekannte. Big Brother hatte zumindest vorübergehend den Konflikt zwischen Karriere und Familie gelöst, der sie verfolgte. Bei Big Brother waren Familie und Karriere in gewisser Hinsicht ein und dasselbe. Janis schrieb ihrer Mutter, die Band sei jetzt ihr »ganzes Leben«. Peggy Caserta erklärt: »Ich hatte allmählich das Gefühl, dass Janis auf bestimmte Dinge auffallend fixiert schien, beispielsweise pünktlich zur Probe der Band zu kommen.« Es konnte in Strömen regnen, aber wenn es Zeit war zu proben, stieg Janis in ihr klappriges Sunbeam Cabriolet mit dem zerrissenen Faltdach und fuhr los. Dave glaubt, Janis hätte damals erkannt, dass sie der stärkste Teil von Big Brother war und dass sie in Rothchilds Gruppe große Konkurrenz gehabt hätte. Taj Mahal und die anderen Musiker waren erfahrener als Janis; hätte sie Rothchilds Angebot angenommen, wäre sie in Sams Augen »in eine sehr konventionelle Rolle gedrängt worden und man hätte ihr nicht erlaubt, sich zu entwickeln«. Bei Big Brother standen ihr dagegen alle Türen offen. »Wir wussten nicht genug, um irgendwem Vorschriften machen zu können«, sagt Sam. »In dieser Hinsicht hatte sie wirklich Glück, uns zu finden.«

Selbst in diesem frühen Stadium war Big Brother allerdings keine Familie von Gleichgestellten. Im ersten Jahr der Band hielt sich Janis' Einfluss in Grenzen, da die Lokalzeitungen Big Brother als Gruppe und nicht als Janis Joplins Begleitband betrachteten. Die Journalisten waren es inzwischen gewohnt, über die neuen englischen Gruppen auf diese Art zu berichten – es war das John-Paul-George-und-Ringo-Syndrom. Darüber hinaus kämpfte das demokratische Ethos von Haight-Ashbury gegen jegliche »Star-Trips« an. Als die Band sechs Wochen vor dem Monterey Pop Festival bei dem lokalen Fernsehsender KQED auftrat, sang Janis nur bei einem Drittel der Songs die

Leadstimme, und sie stand an der Seite statt in der Bühnenmitte. Doch das Kräfteverhältnis innerhalb der Band begann sich zu verschieben. James war seit Anfang 1966, als sich die Gruppe zusammengefunden hatte, der unbestrittene Star gewesen, aber Janis verdrängte ihn und seine Gitarre. Sie begann auch, Peters Position als Bandleader in Frage zu stellen. Er war daran gewöhnt, sich um die Bühnenansagen und die alltäglichen Geschäfte der Band zu kümmern, und ihm standen weitere 20 Prozent ihrer Einnahmen zu, weil er ihre Gewerkschaftsverträge unterschrieben hatte. Als Janis davon erfuhr, berief sie ein Gruppentreffen ein. Sie erklärte, sie würde ihres Erachtens mehr als alle anderen für die Band tun und sollte deshalb diejenige sein, die Verträge unterzeichnet. Verblüfft erklärte Peter, er hätte nie einen Penny extra genommen. »Wir teilen alles«, erklärte er Janis. Im Lauf der Zeit akzeptierte sie die egalitäre Ethik und bestand darauf, dass Reklametafeln geändert wurden, wenn ihr Name hervorgehoben wurde. Aber es fiel ihr nicht leicht. Janis war versessen auf das Interesse, das man ihr entgegenbrachte.

»Alles« zu teilen brachte weitere Probleme für die Band mit sich, vor allem in Lagunitas, wo das Zusammenleben in ihrem kleinen Haus zusehends schwieriger wurde. Es gab die unvermeidlichen Konflikte wegen Sauberkeit, Ordnung und Lärm spät Nachts. »Ich wollte immer früh ins Bett«, erinnert sich Peter. »Ich hab gesagt: ›Meine Tochter ist noch nicht einmal ein Jahr alt, also bitte!‹ Und die haben gesagt: ›Was soll das heißen, du willst ins Bett? Es ist erst zehn Uhr!‹« James und Nancy hatten einen deutschen Schäferhund und sie schienen eine ideologische Abneigung zu haben, das Tier zu erziehen. Das Ergebnis war, dass der Hund den Laden schmiss. »Er hat überall hingeschissen.« Das Leben unter Paaren erinnerte Janis unangenehm an ihr Singledasein. Als der Pachtvertrag im Januar 1967 auslief, beschloss die Band, zurück nach Haight-Ashbury zu ziehen. Janis fand eine Bleibe auf der Ashbury Street in der

Nähe von Mnasidika; wenige Monate später zog sie in die Cole Street, die ebenfalls in Haight-Ashbury lag.

Big Brother war nur sechs Monate fort gewesen, aber als sie nach Haight-Ashbury zurückkamen, war der Ort nicht länger ein Insider-Tipp. Die Straßen schienen jetzt überfüllt, größtenteils, weil die neuen Bohemiens ihre Fremdartigkeit überschwänglich zur Schau stellten. Am 6. Oktober 1966, dem Tag, an dem LSD in Kalifornien für illegal erklärt wurde, hatte das »Love Pageant« stattgefunden, die Parade für das psychedelische Leben. Im Januar 1967 bestätigte dann das »Human-Be-In« San Franciscos Rang als Hauptstadt der Freaks. Es war ein Versuch, die Radikalen aus Berkeley und die Hippies von Haight-Ashbury zu vereinen. Zwischen 10 000 und 20 000 Menschen traten an, darunter zahllose Journalisten. Zu den Rednern gehörten Allen Ginsberg, der allerdings eher sang, Lenore Kandel, die aus ihrem kürzlich indizierten Gedichtband *The Love Book* las, Timothy Leary und Jerry Rubin, der damals in Berkeley politisch aktiv war. Obwohl auf dem Poster, das für das Be-In warb, »alle Bands aus San Francisco« angekündigt waren, spielten Big Brother an diesem Tag nicht. Owsley hatte jedoch dafür gesorgt, dass LSD allgegenwärtig war. Linda Gravenites, die im Haus der Grateful Dead wohnte, erinnert sich, dass er dort am Morgen des Be-Ins mit einem »gigantischen Mayonnaiseglas für den Gastronomiebedarf« auftauchte, »gefüllt mit klitzekleinen, winzigen White-Lightning-Pillen. Als der Tag zu Ende war, war das Glas leer.« Für die Journalisten war die friedliche Mixtur von Hell's Angels und Hippies ein großartiges Thema. Sie waren erstaunt, als sich die Angels anboten, das Stromkabel zu bewachen, das zuvor durchgeschnitten worden war.

Für Linda Gravenites markierte das Be-In eine Wende, den Augenblick, in dem sich Haight-Ashbury von einem spontanen Ausdruck der Gegenkultur zu einer völlig überspitzten Karikatur wandelte. Die meisten legen diesen Zeitpunkt später fest und weisen auf den »Summer of Love« 1967 hin, als Tausende von Jugendlichen über Haight-Ashbury herfielen. Aber das Be-In zog die Presse an, die den zukünftigen Charakter des Viertels stark bestimmte, da sie sich ausschließlich auf Sex, Drogen und Rock & Roll konzentrierte. »Bis zu diesem Zeitpunkt kamen die Leute, weil sie zum Überlaufen voll waren, und sie haben ihre Fülle geteilt«, erklärt Linda Gravenites. »Danach waren es die Leeren, die kamen, und sie wollten gefüllt werden.« Es war allerdings von Anfang an deutlich, dass dieses Paradies einige bösartige Narben hinterlassen würde. Die »Überläufer, Gesetzlosen, Außenseiter und Aussteiger« von Haight-Ashbury, wie sie Bob Seidemann bezeichnet, vermischten sich zu einem bizarren Gebräu. »Ein Hexenkessel, das war diese Gesellschaft.« Darüber hinaus war Haight-Ashbury ein gemischtrassisches Wohngebiet und die Spannung eskalierte, als sich das Viertel mit weißen Jugendlichen aus der Mittelschicht füllte, die sich von ihrem netten Zuhause, den guten Schulen und gut bezahlten Jobs losgesagt hatten, die für die meisten Schwarzen unerreichbar waren. Natürlich trugen auch die Drogen zu der Destabilisierung bei. Die Hippies verteidigten Marihuana und psychedelische Drogen als bewusstseinserweiternde »Lebensdrogen«. Es gab aber auch betäubende »Todesdrogen« wie Heroin, Amphetamin und Barbiturate in Haight-Ashbury und LSD wurde gewöhnlich mit Speed verschnitten. Die guten Beziehungen zwischen Hell's Angels und Hippies kamen unter anderem dadurch zustande, weil die Angels eine wichtige Drogenverbindung darstellten, vor allem für Speed.

Ken Kesey hatte die Beziehung zwischen den Angels und den Freaks hergestellt, vielleicht, um die verwandelnde Kraft von LSD zu demonstrieren, oder auch nur, um alle anderen an Genialität zu übertreffen. (»Wir sind im selben Geschäft«, erklärte Kesey den Angels. »Ihr brecht den Leuten die Knochen, ich brech den Leuten das Hirn.«) Jedenfalls entspannten sich die Beziehungen zwischen Freaks und Angels in Haight-Ashbury wesentlich, und die Grateful Dead und Big Brother trugen dazu bei. 1968 wurde Big Brothers Album *Cheap Thrills* veröffentlicht. Janis bestand darauf, dass es das Emblem der Angels und die Aufschrift »Approved by Hell's Angels Frisco« trug. Sie ging weiter als die meisten, als sie sich mit dem berüchtigten Angel Freewheelin' Frank einließ. Richard Hundgen aus der Big-Brother-Familie behauptet, dass die Hell's Angels häufig bei Janis vorbeigeschaut hätten. »Sie konnte mit ihnen umgehen. Sie hat mit ihnen Billard gespielt, hat sie zu Zweikämpfen herausgefordert und sie haben um Drinks gespielt und sich total zugeschüttet.« Natürlich konnte Janis mit den Hell's Angels umgehen: im Vergleich zu den Typen, die sie in Louisiana kennen gelernt hatte, waren sie wahrscheinlich kein großes Problem.

Manche Bewohner von Haight-Ashbury fühlten sich in Gegenwart der Angels allerdings nicht wohl. Jack Jackson, Janis' Freund aus Austin, erzählt: »Janis und andere hielten die Angels für einen Teil der ganzen Meute, aber das waren sie nicht. Sie hatten 'ne Menge Haare, aber eigentlich haben wir Texas verlassen, um diesen Menschentyp loszusein.« Die Angels mochten LSD einwerfen, aber die Hoffnung der Gegenkultur, es würde sie in knuddelige Teddybären verwandeln, erwies sich meistens als Illusion. Jackson erinnert sich an »Motorrad-Typen, die LSD nahmen und Schädel zertrümmerten. Es war, als würdest du mit Hitler ins Bett klettern.« Aber wer damals Bedenken wegen der Angels hatte, äußerte sie nur ungern. Niemand wollte als verklemmt und uncool gebrandmarkt werden. Der Druck, cool zu sein, machte den Umgang mit schrägen Vögeln zum Problem, vor allem den Umgang mit den Hell's Angels, die die Unterstützung einiger führender Köpfe von Haight-Ashbury besaßen. Die Angels wurden unter anderem mit der Ansicht verteidigt, der wirkliche Feind sei der groß angelegte, staatlich geförderte Terror. Der Dichter Michael

McClure argumentierte, der amerikanische Präsident Lyndon B. Johnson sei das größere Übel als ein paar Typen auf Motorrädern, die nur die Gewalttätigkeit zum Ausdruck brächten, die die meisten Menschen lieber verleugnen würden. McClure und die Diggers Peter Coyote und Emmett Grogan verkehrten bei den Angels und vertraten die Ansicht, man müsse sie individuell beurteilen, nicht als Gruppe. Aber die Angels traten als Gruppe auf, wie immer ihre individuellen Charaktere sein mochten. Menschen wurden getötet, Frauen vergewaltigt, Freundinnen fallen gelassen, und es wurde gestohlen – alles auf Befehl des Clubs. »Ich kann nur vermuten, dass es die Faszination war, die die Schwachen für die Starken empfinden«, meint Bob Brown, der aus Austin nach San Francisco gekommen war. »Vielleicht gab es das Gefühl, dass das Establishment die Bullen hatte, seine Schläger, und jetzt hatten wir unsere.« Nur – die Angels verhielten sich praktisch bei allen, auch den Hippies gegenüber, wie Schläger. Bruce Barthol von Country Joe and the Fish erinnert sich an ein Open Air in Santa Clara, bei dem die Angels für die Sicherheit zuständig waren. »Sie hatten ihre eigene Methode, die Bühne freizumachen, sie haben die Leute einfach runtergestoßen. Ein Typ hat 'ne Flasche genommen und einem Mädel damit den Schädel eingeschlagen.« Die Hell's Angels wurden als Outlaws verteidigt, waren aber in Wirklichkeit sehr konservativ. Das wurde nirgendwo deutlicher als in ihrer Einstellung zu Frauen.

Sexismus war in Haight-Ashbury allgegenwärtig. Diese Tatsache half dem Image der Angels als »klasse Typen«. Die Periode von 1960 bis 1970 – nach der Einführung der Pille und vor dem Aufkommen des Feminismus – öffnete jungen Männern ungeahnte Möglichkeiten. Carl Gottlieb, Schauspieler und Autor bei The Committee, kennt Männer, die bis zum heutigen Tag wehmütig auf diese Zeit zurückblicken, in der Frauen sexuell verfügbar waren, aber noch keine politische Geltung als Feministinnen hatten. Die so genannte sexuelle Revolution war für die Frauen kein reiner Segen. Sie hatten mehr Sex (mit weniger Schuldgefühlen), waren aber auch sexuell verletzlicher. Statt die tief verwurzelte sexuelle Doppelmoral aufzuheben, überdeckte die freie Liebe sie nur mit der Frömmelei der Gegenkultur. Der typische Hippie-Haushalt entwickelte auch keine Alternativen zur traditionellen Arbeitsteilung. Vielen Hippies gelang es, sich vor Acht-Stunden-Jobs zu drücken, aber wenige Hippie-Frauen drückten sich vor der Hausarbeit. Backen, Kochen, Nähen und Kinder beaufsichtigen waren »Frauensache«. Bob Seidemann betont, dass die Beziehungen zwischen Männern und Frauen so »altmodisch« wie ihre Möbel waren. »Das Hippie-Ethos war die Karikatur einer Frau, die einen Apfelkuchen zum Abkühlen auf das Fensterbrett stellt, während Daddy, der sich in den Marihuanafeldern für das lobenswerte Unterfangen, Gras zu verkaufen, abgeschuftet hat, das Zeug gerade sorgfältig in Plastiktütchen verpackt.«

Joan Didion erschien all das Gerede von dem »Frauen-Trip« – dem angeblich einzigartigen Talent als Hausfrau, Mutter und Allzweck-Fürsorgerin – geradezu wie Betty Friedans »Weiblichkeitswahn«: das Emanzipationsgefühl, das Hippie-Frauen zur Schau trugen, demonstrierte ihre Fähigkeit, »die unbewussten Instrumente von Werten zu sein, die sie auf einer bewussten Ebene energisch ablehnen würden«. In Wirklichkeit hätten die meisten Bewohner von Haight-Ashbury, auch die Frauen, Sexismus nicht einmal dann abgelehnt, wenn sie sich seiner Gegenwart in ihrem Leben bewusst gewesen wären. Als Travis Rivers, der Manager von Haight-Ashburys psychedelischer Zeitung *Oracle*, seinem Redaktionsstab vorschlug, eine Round-Table-Diskussion über Frauenfragen mit der Sexualberaterin Margo St. James, der Dichterin Lenore Kandel und Janis zu organisieren, »gab es einen riesigen Aufruhr, und praktisch der ganze Stab hat gekündigt«. Travis war so wütend, dass er beschloss, die Zeitung nicht mehr herauszubringen. »Die überwiegende Mehrheit der Frauen in dieser Szene ordneten sich den Männern unter«, bestätigt Seidemann, aber sie schienen glücklich zu sein. »Die Frauen wollten alle unbedingt Kinder. Schwanger werden, das Kind kriegen und beim Sozialamt anstehen.« Die Frauen von Haight-Ashbury hatten Sex mit vielen verschiedenen Männern und lebten in alternativen Familien, aber es wurde noch immer von ihnen erwartet, schwanger zu werden und abhängig zu sein – und viele wollten das auch. In dieser Hinsicht war Haight-Ashbury für eine Frau wie Janis nicht weniger problematisch als die kleinbürgerliche Welt. Sie war nicht auf dem »Frauen-Trip« und sie hatte auch keinen »Alten«.

Jahre später erinnerte sich die Band wehmütig an die Tage vor dem Monterey Pop Festival. Für James Gurley war die schönste Zeit, als Big Brother noch eine Band war, die um ihr Überleben kämpfte und ihre Ausrüstung zu Auftritten schleppte, die ihnen gerade einmal 250 Dollar einbrachten. »Da haben wir alle zusammengehalten. Wir haben alle am selben Strang gezogen.« Es ist jedoch überhaupt nicht klar, ob die Bandmitglieder jemals ein gemeinsames Ziel hatten. James, Sam, Dave und Peter waren eine ausgefallene Rockband mit zweifelhaftem kommerziellen Potential gewesen, bis Janis dazukam. Sie sorgte sich hauptsächlich um den Marktwert der Gruppe, der für die Jungs ursprünglich nicht von besonderem Belang gewesen war. Janis' Briefe an ihre Eltern offenbaren einen intelligenten Pragmatismus, der im Widerspruch zu ihrer Persönlichkeit als Beatnik-Mädel steht, das zufällig zum Singen kam. In ihren Briefen macht sich Janis Gedanken, welche Art von Musik sie singen soll, allerdings nicht auf ästhetischer, sondern strategischer Ebene. Würde sich Rock oder Blues besser vermarkten lassen? Sie schreibt, dass sie sich ein goldenes Lamékleid wünscht, das »wirklich nach Showbiz« aussieht, anders als die Straßenkleidung, die sie und alle auf der Bühne trugen. Natürlich sollte vieles von dem, was sie nach Hause schrieb, ihre Eltern beschwichtigen. Schließlich hatte sie grotesker weise behauptet, sie vermisse das Studentenleben daheim, als sie ihren Eltern endlich gestand, sie würde nicht nach Port Arthur zurückkehren, sondern in San Francisco bleiben.

Aber Janis' Geschichten von einer Existenz im Showbusiness waren nicht nur vorgetäuscht. Ein Jahr später hatte sie das Kleid aus Goldlamé. Sie suchte nicht nur nach einer Entschuldigung, Partys zu feiern; ihr ging es darum, mit ihrer Musik Erfolg zu haben. Dadurch stand sie nicht ganz im Einvernehmen mit den Jungs von Big Brother, die Ehrgeiz nicht ablehnten, aber einem kollektiven Unterfangen mehr verpflichtet waren als sie, vielleicht aus Notwendigkeit. Die Mitglieder der Band hätten mit der möglichen Ausnahme von James Gurley etwas anderes mit ihrem Leben anfangen können. Janis aber war überzeugt, sie hätte *das* gefunden, worin sie gut war, und das wollte sie nicht aufgeben. Der kommerzielle Erfolg schien frühere Demütigungen geradezu auszulöschen. Sie prahlte bei ihren Eltern, in Haight-Ashbury eine »Berühmtheit« und »wichtige Persönlichkeit« zu sein. Es war natürlich äußerst erfreulich, eine lokale Berühmtheit zu sein, aber es war kein Vergleich zu dem Ruhm, der sie erwartete. Nach dem Monterey Pop Festival sollte sich alles ändern.

Hoffnung und Hype in Monterey

»Monterey is' echt groovy, Mann«, rief ein offensichtlich bekiffter Michael Bloomfield von der Bühne. »Das is' unsere Generation, Mann. Was 'n Haufen Leute, Mann, zusammen, Mann, das is' toll. Amüsiert euch, weil's is' *echt* toll ... Wir lieben euch alle, Mann.« Bloomfields naive, emotionelle Ansprache spiegelte das Gefühl der 55 000 bis 90 000 Menschen wider, die im Juni 1967 das Monterey International Pop Festival besuchten. Das dreitägige Open Air erzeugte ein Gefühl der Euphorie, als hätte eine Marihuana-Wolke das Publikum in einen kollektiven Rausch versetzt. Das Nachrichtenmagazin *Newsweek* erklärte es zum »Hippie-Himmel«. Der Musikkritiker Robert Christgau war einer der 1200 Journalisten, die über das Festival berichteten. Er war scharfsichtiger: »Es gibt keine Hippies – die sind in einer Lawine von Nachahmern untergegangen.«

Trotz der Übertreibungen erinnern sich alle an Monterey als cooles, entspanntes Festival, bei dem sich die Musiker (selbst Stars wie Brian Jones von den Rolling Stones) unter die Massen mischten. »Du konntest dir was zu essen holen«, erinnert sich Grace Slick von Jefferson Airplane. »Du konntest auf die Toilette gehen. Die Leute konnten alles sehen. Es war nicht zu groß. Als es vorbei war, konntest du einfach in dein Auto steigen und *losfahren*, wenn du nach Hause gewollt hast.« Woodstock sollte zwei Jahre später in allen Schlagzeilen stehen, aber Monterey war ein Meilenstein. Das Festival signalisierte, dass das Phänomen Haight-Ashbury sich auf das ganze Land auszudehnen begann. Amerika veränderte sich. »Wohin du auch geschaut hast, die Beautiful People waren in der Mehrheit«, begeisterte sich Berkeleys Underground-Zeitung *Barb* in ihrem Bericht über Monterey. Otis Redding staunte über die Szene. »Oh, diese fucking Hippies, Mann. Die rauchen Dope und Shit, als wär's *legal* hier draußen. Schau, *alle* sind high.« Für Redding und viele andere erweckte die Szene in Monterey den Eindruck einer »Kulturrevolution«.

Die Idee zu dem Festival stammte von Ben Shapiro, einem Künstlervermittler »am äußeren Rand« der Gegenkultur. Von dem Human Be-In in San Francisco inspiriert, beschloss Shapiro, mit seinem Partner Alan Pariser einen »Musikmarkt« zu organisieren, der den neuen, »ehrlichen« Rock & Roll präsentieren sollte. Sie mieteten den Festplatz von Monterey County 80 Meilen südlich von San Francisco und verpflichteten wohl überlegt den früheren Presseagenten der Beatles, Derek Taylor, als Werbeleiter. Shapiro und Pariser taten sich schließlich mit John Phillips von Mamas & The Papas und ihrem Produzenten Lou Adler zusammen, einer gewichtigen Persönlichkeit der Musikindustrie aus Los Angeles. Phillips, ein ehemaliger Folkie, überredete Shapiro, dass das Unternehmen eine von den Künstlern selbst geführte uneigennützige Veranstaltung wie das berühmte Newport Folk Festival sein sollte. Adler und Philips hatten wesentlich mehr Einfluss und Chuzpe als Shapiro, und sobald sie an Bord waren, übernahmen sie die Planung des Festivals und kauften schließlich Shapiros Anteile auf. Adler gelang es im Handumdrehen, die Filmrechte für das Festival für den stattlichen Betrag von 400 000 Dollar an ABC-TV zu verkaufen. Obwohl er nur die Kosten der Musiker trug, bot Adler eine Reihe führender Gruppen aus Los Angeles auf – die Beach Boys, die Byrds, Buffalo Springfield und John Phillips' eigene Gruppe Mamas & the Papas.

Bei den Musikern von Haight-Ashbury hatten Adler und Phillips allerdings kein Gewicht. Die beiden stießen praktisch sofort auf die alte Antipathie der Nordkalifornier gegen ihre südlichen Nachbarn, die sie als »Plastik-Hippies« abtaten.

»L.A. tut unseren Augen weh«, höhnte ein Mitglied von Quicksilver Messenger Service. Die Rockszene San Franciscos war engstirnig, chauvinistisch und zwangsläufig argwöhnisch gegen jeden, der mit der verhassten Plastik-Metropole Los Angeles zu tun hatte. In den Augen der meisten Musiker aus der Bay Area waren die Organisatoren des Festivals nichts als »Hollywood-Geschäftemacher«, die aus Eigennutz versuchten, den »San-Francisco-Sound zu entführen und auf den Markt zu bringen«. Chet Helms erinnert sich: »Wir haben uns alle gegen Monterey Pop gesträubt, weil wir das Gefühl hatten, es würde so 'ne Art aalglatter L.A.-Schaumschlägerei sein.« Als dann die Nachricht von Adlers lukrativem Fernsehvertrag in Haight-Ashbury einschlug, fragten sich die Musiker und ihre Manager, warum die Bands von diesem Geld nichts bekommen sollten. Derek Taylor hatte keine leichte Aufgabe, vor allem, da die Gruppen aus Nordkalifornien aus eigener Kraft erfolgreich waren. Die Bands aus San Francisco hatten schon in allen Schlagzeilen gestanden, bevor das Jahr 1966 zu Ende war. *Newsweek* und *Time* hatten richtungsweisende Artikel veröffentlicht. »Somebody to Love« von den Jefferson Airplane stand gerade auf Platz drei der amerikanischen Charts. Chet Helms vertrat die Ansicht, die Organisatoren des Festivals würden »auf dem Erfolg dessen, was in San Francisco passierte, einen Haufen Bands aus L.A. aufbauen«. Adler und Phillips hatten tatsächlich einige befreundete Musiker in das Programm aufgenommen, aber sie hatten auch etliche Künstler gebucht, die nicht aus Kalifornien kamen – Otis Redding, die Who und die Jimi Hendrix Experience.

Die Musiker San Franciscos hatten jedoch allen Grund, der Sache äußerst skeptisch gegenüberzustehen. Die Organisatoren hatten bereits mit dem scheußlichen Scott-McKenzie-Titel »San Francisco (Be Sure to Wear Some Flowers in Your Hair)« von der Szene Haight-Ashburys profitiert: John Phillips hatte den Song geschrieben und Adler hatte ihn auf seinem Label

Ode veröffentlicht. Außerdem verdeutlichte die Festival-Broschüre, dass für Monterey mit der Assoziation an Haight-Ashbury geworben wurde. Das Publikum wurde aufgefordert, »glücklich zu sein, frei zu sein, Blumen zu tragen, Glöckchen mitzubringen« oder, wie Christgau ironisch formulierte, »Hippie zu spielen, sich unter Hippies zu mischen und Hippie-Musik zu hören«. Dann versuchte Derek Taylor, Unterstützung für die Veranstaltung zu gewinnen. Er machte vage Versprechungen, jeglichen Gewinn den Diggers zu spenden. Er behauptete, sie würden kostenloses Essen für die hungrigen Horden liefern, die in Monterey erwartet wurden. Allerdings hatte sich niemand mit den Diggers in Verbindung gesetzt, und Emmett Grogan und Peter Coyote beschimpften die Organisatoren als »Abschaum von Hollywood«. Auch die Behörden von Monterey waren auf die Organisatoren nicht gut zu sprechen, weil sie Horden hungriger Jugendlicher ermunterten, über die Stadt herzufallen. Um die Bürokraten Montereys zu beruhigen, änderten Adler und seine Freunde ihre Meinung und versprachen, Hippie-Organisationen würden keinen Penny von dem Festivalgeld sehen. Diese Rolle rückwärts bestätigte die schlimmsten Befürchtungen in San Francisco, dass die Veranstalter prinzipienlose Gesellen seien. Aber letztendlich überwanden die Bands aus San Francisco ihren Hass auf Los Angeles und traten auf. Ihre Musik, ihre Lightshows, ihre tollen Schwingungen – kurz, die ganze Szene von San Francisco – waren, was Monterey ausmachte.

Niemand erinnert sich jedoch an Monterey wegen der Hippiebands aus San Francisco, wegen Grateful Dead, Jefferson Airplane oder Big Brother. Die Stars von Monterey waren Jimi Hendrix, die Who, Otis Redding – und Janis Joplin. Hendrix' übernatürliches, akrobatisches Gitarrenspiel (zwischen den Beinen, hinter dem Kopf, mit den Zähnen) und die »Rache«, mit der er den Blues »zurückeroberte« und umgestaltete, wie es Pete Townshend formulierte, hinterließ einen tiefen Eindruck bei dem Publikum. Townshend kam es fast so vor, als würde Hendrix den weißen Rockern sagen: »Du hast das genommen, Eric Clapton und Mr. Townshend, du denkst, du kannst dich verkaufen. *Wir* machen das so ... wenn wir uns zurückholen, was ihr euch geborgt, wenn nicht gar gestohlen habt.« Nur wenige verstanden Hendrix' Aggressivität so gut wie Townshend, aber alle sprachen darauf an. Einst im Hintergrund in Little Richards Band, dominierte Hendrix jetzt die Bühne in Monterey. Der Kritiker Nelson George schrieb, sein Auftritt sei die »Rache des R-&-B-Begleitmusikers« gewesen. Es gelang Hendrix sogar, die Show der Who zu übertreffen, die auf der Bühne ein Schlachtfeld hinterließen. Er simulierte Sex mit dem Verstärkerturm und seiner Gitarre, die er anschließend in Brand setzte und zertrümmerte.

Otis Redding war mit seinem Charisma, seiner Dynamik und dem intensiven, Energie geladenen Gesang ein spektakulärer Erfolg. Er war mit Hendrix einer der wenigen farbigen Künstler des Festivals und begeisterte seit Jahren ein schwarzes Publikum, aber außer Janis hatte kaum jemand aus der überwiegend weißen Menschenmenge von Monterey schon einmal einen Auftritt Reddings gesehen. »Otis war der König«, verkündete der *Berkeley Barb* nach dem Konzert. Sein Gesang war so emotionsgeladen, dass Redding trotz seiner disziplinierten, durchgestylten Show im Stil einer Soul Revue beim Publikum ankam. Im Gegensatz dazu erschien die Nightclub-Nummer der 20-jährigen Laura Nyro (es war ihr erster Auftritt) seltsam affektiert. Sie passte so gar nicht zu der Das-ist-kein-Showbiz-Stimmung von Monterey, dass »der Satz ›Fast so schlecht wie Laura Nyro‹« in der Musikindustrie eine Zeit lang »die definitive Beleidigung für einen unpassenden Auftritt« war.

Dann war da noch Janis. Phillips und Adler hatten sich von Big Brother nicht viel versprochen und ihren Auftritt auf Samstagnachmittag gelegt, eindeutig nicht die beste Zeit. Selbst die Dead, die noch ziemlich amateurhaft waren, hatten einen der begehrten Auftritte am Abend zugestanden bekommen. Chet Helms wurde für den Nachmittag zum Ansager ernannt, da noch weitere San-Francisco-Bands auf dem Programm standen. Zur Zeit des Festivals hatten Big Brother und Janis genau ein Jahr miteinander gespielt, aber sie gehörten noch nicht zu den Hauptattraktionen der Stadt. Bill Graham hatte sich noch nicht dazu durchgerungen, die Band regelmäßig zu buchen. Er mochte Janis' Gesang nicht und war noch immer beleidigt, weil sie einer kleinen Underground-Zeitung erzählt hatte, sein Ballroom sei für Seeleute und Wochenend-Hippies, Chets Avalon dagegen die wahre Sache. Das Monterey Festival war der erste große Auftritt der Band und Janis war nervös. Peggy Caserta erinnert sich an ein Ferngespräch mit Janis, die verzweifelt in den Hörer schrie: »Peggy, ich hab nichts zum Anziehen!« Sie übertrieb nicht einmal. Peggy schlug ihr einen Peace-Dress vor, ein schlichtes Hemd, das mit Friedenssymbolen bedruckt und in Haight-Ashbury populär war, aber Janis trat an jenem Samstag in Jeans und einem Top auf. Sie machte sich jedoch um mehr Sorgen als ihre Kleidung. Sie hätte Angst gehabt, beim Publikum durchzufallen, erinnert sich Peggy. Sie gab ihrer Freundin den Rat, zu singen, als wäre es ihre einzige Gelegenheit, was Janis exakt tat.

Janis war vor vier Jahren auf einer kleinen Nebenbühne auf dem Monterey Folk Festival aufgetreten, doch am Samstag stand sie auf der Hauptbühne ihrem bisher größten Publikum gegenüber. »Janis war so nervös, es war verrückt«, erinnert sich John Phillips. »Aber sobald sie auf der Bühne stand, stampfte sie einfach ihren Fuß auf und wurde echt texanisch.« Janis hetzte durch das verlässliche »Down on Me« und »Roadblock«, beides schnelle Nummern. Dann verlangsamte sie das Tempo mit einer beklemmenden Version von Big Mama Thorntons »Ball and Chain« und brachte das Publikum damit zur Raserei. »Wo kommt die denn her?«, fragte Lou Adler verblüfft. Janis hatte allen Musikern der Bay-Area-Szene die Schau gestohlen. Den Kritikern schienen die Superlative auszugehen; es war ohne Zweifel Janis' Augenblick. Wer sie zum ersten Mal gehört hatte, war von der »ungeheuren Energie« beeindruckt, die sie »brutal in diesen Augenblick zwängte«, wie der Rockkritiker Michael Lydon schrieb, der damit die orgiastische Intensität ihrer Performance einfing. »Mit großartigen Schreien, die ihre Perlenketten fliegen lassen und ihr Gesicht zu einer Grimasse verzerren, explodiert die Energie in einem fort und verursacht Schockwellen elektrisierender Begeisterung.« Der Jazzkritiker Nat Hentoff schrieb ähnlich: bei ihrem Auftritt hätten »Stimme und Körper mit peitschender Kraft gebebt«. Am Ende hätte Janis »schlaff« dagestanden und bei ihm das Gefühl hinterlassen, er hätte »mit einer überwältigen Lebenskraft in Kontakt« gestanden. Janis wagte sich beim Singen derart weit hinaus, dass sich der Kritiker Greil Marcus wunderte, wie es ihr jemals gelang »zurückzukommen«. Vor allem »Ball and Chain« ließ Janis immer erschöpft zurück, denn »es handelt davon, Dinge zu empfinden... Ich kann es nie singen, ohne mich wirklich anzustrengen.« Big Brother hatten den Song vollständig überarbeitet. Jetzt war »dieses große Loch in dem Song, das mir gehört«, erklärte Janis, »und ich muss es mit was füllen«.

Und sie füllte es, mit all dem Schmerz und der Freude ihrer Leidenschaft. »Wenn ich singe«, erzählte sie später Michael Lydon, »dann fühle ich mich, oh, ich fühle mich, also, wie wenn du das erste Mal verliebt bist... Ich fühle Fieberschauer, komische Gefühle, die über meinen ganzen Körper gleiten, es ist eine überragende emotionale und physische Erfahrung.« Man konnte die »komischen Gefühle« in Janis' Gesicht aufblitzen sehen, die Lydon »die Wut der Freude« nennt, »die den Schmerz durchbricht«. Diese ungeschminkten Gefühle begeisterten das Publikum mehr als Janis' kraftvolle Stimme und ihre unbändige (und unbestreitbar sexuelle) Energie. Im Gegensatz zu fast allen anderen Stars bekam Janis in Monterey »eine Reaktion, die einzig in ihrem reizenden, knallharten Selbst begründet war«, wie es Robert Christgau formulierte. Für Clive Davis, den Präsidenten von Columbia Records, schien Janis »einen Augenblick gedrosselt, im nächsten lachte sie ... Sie schien vor Emotionen zu platzen und es war so *pur*.« Wenn »Plastik« in Monterey die größte Beleidigung war, dann war »pur« das höchste Kompliment. Greil Marcus sah mehr Kunstgriffe als andere Kritiker, aber er betrachtete sie als Vorzüge: »Indem sie eine Reihe von Blues- und Soulmanierismen zusammenstellt, realisiert sie eine Darstellung, die in gewissen Augenblicken – und man kann sie kommen hören – aufhört, überhaupt irgendeine Form von Darstellung zu sein. Die Mittel der Illusion erzeugen das Reale.« Janis beharrte stets darauf, es gäbe keine Kunstgriffe in ihrem Gesang. »Er ist echt, er ist nicht nur 'n Furnier, er ist nicht nur 'ne Performance.« Natürlich *bot* sie eine Performance *dar*, aber Janis' Emotionen wirkten nicht aufgesetzt wie bei vielen anderen Sängern, sondern völlig unvermittelt. Sie schienen Janis manchmal fast zu überwältigen.

Der Filmemacher D. A. Pennebaker arbeitete an jenem Samstag mit einer Aufnahmecrew an der Fernsehdokumentation *Monterey Pop*, aber während Janis' Auftritt wurde einzig und allein Cass Elliot von den Mamas & the Papas auf Film gebannt. Janis' überragender Auftritt ging der Nachwelt verloren, weil Big Brothers neuer Manager Julius Karpen den Produzenten das Filmen untersagt hatte. Wie mehrere andere Bay-Area-Manager sträubte sich Karpen, eine Freigabe zu unterzeichnen, die die weltweiten Rechte an dem Film »dem Festival« übertragen hätte – ohne finanzielle Beteiligung. Die Band mag mit Karpen vor ihrem Auftritt einer Meinung gewesen sein, aber als Big Brother die Bühne verließ, tat es ihnen Leid. Man hatte sie mit dem Film über den Tisch ziehen wollen, aber sie wussten, wie gut sie gewesen waren; zweifelsohne hätten sie letztendlich doch profitiert. Hinter der Bühne sprach Phillips die Band an: Er würde sie ein zweites Mal auftreten lassen, wenn sie zustimmten, sich filmen zu lassen. »Hört zu, ihr Typen vermasselt es, wenn ihr nicht in diesem Film seid.« Aber Karpen gab nicht nach. Er begann, zu einem Problem für die Band zu werden. Karpen war ein ehemaliger Merry Prankster und als der »grüne Julius« bekannt, da er seine Geschäfte gewohnheitsmäßig bekifft abwickelte. »Er hat mit keinem Geschäfte gemacht, der nicht mit ihm Marihuana geraucht hat«, behauptet Bob Seidemann. »Das hat seinen Verhandlungsstil echt eingeschränkt.« Big Brother waren durch Quicksilvers Manager Ron Polte bei Karpen gelandet. Peter Albin hatte Polte gebeten, sie zu managen, der aber war zu beschäftigt, eine weitere Band zu übernehmen, und schlug seinen Freund Karpen für den Job vor. Leider wusste Karpen so gut wie gar nichts über das Geschäft, weshalb er jeden Handel als potentiellen Betrug betrachtet haben mag. Jim Haynie, der Bill Grahams Fillmore managte, hatte gehört, dass Leute mit Karpen wegen seiner Paranoia nur ungern Geschäfte machten. Er schadete in jedem Fall der Band.

Janis wandte sich an den prominentesten, cleversten Manager überhaupt, Albert Grossman, der die Band beraten sollte. Grossman war in Monterey, um sich zwei Gruppen anzusehen, die unter seinem Management standen – die Butterfield Blues Band und Michael Bloomfields neue Gruppe Electric Flag. Er war außerdem dort, um viel versprechende neue Bands unter Vertrag zu nehmen. Bob Dylan, Alberts wichtigster Geldesel, war seit einem Motorradunfall fast ein Jahr außer Dienst gewesen und zeigte keine Anzeichen, zu seinem hektischen Tourneeplan zurückzukehren. Albert war mit seiner Frau Sally hinter der Bühne. Sally erinnert sich, Janis sei »ganz außer sich« gewesen und hätte »Albert schreiend aufgezählt, was sie alles brauchte«. Grossman erklärte Big Brother, sie seien dumm, auf Geld für den Film zu bestehen, obwohl er seine eigene Band Electric Flag auch nicht für die Dokumentation filmen ließ. Angesichts einer Meuterei gab Karpen nach und die Organisatoren arrangierten einen zweiten Auftritt für

Big Brother am Sonntagabend. Nach ihrem Treffen mit Grossman soll Janis gesagt haben: »Julius Karpen weiß es noch nicht, aber er hat gerade Big Brother and the Holding Company verloren.«

Als die Band am Sonntagabend die Bühne betrat, trug Janis einen brandneuen Hosenanzug aus Goldlamé. »Sie hat es ›lame‹ ausgesprochen, wie in ›Dieser Aufzug ist echt lame‹, damit es sich mit ›fame‹ reimt«, erinnert sich Sam Andrew [lame = lahm, fame = Ruhm, unübertragbares Wortspiel, Anm. d. Ü.]. »Wir haben uns gegenseitig verspottet, weil wir nach diesem Messingding gegrapscht haben, aber wir haben trotzdem gegrapscht.« Die Band ist mit ihrer zweiten Performance von »Ball and Chain« in Pennebakers »Monterey Pop« zu sehen und es ist schwer vorstellbar, dass ihr Auftritt am Samstag härter gerockt hat als diese »Zugabe«. Das Publikum war erneut außer sich. Als sich Janis von der Menge abwandte, strahlte sie etwas schüchtern über all den Beifall. Sie war euphorisch, als sie davontrottete und dann von der Bühne sprang. Durch das Goldlamé tropfte Schweiß.

Auf dem Monterey Pop Festival wurde deutlich, dass Janis' nackte, kompromisslose Präsenz der wahre Reiz war. Janis war nicht im konventionellen Sinn hübsch und bot nicht die übliche Art einer sexy Show, aber ihre Auftritte ließen insbesondere Männer mit hängender Zunge zurück. Robert Christgau war nicht der Einzige, der sich zu ihrer Sexualität äußerte. Die *L.A. Free Press* brachte einen Artikel mit der Überschrift »Big Brothers Titten«, in dem sein Autor schwärmte, Janis »macht's mir, wie heilige Zauberlippen, die den Schwanz meiner Seele streicheln«. Richard Goldstein drückte es in der *Village Voice* weniger drastisch aus: »Janis nur einmal ›Ball and Chain‹ singen hören heißt, gebumst werden, liebevoll und gut.« Janis wirkte auf Männer, gerade weil ihre emotionale Nacktheit im Vergleich mit der aufgedonnerten, lackierten Weiblichkeit ihrer Zeit schon fast obszön erschien. Und Janis war natürlich Hochspannung, was viele als Barometer für die Wildheit sahen, die sie in eine sexuelle Begegnung einbringen würde.

Für Janis war Monterey die absolute Bestätigung. Die Unfähigkeit, ihre Gefühle zu kontrollieren, »sie unten zu halten«, wie sie es nannte, hatte sie in Port Arthur in große Schwierigkeiten gebracht. Jetzt machte sie Janis zum Liebling der Gegenkultur. Überall sprachen Menschen begeistert davon, wie sie all diese starken, unlenksamen Gefühle von sich Besitz ergreifen ließ. Sie hatte diese bewundernde Reaktion schon früher erfahren, doch meistens nur an Orten wie dem flippigen Avalon. Einige Monate nach Monterey sprach Janis mit Nat Hentoff darüber, dass sie unter der Last ihrer Gefühle aufwuchs. Ihre Mutter hätte sie immer gezwungen, »wie alle anderen zu sein«, aber sie hätte es einfach nicht gekonnt. »Es hat mein Leben fast zerstört.« Ihre Offenheit Gefühlen gegenüber mache sie empfänglich für »superschreckliche Depressionen. Ich war immer das Opfer meiner selbst. Ich tat die falschen Dinge, lief davon, bin ausgeflippt, wahnsinnig geworden.« Sängerin bei Big Brother zu sein hätte all das geändert. »Es hat mich dahin gebracht, dass meine Gefühle durch die Musik für mich arbeiten, statt mich zu zerstören. Ich bin superglücklich. Mann, wenn die Musik nicht gewesen wäre, hätt ich mich wahrscheinlich umgebracht.«

Janis' ehemalige Freundin Jae Whitaker aß an jenem Samstag in Monterey mit der Band zu Abend. Janis sei außergewöhnlich glücklich gewesen. Janis selbst beschrieb das Festival als »einen der Höhepunkte in meinem Leben« und »das größte Vergnügen überhaupt«. Das Festival schien sich für alle Arten von nostalgischen Erinnerungen anzubieten, denn das Gefühl von Goodwill und »heiterer Verrücktheit«, wie es Christgau nannte, war angesichts dessen, was folgte, sehr beachtlich. »Das waren echte Blumenkinder«, sagte Janis über das Publikum. »Sie waren wirklich wunderbar und freundlich und vollständig offen, Mann.« Sam Andrews behauptet: »Es gab wirklich überhaupt keine Form von Konkurrenz oder Stress.« Für Art Garfunkel war die Magie von Monterey, dass »es nicht um Geld ging«. Es war frei von den Egotrips, die spätere Rock- Großereignisse beeinträchtigen sollten, aber nicht ganz der Beginn des Zeitalters von Aquarius: Das Festival der guten Schwingungen war auch der Ort knallharter Geschäftsabschlüsse hinter den Kulissen. Es gab stürmische Intrigen, denn die Schallplattenfirmen praktizierten »Scheckbuchpolitik« und wetteiferten, neue Bands unter Vertrag zu nehmen. Auch die Beziehungen unter den Musikern waren nicht immer freundlich. Die Who und Jimi Hendrix stritten, wer zuerst auftreten dürfe. Hendrix, der aus England in die Staaten zurückgekehrt war, um seine Gitarrenkünste unter Beweis zu stellen, versetzte alle weißen Möchtegern-Gitarrenhelden in Panik. James Gurley gibt heute zu, dass Hendrix' erstaunliches Spiel es ihm »echt schwer gemacht hat«. Sunshine war einige Tage nach dem Festival mit James im Fillmore, als Hendrix auftrat, und sah, wie er »in einem fort die Fäuste ballte«. James war ein inspirierter Gitarrist, aber er wurde nie perfekt. Stattdessen blieb er in seinem Stil gefangen – eine Blockierung, die für alle Musiker von Big Brother Konsequenzen hatte. Monterey Pop mag für ihn der Augenblick seiner Selbsteinschätzung gewesen sein und Hendrix der Vorwand dafür, sich nicht weiterzuentwickeln.

Das Festival war genau genommen ein zwiespältiger Augenblick für alle Bandmitglieder, auch wenn es einer der Höhepunkte in Janis' Leben war. Als die Landespresse und die Musikindustrie auf Janis Joplin aufmerksam wurden, verschob sich das Gewicht innerhalb der Gruppe. Niemand war an Big Brother interessiert, die nur noch »die Band mit der unglaublichen Sängerin« waren. Die Jungs hatten sich die Mühe gemacht, »Ball and Chain« zu einem Big-Brother-Song umzuarbeiten, und plötzlich stand Janis' Gesang im Vordergrund. Christgau schrieb begeistert über ihre Bühnenpräsenz. Er schrieb, ihre Stimme sei »zwei Drittel Willie Mae Thornton und ein Drittel Kitty Wells«. Über die Band schrieb er nichts. Selbst Janis' linker Brustwarze wurde mehr Aufmerksamkeit geschenkt als den vier Jungs von Big Brother.

Niemand war begeisterter von Janis als Albert Grossman und Clive Davis. Albert hatte Janis hinsichtlich des Films gern beraten, doch er drängte sich nicht darum, die Band zu repräsentieren. Clive Davis, der neu ernannte Präsident von Columbia Records, war allerdings so hingerissen, dass er die Band auf der Stelle unter Vertrag nehmen wollte. Bei seiner Rückkehr nach New York war er angeblich »rasend vor Ekstase. Er hat Monterey geliebt, und er hat Janis geliebt.« Obwohl Janis seit Monterey seine Lieblingskünstlerin war, interessierte sich Davis auch für die Steve Miller Band und Quicksilver, wurde aber von Capitol ausmanövriert. RCA hatte ein Jahr zuvor 25 000 Dollar für Jefferson Airplane bezahlt, aber im Sog des Erfolgs der Airplane war niemand mehr so günstig zu haben. Capitol legte für die Steve Miller Band und Quicksilver jeweils 40 000 Dollar auf den Tisch, und Davis zahlte 50 000 für die Electric Flag.

Das Monterey Pop Festival markierte für Clive Davis den »kreativen Wendepunkt«: Es hätte ihn auf die soziale und musikalische Revolution der Sechziger hingewiesen und ihn veranlasst, die Zukunft seiner Firma in der Rock-Musik zu sehen. Es war ein kluger Schritt, denn Columbia Records war zwar äußerst einflussreich, aber in finanziellen Schwierigkeiten. Doch seine Entscheidung war nicht nur eine zynische Geschäftsentscheidung. Die meisten Vertreter der Schallplattenfirmen verspotteten Rock & Roll als Musik, die »sich verkauft, aber stinkt«. Diese Haltung führte zu einigen denkwürdigen Entscheidungen. Am unvergesslichsten ist die anfängliche Ablehnung von Capitol Records, die ersten Singles der Beatles zu veröffentlichen, die ihre englische Mutterfirma EMI produziert hatte. Columbia Records war stolz auf ein geschmackvolles Repertoire, aber äußerst schwerfällig. Es war ein kühner Schritt, »das Label von Robert Goulet in das Label von Janis Joplin« zu verwandeln, wie Fredric Dannen schrieb, vor allem, weil Columbias führender A-&-R-Mann Mitch Miller Rock & Roll offen und öffentlich verabscheute. Davis machte sich bei der Umgestaltung innerhalb und außerhalb der Firma viele Feinde, als er Musiker unter Vertrag nahm, die sich zu den erfolgreichsten und meistgefeierten Künstlern in dem neuen Musikbereich entwickeln sollten. Innerhalb von drei Jahren konnte Davis Janis und Big Brother, Santana, Chicago, Laura Nyro und Blood, Sweat and Tears zu seinen Künstlern zählen. Seine Legende (und sein Ego) wuchsen entsprechend. Joe Smith, sein Gegenspieler bei Warner Brothers, brachte die Teilnehmer einer Tagung zum Lachen, als er Davis vorstellte: »Lassen Sie mich die offizielle Biographie vorlesen. Clive Davis wurde in einem Stall in Bethlehem geboren.«

Als Davis beschloss, Big Brother unter Vertrag zu nehmen, versuchten Karpen und der neue Anwalt der Band, Bob Gordon, sie aus dem Vertrag mit Bob Shad von Mainstream Records herauszumogeln. Sie behaupteten, er hätte nur ein Demo-Band der Gruppe aufgenommen. Shad ließ sich nichts vormachen. Der Vertrag war unanfechtbar; einzig Geld, und davon eine Menge, würde die Band aus seinen Klauen retten. Während der Verhandlungen erwies sich Karpen als Hemmschuh für Big Brother, da er in Verhandlungen mit hohem Einsatz nicht bewandert war. Kurz nach dem Festival bat Bill Graham Big Brother, Ende 1967 im Hollywood Bowl als Vorgruppe von Jefferson Airplane und den Dead aufzutreten. Karpen vertrat die Ansicht, Big Brother sollten die Hauptgruppe sein, und lehnte entgegen den Wünschen der Band das Geschäft ab. Graham rief die Bandmitglieder einzeln an und sagte, Karpen schade ihrer Karriere, sie sollten ihn loswerden. Karpen trug nur zu ihrem Unbehagen bei, als er sich weigerte, die Buchführung offen zu legen. Als er erklärte: »Ich lass euch die Bücher da und ich verlass euch«, spitzten sich die Dinge weiter zu. Karpen ging, ließ aber keine Bücher zurück, nur Berge von Quittungen. Dave Getz behauptet, Karpen hätte es vor seiner Kündigung noch fertig gebracht, die Einnahmen der Band durch eine Fehlinvestition zu verlieren.

»Es ist so verrückt, wenn du heute daran denkst – die Leute, die diese Rockbands gemanagt haben«, erinnert sich Dave. »Chet war ein Typ, der mit Gras gedealt hat und in das Geschäft mit den Dances eingestiegen ist; Bill Graham war ein echter Geschäftsmann, eine starke Persönlichkeit, der das Zeug dazu hatte, Bands zu managen. Aber die meisten dieser Typen waren Hippies, die nur wenig mehr Ahnung von dem Geschäft hatten als die Leute, die sie gemanagt haben.« Und Big Brother hatten zahlreiche Manager. »Wir waren einfach so verletzlich und unerfahren«, erklärt Dave. Nachdem die Band Chet gefeuert hatte, »lernte Peter eines Tags diesen Typ kennen, und er war wie ein Niemand, und als Nächstes war er zwei Wochen lang unser Manager. Dann haben wir mit Ron Polte weitergemacht, dem Manager von Quicksilver, und der sagte: ›Also, ich hab 'n Freund und sein Name ist Julius.‹ Also Julius war irgendwie schleimig und unberechenbar. Er war auch sehr geheimniskrämerisch. Er war überhaupt nicht geradeheraus. An dem Typ hat nichts gestimmt, außer, dass er 'n gutes Herz hatte.« Anderen Bands erging es nicht besser. Danny Rifkin und Rock Scully, die Grateful Dead managten, waren »ein weiteres Beispiel für Hippie-Manager, die großartige Typen, lustige Typen aus der Szene waren, die wirklich bei allem mitgemacht haben, was abging, aber total unfähig, ein Geschäft zu führen. Und dann war da Albert Grossman, ein Multimillionär mit seiner Suite von Büros und Macht, weil er Bob Dylan gemanagt hat. Alles, was mit Dylan zu tun hatte, musste gottähnlich sein.« Janis und die Band »waren einfach total aus dem Häuschen bei der Vorstellung, Albert Grossman würde uns managen, ausgerechnet *uns*«.

Als Big Brother 1967 an Albert Grossman herantraten, das Management von Karpen zu übernehmen, war er der einflussreichste und am meisten respektierte Manager der Branche. Man schreibt Albert sogar zu, er hätte das Konzept des Power Managers erfunden. Außerhalb San Franciscos waren die meisten Manager nur Fleischverkäufer; um Musik kümmerten sie sich am allerwenigsten. Albert dagegen war ein Musikliebhaber, der auf seinen tadellosen Geschmack stolz war. Er genoss es, Geld zu verdienen, weigerte sich aber, Künstler zu repräsentieren, die er nicht als Zugpferde ansah. Grossman war erst 32, als er 1962 begann, mit Dylan zu arbeiten, aber er sah bereits alt aus, denn er war übergewichtig und frühzeitig ergraut. Nachdem er einige Jahre mit Dylan zusammengearbeitet hatte, änderte er seinen Look: Er tauschte sein Brillengestell aus Schildpatt, seine Geschäftsanzüge und den Kurzhaarschnitt gegen ein Metallgestell, Jeans und ziemlich lange Haare, die er manchmal zu einem kurzen Pferdeschwanz zusammenband. Für Janis und viele andere ähnelte er einer modernen Version von Benjamin Franklin. Albert war im Grunde der erste Rockmanager, der so hip wie seine Klienten war. Er pflegte Umgang mit Janis, Bob Dylan und Bobby Neuwirth, Emmett Grogan und Peter Coyote und jedem, den er für cool hielt. Coyote erinnert sich, dass Grossman »das beste Gras und Haschisch und LSD hatte und dich mit tollen Frauen bekannt gemacht hat«. Albert besaß ein prachtvolles Haus in Woodstock, lange bevor der Ort zum Inbegriff des Hip-seins wurde. Dylan und die Band gehörten zu den zahlreichen Rockern, die seinem Beispiel folgten und nach Woodstock zogen, eine Zuwanderung, die der Stadt einen solchen Glanz verlieh, dass sie 1969 zum Veranstaltungsort des berühmten Festivals gewählt wurde. »Wenn Albert nicht gewesen wäre«, betonte Robbie Robertson von The Band später, »wären wir wahrscheinlich als Poughkeepsie-Generation bekannt.«

Albert trug den Spitznamen »The Bear«, und er konnte ein

Teddybär sein, aber bei Geschäftsverhandlungen war er ein Grizzly. Der Schallplattenproduzent John Simon, einer von Grossmans Klienten, bezeichnet Albert als »Hundesohn«. Grossman liebte es, Macht auszuüben, und dazu gehörte oft, nein zu sagen – wenn er nicht bewusst undurchsichtig blieb. Robert Shelton, der Musikkritiker der *New York Times*, fand, dass Albert »gerne nein zu sagen schien, so wie manche Anwälte gern mit Klage drohen«. Albert hatte noch einen zweiten Spitznamen. Nick Gravenites und Michael Bloomfield von Electric Flag nannten ihn »die Wolke«. »Du konntest sie sehen«, erklärte Gravenites, »groß, grau und August – aber wenn du sie berühren wolltest, war sie nicht da.«

Wenn Albert rätselhaft und ausweichend war, fühlte sich seine Macht für jeden auf der anderen Seite seines Schreibtischs sehr konkret an. Selbst die harmloseste Unterhaltung konnte das Gefühl der Herabsetzung vermitteln. Mike Friedmann, einer seiner Mitarbeiter, erinnert sich: »Es war die fürchterlichste Erfahrung der Welt, in das Büro von diesem Typen zu kommen. Es war 'ne Höhle. Es gab einen Schreibtisch aus Mahagoni und eine Tiffany-Lampe mit einer 20-Watt-Birne. Die Akten haben sich so hoch auf dem Schreibtisch gestapelt, dass du Albert dahinter nicht sehen konntest, und der Stuhl für die Besucher war so niedrig, dass du Albert ohnehin nicht sehen konntest, wenn jemand darin gesessen hat. Ich hab ihn ›Armer-Schlucker-Stuhl‹ genannt. Die Leute haben sich umgeschaut und konnten sich kaum darauf konzentrieren, was sie gerade getan haben.« Und sie waren kaum imstande, etwas zu hören. »Hinter seinem Schreibtisch lief eine laute Klimaanlage«, erzählt der Schallplattenproduzent Elliot Mazer, »und er sprach leise, mit der Hand vor seinem Mund, so dass du nicht richtig hören konntest, was er gerade sagte.« Es war nicht nur das Ambiente, das ein Treffen mit Albert so verwirrend machte. Er fühlte sich selbst nicht besonders wohl in seiner Haut, doch er hatte irgendwie gelernt, sein Unbehagen zu seinem Vorteil einzusetzen. »Er konnte jeden auflaufen lassen«, behauptet ein leitender Angestellter einer Schallplattenfirma. »Er konnte einfach einen Raum beherrschen und jeden dazu bringen, zu ihm zu kommen.« Nick Gravenites erinnert sich: »Er kam in 'ne Geschäftsbesprechung und sagte fünf Worte. Und der andere hat geredet, und Albert hat nichts gesagt. Er hat mit seinem kleinen Finger in den Zähnen gestochert. Dann herrschte Schweigen, und der andere hat wieder angefangen zu reden und den ganzen Deal revidiert.«

Obwohl Albert behauptete, auf der Universität von Chicago einen akademischen Grad in Volkswirtschaft erworben zu haben, hatte er in Wirklichkeit das wenig schicke Roosevelt College besucht. Nach seinem Abschluss hatte er einen Job beim Amt für Sozialwohnungen auf der überwiegend schwarzen South Side der Stadt bekommen. Albert mochte weder seinen Job noch das System, das für die armen Schwarzen keinen besonderen Nutzen zu haben schien. Er begann, in Folkclubs zu gehen, eröffnete 1957 seinen eigen Club Gate of Horn und begann, Künstler zu managen. Er hatte mehrere Musiker unter Vertrag, doch Odettas Erfolg begründete seinen Ruf. Nachdem er 1959 das erste Newport Folk Festival produziert hatte, zog er nach New York, wo er eine feste Größe in der Folk-Szene wurde und in den irren Kaffeehäusern von Greenwich Village Hof hielt. Robert Shelton berichtet, er hätte die Angewohnheit gehabt, »eine King-Size-Zigarette« so zu rauchen, »wie ein Ölscheich eine Huka hält. Er hat mit Daumen und Zeigefinger einen Kreis gebildet, seinen kleinen Finger etwas abgespreizt und den Rauch langsam durch seine Hand geblasen.«

Als Albert begann, Künstler zu betreuen, gab es nur zwei Manager an der Ostküste, die auf Folk spezialisiert waren – Manny Greenhill, der Joan Baez vertrat, und Harold Levanthal, der Pete Seeger, die Weavers und Judy Collins managte. Sie waren an linksgerichteter Politik orientiert, nicht am Showbusiness. Albert tendierte auch nach links: Der Filmemacher

Mike Gray behauptet, Albert hätte ihm einmal eine braune Papiertüte mit 5000 Dollar gegeben, die ihm ermöglicht hätten, einen Dokumentarfilm über die Black Panther Party fertig zu stellen. Albert ließ Emmett Grogan und Peter Coyote sein New Yorker Büro benutzen, die von dort für die Unterstützung mehrerer politischer Aktivitäten warben, unter anderem die französischen Studentenunruhen 1968. Im Gegensatz zu Greenhill und Levanthal sah Albert nicht ein, warum die Politik seinen Geschäftsinteressen im Weg stehen sollte. Und mit der Folk Music war Geld zu verdienen. Robert Shelton war mit Albert befreundet, hielt ihn aber für einen »Cheshirekater in unberührten Äckern voller Feldmäuse«. Bobby Neuwirth meint, Grossman hätte im Gegensatz zu den anderen Folk-Managern »das Showbusiness-Prinzip« begriffen, dass »man so viel Geld verdienen sollte wie möglich«. Albert prahlte mit seiner gesalzenen Provision von 25 Prozent, und wenn man ihn fragte, warum sein Anteil so hoch war, erklärte er: »Weil du jedes Mal zehn Prozent klüger bist als vorher, wenn du mit mir geredet hast. Deshalb schlag ich einfach diese zehn Prozent drauf, wofür all die Blödmänner nichts verlangen.«

Albert war nicht nur clever, er hatte auch Phantasie und respektierte seine Klienten. »Albert war der erste Typ, der darauf bestand, dass seine Künstler wie Künstler behandelt wurden«, behauptet Jim Rooney, der den berühmten Club 47 in Cambridge managte. Und in vielerlei Hinsicht verwandelte Grossmans Hartnäckigkeit das Musikgeschäft. Albert sorgte dafür, dass Peter, Paul & Mary die kreative Kontrolle über Aufnahme und Verpackung ihrer Musik behielten, was 1962 eine beispiellose Forderung war. Das hätte zur Folge gehabt, dass Peter, Paul & Mary »sich für die Aufnahme ihres Albums so lange Zeit ließen, wie sie wollten«, schimpft ein hochrangiger Angestellter von Warner Brothers. »Sie haben es abgeliefert, wenn es fertig war und zu ihrer Zufriedenheit gemastert. Sie haben alle Zeitpläne vollständig ignoriert, die wir für seine Herstellung hatten. Und sie haben die grafische Gestaltung für die Vorder- und die Rückseite abgeliefert. Das war unerhört. Unerhört!« Alberts »größte Errungenschaft war es, ein kommerzielles Umfeld zu schaffen, in dem seine Klienten viel Geld verdienen, aber auch ihre künstlerische Integrität aufrecht erhalten konnten«, glaubt Fred Goodman, ein kenntnisreicher Musikjournalist der Zeit. Die Ehe von Kunst und Kommerz, die in den Sechzigern die Populärmusik revolutionierte, wurde von Bob Dylan verkörpert, doch Grossman hatte die Verbindung größtenteils in die Wege geleitet.

Und er verdiente damit eine Menge Geld – zu viel, fanden manche. Mary Travers von Peter, Paul & Mary bewunderte Albert, bis sie herausfand, dass er mehr Geld verdiente als jedes Mitglied des Trios. Ein großer Teil seiner Einnahmen kam von den Musikverlagen, die er für einige seiner Künstler gegründet hatte, Bob Dylan zum Beispiel. Verlagsrechte brachten große Geldbeträge, die nur wenige Künstler zu Gesicht bekamen, bis Albert die Spielregeln änderte. Dylan beschlich das Gefühl, Albert hätte ihn übervorteilt, und trennte sich schließlich von ihm. Die Kritik war jedoch nicht nur auf Alberts Reichtum beschränkt. Grossman machte es keinen Spaß, unter Idioten zu leiden. Er konnte sehr freundlich sein, doch er legte keinen Wert darauf, nett angesehen zu werden. Mary Travers hat einmal erklärt, sie hätte Albert sehr gemocht, auch wenn er kein sehr netter Mann gewesen sei. Odetta hielt Albert anfangs für einen »phantastischen, wunderbaren, reizenden, humanen Menschen«. Ihr fiel allerdings auf, dass er nicht über die Späße anderer lachte. »Er musste sich überlegen fühlen.« George Wein teilt ihre Ansicht. Der Konzertveranstalter bezeichnete Albert als »eine starke Einbahnstraße«. Manche warfen ihm sein hitziges Temperament und seine Bösartigkeit vor. »Albert konnte aus heiterem Himmel sehr grausam und gehässig werden«, behauptet Elliot Mazer. Und Levon Helm von The Band machte ihm zum Vorwurf, er hätte die Teile-und-herrsche-

Taktik angewandt, um Robbie Robertson, den »Star« der Gruppe, zu »isolieren« und »die anderen Jungs zu bescheißen«.

Albert hat aber auch viele Fürsprecher. Peter Yarrow von Peter, Paul & Mary behauptet, Albert sei nur Blender hart angegangen, und sein Bandkollege Paul Stookey stimmt zu. Albert sei »brutal ehrlich« gewesen und hätte »ein Frühwarnsystem für Bullshit gehabt, das seinen Ärger sehr offen gezeigt hat«. Seine Witwe Sally gesteht: »Du hast dir Alberts Zorn definitiv nicht zuziehen wollen«, aber sie glaubt, sein Zorn sei eine Tugend gewesen. »Er war ihn sofort wieder los. Er hat mir immer erzählt, er sei nicht zornig geworden, und das sei auch nicht gesund.« Es sei am schlimmsten gewesen, »wenn er von dir enttäuscht war. Das war verheerend, denn er war so großartig und er hat so viel für dich getan, für alle.« Sie schreibt einen Großteil der negativen Reaktionen, die Grossman hervorrief, der Unsicherheit seiner Gegenüber zu. »Er war eine so charismatische, starke Persönlichkeit und so clever, dass sich die Leute sehr leicht verunsichert gefühlt haben, wenn sie ohnehin unsicher waren.« Selbst diejenigen, die seine Eigenarten abstoßend fanden, erkennen seine Einmaligkeit in der Welt des Musikmanagements an. Myra Friedman, die bei Grossman für Public Relations zuständig war, glaubt: »Kein Manager hatte die Klasse, den Geschmack und die Liebe zur Musik, die Albert hatte. Er gehörte einer Gattung an, die nicht mehr existiert.« Peter Yarrow stimmt zu: »Es hätte Peter, Paul & Mary nie gegeben, es hätte nie einen Bob Dylan gegeben, die ohne Albert überlebt hätten und erfolgreich geworden wären.«

Diejenigen, die Albert Grossman am wenigsten mochten, sind natürlich die zahlreichen Menschen, zu denen er nein sagte – Repräsentanten der Schallplattenfirmen, Konzertveranstalter und die Presse. Robert Shelton handelte sich Ärger ein, als er sein Interesse bekundete, Bob Dylans Biographie zu schreiben. Albert drohte prompt mit Klage. Aber meistens sagte er einfach nein und zwang so Interessenten, Spitzengagen zu bezahlen – oder mehr. Letztendlich reduzierte Albert Grossman viele einflussreiche Menschen zu Bittstellern und deshalb wurde er engagiert. »Wir haben ihn als letzte Waffe benutzt«, erklärt der Produzent Elliot Mazer. »Es hat die Labels verrückt gemacht, dass Albert diese Macht hatte.«

»Er hat Clive Davis dirigiert«, sagt Elliot Mazer über Alberts Beziehung zu dem Präsidenten von Columbia. Wie dem auch sei, Albert überzeugte Davis, Big Brother für 200 000 Dollar aus ihrem Vertrag mit Mainstream freizukaufen. Columbia rechnete der Gruppe 100 000 Dollar als Vorschuss an, der mit zukünftigen Tantiemen verrechnet werden sollte, und die Gesellschaft musste in Davis' Worten »den Rest schlucken«. Mainstream bekam zusätzlich einen vorrangigen Anteil von zwei Prozent des Ladenverkaufspreises der beiden nächsten Big-Brother-Alben. Schließlich waren Big Brother mit 150 000 Dollar verschuldet – 100 000 Dollar Vorschuss auf die Tantiemen ihres ersten Albums und 50 000 Dollar für die Aufnahmekosten, die ebenfalls mit den Tantiemen verrechnet werden sollten. Der Vertrag war auch für Davis und Columbia ein ziemliches Risiko – es ging immerhin um 250 000 Dollar. Alberts Einfluss ist dem Geschäft ins Gesicht geschrieben: Davis hatte nicht nur exorbitanten Bedingungen zugestimmt, auch Alberts Klient John Simon wurde verpflichtet, Big Brothers nächstes Album zu produzieren, das für Columbia ein Erfolg werden musste.

Albert war vor der Vertragsunterzeichnung nach San Francisco geflogen, um sich mit Big Brother zu treffen. Als die Band fragte, was er für sie tun würde, drehte Albert den Spieß um. Er fragte, was *sie* von einem Manager erwartete. Sie waren sprachlos – niemand hatte je eine derartige Frage gestellt. Albert soll vorgetragen haben, wenn sie reich und berühmt werden wollten, könne er dafür sorgen. Wenn sie sich im Hintergrund halten wollten, nur gelegentlich auf Tournee gehen und gerade genug Geld verdienen wollten, um über die Runden zu kommen, was sein Klient Richie Havens vorzog, könne er das auch in die Wege leiten. Sie hätten die Wahl. »Wir wollen gut verdienen«, antworteten Big Brother. »Wir waren so naiv«, erinnert sich Dave Getz, dass er auf Alberts Frage, wie viel ihm vorschwebe, antwortete: »Wir wollen *mindestens* 75 000 Dollar im Jahr.« Dave hatte die Summe, die er in dem Jahr verdient hatte, einfach mit drei multipliziert, um seine Forderung zu errechnen. Der Betrag schien riesig, aber Dave vermutet, Albert wusste, dass er weit unter dem lag, was sie verdienen würden. Schließlich hatten sie seit Monterey 2500 Dollar am Abend verdient. Diese Art Gespräch war Alberts Metier und er zuckte nur die Achseln und sagte: »Mach hunderttausend draus.« Er schlug sogar vor, es schriftlich festzuhalten. »Wenn ich dir nicht so viel einbringen kann, bin ich im falschen Geschäft.« Albert schien im Gegensatz zu der Reihe locker-flockiger Manager, die Big Brother gehabt hatte, grundsolide. »Er strahlte so viel Kultiviertheit und Selbstvertrauen und Intelligenz aus«, erinnert sich Dave. Grossman schien sehr »zurückhaltend«, ohne die protzige, wortreiche Übertreibung, die die meisten Manager an der Ostküste charakterisierte. Es gab jedoch auch einige beunruhigende Momente. »Vertraut mir nie«, warnte sie Albert einmal, und als sie ihn fragten, was er damit sagen wolle, lächelte er. Die Band wusste nicht, ob seine Bemerkung ein Spaß oder eine Drohung war.

Albert war allerdings kristallklar, wenn es um Heroin ging. »Nur eins«, machte er deutlich, »kein Chinapulver.« Er wollte mit Heroin nichts zu tun haben. »Ich hab schreckliche Dinge mit dem Zeug gesehen, und wenn hier irgendeiner damit rumpfuscht, gibt's keinen Grund weiterzumachen.« Albert sprach nie über die Zerstörung, die es in seinem Leben angerichtet hatte, aber seine erste Frau war ein Junkie gewesen. Die Bandmitglieder nickten mit ernsten Gesichtern und versicherten Albert, dass sie es nie anrühren würden, obwohl James,

The Charlatans. »Alle hatten den antiken Ofen in ihren Häusern und den antiken Look ...« (Bob Seidemann)

The Grateful Dead im alten Friseursalon neben Peggy Casertas Boutique auf der Haight Street (Herb Greene)

Country Joe and the Fish bei der Arbeitslosenhilfe in San Francisco, 1967. Joe McDonald steht außen rechts. (Bob Seidemann)

Big Brother and the Holding Company, im Uhrzeigersinn: James Gurley (oben rechts), Dave Getz, Peter Albin, Sam Andrew. Albin erklärte: »Als sie das erste Mal ihren Mund geöffnet und diese großartigen, eindrucksvollen Töne gesungen hat, wussten wir, dass wir sie einsetzen würden.« (Lisa Law)

Janis 1967, das erste Hippie-Pin-up-Girl (Bob Seidemann)

Pat »Sunshine« Nichols
(Jim Smircich)

Peggy Caserta in
Haight-Ashbury
(Herb Greene)

Peggy am Stinson Beach
(Peggy Caserta)

James Gurley mit Feder, ein
populäres Poster in Haight-
Ashbury (Bob Seidemann)

Nancy Gurley und Hongo Ishi
(Lisa Law)

Milan Melvin
(Steve Rahn)

Big Brother and the Holding Company im Woodacre Park, 1967 (Lisa Law)

Janis, 1967 (Lisa Law)

Sam und Janis bereits mehr als einmal Heroin genommen hatten. Sie benutzten es damals nur selten, hauptsächlich, wenn es jemand hinter der Bühne anbot. Sie verdienten alle nicht genug Geld, um regelmäßig »H« zu nehmen.

Albert hatte einen unmittelbaren Einfluss auf das Schicksal von Big Brother. Selbst nach dem Monterey Pop Festival spielte die Band noch immer entlang der Küste von Kalifornien. Zwei Monate, nachdem sie Albert unter Vertrag genommen hatte, gehörten Big Brother bereits zu Columbias hochklassigem Programm und sie waren auf ihrer ersten Tournee an der Ostküste. Auf der Suche nach Rock-&-Roll-Starruhm sollten sie ihr Leben jetzt unterwegs verbringen, aber mit einem Road Manager und einem Roadie, die den Tourneealltag erleichtern sollten. Janis hatte plötzlich Betreuer, von denen sie noch nicht einmal geträumt hatte – Albert, der ihre Karriere managte, und eine neue Mitbewohnerin, Linda Gravenites, die ihr zunehmend chaotisches Leben organisieren half.

Linda war Modedesignerin und kümmerte sich um den Haushalt der Grateful Dead, als sie Janis kennen lernte. Sie erklärte sich bereit, ihr ein Bühnendress zu schneidern. Lindas Haushaltstätigkeit fand ein abruptes Ende und sie fand bei Janis eine Bleibe. Das Arrangement wurde eines Abends zur Dauerlösung, als Janis hilflos auf ein Spülbecken voll mit schmutzigem Geschirr starrte und seufzte: »Oh, ich brauch 'ne Mutter.« Linda, die abgebrannt und von Natur aus ruhig war, dachte sich: »Das könnte ich doch machen.« Sie zog sofort ein und »tat alles, was Janis erledigt haben wollte«, selbst bevor »sie wusste, dass sie es erledigt haben wollte«. Die beiden hatten freundschaftliche Beziehungen zu Sunshine und Stanley Mouses Freundin Suzy Perry. Sie hatten alle das gleiche Sternzeichen und waren in Haight-Ashbury als »Steinbock-Ladies« bekannt. »Wir sind die Haight Street runtergelaufen, haben laut gelacht und unser Rainier Ale in Papiertüten getragen.« Linda erwähnt beiläufig, die Leute hätten sich meistens fern gehalten, wenn sie aufkreuzten. Sie war bereit, für Janis zu sorgen, solange ihre Wohnung kein »Junkie-Haus« war. Anfangs war sie das auch nicht, aber Ruhm und Reichtum warteten um die Ecke, und Janis hatte ein Leben voller Schmerz zu vergessen. Es dauerte nicht lang, bis sie sich diesem anderen Betreuer zuwendete, der verlässlicher und weniger fordernd war.

Das Monterey Pop Festival brachte auch andere Freuden. Janis wurde für Männer viel attraktiver. Sunshine erinnert sich, wie sie gemeinsam ausgingen, an den Parkuhren der Haight Street lehnten und Ripple-Wein tranken. »Die Leute sind ständig um sie herumgeschwärmt. Es hat sie umgehauen.« Janis müsse gedacht haben, sie sei hübsch, wenn sich all diese Leute zu ihr hingezogen fühlten, glaubt Sunshine. Vor allem Männer kamen immer wieder vorbei. Schon lange hatte Janis zum Thema gemacht, nicht »gefickt zu werden«, aber die Behauptung nahm allmählich lächerliche Züge an. »Eine Menge Leute haben sie gefickt«, behauptet Bob Seidemann. »Und weil sie Sängerin war, bekam sie die goldigen Typen«, fügt Stanley Mouse hinzu. Wenn ihre plötzliche Popularität befriedigend war, so war sie auch beunruhigend. »Bevor sie berühmt war, fanden die Leute Janis nicht attraktiv«, bemerkt Peggy Caserta. »Sie hatte kaum jemanden zum Bumsen, und jetzt hatte sie all diese Bewunderer.« Janis war sich sehr bewusst, dass die plötzliche Aufmerksamkeit ziemlich schal war. »Glaub nicht, sie hätte's nicht gewusst«, erklärt Peggy. George Hunter machte Janis eines Abends nach einem Auftritt an. »Janis hat mir 'n Haufen Scheiße gegeben und gesagt: ›Wieso wolltest du früher nie zu meiner Bude rüberkommen?‹ Ich hab irgendeinen Spruch gebracht, ich hätte sie schon immer gemocht.« Janis nahm ihm das nicht ab, aber sie hatte trotzdem eine kurze Affäre mit ihm.

George Hunter war nicht der einzige Mann, der nach den Shows hinter der Bühne auftauchte. Der Herbst 1967 brachte eine Menge One-night-Stands mit sich, davon einige mit anderen Rockstars. Janis hatte angeblich Sex mit Jimi Hendrix in einer Garderobe hinter der Bühne. (Linda Gravenites behauptet allerdings, Hendrix sei an diesem Abend bei ihr gewesen: »Ich hab drei Jahre wie 'ne Nonne gelebt und dann war Jimi da. Ich glaube an Extreme, und der Joke war zu gut, um ihn sausen zu lassen.«) Es scheint keine Zweifel zu geben, dass Janis in jenem Herbst einmal mit dem selbst ernannten »Lizard King« ins Bett ging, Jim Morrison von den Doors. Linda erinnert sich, die Band sei in der Stadt gewesen und hätte Janis zum Essen eingeladen. Morrison kam mit seiner Freundin Pamela Courson im Schlepptau, während Janis mit Sam, Dave – dem Roadie der Band – und Linda erschien. Nach dem Essen gingen alle in Janis' Apartment in der Lyon Street. Dort »zerrten sich Janis und Jim mehr oder weniger ins Schlafzimmer. Morrisons Freundin ging in Tränen weg, Sam gleich hinterher.« Jim und Janis waren kein gutes Gespann. Es kursiert die Geschichte, Janis hätte Morrison später einmal im Streit eine Whiskeyflasche auf den Schädel geschlagen, als er sie am Haar gepackt hätte. »Sie hasste Jim Morrison«, betont ein Künstlervermittler von der Westküste, der mit beiden Bands gearbeitet hatte. »Wir hätten alle so viel mehr Geld machen können, wenn sie das Doors-Joplin-Paket zugelassen hätte. Aber sie hat abgelehnt. Er hat sie auch nicht gerade gemocht. Sie hatten den gleichen Charakter und sie haben gehasst, was sie in dem anderen gesehen haben.«

Während dieser Zeit begann Janis, mit Freewheelin' Frank von den Hell's Angels auszugehen. Frank war nicht so gewalttätig wie manche anderen Angels, aber ein richtiger Speed Freak. Er sei »ein ziemliches Stück Arbeit« gewesen, stellt Linda Bacon fest, eine der vielen Flüchtlinge aus Austin, die in der Bay Area lebten. Sie hat eine haarsträubende nächtliche Autofahrt mit Janis, Frank und einem hektischen Typ am Steuer in schrecklicher Erinnerung. »Er fuhr wie 'n total Verrückter, und Janis und ich haben gesagt: ›Hör zu, wir wollen aussteigen.‹ Wir sind die Halbinsel ein gutes Stück runtergefahren und er ist über 'n paar rote Ampeln gefahren und hat 'n paar Autos abgedrängt. Das hat mehrere Stunden gedauert, und ich fand erst in der Mitte des Ausflugs heraus, dass Neal Cassady der Fahrer war. Alle außer mir waren betrunken und wild begeistert.«

Bob Seidemann landete damals auch bei Janis im Bett, obwohl er sie nicht sonderlich mochte. »Es war wie'n Ringkampf mit 'nem Alligator, als wir das erste Mal Sex hatten. Sie war buchstäblich unersättlich.« Stanley Mouse, ein weiterer Liebhaber, spricht besser von Janis. Er liebte die Art, wie sie »aufleuchtete«, wenn er hinter die Bühne kam, um mit den Bands zwischen den Sets zu plaudern. Sie war leidenschaftlich in der Nacht, in der sie miteinander schliefen. Aber ihre Affären waren so exzessiv, dass Mouse sich Gedanken machte, ob sie damit aufhören und Sex tatsächlich genießen konnte. Nach allem, was man hört, hatte Janis' Sexualverhalten manchmal eine theatralische Qualität und sie war sich dessen nur zu bewusst. 1970 erzählte sie einem Journalisten: »Ich hab die Typen, mit denen ich gebumst hab, immer gefragt: ›Bums ich so, wie ich sing? ... Bin das wirklich ich oder zieh ich 'ne Show ab?‹« Sunshine wohnte mehrere Monate mit Janis und Linda Gravenites in einem kleinen Apartment mit zwei Schlafzimmern und sehr dünnen Wänden. Wenn Janis besonders geräuschvoll und der Sex besonders schnell war, war sie immer sicher, dass Janis in Wirklichkeit eine Show abzog. »Ich hab im Bett gelegen und mich einfach kaputtgelacht.« Sunshine betont jedoch, Janis hätte die meiste Zeit nichts vorgespielt – was George Hunter bestätigt: »Janis kannte sich *wirklich* aus auf der Matratze.« Auch bei Milan Melvin war Janis' sexuelle Leidenschaft nicht vorgetäuscht.

Milan Melvin arbeitete für den Underground-Rock-Sender KMPX als Anzeigenverkäufer und Discjockey und war einer von Janis' zeitweisen, aber längerfristigen Partnern. Sein Mitbewohner Carl Gottlieb findet, Janis sei als »häufiger Nachtgast ziemlich heftig« gewesen. »Ich wusste, dass sie extrem scharf war. Ich wusste's, weil ich am anderen Ende des kleinen Apartments war.« Janis hatte normalerweise Angst, Acid einzuwerfen, aber sie fühlte sich Milan nahe genug, um mit ihm auf mehrere Trips zu gehen. Eines Abends nahmen sie LSD »auf dem Dach von KMPX während einer roten Mondfinsternis, die sie als Gottes blutunterlaufenes Auge beschrieb, das durch das falsche Ende eines Teleskops auf uns heruntersarrte«. Ein anderes Mal nahmen sie die Droge in einer heißen Quelle im Norden der Wüste von Nevada während eines märchenhaften Schneesturms. Sie hätten beide Male viel gelacht, erzählt Melvin. »Überhaupt kein Zeichen von Traurigkeit. Wir haben alles und uns geliebt, und es war die reine Freude. Wenn sie glücklich war, gab's niemanden, der überschwänglicher war. Vielleicht waren es diese Augenblicke ungezähmter Ekstase, die viele ihrer anderen Launen fast tragisch erscheinen ließen.«

Milan behauptet, es sei ihm ernst gewesen mit Janis, so ernst, dass er sie seinen Eltern vorstellte. »Ich kann mich noch an ihren Gesichtsausdruck erinnern, als wir durch die Tür klimperten. Meine Mutter hat wahrscheinlich an die Enkel gedacht, die diese Verbindung produzieren würde, und mein Vater hat sich Gedanken gemacht, wie er's seinen Arbeitskollegen erklären sollte. Damals hatten sich Janis und ich zu den pflichtbewussten, höflichen Kindern zurückverwandelt. Dabei haben wir uns die ganze Zeit das Ende des Besuchs herbeigewünscht, damit wir zu unserem wirklichen Leben zurückkehren und uns ernsthaft danebenbenehmen konnten. Wir haben den ganzen Rückweg nach San Francisco darüber gelacht.« Milan war sich der Widersprüche in Janis bewusst. »Eine Seite von ihr war 'n echter Wildfang, 'ne knallharte, rauflustige Hündin, die sich von niemandem was gefallen ließ, die andere war zerbrechlich wie 'ne Porzellanpuppe, ein Mensch, der in Angst vor weiteren Verletzungen gelebt hat.«

Er fand bald heraus, wie leicht man Janis verletzen konnte. Als sie eines Abends im Fillmore auftrat, vergaß er, sie auf seiner Harley-Davidson abzuholen, um sie hinzufahren. Er hatte Meskalin geschluckt, und als er schließlich im Fillmore eintraf, war sie stocksauer und zornig. »Ich kann mich nicht erinnern, jemals wen absichtlich verletzt zu haben. Ich hatte nur 'n Patzer gemacht, aber, Mann! ... Es war, als hätte ich 'n Stachel in ihr Herz getrieben. Es war nur 'n kleiner Schnitzer, aber sie nahm's auf, als hätte ich sie wegen 'ner anderen verlassen.« Bald darauf begann er, mit Joan Baez' Schwester Mimi Fariña auszugehen, die er später heiratete. Linda Gottfried Waldron behauptet, Janis sei von Melvins Heirat regelrecht zerstört gewesen. Dazu nähte Linda Gravenites in ihrem gemeinsamen Apartment auch noch Fariñas Hochzeitskleid, was die Dinge nur schlimmer machte. Und dann hatte Janis 1968 um ihren 25. Geburtstag eine Abtreibung; der Vater war höchstwahrscheinlich ein Musiker von Blue Cheer, einem Vorläufer der Heavy-Metal-Bands. Janis vertraute Linda Gravenites an, sie würde die Abtreibung bedauern, obwohl zu jener Zeit kaum Platz für ein Baby war. Dass sie nur wenige Tage nach dem Eingriff schon wieder auftreten wollte, macht ihre Lage nur allzu deutlich.

Big Brother war für einen Club in Los Angeles gebucht. Ihr Agent Todd Schiffman erzählt, bei ihrer Ankunft hätte die Band feststellen müssen, dass die Mafia den Laden übernommen hatte und die früheren Besitzer aus Rache die Beschallungsanlage sabotiert hatten. Schiffman fand Janis in ihrer Garderobe »in schrecklichen, qualvollen Schmerzen«. Sie erklärte ihm, sie hätte vor zwei Tagen eine Abtreibung gehabt, und bat ihn, ihr zum Telefon zu helfen, damit sie ein Krankenhaus anrufen konnte. Schiffman »hob sie« buchstäblich »vom Fußboden auf und trug sie fast den Gang hinunter«, da sie kaum laufen konnte. Währenddessen warteten Tausende von Menschen, um Janis zu sehen. Schiffman schlug vor, sie solle die zerstörte Anlage als Ausrede benutzen, um die Show abzusagen, und sie stimmte bereitwillig zu. In der Zwischenzeit hatten die Veranstalter schon Besucher in den Club gelassen und die Anlage funktionsfähig gemacht. Schiffman sagte zu Janis: »Du kannst nicht auftreten, also geh auf die Bühne und erklär, dass es Probleme gibt und sie morgen wiederkommen sollen.« Aber sobald Janis mit Schiffmans Hilfe auf der Bühne war, rief sie: »Hier geht heut Abend 'n Haufen Scheiße ab. Hinter der Bühne laufen Typen mit Kanonen rum und all das. Aber wisst ihr, ihr seid hier und ich bin hier und wir machen's einfach.« Die Band kam auf die Bühne und Schiffman war erstaunt: »Ich konnte es nicht glauben. Sie hat eine einstündige Show abgeliefert und du hättest nicht gedacht, dass es ihr schlecht ging. Ich konnte meinen Augen nicht trauen. Das zeigt uns, wie sehr sie sich der Sache verschrieben hatte und wie verrückt sie war.« Oder wie gering ihr Selbstbewusstsein war, gibt Linda Gravenites zu bedenken. Janis war eine dynamische Künstlerin, weil sie »so unsicher« war. »Sie hat die Reaktion gebraucht, die sie bekommen hat.«

Janis fühlte sich von der Bühne und der Bewunderung des Publikums verwandelt, weshalb sie ihre Auftritte so verzweifelt nötig hatte. »Ich bin auf 'm Publikums-Trip ... ich brauch's und die brauchen mich«, erklärte sie einem Journalisten. Auf der Bühne glaubte sie, dass sie hübsch, ja phantastisch aussah. »Weißt du, es ist komisch«, sagte sie in einem ihrer letzten Interviews. »Wie die meisten Mädels mach ich mir wirklich andauernd Gedanken, ob ich fett aussehe, ob meine Beine zu kurz sind, ob ich 'ne komische Figur hab, aber wenn ich auf die Bühne geh, Mann, ist mir das egal. Ich denk, ich seh phantastisch aus.« Der Unterschied war auch für andere sichtbar. »Wenn Janis auftrat, war sie vielleicht die schärfste Frau, die ich je in meinem Leben gesehen habe«, äußert John Morris, der viele ihrer Konzerte für Bill Graham produzierte. »Ich denke, sie konnte jeden Abend, wenn sie auftrat, ins Publikum schauen und sagen: ›Du, oder du, oder du. Triff mich hinter der Bühne.‹« Genau das tat Janis an manchen Abenden. Glenn

McKay, der im Fillmore die Lightshow leitete, war nach einer ganz außergewöhnlichen Performance von »Ball and Chain« so begeistert, dass er auf einen Tisch sprang und schrie: »Janis, ich will dich unbedingt ficken.« Janis sah, wie er mit den Armen fuchtelte, und grinste: »Abgemacht.« Sie hielt ihr Wort. James Gurley erinnert sich an einen Auftritt von Moby Grape im Avalon. »Dieses Mädel kam auf die Bühne, um mit ihnen zu singen. Und ich dachte: ›Gott, wer ist das? Mann, was für 'n tolles Mädel!‹ Und dann fing sie an zu singen und ich dachte: ›Na so was, das ist Janis!‹ Ich hatte sie überhaupt nicht erkannt. Sie sah einfach so toll aus auf der Bühne ... es war, als wäre eine Aura über sie gekommen.«

Das Hochgefühl, das Janis auf der Bühne empfand, war natürlich nur von kurzer Dauer. Wenn sie nicht im Scheinwerferlicht stand, vertrieben ihre Unsicherheit und innere Leere weiterhin Menschen, die ihr nahe standen. Bob Seidemann fand ihr Liebesbedürfnis unerträglich, als er mit Janis Sex hatte: »Halt, das ist zu groß für mich, ich kann das Loch nicht füllen. Ich müsste 'n ganzen Tag schaufeln. Ich glaub, darum ging es. Das war ihre Tragödie – sie konnte das Loch nicht füllen.« Milan dagegen glaubt, er und Janis hätten sich alles gegeben, was sie sexuell begehrt hätten. Er gesteht jedoch, er sei nicht bereit gewesen, sich an »ihre Seite zu klammern, während sie sich mit dem Backstage-Wahnsinn beschäftigte oder den persönlichen Problemen, die das Hin und Her mit ihren Bands verursachten, oder einen Geschäftshut aufzusetzen und mit Grossman Seite an Seite zu gehen«. Milan sah aber nicht nur Janis' Bedürfnisse als Problem, sondern auch den Druck des Ruhmes. Mit Janis liiert zu sein, während ihr Ruhm wuchs, hieß, sich eine enorme Last aufzuladen.

Die Stütze, die Janis immer noch suchte, konnte sie nicht von ihrer Familie bekommen, so sehr sie auch um die Anerkennung ihrer Eltern kämpfte. Als der »Summer of Love« im August 1967 seinen Höhepunkt erreichte, kam Janis' Familie zu Besuch nach San Francisco. Ihre Eltern wollten überprüfen, wie es um Janis stand. Sie hatten noch immer einen Funken Hoffnung, sie würde nach Port Arthur und ans Lamar Tech zurückkehren. Janis hätte wissen müssen, dass sie von der Haight-Ashbury-Szene erschüttert sein würden. Sie war jedoch entschlossen, ihren Eltern zu zeigen, welch wichtige Persönlichkeit sie geworden war. Sie richtete es sogar ein, dass Big Brother einige Songs im Avalon spielte, obwohl die Band an diesem Wochenende nicht auf dem Programm stand. Aber kurz vor ihrer Ankunft geriet sie in Panik und bat ihren alten Freund Travis Rivers, zur moralischen Unterstützung in ihr Apartment zu kommen. »Ich versicherte ihr, dass alles wunderbar aussah, dass es richtig heimelig war.« Von dem Augenblick an, als Janis ihre Eltern in das Apartment führte und sie vor den provokativen Postern von Bob Seidemann standen, prallten unvermeidlich zwei Kulturen aufeinander. Die Joplins schwiegen und Janis spürte die Missbilligung ihrer Eltern. »Man sieht sie kaum, Mutter«, sagte Janis vorwurfsvoll. Sie dachte vielleicht, die Pose enthülle ihre Brust diskret, aber ihre Mutter wäre die Letzte gewesen, die zugestimmt hätte. Janis hätte Dorothy genauso gut den Finger zeigen können.

Doch Janis' Eltern blieben. Sie nahm sie auf eine Tour durch ihr Revier Haight-Ashbury mit, das ziemlich heruntergekommen war und nicht so aussah, wie man sich Utopia vorstellt. Der Tag endete mit einem Besuch im Avalon, wo die Familie nicht lange blieb. Sie sahen hoffnungslos fehl am Platz aus und fühlten sich auch so unter all den abgedrehten, langhaarigen Freaks – alle außer Janis' Bruder Michael, der in den Fußstapfen seiner Schwester folgte und verzweifelt versuchte, einen Joint zu schnorren. Als sie das Avalon verließen, fragte Janis immer wieder: »Ist es nicht wundervoll?« Ihr Stolz muss alle bestenfalls verwirrt und schlimmstenfalls erschreckt haben, nur nicht ihren Bruder. »Oh, versteht ihr denn nicht?«, bettelte sie. Janis schien perplex. Laura Joplin glaubt: »Janis hat damals eingesehen, dass wir das nicht getan haben, nicht konnten, und wahrscheinlich auch nie verstehen würden.« Dennoch umarmten sich alle, als sie wieder Abschied nahmen.

Ein Jahr nach Janis' Rückkehr nach San Francisco sahen die Joplins schließlich ein, dass sie ihre Tochter nie zurückbekommen würden. Dorothy und Seth »konnten nichts bewirken«. Janis' Szene war »so anders«, erklärt Laura, und damals sei ihre Schwester »so gelöst« gewesen. Laura unterschätzte den Einfluss ihrer Eltern, aber Janis hatte tatsächlich alle Anstrengungen aufgegeben, ihr Leben so zu führen, dass ihre Eltern zufrieden waren. Sie bekam viel zu viel Zuwendung da draußen auf der Bühne. Ein Jahr später traf James Gurley die Joplins bei einem Auftritt in Houston hinter der Bühne und er hatte den Eindruck, als wären sie »einfach entsetzt über alles, was sie sahen«. Ihre Eltern sollten Janis' Leben nie verstehen.

Das Monterey Pop Festival dauerte nur drei Tage, aber seine Auswirkungen waren noch viele Jahre später zu spüren. Lou Adler und John Phillips hätten sich in ihren kühnsten Träumen nicht vorstellen können, was im Gefolge ihres Festivals passieren sollte. Der ganze Rock-Moloch – nicht nur Woodstock und Altamont – hatte seinen Ursprung in Monterey. Innerhalb weniger Monate gründete Jann Wenner die Zeitschrift *Rolling Stone*, die ironischerweise eine Titelstory brachte, die die Veranstalter des Festivals dafür herunterputzte, dass sie sich ihre eigenen Taschen vollgestopft hatten. Die Schallplattenfirmen umwarben jetzt Rockmusiker und machten *Rolling Stone* zur Pflichtlektüre für ihre Mitarbeiter. Rock & Roll war nicht länger der Bastard der Unterhaltungsindustrie, sondern ihr strahlender neuer Held. Monterey war ein besonders »glücklicher Zufall« für die Musikindustrie und brachte »das nächste Milliarden-Dollar-Geschäft« hervor. 1962 betrug der Umsatz der Schallplattenindustrie 500 Millionen Dollar, 1996 übertraf er 20 Milliarden, und der Rock & Roll war schuld daran.

Bis zu dieser Umwälzung hatten Rockmusiker unabhängig von ihrer Popularität weit weniger Geld verdient, als sie anderen einbrachten. Durch die neue Ordnung gewannen sie Kontrolle über ihren kreativen Output und verdienten Geld für sich und nicht nur für die Geschäftemacher. Rock-Künstler wurden lange Zeit mit lausigen Pauschalbeträgen abgespeist, wenn sie auf Tournee gingen. »Hochrangige« Künstler wie Danny Thomas und Harry Belafonte dagegen bekamen etwa 60 Prozent der Bruttoeinnahmen, ein weitaus lukrativeres Arrangement. Tom Schiffman war einer der ersten Agenten, die sich gegen das System auflehnten, in dem Rock »die Thomasse und Belafontes subventionierte«. Er begann, für seine Künstler 60 Prozent zu verlangen, nicht die pauschalen 5000 Dollar, die fast alle Bands – sogar die Rolling Stones – erhielten. Rockmusiker wie Janis und Big Brother waren nicht länger das »Arschloch« der Unterhaltungsindustrie und endlich in einer Position, mit Managern, Agenten und Veranstaltern zu verhandeln.

Warner Brothers Records hatten drei Monate vor Monterey einen ersten Einblick in diese veränderte Welt, als zwei Mitarbeiter bei einem Konzert der Grateful Dead erschienen, um der Band Kopien von ihrem frisch gepressten ersten Album zu überreichen. Joe Smith, der Vizepräsident der Firma, und sein Chef Stan Corwyn hätten mit ihrem kurzen Haar und den offiziellen Clubsakkos der Firma nicht deplatzierter aussehen können. Smith trat an das Mikrofon. »Ich möchte nur sagen, welche Ehre es für Warner Brothers ist, die Grateful Dead und ihre Musik der Welt vorstellen zu können.« Als Smith und Corwyn, mustergültige Vertreter ihrer Zunft, auf der Bühne standen, verdrehten die Dead nur die Augen. Schließlich nahm Jerry Garcia das Mikrofon und erwiderte humorvoll: »Ich möchte nur sagen, welche Ehre es für die Grateful Dead ist, Warner Brothers Records der Welt vorzustellen.« Warner Brothers heuerte Andy Wickham an, einen Musikliebhaber und Freak, der mit der neuen Musikwelt verhandeln und bei der Umstellung behilflich sein sollte. Columbia brachte ebenfalls einen eigenen »Haus-Hippie« ein, Jim Fouratt, der mit Abbie Hoffman bei den Yippies eng zusammengearbeitet hatte. Columbia begann sogar, für seine Künstler mit der viel belachten Anzeigenkampagne »But the Man Can't Bust Our Music« zu werben [*das Establishment kann unsere Musik nicht konfiszieren*]. Die meisten Veteranen der Szene von San Francisco hielten es nur für einen krassen Versuch, an der Jugendrevolte zu verdienen, aber das FBI machte sich Berichten zufolge Sorgen, dass Schallplattenfirmen mit solchen »angesagten« Annoncen Geld in die Schatzkisten radikaler Underground-Zeitungen schaufelten. Eine Zeit lang schien es, als würde sich Lenins Maxime bewahrheiten, dass die Kapitalisten den Strick verkaufen, mit dem sie sich selbst erhängen.

Die Trennlinie zwischen Einklinken und Abkassieren war bedenklich dünn. Clive Davis hatte in Harvard studiert und war Anwalt. Jetzt behauptete er, das Wochenende in Monterey hätte nicht nur den »kreativen Wendepunkt« in seinem Leben markiert, sondern ihn auch »als Mensch« verändert. Walter Yetnikoff, der bei Columbia für Davis gearbeitet hatte, kaufte den atemlosen Enthusiasmus seines Chefs nicht ab.»›Ich ging auf das Monterey Pop Festival, und ich wurde von Liebe erfüllt und Freude, und Blumenduft lag in der Luft‹«, spottete Yetnikoff.»›Dann kam ich nach Los Angeles, und ein Bulle hielt mich an. Könnt ihr glauben, was sie mit der Liebe gemacht haben? Dann unterschrieb ich dies, und ich unterschrieb das ...‹ Was soll diese Scheiße?« Das Festival mag Davis aufgelockert haben, aber Yetnikoff betont, es hätte sein Interesse, Geld zu verdienen, nicht beeinträchtigt. Die ganze Haight-Ashbury-Nummer wurde von der Musikindustrie leicht wettgemacht. Christgau schrieb bereits ein Jahr nach Monterey: »Kunst und sozialkritischer Kommentar wurden von dem billigsten Geschäft der Welt fast schmerzlos absorbiert.« Zum Beweis zitierte er die Besprechung einer neuen Single in einer Fachzeitschrift: »›Eine äußerst kommerzielle Rock-Allegorie auf eine untergehende Gesellschaft‹«, die er zynisch kommentiert: »Anscheinend geht die Gesellschaft vor der Schallplattenindustrie unter.« Cynthia Heimel erinnert sich, wie sie mit ihren Hippie-Freunden im Juni 1967 eine Pressemappe von Moby Grape entdeckte, einer der neuen Bands aus San Francisco. »Sie sah psychedelisch aus, aber sie war von Werbefachleuten gestaltet. Ich glaube, der Begriff ›Hype‹ wurde genau an diesem Tag geprägt.«

Aber die kommerzielle Annexion des Rock & Roll war nicht der direkte Angriff, zu dem ihn der Mythos gemacht hat. Der bekannten Geschichte zufolge brach die Rockmusik der Sechziger auf, die Welt zu verändern, und fand sich stattdessen selbst verändert vor. Journalisten schlugen Alarm, sobald die Musik kommerziell lebensfähig wurde, aber die Geschichte – ein Mythos der Babyboomer mit einer beachtlichen Überlebensfähigkeit – übertreibt die Feindseligkeit der Bands gegenüber der kommerziellen Musikindustrie und bagatellisiert die Bedeutung der Kulturrevolte, die von Janis und ihrer Generation ausgerufen wurde. Die Bands aus San Francisco warben für Sex, Drogen und Rock & Roll und sahen sich als Alternative zu dem Teenybopper-Futter der Mittelwellensender, aber sie waren nie abgeneigt, Geld zu verdienen und schon gar nicht im Krieg mit dem Kapitalismus. Bob Weir von den Grateful Dead, die weniger kommerziell als alle anderen Bands waren, erklärte 1967 einem Journalisten: »Wenn die Industrie uns haben will, dann müssen sie uns nehmen, wie wir sind. Wenn dann Geld reinkommt, wird das ein Heidenspaß sein.«

Es *war* ein Spaß für die Airplane und Big Brother und Jahre später auch für Grateful Dead, die aus ihrer Beständigkeit und der Sechziger-Jahre-Nostalgie weitaus mehr Kapital schlagen sollten als alle anderen Bands aus San Francisco. Und sobald das Geld floss, taten alle, was erfolgreiche Entertainer immer getan haben – sie kauften schicke Autos und teure Häuser. San

Franciscos neureiche Rocker gaben auch viel von ihrem auffälligen Reichtum für teures Marihuana, Haschisch und härtere Drogen aus. Nick Gravenites hat einmal geäußert, in der Musikszene der Bay Area sei schnell wichtig geworden, »wer das meiste Kokain kaufen konnte«. Als die Bands erfolgreicher wurden, wurden sie auch einsamer. Die Meinungen gehen auseinander, wie herzlich die Beziehungen der Bands untereinander waren. Ed Denson, der Country Joe and the Fish managte, behauptet, dass »sich eine Menge Bands hassten. Sie traten nicht miteinander auf, bildeten kleine Cliquen.« Bill Thompson, der Manager von Jefferson Airplane, erklärt, die Bands hätten nicht zusammengearbeitet und ein eigenes Label gegründet, weil »alle ihre eigenen Lehnsgüter hatten«. Selbst Bill Graham fand, es sei eine »Tragödie« gewesen, »dass die Musiker niemals etwas gemeinsam gemacht haben«. Bill Belmont von Country Joe and the Fish fügt hinzu: »Die Bands wurden vom Publikum geschaffen, aber haben sie jemals was für das Publikum getan? Haben sie je was zurückgepumpt?« Vielleicht drückte es der radikale Aktivist Abbie Hoffman, der in Woodstock von Pete Townshend von der Bühne geworfen wurde, am besten aus. Er bezeichnete Rockmusiker als »die Hohen Priester unserer Kultur«, fügte aber hinzu: »Leider sind die meisten Arschlöcher.«

Janis allerdings vermied die Protzerei und kaufte einen gebrauchten Porsche und im letzten Jahr ihres Lebens ein eher unauffälliges Haus in Marin County, das sie mit gebrauchten Möbeln ausstattete. Sie liebte allerdings, Geld zu verdienen, und man könnte durchaus sagen, dass sie einer der ersten Rock-&-Roll-Stars war, der – gewissermaßen – einen Sponsor fand. Während die Airplane Werbeträger für Levi Strauss wurden, die damals wegen ausbeuterischer Arbeitsbedingungen unter Beschuss standen, beschloss Janis, dass die Leute von Southern Comfort ihr für all die kostenlose Publicity etwas schuldeten, die sie für ihr Produkt bedeutete. Sie wies Albert

Grossmans Büro an, die Firma mit Zeitungsausschnitten zu überschütten, die ihre Vorliebe für Southern Comfort erwähnten, und die Firma schickte ihr schließlich einen Scheck über 25 000 Dollar. Janis kaufte sich davon einen Luchsmantel, und sobald sie ihn hatte, warb sie für sich statt für den Whiskeylikör. »Oh Mann, das war die beste Gaunerei, die ich je abgezogen hab – kannst du dir vorstellen, dass du für zwei Jahre Bewusstlosigkeit bezahlt wirst?«

Die Bands mögen es zugelassen haben, »vom gefräßigen Rachen des korporativen Amerika geschluckt« zu werden, aber sie verwandelten dabei auch die kulturelle Landschaft. Bill Thompson, der Manager der Airplane, erinnert sich, wie die Band auf dem Ball ehemaliger Studenten des Grinnell College spielte. Da waren sie in Iowa: »Die Mädels hatten alle Rüschenkleider bis zu den Knöcheln mit Korsagen an und ihre *Familien* waren da. Wir fingen mit der Lightshow an und wir mussten an diesem Abend drei Sets spielen. Das erste Set kam rüber, als wären wir vom Mars.« Die Eltern machten sich früh aus dem Staub, und im zweiten Set »fingen die Leute an, ein bisschen zu tanzen ... Im dritten Set sind die Leute *ausgeflippt*. Die Korsagen flogen runter. Schuhe flogen von den Füßen. Die Jungs rissen sich die Schlipse vom Hals. Sie sind *ausgeflippt*. Es war eins der großartigsten Gefühle, die ich je hatte. Es war in gewisser Hinsicht wie die Verwandlung Amerikas. Wir sind da rausgegangen und haben überall gespielt und so was geschafft. Wir waren die erste Band aus San Francisco, die so was geschafft hat.«

Janis sah sich sehr bewusst als kultureller Provokateur. »Kids aus dem Mittleren Westen, ihr ganzes Scheißding ist es, in Reihe Q 47 zu sitzen und still zu sein ... Denen ist nie der Gedanke gekommen, dass sie *nicht* zur Armee gehen könnten ... Weißt du, es ist 'ne Sache, die ich mach ... Wenn du sie einmal kriegst, Mann, sie dazu bringst, aufzustehen, wenn sie sitzen sollten, verschwitzt zu sein, wenn sie ordentlich sein sollten, zu lächeln, wenn sie höflich applaudieren sollten ... Ich denk, du knipst irgendwie ihr Hirn an, Mann, dass es ihnen sagt: ›Wart mal 'ne Minute, vielleicht kann ich irgendwas tun.‹ Uuuuuuh! Das ist Leben. Das ist es, wozu Rock & Roll da ist, diesen Schalter anzuknipsen, und Mann, es kann alles sein.« Auch wenn sie behauptete, sie und ihre Performance seien ein und dasselbe, wusste Janis von ihrem Einfluss als Ikone. »Die Leute sollen nicht sein wie ich, singen wie ich, erfolgreich sein wie ich, trinken wie ich, leben wie ich«, erzählte sie später Journalisten, »aber jetzt zahlen sie mir 50 000 Dollar im Jahr, um wie ich zu sein. Ich hoffe, dass es das ist, was ich den Kids da draußen bedeute. Wenn sie mich sehen, wenn ihre Mütter sie mit all dem Kaschmir-Pullover und Hüftgürtel-Scheiß füttern, vielleicht überlegen die sich's noch mal – dass sie sie selbst sein und gewinnen können.« Wenn es den Bands nicht gelang, oder wenn sie gar nicht erst dazu aufgebrochen waren, das Amerika der Konzerne umzustürzen, so ermunterten sie doch die amerikanische Jugend, auf all den alten Gewissheiten herumzutrampeln.

Als die Boheme schließlich die Massen erreichte – hauptsächlich durch den Erfolg der Bands –, zahlte Haight-Ashbury einen hohen Preis. Rock-Musik hatte San Francisco zum Epizentrum des Hip-seins gemacht, aber es war eine Ehre, die die Veteranen von Haight-Ashbury während des verhängnisvollen »Summer of Love« von 1967 gern jeder anderen Stadt angedreht hätten. Im Frühling hatten die Menschenmassen in Haight-Ashbury derart zugenommen – und mit jedem Wochenende kamen mehr –, dass deutlich wurde, dem Viertel würde ein noch größerer Zustrom bevorstehen. Die Diggers sagten voraus, dass im Sommer 100 000 Neuankömmlinge über den Bezirk herfallen würden. Sie bildeten gemeinsam mit dem Straight Theater, dem Oracle und dem Family-Dog-Kollektiv den Rat des Sommers der Liebe, um Feiern zu organisieren und als Verbindung zur alltäglichen Welt zu dienen. Die bevorstehende Invasion Jugendlicher hatte Geschäftsleute veranlasst, schlichtweg alles in Love Cafés und Loveburger-Stände zu verwandeln. Innerhalb von einem Monat wechselten 15 Geschäfte entweder den Besitzer oder ihren Namen, um von dem Hippie-Fieber zu profitieren. Im April begann die Busgesellschaft Gray Line mit ihrer »Hippie Hop Tour«, die sie als »einzige Auslandsrundreise innerhalb der Kontinentalgrenzen der Vereinigten Staaten« bewarb. Pete Townshend besuchte Haight-Ashbury während der Zeit von Monterey und war überrascht und traurig über das Ausmaß der Kommerzialisierung der Gegend. Bob Seidemann nahm junge Leute bei ihrer Wanderung durch die Haight Street für ein Foto-Essay des »Summer of Love« auf und entdeckte dabei: »Du siehst keine Hippies. Du siehst Leute auf der Suche nach Hippies.« Wenn die Neuankömmlinge die Haight Street hochgingen, hielten sie in Boutiquen an, um »ihre Nummer auf die Beine zu stellen«. Sie kauften einen Ohrring, dann ein tolles T-Shirt gefolgt von einem Paar Bell Bottoms.

Das Publikum im Fillmore und Avalon wusste immer weniger von den Ursprüngen der Szene und kümmerte sich auch nicht darum. Es kümmerte sich nur noch um die Musik. Der Red Dog Saloon, 1090 Page Street und Ken Keseys Acid Tests waren größtenteils vergessen. Weniger als zwei Jahre nach den Benefizveranstaltungen von 1965 veranstaltete das Fillmore wieder eine Tanzparty für die San Francisco Mime Troupe. »Einige der Musiker kannten uns noch aus den alten Tagen«, erzählte ihr Gründer Ronny Davis, »doch die neuen Rock-Fans ... kannten die Bands, aber nicht die Mime Troupe.« Er hätte versucht, mit den Fans zu reden, aber »es war, als würde man in eine Zuckerwatte-Maschine sprechen«. Bis zum Sommer der Liebe hatte sich die Szene geändert. Sie war, wie Ken Kesey bemerkt, »enger und fremder« geworden.

75 000 Jugendliche verbrachten ihre Sommerferien in Haight-Ashbury und am Ende des Sommers der Liebe »war die Haight

Street von Leuten mit Problemen gesäumt«, wie Don McNeil in der *Village Voice* berichtete. »Hinter den Szenen gab es nur noch mehr Probleme.« Die Straßen von Haight waren »gräulich und schmutzig, psychedelische Narrenburger-Stände schossen in mutationsbedingtem Überfluss hervor«, schrieb Ed Sanders von den Fugs in seinem Buch über Charles Manson. Haight-Ashbury war »wie ein Tal von Tausenden plumper weißer Kaninchen umgeben von verwundeten Kojoten«. Eine Gemeinschaft, die sich auf Marihuana und lange Haare als Abzeichen der Authentizität und des Coolseins verlassen hatte, war durch Hochstapler in Hippie-Masken verletzlich geworden, die Haight-Ashbury und andere Hippie-Enklaven in Amerika überfluteten. »Es gab eine Periode von sechs Monaten«, erinnert sich der Folksinger Arlo Guthrie, »da konntest du die Straße herunterschauen und sagen, wer dein Freund war und wer nicht ... Du hast gewusst, wer einen Joint dabeihatte ... aber bald danach gab's Typen, die genau wie du aussahen und dir *Oregano* verkauft haben.« Oregano war das geringste Übel. Schlechte Drogen, Überfälle, Vergewaltigung und Geschlechtskrankheiten waren mittlerweile immer alltäglicher in Haight-Ashbury und anderen »Love-Ghettos«. Der Rassenkonflikt eskalierte, als Tausende weißer Jugendlicher aus der Mittelschicht begannen, gerade die materiellen Güter abzulegen, die für die überwiegende Mehrheit der Schwarzen unerreichbar waren. Bob Seidemann stellte fest: »Schwarze tauchten in der Haight Street auf, und die sahen nicht wie Jimi Hendrix aus. Die sahen wie üble Typen aus.« Und es gab natürlich die Bullen, die im Oktober 1967 im Haus der Grateful Dead in der Ashbury Street Nr. 710 eine Razzia machten.

Es dauerte nicht lange, bis die alten Bewohner von Haight-Ashbury entweder flohen oder zu Hause blieben. Raechel Donahue, die bei KPMX als Discjockey arbeitete, erinnert sich noch, wie ihr Mann Tom erkannte: »O oh, die Straßenleute sind Hausleute geworden.« Die Dead zogen kurz nach der Razzia aus. Janis und Linda Gravenites hielten es länger aus als viele, aber Anfang 1968 verschwanden auch sie. »Mir war nicht bewusst, dass ich nur einen Häuserblock weiter auf schlechte Trips geschaut habe, bis ich umgezogen bin und es nicht mehr musste«, gesteht Linda. Die Gemeinschaft lag in Trümmern. Die Bands packten zusammen und flüchteten, hauptsächlich nach Marin County, dem »Außenposten von Nirwana«. Nach dem Triumph von Monterey kam der schnelle Fall von Haight-Ashbury wie ein Schock. »So was wird's nie wieder geben«, sagte Janis im Spätherbst über das Monterey Pop Festival. »Eine Zeit lang gab's Kids, die geglaubt haben, sie könnten's besser machen, wenn sie besser wären. Und sie waren besser, und es hat kein bisschen Unterschied gemacht.« Obwohl sie eine gewisse Bitterkeit eingestand, wollte sich Janis von ihrer Enttäuschung nicht den Schlaf rauben lassen. Schließlich war sie nie besonders optimistisch gewesen oder hatte großes Vertrauen in die Menschheit gehabt. »Ich hab immer geglaubt, dass die Menschen Versager sind und lügen«, hatte sie einmal erklärt. Im Herbst 1967 setzte Janis auf Janis. Für viele war der »Summer of Love« eine Geschichte über die Gefahren von Publicity und Hype mit einer Moral. An der Schwelle zum Ruhm als Superstar hätte sich Janis nur in der Wüste Haight-Ashbury umsehen müssen, um zu sehen, welch bittere Ernte Hype einbringen konnte.

Bye-bye, Baby

»Wie sollen wir für euch werben?« Big Brother saßen in Albert Grossmans New Yorker Büro, verwirrt und desorientiert wie alle, die das erste Mal zu Gast waren, und die Frage hing in der Luft. Aber es war nicht Albert, der die Frage gestellt hatte, oder Myra Friedman, die neue Presseagentin, sondern Alberts Assistent. Ein »schreckliches Schweigen« folgte, als sich die Mitglieder der Band nervös anschauten. »Wir wussten nicht, wovon die geredet haben«, gesteht Dave Getz, aber Alberts Assistent raste einfach darüber hinweg und beachtete das Unbehagen nicht, das über dem Raum schwebte. »Ich meine, welche Art Image wollt ihr«, fragte der Assistent und schaute Janis direkt an. Myra behauptet, sie sei über die Frage genauso verdutzt gewesen wie die Band. Sie wunderte sich, was man wohl mit »einem Haufen perlenbehängter Musiker« anfangen konnte, »die aus dem Hippie-Milieu von San Francisco stammten«. Sie konnte sich nicht vorstellen, »welche Sportarten der Verwandlung« ihr Kollege in Betracht zog.

Die Frage der Promotion wurde schnell fallen gelassen, aber Dave Getz behauptet, die Zukunft sei bei diesem Treffen im Februar 1968 klar gewesen. »Worauf sie hinauswollten war: ›Wir werden Janis groß herausstellen statt die Band.‹« Zum Beweis deutet er auf die Pressemappen, die folgten, in denen die Band praktisch unsichtbar war, und auf die Namensänderung, die später im Jahr erfolgte: »Janis Joplin mit Big Brother and the Holding Company.« Myra Friedman bestreitet vehement, dass Alberts Büro einen derartigen Plan ausgeheckt hätte. Vielleicht, aber Myra, die gerade erst zu Alberts Personal gestoßen war, wusste kaum etwas von den Plänen ihres kryptischen Chefs. Sie gibt zu: »Er war nicht gerade Mister Kommunikation.«

Albert hatte Big Brother nach New York gebracht, wo sie ihre erste Ostküstentournee beginnen und den Vertrag mit Columbia unterzeichnen sollten. Bis Februar 1968 war die Band nur in der näheren Umgebung San Franciscos geblieben und hatte hauptsächlich in den Ballrooms und Clubs der Westküste gespielt. Jetzt waren sie in New York, der Metropole der amerikanischen Kulturindustrie. Von nun an sollte die Stadt ihre Basis sein, wenn sie östlich des Mississippi spielten. Den Rest des Jahres war die Band genauso oft in New York wie in San Francisco – und die Nebenwirkungen wurden schnell sichtbar. Viele vertreten die Ansicht, New York sei nahezu ausschließlich die Ursache für Big Brothers Schicksal gewesen: Die Band sei das Opfer einer kulturellen Kollision zwischen Ost- und Westküste geworden. Der *Rolling Stone*, der damals seinen Sitz in San Francisco hatte, spielte die Kluft zwischen Ost und West hoch. Eine zweifelhafte Story der Zeitschrift schildert, wie James Gurley bei der Vertragsunterzeichnung im berühmten New Yorker Wolkenkratzer der CBS Clive Davis' Behauptung überprüft hätte, Columbia Records sein nicht so spießig, wie alle dachten. Er sei auf Davis' Schreibtisch gesprungen, hätte sich nackt ausgezogen und geschrien: »Findest du das gut?« Die Geschichte von 1968 ist komplizierter als ein simpler Ost-West-Konflikt (schließlich schlossen viele Kritiker und Fans der Ostküste die Bands aus San Francisco in die Arme), aber in den späten Sechzigern trennten New York und San Francisco noch Welten.

Damals strengte sich San Francisco an, locker zu sein, während New Yorker ein perverses Vergnügen an der Härte zu empfinden schienen, die man haben musste, um in ihrer Stadt zu leben. Der Plattenproduzent Elliot Mazer erinnert sich: »Ich weiß noch, wie ich mich bei meiner ersten Reise nach San Francisco umgeschaut und gefragt habe: ›Warum lächeln diese Leute alle?‹« New York dagegen war keine Stadt der lächelnden Gesichter, besonders dann, wenn man wie ein Hippie aussah. »New York war damals schrecklich«, erzählt Bruce Barthol von Country Joe and the Fish. »Es war feindselig, grausam und der provinziellste Ort, an dem ich je war. Du bist auf den Straßen Manhattans wegen langer Haare gewaltig schikaniert worden.« Barthol schaute im Vergleich zu Sam Andrew und James Gurley zahm aus, deren Haar noch länger als Janis' Mähne war. Und dann war da noch Janis selbst, deren Look noch nicht die Reise quer durch Amerika bis nach New York gemacht hatte. »Janis war ein Freak, selbst auf der Lower East Side«, betont Mazer, und sie handelte sich eine Menge feindseliger Gefühle dafür ein. »Sie war die erste Frau, die mit einer Federboa in ein Restaurant ging, sich an einen Tisch setzte und ›Fuck you‹ zu einem unhöflichen Kellner sagte.« Janis war Unhöflichkeit natürlich nicht fremd, besonders, wenn sie sich aus San Francisco wagte. Der Schauspieler Howard Hesseman führte Janis einmal zu einem Deli in Los Angeles aus, wo sich der Kellner weigerte, sie zu bedienen, wenn sie kein Haarnetz aufsetzte. »Sie hat ihm lautstark die Meinung gesagt und dann sind wir gegangen.«

Was New York für Janis und die Band so erschreckend machte, war seine Atmosphäre – was Janis »Ehrgeiz, Druck und Aggressivität« nannte, die die Stadt antrieben. Da Big Brother aus dem entspannten, zwanglosen San Francisco kamen, hatten sie nicht das nötige Training, diese harten Schläge zu parieren. Sie lernten allerdings schnell, dass New Yorker Musiker nicht gerade nachsichtig umgingen mit Bands, die mit verstimmten Instrumenten keinen Takt halten konnten, dem »heißen« Sound von San Francisco. Schon nach wenigen Wochen gestand Janis einem Journalisten, New York »schien uns alle verrückt gemacht zu haben«. Es »löste die Einheit der Band auf«.

Aber da war noch immer Alberts Büro, um den Rückhalt eines Road Managers und einer Presseagentin zu bieten. Es war ein Luxus, den andere Bands nicht hatten. »Niemand hatte Road Manager«, erinnert sich John Cooke, der diese Funktion bei Big Brother innehatte. Er lacht: »Wir dachten, Albert hätte Road Manager erfunden.« Cooke schloss sich der Band im Dezember 1967 an, kurz bevor sie in den Osten kam. Er lernte sie in ihrem Übungsraum kennen und machte sofort Bekanntschaft mit Janis' Kratzbürstigkeit. »Bevor ich mich setzte, fragte jemand: ›Welches Sternzeichen bist du?‹ Ich sagte: ›Waage.‹ James sagte so was wie: ›Das ist cool‹, aber Janis zuckte nur die Achseln und sagte: ›Oh, ich hab mir so oder so nie viel aus Waagen gemacht.‹ Es war nicht total negativ, es war nur irgendwie sehr reserviert. Aber es ließ die Tür offen.«

John war der Sohn des englischen Journalisten Alistair Cooke und mit der Folkszene vertraut. Während seiner Studentenzeit in Harvard war er Mitglied einer Bluegrassgruppe in Cambridge gewesen, den Charles River Valley Boys. Er war einer der vielen Folkies, die zum Rock & Roll übergelaufen waren, und zählte Bob Dylan und Bobby Neuwirth zu seinen Freunden. Er war mit Dylans Entourage während dessen Tournee durch Neuengland 1964 ausgegangen und hatte daher »eine Art Gefühl dafür, was ein Road Manager macht«. Neuwirth hatte ihm allerdings einen Rat gegeben: »Ich sollte vom ersten Augenblick an nicht ihr Kumpel sein, denn du musst ihnen erzählen, was sie zu tun haben.«

Neuwirths Ratschlag mag richtig gewesen sein, aber er verursachte Cooke sofort Probleme. Die Mitglieder von Big Brother waren Roadies gewöhnt, die mit ihnen verkehrten und ihren entspannten Ethos teilten, daher wurden sie schnell wütend auf Cookes Distanziertheit und seinen Schleiferstil. »Innerhalb eines Monats bekam ich einen Anruf von Albert. Er fragte: ›Was ist los, John?‹« Die Band hatte sich über ihn beschwert. »Im Grund wusste ich, worüber sie sich beschwert haben. Ich ließ meine Haare nicht so lang wachsen wie ihre und ich hing nicht bei ihnen herum.« Cooke berief ein Treffen der

Band ein und erteilte ihnen eine Lektion. »Hört zu, wenn ihr 'n Partner zum Rumhängen wollt, der eure Gitarre trägt und Zigaretten holen geht und 'n halben Liter was immer ihr trinkt, können wir jemanden holen, der das für fünfzig Dollar in der Woche macht, und das ist 'n Laufbursche. Aber wenn ihr wollt, dass ich meinen Job mach, lasst uns das noch etwas länger versuchen.« An dieser Stelle fragte jemand, vielleicht Dave Getz: »Was *ist* dein Job?« Die Band wusste nicht, was Cookes Aufgabe war, und sie waren besorgt, ihr Verdienst würde von ihrem neuen Kostenfaktor aufgefressen. Schließlich bekamen die Bandmitglieder nur 200 Dollar wöchentlich ausbezahlt, gerade mal 50 Dollar mehr als Cooke. »Sie waren sicher, sie würden nie 'n Dollar sehen. San Francisco war so paranoid wegen Albert Grossman, dem Ostküsten-Manager.«

Die Band lernte Cookes Bedeutung kennen, als sie häufiger auf Tournee ging und das Leben komplizierter wurde. Cooke sorgte dafür, dass die Band und ihre Ausrüstung pünktlich zu den Auftritten kamen, fand Ärzte, wenn es nötig war, und hatte keine Bedenken, mit schmierigen Veranstaltern oder sogar Polizisten zu kooperieren, wenn es unumgänglich war. Cooke war in jeder Hinsicht der Beste in diesem Geschäft. Sein Job stellte hohe Anforderungen und seine arrogante Art half der Band bei mehreren Gelegenheiten sehr. Seine Vorliebe für Präzision und Effizienz, ganz zu schweigen von seiner Art, Befehle zu bellen, brachte ihm jedoch den Spitznamen »Tournee-Nazi« ein. Janis fing an, ihn zu mögen, aber seine pedantische Art führte dazu, dass sie einmal Myra Friedman fragte: »Mann, kannst du dir vorstellen, für John Cooke Rühreier zu machen?«

Cooke war kein Hippie aus San Francisco, aber er stand Janis' Welt näher als Myra Friedman, die fähige PR-Agentin der Band, die wirklich eine Außenseiterin war. Sie war nicht kleinkariert, aber ziemlich bieder – was bei der entstehenden Rock-Aristokratie kein Vorzug war. Die Tatsache, dass sie eine Frau war, benachteiligte sie außerdem in Grossmans Büro.

»Bobby Neuwirth reiste nach Europa und überall hin. Und Bobby und Emmett Grogan reisten mit Kreditkonten herum und stellten alles Grossmans Büro in Rechnung. Aber ich durfte diese Dinge nicht tun, weil ich eine Frau war«, behauptet Myra. »Albert hat mich respektiert, aber es hat sich nicht in meinem Gehaltsscheck ausgedrückt oder der Freiheit, Flugtickets in Rechnung stellen zu dürfen.«

Trotz ihrer Differenzen wurden Janis und Myra Freunde. Myra wurde von Janis' »Magnetismus« angezogen und »der schmerzlichen Dringlichkeit in ihren Augen«. Sie fiel auf das knallharte Mädel nicht herein. Janis' Rolle war »eine ganz schön falsche Fassade« für sie. Bei Myra war Janis manchmal »erschreckend zerbrechlich«, eine Eigenschaft, die »eine stabilisierende Wirkung auf mein eigenes Temperament hatte, das man nicht unbedingt als gebändigt bezeichnen konnte«. Janis »war laut, selbst wenn sie absolut *still* war«, und ihre gewaltigen Gefühlsausbrüche mögen dazu geführt haben, dass sich Myra vergleichsweise sehr angepasst vorkam. Sie muss den Eindruck gehabt haben, dass ihre anfängliche Befangenheit, im »Vatikan« der Rock-Welt zu arbeiten, im Vergleich mit Janis' riesiger Unsicherheit belanglos war.

Janis ihrerseits hieß Myra in ihrem Leben willkommen, weil sie ihr Grenzen setzte und die Ersatzmutter spielte. Myra spielte mit und stellte das Über-Ich des tobenden Es ihrer Schutzbefohlenen dar, wenn Janis in New York war oder wegen der jüngsten Kalamität in ihrem Liebesleben oder ihrer Karriere anrief. Anders als viele Menschen in Janis' Leben sagte ihr Myra grundsätzlich, wenn sie das Gefühl hatte, Janis sei zu weit gegangen, was damals offensichtlich ein gutes Abkommen war. Durch die Biographie ihres Schützlings hindurch »stöhnt«, »grunzt«, »zischt«, »schreit« und »schnauzt« Janis sie an, als sei Myra die verzweifelte Mutter, die es mit einer kriminellen Tochter im Teenageralter zu tun hat. Auch wenn sie manchmal auf Janis mit mütterlicher Missbilligung reagierte, war Myra immer für sie da, was Janis anscheinend verstand.

Big Brother hatten ihr New Yorker Debüt am 17. Februar 1968 im Anderson, einem alten jüdischen Theater auf der Lower East Side. Das Anderson war von der Aufführung jiddischer Klassiker wie *The Bride Got Farblundjet (Die verwechselte Braut)* direkt zu Country Joe and the Fish übergegangen. Morris und Joshua White, zwei Studienabgänger des Carnegie Tech in Theaterwissenschaft, gehörten zu denjenigen, die dort Rock-Konzerte veranstalteten. Sie hatten die Hoffnung, Bill Graham in seine Heimatstadt zurückzulocken. Graham zögerte noch, nach »Big Apple« zu expandieren – er wollte nicht »auf den Arsch fallen«, wie es ein Freund formuliert. Morris und White waren überzeugt, sie könnten Graham mit Janis einen Anreiz bieten, von der die New Yorker Rock-Fans gehört hatten, die sie aber nie live gesehen hatten. White blickt zurück: »Seit Monterey Pop hatten wir die ganze Zeit diese Gerüchte über diese Frau aus Texas gehört, die Grace Slick von der Bühne singen konnte.«

John Morris verbrachte den größten Teil dieses Nachmittags mit Janis, die »die Hosen voll hatte vor Angst« wegen des abendlichen Auftritts. »Ich bin nicht so sicher, ob wir schon so weit sind für New York«, vertraute sie ihm an. Als sie mit der Band und Alberts Personal hinter der Bühne stand, machte sie sich schlechthin über alles Sorgen, auch ihr Alter. »Seh ich alt aus?«, fragte sie in einem fort. B. B. King bestritt das Vorprogramm, was die Band nur noch ängstlicher machte. Dave Getz und Janis hörten vom Orchestergraben aus zu. Sie hatten beide einen gewaltigen Respekt vor Kings Können und fanden, es stünde ihnen nicht zu, an diesem Abend die Hauptattraktion zu sein. Janis sagte abwehrend: »Wir sind nur 'ne schlampige Gruppe von Straßenfreaks.« Myra war dabei: »Dann lächelte sie wie ein Kind und kuschelte sich an Albert.«

»B. B. King hat sie erschlagen«, erzählt Morris. »Es war das erste Mal überhaupt, dass er in der Downtown vor einem weißen Publikum gespielt hatte. Er hat sieben oder acht Zugaben gespielt. Er musste eine nach der anderen geben. Und Janis hatte schreckliche Angst, nach ihm aufzutreten. Sie wollte nicht auf die Bühne. Ich weiß noch, dass ich den Arm um sie gelegt habe, bevor sie auf die Bühne ging, und gesagt habe: ›Tritt sie einfach in den Arsch.‹ Sie stürmte heraus, lief buchstäblich über die halbe Bühne auf sie zu.« Janis hatte immer die Gewohnheit, auf die Bühne zu rennen. »Ich zisch los, damit mein Blut bumm-pabumm-pabumm-pabumm macht, bis ich am Mikrofon bin.« An jenem Abend begann Big Brother mit dem schnellen Titel »Catch Me Daddy«. Morris erzählt: »Der Aufruhr im Publikum war so stark«, als Janis die ersten Noten sang, »dass es sie umgehauen hat, es trieb sie physisch in den Hintergrund der Bühne. Sie hatte sie. Ich hatte in meinem ganzen Leben keine Performance wie diese gesehen. Bevor der Vorhang hochging, war sie 'n ängstliches kleines Mädel, sie war nicht ›Janis Joplin‹.« Aber dann »nahm sie den Saal auseinander. Ich glaube, ich hab ungefähr vierhundert Konzerte gemacht in meinem Leben und vielleicht achthundert gesehen, und dieses gehört zu den zwei oder drei besten von allen.« Auch Myra Friedman war so beeindruckt wie der Rest des Publikums. »Ich hatte nie zuvor so einen Sound gehört!« Die Band spielte vier Zugaben und das glühende »Ball and Chain« war die letzte. Bill Graham war hinter der Bühne und schätzte sorgfältig das volle Haus ab. Joshua White sah »die Dollarzeichen in seinen Augen. Ich sah, wie er erkannte, dass es machbar war.« Als Graham weniger als einen Monat später das Fillmore East auf der anderen Straßenseite eröffnete, war Big Brother der Headliner.

»Nach der Show waren alle erschöpft«, erinnert sich Morris. »Janis war ausgelaugt, aber überglücklich.« Das Rock-Magazin *Crawdaddy* hatte die Show mitveranstaltet. Neil Louison, der für die Zeitschrift schrieb, behauptet, Janis sei »wie ein großes

Kind« gewesen, »das vor Glück quietschte; sie entdeckte Albert, rannte zu ihm hin, umarmte ihn und schrie: ›Oh Albert, ich bin so glücklich, ich will dich ficken!‹« Grossman entwickelte schließlich eine wirkungsvolle Methode, sich vor Janis' Großzügigkeit zu retten. »Wenn sich herausstellt, dass ich 'ne lausige Nummer bin, werd ich dich nicht als Klientin behalten können«, sagte er mit einem Lächeln. Es war geplant, dass die Band zur Vorbereitung der Aufnahme ihres Albums bei Columbia nach der Show proben sollte. Aber Sam verschwand mit Linda Eastman, die damals eine hübsche Rock-&-Roll-Fotografin mit guten Verbindungen war, und die anderen beschlossen, eine Party zu feiern. Janis blieb allein und stocksauer zurück. Sie lief aus dem Theater die Straße hinunter zu einer Kneipe auf der Second Avenue, möglicherweise eine der Bars, die sie 1964 bei ihrem Aufenthalt in New York besucht hatte. Dort entdeckte sie Louison, der es seltsam fand, »dass sie mit sieben Ukrainern allein in einer Bar saß«. Janis beschwerte sich bei Louison, der nach ihrem Tod so verächtlich über sie schreiben sollte, über ihre Bandkollegen. Es war nicht das erste Mal, dass die Jungs nach einem Auftritt gefeiert hatten, während sich Janis mit einer Flasche in irgendeiner Spelunke tröstete, aber dieses Mal war sie wütend auf die Typen. Sie hatte das Gefühl, sie würden »abkacken«. Und die Jungs verübelten ihr, dass sie alle Aufmerksamkeit bekam. Der Riss in der Gruppe wurde tiefer.

Schon in San Francisco hatte es Spannungen gegeben, doch selbst als die Band das erste Mal nach New York kam, war sie technisch gesehen immer noch eine Gruppe von Gleichgestellten: Big Brother and the Holding Company. Als sie im März 1968 zur Eröffnung von Grahams Fillmore East spielten, erschien die Band auf der Reklametafel über dem Eingang als »Janis / Big Brother«. Janis bat Joshua White, der für die Lightshow angestellt war, die Tafel zu ändern. »Sie wollte nicht hervorstechen«, erinnert sich Morris, der Manager des Fillmore

East. »Sie war ein Bandmitglied. Jetzt stach sie hundert Meilen weit hervor, aber sie sagte immer wieder: ›Ich bin nicht der Star.‹ Ich hab diesen Satz ziemlich oft gehört.« Joshua White erklärt: »Das war irgendwie Bullshit. Wir wussten es besser. Aber es gab 'ne Menge von dieser Scheiße damals.« Die Vorstellung einer Hierarchie war bei Big Brother ein großes Tabu. Als die Jungs feststellten, dass die Roadies ebenfalls in ihrer Suite im Chelsea Hotel untergebracht waren, akzeptierten sie die Tatsache einfach. Janis war allerdings nicht glücklich, ihr komfortables Quartier teilen zu müssen. »Was soll der Scheiß?«, schnauzte sie. »In Ordnung, Janis. Wir sind nur die Arbeiter und du bist der Star«, gab einer der Roadies, ihr Freund Dave Richards, zurück. Janis sagte nur: »Ach, fick dich selbst, Mann«, und ging. Die Roadies behielten ihre Suite für diese Nacht, aber der falsche Egalitarismus der Band sollte New York nicht überleben.

Der Hype, der Janis nach dem Auftritt im Anderson Theater umgab, versetzte der zerbrechlichen Einheit der Band den letzten Schlag. »Der unglaubliche Rummel um sie war einfach überwältigend«, erinnert sich Myra, die auf die augenblickliche blinde Vernarrtheit der Presse in Janis vollkommen unvorbereitet war. Robert Shelton von der *New York Times*, der Janis nie zuvor live gehört hatte, eilte nach dem Konzert auf Myra zu und rief: »Sie ist phantastisch!« Er bat sie um ein Foto und war überrascht, als Myra eingestand, sie hätte keins. »Was soll das *heißen*, du hast keins!« Myra riss ein Poster der Band von der Wand und hielt es ihm entgegen. »Ich *will* das nicht! Ich brauch' ein Bild von *ihr*!« Als er fragte, wer welches Instrument spiele, konnte ihm Myra auch darüber keine Auskunft geben. Shelton fragte verwundert: »*Willst* du nicht, dass ich diese Kritik schreibe?« Seine begeisterte Kritik erschien als Aufmacher des Kunst- und Kulturteils der *Times*. Da Grossmans Büro keine Fotografie von Janis hatte, schnitt die Zeitung die übrigen Mitglieder aus dem Gruppenbild von Big Brother heraus. Shelton erwähnte zwar, dass Big Brother ihres Stars würdig waren, schrieb aber überschwänglich über die Sängerin, von der er behauptete, sie sei »ein so beachtliches neues Talent in der Pop-Musik, wie es seit Jahren nicht mehr aufgetaucht ist«. Er verglich sie mit Aretha und Erma Franklin und fuhr fort: »Vergleiche verblassen, denn es gibt nur wenige Stimmen von solcher Kraft, Flexibilität und Virtuosität in der gesamten Pop-Musik. Gelegentlich schien Miss Joplin zwei harmonische Noten gleichzeitig zu treffen.« Die New Yorker Kritiker standen allesamt in Janis' Bann, und wenn sie Zweifel hinsichtlich der Band hatten, äußerten sie die nicht.

Die Presseparty der Band einige Tage später war keine lustige Angelegenheit. Als Myra Dave Getz fragte, wie die Band durchhielt, antwortete er lachend: »Ahhh! Wir besaufen uns. Das ist lächerlich! Ich hab das Gefühl, wir nehmen die Leute auf die Schippe.« Janis war von Verehrern umgeben, die ihr jedes Wort von den Lippen ablasen. Sie genoss die Aufmerksamkeit, aber ihre Stimmung änderte sich abrupt, als sie sich einmal zu schnell umdrehte und das Gesicht einer Frau neben sich mit ihrem Haar streifte. Die Frau fuhr Janis an: »Für wen hältst du dich!« Myra war schockiert, wie hilflos Janis auf einmal wirkte. Ihr Gesicht »zog sich zusammen, von roten Flecken bedeckt«, und sie war den Tränen nahe. All die Komplimente konnten diese eine dumme Kränkung nicht wettmachen, die Janis direkt auf die Thomas Jefferson High zurückzuschicken schien. Sie wurde nachdenklich, als Myra sie zu trösten versuchte, und sagte: »Also wenn ich ehrlich bin, hab ich Haare wie 'ne Ratte.« Nach wenigen Minuten war Janis aber wieder ganz die Alte und »plapperte atemlos über ihre Spontaneität, als wäre nichts passiert«. Als Myra später fragte, wie sie sich fühle, sah Janis sie missbilligend an und protestierte: »Ich weiß nicht, was das Ganze soll. Ich bin kein Star.« Aber schon im nächsten Augenblick »schossen ihre Augen erwartungsvoll durch den Raum«, bis sie einen Fotografen sah und sich in

Positur stellte. Janis mag die Schmeicheleien verwirrend gefunden haben, aber sie akzeptierte sie bereitwillig.

Die Wahrheit ist, dass Janis an der Publicity schnell großen Gefallen fand. Sie war »sehr bedacht« darauf, viel mehr als der Rest der Band. Als Myra sich mit ihnen zusammensetzte, um für ihre Pressemappe biographische Informationen zu sammeln, stieß sie sogar auf einigen Widerstand. Statt über seine Vergangenheit zu sprechen, verlor sich Sam Andrew in einer langen und langweiligen Träumerei über LSD. Janis unterbrach ihn schließlich. »Hör zu, sie versucht nur, uns zu verstehen. Helft ihr dabei.« Janis verstand von Anfang an die Bedeutung von Myras Rolle. »Sie hätte mir alles erzählt, wonach ich gefragt hätte, und mehr.« Aber Myra besteht darauf, dass der ganze Medienzirkus um Janis »hauptsächlich aus seinem eigenen Impuls heraus entstand«. Er sei in keiner Weise von Grossmans Büro inszeniert worden. »Hätte ich sie hochspielen *wollen*, und das war nicht mein Stil, hätte ich nie die Gelegenheit dazu gehabt«, bemerkt Myra korrekt, der nicht entging, wie plötzlich Janis' Tsunami war. Die Geschwindigkeit der Schmeichelei verstieß gegen die üblichen Regeln, nach denen ein Star gemacht wurde; schließlich hatte die Band noch nicht einmal einen Hit. Die Mainstream-LP war alles, was sie hatten, ein Album, das Janis so peinlich fand, dass sie sich bei Ralph Gleason vom *San Francisco Chronicle* dafür bedankte, dass er es verrissen hatte.

Letztendlich schaltete die Presse nicht wegen Janis' Kooperationsbereitschaft in den Schnellgang oder wegen eines meisterlichen Plans, den Myra oder Albert ausgeheckt hatten, sondern weil die Journalisten sahen, wer Janis war: eine einzigartige, packende Sängerin und Persönlichkeit, deren Erfolg eine erdbebenartige Verschiebung innerhalb der Kultur signalisierte. Sie war nicht nur ein weißes Mädchen, das den Blues sang, sondern ein weißes Mädchen, das Ansprüche auf den bösen Rock & Roll anmeldete, der bisher die Domäne der schlimmen Jungs gewesen war. Andere Frauen – insbesondere Etta James und Tina Turner – rockten auch mit voller Wucht, aber sie waren schwarz, und Rassismus verhinderte den Ruhm, den sie verdienten. Und dann war da die Frage von Janis' Aussehen. Der Schallplattenproduzent John Simon erklärt: »Sängerinnen mussten normalerweise wie Starlets aussehen und Janis sah ziemlich durchschnittlich aus.« Aber 1968 war das für Janis von Vorteil, genauso wie ihre Prahlerei, sie sei schon immer eine Außenseiterin gewesen, die »auf der anderen Seite der Gesellschaft« gestanden hätte, wie sie der *Vogue* erzählte. Die Medien verliebten sich in Janis, weil sie die Rebellion, Spontaneität, Aufrichtigkeit und Authentizität ihrer Generation zu verkörpern schien. Wenn sie Alkohol den Vorzug vor Acid gab, war das in Ordnung. Janis war das wahre Ding. Journalisten erklärten Janis zum »gesellschaftlichen Phänomen«, eine Phrase, die Janis schnell und satirisch zu einem »gesellschaftlichen Fenomenomoni« verballhornte.

Nicht, dass Janis' Manipulation der Presse nicht half. »Sie war absolut fesselnd«, schwärmt Myra, eine »Zauberin mit Worten«, und sie »sagte all diese Dinge, die unerhört waren«. Janis tat das Undenkbare: Sie sprach über Sex. »Zu sagen, ein Auftritt sei wie ein Orgasmus, war damals das Schlimmste, was einer je gehört hat«, erklärt Myra. Janis wusste, dass die Fähigkeit zu schockieren ihr kulturelles Kapital war, und begann sie praktisch sofort auszuspielen. Sobald sie entdeckte, dass etwas bei den Journalisten gut ankam, verzierte und verfeinerte sie es, bis es ein perfekter Aufhänger war. Zuerst verglich sie die Performance damit, »sich zwanzigmal zu verlieben« oder »ein Kind zu bekommen«, aber innerhalb weniger Monate schockierte und erfreute sie Journalisten mit der gewagteren Analogie und verkündete: »Es ist wie ein Orgasmus.« Sie erfand auch die Geschichte, dass ihre Eltern sie mit 14 aus dem Haus geworfen hätten. In Port Arthur »schmorten leichte Ressentiments« wegen der Geschichte, aber Janis drückte die Wahrheit aus, die sie über ihre Beziehung zu ihrer Familie empfand, und sie lieferte großartiges Material für die Presse.

Trotz all ihrem Gerede von Spontaneität sei Janis »in mancherlei Hinsicht ungefähr so spontan wie das Manhattan Project« gewesen, behauptet Myra. Im Frühling 1968 dachte sie sich das Publicity-Kunststück mit Southern Comfort aus. Sie bestand darauf, dass Myra die Geschäftsleitung der Firma anrief und »auf all die Werbung hinwies, die sie für sie machte und – Wink mit dem Zaunpfahl – sollten sie das nicht auf irgendeine Art anerkennen?« Das Resultat dieses Anrufs war der berühmte Luchsmantel. Ein andermal trug sie Myra auf, ihren Streit mit Jim Morrison von den Doors publik zu machen. Myra erinnert sich, wie Janis sie mit den Neuigkeiten ihrer Auseinandersetzung anrief. Als sie missbilligend reagierte, wurde Janis gereizt. »Vielleicht gefällt dir die Geschichte nicht«, entgegnete sie, »aber seine Leute finden, sie hat was, und sie wollen Fotos.« Letztendlich zog Myra Diskretion vor und gewann. Aber ein Jahr später belästigte Janis Myra gar nicht erst und erteilte stattdessen ihrem Freund Richard Hundgen den Auftrag, Jann Wenner wegen ihres One-night-Stands mit Joe Namath anzurufen, dem gefeierten Quarterback der New York Jets. »Sag ihm, Janis hat Namath gefickt, und ich will, dass es im nächsten *Rolling Stone* steht.«

Nach Big Brothers New Yorker Debüt wurde es schwieriger, das Offensichtliche zu ignorieren, auch wenn Janis die Reklametafel des Fillmore East ändern ließ. John Simon betont, dass Janis im Tonstudio »der Brennpunkt von allem war. Bis sie da war, lief nichts. Sie war ohne Zweifel der Leiter dieser Band. Sie mag von der Absicht her demokratisch gewesen sein, aber in der Praxis war sie es keineswegs.« Die Interviewanfragen von *Vogue, Glamour, Time,* der *New York Times, Eye,* der *Village Voice* und allen anderen begannen, sich zu stapeln. »Die Presse fing an, sich beim Monterey Pop auf Janis zu konzentrieren«, erzählt John Cooke, »und die Jungs wurden regelmäßig sauer: ›He, es ist nur noch Janis hier und Janis da.‹« John Morris erinnert sich, wie die Jungs über ihre zunehmende Unsichtbarkeit immer unglücklicher wurden. »Natürlich haben sie sich darüber geärgert, sie sind Männer. Sie wollten so talentiert sein wie sie. Sie waren es nicht.« Zu diesem Zeitpunkt waren Janis' magnetisierende Auftritte nicht das Einzige, was sie von den Jungs unterschied. Ihr Benehmen fern der Bühne brachte ihr ungeteilte Aufmerksamkeit ein. Die Jungs dagegen waren für die Presse weniger reizvoll. Myra fragt: »Wen interessierte es, was ein Haufen Typen dachte? Sie konnten das nicht in ihre Köpfe kriegen.« Myra versuchte, die Medien mit einem Angebot aus der Reserve zu locken: »Hört zu, wenn ihr mit den Jungs redet, arrangiere ich später ein Interview mit Janis.« Es war alles sehr demoralisierend.

Es sollte noch schlimmer kommen. Bei den Aufnahmen zu *Cheap Thrills*, ihrem ersten Album für Columbia, stießen Janis und Big Brother auf die vernichtende Geringschätzung seines Produzenten John Simon. Er war der Sohn des Gründers des Norwalk Symphony Orchesters, war Jazzmusiker in einer Allstar Band in Princeton gewesen und hatte sich schon früh bei Columbia Records einen Namen gemacht: Sein absolutes Gehör konnte Musiker nicht ertragen, die verstimmt spielten. Fred Catero, der Toningenieur des Albums, insistiert: »Ein wunderbarer Produzent. Er war einer der Leute, die wirklich gewusst haben, was sie wollten und was sie getan haben.« Niemand hatte Simons Kompetenz je in Frage gestellt, doch es war ein fragwürdiger Schritt, ihn mit Big Brother zusammenzubringen. »Was? Dieser Typ kann diese Band nicht produzieren«, war John Cookes erster Gedanke. »Der hat keine Ahnung, worum es bei dieser Musik geht.« Mit 28 Jahren war Simon nur drei Jahre älter als Janis, aber er konnte mit der meisten Rock-Musik nichts anfangen. Im Kielwasser der britischen Invasion »wurden die meisten Bands ohne erkennbaren Beweis für Talent unter Vertrag genommen«, erklärt Simon. »Sie hatten tolles Haar und sahen in ihrer Kleidung genau richtig aus, aber sie hatten kein Talent.« Simon reduzierte Talent hauptsächlich auf das Beherrschen von Instrumenten. Als er festgestellt hatte, dass die künstlerischen Ambitionen von Big Brother ihre Musikalität übertrafen, machte er offenbar keinen Hehl aus seiner Abneigung. Simon gibt selbst zu, dass seine sozialen Fähigkeiten damals unterentwickelt waren.

Simon fand, dass Big Brother von Anfang an in jeder Hinsicht ein Desaster waren. Im Dezember 1967 war er nach San Francisco geflogen, um bei Golden State Recorders eine Vorproduktion der Band aufzunehmen, und er war nicht begeistert. Simon hatte keine Zeit für die Show der Band im Anderson Theater in New York, bat aber Catero und Elliot Mazer, sie sich anzuschauen. »Janis schien viel besser als die Band«, dachte Mazer, aber er fand, »man konnte mit ihnen als Einheit etwas Gutes machen.« Er war sogar der Ansicht, die Aufnahmen würden ein Kinderspiel sein, als er an jenem Abend das Theater verließ. Mazer lieferte »die unglaublich unpopuläre Ansicht ab«, dass Big Brother eine großartige Performance geboten hätte. »Unser Job ist es, das einzufangen«, erzählte er Simon, der nur die Augen verdrehte.

Aller Wahrscheinlichkeit nach dachte Albert Grossman, Simons präzises Gehör würde die Schlampigkeit ausgleichen, die Big Brother oft charakterisierte. Dave Getz erinnert sich: »Albert sagte uns nur: ›John Simon wird euer Produzent sein. Ihr braucht ihn und er bekommt zwei Siebtel von euren Tantiemen.‹« Simon hatte erfolgreich mit The Band, die auch zu Alberts Klienten gehörten, an deren erstem Album *Music From Big Pink* gearbeitet. Aber er liebte die Musik von The Band, was ein ziemlich guter Hinweis war, dass er von Big Brother nicht begeistert sein würde. Schließlich war *Big Pink* eine bewusste Ablehnung der psychedelischen Musik »mit ihren flammenden Gitarren und endlosen Soli und ausgedehnten Jams«, wie Levon Helm, der Schlagzeuger von The Band, den San-

Francisco-Sound beschreibt. Dave erinnert sich, Simon hätte ihnen eine Vorveröffentlichung von *Big Pink* vorgespielt und verkündet: »*Das* ist, was ich mag.« Simon behauptet, er hätte nicht versucht, Big Brothers Musik abzuwerten, doch genau das empfand die Band.

Simon unternahm im Grande Ballroom in Detroit am 1. März 1968 einen ersten ernsthaften Versuch, die Band aufzunehmen. Er kam in Begleitung von Mazer und Catero. Wenn die Stärke des San-Francisco-Sounds »live« war, wie Janis selbst sagte, machte es Sinn, die Bühnenqualitäten der Band auszuspielen – die Energie und das Ungeschliffene einer Garagenband. »Die Idee war, dass Janis auf der Bühne singen und die Publikumsreaktion die Spannung aufbauen würde«, erinnert sich Catero. »Die Band würde sich hineinfinden und es würde abgehen.« Live-Aufnahmen erforderten Techniker, um das Mischpult aufzubauen, das ein »monströs schweres Ding« war. Es war direkt neben der Bühne platziert und Big Brothers »Soundgetöse« – die Band drehte ihre Verstärker immer weit auf – machte die Aufnahme zum Albtraum. »Ich schaute nur auf die Aussteuerungsanzeigen«, erzählt Catero, »und hoffte das Beste. Wir mischen es halt ab, wenn wir zurück sind, dachte ich.« Sie nahmen zwei Tage lang auf, und Catero erinnert sich, dass Janis »sang, wie du's noch nie gehört hast«. Das Publikum war schlichtweg verblüfft. »Die hatten noch nie eine Frau gehört, die so klang. Jedes Mal, wenn sie einen Song beendet hat, waren die Leute einfach … Was'n das? Es gab keine Reaktion. Es war so komisch.« Mazer pflichtet bei, dass das Publikum lustlos war, aber er behauptet, die Auftritte in Detroit seien nicht die besten Shows der Band gewesen. Wichtiger noch, die in ihrer Heimatstadt Detroit heiß geliebten MC5 hatten den Abend eröffnet und die Zuhörer für Big Brother getötet.

Die Band hatte ihr Live-Publikum, aber es gab keine Reaktion, keine Spannung, keinen Aufruhr. Niemand nahm das schwerer als Janis, die sich verzweifelt wünschte, dass das Columbia-Album ein Hit würde, besonders nach der enttäuschenden Mainstream-LP. Janis war an diesem Wochenende nicht in großartiger Stimmung. »Ich war im Kontrollraum«, erinnert sich Catero, »und sie hatte gerade ein Set beendet. Wir fingen an, das Band abzuspielen, und ich glaube, sie kam runter, um kurz reinzuhören. Die Tür traf ihre Hand, verschüttete ihren Drink und sie sagte nur ›Ach, Scheiße‹ und ging wieder. Sie hat sich nicht einmal das Band angehört.«

Catero ging mit Janis, Mazer und Simon nach dem letzten Set in eine Bar. Janis gab ihre Bestellung auf: »Ich will fünf.« Daraufhin brachte ihr der Kellner höflich einen Drink. »Wo sind die anderen?«, fragte Janis. Und er antwortete: »Also, ich bringe Ihnen den ersten.« Aber Janis wollte sie alle in einem Rutsch trinken. »Sie war wirklich deprimiert«, sagt Catero. »Einen Augenblick dachte ich irgendwie: ›Mann, was für 'ne harte Frau, was für 'n hartes Leben.‹ Und sie schaute mich an und sagte: ›Ich seh alt aus, nicht wahr?‹«

In New York hörten sich Simon, Mazer, Catero und Albert Grossman die Bänder aus dem Grande an und entschieden, dass sie unbrauchbar waren. »Abgesehen von Janis waren sie schrecklich«, sagt Catero. Simon beschloss, die Band nicht weiter live aufzunehmen, sondern sie in ein Studio zu bringen. Die Sessions begannen in Columbias Studio B und sie waren zermürbend für alle. »Nach ein paar Takes wurde es langsam offensichtlich, dass die Band nicht zusammen war«, erinnert sich Catero. »Sie schienen ihre Parts nicht zu beherrschen. Sie waren verstimmt. Sie vergaßen, wann sie einsetzen sollten, wann sie dies, wann sie das tun sollten. Aber Janis war mörderisch. Sie ließ mir die Haare zu Berge stehen. Sie sang sich den Arsch ab.« Nach drei oder vier Takes war Janis ausgepumpt. »Sie schwitzte, während die Typen locker waren und an ihren Joints zogen nach dem Motto: ›He, Mann, was ist so schlimm daran?‹ Simon sagte: ›Nein, es stimmt nicht.‹ Und Janis schaute, als wolle sie sagen: ›Muss ich das noch mal tun?‹ Schließlich sagte Simon: ›Schaut, lassen wir's gut sein für heute.‹« Catero berichtet, bei diesen frühen Aufnahmen sei nicht viel erreicht worden.

Nach ein paar Tagen wurde das Studio in eine Bühne verwandelt, denn die Band fand, ihr Spiel würde unter der geschlossenen Umgebung leiden. »Alles ist ziemlich isoliert«, erklärt Peter Albin. »Du hast Kopfhörer auf. Die Sängerin ist in 'ner schalldichten Kabine. Der Schlagzeuger ist mit Schallabsorbern zugestellt wie verrückt. Du kannst den Schlagzeuger die meiste Zeit nicht sehen. Man hat überhaupt keinen Kontakt, wenn man so aufnimmt.« Also wurde mit Podesten eine Bühne improvisiert, die Vorhänge wurden heruntergelassen und ein Spotlight montiert, um die notwendige Atmosphäre zu schaffen. Die Band entschied sich sogar dafür, eine P.A. im Studio aufzustellen, damit Janis die Musik direkt und nicht wie üblich über Kopfhörer hörte. »Es war das erste Mal, dass jemand versuchte, das Gefühl einer Bühne im Studio zu simulieren«, behauptet Mazer. »Und deshalb hat die Schallplatte diese großartige Räumlichkeit.« Wieder einmal sang sich Janis die Seele aus dem Leib. »Sie kam herein mit ihrer kleinen Flasche Southern Comfort und legte los«, erinnert sich Catero. »Aber nichts änderte sich. Der Bassist spielte in der falschen Tonart, der Gitarrist vergaß seinen Einsatz – lauter solche Sachen, verstehst du.« Simon sagte der Band immer wieder, sie solle sich zusammenreißen. Nach zahlreichen Versuchen waren sie gerade dabei, einen brauchbaren Take hinzukriegen, als Janis in den Kontrollraum kam. »Sie wusste, er war falsch, und sie war fuchsteufelswild. Simon sagte ihr, sie müssten noch einen weiteren Take aufnehmen, aber sie sagte: ›Ich sing nicht mit diesen Motherfuckern‹, geht und knallt die Tür zu. Und ließ Simon einfach da sitzen. Ich weiß noch, wie er gesagt hat: ›Na gut, wie müssen irgendwie damit klarkommen.‹«

Die Aufnahmesessions ließen einen zähneknirschenden

Simon zurück – gewöhnlich ein »cooler, sachlicher Mann« in Mazers Augen. Einmal wollte er eine Aufnahme unterbrechen, aber die P.A. war so laut, dass ihn die Band nicht hören konnte und weiterspielte. »Da hängt Sam Andrew über seiner Gitarre und seine Haare fallen ihm vor's Gesicht«, erinnert sich Mazer. »Fred Catero ging aus dem Kontrollraum und schob sein Haar zur Seite und winkte ihm, aufzuhören. Es war irgendwie symbolisch. Es gab keine Kommunikation zwischen der Band und John.«

Simon bestand darauf, dass die Band ihre Nummern immer wieder spielte. »Hier steht dieser Typ aus Princeton mit dem absoluten Gehör und erklärt der Band, dass ihre Gitarren verstimmt sind, und erklärt ihr, dass sie nicht sauber singt, und lässt sie 'ne Million Takes machen.« D. A. Pennebaker filmte eine der frühen Sessions (die in dem Film *Janis: The Way She Was* zu sehen sind) und der Film zeigt Janis' offensichtliche Ungeduld mit Simon und ihren Bandkollegen. Simon bringt sie alle in den Kontrollraum, um sich einen Take von »Summertime« anzuhören. Als er den Titel vorspielt, hält Janis Hof. Sie lärmt schließlich so sehr, dass sie die Musik übertönt. Simon hält verärgert das Band an und bittet sie, still zu sein, ohne Erfolg. Normalerweise störte Janis nicht im Studio. »Wenn auch niemand in der Band ein Faulpelz war«, sagt Mazer, »so war Janis doch zwanzigmal ernsthafter als die Jungs. Sie war immer die Erste, die da war, und die Letzte, die ging. Sie wollte wissen, was vor sich ging. Sie wollte Kontrolle darüber haben. Während jemand anderes einen Gitarrenpart spielte, saß sie im Kontrollraum, bastelte Perlenketten, stellte Fragen, hörte zu.« Aber nicht an jenem Tag. Sie hatte es satt, sich einen verpatzten Take nach dem anderen anzuhören, und sabotierte Simons Session im Studio Music 101. Ein anderes Mal, als die Band das weitere Vorgehen diskutiert, setzt sich Janis über Simons Versuche hinweg, die Band zu einer präzisen Spielweise zu bewegen, und kränkt die Jungs, indem sie insistiert: »Ihr hört, was vorn ist, und das ist der Gesang. Wenn die Begleitung nicht 'n Riesenpatzer macht, hört ihr's gar nicht.« Sie versuchte, die Jungs vom Haken zu kriegen, schien damit aber auch zu sagen, dass sie keine große Rolle spielten, dass ihr Part neben ihrer wundersamen Stimme unwesentlich war.

Letztendlich änderten weder Spotlights noch Vorhänge etwas an der Tatsache, dass Simon der Produzent der Band war und seine Erwartungen mit ihren zusammenprallten. »John kämpfte darum, großartige Aufnahmen hinzubekommen, um verkäufliche Schallplatten zu machen«, erklärt Mazer. »Und die Band wollte eine Situation, in der sie das Gefühl hatte, Kunst zu machen. Stattdessen dachten sie nur daran, sie könnten Fehler machen.« Simons Kritik machte die Dinge nur noch schlimmer, aber was sollte er tun? All die Patzer ignorieren? Mazer verteidigt Simon: »John hat mehr Können als alle, die ich je kennen gelernt habe. Wenn du das absolute Gehör hast, kannst du nicht ertragen, Zeug zu hören, das nicht sauber und nicht im Takt gespielt ist. Und sie haben nicht sauber und nicht im Takt gespielt.« Janis schien Simons Kritik an der Band zu verinnerlichen und erzählte einem Journalisten: »Wir sind leidenschaftlich, das ist alles. Und wir versuchen, das auf die Platte zu bringen, worin wir gut sind – beharrlich sein, die Leute vom Hocker reißen.« Die Band versuchte, Musik des Augenblicks aufzunehmen für einen Produzenten, der die Ansicht hatte, Platten sollten für die Ewigkeit sein. Die New Yorker Sessions dauerten zwei Wochen, führten aber nur zu drei Songs. Im April kehrten Simon und die Band ins Studio zurück – dieses Mal in Los Angeles – und verbrachten mindestens einen Monat damit, die Platte aufzunehmen.

»John führte sich auf, als würde er gefoltert«, erinnert sich Dave Getz. »Er führte sich auf, als würde er unsere Musik hassen, als wäre er nur da, uns 'n Gefallen zu tun, oder weil Albert ihn dazu veranlasst hatte.« Heute sagt Simon, Big Brothers Können sei »nicht ganz am Ende der Kompetenzskala« gewesen, »aber ganz bestimmt im untersten Bereich«. Als er mit Myra Friedman in den frühen Siebzigern sprach, war Simon schärfer: die Band hätte in einem Studio nichts zu suchen, denn »sie konnten keine Musik machen«. Um es genauer zu sagen, Big Brother spiele »Stammesmusik« statt »studierter« Musik. »Sie hätten eine *Feldaufnahme* mit Alan Lomax in San Francisco machen sollen. Clive Davis zwang sie wahrscheinlich aus einem soziologischen Grund, eine Schallplatte zu machen«, das sei der einzige Grund, warum die Band im Studio B von Columbia gelandet sei. Er räumt ein, Big Brother sei eine »großartige *Performance*-Band« gewesen, die »eine Menge Leute glücklich« gemacht hätte, aber seiner Ansicht nach seien es die Drogen gewesen, die dieses kollektive Vergnügen bewirkt hätten. Sein Urteil schloss Janis mit ein. »So konnte Janis Joplin überhaupt erst hochkommen. Jedermanns Hirn war benebelt.«

Big Brother hätten höchstwahrscheinlich mit jedem Produzenten im Studio Probleme gehabt. »Beatles-Platten waren, was die Plattenfirmen für Schallplatten hielten«, erklärt Elliot Mazer. Praktisch alle Labels erwarteten polierte, eingängige Melodien, die zweieinhalb Minuten dauerten. »Aber mit Big Brother and the Holding Company hätte man einfach keine Beatles-Platte bekommen.« Genauso wenig aber mit den meisten anderen Bands aus San Francisco, weshalb das Studio oft eine frustrierende und schlimme Erfahrung für Musiker wie Produzenten war. Die Grateful Dead waren »in fast jedem Tonstudio in Los Angeles als unerwünschte Gruppe abgestempelt«, sagt ein leitender Angestellter ihrer Plattenfirma. Die Spezialität aller Bands aus San Francisco waren »endlose Jams«, die einen großen Teil verloren, wenn sie auf Vinyl übertragen wurden. »Die meisten Leute hatten wirklich nicht das Können für Plattenaufnahmen«, gibt Bill Champlin von den Sons of Champlin zu, ein Veteran der Szene. John Simon führt die Entwicklung der Mehrspur-Aufnahmetechnik sogar auf

»die Tatsache« zurück, »dass Rockgruppen im Studio überhaupt nichts zustande brachten. Bis dahin wurden die Sachen auf drei Spuren aufgenommen oder auf vier Spuren für etwas Besonderes. Aber gewöhnlich waren es drei Spuren mit dem Gesang in der Mitte und der Band in Stereoaufteilung, denn alle Musiker haben das hingekriegt. Sie kamen ins Studio und spielten, was sie zu spielen hatten. The Band war so.«

Simon machte sich auch persönlich nicht viel aus Janis. Sie war intelligent genug, aber er fand sie laut, nicht besonders komisch und überhaupt nicht sexy. Er räumt ein: »Sie konnte sehr freundlich sein.« Einmal platzte sie herein, als Simon mit Electric Flag in einem Studio nebenan Klavier spielte. »Du bist gut. Wieso spielst du nicht Klavier bei uns?«, fragte sie. Simon war »sehr geschmeichelt und gerührt«, als sie vorschlug, er solle auf »Turtle Blues« spielen. Er behauptet, Janis sei in Ordnung gewesen, wenn sie locker war, aber die meiste Zeit fand er sie »so anmaßend, dass sie zum Fürchten war«. »Es gab eine Menge Leute, die Janis physisch sehr negativ gegenüberstanden«, erklärt Myra Friedman. »Sie mochten einfach nicht, wie sie aussah, und John mochte auch nicht, wie sie aussah. Er fand sie überhaupt nicht attraktiv. Er fand, sie sei eine komische Gestalt.« Janis spürte seine Abneigung, und da sie sich abgelehnt fühlte, wurde sie härter, als wollte sie »ihre Grobheit verstärken«. Und natürlich war sie von seiner mangelnden Achtung vor ihrem Gesang verletzt. »Sie war wirklich sauer auf John«, sagt Mazer. »Sie wollte, dass die Leute sie akzeptierten und großartig und wunderbar fanden. Sie hatte einen gewaltigen Minderwertigkeitskomplex.« Das »soziologische Phänomen« Janis war jedoch für Simon »viel wichtiger als das musikalische Phänomen. Sie schien damals die Fürsprecherin des nicht gerade bezaubernden jungen Mädchens zu sein.« Janis' Popularität war seiner Ansicht nach in ihrer »Befreiung aller reizlosen, übergewichtigen, lauten jungen Frauen« begründet.

Darüber hinaus stieß Simon ihre »mangelnde Spontaneität«

als Sängerin ab. »Sie war wirklich sehr bewandert. Sie ging ins Studio mit einer Idee in ihrem Kopf, einen Song mit Elementen von Tina Turner, Big Mama Thornton, Etta James zu machen und sie alle sehr bewusst in ihren Stil zu integrieren. Es war *sie*, aber es war nicht völlig spontan. Es war genau das Gegenteil.« Simon erklärte Myra Friedman: »Sie hatte jedes einzelne Stöhnen und jeden Schrei genau geplant ... Wir haben einen Take aufgenommen. Sie sagte: ›Der gefällt mir.‹ Beim nächsten Take hat sie's genauso gesungen.« Mazer behauptet, Janis' Art, einen Song zu singen, hätte sich mit der Zeit verändert, aber im Studio »sang Janis einen Song grundsätzlich jedes verdammte Mal genau gleich. Die Typen, die bei Columbia an der 1993er Anthologie gearbeitet haben, riefen mich an und sagten: ›Es ist unglaublich. Siebzehn Takes, und sie klingt auf jedem gleich!‹« Für Mazer war das jedoch eine Tugend. »Sie war wirklich clever, ungefähr die cleverste Künstlerin, mit der ich je gearbeitet habe. Sie war stolz auf ihren Gesang und sie sang den Text, die Aussage, und baute eine Art auf, es zu tun, die sehr bewegend war. Es war diese unglaublich wirkungsvolle Kombination von Intellekt und spontanem Empfinden. Sie hat eine Magie, die nur wenige Menschen erzeugen können.« Was immer die Wurzeln von Janis' angelernter Vorgehensweise waren – ihr Stolz, ihre Unsicherheit, ihre Intelligenz oder der Hintergrund in der Folk Music statt im improvisatorischen Jazz –, sie war sicherlich wirkungsvoll, wenn auch in einem seltsamen Widerspruch mit ihrer Selbstdarstellung als Bluessängerin, die einfach die »Dinge fühlt«.

Simons strenge Maßstäbe mögen die Band frustriert haben, aber er brachte sie dazu, besser zu klingen. Big Brothers Version des Gershwin-Klassikers »Summertime« enthielt einen verminderten Akkord, der mit Simons Worten »einzigartig« und »ganz wunderbar« war. Sam Andrew hatte das Präludium in c-Moll aus Bachs Wohltemperiertem Klavier im halben Tempo als Einleitung des Songs gespielt. Simon fiel allerdings auf, dass die

Band »zu denken schien, du kannst Bach simulieren, wenn jeder Musiker eine Reihe regelmäßiger Achtelnoten spielt. Sie hatten der Tatsache keine besondere Beachtung geschenkt, dass die Achtelnoten untereinander harmonieren müssen. Als Resultat war der ›Bach‹, den sie imitierten, viel dissonanter als sogar sie es vermutlich erhofft hatten« – eine Ansicht, die Sam nicht bestreitet. Simon drückte »Summertime« und anderen Songs mit Sicherheit seinen Stempel auf. Er überwand auch die musikalischen Grenzen der Band, indem er einige der Instrumente nachträglich hinzufügte. Mazer erklärt: »Das ganze Album ist brechend voll von Stückwerk und geschnittenen Bändern.« Die Version von »Ball and Chain« auf *Cheap Thrills* wurde beispielsweise bis auf einen Teil live im Winterland (Bill Grahams zweitem Ballroom in San Francisco) aufgenommen.»John Simon hat einen Fehler in einem achtminütigen Song gehört«, schwärmt Mazer, »und wusste, dass er in Takt 134 war. Er hat sich an einen anderen Take des Songs erinnert, Takt 134 gefunden, und wusste sofort, ob er das richtige Tempo hatte und ob der Schnitt funktionieren würde. Er ist ein Mathematiker. Er ist brillant.«

Simons wahrer Geniestreich war jedoch, den Sound eines Live-Albums zu erzeugen. »John war gut«, gesteht Dave Getz. »Er hat wirklich ein Konzept für das Album gefunden, das funktionierte. Es hat Leuten ein Bild von San Francisco vermittelt, die nie in den Ballrooms waren.« Von Bill Grahams Ansage an – »Vier Herren und ein großartiges, phantastisches Mädel: Big Brother and the Holding Company!« – klingt das Album live, obwohl alle Titel mit Ausnahme von »Ball and Chain« im Studio aufgenommen waren. Simon erklärt, er hätte »Bandschleifen mit Applaus und allem« aus der Überlegung eingesetzt, die Hörer würden die Patzer der Band eher nachsehen, wenn sie dachten, die Gruppe hätte live gespielt. »Wenn die Hörer annahmen, das seien Live-Titel, war schlechtes oder unsauberes Spielen irgendwie eher zulässig als wenn man es als Studio-Album bezeichnet hätte.« Der akustische Titel »Turtle

Blues« enthält sogar Hintergrundgeräusche aus Barney's Beanery, einem Rock-&-Roll-Club in Los Angeles, den Janis häufig besuchte. James und Janis waren mit einem Tonbandgerät dorthin gegangen und James ließ das Band laufen, während Janis mit jemandem einen Streit provozierte.

Die meisten der Live-Effekte wurden allerdings im Studio eingefangen. Bei »Turtle Blues« zerbrechen Dave Getz und Bob Neuwirth Weingläser und erzeugen so das Geräusch, das Peter Albins Gitarrensolo unterstreicht. Das Publikum auf *Cheap Thrills* war nicht die Menge im Fillmore oder Avalon, sondern Sekretärinnen, Toningenieure und anderes Studiopersonal. »Wir haben ihnen Tamburine und Pfeifen und Zeug gegeben«, erinnert sich Fred Catero, »und gesagt: ›Könnt ihr da draußen stehen und immer, wenn ihr euch danach fühlt, reagieren und brüllen und schreien, die Tamburine schütteln und pfeifen?‹« Für eine Band, die so viel Wert auf Spontaneität und Authentizität legte, hat es etwas Ironisches, dass der Live-Sound des Albums größtenteils künstlich erzeugt wurde.

Simon soll sogar aus Frustration gekündigt haben, ohne das Album fertig zu stellen. Simon bestreitet das. Er lieferte tatsächlich eine Abmischung bei Columbia ab, die Dave Getz zum Beispiel liebte. Simons Version enthielt »Harry« – ein »Frank-Zappa-artiger Song« – und »Happy Birthday« in einer eigenen Version der Band, aber Columbia lehnte sie als zu unausgegoren ab. Es war Juni 1968 und die Produktion des Albums hatte sich über drei Monate hingeschleppt. Simon war bereits verpflichtet, die zweite Langspielplatte von The Band zu produzieren. Als Konsequenz wurden eine neue Abmischung und das »Aufwischen« Mazer überlassen, der plötzlich den Druck von Clive Davis abwehren musste, der auf die Fertigstellung des Albums drängte. Mazer versuchte immer noch, »die Zusammenstellung der zweiten Seite herauszufinden«, als Davis Janis benachrichtigte, *Cheap Thrills* sei mit einer goldenen Schallplatte ausgezeichnet worden. Wie sich herausstellte, hatten sich die Regeln geändert und eine Schallplatte musste tatsächlich verkauft werden, bevor sie als goldene Schallplatte bestätigt wurde. Mazer glaubt, *Cheap Thrills* wäre stärker geworden, wenn ihn Columbia nicht gedrängt hätte, die Schallplatte fertig zu stellen. Die Hülle schreibt Janis und James die Endabmischung zu, doch Dave behauptet, die ganze Band sei an dem Marathon-Mix beteiligt gewesen, der 36 Stunden dauerte. Sam erinnert sich, dass er mit der Überzeugung aus dem Studio kam, dass die Band wirklich »etwas hatte«.

Als *Cheap Thrills* schließlich veröffentlicht wurde, war seltsamerweise Simons Name nirgendwo zu finden. Er hatte die ganze Zeit gewusst, dass die Platte ein Erfolg sein würde, sagt Simon, aber Monate bevor die Endabmischung fertig gestellt wurde, hatte er sich dagegen entschieden, als Produzent aufgeführt zu werden, ein »höchst ungewöhnlicher« Schritt, wie Fred Catero findet. Fast jeder, der mit der Band zu tun hatte, nimmt an, dass Simon die Ehre ablehnte, weil er das Album nicht mochte, doch er führt einen anderen Grund an: »Ich arbeitete mit Howard Alk an dem Film *You Are What You Eat*, und Alk sagte: ›Der Name korrumpiert. Sobald du deinen Namen unter etwas setzt, fängst du dich automatisch an zu fragen, was die Leute von dir denken, die dieses Kunstwerk im Hinterkopf haben. Und das macht die Reinheit der Kunst null und nichtig.‹« Daraufhin hätten er und Alk einen Pakt geschlossen, ihre Namen nicht unter ihre Werke zu setzen. Es sei reiner Zufall gewesen, dass *Cheap Thrills* Simons nächstes Projekt war. »Einige Monate später entschied ich, dass es ein philosophisch interessantes Konzept war, aber eine dumme Sache in der wirklichen Welt. Und ich habe meinen Namen unter jedes Album gesetzt, das ich seitdem gemacht habe.«

»Er hat mir diese doofe Geschichte auch erzählt«, sagt Dave Getz, »und das ist so 'n Scheiß.« Auch Myra Friedman bezweifelt Simons Geschichte. »Ich glaube nicht, dass es die Wahrheit ist. Er wollte seinen Namen nicht auf dem Album, weil er nicht mochte, wie es klang.« Elliot Mazer bestätigt Simons Geschichte von dem Pakt mit Alk. Die Kritik des *Rolling Stone* von *Cheap Thrills* erwähnte allerdings, dass Simon nicht als Produzent aufgeführt ist, und zitierte ihn mit den Worten, das Album sei »so gut wie die Band, und das ist ungefähr alles«. Kein Wunder, dass alle dachten, er distanziere sich von der Schallplatte. Für Big Brother war es zynisch, dass Simon seinen Namen nicht mit ihrem Album in Verbindung bringen wollte, aber dennoch Zehntausende von Dollars damit verdiente.

Cheap Thrills wurde Ende August 1968 veröffentlicht und verkaufte trotz zwiespältiger Kritiken eine Million Exemplare im ersten Monat. Trotz seines Erfolgs hatte der Aufnahmeprozess Janis' Vertrauen in die Band erschüttert. Als Paul Rothchild 1966 an sie herangetreten war, hatte Janis ihren Eltern gestanden, sie hätte Zweifel an der Ernsthaftigkeit ihrer Bandkollegen und ihrer Bereitschaft, »hart genug zu arbeiten, um gut genug zu sein, Erfolg zu haben«. Aber ihre Befürchtungen schwanden, als sie sich an die Rock-Szene der Bay Area gewöhnte, in der Virtuosität wenig mit Erfolg zu tun hatte. In San Francisco war es unbedeutend, dass Big Brother wie eine Garagenband klang. »Die Band hatte einen Sound und war cool, wenn sie live spielte«, erklärt Bruce Barthol von Country Joe and the Fish. »Sie waren ein bisschen berüchtigt dafür, verstimmt zu spielen, aber das war größtenteils James Gurley.« Als Janis Ende 1967 über die Feiertage nach Port Arthur zurückkehrte, gaben ihr Frances Vincent und Jim Langdon den Rat, die Band fallen zu lassen. »Jim und ich haben gesagt: ›Jan, du musst Big Brother loswerden‹«, erinnert sich Frances. »Das sind lausige Musiker.« Janis verteidigte ihre Musikalität nicht und gab stattdessen zurück: »Oh nein, ich hab mit allen geschlafen. Die sind wie meine Familie. Ich hab sie alle gebumst.« Janis hatte zwar nicht mit allen geschlafen, aber sie hatte zweifelsohne das Gefühl, sie wären ihre Familie.

Nach einigen Wochen im Studio stellte sich Janis allmählich die Frage, ob eine andere Band für sie nicht besser sei. Sie wollte eine solide Gruppe hinter sich haben, nicht die zerstreuten, wenn auch inspirierten Big Brother mit ihrem unsteten Sound. Die endlosen Takes hatten ihre Geduld erschöpft. Dazu verursachte die Band hohe Studiokosten, die andere Musiker vermieden hätten. Bei einem Auftritt Anfang April 1968 in einem Club in Greenwich Village bemerkte Myra die ersten Anzeichen von Reibereien zwischen Janis und der Band, aber die Spannungen waren praktisch schon zu Beginn der Aufnahmen zutage getreten. Janis vermied allerdings, sich bei der Presse über die Band zu beschweren, und erzählte stattdessen den Journalisten, Big Brother seien »passioniert und schlampig«. Nach einigen Wochen in New York gestand sie Nat Hentoff, die Stadt hätte die Band arg mitgenommen. Sie betonte aber, sie würden »lernen, den Erfolg zu kontrollieren, ihn ins rechte Verhältnis zu setzen und dabei nicht das Wesentliche dessen zu verlieren, was wir machen – Musik«. Doch die Band konnte sich zwangsläufig nicht auf ihre Musik konzentrieren, wenn alle Janis wie einen Star behandelten und Big Brother wie ihre Begleitband. Das entsprach nicht der Abmachung, die sie vor zwei Jahren getroffen hatten. Während Janis mit dem musikalischen Können der Band unzufrieden war, warfen sie ihr vor, sie würde sich für »hot shit« halten. Janis beschwerte sich bei Freunden, die Jungs versuchten ihr ein schlechtes Gewissen machen, weil sie talentierter sei als die Band.

Janis' zunehmende Desillusionierung wird oft der Behandlung zugeschrieben, die Big Brother in der Presse erfuhr. »Die Kritiken waren schonungslos«, bestätigt Clive Davis. »Da stand immer, immer wieder, dass sie weit besser sei als die Musiker, die sie begleiteten.« Nick Gravenites von den Electric Flag glaubt, sie sei »echt durchgedreht, und hatte das Gefühl, sie müsse die Band fallen lassen und eine Band zusammenstellen, die echt gut als Musiker waren«, nachdem sie »eine Kritik nach der anderen« gelesen hätte, in der sie gelobt und Big Brother als »Hundekacke« bezeichnet wurde. Auch Dave Getz gibt der Presse die Schuld. »Sobald wir das warme und gemütliche San Francisco verlassen hatten, griffen die Kritiker Big Brother an, weil wir musikalisch sehr beschränkt waren. Das hat letztendlich die Band auseinander gebracht.« In Wirklichkeit hatte Big Brother vor dem Sommer 1968 nur wenige negative Kritiken bekommen, auch wenn Janis eindeutig diejenige war, die Kritiker und Fans begeisterte. New Yorker Kritiker wie Robert Christgau, Ellen Willis, Robert Shelton und Richard Goldstein verloren nur wenige Worte über die Band, doch auch sie waren nicht negativ.

Im Herbst 1967 wurde die Band jedoch von der *L.A. Free Press*, der Underground-Zeitung von Los Angeles, eindeutig verurteilt. Sie lobte Janis, stellte aber fest, sie hätte »zu viel Soul für ihre Holding-Company-Partner«. Und im ganzen Jahr 1968 bezog Big Brother ausgerechnet vom *Rolling Stone* Schelte, der in der Bay Area verlegt wurde. Jann Wenners neue Zeitschrift war damals noch ein schlicht aufgemachtes Blatt, aber es hatte schnell enormen Einfluss. Im *Rolling Stone* wollte man keine schlechten Artikel über sich finden. Anfang des Jahres hatte die Zeitung den Auftritt der Band in Boston besprochen und die Gruppe als »chaotisch und eine generelle musikalische Schande« bezeichnet. Solch harsche Kritik gab es, vom *Rolling Stone* abgesehen, eigentlich selten, aber sie hatte Auswirkungen auf die Band. Dave erklärt: »Wir haben angefangen, uns selbst so zu sehen.«

Janis wurde auch durch Kritik aus den eigenen Reihen verunsichert: die immer spitzeren Äußerungen anderer Musiker über Big Brother. Die New Yorker Musiker, die zu einem großen Teil im Studio arbeiteten und Noten lesen konnten, hatten oft ein finsteres Bild von den Bands aus San Francisco, deren Reiz sie nicht ganz ergründen konnten. Lee Housekeeper, Big Brothers Agent an der Ostküste, bekam von New Yorker Musikern »viele abschätzige Kommentare über das musikalische Können der Band« zu hören. »Aber es gab Hochachtung vor Janis und ihren gesanglichen Fähigkeiten. Die alten Bluestypen, die mit Aretha und anderen gearbeitet hatten, sagten: ›Oh Mann, was für 'ne Stimme! Du musst nur 'n paar gute Musiker hinter sie stellen.‹« Janis wusste, was man über sie redete, aber Angriffe anderer Musiker erschienen nicht in der Presse, bis das Gitarren-Wunderkind Michael Bloomfield 1968 Big Brother in der Aprilausgabe des *Rolling Stone* herunterputzte. »Big Brother ist nur eine miserable, lahme Gruppe von Typen, die sie ohne jeden Grund mit sich herumschleppt.« Jann Wenner unterstützte Bloomfields Ansicht.

Auch Clive Davis und Albert Grossman sind nie große Fans der Band gewesen. Davis bezweifelte, »dass sich Big Brother weiterentwickeln könnten«. Und Albert war von Janis stets mehr angetan gewesen als von den Jungs. Er hatte sogar schon frühzeitig einen Wechsel vorgeschlagen, nachdem er einen Auftritt der Band in Huntington Beach im September 1967 gesehen hatte – der Show, die von der *L. A. Free Press* so negativ besprochen worden war. James war so betrunken und von Tranquilizern benebelt gewesen, dass er kaum stehen und schon gar nichts treffen konnte, was einem richtigen Ton auch nur ähnelte. Albert war entsetzt und rief nach der Show ein Bandmeeting ohne James ein. Er war ganz offen und riet dem Rest von Big Brother, James »etwas Urlaub von der Band zu geben«: Grossman schlug vor, ihm den ordentlichen Betrag von 10 000 Dollar zu zahlen und einen anderen Gitarristen zu suchen. Es war vorherzusehen, dass die Band James in Schutz nahm. Es sei unvorstellbar, James zu ersetzen, dessen schreiende psychedelische Gitarre den Sound der Band so sehr definiert hatte.

Albert setzte sich nicht durch, aber er respektierte die Meinung seiner Klienten. Als Michael Bloomfield und John Simon Big Brother öffentlich heruntermachten, muss Grossman zu der Ansicht gekommen sein, dass die Karriere seines Stars (und sein tadelloser Geschmack) auf dem Spiel stand. Im August 1968 hatte Big Brother einen überwältigenden Auftritt beim Newport Folk Festival. Das Publikum war begeistert und forderte zwei Zugaben. Dennoch nahm Albert die Band anschließend zur Seite und erklärte, die Rhythmusgruppe sei ein Problem. Er hätte behauptet: »Sie funktioniert einfach nicht«, erinnert sich Peter. Dave war von Alberts Kritik tief getroffen: »Ich dachte, er wüsste alles. Ich hab's ihm abgekauft. Eine Menge von uns haben's ihm abgekauft, denn er strahlte so ein Flair von Kultiviertheit, Selbstvertrauen und Wissen aus.« Doch Jon Landau, ein großspuriger junger Rock-Kritiker aus Boston, teilte Alberts Ansicht, und seine brutale Kritik von Big Brothers Auftritt in Newport wurde im *Rolling Stone* veröffentlicht. Landau zerfetzte die Band und verkündete, Bloomfield sei »wohltätig« gewesen, als er die Gruppe »lahm« genannt hätte. »Gurley und Andrew kennen keinen vernünftigen Rock- oder Blues-Refrain ... Und bei der Rhythmusgruppe geht schon gar nichts ab.« Landau verschonte auch Janis nicht: »Ihre Melodramatik, Übertreibung und Ungeschliffenheit sind keine Tugenden. Sie bezeichnen einen Mangel an Kultiviertheit und einen Mangel an Sicherheit in ihrem Repertoire.« Landau stellte alle Stars, die in Newport auftraten, an den Pranger. Vor seinen Augen fanden einzig B. B. King und Janis' alter Freund aus Austin Gnade, der »bescheidene, aber bewegende« Kenneth Threadgill und seine Hootenanny Hoots.

Landau hatte Big Brother nie gemocht (oder psychedelische Musik – er hatte Jimi Hendrix' Album *Are You Experienced?* verrissen), aber selbst der Kritiker Vince Aletti, der die Band sonst bewunderte, fand nach einem Auftritt im Fillmore East Anfang August einige harte Worte. Die »Band hinter Janis ist gewöhnlich genau das: hinter ihr. Sie klingt okay, aber generell nicht außergewöhnlich. Man hat das Gefühl, dass sie ohne sie noch in San Francisco sein würden.« Über Janis schrieb er: »Einige Dinge in ihrem Gesang ... fangen an, sich zu einem Stil zu verdichten – hauptsächlich die raue Reibeisenqualität ihrer Stimme.« Er beklagte, dass sie sich weigere, »den natürlicheren Bereich klarer und süßer Töne« einzusetzen, »zu denen sie fähig ist«, der »die Wucht ihrer Whiskeystimme vergrößern« würde. Als Janis einige Wochen später mit Jimi Hendrix im Singer Bowl auftrat, warf Aletti beiden vor, sie würden Altbekanntes aufwärmen, aber »zumindest Joplin wird jede Periode der Stagnation verkürzen, wenn sie Big Brother verlässt«.

Janis musste verständlicherweise glauben, die Band sei ein Hindernis. Sie wollte sich keine Gedanken machen, ob die Jungs bei einer Show »gut drauf« sein würden oder nicht, und sie hatte die hetzenden Rhythmen und die verstimmten Instrumente satt. Bei dem enttäuschenden Auftritt der Band im Grande Ballroom war über das Mikrofon zu hören, wie Janis James Gurley abkanzelte: »Spielst du wieder den ganzen Abend den falschen Akkord?« Mazer ließ den Spruch auf dem 1972er Album *Joplin in Concert*; der falsche Akkord »war typisch dafür, womit sie sich abfinden musste. Weil sie eine echte Perfektionistin war, musste sie hart daran arbeiten, aus der Band herauszuholen, was sie wollte.« Sam erinnert sich, ihr Auftritt im Fillmore im Juni sei ein »Wendepunkt« in Janis' Beziehung zur Band gewesen. Nach einer nicht gerade berauschenden Show – zwei Bandmitglieder waren krank – beschwerte sich Janis, sie würde sich »den Arsch aufreißen«, um die Songs richtig hinzubekommen, während die Jungs es gar nicht erst versuchten. Später erklärte sie einmal, sie würde sich immer wie »ein Idiot« vorkommen, wenn ein Musiker hinter ihr Mist baute. Und bei Big Brother wurde allzu viel Mist gebaut. »Wir haben unsere Tonleitern nicht so gut gekannt und wir haben 'ne Menge falscher Noten gespielt, 'ne Menge Schrott«, gesteht Peter. Und dann wollte sich Janis auch noch in Richtung Soul bewegen. Wie viele weiße Rock & Roller war sie in die disziplinierten Bands mit ihren Bläsersätzen vernarrt, die Aretha Franklin und Otis Redding begleiteten. Der Gedanke, mit erfahrenen professionellen Musikern zu arbeiten, versetzte sie in Angst, aber sie hatte das Gefühl, ihre musikalische Entwicklung mache diesen Schritt erforderlich.

Die Konzerte hinterließen bei Janis zunehmend den Eindruck, nach dem immer gleichen Schema abzulaufen. »Es hat mich verrückt gemacht, dass ich aus der Musik keine Ehrlichkeit mehr herausholen konnte.« Es muss ihr zweifelsohne schwer gefallen sein, ehrlich zu klingen, da sie »Down on Me«, »Ball and Chain« und »Combination of the Two« schon lange gespielt hatten – die gleichen Songs, Abend für Abend, Woche für Woche, Monat für Monat, und jetzt auf einmal Jahr für Jahr. Janis fand, die Band sei faul geworden. Sie behauptete, die Jungs »dachten: ›Warum arbeiten, Mann, denen gefällt's‹«, statt sich um neues Material und neue Interpretationen zu bemühen. Die Auftritte seien alle nur ein »Schwindel«, erzählte sie einem Journalisten. »Ich hab nichts dagegen, Vergnügen zu verkaufen, wenn Leute dafür zahlen wollen, aber wer will sich schon zehn Riesen dafür zahlen lassen, dass er so tut, als hätte er Spaß? Das ist 'ne Schande und ich hab's gesehen, bevor's die Band gesehen hat.« Peter wirft Janis vor, sie sei diejenige gewesen, die »geschwindelt« hätte, doch er gibt zu, dass die Band auf der Stelle trat. »Sie konnte neues Zeug verdauen und wir sind zurückgeblieben.« Selbst damals sei Janis »die beste Musikerin« gewesen. »Sie konnte auf der Bühne experimentieren.« Der Rest der Band dagegen »brauchte Zeit und Ruhe, um neue Sachen zu machen. Deshalb sind wir an den Punkt gekommen, wo wir nur noch unsere Songs spielen wollten, und dann nichts wie weg.« Dave behauptet, nach *Cheap Thrills* sei Big Brother »eine sehr gute Riesennummer mit einem mörderischen Programm« geworden, doch er gesteht ein, dass Janis sich schneller entwickelt hätte. Sie sei immer rastlos gewesen, hätte kreativer sein wollen und die Trägheit der Band hätte sie auf die Palme gebracht. »Ich hab nichts getan. Ich stand nur da und war ein Erfolg.«

Janis kam weder schnell zu dem Entschluss, sich von der Band zu trennen, noch machte sie ihn sich leicht. Sie quälte sich monatelang. Die Trennung von den Jungs brach ihr das Herz. »Sie hat gesagt, es sei wie eine Scheidung«, erinnert sich Linda Gravenites. »Es war 'ne sehr traurige Angelegenheit«, erzählte Janis später einem Journalisten. »Ich lieb diese Jungs mehr als sonst jemand auf der Welt, die wissen das. Aber wenn ich überhaupt 'ne ernsthafte Vorstellung von mir als Musikerin hatte, musste ich da raus.« Big Brother war ihre Familie gewesen, ihr Anker. Sie hatten Janis ermöglicht, den Konflikt zwischen dem Konventionellen und ihrer eigenen Persönlichkeit zu lösen, wenn auch unvollkommen. In gewisser Hinsicht wählte sie wieder zwischen Karriere und Familie, und anders als die meisten Frauen jener Zeit entschied sich Janis für die Karriere – vielleicht, weil ihr Erfolg die Beziehungen mit der Band bereits getrübt hatte.

Janis vertraute schon im Juni Sam Andrew an, sie würde sich mit dem Gedanken tragen, die Band zu verlassen, aber er behielt das Geheimnis für sich. Im September nahm sie ihn schließlich beiseite und erklärte: »Ich will mit Bläsern spielen, etwas anderes tun. Ich will raus. Zeig mir einfach, wo ich unterschreiben muss. Ich will reich werden, und ich will, dass du mit mir kommst.« Janis hatte ihren Wunsch nach einem Bläsersatz bei Big Brother nie erwähnt. Vielleicht wusste sie, dass sie auf Widerstand stoßen würde, vielleicht hatte sie auch nur genug von dem Freak-Rock der Band, ihrem Klangbrei. Sam hätte nichts gegen Bläser gehabt und er glaubt, auch Peter und Dave wären damit einverstanden gewesen. »Aber James wäre unabänderlich dagegen gewesen und dann wäre Peter zu ihm übergelaufen. James wollte niemals irgendetwas ändern.« Peter behauptet, er hätte bei bestimmten Songs nichts gegen Bläser gehabt, aber er hätte es abgelehnt, einen Bläsersatz anzuheuern. Die ganze Diskussion ist letztendlich unerheblich, denn Janis hatte grundsätzlich beschlossen, sich von Big Brother zu trennen. »Bei all diesen anderen Gründen hätte sie es auch einfach nur satt haben können, unsere Gesichter zu sehen«, spekuliert Sam. »Vielleicht dachte sie auch nur: ›Ich *bin* großartig! Ich fand schon vorher, ich sei großartig, aber jetzt weiß ich, dass ich großartig bin, weil's die ganze Welt findet. Was wartet da draußen auf mich?‹ Vielleicht war's nur Neugier.« Linda Gravenites führt Janis' Unzufriedenheit auf all den Hype zurück, den sie über sich las. »Es war ganz schön abscheulich, als Janis angefangen hat, zu glauben, was sie über sich las.«

Sam vermutet, Geld hätte ebenfalls eine entscheidende Rolle gespielt, und als Janis' Vertrauter in der Band sollte er es wissen. »Was bei der ganzen Sache oft übersehen wird, ist, dass sie vielleicht eine Chance sah, all das Geld für sich allein zu haben. Sie dachte wahrscheinlich, sie würde ohnehin alles allein verdienen, und das hat sie auch in gewisser Hinsicht. Ich *weiß*, dass das eine Rolle gespielt hat.« Janis wusste nach einigen Wochen in New York, dass sie die Hauptattraktion war – mit all den Belohnungen und Belastungen, die ihre Schlüsselrolle mit sich brachte. »Ich glaub, es is nicht drin, mich und die Band zusammen als so 'n lockeres San-Francisco-Ding zu sehen, denn ich steh vorn«, erklärte sie einem Journalisten. »Ich steh im Rampenlicht, und wenn was schief läuft, bin ich diejenige, die's zu tragen hat.«

Grossmans Büro gab weniger als einen Monat nach der Veröffentlichung von *Cheap Thrills* Mitte September eine Pressemitteilung heraus, die Janis' Trennung von Big Brother ankündigte. Die Band hatte jetzt ein erfolgreiches Album, aber neues Material stand damit außer Frage, und Janis hatte offensichtlich auf der Bühne »so getan, als ob«. Bevor die Presse informiert wurde, berief Janis allerdings ein Bandmeeting ein und präsentierte ihren Abschied als vollendete Tatsache. »Sie hat praktisch nur gesagt: ›Ich bin raus hier‹«, erinnert sich Peter. Keiner war wirklich überrascht, doch Peter ließ eine Schimpftirade los, was für ein hinterhältiger Typ sie sei. Die Jungs fühlten sich von ihr hereingelegt, weil sie noch keine größeren

Geldbeträge aus ihrem Projekt gesehen hatten. Albert hatte ihre wöchentlichen Zuweisungen erhöht, aber sie betrugen trotzdem nur 300 Dollar. Alle wussten, dass Janis auf dem Weg war, groß abzusahnen.

Dave traf sich nach dem Meeting mit dem Rest der Gruppe, um »ein ganz neues Leben für die Band« zu planen. Er fand, Big Brother könne selbst ohne seinen Star immer noch viel Geld verdienen. Doch einige Stunden nach dem Treffen stieß Sam im Chelsea Hotel zufällig auf Dave und erklärte, er würde mit Janis gehen. Dave war wütend. »Danke, dass du's mir gesagt hast, Sam. Warum sitzen wir rum und machen Pläne, was wir tun sollen? Das ist das Ende, wenn du gehst. Das macht's unmöglich.« Janis hatte geschwankt, Sam mitzunehmen; sie hatten an einigen Songs zusammengearbeitet und sangen zusammen. Vielleicht war es Angst, den neuen Weg allein einzuschlagen, die Janis veranlasst hatte, Sam zu bitten, bei einer neuen Band mitzumachen.

»Ich wusste nicht, ob Big Brother eine lebensfähige Einheit sein würde. Es gab eine Menge Drogen und es war irgendwie das Ende einer Ära. Aber ich bedaure am meisten, dass Janis wegging und ich mit ihr. Ich wollte, wir hätten's nicht getan. Es war Wahnsinn zu gehen, wo ihre Platte die Nummer eins war. Ich finde, sie hätte dem Ganzen noch ein Jahr geben sollen. Aber ich wünschte, ich wäre geblieben, selbst wenn sie ging. Das war der größte Fehler, den ich gemacht habe, ganz bestimmt.« Sams Treubruch war zweifellos ein schwerer Schlag. James Gurley meint jedoch, die Band hätte am meisten Angst gehabt, keine Sängerin zu finden, die die Lieder singen konnte, für die Big Brother bekannt war. Als Janis sie verließ, schwor er: »Keine Weiber mehr! Ich will nicht mehr mit Weibern arbeiten!« Heute findet er, das sei kurzsichtig gewesen. »Janis hat all die Arrangements der Band übernommen und als ihre eigenen ausgegeben. Wir hätte genauso gut und zu Recht da rausgehen und ›Ball and Chain‹ und ›Piece of My Heart‹ spielen können.«

Die Band tat sich später mit Kathi McDonald zusammen, einer Sängerin aus der Bay Area, die es »jederzeit mit Janis [hätte] aufnehmen« können, wie James behauptet. Doch die Jungs waren »von der ganzen Sache total ausgebrannt und wollten die Bälle flach halten«.

»Albert war der Todeskuss für die Band.« Mit dieser Ansicht spiegelt Peggy Caserta die Gefühle vieler Hipster in San Francisco wider, und Nick Gravenites, der als Mitglied von Electric Flag ebenfalls von Grossman gemanagt wurde, pflichtet ihr bei. Er hatte ihn bei zahlreichen Gelegenheiten in Aktion gesehen: »Albert sagte gewöhnlich: ›Du liebst diese Typen, aber ich bin mehr an dir interessiert. Ich werd dir einen Vertrag über zwei Millionen Dollar besorgen, aber nur, wenn *du* ihn kriegst. Ich werd ihn nicht in die Taschen der Jungs stecken.‹« Janis prahlte tatsächlich bei ihren Eltern, Albert hätte ihr erzählt, sie könnte davon ausgehen, im kommenden Jahr locker eine halbe Million Dollar zu verdienen. Elliot Mazer behauptet, auch Clive Davis hätte eine Rolle gespielt. »Ich denke, Clive hat Janis gedrängt, durchgestyltes Zeug zu machen. Wir alle haben Memphis Soul geliebt. Jeder, der sie singen gehört hat, fand, wenn Janis so was sang, klang sie besser als wenn sie Rock & Roll gesungen hat. Ich hab zugestimmt, denn es gab diese generelle Entscheidung, Janis in eine Aretha Franklin oder eine Barbra Streisand zu verwandeln, die Clive Davis unterstützte. Er schielte nach Las Vegas. Ich denke, Clive Davis hatte sein Auge auf einen Ball gerichtet, der anders war als Janis' Ball. Er hatte diese großen Ziele für sie. Ich glaube, dass er für sie oder ihre Bedürfnisse nicht viel Verständnis hatte. Ich war deswegen jahrelang wütend auf ihn.« Davis dagegen behauptet, Janis hätte ihn angerufen und gefragt, was er von einem Bruch mit der Gruppe halte: »Ich erkannte an der Art, wie sie gesprochen hat, dass ihre Entscheidung bereits feststand.«

Janis war für niemanden eine Schachfigur, aber ihre Entscheidung wurde ohne Zweifel von dem führenden Rock-

Manager und dem Präsidenten der größten Schallplattengesellschaft der Welt beeinflusst. Ihre Sicht der Band fiel vor allem mit Janis' Bedürfnis nach Anerkennung zusammen, die sie allmählich durch ihre Berühmtheit gewann. Sie konnte sich kaum dafür entscheiden, bei Big Brother zu bleiben, wenn das ihrer Popularität schadete. Linda Gravenites sagt: »Janis hatte zunehmend den Eindruck, dass Big Brother sie von dem gigantischen Erfolg fern hielt, den sie haben wollte.«

Grossmans Büro stellte die Trennung als »freundschaftlich« dar, aber die Beziehungen zwischen Janis und der Band verschlechterten sich schnell. »Schon mit ihr im gleichen Raum zu sein war total stinklangweilig«, behauptet Peter. Big Brother musste nach der Ankündigung von Janis' Trennung noch einige Termine im Herbst einhalten, und es gab ernsthafte öffentliche Streitigkeiten. In Minneapolis prügelten sich Janis und Peter beinahe während der Show. Nach einem besonders aufreibenden Song hechelte Janis ins Mikrofon. Peter hatte das Gefühl, sie wolle dem Publikum beeindruckend vorführen, dass sie alles gebe. Er alberte: »Jetzt machen wir unsere Lassie-Imitation.« Das Publikum brach in Gelächter aus, doch Janis sah ihn unbewegt an und knurrte »Fuck you« direkt ins Mikrofon. Peter, der nie nachgab, drohte ihr mit der Faust und schrie: »Wenn du wie 'n Mann redest, dann kriegst du's wie 'n Mann.« Später räumte er ein: »Vielleicht war ich chauvinistisch, aber wenn jemand auf der Bühne ›Fuck you‹ zu mir sagt – egal, ob das ein Typ oder 'n Mädel ist –, werd ich sauer.« Janis tobte hinter der Bühne und brüllte John Cooke, den Road Manager der Band, an: »Mann, er hat Lassie zu mir gesagt. Auf der Bühne vor allen. Den Scheiß muss ich mir nicht gefallen lassen.« Nach der Show legte sie sich mit Peter an und schrie: »Keiner hat's gern, wenn einer blöder Hund zu ihm sagt.« Sam erklärt: »Ins Mikrofon zu hecheln war eine ihrer Maschen geworden. Bühnenkünstler haben all diese kleinen Tricks. Sie hat's irgendwie übertrieben, als wollte sie sagen: ›Ich hab echt hart gearbeitet, und ich hab mein Alles gegeben.‹« Als Peter seinen Lassie-Spruch gemacht hätte, »hat er die Illusion abrupt zerstört. Sie wollte ehrlich sein und direkt, und das hat sie auch gepredigt, und jetzt hatte Peter sie bloßgestellt. Sie ist einfach ausgeflippt. Sie war außer sich.« Janis fühlte sich bloßgestellt, aber nicht nur als Künstlerin, die Tricks benutzte. Sie fühlte sich zusätzlich lächerlich gemacht, und Sam vermutet, dass beides zusammen entsetzlich gewesen sein muss, vor allem vor Tausenden von Menschen.

Janis und Peter hatten schon früher gestritten, doch sie hatte immer ein gutes Verhältnis mit Dave gehabt, den sie als den »solidesten Typ« in der Band bezeichnete. Beim letzten New Yorker Konzert der Band im Hunter College geriet Janis, die von Speed, Seconal, Southern Comfort und Schlafmangel fix und fertig war, sogar mit Dave aneinander, der auf Acid war. Während seines Schlagzeugsolos verließ die Band wie immer die Bühne, Janis kehrte jedoch bald mit einer seiner Trommeln zurück. Ihr Kessel war wie ein Tigerfell gemustert und Janis' Aktion löste Applaus aus. Als sie die Trommel neben ihn stellte, trat er sie weg. Sie schrie »Fuck you«, als sie zurücksprang. Hinter der Bühne setzten sie ihren Streit fort. Janis zeterte: »Ich wollte nur nett zu dir sein, Mann. Ich hab dir nur diese Trommel rausgebracht. Das war sehr nett von mir, und du, du Wichser, du hast mich vor dreitausend Leuten vorgeführt.« Dave konterte: »Du wolltest mir nur die Schau stehlen und deinen Arsch wieder auf die Bühne kriegen. Du hast sie an 'ne Stelle gestellt, wo ich sie nicht mal spielen konnte!«

Als sich Big Brother durch ihre letzte Tournee kämpften, schoss *Cheap Thrills* in die Charts. Das Album hielt acht Wochen lang die Spitzenposition, und »Piece of My Heart« erreichte Platz 12 bei den Singles. Die Band hatte die Platte ursprünglich »Sex, Dope and Cheap Thrills« nennen wollen, akzeptierte aber die abgekürzte, keimfreie Version, als Columbia protestierte. Mit dem Gütesiegel der Hell's Angels, der Behauptung, alle Titel seien live im Fillmore aufgenommen, und R. Crumbs Cartoons auf dem Cover wirkte das Album wie ein echtes Stück Haight-Ashbury. Columbias Art Director Bob Cato hatte ursprünglich eine andere Hülle geplant – ein Foto, das die Gruppe im Bett in einer Hippie-Bruchbude zeigt. Als die Band zu dem Fototermin kam, fand sie ein Schlafzimmer vor, das mit pinkfarbenen Rüschen dekoriert war – ganz anders, als jedes Hippie-Nest, das sie kannten. Janis erklärte: »Nehmen wir's erst mal auseinander, Jungs«, und das taten sie auch. Die Aufnahme, die sie (mit Ausnahme von Peter) nackt im Bett zeigt, die Decken nur bis zu den Hüften hochgezogen, wanderte in den Müll und Crumbs Karikaturen erhielten den Vorzug.

Cheap Thrills wurde nur Tage nach seiner Veröffentlichung mit einer goldenen Schallplatte ausgezeichnet, aber die Kritiker waren geteilter Meinung. Robert Christgau erteilte Bestnoten und schrieb, Big Brother sei »immer unterbewertet« worden und würde »ständig besser«. Bill Fibben, der für die Underground-Zeitung von Atlanta schrieb, bezeichnete das Album als »eins der ganz Großen«. Janis würde »wie ein weiblicher James Brown« klingen und sei »eine der großen Sängerinnen unserer Zeit«. Fibben dachte, das Album sei live aufgenommen worden, und stufte es höher ein als seinen Vorgänger: die beiden Platten seien der Beweis, dass Big Brother live am besten klangen. Auch Annie Fisher von der *Village Voice* erteilte ihre Zustimmung. Sie schrieb, das Album »klingt wirklich genau wie [Janis], die Steigerung der Gruppe ist merklich, die Live-Qualität ist voll da, es zaubert augenblicklich ein geistiges Bild von ihr in Aktion herbei«. Janis sei »in der Tat etwas ganz Besonderes«. Fisher war jedoch auch besorgt: »Ich hoffe, Janis findet ihre Stimme, bevor sie sie zerstört, denn ich habe das Gefühl, wir haben sie noch nicht gehört.« Sie ignorierte Janis' »Turtle Blues« und warf ihr vor, sie sänge »wunderbare Neufassungen von Botschaften anderer«, solle aber »ihren Blues« singen, der sich »mit Janis Joplin hier und jetzt beschäftigt«.

Der *Rolling Stone* brachte, wie vorherzusehen war, einen Verriss. Er beschrieb das Album als »eine leidliche Annäherung an die Szene San Franciscos in all ihrem lauten, aufregenden, schlampigen Glanz«. Die Zeitschrift *Fifth Estate* in Detroit schimpfte: »Janis Joplin hat eine gute Stimme, kann aber nicht singen. James Gurley ist ein sehr schwacher Gitarrist und als Ganzes schlittert die Gruppe auf einem unfehlbaren Kissen der Mittelmäßigkeit daher.« Am schlimmsten war die *New York Times*, die Big Brother regelrecht auseinander nahm. »Jeder Titel auf dem Album klingt falsch«, verkündete Bill Kloman. Bei Janis fand er »genügend Anzeichen einer interessanten Stimmqualität, die vermuten lassen, sie könnte einen Song verkaufen, wenn sie wüsste, was sie tut«. Doch »es gibt Mädels wie sie in den Bars im ganzen Südwesten, die zu der Jukebox singen und für ein Bier mit Soldaten tanzen. Wie Tiny Tim ist Janis ein Stück Amerika aus der Mitte des Jahrhunderts, aber zur Zeit ist sie kein nennenswertes Talent.« Wenn Janis ein Star sei, hätte das eine Menge mit dem »Hippie-Mythos« zu tun, »dass in unserer Brust ein umwerfender Künstler steckt, wenn wir ihn nur herauslassen und anfangen, zu singen oder Gedichte zu schreiben oder was auch immer«. Janis' Erfolg würde beweisen, dass man keinen Gesangsunterricht nehmen müsste: »Besorg dir stattdessen einen Presseagenten.« Die negativen Kritiken waren oft so bösartig wie der Hype enorm war, der Janis umgab. Der *Rolling Stone* ärgerte sich, denn das Album wäre nach »all dem Rummel« eine »echte Enttäuschung«. Der Erfolg von *Cheap Thrills* würde zeigen, dass »du mit allem davonkommen kannst, wenn du eine genügend große Fassade aufbaust, und das hat Janis«, brachte der *Fifth Estate* vor. *Cheap Thrills* herunterzuputzen wurde zum Mittel, gegen den Hype vorzugehen und die »Starmacher-Maschinerie« des Rock-Business, um Joni Mitchell zu zitieren. Ironischerweise begannen einige Kritiker – darunter Ralph Gleason, der Papst der Rock-Kritik in San Francisco – sofort, Big Brother in einem nostalgischen Licht zu sehen, als Janis sie verlassen hatte. Ellen Willis vom *New Yorker* schrieb sogar, die Band sei »ein guter Hintergrund für Janis« gewesen, »bessere Musiker hätten vielleicht versucht, zu konkurrieren«. Als Lester Bangs 1972 *Joplin in Concert* besprach, erwähnte er nur die Big-Brother-Titel. Inzwischen vertreten die meisten Kritiker die Ansicht, Big Brother sei Janis' beste Band gewesen, »passioniert und schlampig«, die sich heute im Sog von Punk und Grunge besser anhört als vor 30 Jahren. Als 1993 das 3-CD-Set veröffentlicht wurde, schrieb Robert Christgau, die ungeschliffenste Musik sei die unwiderstehlichste, vor allem Janis' »raues Alles-ist-erlaubt mit Big Brother«. In den Sechzigern stimmte Elliot Mazer der kritischen Ablehnung von Big Brother zu; heute ist er anderer Ansicht. »Sie waren ein sehr eigen klingender Haufen von Musikern. Sie haben eine Menge Energie erzeugt, einen netten Lärm gemacht, einen eigenen Lärm, hatten einige ungewöhnliche Arrangements und Ideen, waren eindeutig einzigartig und haben einen Test bestanden: Du hörst dreißig Sekunden von Big Brother und du weißt, wer es ist. Von wie vielen Bands kannst du das sagen?«

Mazer ist nicht der Einzige, der seine Meinung geändert hat. Fast zwei Jahrzehnte nach seiner Veröffentlichung erklärte ein Kreis von Kritikern, den der *Rolling Stone* zusammengestellt hatte, *Cheap Thrills* zu einem der 50 besten Alben der letzten 20 Jahre. Es gibt die unerwartete Düsterkeit der Band genauso wieder wie ihren wilden Überschwang und bleibt eine der eindrucksvollsten Rock-&-Roll-Aufnahmen der Sechziger. Die Jungs von Big Brother betonen heute gern die Verwandtschaft ihrer Musik mit dem Punk, aber *Cheap Thrills* ist unverkennbar ein Produkt der Sechziger – man muss sich nur das Flüstern bei »Sweet Mary« anhören: »Hiiiigh, hiiiigh, hiiiigh.«

Auch Janis' Interpretationen von »Piece of My Heart«, »Ball and Chain« und »Summertime«, die sie mit all dem Gefühl von Traurigkeit, Wut und Unverständnis anfüllte, das sie dem Leben entgegenbrachte, tragen unbestreitbar den Stempel ihrer Zeit. Ihre Versionen stellten die Bluespuristen nicht zufrieden, aber das war auch nicht ihr Ziel. Sie konnte Titel von Bessie Smith und Jean Ritchie authentisch darbieten, aber auf *Cheap Thrills* und auf der Bühne reproduzierte sie keinesfalls nur die Botschaft von jemand anderem. Sie nahm die Songs auseinander und machte sie zu ihren eigenen. Sie verwandelte Willie Mae Thorntons klagende Ballade einer sitzen gelassenen Geliebten in eine brütende Meditation und Anklage gegen die Ungerechtigkeit des Lebens. Sie bettelt: »Tell me why everything goes wrong« und fordert damit eine Erklärung von ihrem Liebhaber *und* dem Hörer. Sie schreit: »Maybe you could help me, come on, help me!« [*Sag mir, warum alles schief läuft. Vielleicht kannst du (könnt ihr) mir helfen, na los, hilf (helft) mir!*] Diese Zeilen finden sich genauso wenig im Original wie ihre klagenden Schreie zum Schluss, dass die Liebe – und das Leben – nicht wie eine Fessel mit einer Eisenkugel sein darf. Janis' Gesang ist manchmal überreizt und schrill, aber man muss den Kontext sehen – die süßen, scheuen Sängerinnen, die den Top-40-Rundfunk dominierten, von Diana Ross über Lesley Gore bis zu den Dixiecups. Janis konnte süß klingen, aber das wollte sie um keinen Preis. Big Brothers komprimierter, metallischer Druck und Janis' ungeschliffener, aggressiver Gesang gaben *Cheap Thrills* in Lester Bangs Worten seine »umherirrende Energie«. Bei aller ärgerlichen Schlampigkeit war Big Brother die Band, die zu Janis' Intensität und Hingabe passte.

Big Brother beendete die Geschichte stilgerecht, wo sie begonnen hatte: Der letzte gemeinsame Auftritt im Dezember 1968 war ein Benefizkonzert für Chet Helms' Family Dog. Chet und seine Partner mussten das Avalon aufgeben, weil sich jemand bei San Franciscos Ordnungsamt wegen des Lärms beschwert hatte. Big Brother waren mit Chet und seinen Tanzpartys im Avalon gemeinsam aufgebrochen, doch jetzt liefen die Dinge wieder auseinander. Nach dem Benefiz versuchte es die

Family Dog in einem Außenbezirk der Stadt, musste aber bald aufgeben. Und wie Dave vorhergesagt hatte, machte Sams Weggang Big Brothers Zukunftspläne zunichte. James hatte bereits in Erwägung gezogen, sich eine Zeit lang zurückzuziehen, um seine Heroinabhängigkeit in den Griff zu bekommen. Peter und Dave versuchten, eine neue Gruppe zusammenzustellen, aber ihre Versuche verliefen im Sand. Schließlich akzeptierten sie fast ein Jahr nach Auseinanderbrechen der Band das Angebot von Country Joe McDonald, bei The Fish mitzumachen, die sich ebenfalls aufgelöst hatten. Big Brother reformierte sich mit einigen neuen Musikern, zu denen Nick Gravenites gehörte, ihr neuer Sänger. Janis blieb mit ihren früheren Bandkollegen befreundet und gesellte sich im Sommer 1970 zweimal zu ihnen auf die Bühne, aber sie waren keine Familie mehr. »Es gibt dysfunktionale Familien, verstehst du«, sagt Peter Albin, während er über den Bruch nachdenkt. »Wir hatten unsere Probleme. Manchmal kommen Familienmitglieder nicht miteinander aus und sie müssen sich trennen. Ob Janis weggehen musste? Ich weiß es nicht.«

Als Janis ihren Alleingang begann, verlor sie viel von ihrer Gemeinschaft und ihrer Familie. Die Fans in San Francisco reagierten auf die Trennung, als würde sie das Ende eines Traums signalisieren, das Ende der Sechziger. »Janis, bitte verlass Big Brother nicht«, war auf eine Plakatwand in einer Seitenstraße der Haight Street gesprüht. Der Zwist in der Band und ihre Auflösung »erschienen wie ein Versagen des ganzen Hippietums«, schrieb der Rock-Kritiker Michael Lydon. Und Janis wurde in einer Welt, in der Frauen nur Miezen und Alte waren, als hochnäsige, hinterhältige Schlampe angesehen. Seit sie erfolgreich war, galt Janis sofort als widerwärtige Diva, wenn sie einen Bühnenhelfer herumkommandierte, obwohl das gleiche Verhalten bei männlichen Rockstars vollkommen akzeptiert wurde.

Janis' Berühmtheit hatte die Grenzen des »San-Francisco-Gratis-Dings« aufgezeigt, aber ihre wahre Sünde lag darin, dass sie eine herausfordernde Tussi war, eine Mieze mit Akne, die zu viel Platz im Männerverein des Rock & Roll der späten Sechziger einnahm. Die Rock-Kultur war damals so ausgesprochen männlich, dass die erste Ausgabe des *Rolling Stone*, die Frauen überhaupt Beachtung schenkte, sich mit Groupies befasste. »Rock & Roll war ein beschissener Ort für Frauen«, bemerkte Robert Christgau einmal. Und San Francisco war nicht erleuchteter als der Rest der Welt. Tracy Nelson, die Sängerin von Mother Earth, erzählt, Musikerinnen seien in der Stadt auf »sehr primitive Einstellungen« gestoßen. Ihr Erfolg schloss Janis auch nicht von dem herrschenden Sexismus aus, im Gegenteil: Je berühmter sie wurde, desto schwieriger wurde ihr Leben. Als Bob Simmons einen der Jungs aus der Band fragte, ob Big Brother ein Benefizkonzert für das Avalon spielen würde, bekam er zur Antwort, er solle Janis anrufen: »Das ist der Mann, mit dem du reden musst.« Janis übertrieb nicht, als sie sich über diese schwierigen Monate äußerte: »Die haben wirklich 'ne Menge Scheiße auf mir abgeladen.«

Die Gehässigkeiten, die sich gegen Janis richteten, hatten viel mit der blitzartigen Medieninszenierung zu tun. Kein anderer Musiker aus San Francisco reichte während dieser Periode an Janis' Berühmtheit heran. *Newsweek* brachte sie am 29. Mai 1969 als Aufmacher für einen Artikel über Blues auf der Titelseite. Lester Bangs schrieb in seiner Kritik von *Joplin in Concert* im *Rolling Stone*: »Nachdem wir monatelang unsere Nasen in dem Hype gerieben haben, war es nur normal, dass wir es ihr in einem gewissen Maß übelgenommen haben.« Sie war überall: »Janis, der Geist des Blues; Janis, der Geist von Bessie Smith; Janis auf dem Titel von *Newsweek*, und innen drin wird sie als das dargestellt, worum es bei uns (›uns‹?) eigentlich ging. Janis, wie sie leidet, wie sie trinkt, wie sie sich verändert, wie sie die richtige Band sucht und den richtigen Mann, jeder kräftige

Schluck und Seufzer ordnungsgemäß verzeichnet.« Manche Rock-Fans hätten sich gewünscht, »diese verdammte jammernde Schlampe würde einfach verschwinden«, erinnert sich Bangs, der damals diese Ansicht scheinbar geteilt hatte. Janis war die ideale Ikone der Gegenkultur, die für Authentizität und Spontaneität stand. Ende 1968 wurde sie verpackt und der Geist der Sechziger, den sie repräsentierte, wurde gleich mit eingepackt. Der Rückschlag war unvermeidlich. Janis war einfach zu groß geworden für alle.

Janis vertraute zusehends auf ihre öffentliche Rolle, selbst wenn sie mit Freunden allein war. Myra Friedman riet ihr, kurz nachdem sie sich von Big Brother getrennt hatte, es sei Zeit für eine Veränderung. Sie solle der Presse weniger in die Hände spielen, die von ihr die Rolle der rattenscharfen Libertine erwartete. »Das Zeug hat mich berühmt gemacht!«, bellte Janis. »Alle lieben das.« Nur ihre Freunde nicht, die nicht verstanden, wie mühelos Janis dazu übergehen konnte, die zähe Bluessängerin zu geben. Der Rest der Welt erwartete, dass sie respektlos und skandalös war, daher ließ sie höchst selten durchblitzen, wie intelligent sie war. Doch viele erinnern sich an Janis' scharfen Verstand; ein Arzt, der sie einmal behandelt hatte, fand sogar, sie sei »nahezu brillant«. Janis hatte in Texas begonnen, ihr Licht unter den Scheffel zu stellen, wo Frauen nicht gerade ermuntert wurden, intellektuell überlegen zu sein. In den Kreisen der Gegenkultur galt Denkvermögen nicht unbedingt als Makel, doch es war verdächtig. Dieser Argwohn war eins der Mittel, sich vom »den anderen« zu unterscheiden. Der Ruhm machte Janis zweifellos noch vorsichtiger, ihre Intelligenz unter Beweis zu stellen. »Die Öffentlichkeit wusste nicht, wie smart sie war«, betont Elliot Mazer, da sie so oft die Rolle der Trinkerin gespielt hätte. »Du kannst auf *Joplin in Concert* beide hören, und das hab ich absichtlich getan.«

Linda Gravenites fand, Janis hätte »große Stücke ihres Selbst« verloren, als sie versuchte, ihrem Image gerecht zu werden.

»Wegen dem Hype erwartete nach einer Weile jeder, der sie kennen lernte, dass sie auch dieser Typ war – das knallharte Mädel aus Texas. Und das war nur ein kleines bisschen dessen, wer sie war. Aber das ist die Rolle, die sie sich ausgesucht haben, mit der sie geredet haben, und die Rolle, die ihnen geantwortet hat. Und der Rest von ihr ist auf der Strecke geblieben. Es war traurig, mit anzusehen, wie diese vollkommene Person zur Karikatur wurde.« Linda hatte sich immer gern mit Janis unterhalten, denn sie war belesen und hatte weit reichende Interessen, doch inzwischen wurde es schwierig, sie für ein anderes Thema als sie selbst und ihr Aussehen zu begeistern. Sie schien den Gefühlen anderer immer weniger Beachtung zu schenken, nur nicht ihren eigenen. Kurz nachdem sie Big Brother verlassen hatte, bat sie Dave, ihrem neuen Schlagzeuger zu zeigen, wie er eine Passage in »Summertime« gespielt hatte. Janis schien sich nicht bewusst zu sein, dass ihre Bitte nicht sehr feinfühlig war. Bobby Neuwirth, der als Busenfreund Bob Dylans vielleicht nichts besser kennt als Berühmtheit, hat eine einfache Erklärung: »Wenn du lange genug übst, die dralle, dreiste Blues-Mutti zu spielen, wirst du eine. Du beginnst, es genauso von dir selbst zu erwarten, wie es andere von dir tun.« Janis hatte die Rolle natürlich über die Jahre hinweg perfektioniert. Die Figur, die sie schließlich Pearl nannte, die scharfzüngige Gib's-mir-Braut, hatte sich mit ihrer herausfordernden Art schon in Port Arthur die Leute vom Leib gehalten. Doch Peter Coyote meint, als sie schließlich berühmt wurde, hätte es solch einen »Aufruhr und Verstärkung durch die Medien« gegeben, »und alle seien derart ausgeflippt, weil sie nicht an sie rankamen«.

Janis' Rüstung war jedoch aus äußerst dünnem Blech. Sie erklärte einmal, »Turtle Blues« handle davon, »wie ich versuche, knallhart aufzutreten, und niemand hat gemerkt, dass ich's nicht war«. Stattdessen zogen viele die Fassade, die überlebensgroße Janis, der »unsicheren Mixtur von Trotz und Unschlüssigkeit, Verletzlichkeit und Stärke« vor, die direkt unter der

Oberfläche lag. Die »aufmüpfige, irre« Janis war für die Journalisten zweifellos die »einfachste« Janis. »Daran war nichts Rätselhaftes oder Ambivalentes. Janis, die in die Stadt stürmt, mit den Jungs anzügliche Storys austauscht und Drinks bestellt. Es war so konstruiert.«

Janis konnte immer noch entwaffnend offen sein, gelegentlich sogar Fremden gegenüber. David Dalton erlebte einmal, wie sie einem vollkommen hingerissenen Hippie-Journalisten aus Louisville, Kentucky, erzählte, sie sei hinsichtlich ihres Aussehens sehr unsicher. Danach machte sich Janis Gedanken, ob sie dem nervösen Interviewer gegenüber nett genug gewesen sei. Dalton versuchte, sie zu beruhigen, und erklärte, es sei nur verständlich, dass Menschen in ihrer Gegenwart nervös seien, denn sie sei ein Star. »Ich kapier das nicht, ich kapier das nicht«, protestierte Janis. »Wenn die überhaupt von *irgendwas* 'ne Ahnung haben, wissen die, ich bin kein Star. Die wissen, dass ich 'n mittelaltes Mädel mit 'm Alkoholproblem bin, Mann, und 'ner lauten Stimme und noch andere Sachen... aber was soll ich tun? Mich umdrehen und sagen: ›Ich bin ein Mensch?‹« Dabei hatte sie gerade genau das getan, als sie eingestand, sie wäre um ihr Aussehen genauso besorgt wie jedes Mädchen. »Ich werd nie 'n Star sein wie Jimi Hendrix oder Bob Dylan. Ich weiß, warum – weil ich die Wahrheit sag. Wenn die wissen wollen, wer ich bin, sollen sie mich fragen, und ich werd's ihnen sagen.« Janis erzählte nicht immer die Wahrheit, aber ihre Augenblicke der Selbstoffenbarung konnten genauso verwirrend sein wie all der Rummel um sie.

Eins ist sicher: der Ruhm half nicht, Janis' Zerbrechlichkeit zu verringern. Sie schimpfte noch zwei Jahre später über die »Schlampe«, die sie bei der Presseparty in New York beleidigt hatte. Der Ruhm schien ihre Verteidigungshaltung sogar noch zu verstärken. Janis vermutete gewöhnlich, dass »das Paar am Nachbartisch, das gerade lachte«, sie »auslachte«, oder dass die lässige Bemerkung eines Roadies sie verletzen sollte. Fredda

Slote erklärte Janis, es sei »ein Witz«, dass sie berühmt sei. »Und sie sagte: ›Also nein, Fredda, ich finde, ich bin nur eine sehr *gute* Sängerin.‹ Und ich sagte: ›Janis, Süße, du bist eine ausgezeichnete Sängerin, aber du warst schon immer eine ausgezeichnete Sängerin. Es ist einfach nur zum Lachen, dass sie dich doch noch entdeckt haben. Du bist eine wunderbare Sängerin und du verdienst alles, was du bekommst, und du arbeitest wirklich hart dafür.‹ Das hat sie dann beruhigt, aber ich hatte das Gefühl, arme Kleine.« Todd Schiffman, Big Brothers Agent in den Anfangstagen, erinnert sich, wie sehr der Komiker Don Adams Janis verletzte, als sie in der Fernsehshow *Hollywood Palace* auftrat. Adams »dachte, er sei komisch«, als er einen abgedroschenen Hippie-Witz vom Stapel ließ: »Wisst ihr, es ist schwer zu sagen, wer die Jungs und wer die Mädels sind.« Schiffman fand Janis später in der Garderobe, wo sie sich »die Seele aus dem Leib weinte. Es hat sie wirklich, wirklich verletzt.«

Janis' Erwartungen schienen sie nur zum Opfer niederschmetternder Enttäuschungen zu machen. So stellte sie sich vor, der Ruhm würde ihr die Anerkennung ihrer Eltern einbringen und ihre Heimatstadt mit dem Schuldbekenntnis in die Knie zwingen, dass sie ein völlig falsches Bild von ihr gehabt hatte. Als zum Höhepunkt des Hype im Sommer 1968 die Journalisten von *Time* und *Life* übereinander stolperten, um sie zu interviewen, fragte Janis ihre Mutter hoffnungsvoll, ob die *Port Arthur News* schon über sie berichtet hätten. Sie schrieb: »Wenn ja, bitte schicken.« Was Janis vom Ruhm erwartete, war mehr als nur Genugtuung. Sie wollte, dass er das Gefühl der Leere und Verzweiflung auslöschte, das sie verfolgte. Sie wollte, dass er sie liebenswert und akzeptabel machte.

Ihre Sehnsüchte schienen Janis den Menschen gegenüber, die ihre Gesellschaft suchten, viel zu vertrauensvoll, sogar naiv zu machen – wenigstens am Anfang. Fredda Slote erzählt, einige Personen aus Janis' Umfeld 1968 seien »absolut nette Leute« gewesen, aber »manche haben sie manipuliert, haben sie benutzt, um ihre Kreditkarte zu benutzen. Ich wollte darüber irgendwie nichts zu ihr sagen, denn ich wollte ihre Illusionen nicht zerstören, aber ich fand, ich musste sie darauf hinweisen, echt vorsichtig zu sein, wem sie die Kartennummer gab, nur weil sie später vielleicht dafür gerade stehen musste. Und sie sagte: ›Oh ja, klar.‹ Aber ich weiß nicht, ob sie's je getan hat … Sie wollte nur das Gute in den Leuten sehen, selbst den Leuten, die für sie gefährlich waren. Sie wollte überhaupt nicht einsehen, welche Folgen das haben konnte.« Für Fredda war Janis' Unsicherheit der Grund, warum sie so leicht auszunutzen war. »Wenn die Leute sie dafür geliebt haben, was sie besaß, hat sie das akzeptiert, auch wenn sie sie nicht dafür geliebt haben, wer sie war.« Im Lauf der Zeit wandelte sich Janis' Toleranz dafür, benutzt zu werden, zu dem verständlichen Verdacht, die Menschen würden sie nur ausnutzen.

Myra Friedman erkannte schon früh, dass sie Janis nicht »abhärten« konnte, daher fasste sie den Entschluss, sie stattdessen zu beschützen. Es sollte sich herausstellen, dass diese Aufgabe genauso beklemmend war, denn die Leute nahmen an, dass Janis genauso gut einstecken könnte, wie sie austeilte, nicht nur wegen ihres herausfordernden Auftretens. Bis auf ihre engsten Freunde glaubten alle, dass jeder Mensch, der so erfolgreich und clever war wie Janis, selbst wenn sie als Bluessängerin ihr Elend zur Schau stellte, seine innere Größe begreift. Doch auch Freunde hatten Schwierigkeiten, sie zu verstehen. Pepi Plowman und Tary Owens besuchten sie 1969 hinter der Bühne. »Als wir gehen wollten, schaute mich Janis mit diesen Augen an, als wollte sie sagen: ›Hilf mir, hilf mir‹, und ich sagte: ›Tary, ich mach mir wirklich Sorgen um Janis.‹ Und er sagte: ›Ach, mach dir keine Gedanken. Sie denkt immer an die Nummer eins.‹« Natürlich ist Janis nicht der einzige Star, bei dem die Annahme, er hätte eine gesunde Selbsteinschätzung, nicht richtig war, doch in ihrem Fall war sie erstaunlich falsch. Sie war von ihrer Hässlichkeit so überzeugt, dass die Gleichgültigkeit eines Mannes sie am Boden zerstören konnte, und ihre Befürchtung, »sie könnte überhaupt nicht singen«, verfolgte sie derart, dass jede Kritik »sie fast in ihre Bestandteile aufgelöst hat«. Janis war schon immer reizbar gewesen, aber jetzt geriet ihre innere Realität – die verwundete Heranwachsende – immer wieder in Konflikt mit ihrem übertriebenen Ruf, Amerikas größter Hippie-Star zu sein, der kein Blatt vor den Mund nimmt. »Janis hat der Welt da draußen ihre knallharte Böse-Mädchen-Seite gezeigt«, erklärt Milan Melvin, »aber innerlich hat sie geschrien: ›Lieber Gott, schick mir einen, der mir hilft, mit dieser Scheiße klarzukommen!‹«

Die Journalistin Lillian Roxon traf Janis auf den Straßen von Manhattan, als *Cheap Thrills* das meistverkaufte Album des Landes war. »Sie sah zu einsam und verloren aus für ein Mädchen, das seine erste Nummer eins hat«, und so fühlte sich Janis auch in diesem Herbst. Die Trennung von der Band war ein furchtbarer Verlust, der schmerzliche Erinnerungen an die Entfremdung von ihren Eltern geweckt haben muss. Gab es wirklich keinen Platz für sie? Würde sie immer ein Außenseiter sein? War sie dazu verdammt, sich hilflos und allein in der Welt zu fühlen, wenn sie nicht auf der Bühne stand? Sie war einer ihrer wenigen Trostspender geworden. Als Janis und Big Brother während ihrer letzten Tournee in Houston spielten, gesellten sich Patti Skaff und ihr Mann Dave McQueen hinter der Bühne zu den Joplins und sahen, wie Janis einen Bühnenhelfer herunterputzte, der den Vorhang geschlossen hatte, bevor sie abgetreten war. »Warum bringst du sie nicht heim?«, fragte Patti Seth Joplin. »Sie muss hier weg.« Seth schüttelte den Kopf und sagte müde: »Es ist einfach zu spät.« Nachdem Janis den Bühnenhelfer verbal fertig gemacht hatte, wandte sie sich ihrer Familie und ihren Freunden zu. Patti erzählt: »[Sie] küssten und umarmten sich, und Janis erklärte: ›Du bleibst die Mutter, ich werde der Star sein.‹ Sie wollte ein Star sein. Sie lebte davon. Sie sagte, sie wäre nur auf der Bühne lebendig.«

Auf der Bühne sein hieß jedoch auch, unterwegs zu sein, und Janis hatte eine Hassliebe für alles, was das Reisen mit sich brachte. 1968 und 1969 war ihr Zuhause hauptsächlich irgendwo unterwegs. 1969 verdiente sie an einem einzigen Abend genug, um für den Rest der Woche »alles bezahlen« zu können, doch sie bat Albert, mehr Auftritte zu arrangieren. »Ich hab ihnen gesagt, ich will mehr spielen. Ich hab am meisten Spaß, wenn ich spiel. Ich leb für diese eine Stunde auf der Bühne«, erzählte sie dem Kritiker Robert Hilburn. Gleichzeitig beklagte sie die fade Eintönigkeit des Ganzen. »Du siehst nichts als Flughäfen, Holiday Inns und Männerturnhallen von innen. Ich bin die ganze Zeit allein, in gottverdammten Flugzeugen, wenn's zu früh ist und ich noch 'n Kater von der Nacht davor hab.« Ein Mitarbeiter aus Grossmans Büro beschreibt Janis in wenigen Worten: »Ein Mädel, das in einem beschissenen Hotelzimmer lag mit Niemandem und Nichts.«

Für allein stehende Frauen war das Unterwegssein besonders hart. Als die Sängerin Maria Muldaur ihre Solokarriere begann, nachdem die Jim Kweskin Jug Band und ihre Ehe auseinander gebrochen waren, fand sie heraus, wie »absurd« das Ganze war. »Die Leute im Publikum sabbern wegen dir, aber wo ist der eine Typ, der nachher zu dir reinkommt, der nicht nur ein Teenager ist, dem die Zunge raushängt? Einfach 'n netter Kerl aus der Stadt, der dich auf 'ne Tasse Kaffee einlädt.« Nach der mittelmäßigen Show im Fillmore im Juni 1968 wollten Janis und Bill Graham eine Kleinigkeit essen. Sie hielten kurz bei einer Hamburger-Bude und fuhren dann über die Golden Gate Bridge zur Landzunge von Marin County. »Sie war etwas angetrunken. Ihr Leben lief nicht gut.« Janis begann, von den Frustrationen des Tourneelebens zu erzählen. »Ich bin im Holiday Inn in Toronto. Nach der Show gehen die Jungs all' in ihre Zimmer und machen sich frisch. Dann kommen sie wieder runter und schleppen Mädels ab.« Janis machte eine Pause, bevor sie Graham fragte: »Was macht 'ne Frau?«

Das traurige kleine Mädchen

Am 21. Dezember 1968 gaben Janis und ihre neue Soulband ihr Debüt in Memphis. Ihr letzter Auftritt mit Big Brother lag gerade erst drei Wochen zurück. Die Band hatte keinen Namen und die Musiker – Sam Andrew, Brad Campbell, Terry Clements, Bill King, Roy Markowitz und Marcus Doubleday – waren eilig zusammengestellt worden. Die Gelegenheit, auf dem zweiten »Yuletide Thing« zu spielen, das Stax Records veranstaltete, schien zu gut, um sie nicht wahrzunehmen; es war der ideale Ort, Janis' neue Gruppe vorzustellen. Obwohl Stax seinen Star Otis Redding und fast alle Musiker seiner Begleitband, den Bar-Kays, vor einem Jahr bei einem Flugzeugabsturz verloren hatte, stand das Label immer noch für »Soulsville, USA«. Stax war das einzig Wahre. Janis erklärte den selbstgefälligen Bürgern San Franciscos, die dachten, ihre Musik-Szene sei aktueller als alle anderen, Memphis sei der Ort, »wo's abgeht!«. Sie hatte wie Jimi Hendrix nur wenige schwarze Fans, aber Stax lud sie trotzdem zu der großen Party zum Jahresende ein, weil das Label darauf baute, dass sie auch ein schwarzes Publikum ansprechen würde. Außer Janis traten ausschließlich Stax-Künstler auf, doch sie stand nach Johnnie Taylor, der mit »Who's Making Love« gerade einen Mega-Hit hatte, ganz oben auf dem Programm – vor den Staple Singers, Booker T. and the MGs, Albert King und allen anderen.

Selbst mit der diszipliniertesten Band hätte Janis starke Konkurrenz gehabt. Doch Janis hatte keine disziplinierte Band, genau genommen hatte sie fast gar keine Band. Nick Gravenites und Michael Bloomfield, die gerade bei den Electric Flag ausgestiegen waren (einer Soulband mit Bläsern, wie Janis sie sich wünschte), und der Produzent Elliot Mazer hatten geholfen, die Musiker auszusuchen, aber die Band hatte erst eine Woche vor dem Auftritt in Memphis zu proben begonnen. Das Ganze war sehr zermürbend – Gravenites und Bloomfield, die sie zur Unterstützung nach Memphis begleiteten, würden nicht immer da sein, und diese Band sollte ihre eigene sein. Janis hatte noch nie mit einer Gruppe professioneller Musiker gesungen. Wie konnte sie ihnen vermitteln, was sie spielen sollten, wenn sie noch nicht einmal das Vokabular besaß, um zu beschreiben, was sie hören wollte? »Sie hatte ewig Angst, sie würde mit einem Haufen guter Musiker schlecht aussehen«, erklärt Mazer. »Keiner von uns fand, dass die Band so weit war, aber sie hatten den Auftritt und sie wollten nach Memphis.« Außerdem hatte Albert Janis geraten, nicht zu viel Zeit verstreichen zu lassen, bis sie mit ihrer neuen Band auf Tournee ging.

Als Janis und die Musiker hinter der Bühne standen und die anderen Künstler beobachteten, erkannten sie langsam die Schwere ihres Fehlers. Es stellte sich heraus, dass Memphis viel mehr wie Las Vegas war als San Francisco, wo alle außer Bill Graham an dem Märchen mitstrickten, dass das, was sie taten, kein Showbusiness sei. Das Publikum der Bay Area wollte Realität und keine durchgestylte Inszenierung. Janis' Gruppe wurde sich bewusst, wie viel sie von den anderen Künstlern trennte, als die neu formierten Bar-Kays in »lockeren Flanell-Outfits mit Zebrastreifen« auf die Bühne kamen. Auch Janis hatte sich zurechtgemacht und trug einen kirschroten Hosenanzug mit roten Federn an den Säumen. Aber weder sie noch ihre Band kannten die Tanzschritte – und die Bar-Kays legten den Sideways Pony aufs Parkett, dann den Boogaloo und all die anderen Stile. Stanley Booth vom *Rolling Stone* sah, wie Michael Bloomfields Augen immer größer wurden und die Mitglieder der neuen Band ungläubig den Kopf schüttelten. »Es war das erste Anzeichen des Kulturunterschieds, der immer größer werden sollte, je länger der Abend dauerte.«

Janis war die vorletzte Künstlerin. In den Ballrooms von San Francisco war jeder gewohnt, dass sich die Bands ewig Zeit ließen, aufzubauen und zu stimmen. In Memphis war das anders. Das gemischtrassische Publikum wurde frostig, als sich Janis' Musiker zehn Minuten lang vorbereiteten. Sie hatte beschlossen, »Piece of My Heart« und »Ball and Chain« für die Zugaben aufzuheben, und begann mit »Raise Your Hand« von Eddie Floyd, der unmittelbar vor ihr aufgetreten war, und »To Love Somebody« von den Bee Gees. Außer den weißen Teenagern, die wegen ihrer Hits gekommen waren, hatte niemand auf den Tribünen des Stadions von Janis gehört. Beide Titel fanden keine Resonanz, und bei dem dritten unbekannten Titel wurde deutlich, es würde keine Zugaben geben. »Sie haben wenigstens nichts geworfen«, murmelte Janis nach dem Auftritt hinter der Bühne. Am schlimmsten war, dass der *Rolling Stone* über das Ereignis berichtete. Für Janis nahm die Zeitschrift rasch »die Bedeutung eines militärisch-industriellen Komplexes« an. Sie wusste, ihre Niederlage würde in allen Einzelheiten geschildert werden. Und so war es auch. Der *Rolling Stone* verkündete: »Janis Joplin starb in Memphis.« Stanley Booth räumt ein, Janis' Gesang sei nicht das Problem gewesen, sondern die Band, die er undiszipliniert und ausdruckslos fand. Janis war vor den Kopf gestoßen – sie hatte die schmerzliche Trennung von Big Brother vollzogen, nur um einmal mehr die übliche Kritik zu bekommen. Für Dave Getz bestätigt Janis' Debakel in Memphis Albert Grossmans Fehlbarkeit und Arroganz: »Er dachte, er wüsste alles.« Für Sam Andrew war die Show »der reine Wahnsinn. Janis wollte's wie Aretha und Otis machen, aber bevor wir überhaupt das Repertoire beherrscht haben, spielten wir schon vor einem Publikum, das zu den anspruchsvollsten im Land gehört, unseren Helden von Stax ... Es war beängstigend, den Blues für Schwarze zu spielen ... Wie konnten wir's nur wagen, da hochzugehen und deren Musik zu spielen? Natürlich sind wir nervös gewesen. Wir haben's einfach vermasselt.«

Janis hatte natürlich schon früher negative Kritiken bekommen, aber sie hatte höchst selten vor einem gleichgültigen Publikum gestanden. Memphis war ihre erste Niederlage, seit sie sich im Sommer 1966 als Rocksängerin neu erfunden hatte, und Janis hasste es, ausgerechnet in »Soulsville« durchzufallen. Sie hatte immer befürchtet, die Leute würden eines Tags erwachen und erkennen, dass sie eine Hochstaplerin war, ein Mädchen ohne Talent, dessen kräftige Stimme nur vortäuschte, es könne singen. Als Janis weniger als einen Monat vor ihrem 26. Geburtstag im Lorraine Motel in Memphis wach lag, hatte sie das Gefühl, sie sei erledigt.

Ihr Versagen in Memphis war jedoch nicht nur das Ergebnis der undisziplinierten Begleitung ihrer Band oder der Kluft zwischen Soul und Acid Rock. Die Stax-Show signalisierte einen Rückgang des Austauschs zwischen den Rassen, der die populäre Musik Mitte der sechziger Jahre gekennzeichnet hatte, und den Beginn der Trennung von weißer und schwarzer Musik, die sich in den kommenden Jahren noch vertiefen sollte. Als das Jahrzehnt zu Ende ging, sollten weiße Künstler wie Janis, die in Lou Reeds Worten »mit dem Schwarzen Handel trieb«, und Schwarze wie Jimi Hendrix, der »mit dem Weißen handelte«, immer mehr Schwierigkeiten haben, die Rassengrenzen der populären Musik zu überschreiten. Hendrix wurde von den Black Panthers angegriffen, die verlangten, er solle schwärzer sein, während weiße Kritiker Janis den Vorwurf machten, sie versuche »schwarze« Musik zu singen. Martin Luther King war nur wenige Monate zuvor in genau dem Motel ermordet worden, in dem auch Janis übernachtet hatte. Sein Tod hatte unter anderem auch den Kulturaustausch beendet, den Janis und Jimi Hendrix repräsentierten. Der Reiz, dass ein weißes Mädchen den Blues sang wie keine Weiße je zuvor, sollte schon bald Janis' Fessel mit der Eisenkugel werden. R. Crumb hatte diesen Wandel unwissentlich in einer seiner Karikaturen vorweggenommen. Er zeigt Janis auf dem Cover von *Cheap Thrills* als schwitzende Strafgefangene, die sich durch eine karge Landschaft kämpft. An ihren Knöchel ist eine schwere schwarze Kugel gekettet, auf der »Big Mama Thornton« steht. Als das Jahr zu Ende ging, war die Rassenproblematik allerdings nur eine der Lasten, die Janis mit sich schleppte.

Der Musiker David Crosby vergleicht das Gefühl, Heroin zu spritzen, mit einer »großen warmen Decke«. Janis wickelte sich seit dem Sommer 1968 immer häufiger in diese Decke. »Ich will einfach nur meine Ruhe, Mann«, knurrte sie Linda Gravenites an, die nicht verstehen konnte, warum ihre Freundin Heroin nahm. Sie hatte es einmal probiert und hasste, dass es »alles neblig und grau macht und verschwinden lässt. Ich wollte diese Leere nicht.« Doch was Linda als Leere empfand, war für Janis wie eine Euphorie, die ihr wenigstens etwas Erleichterung von der Angst und den Depressionen verschaffte, die sie verfolgten, seit Big Brother auseinander gebrochen war.

Janis soll angeblich Heroin erst seit 1969 regelmäßig genommen haben, doch ihre Freundin Sunshine nennt einen viel früheren Zeitpunkt – den Sommer 1967. Anscheinend begann Janis, mit Heroin zu experimentieren, nachdem sich die beiden im Golden Gate Park zufällig über den Weg gelaufen waren. Janis erzählte Sunshine, sie bräuchte »was Neues«, und fragte, was sie genommen hätte. Sunshine war unterwegs, um sich etwas Stoff zu besorgen, und litt unter Entzugserscheinungen. Sie war nicht in der Stimmung, mit irgend jemandem zu reden. »Doch sie und ich haben etwas geplaudert, und sie hat mich danach gefragt.« Janis erzählte, sie hätte damals in North Beach Heroin probiert, aber sie hätte sich nur übergeben müssen. Sunshine versicherte ihr, es sei ein tolles Hochgefühl, solange man nicht süchtig würde. »Janis war so eisern gegen sich selbst, als sie aus Texas zurückkam, dass sie nichts nehmen wollte außer Alkohol, und Nancy Gurley und Speedfreak Rita haben ihr prompt Speed ins Gesicht geschmissen. Und dann war da noch ich.« Sunshine hatte Gewissensbisse, dass sie Janis auf Heroin gebracht hatte. Sie glaubt, Janis hätte unter anderem zu der Droge gegriffen, weil »ihre Beziehung mit Joe McDonald vorbei war und sie Schwierigkeiten hatte, ›einen einzigen guten Mann‹ zu finden, obwohl sie das Poster-Mädel der Szene war«. Janis hatte zwar einen neuen Liebhaber, ein Mitglied der Band Blue Cheer, aber sie erzählte Sunshine, ihre dreiwöchige Affäre würde zu Ende gehen. Sobald Janis begonnen hatte, Heroin zu nehmen, musste sie niemand mehr dazu ermuntern. Sunshine erinnert sich: »Wir mussten uns nur anschauen, und wir haben uns zugezwinkert, und das war's.«

James Gurley betont: »[1967] war keiner von uns süchtig.« Linda Gravenites bestätigt das; Janis sei ein »Chipper« gewesen, die nur ab und zu Heroin genommen hätten. Janis und James begannen als gelegentliche User und setzten sich nur die Nadel, wenn ihnen hinter der Bühne jemand eine anbot. Es sei ein Weg gewesen, sich nach den Shows zu entspannen, die den »Adrenalinspiegel kräftig erhöht« hätten. Doch beide blieben nicht lange Chipper. Als er im März 1968 versuchte, Big Brother in Detroit live aufzunehmen, sah Elliot Mazer, wie einem Bandmitglied ein Heroinbrief aus der Tasche fiel. Er rief sofort Albert Grossman an, der »bei Heroin nicht mit sich spaßen ließ«. Grossman strich den Auftritt der Band am Wochenende und bestellte die Band nach Woodstock, um sie mit dem Problem zu konfrontieren. Er versuchte es sogar mit einer Zwangseinweisung, doch während der Aufnahmen für *Cheap Thrills* nahm Big Brothers Heroinkonsum zu. Sie hatten mehr Geld und die Droge war immer erhältlich. Peter und Dave hielten sich vom Heroin fern, doch Sam wurde ebenfalls zum User. Dave erinnert sich, dass ein Fan die Gruppe nach einem Konzert in Cincinatti zu einer Party mitnahm, wo einige Bandmitglieder gedrückt hätten. »Es kam uns damals überhaupt nicht wahnsinnig vor.«

Janis hatte zu der Zeit viele Gründe, Heroin zu spritzen,

unter anderem die Trennung von Big Brother. Als Geschädigte erhielten Big Brother weitaus mehr Unterstützung als Janis, die wirklich litt. »Sie heulte, bekam einen Wutanfall und drückte H, heulte, bekam wieder einen Wutanfall, drückte sich noch etwas mehr, und dann verließ sie die Band«, erinnert sich Peggy Caserta. Darüber hinaus war Janis den größten Teil des Jahres nicht in San Francisco und lernte die »äußerste Langeweile« des Tourneelebens kennen. 1968 besuchte sie Linda Gottfried Waldron in Santa Cruz. Sie war gekommen, um zu entziehen. »Ich hab schwarze Vorhänge vor die Fenster drapiert und kam etwa drei Stunden später wieder rein. Sie drückte gerade. Ich sagte: ›Janis!‹, und sie schaute zu mir hoch und sang: ›Du kannst nicht Joghurt essen und den Blues singen.‹«

Richard Hundgen, der bei James und Nancy Gurley wohnte, behauptet, Michael Bloomfield hätte einmal gesagt: »Für weiße Musiker, die die schwarze Seele vollständig nachempfinden wollen, gibt es nur den Weg, Heroin zu nehmen.« Das hätten sie bei Big Brother immer vermutet, meint Sam Andrew, doch niemand hätte es als »Abkürzung zur Seele« bezeichnet. Janis erklärte Linda Gravenites einmal: »Es war der Mythos der Bluessängerin, wie Billie Holiday, sich echt zu ruinieren.« Die Sängerin Tracy Nelson seufzt: »Chemische Seele. Sie wussten, dass all die alten Größen des Jazz und Blues Drogen nahmen. Ich kann gar nicht sagen, wie oft ich Ray Charles' Namen in diesem Zusammenhang gehört hab ... Sie haben's einfach nicht kapiert. Diese Leute sind nicht beseelt gewesen, weil sie Heroin genommen haben. Sie haben Heroin genommen, weil sie Schmerzen hatten. Es war ein so künstlicher, beschissener Versuch, nach unten zu kommen, und er hat 'ne Menge Leute getötet ... Weiße, die schwarze Musik machen, tragen 'ne Menge Schuld, und es könnte auch 'ne Art Strafe gewesen sein. Aber meistens ging's darum, wie kann ich wie die sein? Ich tu alles, was diese Leute tun, und vielleicht funktioniert's.«

1969 versuchten mittlerweile so viele weiße Musiker, »wie die zu sein«, dass *Newsweek* im Mai »die Wiedergeburt des Blues« verkündete, und Janis' Foto schmückte die Titelseite. Junge weiße Bluesenthusiasten wie Janis, Michael Bloomfield, Paul Butterfield, die Rolling Stones und Eric Clapton hatten ein außerordentliches Interesse an den älteren Bluesgrößen geweckt, von denen einige nicht mehr aufgetreten waren, bis das Revival zu ihrer Wiederentdeckung führte.

Schon in den frühen Sechzigern waren weiße Jugendliche bei Blues-Konzerten aufgetaucht. Das neue Publikum scheint die schwarzen Musiker hauptsächlich nachdenklich gestimmt zu haben. Die Jugendlichen beteten sie an und die Aufmerksamkeit war erfreulich und schmeichelhaft, aber etwas verwirrend. 1967 traten gestandene Bluesmusiker, die früher nur in den kleinen Clubs und Bars der Schwarzenviertel gespielt hatten, bereits in den Ballrooms auf. Dort tanzten verrückt gekleidete weiße Jugendliche zu ihrer Musik, von der sie oft überhaupt nichts wussten. Dieses seltsame weiße Publikum wurde auf einmal wesentlich für das Überleben der Musiker. Junge Schwarze, die den Blues größtenteils aufgegeben hatten, wandten sich dem Soul von Motown, Atlantic und Stax zu. Big Bill Hill, ein Discjockey aus Chicago und ehemaliger Bluessänger, erklärte 1969: »Blues hat etwas mit diesem beschissenen Teil des Lebens zu tun, den die meisten Schwarzen vergessen wollen. Sie wollen nicht, dass man traurige Erinnerungen auffrischt.« Muddy Waters zeigte sich erfreut, dass Weiße Blues spielten, da ohne sie die Musik gestorben wäre, und B. B. King äußerte, die Rolling Stones hätten seine Karriere gerettet, als sie ihn mit auf Tournee genommen hätten. »Ich werde immer in der Schuld dieser Jungs stehen, weil sie an mich gedacht haben.«

Für viele der Bluesveteranen muss die Inbesitznahme ihrer Musik durch die Weißen – ganz gleich wie liebevoll – eine zwiespältige Erfahrung gewesen sein, vor allem, sobald das

Blues-Revival in vollem Gang war. Sie traten fast nur im Vorprogramm von Big Brother, den Jefferson Airplane und anderen Bands auf, die Spitzengagen bekamen. Das weiße Publikum respektierte die Meister des Blues, aber sie identifizierten sich mit Eric Clapton, Michael Bloomfield und Janis Joplin. Es tat weh, dass Weiße reich und berühmt wurden, die ihre Phrasen von den viel älteren Bluesgrößen gelernt hatten, für die ein solcher Erfolg niemals möglich gewesen wäre. »Strange Brew« von Cream ist heute ein Klassiker, aber nur wenige wissen, dass Eric Clapton »Note für Note« von Albert Kings »Oh, Pretty Woman« »geklaut« hat. Es ist bemerkenswert, dass die schwarzen Musiker den jungen Weißen nur wenig offene Feindseligkeit entgegenbrachten. Doch nicht alle waren bereit, ihr Wissen weiterzugeben. Sam Andrew fragte einmal den Gitarristen von Muddy Waters nach einem Akkord, mit dem er ein Lied beendet hatte, bekam aber keine Antwort. Sam konnte es ihm nicht verübeln, genauso wenig wie Peter Albin, den Howlin' Wolf kurz abfertigte: »Ich mochte, wie er Mundharmonika spielt. Also bin ich hoch zu ihm im Fillmore. Es war sonst niemand da, und ich hab ihn gefragt: ›Mister Wolf, wie spielt man so was auf der Harmonika?‹ Er knurrte: ›Das weiß nur ich und du musst's rausfinden‹, und ging weg.«

Die schwarzen Musiker wurden von ihren neuen Jüngern sehr verehrt und nachgeahmt, doch sie blieben auf gewisse Weise unsichtbar. Bo Diddley spielte einmal drei Wochen in Chet Helms' Avalon. »Bo war so daran gewöhnt, in winzigen Clubs für zwielichtige Veranstalter zu spielen, dass er eine Zeit lang brauchte, um sich an die Vorstellung zu gewöhnen, dass die Leute ihn wirklich da haben wollten. Für ein weißes Publikum, das sich die Zähne ausgebissen hatte an ›Mona‹, das die Quicksilver immer gespielt hatten, war Bo eine Legende.« Während Bos Engagement arrangierte Chets Partner ein großes Abendessen zu seinen Ehren. Es gab Brathuhn, Okra und sogar Wassermelone. Bo, der in Mississippi geboren, aber im Norden aufgewachsen war, warf nur einen Blick auf den Tisch und bellte: »So 'n Scheiß ess ich nicht. Holt mir was, das ich essen kann.« Für junge weiße Freaks waren Schwarze voller Seele, Sinnlichkeit und Spontaneität – die Eigenschaften, die im weißen Mittelschicht-Amerika allzu offensichtlich fehlten. Nick Gravenites' Erinnerungen an seine Zeit in den Blues-Clubs von Chicago, »dieser sorglose Blues-Lifestyle, die Huren und die Zuhälter, die Junkies und die Dealer, der Wein, die Weiber, der Gesang, das ganz späte Nachtleben, die heiße Musik, die kleinen Diebe und Gauner«, ähneln in ihrer romantischen Darstellung des schwarzen Lebens der Stadt Norman Mailers »Der weiße Neger«. Die weißen Musiker, die in Michael Bloomfields Worten versuchten, »eine ganze Menge Weiß-sein zu transzendieren«, hatten gewöhnlich gute Absichten, aber ihre Ansichten waren manchmal eine Karikatur der Schwarzen.

Wie all ihre Freunde schrieb auch Janis den Schwarzen eine größere Seele zu. Sie hatte allerdings weitaus weniger Erfahrungen im Umgang mit ihnen als Gravenites, Butterfield oder Bloomfield, die alle im Norden aufgewachsen waren und in Chicago schwarze Musiker zu ihrem Umgang gezählt hatten. Aber ihre Jahre mit den intensiv lebenden und trinkenden Cajuns und den Weißen aus der Arbeiterschicht in Texas hatten sie gelehrt, dass Schwarze kein Monopol auf ihre Randexistenz hatten. »Ich versuch immer wieder, den Leuten zu erklären, dass auch Weiße eine Seele haben«, sagte Janis 1968 zu Nat Hentoff. »Es gibt kein Patent auf die Seele.« Sie hatte eine Vorstellung, wie »dieser ganze Mythos der schwarzen Seele« zustande kam. »Weil Weiße nicht zulassen, Dinge zu fühlen. Hausfrauen in Nebraska empfinden Schmerz und Freude; sie haben Seele, wenn sie sich auf sie einlassen würden.« Als Hentoff ihr sagte, sie sei die erste weiße Bluessängerin »seit Teddy Grace, die den Blues von schwarzen Einflüssen her sang, aber ihren eigenen Sound und ihr eigenes Phrasieren entwickelt hatte«, war Janis überglücklich: »Gott, ich bin so froh, dass du das denkst.«

Die meisten schwarzen Künstler teilten Hentoffs Hochachtung vor Janis' Gesang. »Janis Joplin singt den Blues so intensiv wie jeder schwarze Mensch«, erklärte B.B. King, der oft mit ihr das Programm teilte. Little Richard hatte einmal die schwierige Aufgabe, nach ihr die Bühne zu betreten. »Sie hatte an dieser Southern-Comfort-Flasche gesaugt. Als sie ihre Schuhe auszog, dachte ich, oh Gott. Und als sie anfing, auf und ab zu springen, dachte ich, sieh dir diese Frau an. Und weißt du, sie konnte auch kreischen. Ich dachte, oh mein Gott. Da ging nichts drüber. Hat drei stehende Ovationen gekriegt. Sie war gefährlich, dieses Mädel.« Big Mama Thornton sprach Janis' Version von »Ball and Chain« ihr Lob aus: »Das Mädel fühlt wie ich.« John Morris vom Fillmore East behauptet sogar, er hätte »nie einen schwarzen Musiker getroffen, der sie nicht geliebt hat. Das größte Ding waren Janis und Mavis Staples auf derselben Bühne im Fillmore East. Es war so klar, dass die zwei zusammen singen mussten, und es war nur schwierig, weil sie einen Heidenrespekt voreinander hatten. Sie hatten beide Angst, von der anderen vorgeführt zu werden.«

Wenn schwarze Musiker Janis mochten, lag es größtenteils daran, dass sie immer die Künstler anerkannte, die sie beeinflusst hatten. Sie hatte zuerst versucht, Odetta zu imitieren. »Janis hat jedes Mal Wert darauf gelegt, mir überschwänglich zu danken, wenn sie und ich in derselben Gegend waren.« Sie übernahm die Hälfte der Kosten des Grabsteins für Bessie Smith. Die feurige Etta James war anfangs verärgert über all die Aufmerksamkeit, die Janis geschenkt wurde, aber sie zog auch sie auf ihre Seite. »Sie hat mir Respekt entgegengebracht und ich war allmählich stolz, ihr Vorbild zu sein. Wenn ich sie singen gehört hab, hab ich meinen Einfluss erkannt, aber ich hab auch die Elektrizität und Wut in ihrer eigenen Stimme gehört. Sie hatte Mumm. Ich hab ihre Einstellung geliebt.«

Janis stieß auf großen Widerstand, als sie versuchte, mit einer Soulband zu singen, auch wenn schwarze Musiker sie in die Arme schlossen. Ihre neue Gruppe hätte funktionieren können, wenn sie weiterhin reinen Rock & Roll gemacht hätte. Mickey Hart von den Grateful Dead hatte sie gefragt, ob sie mit ihm, Jerry Garcia und Jack Casady von Jefferson Airplane eine Supergruppe gründen wollte, doch Janis lehnte ab. Sie wollte Soul singen und hätte sich keinen schlechteren Zeitpunkt dafür aussuchen können. Die Ermordung Martin Luther Kings zerstörte den Traum einer Gemeinschaft von Schwarz und Weiß. Die Black-Power-Bewegung und ihre Kritik der Integration fand bei den Schwarzen größere Unterstützung und Glaubwürdigkeit – ein Wandel, der kulturelle und politische Folgen hatte. June Dunn, die Frau des weißen Bassisten Donald »Duck« Dunn, der bei Booker T. and the MGs spielte, behauptet: »Alles änderte sich bei Stax.« Zum ersten Mal bedrohte eine »Unterströmung von Rassentrennung [die] Oberflächenharmonie der Stax-Familie«, schrieb Peter Guralnick. Schwarze begannen, die Rassenhierarchie in Frage zu stellen, die für Homer Banks, einen Songwriter bei Stax, so aussah: »Schwarze haben die Musik gemacht, Schwarze haben das Publikum ausgemacht, aber das Geld war weiß.« Weiße Amerikaner, die bisher das Gefühl hatten, sie existierten in einer Grauzone, in der Rassenzugehörigkeit irrelevant war, wurden eines Besseren belehrt. »Auf einmal haben die Leute gemerkt, dass wir weiß sind«, erinnert sich Wayne Jackson, ein Studiomusiker bei Stax. Um sich nicht dem Vorwurf auszusetzen, sie würden Schwarze ausbeuten, gaben anfangs der siebziger Jahre viele Weiße – allen voran Jerry Wexler, Rick Hall und Phil Walden – den Bereich des Südstaaten-Soul auf.

Die zunehmende Bedeutung der Black-Power-Bewegung begann, die Rassendiskriminierung in der Schallplattenbranche und anderswo aufzubrechen, doch sie verstärkte, was Eldridge Cleaver die Maginot-Linie der Rassen nannte. Black Power stand für schwarzen Stolz und rief damit Vorstellungen des »Schwarz-seins« hervor, die als essentiell betrachtet wurden –

je schwärzer, desto besser. Diesen Imperativ empfanden Schwarze wie Jimi Hendrix als Zwangsjacke, der keinen Gib's-mir-Soul wie Otis Redding oder Wilson Pickett spielen wollte. »Wir haben Dylans ›Like a Rolling Stone‹ gespielt und ›Wild Thing‹, aber wir lassen uns nicht auf diesen ›Midnight Hour‹-Kitzel ein – kein ›gotta, gotta, gotta‹, weil wir nicht müssen, müssen, müssen«, erklärte Hendrix 1967. Doch schon 1968 stand er unter zunehmendem Druck, »schwarze« Musik zu spielen. Die Logik des Ganzen war natürlich, dass nur schwarze Musiker schwarze Musik spielen konnten. Muddy Waters' Kommentar zu den weißen Bluesbands von 1969 unterstreicht die komplexe Beziehung von Schwarz und Weiß in der Geschichte des Blues: »Die können fast alles spielen. Aber sie sind nicht wie ich in die Baptistenkirche gegangen. Sie haben diese Seele nicht tief in ihr Herz eingeflößt bekommen wie ich. Und sie können die Botschaft nicht rüberbringen. Sie spielen den Blues der Weißen. Ich spiel den wahren Blues ... das Zeug, was der alte Massa gern gehört hat, wenn du für ihn gearbeitet hast.« Ein Großteil der neueren Literatur betont den synkretistischen Charakter der amerikanischen Populärmusik, doch diese Sichtweise hatte nur geringe Geltung in den späten Sechzigern, wo Blues und Soul als Verkörperung ausschließlich schwarzer Identität angesehen wurden.

Die bedeutenden Rock-Kritiker – etwas über 20 Weiße mit Collegeausbildung – vertraten häufig diese rassistischen Kategorien und erhoben sich ähnlich wie Alan Lomax zu Richtern über ethnische Authentizität. Das ironische Resultat war, dass schwarze Musiker von den Kritikern des Ausverkaufs bezichtigt wurden, wenn sie nicht mit der rohen Kraft sangen oder spielten, die mit dem Soul von ca. 1967 assoziiert wurde. Sie galten als »zu weiß«, obwohl sie oft bei Weißen wie Schwarzen äußerst populär waren. Der *Rolling Stone* bezeichnete Motown-Künstler abschätzig als »[Onkel-]Tom-Travestien«, die »auf eine unechte Nachtclub-Auftrittsweise festgelegt sind«.

Mary Wilson betonte Jahre später, nicht die Kirche hätte die Supremes beeinflusst, sondern »amerikanische Musik – alles von Rock bis hin zu Musicals«. Es sei eine »fehlgeleitete Vorstellung, dass ein Schwarzer irgendwie bestochen sein muss, wenn er singt und nicht wie Aretha Franklin oder Otis Redding klingt«. Die Abneigung weißer Kritiker gegen schwarze Musiker, die ihnen zu poliert und kultiviert – also zu weiß – vorkamen, nahm die Verurteilung von Disco voraus. Ein englischer Kritiker sollte fragen: »Was ist aus den Tagen geworden, als schwarze Musik noch schwarz war und nicht dieser Brei aus nichtssagender Fahrstuhlmusik und prätentiösem Gefasel?«

Wenn sie schon den Supremes eine Abfuhr erteilten, wollten die Kritiker auch Janis und andere weiße Künstler nicht verschonen, die in einer Soulband sangen. Mitte 1968 war die Gleichstellung von Seele und schwarz so unanfechtbar, dass sogar *Time* behauptete, Soul-Musik »hat die Authentizität von Rübenblättern, die auf dem Ofen kochen, dem ausgelassenen Stil des Boogaloo in einer flotten Diskothek, der Solidarität, die ›Soul Brother‹ ausdrückt, auf ein Schaufenster im Ghetto gekritzelt«. In einer seiner ersten Attacken warf Ralph Gleason Michael Bloomfield vor, er versuche, sich schwarz zu geben. Schon bevor Janis ihre zweite Band formiert hatte, nahmen sie die Kritiker zusehends ins Gebet, sie sei nicht die wirkliche Sache, sie würde Soulersatz darbieten. Jon Landau vom *Rolling Stone* machte ihr Vorhaltungen, sie würde übertrieben singen, um ihren Mangel an Seele zu verbergen. »Piece of My Heart« hätte in Erma Franklins Version »Seele, die von Janis Joplin hat Eier«. Bill Kloman, der Kritiker der *New York Times*, ging noch weiter und griff *Cheap Thrills* als »Minstrelshow in Stereo« an. Das Album erwecke den Eindruck »einer Art von Plastik-Soul, der der Humor und die relative Integrität der Amos-'n'-Andy-Shows fehlt«.

Ende 1968 hatten auch Janis' Ruhm und Reichtum begonnen, ihre Glaubwürdigkeit als Bluessängerin zu untergraben; sie galt nicht länger nur als irgendein Hippie-Mädel. Richard Goldstein war einer der wenigen Kritiker, der nicht mit dem Strom schwamm. Er attackierte weiße Bluesexperten, die nur nachweislich rustikale Musiker akzeptierten: »Albert King scheint so viel authentischer, den Hemdkragen offen, ein Schluck Orangensaft zwischen den Riffs, als Jim Morrison, der nur aus Leder und Lanolin besteht. Es ist so viel einfacher, Ma Rainey anzubeten, die schwarz und echt ländlich ist, als Janis Joplin, die weiß und fast reich ist.« In der Tat – hatte doch Steve Katz von den Bands Blues Project und Blood, Sweat and Tears behauptet: »Wenn du am Abend 10 000 Dollar verdienst, bist du einfach nicht mehr erdverbunden – dir begegnet kein Unglück und Ärger mehr. Sie verkauft etwas, das sie nicht mehr ist. Wie kannst du ein Blues-Superstar sein? Das ist ein Widerspruch in sich.« Viele schwarze Bluesmusiker hätten diesen Widerspruch gern in Kauf genommen.

Janis hatte ihre eigene Art, mit all der Kritik umzugehen. Sie argumentierte, Blues sei universell, und unternahm äußerste Anstrengungen, schwarze Künstler zu fördern und ihnen Anerkennung zu zollen. Als ein übereifriger Fan in einer Underground Zeitung schrieb: »Janis zeigt Aretha, worum's geht«, versicherte Janis dem *Rolling Stone* (der über diese Bemerkung gefeixt hatte): »Ich weiß, dass ich nicht Aretha Franklin bin.« Darüber hinaus unterschied sie ihren Blues vom traditionellen. Sie erklärte David Dalton, sie hätte den »Kozmic Blues«, der mit »K« geschrieben würde, weil das Leben »ein viel zu deprimierender und einsamer Trip ist, um es ernst zu nehmen; es muss ein Cartoon von Crumb sein ... Es ist wie 'n Witz über sich selbst. Ich weiß nicht, ob's ungeheuer gefühllos ist von mir, und vielleicht ist es das, aber der Blues der Schwarzen basiert auf dem ›Nicht-haben‹ – ich hab den Blues, weil ich dies nicht hab, ich hab den Blues, weil ich mein Baby nicht hab, ich hab den Blues, weil ich kein Moos für 'ne Flasche Wein hab, ich hab den Blues, weil sie mich nicht in die Bar lassen. Also, weißt du, ich bin 'n weißes Mädel aus 'ner Mittelschichtfamilie, die mich gern auf's College geschickt hätte, und ich wollte nicht. Ich hatte 'n Job, ich fand's nicht gut. Ich hatte 'n Auto, ich fand's nicht gut.« Janis schien zu sagen, dass der Blues für sie als Weiße nichts mit materieller Armut zu tun hatte oder verlorener Liebe, sondern mit existenzieller Einsamkeit und Verzweiflung – der »Ich-wach-mitten-in-der-Nacht-auf-Blues« in Sam Andrews Worten. »Eines Tags saß ich in 'ner Bar, da ist mir's klar geworden wie 'n Blitz, dass es kein steiler Anstieg ist, verstehst du, dass eines Tags alles in Ordnung sein würde«, sagte Janis. »Es war dein ganzes Leben.« Sie sollte ihren Protest – »Nein, es darf einfach nicht sein« – in mehr als einem Song artikulieren.

Janis' zweite Band war Grund genug für sie, den Blues zu singen. Man hatte sie monatelang gedrängt, Big Brother zu verlassen. Sie hatte es getan, und es hatte sie nicht weitergebracht. Niemand hatte ernsthaft in Erwägung gezogen, dass sich die neue Band als Fehlschlag erweisen könnte, auch Albert nicht. Niemand dachte an den Wandel der Beziehungen zwischen den Rassen, und niemand hatte Janis auf die Aufgaben eines Bandleaders vorbereitet. Alle erwarteten, dass sie die Sache in die Hand nahm und die Gruppe in Form brachte – ganz allein. Tina Turner hatte wenigstens Ike, selbst wenn er sie mit seinen unvorhersehbaren Wutausbrüchen tyrannisierte, und Aretha Franklins Ehemann, der auch kein Mustergatte war, setzte sich mit den zwielichtigen Veranstaltern und aufsässigen Bandmitgliedern auseinander. Janis' Freund Michael Bloomfield, dessen Super Session mit Al Kooper und Stephen Stills eins der erfolgreichsten Alben von 1968 war, hatte sich ursprünglich bereit erklärt, ihr zu helfen – vielleicht auf Anraten von Albert Grossman, der auch ihn managte. Bloomfield hatte ein enzyklopädisches Wissen, was den Blues betraf, aber einige seiner Vorstellungen von der Band stießen bei Janis auf Widerstand. Sie hatte gehofft, mit Bloomfield einen musikalischen Leiter gefunden zu haben, doch »Michael war so eigensinnig ... und das stand zu sehr im Widerspruch zu Janis' Ego, obwohl sie wollte, dass er an ihrer Musik arbeitete«, erklärt Nick Gravenites. So hatte Janis keine Stütze, als ihr Trompeter Marcus Doubleday die Band verließ, und Bill King, ihr Organist, einige Wochen nach dem Auftritt in Memphis zum Militär eingezogen wurde. Nick Gravenites fand: »Sie macht das Schwierigste, was es gibt – eine ganze Band auf ihren Schultern tragen.«

Nach dem Debakel in Memphis beschloss Albert, weitere peinliche Situationen zu vermeiden, und legte Janis' nächsten Termin (der als »Sound-Test« angekündigt wurde) in das abgelegene Städtchen Rindge in New Hampshire. Darauf folgte ein »Probeauftritt« in Boston als Vorspiel für das New Yorker Debüt der Band am 11. und 12. Februar 1969 im Fillmore East. Janis hatte vor einem Jahr New York erobert, und ihre Rückkehr war eins der Rockereignisse des Jahres; beide Shows waren sofort ausverkauft. Die Sendung *60 Minutes* zeigte einen Ausschnitt des Konzerts und bezeichnete das Fillmore East als »Carnegie Hall für Kids«. Ellen Willis schrieb in ihrer Konzertkritik, eine ihrer Freundinnen hätte in der Nacht vor der Show einen seltsamen Traum gehabt: »Das Konzert war ein Flop, Janis lief die Gänge hinunter und bettelte das Publikum vergeblich an, zu reagieren.« Auch Willis hatte sich vor dem Konzert in einem Artikel Sorgen gemacht: »Wird der Erfolg Janis ruinieren? ... Gab ihr Big Brother vielleicht mehr, als wir erkannt haben?« Sie gestand: »Ich hatte das Gefühl, ich würde meiner besten Freundin zuschauen, wie sie ihr Leben aufs Spiel setzt.« Das Konzert war kein Flop, obwohl die Publikumsreaktionen zurückhaltender waren als im Jahr zuvor. Janis hatte allerdings größtenteils neues Material gesungen. Auf ihrem Programm standen »Piece of My Heart«, »Ball and Chain« und »Summertime«, sie sang zwei neue Titel von Nick Gravenites, coverte »Maybe« von den Chantels, »Raise Your Hand« von Eddie Floyd und »To Love

Somebody« von den Bee Gees. Nach dem Konzert erklärte sie, sobald sie »die neuen Lieder auf 'ner Platte« hätte, »dann wird's den Kids nichts mehr ausmachen«. Die *New York Times* zog die neue Band Big Brother vor und schwärmte erneut ohne Vorbehalt von Janis. Willis schrieb im *New Yorker* jegliche Mängel den wachsenden Problemen zu. Janis hätte beschlossen, »sich nicht länger selbst zu töten« und mit »einer kühleren, subtileren Darbietung« zu experimentieren, »die ihre Energie enthält, ohne sie zu verwässern«. Willis fiel allerdings auf, dass Janis bei ihrer neuen Gruppe weniger Autorität zu besitzen schien, die allgemein als entwicklungsfähig eingestuft wurde. Nur der *Rolling Stone* war besonders deutlich: »Die Band machte an jedem Bahnhof halt, während Janis ein Schnellzug war. Der Gesang und die Begleitung fanden einfach nicht zusammen, denn Joplin hetzte andauernd vorneweg und die Band zog sich kontinuierlich zurück.«

Wenn Janis sich auf der Bühne rehabilitiert hatte, so war ihr Telefoninterview mit Paul Nelson vom *Rolling Stone* nach dem Konzert ein Desaster. »Janis Joplin: die Judy Garland des Rock?«, fragte die Überschrift in einer Anspielung auf die wohl dokumentierten Unsicherheiten der Schnulzensängerin. Während des Gesprächs hatte Janis immer wieder Nelsons Bestätigung gesucht, der die ganze Situation peinlich fand. »Man kann sich nur schwer vorstellen, dass ein Bob Dylan oder ein John Lennon ein Interview mit andauernden hektischen Einwürfen pfeffert wie ›He, ich hab noch nie so gut gesungen. Findest du nicht, dass ich besser singe? Also, Jesus fucking Christus, ich bin wirklich besser, glaub mir.‹« Nelson war anderer Ansicht. Sie hätte das Potential, eine ganz Große zu sein, aber sie »singt einen Song nicht, sie ... erwürgt ihn«. Janis muss seine Skepsis gespürt haben, denn sie beschwerte sich, die Band hätte sich zu wenig Mühe gegeben, und sie würde vielleicht versuchen, das Problem zu beheben und »einen phantastischen riesigen hässlichen Bimbo-Typen« am Bariton-Saxophon mit in die Band nehmen. In der Art, wie sie Nelson um die Bestätigung angebettelt hat, er hätte eine neue, verbesserte Janis Joplin gesehen, weist das Interview eine unheimliche Ähnlichkeit mit Ellen Willis' Traumgeschichte auf. »Man hat das alarmierende Gefühl, das Gleichgewicht von Joplins ganzer Welt hängt davon ab, was mit ihr auf musikalischer Ebene geschieht, dass das notwendige Ausmaß an ehrlichem Zynismus, der notwendig ist, einen Angriff aller Medien zu überleben, vielleicht zu tief unter einer äußerst liebenswerten, aber schrecklich unsicheren Naivität begraben liegt.« Natürlich drehte sich Janis' Welt nur darum, was mit ihr auf musikalischer Ebene geschah, schließlich hatte sie Nelson doch erklärt: »Ich hab echt Angst, denn das ist *wichtig* für mich.« Gewöhnlich führte sich Janis wie einer der Jungs auf, doch an dem Abend konnte sie ihre Unsicherheiten nicht verbergen und war das Mädchen – kein kluges Verhalten. Nelson selbst gestand, dass er das Image der wirklichen Janis mit all ihren Unsicherheiten vorzog.

Knapp zwei Wochen später wurden Janis' Shows in San Francisco von der lokalen Presse als vollkommenes Desaster abgehandelt. Ralph Gleason bezeichnete die Band als »langweilige, blasse Version der Bands aus Memphis und Detroit der Rhythm-&-Blues-Shows«. Er fand, Janis' Stimme hätte gut geklungen, aber sie schien »darauf aus, Aretha Franklin zu werden«. Gleason schlug vor, Janis solle ihre neue Band »verschrotten [und] wieder ein Mitglied von Big Brother werden ... (wenn die sie nehmen)«. Auch die Publikumsreaktion war verhalten. Am ersten Abend im Winterland wurde sie nicht einmal für eine Zugabe zurückgerufen. Janis war am Boden zerstört von der Ablehnung und besonders wütend auf Gleason. Sie bezeichnete seinen Vorschlag, zu Big Brother zurückzukehren, als »Sie-wird-zu-groß-für-ihre-Hosen-Scheiß«.

Glücklicherweise verbrachte die Band den größten Teil des April 1969 in Europa, wo das Publikum wild begeistert von ihr war. Die Trennung von Big Brother spielte hier keine Rolle, genauso wenig wie die Tatsache, dass eine Weiße Blues oder Soul sang – ganz im Gegenteil. »Dort drüben gab es keine Vorurteile«, behauptet John Cooke, der nach Big Brother bei Janis geblieben und jetzt der Manager ihrer neuen Gruppe war. »Die Band war gut, weil sie das Gefühl hatte, hier war nichts zu überwinden«, und die Musiker hätten immer besser zueinander gefunden. Endlich bekam Janis auch vom *Rolling Stone* eine gute Presse. Jonathan Cott und David Dalton berichteten von ihrem triumphalen Erfolg in der Albert Hall in London und verkündeten: »Janis kam und London kam mit ihr.« Die Band hätte gut gespielt und »sie nie übertönt«, was sie in New York getan hatte. »Die Leute in der Albert Hall sind aufgestanden und haben getanzt. Du kannst dir nicht vorstellen, wie ihr das gefallen hat«, erzählt Cooke. Die englische Presse war außer sich. Die Zeitschrift *Disc* proklamierte: »Bei Janis geht's um Soul«, und der *Melody Maker* schwärmte: »Janis durchbrach die Mauer der britischen Reserviertheit, lockerte das Publikum, rüttelte es auf, taute es auf und törnte es an.«

Amerikanische GIs, die in Deutschland stationiert waren, kannten im Frühling 1969 nur eine Frage: »He Mann, gehste zum Joplin-Ding in Frankfurt?« Über 2000 Menschen, hauptsächlich GIs, drängten sich in die Liederbachhalle. Ein ehemaliger Militärangehöriger erzählt, manche Soldaten seien aus 300 Kilometern Entfernung angereist. Sie hätten getragen, was sie an »ausgeflippter Kleidung finden konnten, selbst wenn sie dafür stehlen mussten. Es sah wie ein Maskenball für Kurzhaarige aus.« Janis war es egal, wie ihr Publikum aussah. »In den Staaten kann man die Guten nur an ihrem verdammt langen Haar erkennen. Hier drüben scheint das Gegenteil der Fall zu sein.« Das Publikum »schrie, es liebte sie«. Janis hätte die Leute auf die Bühne geholt, »damit sie sie fühlen und berühren und lieben konnten. Sie haben die Bühne besetzt und ihr nur eine hufeisengroße Fläche zum Singen gelassen.«

Doch der Aufenthalt in Europa konnte nicht ewig dauern und die Band flog am 24. April zurück. Sie hatte schon am nächsten Tag einen Auftritt in Springfield, Massachusetts. Clive Davis drängte darauf, dass Janis mit den Aufnahmen für ihr erstes Soloalbum *I Got Dem Ol' Kozmic Blues Again Mama!* begann. Albert bewies wieder einmal, dass er nicht allwissend war, als er Gabriel Mekler als Produzent auswählte. Mekler war vor allem für seine Arbeit mit Steppenwolf bekannt, die mit ihren Motorrad-Rock-Songs »Born to Be Wild« und »Magic Carpet Ride« Top-10-Hits gehabt hatten. John Cooke hatte sofort Zweifel, dass Mekler für Janis geeignet war. »Ich dachte wieder einmal: ›Um Himmels willen!‹« Es gab bereits Probleme, bevor Janis auch nur einen Fuß ins Studio gesetzt hatte. Mekler mochte Janis' Band nicht und wollte die Musiker selbst aussuchen. Obwohl er sich nicht durchsetzte, gelang es ihm, den Trompeter Terry Hensley durch Luis Gasca und – mitten während der Aufnahmen – den Schlagzeuger Lonnie Castille durch Maury Baker zu ersetzen. Doch er war noch immer nicht zufrieden, als die Aufnahmen am 16. Juni begannen, und er zeigte es, was ihn bei Janis oder ihrer Band nicht gerade beliebter machte.

Schon vor Meklers Einmischung hatten die Mitglieder dauernd gewechselt, weshalb die Band nie richtig zusammenfand. Nur ein Musiker – Terry Clements, der Alt-Saxophonist – war seit den Anfangstagen der Gruppe im Dezember 1968 dabei. Der Bassist Brad Campbell, der von der kanadischen Gruppe Paupers kam, die von Albert gemanagt wurde, war nach dem Auftritt im Fillmore East dazugekommen und hatte Keith Cherry ersetzt, der nur ausgeholfen hatte. Richard Kermode, der für Bill King als Organist gekommen war, und der Bariton-Saxophonist Cornelius »Snooky« Flowers – »der hässliche Bimbo-Typ« – waren fast seit Anfang dabei. Die Band verschliss insgesamt drei Schlagzeuger – Roy Markowitz, Lonnie Castille und Maury Baker – und vier Trompeter – Marcus Doubleday,

Terry Hensley, Luis Gasca und Dave Woodward. Im Juli 1969 kam John Till als Gitarrist an Bord. Sam Andrew schildert die Stimmung: »Alle hatten das Gefühl, morgen könnte der letzte Tag sein.« Es ist bezeichnend, dass die Band bis zu ihrer Auflösung im Dezember 1969 namenlos blieb, danach wurde sie wegen des Albums Kozmic Blues Band genannt. Janis nannte die Band manchmal Squeeze oder Band from Beyond, solange sie existierte, und scherzte bei der Presse, sie würde ihr den Namen Janis Joplin and the Joplinaires geben (nach Elvis Presleys Jordanaires) oder Janis Joplin's Pleasure Principle, Janis Joplin's Sordid Flavors, vielleicht sogar Janis and the Jack-Offs [JJ's Lustprinzip, JJ's schmutzige Geschmacksrichtungen, Janis und die Wichser].

Einige Bandmitglieder ärgerten sich, wie Angestellte behandelt zu werden, doch Sam »fand die Idee irgendwie gut. Ich war irgendwie von der Romantik des Ganzen gefangen genommen. Wir haben wirklich eine Menge der Stax-Volt-Musiker idolisiert und Aretha und B. B. King, und die hatten alle große Bands. Und das konnte ich auch. Ich bin in Bands gewesen, wo alle vom Blatt lesen konnten.« Maury Baker beteuert, Janis sei »mit all den Typen gut befreundet [gewesen]. Sie war der liebevollste Mensch, den ich je kennen gelernt habe.« Der Roadie Vince Mitchell behauptet, einige ihrer Musiker hätten »Scheiße geredet über sie«. In der Band gab es nie das Gefühl, eine Familie zu sein. Sam hatte wenig Kontakt zu seinen Bandkollegen, denn sie waren professionelle Musiker, mit denen es einfach »nicht so interessant war, zusammen zu sein« wie mit Peter, Dave und James. Auch Heroin hatte mit dem chronisch nachlässigen Spiel der Band zu tun, da Sam und Janis nicht gerade die einzigen User waren. Einer der Bläser verpasste die ersten fünf Tage der Proben, weil er keinen Stoff auftreiben konnte. »Als er ankam, steckten seine Unterlagen in der Glocke seines Horns, und er hat sie nicht herausbekommen.« Sam stellt fest, zu viele Bandmitglieder hätten »Ballons« voll Heroin gekauft, statt sich auf die Musik zu konzentrieren, weshalb die Band sich nie zusammengefunden hätte.

Mittelmäßige Konzertkritiken, die ständig wechselnden Musiker und Gabriel Meklers Angewohnheit, die Vorschläge der Musiker zu ignorieren, ließ die Moral der Band in den Keller sinken. Snooky Flowers, der nach all den Jahren noch immer gereizt reagiert, beteuert: »Wir waren Musiker und wir konnten spielen. Wir waren nicht nur ein Haufen Hippies, die rumgelaufen sind und drei Akkorde gespielt haben. Luis Gasca hatte die Count-Basie-Band verlassen, um mit Janis Joplin zu spielen. Und ich hatte mit all den bekannten Rhythm-&-Blues-Bands gespielt, die durch die Bay Area gekommen sind.« Flowers glaubt, Janis hätte sich bei der Gruppe unwohl gefühlt, weil sie erkannte, »die Band war besser als sie, musikalisch weit über ihrem Horizont«. Sam teilt grundsätzlich Flowers' Ansicht, doch »Snooky konnte jedem die Schau stehlen. Er hat Janis die Schau gestohlen, und er hat es oft getan. Sie hat wahrscheinlich irgendwann die Geduld verloren.« Für Sam heben Janis' Probleme mit dieser Auswahl erfahrener Musiker hervor, »dass sie Glück hatte, überhaupt Big Brother zu finden«.

Die Aufnahmesessions dauerten nur zehn Tage, doch sie waren chaotisch. »Jeder hat jeden niedergemacht. Es war katastrophal, absolut katastrophal«, erinnert sich der Bassist Brad Campbell. Mekler war das Gegenteil von John Simon, der *Cheap Thrills* produziert hatte. Sye Mitchell, der Toningenieur, erinnert sich, er hätte »mehr gesagt und mehr getan« als Mekler. Auch Janis wirkte äußerst engagiert an der Produktion des Albums mit. Sie war gegenüber dem ursprünglichen Toningenieur Jerry Hochmann so ausfallend geworden, dass er kündigte, und Clive Davis hatte Mitchell eingesetzt. Der hatte Janis' Attacken – und ihren auserlesenen Wortschatz – miterlebt und war nicht wild darauf, Hochmann zu ersetzen. Er erklärte Davis, er würde ebenfalls kündigen, wenn sie mit ihm Streit anfangen würde, und warnte Janis: »Wenn ich so was aus deinem

Mund hör, geh ich zur Tür raus.« Sie wusste sich zu benehmen und war wie ein »Miezekätzchen, immer höflich, entgegenkommend und arbeitsam«.

Janis war dynamisch, doch die Band hinkte wie schon vier Monate zuvor im Fillmore East zu oft hinterher. Snooky Flowers erklärt, es hätte noch eine Schwierigkeit gegeben: »Wir hatten nie die Gelegenheit, das Album zu beenden. Wir mussten auf Tournee. Wir sollten ins Studio zurückkehren und die Platte fertig stellen, aber wir haben's nie getan.« Unter anderen Umständen wären die falschen Töne ausgebessert worden, bevor das Album in die Schallplattenläden kam. Janis' Vater wies später auf eine noch größere Schwäche hin: »Die Blechinstrumente in ihrer zweiten Gruppe haben nicht zu ihr gepasst. Ihre Stimme war selbst ein Orchester.« Janis konkurrierte mit den Bläsern, die nicht annähernd so subtil wie ihre Kollegen bei Stax spielen, und so klingt Janis auf *Kozmic Blues* einfach nur schrill.

Das Album hat jedoch einige großartige Momente. »Maybe«, Janis' radikal umarrangierte Version der Chantels-Nummer von 1957, und das bluesige »One Good Man«, das sie mit Sam geschrieben hatte und das von Michael Bloomfields feuriger Gitarre angetrieben wird, ragen nicht zuletzt wegen ihrer sparsamen Arrangements heraus. Janis' Version von »Little Girl Blue« aus dem Broadway-Musical *Jumbo* von Rodgers und Hart ist jedoch der Höhepunkt des Albums. Nina Simone hatte 1958 eine beklemmende Fassung aufgenommen, doch im Gegensatz zu ihr singt Janis mit einem Gefühl der Empathie und Identifikation. Sie ändert die Zeile »What can you do? Old girl you're through« in »I know you feel that you're through« [*Was kannst du tun? Altes Mädel, du bist am Ende – ich weiß, du hast das Gefühl, du bist am Ende*] und lässt den Teil aus, in dem das kleine traurige Mädel einen zärtlichen traurigen Jungen herbeisehnt. Am Schluss singt sie: »Go on, sit right back down« [*Mach weiter, setz dich wieder ran*], als würde sie sich ermahnen, sich auf ihre Stärke zu verlassen und weiterzumachen. Janis veränderte so viele Zeilen und fügte ihre eigenen hinzu, dass die Nachlassverwalterin von Rodgers und Hart Myra Friedmans Bitte ablehnte, den Text des Songs in ihrer Biographie von Janis abdrucken zu dürfen. Myra lacht: »Sie hat Janis' Version einfach gehasst.«

Obwohl *Kozmic Blues* eine goldene Schallplatte verliehen bekam, stieß das Album bei den Kritikern auf geteilte Reaktionen und brachte keine Top-10-Singles hervor. Snooky Flowers, der einzige Schwarze in der Band, beteuert, die Rock-Presse hätte das Album verrissen, weil die Gruppe Rhythm & Blues gespielt hätte – schwarze Musik. »Big Brother hat die Sechziger repräsentiert, und sie fanden, Janis sei in dieser Band in ihrer reinsten Form gewesen. Wir hatten Bläser und klangen mehr wie eine polierte Rhythm-&-Blues-Band und daran waren sie nicht gewöhnt.« Genau genommen sprachen sogar zwei Dinge gegen die Band: Zum einen war sie überwiegend weiß zu einer Zeit, in der man erwartete, dass Soul von Schwarzen gespielt wurde; zum anderen bestätigte sie das gängige Klischee, dass weiße Musiker nervös und steif klangen, eben zu »weiß«. Die meisten Kritiker verurteilten die schwerfälligen Arrangements und die schleppende Begleitung der Band. Der *Rolling Stone* brachte zwei Kritiken: eine war lauwarm, während die andere von Janis' Gesang schwärmte, der Gruppe aber vorwarf, sie klänge »klobiger als ein Ziehharmonika-Orchester im Bierkeller«.

Auch bei den Konzerten reagierten die Besucher bisweilen kühl. Janis hatten die Auftritte immer ein enormes Vergnügen bereitet, doch sie fand nur noch sporadisch Kontakt zu ihrem Publikum, während die Band entweder schleppte oder sie übertönte. »Die haben mich nicht hochgebracht«, erzählte sie David Dalton. »Weißt du, ich muss den *Umpf* haben. Ich muss es *fühlen*, denn wenn's nicht zu mir durchkommt, dann fühlt's das Publikum ganz bestimmt auch nicht.« Die Shows, eine ihrer vielen Drogen, enttäuschten Janis. Sie machte sich nur noch Gedanken um ihren Gesang, seit das Interesse der Kritiker an ihr nachgelassen hatte. »Janis tönte: ›Weißt du, eines Tags werden sie die Wahrheit rausfinden‹«, erinnert sich Peggy Caserta. »Ich sagte: ›Und die ist?‹ Und sie hat eine lange Zeit gezögert und wir haben uns immer wieder angeschaut. ›Dass ich nicht wirklich singen kann‹, sagte sie dann. ›Oh Jesus, machst du dir heute darüber Gedanken?‹, hab ich gefragt, denn jeden Tag hat's ein neues Problem gegeben. Ich denke, sie wusste nach einer Weile, dass sie etwas entwickelt hatte, womit sie das Publikum fesselte, aber sie hat nicht wirklich daran geglaubt, dass sie gut war.«

Janis hatte auch Angst vor Konkurrenz, und 1969 gab es schon viel mehr Frauen auf der Szene. Tracy Nelson schlug mit Mother Earth Wellen und Joy of Cooking aus Berkeley wurde sogar von zwei Frauen geführt. Die Stimmen von Toni Brown, der Keyboarderin, und der Gitarristin Terry Garthwaite wurden oft mit Janis verglichen. Toni erzählt, als Joy of Cooking vor Janis aufgetreten sei, hätte sie »im Hintergrund [gestanden], während Terry sang. Sie hat Terry sehr aufmerksam beobachtet, weil Terry eine Menge von derselben Art Präsenz hatte, und Janis war die Königin.« Janis ignorierte Laura Nyro vollständig, als Clive Davis sie ihr hinter der Bühne vorstellen wollte: »Laura wollte ihr sagen, wie gut ihr der Auftritt gefallen hatte, aber Janis nickte kaum zum Gruß, während sie aus einer Flasche Southern Comfort trank und mit einem neuen Jungen redete, auf den sie ein Auge geworfen hatte.« Als Laura Nyro erfolgreicher wurde, schnauzte Janis Clive Davis an: »Ich kann's sehen, ich bin in deinen Augen nicht mehr die Nummer-eins-Frau ... Du stehst jetzt auf Laura.« Und Joni Mitchell ergänzt, als ihr Stern zu steigen begonnen hätte, sei Janis »nicht gerade freundlich« gewesen.

Bandmitglieder, die nur auf der Durchreise waren, neue Konkurrenz, mäßige Konzerte und gemischte Reaktionen – Janis stand das ganze Jahr 1969 unter dem Druck ihrer Angstgefühle. Heroin bot die verlockende Möglichkeit eines »Lebens ohne Angst«, wie Steven Tyler von Aerosmith, der selbst einmal heroinsüchtig war, die Wirkung der Droge umschreibt. Janis dehnte allmählich ihre Wochenenden aus, um mehr Zeit für ihr neues Hobby zu haben. Peggy erzählt, sie hätten Donnerstag angefangen und Montagnacht aufgehört, und schon bald hätte sie täglich gedrückt. Schließlich spielte es keine Rolle mehr, ob die Band in guter Form und die Energie da war – Janis brauchte trotzdem einen Schuss nach der Show. Als enge Freunde Bedenken wegen ihres Heroinkonsums anmeldeten, brüstete sich Janis, sie stamme von »robusten Pionieren« ab. Nach dem Tod eines Schauspielers, mit dem sie bekannt gewesen war, erklärte sie Linda Gravenites: »Na ja, manche Menschen sterben und manche Menschen sind Überlebende. Ich bin eine Überlebende.« Als sie im April nach Europa aufbrach, war Janis auf dem besten Weg, süchtig zu werden. Die Droge produzierte »ihren besten Effekt, die traumhafte, warme, sichere Rückkehr in den Schoß deiner Mutter«. Wie alle Süchtigen wollte sie immer mehr, je öfter sie die Droge benutzte, und drückte bald nur noch, um die unvermeidlichen Muskelschmerzen, das Kopfweh, die Paranoia und extreme Reizbarkeit abzuwehren.

Die Konzerte ihrer dreiwöchigen Europatournee hätten nicht besser verlaufen können, doch Janis war die ganze Zeit auf Heroin. Bob Seidemann lebte damals in London und ging mit ihr die King's Road entlang. »Sie hatte ein bisschen Blut auf ihren psychedelischen Satinhosen. Es war Blut von dem Fix die Nacht zuvor und sie hatte ihre Hosen nicht gewechselt. Es war ihr scheißegal.« Seidemanns »scheißegal« beschreibt das Leben eines Junkies ziemlich genau. Michael Bloomfield hatte 1964 angefangen, Heroin zu spritzen, war aber erst 1968 total abhängig. »Das Leben eines Junkies ist total, chronisch abgefuckt ... Junk drücken hat alles andere unwichtig gemacht.« Der legendäre Junkie William Burroughs drückte es noch drastischer aus: »Junk ist kein Nervenkitzel. Es ist ein Lebensstil.« Und das war Heroin für Janis, die später eingestand, sie hätte im April »grau« und »niedergeschlagen« ausgesehen. Linda Gravenites hatte sie auf der Europatournee begleitet, beschloss aber, in London zu bleiben und an einer Weste zu arbeiten, die George Harrison in Auftrag gegeben hatte. Sie hatte keine Lust, nach San Francisco zurückzukehren und hilflos zuzusehen, wie Janis ihrer Sucht immer mehr nachgab.

Enge Freunde wussten, dass Janis Heroin nahm, sogar einige Leute aus ihrem nächsten professionellen Umfeld. Die meisten ließen sich jedoch von ihrem ganz offenen, gewaltigen Alkoholkonsum täuschen. Wenn Janis kaputt wirkte, nahm jeder an, sie hätte wieder einmal zu viel getrunken. Myra Friedman erklärt, mit »ihrer Flasche Southern Comfort als Talisman« sei es Janis gelungen, »in Holiday Inns und Hunderte von Konzerten hinein und heraus zu schweben, ohne den geringsten Verdacht zu erwecken«, dass sie ein Junkie war. Doch Janis hätte sich meistens nicht bemüht, ihre Sucht zu verbergen, schon gar nicht vor den Menschen, bei denen sie sich interessant machen wollte. Andere behaupten, sie hätte ihre Sucht geheim gehalten, was für User – selbst Rocker – typisch gewesen sei. »Damals galt Heroin nicht als schick. Keiner hat gedrückt und ist dann eingenickt in der Öffentlichkeit«, betont Carl Gottlieb. Milan Melvin gibt ihm Recht. Heroin hätte bei den Usern, die er gekannt hätte, einen beträchtlichen Nimbus gehabt, sei aber von der Gesellschaft stigmatisiert worden. Er sei wie alle peinlich darauf bedacht gewesen, seine Sucht zu verbergen. John Cooke wurde beispielsweise bewusst im Dunkeln gelassen, denn er arbeitete für Albert und galt als ziemlich spießig. Sye Mitchell fand keinen Hinweis auf Drogen während der *Kozmic-Blues*-Sessions. Maury Baker, der von Juni bis Dezember 1969 bei Janis Schlagzeug spielte, war sich ihrer Sucht überhaupt nicht bewusst, genauso wenig wie Myra, die erst im Juni 1969 durch einen Journalisten des *Playboy* davon erfuhr. Auch Peggy Caserta beteuert, Janis hätte sich gewöhnlich die größte Mühe gegeben, alle Anzeichen zu verbergen. »Weißt du, sie war ein interessanter Junkie. Ich hatte am Ende hundert Spritzen in meinen Nachtschrank. Aber sie hat immer gefixt und ihr Besteck dann sauber gemacht, eingepackt und weggelegt. Die meisten Junkies fangen so an, aber irgendwann im Lauf der Zeit, so war's wenigstens bei mir, bleibt das Einpacken und Weglegen auf der Strecke. Aber sie war ordentlich bis zu dem Tag, als sie an der Überdosis starb. Sie war schlampig bei anderen Dingen. Sie konnte umkippen, während neben dem Vorhang 'ne Kerze brannte, aber sie hätte das Zeug weggelegt.«

Janis wendete die Taktik, eine Sucht zu verbergen, indem sie eine andere publik machte, auch auf andere Bereiche ihres Lebens an. Sie versteckte ihre Gefühle für Frauen zum Beispiel dadurch, dass sie unablässig auf ihren unersättlichen Appetit auf Männer aufmerksam machte. »Guck mal, was für 'n geiler Arsch«, tönte Janis pausenlos, und »Ist der nicht süß?« oder »Gott, den würd ich gern ficken.« Janis ließ solche Sprüche immer wieder vom Stapel, zumindest wenn andere sie beobachteten. »Die private Seite ihrer Sexualität hatte keinen Einfluss auf das, was sie in der Öffentlichkeit tat«, betont Elliot Mazer. Doch Janis' unbarmherzige, verzweifelte Treibjagd auf süße Jungs stand gerade im Zusammenhang mit ihren heimlichen lesbischen Affären. Sie hängte ihre heterosexuellen Eroberungen immer an die große Glocke. So hatte sie zum Beispiel dafür gesorgt, dass der *Rolling Stone* ihren One-night-Stand mit Joe Namath ausposaunte. Nur Tage später stöhnte Janis bei einem Konzert im Madison Square Garden ins Mikrofon: »Joe, wo bist du, Joe?« Das soll aber nicht heißen, Janis hätte Alkohol und Männer nicht gemocht – ganz im Gegenteil. Sie hatte daneben allerdings andere, weniger akzeptable Bedürfnisse. Drogenmissbrauch und Homosexualität werden oft im selben Atemzug genannt, als wären sie der gleichbedeutende Beweis einer pathologischen Veranlagung. Janis' Sucht und Homosexualität werden hier nur verknüpft, da sie in beiden Fällen wohl überlegte Maskeraden entwickelte, um ein Verhalten zu verbergen, das ihr anstößig vorgekommen sein muss.

Janis brüstete sich nicht, mit Frauen zu schlafen, aber sie bestritt die Tatsache auch nicht. Meistenteils fragte ohnehin niemand danach. Sam Andrew machte drei Jahre lang Musik mit Janis, doch sie sprachen nie über »sexuelle Vorlieben«. Wenn jemand das Thema aufs Tapet brachte, neigte Janis dazu, ihre heterosexuelle Seite und ihre überwiegend männlichen Eroberungen zu betonen. Eine Underground-Zeitung der Bay Area behauptete einmal, sie sei Lesbierin und ein Rollenmodell für alle unabhängigen Frauen. Richard Hundgen zeigte ihr den Artikel hinter der Bühne in San Diego. Janis hatte gerade Pause, war betrunken und »wahnsinnig wütend. Sie fuchtelte mit der Zeitung und sagte: ›Du fliegst morgen da hoch und sagst dieser Kuh, dass Janis mit Tausenden von Männern geschlafen hat und nur ein paar hundert Frauen.‹ Das war ihre Art zu beweisen, dass sie normal war.«

Die mythische Janis stand natürlich ganz im Einklang mit ihrer weitläufigen Sexualität. Janis arbeitete hart daran, ihren rebellischen Ruf hochzuhalten, und manche ihrer Freunde ziehen es vor, nicht an ihrem legendären Status der emanzipiertesten Frau der Sechziger zu rütteln. Vor allem alte Freunde aus Austin und engere Mitglieder ihrer »Familie« in San Francisco behaupten, sie hätte mit ihrer Bisexualität keine Probleme gehabt. Sie hätte sie auch nicht verbergen wollen, behauptet Milan Melvin. »Ich glaube, es war ihr scheißegal. Wir haben darüber gelacht.« Linda Gravenites pflichtet ihm bei. Sie lächelt bei der Frage, ob Janis es schwierig gefunden hätte, mit ihren Gefühlen für Frauen umzugehen. »Oh! Mit denen ist sie klargekommen. Mit Peggy zum Beispiel. ›Oh Gott, Peggy hat die geilsten Titten der Welt.‹« Dave Getz erinnert sich an Janis'

Kommentare zu den jungen Frauen, die bei den Konzerten von Big Brother hinter der Bühne herumhingen. »Sie schien immer 'n Bild – ähnlich wie 'n Kerl – von all diesen kleinen Nutten zu haben.« Bei Dave hatte Janis scheinbar kein Problem, »Frauen von einem Standpunkt aus zu objektifizieren, der damals für die meisten Frauen nicht typisch war«, auch wenn sie bemüht war, »sich als offenkundig heterosexuell darzustellen«. Myra Friedman behauptet allerdings, Janis sei kein sorgloser Sybarit gewesen: »Sie hatte schreckliche Angst, die Leute könnten denken, zwischen ihr und mir würde etwas laufen.« Sie hätte mit ihr nicht einmal in Max's Kansas City gehen wollen. »Die Leute könnten denken ... ich mein, sie könnten auf den Gedanken kommen ... ich mein, ich hab kein' Alten, und sie könnten ... also, ich glaub, es ist dumm.«

Es ist bezeichnend, dass nur wenige Menschen aus ihrem Umfeld erklären, Janis hätte ihr sexuelles Interesse an Frauen offen gezeigt. Peter Albin war überrascht, als er viele Jahre später hörte, dass Janis Frauen Avancen gemacht hätte. »Zwei Weiber haben mir erzählt, sie hätte sie angemacht. Sie hätte 'n Auge auf die eine geworfen und gesagt: ›Den Gang runter ist 'n Zimmer frei.‹ Aber ich hab diese Storys bis vor kurzem nie gehört.« John Cooke betont, er hätte nie gesehen, dass Janis auch nur im Entferntesten Interesse an Frauen gezeigt hätte. Es kam zweifelsohne auf das Umfeld an, und Janis fühlte sich bei Dave, Linda und Milan wohler als bei dem bisweilen herablassenden Cooke oder Peter, dem einzigen Mitglied von Big Brother, mit dem sie weder näheren Umgang noch eine Affäre hatte. Selbst bei Myra, die allein stehend und heterosexuell war, muss Janis angenommen haben, sie würde von dieser Seite ihrer Sexualität eher pikiert sein – schließlich wollte Janis nichts mehr vermeiden als Missbilligung und Ablehnung.

Peggy glaubt, Scheu sei die Ursache von Janis' Zurückhaltung gewesen; sie hätte nicht gewusst, wie sie sich den – ausnahmslos heterosexuellen – Frauen nähern konnte, die zur

Rock-Szene gehörten. Als Janis wieder einmal auf Tournee war, rief sie Peggy von unterwegs an und erzählte, sie hätte eine Frau auf ihr Hotelzimmer eingeladen. »Ich hab's wie du gemacht.« Als Peggy fragte, wie es weitergegangen sei, gestand Janis: »Also, es hat nicht so funktioniert wie bei dir.« Peggy nimmt an, als sie erkannt hätte, dass ihr Gast keine Vorstellung von ihren Absichten hatte, hätte Janis den Mut verloren und stattdessen ein gemeinsames Abendessen vorgeschlagen.

Wie dem auch sei, Janis war in den Fünfzigern groß geworden und konnte kaum frei sein von dem Schamgefühl, das die meisten Menschen verfolgte, deren Sexualität als abartig angesehen wurde. Selbst in den Sechzigern war es noch etwas ganz anderes, eine unerhörte Hippie-Braut zu sein oder schwul, lesbisch oder gar bisexuell. Der Sommer der Liebe mag die Zuwanderung der Schwulen nach San Francisco in den späten Sechzigern und frühen Siebzigern mit ausgelöst haben, doch wer eine Zone befreiter Sexualität erwartet hatte, fand schnell heraus, dass er sie selbst schaffen musste. Janis hatte mit dieser schwulen Subkultur kaum Kontakt. Peter Albin glaubt, ihre Bisexualität sei erst 1968 in ihrem engeren Kreis bekannt geworden. Peggy behauptet, Janis hätte sich nur einmal geoutet, als sie 1969 in Woodstock vor einer Gruppe von Journalisten nach ihrer Brust gegrapscht hätte.

Janis' Vorliebe für Heroin und Frauen trafen bei Peggy Caserta zusammen. Ihr wird meistens nur eine untergeordnete Rolle zugeschrieben, doch sie war eine von Janis' besten Freundinnen. Obwohl sie nie eine dauerhafte Beziehung hatte, so kam ihre unstete Affäre mit Peggy dem am nächsten. Manche würden sie am liebsten aus Janis' Leben verbannen, um die andere Seite ihrer Sexualität herunterspielen zu können. Peggys pikante Erinnerungen *Going Down With Janis* wurden 1973 veröffentlicht und versetzten Janis' Freunde in Rage. Sie beginnen mit dem unvergesslichen Satz: »Ich war splitterfasernackt, total benebelt von Heroin, und das Mädchen zwischen meinen Beinen war Janis Joplin, die mich leckte.« [Der Titel von Casertas Buch ist doppeldeutig: *Auf dem Weg nach unten mit Janis*, »going down« steht aber auch für Oralverkehr, Anm. d. Ü.] Peggy lehnt jede Verantwortung für die obszöne Sprache des Buches ab, auch für den ersten Satz, und behauptet, sie sei das Werk von Dan Knapp, dem sie ihre Geschichte erzählt und der das Buch für sie geschrieben hätte. »Ich musste über dreißig Jahre unter dem Schatten dieser ersten Scheiß-Zeile von diesem Buch leben.« Peggy mag verärgert sein, doch ihr Buch spielt in den Coming-out-Erzählungen vieler Lesbierinnen und Bisexueller, die heute in ihren Dreißigern und Vierzigern sind, eine Rolle, obwohl es in keinerlei Hinsicht eine heroische Coming-out-Geschichte in der Art von Rita Mae Browns *Rubinrote Rita* ist, die im selben Jahr veröffentlicht wurde. Peggy entsprach nie ganz den Vorstellungen einer Lesbierin. »Ich weiß, es hat Janis etwas ausgemacht, dass ich damals so – ich sag's nicht gern –, aber ich war viel femininer als heute. Ich weiß, dass sie davon fasziniert war. Ich konnte mit Jungs ausgehen, ich konnte 'n Freund haben, ich konnte mich flachlegen lassen. Und ich wollte nicht.« Dass Peggy mit Männern schlief und eher bisexuell als lesbisch schien, machte sie wahrscheinlich besonders attraktiv für Janis, die das Gefühl zu haben schien, Lesben gäben sich mit dem Zweitbesten zufrieden. An Peggy gab es nichts Zweitbestes, nur einen Nachteil: bei ihren Dreiern gaben die Jungs ihr stets den Vorzug.

»Ich weiß, ich bin nicht die Art Lover, die du gewöhnt bist«, sagte Janis gewöhnlich zu Peggy. Als sie das erste Mal ins Bett gingen, schien sie nichts von lesbischer Liebe zu wissen. »Wenn Janis schon Erfahrungen mit einer Frau hatte, verdient sie definitiv Anerkennung als Schauspielerin, denn sie war einfach zu weggeblasen davon.« Peggy beschreibt ihren Sex als »elektrifizierend«, und was ihr an Technik fehlte, hätte Janis mit ausgefallenen Ideen und Leidenschaft mehr als wett gemacht. »Sie ist immer so kindisch geworden. Wir haben die Nacht durchgefixt und durchgefickt.« Heroin trat schon früh auf die Bildfläche. Peggy hatte LSD geschluckt und Marihuana geraucht, doch sie hatte noch nie Heroin probiert. Eines Tags suchte sie Janis nach einem heftigen Streit mit Kim auf. »So fing's an.« Janis streichelte verführerisch ihren Arm. »Ich könnte all deinen Schmerz beseitigen, und du könntest mir all meine Angst nehmen.« Peggy ließ sich verführen, und Janis setzte ihr und sich einen Schuss. »Sie hatte recht. Wir haben die ganze Nacht gefickt, und ich hab nicht mal mehr an Kimmie gedacht.« Heroin wurde ein Bestandteil ihrer Sexspiele, so unwiderstehlich wie der Sex selbst. Es gehörte zum Vorspiel. Gelegentlich kamen sie nicht darüber hinaus, wenn Janis so voller Alkohol und Heroin war, dass sie dabei ihr Bewusstsein verlor und Peggy das Gefühl hatte, sie hätte es mit einer Leiche zu tun. Was soll's, dachte sie dann und machte nicht mehr weiter.

Peggy wollte Janis' Selbstvertrauen aufbauen. »Ich versuchte ihr klarzumachen, dass sie keine Verliererin war. Für mich war sie nicht hässlich. Sie hatte ihre Momente, wenn sie ungekämmt war und gedrückt hatte und getrunken, und sie wurde seltsam und alles, aber ich hab sie auch erlebt, da hätte ich sie einfach auffressen können.« Am Anfang ihrer Beziehung erklärte sie Janis eines Abends, dass sie schön sei. »Du hast den Schmerz sehen können in ihrem Gesicht. ›Warum sagst du das?‹, fragte sie. Ich sah den Blick in ihrem Gesicht ... sie sah, dass ich es wirklich meinte, und war weggeblasen. ›Das hat mir noch niemand gesagt‹, sagte sie. Dann hat sie mich festgehalten, als wären wir gerade von der Titanic gesprungen. Ich glaub, die Kerle haben hauptsächlich gedacht, sie sei leicht rumzukriegen. Es war überhaupt keine Eroberung. Dumm gelaufen, Jungs. Ich hatte so viel Spaß mit ihr, und ich weiß, so was wird nie mehr in meinem Leben passieren. Nicht so sehr der Sex, aber die Magie der Zeit damals, und wir waren jung. Ich hatte mehr Jugend, mehr Geld, weniger Verstand.«

Janis und Peggy waren mit Unterbrechungen mindestens zweieinhalb Jahre ein Paar. Janis ließ sie mit dem Hubschrauber nach Woodstock einfliegen, und Peggy war im Landmark, dem heruntergekommenen Rock-&-Roll-Motel, in dem sich Janis oft einquartierte, wenn sie in Los Angeles war, so bekannt, dass sie ungefragt den Schlüssel zu Janis' Zimmer bekam. Sie behauptet, Janis hätte sie nie wegen einem Mann sitzen gelassen, aber sie hätte einigen Männern wegen ihr den Laufpass gegeben. Eines Abends hätte Janis in Barney's Beanery geflirtet und sie hätte zugeschaut. »Er hat gedacht, er hätte sie, und wurde zudringlich. Sie hat nur gesagt: ›Ich hab mein Date für die Nacht‹, hat mich am Arm genommen und wir sind aus dem Laden geschlendert.«

Alles deutet darauf hin, dass Janis von Peggy gefesselt war. Als erfolgreiche Geschäftsfrau war sie eine Anomalie innerhalb und außerhalb der Gegenkultur: Sie konnte für sich selbst bezahlen. Peggys Geld wurde in mehrerlei Hinsicht bedeutsam. Als Janis begann, immer mehr Heroin zu nehmen, war Peggy die Einzige, die sich eine derartige Abhängigkeit leisten konnte, und Janis hasste es, die Sucht ihrer Freunde zu finanzieren. Dazu kam, dass ihr Ruhm und die Droge sie vielen zusehends entfremdete. Bei Peggy musste sich Janis wenigstens keine Sorgen machen, dass ihr Geld sie anziehend machte, und sie waren schon befreundet, lange bevor Janis berühmt war. »Ich fand Janis schon als Straßenbekanntschaft gut und da hatte ich noch keinen ihrer Auftritte gesehen.« Janis und Peggy hatten natürlich keine geschlossene Beziehung. »Sie waren Freundinnen, die gefickt haben«, erklärt Linda Gravenites lakonisch. Peggy führte ihre Beziehung mit Kim Chappell fort, und Janis war mit ihrer charakteristischen Hartnäckigkeit weiterhin auf Onenight-Stands aus. Darüber hinaus hielt sie noch immer an ihrem Traum fest, einen »Alten« zu finden, mit dem sie sich häuslich niederlassen konnte. Ihre Frauenliebe und die Vorstellung, einen Mann zu heiraten, blieben ihr Leben lang Gegensätze. Ab und zu sprach sie mit Peggy über ein gemeinsames Leben. »Manchmal hat sie gesagt: ›Warum ziehst du nicht bei mir ein?‹ Und ich hab genölt: ›Wozu? Um dein Lakai zu sein? Ich mag mein Strandhaus.‹« Als Peggy ihr erklärte, sie sei noch immer in Kimmie verliebt, fragte Janis: »Hat dir gestern Nacht nichts bedeutet?« Gleichzeitig sprach sie immer wieder von einem bürgerlichen Leben. »Es ging die ganze Zeit: ›Ich werd heiraten und zwei Kinder haben und 'n Haus mit 'nem weißen Gartenzaun.‹ Es war schon ganz schön abgedroschen. Sie hatte wirklich keinen Funken Ahnung, wer sie überhaupt war. Ich weiß noch, wie sie versucht hat, den billigsten Käse zu kaufen und die billigste Marmelade und die billigsten Cracker, wenn wir im Supermarkt waren. Und ich hab gesagt: ›Warum *machst* du das? Du musst nicht mehr auf Etiketten und Preise achten. Such dir einfach aus, was du willst.‹ Und sie hat mich ganz nüchtern angesehen und gesagt: ›Ich glaub wirklich, du hast Recht.‹«

Milan Melvin glaubt, Janis' Sexualität sei wirklich frei von Zwängen gewesen und würde sich jeder Festlegung entziehen. Als er 1969 einmal durch ihre Tür platzte, hatte er das Gefühl, er sei inmitten einer lesbischen Orgie. »Das ist jetzt mein Leben«, sagte Janis provokativ, während Melvin seinen Augen noch nicht trauen konnte. Die Bedeutung ihrer Aussage war ihm überhaupt nicht klar. »Sie hat in gewisser Hinsicht geflirtet, gekitzelt. Ich denk, sie hat mit mir gespielt, als sie angedeutet hat, sie sei 'ne Lesbe. Ich weiß noch nicht mal, ob wir später in der Nacht nach Hause sind und auf die Matratze oder nicht … Wollte sie sagen, sie sei 'ne Lesbe? Ich glaub nicht. Es war einfach gesteigerte Sexualität.« Peggy, Kimmie, Janis und er seien sexuell abenteuerlustig gewesen. »Janis war keine bekennende Lesbe und sie war keine bekennende Heterosexuelle, sie war einfach nur eine supersexuelle Frau, und das ging in alle Richtungen. Also, wir haben ein paar Dinge gemacht, die kann ich nicht erzählen. Das hat mir an Peggy, Kimmie und Janis so

Spaß gemacht. Weil sie bereit gewesen sind zu spielen und es hat keine Tabus gegeben. Janis' Einstellung war: ›Was ist so toll daran, dich so oder so zu definieren? Sei's einfach.‹« Genau diese Unbestimmtheit ihrer Sexualität – dass sie jenseits von normal oder schwul war – scheint Janis' sexuelle Freiheit zu bestätigen. Aber ihre äußerst reale Fixierung auf »einen guten Mann« und die unaufhörliche Prahlerei mit ihren männlichen Eroberungen legen eher eine zweifelhafte Koexistenz des Konventionellen und des Experimentellen nahe.

Janis und Peggy hatten jeden Grund, ihre Beziehung nicht ernster zu nehmen. »Wir reden von 1967 oder 1968, und das war nicht nur keine ›Auszeit‹, es war auch keine ›Ausgesellschaft‹. Das war eine sehr heterosexuelle Gruppe von Kids in Haight. Und schau, worauf wir uns eingelassen haben: zwei Mädels, die in den Sechzigern was miteinander hatten, und davon eine echt im Zentrum des Interesses.« Es war aber nicht nur die allgegenwärtige Angst vor Homosexualität, unter der Peggy zu leiden hatte. »Sie ist 'n internationaler Star, sie wird auf Tournee gehen. Ich wollt echt nicht mitgehen und unsichtbar sein. Ich hatte mein Haus, ich hatte immer noch 'ne Art Beziehung mit Kimmie und ich sah mich als andersrum, oder 'ne Lesbe.« Und sofern es sie betraf, erweckte Janis nicht gerade den Eindruck, eine Lesbierin zu sein – so wie sie unaufhörlich davon sprach, einen Mann zu finden, der schon alles in Ordnung bringen würde.

Peggy behauptet, sie hätte nicht zuletzt Angst gehabt, sich in Janis zu verlieben. »Jedes Mal, wenn ich dachte, Gott, ich mag sie wirklich, hab ich mich schlecht gefühlt, ungefähr so, ach Scheiße, will ich mich hier wirklich auf was einlassen, wo ich mein Herz reinsteck? Ich hatte Kimmie gesehen, wenn Joan Baez im Radio kam, und es war, als hätte sie 'n Vorschlaghammer in die Brust getroffen. Und ich dachte, wie kann ich der Stimme dieser Frau entrinnen? Ich wollte einfach nicht das Risiko eingehen, 'n Dolch so tief in meinem Herz zu spüren, dass ich ihn vielleicht nie wieder rausziehen konnte.« Letztendlich wusste Peggy nie, was Janis vorhatte. »Manche Leute sagen, ich hätte diese Beziehung übertrieben. Andere sagen, ich hätte's eigentlich unterschätzt. Mir haben Leute gesagt: ›Sie ist verrückt nach dir.‹ Wir hatten unsere gemeinsamen Augenblicke, haben gelacht und im Bett herumgespielt, wir sind ausgegangen, waren Mädels, haben Klamotten gekauft, sind ins Kino gegangen, haben Schokoladeneis zum Frühstück gegessen und sind wieder ins Bett und haben 'ne Nummer geschoben – es war so 'n Spaß, so intim.« Und Heroin war immer dabei.

Als Janis Ende April von ihrer Europatournee zurückkam, war sie abhängig. »Das Mädel hatte 'ne Nadel im Arm«, erzählt Peggy. »Wir beide. Ich hatte jahrelang alle vier bis acht Stunden eine im Arm. Und sie auch.« Janis spritzte sich in der Zeit vom Sommer 1968, als sie zunehmend mehr Heroin nahm, bis Ende 1969 angeblich sechs Überdosen. Milan Melvin erklärt: »Du hast *nie* gleichwertigen Nachschub. Keiner bringt 'ne riesige Ladung rein und lagert sie ein und verkauft die ganze Zeit denselben Reinheitsgrad. Das ist so 'ne fadenscheinige Welt, und das Zeug wird auf so viele Arten verschnitten Aber Janis hat nie Vorsichtsmaßnahmen getroffen. Einige von uns haben das; wir haben zuerst mal geschmeckt. Aber sie wollte 's gleich in den Adern spüren.« Vince Mitchell, mit dem Janis eine kurze Affäre hatte, fragte sie einmal, warum sie Heroin nicht schnupfte, statt zu drücken. Sie kläffte ihn an: »Warum wichsen, wenn du ficken kannst?«

Im März 1969 verabreichte sich Janis eine lebensgefährliche Überdosis, nachdem die Rock-Presse San Franciscos ihre zweite Band verrissen hatte. Linda war in ihrem gemeinsamen Apartment in der Noe Street, als sie ein schwaches Stöhnen aus Janis' Schlafzimmer hörte. Sie vermutete, dass irgendetwas nicht in Ordnung war, und stürzte in das Zimmer. Janis lag zusammengebrochen auf dem Fußboden, war blau angelaufen und atmete nicht mehr. Zum Glück wusste Sunshine, die mit Linda und Janis damals die Wohnung teilte, was zu tun war. Sie zerrte sie mit Linda in die Badewanne, ließ kaltes Wasser ein und allmählich kam Janis wieder zu Bewusstsein. Linda ließ sie stundenlang die Hügel in ihrer Nachbarschaft auf und ab laufen, damit sie nicht wieder bewusstlos wurde.»Ich war so wütend auf sie. Ich finde, so was tust du deinen Freunden nicht an.«

Doch Janis ging mit ihren Junkie-Freunden noch schlimmer um, obwohl sie ihre Sucht »subventionierte«. Manchmal gab sie ihnen so lange kein Heroin, bis sie bettelten, und dann brachte sie ihre Verachtung zum Ausdruck, dass sie so tief gesunken waren. Eines Abends kochte sie in Erwartung eines flotten Dreiers mit Milan und Peggy einen ganzen Berg Heroin auf.»Ich bin seit einiger Zeit clean, also halt dich echt zurück. Ich will nur 'n kleinen Schuss«, erklärte Milan, den die Menge alarmiert hatte, die sie vorbereitete.»Hör zu, ich will nicht, dass es zu viel ist. Ich hab mir's noch von keinem mixen oder reindrücken lassen. Aber sie war wirklich aufdringlich: ›Schau, ich kann's für dich tun, schau, wir werden so 'n Spaß haben.‹ ... Ich bin umgekippt, und das war das Letzte, woran ich mich am Morgen erinnern konnte. Ich bin in derselben Stellung aufgewacht, festgefroren. Das war die idiotischste Sache, die ich je in meinem Leben getan hab. Wie konnt ich mir jemals so was antun lassen, selbst von ihr?« Als Milan bewusstlos wurde, bekam Peggy Angst und warnte Janis, mit ihrer Dosis vorsichtig zu sein. Kurz danach lag auch sie auf dem Boden. Milan war »stinksauer. Am nächsten Morgen hab ich zu ihr gesagt: ›Du hast mich fast umgebracht. Das war jetzt ganz schön überflüssig.‹ Statt sich zu entschuldigen, sagte sie: ›Du bist 'n Leichtgewicht. Wir hätten so'n Spaß haben können.‹ Also, wir hätten auch sterben können.« Ein Jahr später brach Sunshine von einer Überdosis zusammen, während sie mit Janis in einem Motel zusammen war. Janis schob sie in die Duschkabine, drehte das kalte Wasser auf und ging.

»Wir haben alle mit der Zeit den Schatten bemerkt, den das Heroin geworfen hat«, sagt Peggy. »Der Prinz der Finsternis, so wird's genannt, und die Szene fing an, düsterer zu werden. Wir sind in unser Hotelzimmer gegangen und haben 'ne Kerze angezündet, statt das Licht anzumachen, haben gefixt, sind weggetreten, wieder aufgewacht und haben 'ne Nummer geschoben. Wir haben gegessen, was geraucht, und Janis hat getrunken, und dann haben wir wieder gefixt. Es war verführerisch. Als wir nach oben geblickt und erkannt haben, dass wir wirklich drauf waren, hat die Party abrupt geendet. Da wussten wir alle, dass uns jeder einzelne Tag ein paar Hundert Dollar kosten würde. Als die Abhängigkeit wirklich schlimm wurde, haben Janis und ich keine Briefchen mehr gekauft. Wir haben für 1200 oder 5000 Dollar Heroin gekauft. Wir waren nicht auf 50- oder 100-Dollar-Briefchen aus. Wir haben für 1000 Dollar auf einen Schlag gekauft, damit wir 'n paar Tage nicht mehr vor die Tür mussten, bis es alle war. George, unsere Connection in L. A., hat 1200 Dollar für die Unze genommen, und Janis und ich konnten uns das in zwei bis drei Tagen reinjagen.« Wenn ihr Vorrat aufgebraucht war, bevor sie George erreichen konnten, riefen sie irgendeinen anderen Dealer an: »Ich geb dir 500 fucking Dollar extra, wenn du mir bis heut Abend 'ne Unze Heroin auftreibst.« Das war für sie vollkommen normal: »Du zahlst halt 1700 Dollar statt 1200. Wenn du's nicht kriegen kannst und dir geht's langsam dreckig, dann zahlst du, um's zu kriegen.« Janis konnte die Entzugserscheinungen besser ertragen als Peggy: »Sie konnte's länger aushalten als ich, ohne zu meckern. Ich hab immer angefangen, Krämpfe zu kriegen, und bin nervös geworden. Dann hab ich gefragt: ›Also, hast du George schon angerufen?‹ Ich hab bis in den Hysteriegang geschaltet, dass wir keinen Schuss kriegen würden für die Nacht, bevor sie einen hätte.«

Es hatte als Weg zu den Wurzeln begonnen, zur Seele, um den Schmerz auszulöschen und am »äußeren Rand der Wahr-

Am Ende des Summer of Love »war die Haight Street von Leuten mit Problemen gesäumt«. (Bob Seidemann)

Albert und Sally Grossman beim Monterey Pop Festival (Lisa Law)

Big Brother and the Holding Company in McNear's Beach, Kalifornien, Oktober 1967 (Baron Wolman)

John Cooke (links) und Bob Neuwirth (Betsy Siggins)

Janis mit Familie, Weihnachten 1967 (Leonard Duckett)

Janis im Fillmore West, Juni 1968. »Diese Kids da draußen«, sagte Janis, »vielleicht überlegen die sich's noch mal – dass sie sie selbst sein und gewinnen können.« (Bruce Steinberg)

Ausschnitt aus Robert Crumbs Cover von *Cheap Thrills*

Big Brothers letzter Auftritt in New York, Hunter College, November 1968. Kleid von Linda Gravenites. (John Cooke)

Janis als Pearl mit der Full Tilt Boogie Band (Jerry Tobias)

Janis und Linda Gravenites auf dem Weg nach Rio (Alice Echols)

Janis in Truchas, New Mexico, bei den Aufnahmen für eine Zigarrenwerbung, September 1970 (Lisa Law)

Janis in ihrem Haus in Larkspur, 1970 (AP/Wide World)

scheinlichkeit« zu leben, aber Heroin war zu einer schmutzigen, düsteren Sackgasse geworden. Als Bob Seidemann auf die Party kam, die nach dem Auftritt in der Albert Hall in London gefeiert wurde, fand er Sam Andrew in einer Badewanne voll kaltem Wasser, und ein Groupie saß rittlings über ihm. Er war überrascht, dass es für »Überdosispatienten« eine so »interessante Therapie« gab. Und dann gab es auch noch eine interessante Geschichte, die Seidemann zu Ohren kam: Janis hätte einen Schuss derart nötig gehabt, dass sie Wasser aus einer Toilette in ihre Spritze aufgezogen hätte. »Alle sind das Risiko eingegangen, und jedes Mal, wenn du die Nadel in deinen Arm gesteckt hast, konnte der Tod eintreffen, und das haben wir alle gewusst. Keiner war so blöd. Manche haben halt 'ne Überdosis genommen und sind nie zurückgekommen.« Nancy Gurley war eine davon. Seidemann ist sicher: »Sie hat nicht geplant, an diesem Nachmittag zu sterben. Es war ein Versehen. Sie waren gerade dabei, Spaß zu haben.«

Schon bevor Big Brother auseinander brach, hatten Nancy und James Gurley miteinander Probleme gehabt. Sie hatten eine Zeit lang getrennt gelebt, doch jetzt war Nancy mit ihrem Sohn Hongo wieder zu James und Richard Hundgen gezogen. Sie war schwanger und hatte ihren Heroinkonsum eingeschränkt, aber James war schon längere Zeit süchtig und noch immer bemüht, clean zu werden. Am 4. Juli 1969 beschlossen die Gurleys spontan, mit Hongo einen Campingausflug zu machen. James sah anscheinend eine Gelegenheit, vom Heroin loszukommen, nahm aber ein 100-Dollar-Briefchen mit. Sie hatten den Nachmittag getrunken, waren auf einem Floß den Russian River heruntergefahren und hatten dann ihr Lager aufgeschlagen. James hatte sich so zugerichtet, dass er seine Vene vollständig verfehlte, als sie sich einen Schuss setzen wollten. Nancy hatte weniger Glück. Das Heroin hatte einen hohen Reinheitsgrad, ihre Toleranz war niedrig und James traf ihre Vene genau. Als Nancy begann, ihrem dreijährigen Sohn eine Geschichte vorzulesen, fiel sie plötzlich vornüber. James brachte sie sofort in das nächstgelegene Krankenhaus, doch Nancys Gesicht hatte sich schon schwarz verfärbt, bevor sie ankamen. Hätte James seine Vene statt den Muskel getroffen, wäre auch er gestorben. Er wurde des Mordes angeklagt. Mit der Hilfe des Anwalts Michael Stepanian, der mit Brian Rohan die Haight-Ashbury Legal Organization gegründet hatte, bekam James Gurley schließlich nur eine zweijährige Bewährungsstrafe.

Er ging unmittelbar auf Entzug, doch sein Leben war ein Scherbenhaufen. »Ich war total am Ende. Ich konnte meine Schuhe nicht schnüren. Ich wusste nicht mehr, was richtig war und was falsch.« Janis und Sam waren tief betroffen, als sie von Nancys Tod erfuhren. Janis hatte Nancy angebetet. Sie hatte viel von ihrer Art, sich zu kleiden, übernommen und ihr das *Kozmic Blues*-Album gewidmet. Nachdem sie die Nachricht von der Überdosis gehört hatten, gingen Sam und Janis allerdings erst einmal Heroin kaufen. Als sie Freunden davon erzählte, betonte Janis nicht nur, wie betrübt sie über Nancys Tod sei, sondern auch ihre krasse Junkie-Reaktion. »Es war fast so, als wollte sie damit angeben«, sagt Dave Getz, »wie sie erzählt hat, dass sie sich sofort aufgemacht hätte, um Stoff zu kaufen.«

Wenige Wochen nach Nancys Tod lud Janis Sam zu sich ein und feuerte ihn. Myra vermutet, dass Albert dabei die Hand im Spiel hatte; schließlich war Sam Janis' Junkie-Kumpel in der Band, und Albert hoffte womöglich, dass sie vom Heroin loskam, wenn er nicht mehr da war. Natürlich änderte sich nichts. Heroin hielt den Schmerz – und all die anderen Gefühle von Janis – in Schach. Es betäubte sie, deshalb drückte sie nie, bevor sie auf die Bühne ging. »Sie hatte ihren Grundsatz, was das Fixen vor einem Auftritt betraf«, erklärt Sunshine. »Sie wusste, was sie vom Publikum bekommen würde.« Schließlich war Janis auf einem »Publikums-Trip«, wie sie selbst sagte. Doch sobald der Auftritt vorüber war, drückte sie. Der Arzt Ed Rothschild, den Janis später wegen ihrer Sucht konsultierte, fand diese Routine seltsam und bezeichnend. »Theoretisch [hatte sie] alle notwendige Befriedigung aus ihrem Tun und der Publikumsreaktion bezogen.« Deshalb konnte er sich nicht erklären, warum sie gerade diesen Augenblick wählte, »um sich auszuklinken und von einer Welt zu isolieren, die eigentlich wunderbar sein sollte«.

Doch von der Bühne zu gehen, hieß, ihrem Leben gegenüberzutreten. Wie die meisten Künstler liebte Janis die Bühne hauptsächlich, weil sie ihr eine – wenn auch kurze – Gnadenfrist vor der wirklichen Welt gewährte. Powell St. John erinnert sich, dass sie selbst nach vier stehenden Ovationen in ihre Garderobe ging, in Depressionen verfiel und verunsichert war. In dieser Hinsicht war sie kaum ein Einzelfall. Nina Simone sagte einmal: »Der traurigste Teil einer Performance« sei, »dass sie überhaupt nichts bedeutete, sobald du von der Bühne bist«. Für Janis wurde Heroin ein Mittel, das Hochgefühl der Bühne zu verlängern und die unvermeidliche Depression nach dem Auftritt zu vermeiden.

Dann gab es noch die Backstage-Szene, die kaum die wunderbare Welt war, die sich Rothschild vorstellte. Hinter der Bühne drängten sich diejenigen, die etwas wollten – ein Interview, ein Autogramm, ein Foto, einen Fick. Oder die Bestätigung, dass sie cool waren. Lou Reed lernte Janis 1969 in New York kennen, als sie Max's Kansas City besuchte. Zwei Jahre später sann er über Janis nach und schrieb: »Mit wem kannst du reden, wenn du berühmt bist und allein, und dich all die Leute vergöttern und mit … dir … high werden wollen und dir zeigen wollen, dass auch sie HIP sind?« Die Nadel verschaffte Janis auch Distanz von all »dem Grapschen und Zuschnappen«, das unmittelbar nach der Show begann. »Janis hat die Backstage-Szene gehasst«, erinnert sich Milan Melvin. »Sie schien ihr außer Kontrolle zu sein und sie hatte das Gefühl, auch keine Kontrolle darüber zu haben.« Mit ihren verschwitzten, stinkenden Kleidern und den aufgelösten, strähnigen Haaren »sah Janis gerade dann am schlimmsten aus, wenn die Leute annahmen, sie würde am strahlendsten aussehen«, erinnert sich Sunshine. Weil sie sich bei ihren Auftritten so verausgabte, war es für Janis besonders schwer, mit der Backstage-Szene fertig zu werden. »Sie hat sich so sehr reingekniet«, bemerkt Odetta, »dass sie fast verschwand und dieses musikalische Dings wurde. Ich fand das unglaublich. Sie war so nackt. Und noch bevor sie ihre Haut wieder anhatte, war sie von Leuten umringt, die dies und das und alles gewollt haben.«

Letztendlich spielten die Depressionen nach ihren Auftritten und die Hässlichkeit backstage nur unwesentliche Rollen bei Janis' Heroinsucht. Sie suchte Hochgefühle – das Auftreten, Sex, die Nadel, ein Star zu sein –, doch sie waren vergänglich. Kein Hoch konnte mit ihrer Niedergeschlagenheit mithalten, mit ihrer Überzeugung, dass sie wertlos war. Ihre grenzenlose Deprivation war die Ursache der Klagen ihrer Freunde; sie machte Janis so »gierig«, wie Linda Gravenites sagt. Heroin und Alkohol und Sex und Ruhm konnten ihre gähnende Leere nicht füllen und sie auch nicht davon ablenken. Deshalb gab sie all die Zugaben, deshalb sehnte sie sich nach Anerkennung, und deshalb gab sie dem Publikum immer wieder ein kleines Stück ihres Herzens.

Janis hatte eines Abends im Fillmore East gerade ihre Zugabe beendet, als sie ein Kritiker flüchtig am Bühnenrand stehen sah. Während das Publikum noch einen Song forderte, stand sie »da hinten, raffte sich noch einmal zusammen, und ihre offensichtliche Erschöpfung war geisterhaft und erschreckend. Ich würde dieses Aussehen gerne vergessen, aber das werde ich eine lange Zeit nicht können.« Toni Brown von Joy of Cooking bemerkt: »Janis war es nie genug, all diesen Applaus zu haben und all diese Streicheleinheiten. Sie hat es die ganze Zeit gebraucht. Da war dieses große Loch und es tönte: ›Komm hier rein und beruhig mich, kümmer dich um mich.‹ Was hat

diese Frau getan, wenn sie diese Szene nicht um sich hatte?«
»Auf der Bühne hab ich Sex mit fünfundzwanzigtausend Leuten«, sagte Janis einmal, »dann geh ich allein nach Hause.« Sie war reich, sie war berühmt, und sie war ein trauriges kleines Mädel.

Tilt

Im August 1969 trat Janis, heroinsüchtig und unglücklich mit ihrer neuen Band, in Woodstock auf. Den meisten Musikern gelang es, den Schlamm und das Durcheinander zu umgehen, aber nicht Janis. »Ich kann in dem Zelt nicht fixen«, beklagte sie sich bei Peggy, die auf Janis' Wunsch hin mit ihren Musikern im Hubschrauber eingeflogen worden war. »Hier kommen und gehen zu viele Leute. Wir haben keine Ruhe hier. Komm, lass uns einen Platz zum Fixen suchen.« Sie wateten durch ein Meer von Menschen zu dem einzigen Ort, wo sie sicher sein konnten, nicht gestört zu werden – den Toiletten. »Wir kamen da hin, und da ist eine riesige Schlange, also kriegt Janis einen ›Ich bin ein Star‹-Anfall, und die Massen treten zurück und lassen uns rein. Die Scheiße ist so hoch aufgetürmt, dass du dich nicht hinsetzen konntest, und mir kommt's hoch von dem Gestank. ›Oh Peggy, lass das‹, brüllte Janis.« Janis Joplin und ihre Geliebte, die sich in einer schmutzigen transportablen Toilette einen Schuss setzen, passen nicht gerade zu der Woodstock-Legende. Doch der Mythos von Woodstock, der vom Chauvinismus der Babyboomer und der Nostalgie gezeugt wurde, lässt keinen Raum für die zahllosen Katastrophen dieses Wochenendes, geschweige denn für all das, was darauf folgte.

Woodstock war nicht das erste große Open-Air-Festival, aber es gilt heute als eines der Ereignisse, die das Jahrzehnt definieren. Zu einer Zeit, in der Amerika von politischen Morden, Rassenunruhen und dem Vietnamkrieg gespalten war, widerlegte Woodstock, das während des ganzen Wochenendes am Rand eines Desasters stand, all die unheilvollen Voraussagen und verlief friedlich. Ellen Willis, die Rock-Kritikerin des *New Yorker*, schrieb: »Die einzige ... wirkliche Überraschung war, dass es keinen Aufstand gab.« Obwohl es wenig zu essen und praktisch kein Wasser gab, der Schlamm knöcheltief war und die Drogen einfach überall, kam es bei dieser Ansammlung von einer halben Million Menschen nie zu Gewalttätigkeiten. Selbst die *New York Times*, die in einem Leitartikel mit der Überschrift »Ein Albtraum in den Catskills« fragte: »Welche Art Kultur kann ein so kolossales Schlamassel produzieren?«, gestand ein, dass die »große Masse seltsam aussehender Eindringlinge sich erstaunlich gut benahm«, was beweise, »dass unter ihrem phantasievollen Äußeren ein guter Kern steckt«. Für ein kurzes Wochenende – oder bis die Presse mehrere Monate später Charles Manson entdeckte – war die Gegenkultur rehabilitiert und Hippies wurden zu mustergültigen Bürgern des Landes.

Das Festival hatte bereits einen mythischen Status, bevor es vorbei war, der durch Michael Wadleighs Dokumentarfilm *Woodstock* von 1970 verfestigt wurde. »Ich kann immer erkennen, wer da war«, behauptet Barry Melton von Country Joe and the Fish. »Wenn sie mir erzählen, es sei großartig gewesen, weiß ich, sie haben den Film gesehen und sind nicht dort gewesen.« Das Festival endete zwar nicht in einer Katastrophe, aber für viele war die Erfahrung nicht gerade angenehm. »Statt der weit verbreiteten Vorstellung von Freude und einem Erguss von Freundlichkeit haben mir die Menschen, die ich getroffen habe, tragische Geschichten von einem Mangel an Rücksicht, nicht existenter Hygiene, ... Angst und Schmerz erzählt«, schrieb David Clurman, ein ehemaliger Staatsanwalt und der unglückliche Beamte, der alle Beschwerden in Zusammenhang mit dem Festival bearbeiten musste. »Woodstock war scheußlich«, behauptet Pete Townshend. Er räumt ein, manchen Besuchern könnte es »gelungen sein, es vollkommen unversehrt überstanden zu haben mit 'nem wirklich ordentlichen Spaß«.

The Who machten allerdings eine allzu typische Festivalerfahrung, als sie hinter der Bühne ankamen, bereit zum Auftritt, und man ihnen erklärte, der Produktionsassistent, der sie hergebracht hatte, hätte alles falsch verstanden. Sie sollten in fünfzehn *Stunden*, nicht in fünfzehn Minuten auftreten. Hinter der Bühne gab es alle möglichen Auseinandersetzungen, als Musiker ihre Gage verlangten und sich manchmal mit der Hälfte dessen zufrieden geben mussten, was man ihnen versprochen hatte.

Die Künstler wurden wenigstens mit dem Hubschrauber zum Festivalgelände geflogen, jeder andere steckte im größten Stau der Welt. Die Musiker waren unmittelbar nach ihrer Ankunft in einem Holiday Inn oder Howard Johnson's in der Umgebung untergebracht worden, wo sie im Trockenen waren und sich Steaks und Champagner servieren ließen. Das Publikum dagegen versank im Schlamm und hörte verzerrte Musik aus einer Beschallungsanlage, die der Regen nicht besser gemacht hatte. Diese krassen Unterschiede zeugen davon, wie viel sich in den zwei kurzen Jahren seit dem Monterey Pop Festival geändert hatte, als die Grenze zwischen Publikum und Künstlern noch durchlässig war. Bill Graham fand die mangelnde Organisation des Festivals unerträglich. »Die haben erwartet, dass das Publikum alle Fehler akzeptiert, die sie gemacht haben. Oh, tut mir Leid. Oh, sorry. Sorry, sorry, sorry.« Und das Publikum akzeptierte eine Entschuldigung nach der anderen, was Ellen Willis zu der Frage veranlasste, ob es wirklich »wunderbare, transzendente Akzeptanz« war, die Woodstock freundlich bleiben ließ oder »schlicht die Passivität«.

In den Überlieferungen der Ära ist Woodstock mit seinen »Beautiful People« der Gegenkultur zum Inbegriff der »guten Sechziger« geworden, während Altamont, das »Free Concert« der Rolling Stones vier Monate später, für die Kehrseite des Jahrzehnts steht und das Ende all dessen, was an der Hippie-Revolution hoffnungsvoll und optimistisch war. Die Jefferson

Airplane hatten bei beiden Anlässen gespielt. Ihre Sängerin Grace Slick fasst den Unterschied lakonisch zusammen: »Woodstock war 'n Haufen *bescheuerter* Trottel im Schlamm, und Altamont war 'n Haufen *zorniger* Trottel im Schlamm.« Altamont war ein hastig organisiertes Open Air auf dem Gelände einer Autorennbahn außerhalb San Franciscos und strahlte derart schlechte Schwingungen aus, dass Emmett Grogan von den Diggers ihm schon Tage, bevor es überhaupt stattfand, den Spitznamen »Erstes jährliches Charlie-Manson-Todes-Festival« verlieh. Die Hell's Angels, die als Sicherheitstruppe angeheuert worden waren, liefen Amok und prügelten wahllos auf die Festivalbesucher ein. Während die Stones »Under My Thumb« spielten, nahmen die Angels einen schwarzen Fan ins Visier und stachen auf ihn ein und trampelten ihn zu Tode, als er einen Revolver zog. Altamont, das so passend im letzten Monat des Jahrzehnts stattfand, wurde zum Symbol für das Ende der Sechziger. Während seiner Nachwirkungen fragte der radikale Aktivist Todd Gitlin, »ob die Jugendkultur etwas hinterlassen wird außer einem Markt«. Doch während Altamont zweifelsohne eins der ernüchterndsten Ereignisse des Jahrzehnts war, beendete Woodstock in Wirklichkeit die Ära, die mit den Family-Dog-Dances und den Benefizveranstaltungen für die Mime Troupe begonnen hatte.

Die Lektion von Woodstock war für Musiker und Manager, dass ein Großkonzert mehreren kleineren Konzerten vorzuziehen war. Ironischerweise läutete das Festival die Todesglocken für die elektrischen Ballrooms ein, kulturelle Freiräume, die Woodstock erst möglich gemacht hatten. »Vor Woodstock haben die Jefferson Airplane immer noch vier Shows im Fillmore East gespielt und 12 000 Dollar verdient«, erinnert sich der Lightshow-Künstler Joshua White. »Nur wirklich große Acts – die Stones und die Doors – haben im Madison Square Garden gespielt. Nach Woodstock sind viel mehr im Garden aufgetreten. Ich wusste – alle auf dieser Bühne in Woodstock wussten –, die Zukunft lag nicht in Rock-Theatern. Die Zukunft lag in den Stadien – große, spektakuläre Shows –, und die Musiker fingen an, größere Produktionen zu fahren.« Sechs Monate nach dem Festival verließ White seine Lightshow-Firma, um ein Unternehmen mit Video-Projektionen zu starten. »Einer der Gründe, warum ich angeheuert wurde, war, dass die Bands, die in diesen Stadien spielten, ein schlechtes Gewissen hatten. Und so haben sie's bei ihrem Publikum wieder gutgemacht, dass sie 'ne Show in 'nem Stadion mit 20 000 Sitzplätzen gespielt haben, indem sie mir 14 000 Dollar bezahlt haben, damit ich sie auf 'ne gigantische Sechs-mal-neun-Meter-Leinwand projiziere. Ich war da, um die Wucht von diesem großen Stadion herunterzuspielen.« Das Jahr 1969 war noch nicht zu Ende, da gehörte Janis schon zu der immer größer werdenden Zahl von Rockern, die im Madison Square Garden spielten. Die neue Rock-Musik war schon vor Woodstock eine Ware gewesen, doch das Festival beschleunigte den Prozess der Kommerzialisierung, weil es den Chefetagen der Konzerne einen Weg gezeigt hatte, aus ihr und dem Generationsunterschied unerhörten Profit zu schlagen.

Woodstock war auch für Janis eine Art Niederlage. Sie hatte die zwei Wochen vor dem Festival im Haus von John Morris in St. Thomas verbracht, den sie aus seiner Zeit als Manager des Fillmore East kannte. Morris koordinierte die Produktion des Festivals. Als Janis auf dem Gelände ankam, fragte er sie, wie ihr Urlaub gewesen sei. »So wie überall«, gab sie zurück. »Ich hab 'ne Menge fremde Leute gefickt.« Morris war besorgt. »Ich werd diese Traurigkeit nie vergessen. Mein erster Gedanke war, o oh, das gibt Ärger. Ich kannte sie gut genug, um zu wissen, dass wir keinen großartigen Auftritt sehen würden.«

Janis sang in der Tat, als würde es ihr große Mühe bereiten, die Schwerfälligkeit der Band und ihre eigene Niedergeschlagenheit zu überwinden. Sie hatte das Pech, zwischen den Grateful Dead und Sly and the Family Stone auftreten zu müssen. Sly Stone und seine Band sahen wie ein Haufen Hippies aus, aber sie spielten äußerst diszipliniert, was Kozmic Blues selbst nach acht Monaten Praxis noch immer nicht gelang. Darüber hinaus war das Festivalprogramm bereits zehn Stunden in Verzug, was Janis' Zeitplan für den Alkohol und das Heroin durcheinander gebracht hatte. Es gibt zahlreiche Aussagen, sie sei mehr als sternhagelvoll gewesen, zumindest von all dem Alkohol, den sie in sich hineingeschüttet hätte. John Morris behauptet, Janis hätte eine Flasche in jeder Hand gehabt und sei »total daneben« gewesen. Dennoch brachten sie und die Band ein kochendes »Try (Just a Little Bit Harder)« zustande und sie sang eine überragende Version von Nick Gravenites' »Work Me, Lord«, bis ihre Müdigkeit die Oberhand gewann. Die Begleitung der Band bei »Ball and Chain« war abscheulich, mit einem lauten und lethargischen Bläsersatz, überzogen wie der Stadionrock, der auf Woodstock folgen sollte. Henry Diltz, einer der Kameramänner, beschrieb Janis als »gequält, und sie heulte in das Mikrofon ... Sie hat in diesen Liedern wirklich vor Schmerz geschrien. Es war ihr Ernst. Du hast es daran sehen können, wie sie ihr Gesicht verdrehte und ihren Körper und alles.« An einer Stelle hätte ihre Stimme versagt und man hätte sehen können, dass sie sich am liebsten geohrfeigt und verflucht hätte, dass sie einfach weg wollte. »Ich kann mit 'ner Viertelmillion Leute nicht umgehen«, knurrte sie Myra an, als sie sich schließlich von der Bühne schleppte. Woodstock war auch für Janis weit entfernt vom Monterey Pop Festival. Als sie wieder hinter der Bühne war, gab sie etwas von sich, das nur ein Jahr zuvor noch undenkbar gewesen wäre. Myra hatte sie gefragt, ob sie mit einem Journalisten der Zeitschrift *Life* reden wolle. Janis, die sonst unablässig auf Publicity aus war, bellte: »Ich red verdammt noch mal mit gar keinem.« Dann drehte sie sich zu Peggy und sagte: »Ich will zurück ins Hotel.«

An diesem Wochenende brachte Janis einfach alles aus der Fassung – ihre Band, ihr Gesang, die Größe der Veranstaltung und die Tatsache, dass ihr weder das Publikum noch ihr Ruhm weiterhalfen. (Janis lernte jedoch wie viele Woodstock erst im Nachhinein lieben; während einer Stippvisite in Port Arthur schwärmte sie von seiner kulturellen Bedeutung.) Irgendwann danach fragte eine gute Bekannte aus Austin, ob sie an ihrer Rolle Spaß hätte. »Ich hab den Part geschrieben«, gab sie bissig zurück. Janis schrieb den Part, aber sie hatte nie die Einsamkeit vorausgesehen, die sie erwartete. Eine Zeit lang linderte der Ruhm das schmerzliche Gefühl, nicht geliebt zu werden und nicht liebenswert zu sein, doch die Ablenkung, die ihre Berühmtheit mit sich brachte, konnte in Myras Worten »die zugrunde liegende Trostlosigkeit« nicht vertreiben. »In gewissen Momenten sind ihre Augen immer abgewandert und haben in einem verhexten und einsamen Raum verweilt.« Im Herbst 1969 begann Janis zu begreifen, was Susan Cheever in der Biographie ihres berühmten Vaters »das wahre Geheimnis« des Erfolgs nennt: »Er macht keinen Unterschied.« »Erfolg ist ein Hindernis«, erklärte Janis *Newsweek*. »Da ist so viel unausgesprochene Scheiße in der Luft, dass du echt allein bist.« Für sie war Erfolg an Skandalträchtigkeit gebunden, an die laute, ausgeflippte Alkoholikerin, und legte ihr damit erst recht Fesseln an. Als Janis im Oktober in der Universität von Texas auftrat, fragten sie ihre alten Freunde Pepi Plowman und Tary Owens, wie es ist, erfolgreich zu sein. »Oh, das ist keine Art, zu leben«, antwortete Janis. »Ich hab gesehen, wie Leute in ihr Zimmer gekommen sind und praktisch ihren Arsch geküsst haben«, erklärt Pepi. »Es war so falsch. Ich meine, mein Scheiße-Melder hat boing, boing, boing gemacht. Der Gedanke, dass dich keiner liebt, muss echt schlimm gewesen sein, aber dann noch Leute zu haben, die den Eindruck erwecken wollen, sie würden's tun ... Du bist wirklich nie sicher.« Dave Moriaty, ein weiterer alter Freund aus Texas, traf sie zufällig in Berkeley. »Also, du hast's wirklich geschafft«, sagte er. »Die ganze verdammte Aschenputtel-Story.« Janis unterbrach ihn. »Ich weiß nicht, Mann ... Ich komm nie dazu, mit den Leuten zu reden, mit denen ich will, ich treff keine guten Leute mehr. Das Ganze hat nur 'ne andere Art von Entfremdung mit sich gebracht.« Bezeichnenderweise fiel Moriaty auf, dass Janis unmittelbar nach ihrer Klage »noch etwas mehr jodelte, um eine größere Menschenmenge anzulocken«.

Ihr unablässiger Kummer trieb Janis dazu, alle möglichen Hochgefühle zu suchen, auch den Rausch des Auftritts, der so intensiv war. Es war jedoch nicht mehr so einfach, das Publikum in eine Raserei zu versetzen. Schließlich ließ der Schock allmählich nach, dass sich Janis als Weiße so bewegte und sang. Und obwohl sie vor ausverkauften Häusern auftrat, wurde die Tournee, die im Februar begonnen hatte, langsam unerträglich. »Es wurde nur schlimmer und schlimmer«, erzählte sie später David Dalton. »Wir sind nicht miteinander klargekommen und die Musik war nicht zusammen«, doch sie konnte die Tournee nicht abbrechen. Janis hatte ihren Erfolg als Künstlerin immer daran gemessen, ob es ihr gelang, ein Publikum von den Stühlen zu reißen. Für Myra »musste das Publikum durch die Gänge strömen, zur Bühne drängen, pfeifen, johlen, kreischen, tanzen, oder es war kein Joplin-Konzert; es war kein Liebesbeweis«. Sie versuchte immer alles, was nicht gerade einen Krawall auslöste, um die Fans aufzurütteln. »Wenn Janis sie nicht hochbringen konnte«, erinnert sich Maury Baker, einer der Schlagzeuger, die die Band gehabt hatte, »dann schien sie zu glauben, dass die Show ein Reinfall war. Es gab keine ruhigen Konzerte.«

In den Gängen und auf den Sitzen zu tanzen wurde 1969 ein Problem, da die neuen Rock-Stars jetzt in den städtischen Stadien und Hallen spielten, die von echten Polizisten oder nervösen Sicherheitskräften überwacht wurden, und nicht mehr in den elektrischen Ballrooms mit ihren eigenen Aufpassern. Ein Zusammenstoß war bei dem Ordnungsbewusstsein der Polizei und Janis' Aufsässigkeit unvermeidlich. Schließlich war es Teil ihrer Mission, die Jugendlichen zu lehren, ihr Schicksal nicht untätig zu akzeptieren. »Es war immer Janis gegen die Bullen«, erinnert sich einer ihrer Musiker. Mitte November spitzte sich die Situation in Tampa, Florida, zu, als nervöse Polizisten begannen, die Fans aus den Gängen und von der Bühne zu drängen. »Hör zu, Mister«, sagte Janis höflich, »ich bin bei mehr von diesen Dingern gewesen als du und keiner hat je was kaputtgemacht ... Lass sie in Ruhe.« Doch als Janis begann, »Summertime« zu singen, unterbrach sie erneut ein Polizist mit seinem Megaphon. »Fick nicht rum mit diesen Leuten«, schrie Janis. Als er sie aufforderte, den Jugendlichen zu sagen, sie sollten sich setzten, knurrte sie: »Ich werd denen kein Scheiß erzählen«, und fuhr fort, zu singen. Doch es war nutzlos, denn jetzt standen und tanzten Tausende von Jugendlichen auf den gepolsterten Sitzen. Die Saalmanager waren konsterniert, stellten den Strom auf der Bühne ab und schalteten die Saalbeleuchtung ein. Als sie die Bühne verlassen hatte, marschierte Janis zu dem Polizisten mit dem Megaphon, nannte ihn einen Hundesohn und drohte damit, ihm das Gesicht einzutreten. Um Mitternacht wurde sie in ihrer Garderobe festgenommen und wegen vulgärem und unanständigem Sprachgebrauch angeklagt. Später erklärte Janis Reportern: »Ich sag auf der Bühne, was ich will. Ich hab nichts dagegen, festgenommen zu werden, weil ich 'ne Menge Kids angetörnt hab.«

Bei ihrem ausverkauften Konzert im Madison Square Garden am 19. Dezember gab es keine Kraftproben mit Polizisten, doch Janis war wieder einmal provokativ. Es war der letzte Termin ihrer Tournee, und während des Otis-Redding-Songs »I Can't Turn You Lose« machte sie eine Pause. »Es wäre illegal, wenn ich sagen würde: ›Warum steht ihr nicht auf und tanzt?‹, weil es illegal wäre, wenn ihr das tut. Glaubt also nicht, dass ich irgend so was vorschlag, aber ich weiß nicht, was ihr verdammt noch mal da auf den Sitzen tut – das ist Rock & Roll! Da is nix Kompliziertes dran.« Die *Village Voice* berichtete, dass die

Konzertbesucher daraufhin »anfingen, in die Gänge bis vor die Bühne zu strömen«. Noch bevor Janis den Song beendet hatte, stand das gesamte Publikum, und der Fußboden des Madison Square Garden begann derart zu beben, dass manche Angst hatten, er würde zusammenbrechen. Es gab keine Schwierigkeiten, doch Janis' Eifer, die Fans auf die Beine zu bringen, blieb bei Veranstaltern und Saalmanagern in anderen Teilen des Landes nicht unbemerkt. Die Stadt Houston erteilte Janis sogar Auftrittsverbot – »wegen ihrer generellen Einstellung«.

Wenn Janis in diesem Herbst das Publikum nicht zum Kochen brachte, war sie mit Heroin voll gepumpt, ihre Augen glasig und glanzlos, ohne das alte Funkeln. Von Ende Oktober an bis zur dritten Dezemberwoche war sie häufig in New York, wo Myra sie ziemlich oft traf: »Mit dem bisschen, das von ihrem früheren Selbst übrig geblieben war, hätte sie genauso gut bewusstlos in einem Hauseingang liegen können.« Bei dem Konzert der Rolling Stones im Madison Square Garden an Thanksgiving »war Janis ziemlich am Boden, und sie hatte sich echt zugerichtet. Sie muss gefixt haben, und sie hat sich echt verrückt aufgeführt, und Tina Turner kam zu mir und fragte: ›Kann ich irgend etwas tun?‹ Es war einfach grässlich. Es war immer so amüsant, wenn Janis auf der Bühne trank, aber jemanden in so einem Zustand zu sehen ist eine ganz andere Sache.« Ike und Tina Turner bestritten an diesem Abend das Vorprogramm der Stones. Während ihrem Auftritt kämpfte sich Janis auf die Bühne und unterbrach ihre Show. Tina umarmte sie großzügig und die beiden sangen ein Duett.

Janis wusste gleichzeitig, dass sie auf dem besten Weg war, sich und ihre Karriere zu ruinieren, und sie unternahm den Versuch, ihr Leben wieder in den Griff zu bekommen. Nach ihrem Auftritt im Madison Square Garden beschloss sie, ihre Band aufzulösen, und dieses Mal ohne Händeringen. Im November hatte sie in Larkspur ein Haus gekauft, direkt vor den Toren San Franciscos in Marin County. Sie hatte Linda Gravenites bereits angerufen, die noch immer in London lebte, und sie gebeten, zurückzukommen und bei ihr einzuziehen. Nach dem Anruf schickte ihr Janis einen Brief, in dem sie eingestand, Heroin sei keine Antwort auf ihren kosmischen Blues. Sie versicherte Linda, sie sei bereit, den »anderen Weg« zu probieren. Sie würde vielleicht sogar Yoga praktizieren, Klavier spielen lernen und anfangen, ausgedehnte Spaziergänge in den Wäldern zu unternehmen. Janis behauptete, erleuchtet zu sein, doch sie gab die Nadel noch immer nicht auf.

Drogen waren bei Rockern unerlässlich, doch Janis' Heroinkonsum war derart außer Kontrolle geraten, dass Myra und Linda sie damit konfrontierten, als Linda aus Europa zurückkam. Janis reagierte verärgert, doch als sie mit Linda wieder in ihrem Hotelzimmer war, brach sie zusammen und weinte. Am nächsten Tag benachrichtigte sie Myra telefonisch, sie würde mit Ed Rothschild einen Termin vereinbaren. Albert hatte ihr den Endokrinologen empfohlen. Trotz seiner Bemühungen, Janis zu einem Arzt zu schicken, wurde Albert kritisiert, er sei nicht hartnäckig genug gewesen. Myra, die die Ansichten anderer widerspiegelt, glaubt, dass »Albert versagt hat, die Drogensituation und Janis' Verhalten wirklich in die Hand zu nehmen«. Zum Beweis führt sie sein Zögern an, mit Janis über ihr Heroinproblem zu reden. Sally Grossman betont allerdings, ihr Mann »hätte dieses Thema nicht mit Myra diskutiert. Nie. Weil er es auch nicht mit mir diskutiert hat. Er hat es mit keinem diskutiert. Das war zwischen ihm und Janis. Ich vermute, Albert wusste, was los war. Und er hätte es in keinem Fall diskutiert, schon gar nicht mit seiner Presseagentin. Bei allen Künstlern, die er repräsentiert hat, hatten Privatleben und Vertrauen vorrangige Bedeutung.« Albert sei auch nicht die Art Manager gewesen, die das Leben eines Künstlers kontrolliert hätten, äußert Peter Yarrow von Peter, Paul & Mary. »Er war keine schmeichlerische, übertrieben beschützerische Bühnenmutter. Er hielt seine Klienten dazu an, für sich selbst verantwortlich zu sein. Und Albert hat immer gesagt, ein Künstler hätte das Recht, sich selbst zu zerstören.«

Wie dem auch sei, Janis' Gewissensbisse waren jedoch nur von kurzer Dauer. Rothschild, der vor ihr schon zahlreiche Süchtige behandelt hatte, glaubt, dass Janis nicht bereit war, die Droge aufzugeben, als sie zu ihm kam. Sie brüstete sich wieder einmal mehr mit ihrer Fähigkeit, mit Heroin umgehen zu können. »Ich kann das«, hätte sie zu ihm gesagt. »Es ist die beste Sache auf der Welt. Ich weiß nicht, warum sich alle so darüber aufregen.« Sie hätten auch ihr Alkoholproblem angesprochen, und Janis hätte behauptet, sie sei mit 17 wegen Alkoholismus behandelt worden. Als die Untersuchungsergebnisse gezeigt hätten, dass ihre Leber vollkommen normal funktionierte, hätte Janis geprahlt: »Na also, das beweist nur, dass ich wirklich 'n starker, gesunder Mensch bin, denn so wie ich gesoffen hab, würdest du erwarten, dass meine Leber im Arsch ist.« Rothschild warnte sie, Alkohol und Heroin zusammen könnten weitaus größeren Schaden anrichten. Auch Janis' Ernährung bereitete ihm Sorgen: Sie hätte, wie es für Junkies typisch ist, vorwiegend aus Süßigkeiten bestanden – weshalb ihr Körpergewicht zwischen 52 und 70 Kilo extrem geschwankt hätte. Schließlich verschrieb ihr Rothschild Dolophin (Methadon-Pillen) für zehn Tage, um ihr den Entzug zu erleichtern.

Janis behauptete, sie würde sich besser fühlen, während sie das Dolophin einnahm. Einen Tag, nachdem ihr Rezept abgelaufen war, kam sie Myra »gereizt« vor. Es war der Abend ihres Konzerts im Madison Square Garden. Als sie schließlich auf der fürstlichen Party auftauchte, die Clive Davis ihr zu Ehren nach dem Auftritt gab, hatte Janis' Gesicht einen »grün-weißen Glanz«, der bei Myra den Eindruck erweckte, sie hätte womöglich nach dem Konzert gefixt. John Cooke, der kürzlich seinen Abschied als Road Manager genommen hatte, dachte: »Oje, bin ich froh, dass ich die Tournee zum richtigen Zeitpunkt verlassen hab. Ich wollte nicht zusehen, was da mit ihr geschieht.«

Am folgenden Tag kehrte Janis in die Bay Area zurück. Sie zog in ihr neues Haus in Larkspur und hatte vor, einen wohl verdienten Urlaub von den Auftritten zu nehmen. Sobald sie wieder in Kalifornien war, hatte sich ihre Haltung, das Heroin aufzugeben, in ein »Noch nicht« geändert. Wenn man Sunshine Glauben schenkt, hatte Janis entzogen, aber noch fünf Heroinbriefchen, die ihr jemand geschenkt hatte. Sie hätte sie nur noch mit ihr aufbrauchen wollen, denn Janis hätte gesagt: »Von jetzt an werd ich clean bleiben.«

Im Januar wurde ihre Sucht nur noch größer. Janis beschloss zu verreisen, um von der Droge loszukommen, und hatte den Einfall, zum Karneval in Rio zu fliegen. Sie nahm mit Rothschild Verbindung auf, um sich für die Reise wieder Dolophin verschreiben zu lassen. Dann rief sie ihre Eltern an, die in Lauras Worten versuchten, »ihre Unterstützung zu zeigen«, als Janis ihnen erzählte, sie hätte die Absicht, Urlaub von »dem Bizness« zu nehmen. Seth versteckte seine Gefühle jedoch nicht, als er Karleen Bennett traf, Janis' Freundin aus der High School, und ihr von den Plänen seiner Tochter erzählte. »Ich weiß nicht, warum sie sich die ganze Mühe macht, nach Brasilien zu reisen. Sie wird sich ohnehin nur betrinken, und das kann sie genauso gut zu Hause tun.« Peggy Caserta behauptet, sie hätte die Einladung, mitzukommen, abgelehnt, denn »Janis wollte auf Entzug und ich war noch nicht so weit. Ich hab meine Abhängigkeit genossen. Wenn du's genau bis an den Punkt bringen kannst, wo du dich kotzübel fühlst, fühlst du dich so viel besser, wenn du gefixt hast. Das kann dir jeder Junkie erzählen. Deshalb hatte ich Spaß an der Sucht und ich wollte nicht aufhören.« Bevor Janis in den Hubschrauber stieg, der sie zum Flughafen brachte, gab sie Peggy ihr restliches Heroin, das über 2000 Dollar wert war.

Janis kam Anfang Februar mit Linda im Schlepptau in Rio an, warf ihr Dolophin ein und schüttete Alkohol hinterher. Sie fand bald Anschluss. David Niehaus, den auch der Karneval angelockt hatte, war ein gut aussehender, blonder Amerikaner, der in einem reichen Stadtteil von Cincinatti aufgewachsen war. Nach dem College war er dem Friedenskorps beigetreten, hatte in der Türkei auf dem Land gearbeitet und nach seiner Rückkehr kurz Jura studiert, bis er sein Wanderleben wieder aufnahm. Niehaus fühlte sich zu Janis hingezogen, obwohl er nicht wusste, wer sie war. Er hatte ihre Sympathie gewonnen, als er erklärte: »Weißt du was, du siehst wie dieser Rock-Star aus, wie Janis Joplin.« Doch Janis konnte es nicht ertragen, nicht im Rampenlicht zu stehen. Da sie ihr Privatleben nicht privat halten konnte, gab sie in Brasilien eine Pressekonferenz und verkündete, sie würde »mit 'nem richtigen Bären von Mann in den Dschungel abhauen«. Myra erzählte sie, sie hätte ihre Karriere ganz vergessen, und schlug vor, sie solle den *Rolling Stone* mit dieser Blitzmeldung anrufen.

Janis hatte das Heroin nach fünf Wochen entzogen und war auf dem Rückflug von Brasilien nach San Francisco. Niehaus hatte beschlossen mitzukommen, wurde aber am Flughafen von Rio de Janeiro festgehalten, da sein Visum abgelaufen war. Janis schrie die brasilianischen Beamten an: »Ihr seid Fotzen und das hier ist ein Fotzenland.« Dann ging sie an Bord ihres Flugzeugs, das in Los Angeles einen Zwischenstop hatte, der gerade lange genug dauerte, dass sie Heroin auftreiben konnte. Als Niehaus zwei Tage später in Larkspur auftauchte, hing sie wieder an der Nadel und band sich mit Peggy den Arm ab. »Janis und ich waren ziemlich dicke, als sie diesen Wichser aus Rio de Janeiro angeschleppt hat«, erinnert sich Peggy. Soweit es sie betraf, war Niehaus einfach ein Typ, den Janis aufgelesen hatte. »Wenn du aufhörst, das Zeug zu nehmen, wirst du ziemlich geil. Für mich war er einfach nur ein Schwanz. Und was mich daran geärgert hat, war, dass sie ganz plötzlich so getan hat, als wäre er die Liebe ihres Lebens und sie würden vielleicht heiraten.« Linda und Myra hatten allerdings beide den Eindruck, dass die Beziehung ehrlich und intensiv war. Niehaus war nicht angetan von ihrer Fixerei und der Szene, die ihm wie ein Wirbelwind vorkam: »Jedes Mal, wenn wir aus dem Haus gegangen sind, standen fünfhundert Leute um ihr Auto und haben geschrien ... Es war einfach kein Vergnügen.« Richtig ärgerlich war allerdings etwas ganz anderes. Als er von einem Zweitagesausflug nach Larkspur zurückkam, fand er Janis, von Heroin benebelt, mit Peggy im Bett.

Als Niehaus erklärte, er würde gehen, versuchte Janis ihn zu überreden, ihr Road Manager zu werden. Er zog den Vorschlag kurz in Erwägung, doch er wollte eigentlich Lehrer werden und Janis an seiner Seite sehen. »Der ist fest entschlossen, mich zu 'ner Frau von 'nem Schullehrer zu machen«, stöhnte Janis bei Linda. Niehaus konnte sie nicht überzeugen, ihr bisheriges Leben aufzugeben, und entschied sich dafür, weiter um die Welt zu reisen. Er war der Anlass, dass Janis sich bei wenigstens einem Live-Mitschnitt von »Cry Baby« über diejenigen Hippies lustig macht, die »unterwegs auf der Suche nach ihrer I-d-e-n-t-i-t-ä-t« waren. Sie wirft die Frage ein: »Weißt du nicht, dass du 'ne anständige Frau zu Hause hast?« und gackert dann: »Das sollte genug Identität sein für jeden Mann.« Doch Janis hatte versucht, sein Leben nach *ihrem* Willen zu formen – sie hatte ihn schließlich zu ihrem Road Manager machen wollen.

Als Niehaus gegangen war, raste Janis überall in Marin County und San Francisco herum, um eine neue Ablenkung von sich selbst zu suchen. Ihr Verhalten sei nur »Bewegung, Bewegung, Bewegung« gewesen, äußerte eine Freundin. Janis hatte endlich ein Zuhause, und viele behaupten, sie hätte das als eine bedeutende Leistung angesehen, doch sie war nur selten dort. Sie war häufig im Trident, einer angesagten Bar in Sausalito, die ihre Stammkneipe war. »Gelegentlich haben wir einen Anruf bekommen, dass Janis im Trident war«, erinnert sich Bob Brown von den Conqueroo, der aus Austin in die Gegend gezogen war. »Wir sind dann immer hingegangen, und sie hat irgendwie Hof gehalten mit diesem Kreis von Spezis um sie rum.« Für Linda waren viele dieser Spezis Speichellecker, die sie nicht ertragen konnte. Sie mochte auch nicht, wie sich Janis veränderte. »Als ich aus England zurückgekommen bin, hat sie Dinge als Selbstverständlichkeit angesehen, die sie früher begeistert haben, zum Beispiel an einen Tisch geleitet zu werden in einem überfüllten Restaurant. Ich weiß noch, dass eines Abends im Trident keine Tische frei waren, und sie ist ausfallend geworden. Das war ein Schocker.«

Linda war auch wütend über Janis' fortgesetzten Heroinkonsum. Sie konnte dem Stoff nicht entgehen, auch in Larkspur nicht, obwohl das Haus einen separaten Flügel hatte, den sie bewohnte. Wenn sie sich in die Küche wagte, riskierte sie, auf Peggy und Janis zu stoßen, die zugedröhnt aus dem Schlafzimmer stolperten und Süßigkeiten suchten. Ein andermal drückten Janis, Peggy und Michael Bloomfield gemeinsam. Linda öffnete die Tür zu ihrem Badezimmer und sah, wie Peggy und Janis versuchten, Bloomfield wiederzubeleben, der sich eine Überdosis gespritzt hatte. Linda hätte nur verächtlich gesagt: »Das ist widerwärtig«, behauptet Peggy. Ende März sprachen Linda und Janis kaum noch miteinander, und Anfang April kündigte Janis schroff an, Linda müsse entweder ihre Einstellung zu der Droge ändern oder ausziehen. Linda betont, es sei das einzige Mal gewesen, dass Janis je gemein zu ihr war, doch sie hatte genug und räumte am nächsten Tag das Feld. Janis war am Boden zerstört, aber ihr war kaum bewusst, wie enttäuscht Linda war, dass sie ihr Versprechen, den »anderen Weg« zu versuchen, nicht eingehalten hatte. Stattdessen fühlte sie sich von Linda im Stich gelassen und schrie: »Du denkst, ich werd den Rest meines Lebens ein Junkie sein, oder?« Linda schrie direkt zurück: »Ja!«, überzeugt, dass Janis die Folgen fortgesetzten Heroinmissbrauchs endlich einsehen müsse. Janis wusste, dass Albert nie von ihr abrücken würde, auch wenn er versprochen hatte, jeden Klienten fallen zu lassen, der

Heroin nahm. »Er verdient zu viel Geld an mir«, erklärte sie. Also beschloss Linda, sich aus ihrem Leben herauszuhalten, damit Janis nicht auch noch ihre Bedenken zerstreuen konnte. Bevor Linda ging, bekam Janis Gewissensbisse, und sie behauptete, sie hätte es nicht so gemeint. »Doch, das hast du«, erklärte Linda standhaft. »Aber du bist meine Sicherheitsdecke«, jammerte Janis. Sie hatte es sich mit ihrer besten Freundin verdorben, der Frau, die zweieinhalb Jahre ihre Ersatzmutter gewesen war. »Linda war ihre Erdverbindung«, meint Peggy. An dem Tag, als Linda ging, rief Janis Myra an und berichtete ihr unaufhörlich schluchzend von dem Verrat. Linda hatte es Janis leicht gemacht, sich als Opfer zu fühlen, denn sie hatte 500 Dollar mitgehen lassen – Geld, das ihr Janis für Haushaltskosten gegeben hatte. Linda benutzte es, um eine neue Bleibe zu finden. Janis war stets in großer Angst, dass ihre Freunde sie nur umgaben, weil sie ein Star war und reich. Linda hatte sich nie zuvor Geld genommen und fand, es stand ihr zu, doch Janis war verletzt.

Wie alle aus ihrem engsten Freundeskreis hatte Janis mit ihrem unersättlichen Liebesbedürfnis schließlich auch Linda gegen sich aufgebracht. »Sie war eine extrem empfindliche Seele«, erzählt Linda, »aber nur für sich selbst.« Je berühmter sie wurde, desto ichbezogener wurde sie; die Außenwelt trat zurück, bis sie nur noch ein Hintergrund für jedes wertvolle Detail ihres Lebens war. Und wer hatte schon die Geduld, ihrer in Samt gekleideten Leidensgeschichte zuzuhören? Da stand sie, ein international berühmter Rock-Star, dessen jährliches Bruttoeinkommen stolze 750 000 Dollar betrug, und sie war dennoch andauernd unzufrieden und jammerte, keinen Freund oder die richtige Band zu haben. »Dieses Loch in ihren Eingeweiden, diese umklammernde Art von Bedürfnis« (in Dave Getz' Worten) rieb ihre Freunde einfach auf.

Selbst Peggy war gelegentlich verärgert über Janis. Als Janis im September 1969 im Hollywood Bowl auftrat, schenkte sie

Peggy und Sam Andrew Karten und ließ sie in ihrer Limousine zum Konzert chauffieren. Sam, der ihrer Band schon nicht mehr angehörte, war aufgebracht, dass der neue Gitarrist seine Phrasen kopierte. Er stand auf und ging, bevor die Show zu Ende war, Peggy hinterher. Sie ließen sich zu ihrem Hotel zurückbringen und nahmen an, Janis' Chauffeur würde wieder zum Hollywood Bowl fahren, um sie abzuholen. Doch der fuhr nach Hause und ließ Janis sitzen. Sie war auf die beiden wütend und ging zu Fuß zurück zu dem Motel – ihre Art, den Groll zu steigern. »Was soll der Scheiß, euch zu verduften und mich hängen zu lassen?«, schrie Janis, als sie in das Zimmer stürmte. »Du bist 'n Lutscher, Sam. Du bist echt 'n Lutscher. Und du ... wenn's um ihn geht, bist du wie 'n verdammter ... *Waschlappen*.« Manchmal kichert Peggy bei dem Gedanken, wie sie Janis am Hollywood Bowl im Stich gelassen hatte, ein andermal betont sie ihre Unschuld und manchmal bringt sie reine Abneigung zum Ausdruck. Welcher Star, der seine sieben Sinne beisammen hatte, würde schließlich nach Hause laufen, wenn er ein Taxi rufen konnte? Andererseits, welche Art Freunde außer zornigen und verärgerten würden ihre Show mittendrin verlassen und ihre Limousine entführen? Einmal landete auch Myra einen Seitenhieb. Sie erinnert sich, wie sie mit Albert und Janis zusammensaß, die darüber »lamentierte«, was wohl mit ihr geschehen würde, wenn sie nicht mehr die Nummer eins sei. Würde Albert ihr einen Job geben? »Klar, du kannst die Zeitungsausschnitte sammeln«, flötete Myra, die damit die niedrigste Tätigkeit in Grossmans Büro anschnitt. »Sie schaute mich an, als hätte ich ihr in den Magen geschlagen, und Albert strahlte mich an. Ich konnte nicht widerstehen, denn sie war einfach nur absurd und kindisch. Es war die einzige Gemeinheit, die ich Janis angetan habe.«

Als Linda gegangen war, sorgte Janis dafür, dass Lyndall Erb einzog und sich um das Haus kümmerte. Lyndall war Modedesignerin und in San Francisco aufgewachsen, aber sie hatte die beiden vergangenen Jahre in New York gelebt. Dort hatte sie in einer Rock-&-Roll-Clique verkehrt, zu der auch Country Joe and the Fish und Janis gehörten, für die sie einige Kleidungsstücke entworfen hatte. Als Lyndall in die Bay Area zurückkehrte, nahm sie ihre Freundschaft mit Janis wieder auf, übernachtete manchmal in ihrem Apartment in der Noe Street und kümmerte sich um ihren Hund, wenn Janis nicht in der Stadt war. Janis bot Lyndall schließlich an, bei ihr einzuziehen und Lindas Rolle zu übernehmen. Auf Alberts Vorschlag hin setzte sie die neue Hausgenossin auf ihre Gehaltsliste. Es gibt Gerüchte, Albert hätte Lyndall angestellt, ein wachsames Auge auf Janis zu haben, doch sie bestreitet das. Auf alle Fälle schwor Janis keine vier Wochen nach Lyndalls Einzug dem Heroin ab. Sie war entschlossen zu beweisen, dass Linda im Unrecht war. Sie begann, einen Psychiater aufzusuchen, um wieder Dolphin zu bekommen, und tat schließlich den schwierigsten Schritt überhaupt: Sie erklärte all ihren abhängigen Freunden, auch Sunshine und Peggy, sie wolle sie nicht mehr sehen, bis sie clean waren. Während des Sommers rief Janis hin und wieder Sunshine an, fragte, ob sie mit dem Heroin aufgehört hätte, und legte wieder auf, wenn sie verneinte. Das Heroin aufzugeben und die Freunde im Stich zu lassen erforderte eine unglaubliche Willenskraft, zu viel, wie sich herausstellte. Janis konnte den Sommer genauso wenig clean bleiben, wie sie abstinent bleiben konnte. Sie begann wieder als Chipper, was nur wenige wussten, denn sie zeigte keine Entzugserscheinungen mehr, und die schlimmsten Junkies waren aus ihrem Kreis verschwunden. Janis mag es geschafft haben, mehrere Wochen hintereinander clean zu bleiben. Linda Gottfried Waldron behauptet allerdings, Janis hätte Heroin genommen, als sie im Juli nach Hawaii gekommen sei. Sam Andrew sah sie den Sommer über nur selten, doch er versichert, Janis hätte jedes Mal Besteck und Heroin geholt, wenn er bei ihr vorbeigeschaut hätte. (Lyndall bestätigt, Janis sei nicht lange clean geblieben, bezweifelt aber Lindas und Sams Aussagen. Die Jungs von Big Brother besuchten Janis damals nur selten – sie waren noch immer verbittert; Linda und Janis trafen sich nie in Hawaii, während Lyndall immer bei ihr war und nie einen Hinweis auf Heroin fand.) Travis Rivers behauptet, Albert hätte möglicherweise im Juli einen Klinikaufenthalt veranlasst, wo sie entzogen hätte.

Seit Linda nicht mehr in ihrem Leben war, wurde Janis anfälliger für die Parasiten, die Stars immer umgeben, und sie verließ sich allmählich noch mehr auf Angestellte und Möchtegern-Mitglieder des Jetsets. Bob Brown erinnert sich an die »riesige Entourage, die nur an ihr gesaugt hat«. Er führt die überwiegende Anzahl der unangenehmen Personen um Janis auf »den Hippie-Glauben« zurück, »dass jeder akzeptiert werden sollte. Deshalb wusste keiner, wie man die Scheißtypen wieder los wird, die über dich hergefallen sind.« Auch Odetta erinnert sich an die »Spotlight-Sucher und Starficker«, die Janis' Szene bevölkerten. Der Schauspieler und Schriftsteller Carl Gottlieb, der mit Milan Melvin befreundet ist, erklärt: »Janis hatte eine wunderbare angeborene Intelligenz, aber sie war emotional verarmt, und sie neigte dazu, bei anderen emotionale Unterstützung zu suchen. Wenn diese anderen gescheit oder freundlich oder anständig waren, war sie in guten Händen. Aber wenn sie von ihren Egos getrieben wurden und ihre eigene Tagesordnung hatten oder einfach nicht besonders intelligent waren, hat sie dem, was sie ihr erzählt haben, leider das gleiche Vertrauen geschenkt.« Gottlieb glaubt, dass im letzten Jahr von Janis' Leben »die schädlichen Einflüsse größer waren als die förderlichen«.

Viele ihre alten Kumpels aus Austin lebten mittlerweile in der Bay Area. Janis traf sie höchstens, wenn sie im Trident Hof hielt. Sie hatte regelmäßig Kontakt zu Julie Paul und hatte Pläne, Pepi Plowman und Fredda Slote später im Herbst zu besuchen. Janis schien allerdings nicht unbedingt geneigt, ihre Verbindung zu Menschen wieder herzustellen, die sie in einer weniger glanzvollen Inkarnation gekannt hatten. »Sie gab dir das Gefühl ›He, jetzt bin ich obenauf. Ich bin kein Warzenschwein, mit dem keiner ins Bett steigen will. Alle wollen jetzt zu mir ins Bett steigen‹«, erzählt Jack Jackson, der im Avalon arbeitete. »Es war irgendwie unangenehm und lästig.« Janis hätte Powell St. John gern getroffen, aber er hielt sich fern, denn er wollte nicht »durch all diese Irren waten, um an sie ranzukommen«.

Mit der Zeit wurde Janis' Haus in Larkspur ein Magnet für Schnorrer, was ihr Vertrauen allen anderen gegenüber untergrub. Lyndall, ihre Mitbewohnerin, berichtet, Janis hätte das Parasitäre der Szene nicht gemocht, aber das Gefühl gehabt, sie bräuchte diese Leute um sich herum. »Janis war echt gut zu ihren Freunden. Sie hat große Partys gegeben, sie hat ihnen Drogen gegeben. Sie hat so ziemlich alles für sie getan, zum Teil, weil sie echt unsicher war.« Anfällen von Großzügigkeit folgten Perioden trübsinniger Sorgen. Sie war – nicht unbegründet – verärgert, dass die Typen, die vorbeikamen, nur mit ihr schlafen wollten, weil sie Drogen zur Hand hatte. Myra hörte viele von Janis' Tiraden über diese Kletten, doch sie glaubt, Janis sei derart von dem Gefühl gefangen gewesen, das Opfer anderer zu sein, dass sie häufig Situationen herbeiführte, in denen ihr schlimmster Albtraum – benutzt zu werden – wahr wurde. Der Sänger und Songwriter Kris Kristofferson, der Janis im Frühling traf, erzählt, sie hätte Leute in ihr Haus geholt »und dann gemeckert, weil sie ihnen eine Schlafstätte und was zu Essen gab«. So schlimm es auch war, es schien besser zu sein, ausgenutzt zu werden, als allein zu sein.

»Um ihren Erfolg war eine schreckliche Einsamkeit, die unglaublich war«, erinnert sich Odetta. Sie vermutet, die Menschen, die mit Janis arbeiteten, hätten »andere selbstsüchtig ferngehalten, damit ihr Platz nicht bedroht war«. »Ich habe mehrfach gesehen, wie dieses Phänomen funktioniert«, erklärt Carl Gottlieb. »Wenn du im Showbusiness reich und berühmt wirst, kommt ein Punkt, wo du nur noch mit den Leuten redest, die du bezahlst. Und es ist sehr selten, fast unmöglich, Leute zu finden, deren Lebensunterhalt von dir abhängt, die dir was sagen, was du nicht hören willst, die was sagen, das dich nerven wird, die was sagen, weswegen du sie nicht mehr magst. Also halten sie sich zurück, entweder mit Absicht, was ziemlich link ist, oder aus Selbstschutz. Und das ist mit Janis passiert.« In der Tat, Janis erzählte Myra sogar, die einzigen Menschen, die sie lieben würden, stünden auf ihrer Gehaltsliste. Sie schluchzte: »Es ist wahr! Keiner liebt mich wirklich, keiner!« Sie gab »schreckliche, wimmernde Geräusche« von sich, bevor sie sich wieder zusammennahm. »Die einzigen Leute, die mich lieben, sind die Junkies, die ich mal kannte!« Janis hatte den Olymp der Superstars des Rock & Roll erreicht, aber sie fühlte sich noch immer nicht geliebt.

Um diese Zeit, im Frühling 1970, legte sich Janis den Spitznamen »Pearl« für das draufgängerische, rüpelhafte Kneipengänger-Image zu, das sie oft annahm. Das knallharte Mädel darzustellen war immer Janis' Verteidigungsstrategie gegen das Gefühl der Verletzlichkeit gewesen und jetzt spielte sie die Rolle erst recht. Laura Joplin behauptet, die Gestalt der Pearl hätte sich aus Gesprächen mit Bobby Neuwirth entwickelt (der aus unerfindlichen Gründen noch immer auf Alberts Gehaltsliste stand und zu Janis' Entourage gehörte). Er hätte mit Janis über die Notwendigkeit gesprochen, eine »separate Bühnenpersönlichkeit« zu haben, die sich vom »intimsten Selbst« unterschied. Die Schöpfung der Pearl scheint ein Versuch gewesen zu sein, »die wirkliche Janis« vor ihrem legendären Image zu bewahren. Aber nur der Spitzname war neu: Janis hatte seit ihren Tagen in Port Arthur an der Gestalt gearbeitet. Pearl war jedoch eine äußerst übertriebene, oft groteske Selbstkarikatur. Ihre engsten Freunde schreckten zurück, wenn sie als Pearl auftauchte mit Federn in ihrem Haar, ganz zu schweigen von den Boas. Für Dave Getz war Pearl »eine Vereinfachung und lächerliche Übertreibung von einem Aspekt ihrer Persönlichkeit«. Darüber hinaus verschluckte die Rolle des schrillen, billigen Flittchens fast das »intime Selbst«, das Janis schützen wollte; sie strahlte jetzt eine neue Härte aus, die von ihrer ewigen Einsamkeit gefestigt wurde, dem Verdacht, dass sie alle nur benutzen wollten und, nicht zu vergessen, davon, dass sie rund um die Uhr trank.

Alkohol war immer eine Nummer in Janis' Repertoire gewesen, aber seit sie beim Heroin zurückgesteckt hatte, trank sie nur noch. »Von dem Augenblick an, als ich Janis kennen lernte, bis zu dem Tag, an dem sie starb, war sie eine Alkoholikerin«, behauptet Linda Gottfried Waldron. Vielleicht war »What Good Can Drinkin' Do« der erste Song, den Janis schrieb. Er handelt davon, dass es vergeblich ist, den Blues mit Alkohol zu verjagen. Jetzt hatte sie von Southern Comfort zu einem neuen Favoriten gewechselt. Als Myra sie fragte, ob sie sich besser fühle, seit sie von der Nadel sei, antwortete Janis: »Wenn du mit besser meinst, 'n Liter Tequila am Tag zu trinken, dann geht's mir besser.« Im Mai tauchten Bobby Neuwirth und Kris Kristofferson vor ihrem Haus auf, und sie veranstalteten ein dreiwöchiges Saufgelage, das sie »The Great Tequila Boogie« nannten. Die langen Tage der Trinkerei gipfelten in einer Party, bei der sich die Gäste von dem Tattoo-Künstler Lyle Tuttle tätowieren ließen.

Mehr betrunken als nüchtern, mehr Pearl als sie selbst, war Janis in einer verbissenen Rolle gefangen, die ihre Unfähigkeit, sich geliebt zu fühlen, nur vergrößerte und Kränkungen geradezu herausforderte. Wenn Janis wie eine knallharte, billige Braut auftrat, gab es viele Menschen, die bereit waren, bei ihren Phantasien mitzuspielen. Pepi Plowman erinnert sich an ein Konzert im Marin County im Frühling, bei dem die New Riders of the Purple Sage spielten. »Janis ging auf die Bühne und schrie: ›Ich will was Country singen.‹ Sie war total betrunken, und einer der Typen auf der Bühne kam von hinten und sagte:

›Ich geb dir Country so rum‹, und schubste sie von hinten, als würde er sie bumsen.« Und dann gab es die Hell's Angels. Janis hatte mit Freewheelin' Frank und anderen Angels Umgang gehabt, aber nach Altamont hatten sie und viele andere Hippies noch einmal überlegt, ob es weise war, die Angels in die Arme zu schließen. Im Herbst 1969 hatte Janis mit den Bikern Krach gehabt, als sie in eine ihrer Partys hereingeplatzt waren und einen Stapel Vorveröffentlichungsexemplare von *Kozmic Blues* gestohlen hatten. Deshalb stimmte sie nur zögernd zu, als die Angels sie fragten, ob sie Mitte Mai bei einer Party auftreten wolle. Bei dem Fest sprach sie ein Angel an und verlangte einen Schluck von ihrem Tequila. Niemand schubste Janis herum, nicht einmal ein Biker, und das knallharte Mädel sagte nein, klammerte seine Flasche und schrie: »Fuck you!« Daraufhin gab es eine Schlägerei, bis Sweet William, der Freund der Beatnik-Poetin Lenore Kandel, Janis aus dem Menschenhaufen auf dem Boden errettete.

Selbst als Janis ihre Rolle immer intensiver spielte, spürte sie die Falle, die Pearl für sie war. Sie fühlte sich tyrannisiert von der Rolle, die sie erschaffen hatte. Sie wollte ihren Alkoholkonsum einschränken und den richtigen Partner finden, und sie glaubte, ihre Fans hätten sie in ihre selbstzerstörerische Rolle gedrängt. »Die Leute mögen ihre Bluessänger elend, ob sie's wissen oder nicht«, beschwerte sie sich bei David Dalton. Ein andermal äußerte sie: »Vielleicht hat mein Publikum mehr von meiner Musik, wenn sie denken, ich richt mich zugrunde.« Janis' Publikum verschlang ihre extravaganten Auftritte, doch es war Janis selbst, die ihr Leben zum Spektakel gemacht hatte. Sie schien das Gefühl zu haben, dass ihre phantastischen Konzerte nicht genug waren, dass sie ihr Leid permanent zur Schau stellen musste, oder ihre Fans würden sich von ihr abwenden. Als der Sommer begann, verstand Janis mitunter, dass sie sich nicht zerstören musste, um erfolgreich zu bleiben. Sie war ein Chipper, aber nicht abhängig. Sie hatte ihren Drogenkonsum derart eingeschränkt, dass John Cooke glaubte, sie hätte das Heroin gänzlich aufgegeben. Sie schien stolz auf sich zu sein und dass sie clean war, sagt Cooke. Bei einem Ausflug nach Kanada Ende Juni »trieb Janis den Typ vom Zoll fast absichtlich dazu, ihr Zeug zu durchsuchen, weil sie keinen Stoff hatte. Sie war einfach so begeistert, dass es keine Gefahr gab«, erzählt Cooke. Als der Zollbeamte an Janis' Toilettenartikel kam, »hielt er einen Beutel mit buntem Pulver hoch, als sei er auf Gold gestoßen. ›Was ist das?‹, hat er gefragt und das Ding betrachtet. Und sie hat gesagt: ›Das ist Duschpulver, Mann.‹ Der Mann ist dunkelrot angelaufen und nach 'ner Weile hat er alles wieder zusammengepackt und sie gehen lassen. Wir sind ungefähr fünfundvierzig Minuten dort gewesen und sie hat einfach nur 'n Heidenspaß gehabt. Ich meine, als wir nach Europa sind, wollte sie nicht, dass einer in ihrem Gepäck rumstochert.«

Janis räumte allmählich – wenn auch nicht gerade gern – ein, dass sie ein Problem mit dem Alkohol hatte. Als ihre Trinkerei diesen Sommer wieder einmal weit außer Kontrolle geriet, erwähnte sie Myra gegenüber, sie sollte vielleicht einen Arzt konsultieren, der auf solche Fälle spezialisiert war. Sie konnte dem Alkohol nicht ganz entsagen, doch an den Tagen, an denen sie einen Auftritt hatte, versuchte sie, eine Art Diät zu halten, und verzichtete am Nachmittag darauf. Wenigstens eine Zeit lang trank sie nur am Morgen, kippte dann am Nachmittag um und wachte wieder auf, um sich bis zur Show auszunüchtern, wo sie wieder zur Flasche griff. Janis war nie lange Zeit nüchtern, aber solange sie diesen Fahrplan einhielt, war sie in besserer Verfassung, denn sonst war sie vollständig betrunken auf die Bühne gegangen, nach ihrem Auftritt irgendwann weggetreten und ohne jede Erinnerung an die vergangene Nacht wieder aufgewacht.

Die Bemühungen, das Heroin aufzugeben und den Alkoholkonsum einzuschränken, wurden am meisten von glücklichen

Wendungen in ihrer Karriere beeinflusst. Sie mochte sich einsam und ausgenutzt vorkommen, aber im Frühling 1970 fing sie endlich an, ihre musikalische Entwicklung selbst in die Hand zu nehmen. Mit der Kozmic Blues Band hatte sie mehr als ein Jahr lang versucht, sich als Bandleader zu bestätigen – eine Minute arrogant, in der nächsten voller Selbstzweifel. Jetzt hatte Janis das Selbstvertrauen, eine Band zu führen. Anfang Mai 1970 hatte sie mit der Hilfe von Nick Gravenites und Albert die Bandmitglieder ausgewählt. Die neuen Jungs waren trotz ihrer Jugend erfahrene Rocker bis auf den Schlagzeuger Clark Pierson, den Janis entdeckt hatte, als sie mit Snooky Flowers in einem Oben-ohne-Club in San Francisco gespielt hatte. Ken Pearson, der Organist, hatte in Jesse Winchesters Band gespielt, bevor er zu Janis kam. Der Bassist Brad Campbell war von der Kozmic Blues Band übrig geblieben, bei der er praktisch von Anfang an dabei gewesen war. Richard Bell, der Pianist, und der Gitarrist John Till hatten in Ronnie Hawkins' legendärer Band gespielt, den Hawks. Till hatte allerdings schon wenige Tage vor Woodstock Sam Andrew ersetzt. »Diese Typen kamen als Janis' Jungs«, sagt Myra. »Und sie haben sie unendlich geliebt«, ergänzt der Roadie Vince Mitchell. »Ich kann diesen Typen sagen, was sie tun sollen, und sie *tun's*!«, schwärmte Janis. »Das ist meine Band. Endlich ist es *meine* Band.« Im Gegensatz zu ihrer namenlosen Vorgängerin bekam die neue Gruppe gleich einen Namen. Bobby Neuwirth hatte seine Freunde zu einem »Volle-Kanne-Boogie« eingeladen und mit seiner Bemerkung die Inspiration geliefert. Die Full Tilt Boogie Band war geboren.

Als Bobby Neuwirth schließlich John Cooke überzeugt hatte, dass Janis heroinfrei war und ihre neue Band ein Hammer, zeigte sich Cooke einverstanden zurückzukehren. Als er Janis und die Jungs bei den Proben beobachtete, war er sofort von ihrer Bereitschaft beeindruckt, das Kommando zu übernehmen. Es hätte einen riesigen Unterschied gegeben »zwischen Ende

1968, als sie versucht hat, die Kozmic Blues Band zusammenzustellen und eigentlich erwartet hatte, dass Nick Gravenites, Mike Bloomfield und Albert für sie übernehmen würden, und 1970, als sie eine viel aktivere Rolle spielte«. Cooke bemerkt, zu diesem Zeitpunkt sei sie ein erfahrener Profi gewesen, der es mit jeder Art Publikum zu tun gehabt und drei Schallplatten gemacht hatte, dagegen seien die Jungs der Full Tilt Boogie Band jünger und mit dem wirklich großen Rock-&-Roll-Geschäft nicht vertraut gewesen.»Janis wusste mehr als die.«

Die Full Tilt Boogie Band ging Ende Mai 1970 auf Tournee und endlich waren alle glücklich – die Kritiker, die Fans, Albert und Janis selbst. Als die Band am 12. Juni in Louisville, Kentucky, spielte, trieb sie das fade Publikum fast in Ekstase. Die Lokalzeitungen waren überschwänglich mit ihrem Lob. Janis sei phänomenal, schwärmte das *Courier-Journal*, wie sie »jault, schreit und die Luft durchdringt mit … Glanz und Kraft«. David Dalton fand im *Rolling Stone*, ihre neue Gruppe hätte »die Vorzüge der Spontaneität und Frische, ohne amateurhaft zu sein«. Mit einer soliden »Klangmauer« hinter sich sei Janis' Gesang »kontrollierter und gleichzeitig einfallsreicher«.»Diese Band ist solide«, erklärte ihm Janis.»Ihr Sound ist so heavy, dass du dich dranlehnen könntest. Es ist wieder eine Familienangelegenheit.« Endlich hatte Janis eine Band, die so diszipliniert und auf sie ausgerichtet war, dass sie auf der Bühne improvisieren konnte, ohne sich sorgen zu müssen, sie könnten ihr nicht folgen.

Mit Full Tilt Boogie begann Janis, wieder Country Music zu singen. Kris Kristoffersons »Me and Bobby McGee« hatte sie schon im Dezember auf der Bühne gebracht. Der Song war von dem Country-Sänger Roger Miller aufgenommen worden, aber durch den damals gerade erst beginnenden Austausch der Genres untereinander war es sicher, dass nur wenige in einem Rock-&-Roll-Publikum seine Version schon einmal gehört hatten. Janis fing den Song allein an und begleitete sich auf der akustischen Gitarre, aber zum Finale wurde sie wie bei »Hey Jude« von der ganzen Band begleitet. Janis hatte seit ihren Tagen in Austin keine Country Music mehr gesungen, aber jetzt war sie bereit, ihre musikalischen Wurzeln zu erkunden. Ihre Version von »Me and Bobby McGee« war »nur die Spitze des Eisbergs, die auf eine riesige, unangetastete Quelle von Texas, Country und Blues hinwies, die sie zur Verfügung hatte«, erklärt Janis' Pianist Richard Bell. »Wir haben gesehen, wie leicht sie zu dem alten Zeugs zurückgehen konnte, und sie wollte diesen Bereich mit Full Tilt Boogie weiterverfolgen.« Janis sollte die Soul Music nie aufgeben, aber ihre neue Band fand gerade heraus, was praktisch niemand außer ihren alten Freunden in Austin wusste – dass Janis' Repertoire riesig war und dass sie es nicht mehr durchforscht hatte, seit sie sich in eine Rock-Sängerin verwandelt hatte.

Sie war allerdings nicht an der vordersten Front der Wende zur Country Music. Gram Parsons, die Byrds, Bob Dylan, Tracy Nelson und die New Riders of the Purple Sage experimentierten bereits mit Country, als sich Janis ihren Reihen anschloss. Viele dieser Musiker hatten wie sie Country-Blues und Bluegrass gespielt, als sie noch Folkies waren. Bis zum Ende der Sechziger betrachteten jedoch die meisten Rocker Country als hoffnungslose Bastion des Spießertums. Bezeichnenderweise fiel der Schritt zur Country Music mit dem Aufstieg von Black Power und der Wanderung der Gegenkultur von der Stadt aufs Land zusammen. Gram Parsons versuchte sogar, die Country Music als »weißen Soul« auszugeben. Obwohl das neue Interesse an dieser Musik widerspiegelte, dass Amerika seine Rassenschranken wieder herunterließ, hatte es für Janis auch eine verheißungsvolle Bedeutung – musikalisch gesehen war es der Beginn ihrer Heimreise nach Texas.

Im Juli kehrte Janis buchstäblich zu ihren musikalischen Wurzeln zurück. Sie reiste nach Austin, um mit alten Freunden eine Geburtstagsfeier für Kenneth Threadgill zu veranstalten.

Sie war einen ganzen Monat auf Tournee gewesen. Der Höhepunkt war der Festival Express gewesen, eine alkoholbeheizte fünftägige Zugreise durch Kanada, bei der Janis und die Full Tilt Boogie Band unter anderem von den Grateful Dead, Delaney and Bonnie and Friends, Buddy Guy, seiner Band und den New Riders of the Purple Sage begleitet wurden. Der Zug hielt in drei Städten, wo sie auftraten, aber mitunter wurde die beste Musik im Zug gemacht, in dem der Volle-Kanne-Boogie abging. Janis, dem »vorherrschenden Geist der Reise« – laut David Dalton –, gelang es, alle betrunken zu machen, sogar die Grateful Dead, die für ihren notorischen LSD-Konsum bekannt waren.

In Austin hielt sich Janis im Hintergrund, sang aber zwei Songs für die 8000 Besucher, die gekommen waren, um Threadgill zu feiern. Sie verkündete, sie könne ohne ihre Band keinen Rock & Roll spielen, und ließ sich dann ihre »Gittah« geben. »Könnte mal einer das Ding stimmen?«, fragte sie und fügte hinzu, sie könnte »nicht mal beschissen« stimmen. Dann spielte sie zwei Songs von Kristofferson, »Sunday Morning Coming Down« (Sie scherzte: »Fast so übel, wie Dienstagmorgen auszunüchtern – oder Donnerstagmorgen auszunüchtern.«) und »Me and Bobby McGee«. Nachdem Threadgill sich für ihren Besuch herzlich bedankt hatte, überreichte sie ihm ihr Geschenk. »Ich war in Hawaii, und ich hab ihm was gekauft, wovon ich wusste, dass es ihm gefallen würde«, erklärte sie und lächelte verschmitzt. Als sie den Blumenkranz um Threadgills Hals hängte, wünschte sie ihm »ein gutes Lei«.

In diesem Monat nahm Janis' musikalisches Schicksal noch eine glückliche Wende. Paul Rothchild, der schon 1966 mit ihr, Taj Mahal und Stefan Grossman in Los Angeles eine Band zusammenstellen wollte, trat wieder in ihr Leben. Er war mittlerweile für seine Arbeit mit den Doors bekannt. Cooke kannte Rothchild bereits seit acht Jahren und wusste genau, dass Janis einen cleveren, verständnisvollen Produzenten brauchte, der ein Fingerspitzengefühl für ihren Gesangsstil hatte und ihr beibringen konnte, wie sie ihre Stimme einsetzen und erhalten konnte. Rothchild hatte Janis zuletzt mit der Kozmic Blues Band gesehen, als ihre Stimme ruiniert geklungen hatte und die verheerenden Spuren des Heroins in ihrem Gesicht standen. Daher lehnte er ab, als Cooke ihn ansprach, ob er an ihrem nächsten Album mitwirken wolle. Doch Cooke erzählte ihm, es ginge ihr gut, sie hätte das Heroin aufgegeben und sogar ihren Alkoholkonsum reduziert, und Rothchild erklärte sich bereit, ihre Show in San Diego zu besuchen. Er war »hingerissen«, und zum ersten Mal hatte Janis, die andauernd besorgt war, vielleicht eine Blenderin zu sein, die Chance, mit jemandem zu arbeiten, der ihr Talent zu schätzen wusste.

Und nicht nur ihr Talent. Janis und Rothchild verbrachten einen Tag zusammen, tranken Piña Coladas bei ihr zu Hause und zogen durch die Bars und Restaurants von Sausalito. Rothchild verkündete Cooke am nächsten Tag: »Ich habe gestern etwas sehr Wichtiges gelernt. Janis Joplin ist eine *sehr* intelligente Frau.« Rothchild hatte sie im Lauf des Tages gefragt, wo sie vielleicht in 20 Jahren stehen wolle. »Ich will die größte Bluessängerin der Welt sein«, gab Janis zur Antwort. Er versicherte ihr, das könne der Fall sein, wenn sie ihre Stimme nicht ruinierte. »Paul konnte lernen, mit jedem zu reden«, erklärt Cooke. »Wenn er den Schlüssel zu der Sprache eines Musikers finden konnte, konnte er genau beschreiben, was nicht in Ordnung war, aber in Ordnung sein musste ... So hat er von den Musikern im Studio bekommen, was er gebraucht hat. Janis hatte die Studiozeit von drei Alben hinter sich, aber sie hatte nie 'n Produzenten gehabt, der ihr den Unterschied erklärt hat, im Studio zu singen und auf der Bühne.«

Janis war begeistert von der Full Tilt Boogie Band, doch sie stand der Zukunft nicht gleichgültig gegenüber, auch wenn sie davon sprach, im Augenblick auf die »superhypermeiste« Weise zu leben. Nach dem eher mäßigen Erfolg ihres *Kozmic-*

Blues-Albums – es stieg bis auf den fünften Rang der Charts, brachte aber keine Hit-Singles hervor – machte sie sich erst recht Gedanken, sie könnte aus ihrer Stellung der führenden Frau des Rock & Roll verdrängt werden. Bette Midler hatte gerade angefangen, in den Continental Baths aufzutreten, einem Schwulenbadehaus auf der Upper West Side, und im Sommer hatte Janis sie dort einige Male gesehen. Sie liebte Midlers anzügliche, tuntenhafte Show. Freunden erklärte sie aber: »Das ist meine nächste Konkurrentin.« Wenn einige Konzerte einmal nicht ausverkauft waren, war Janis sofort argwöhnisch, ihr Stern könne sinken. »Ich kann nicht schlafen«, vertraute sie Myra nach einem Auftritt im Frühsommer an. »Ich geh ins Bett mit Sorgen und ich wach jeden Morgen mit Sorgen auf, Sorgen, sie könnten rausgefunden haben, dass ich nicht wirklich singen kann.«

Dazu kam, dass sich Albert immer weniger selbst um seine Klienten kümmerte und die Alltagsarbeit seinem neuen Partner Bennett Glotzer überließ, was Janis' Ängste nicht gerade ausräumte. Zu viele seiner Künstler kämpften mit dem Heroin, und seine ehemals enge Beziehung zu Dylan war in die Brüche gegangen. Albert hatte die Managertätigkeit langsam satt und war immer seltener in seinem Büro in Manhattan. Stattdessen überwachte er den Bau seines Tonstudios in Bearsville und kümmerte sich um seinen Garten in Woodstock. »Albert hat immer gesagt, er will der Architekt sein, nicht der Hausmeister«, erklärt Peter Yarrow von Peter, Paul & Mary. Janis hätte das nachlassende Interesse ihres Managers an seinem Geschäft als Fahnenflucht aufgefasst, berichtet Myra. Als Janis in Brasilien gewesen sei, hätte sie ihm ein Telegramm geschickt: »Ich weiß, ich bin nicht The Band oder Dylan, aber kümmere dich auch um mich.« Sally Grossman stellt die Situation jedoch anders dar. Albert sei auch weiterhin ans Telefon gegangen, wenn sie um drei oder vier Uhr morgens angerufen und sich Sorgen um ihr Leben gemacht hätte. Er sei im Frühling und

Sommer sogar einige Male zu ihr geflogen, um sich die neue Band anzuhören. Lyndall Erb erinnert sich, wie Albert mit einem Geschenk für Janis in San Francisco aufgetaucht sei – ein Malamudwelpe aus seiner eigenen Hundezucht. Albert mag es überdrüssig gewesen sein, Musiker zu managen, aber nach allem, was man hört, verehrte er Janis. Peter Yarrow glaubt sogar, er hätte einen Teil von sich in ihr wieder erkannt. »So einflussreich er auch war, Albert hat sich nie als den außerordentlich charismatischen Menschen gesehen, der er war.« Yarrow vermutet, er hätte sich mit Janis' Zerbrechlichkeit und ihrer geringen Selbsteinschätzung identifiziert.

Jedenfalls vertraute Janis ihre Besorgnis um Albert und ihre Karriere Myra an, die ihr nahe legte, langsam daran zu denken, das Showbusiness aufzugeben. »Es bringt dich um.« Myras Rat muss für Janis verhängnisvoll geklungen haben. Sie begann ungehemmt zu weinen, so wie sie es vor vielen Jahren bei Dave McQueen auf der Straße außerhalb von Port Arthur getan hatte. »Ich hab nichts anderes«, jammerte Janis immer wieder, von »schrecklichen, krampfartigen Schluchzern« unterbrochen. Damals gab es keine Beratungsstellen für Frauen mit Alkohol- und Drogenproblemen, und Myra hatte mit Sicherheit den einzigen Rat gegeben, der ihr einfiel, als sie Janis erklärte, sie solle ihren Beruf aufgeben. Als allein stehende 27-jährige Frau mit einer Karriere war Janis 1970 eine Art Anomalie. Myra mag ihre Unsicherheit unbeabsichtigt gesteigert haben, da sie auch weiterhin jedes Mal vorschlug, sie solle das Showgeschäft verlassen, wenn Janis über das ständigen Unterwegssein oder einen Auftritt unglücklich war. Einmal saß Janis in einem schäbigen Theater in Port Chester, New York, hinter der Bühne und wartete auf ihren Auftritt. Sie beschwerte sich, sie könne das Ganze nicht mehr ertragen. »Dann *hör auf*, Janis«, erwiderte Myra nachdrücklich. Doch Janis machte ihr klar, dass sie bessere Buchungen und ein aufmerksameres Management wünschte: »Ich will wissen, warum ich in diesem

Saustall spiel und warum ich zwei Shows hab.« Janis hatte diesen Sommer tatsächlich Grund, sich zu beschweren, denn sie hatte manchmal Engagements in miserablen Räumlichkeiten oder war in einem Gebiet überbucht worden. Sie war auf alle Fälle immer noch populär: Als Janis im Harvard Stadium in Cambridge auftrat, zog sie 40 000 Fans an, was eine schlechte Planung von Alberts Büro und unzureichende Werbung der Veranstalter vermuten lässt.

Trotz all ihrer Sorgen stand ein Aufhören außer Frage. Janis sprach wie immer weiterhin davon, »einen guten Mann« zu finden und zu heiraten, aber irgendwann in diesem Sommer war ein neuer Unterton von Verständnis und Selbsterkenntnis in ihren Äußerungen. Sie begann, von sich zuerst und vor allem als Musikerin zu sprechen, und schätzte die Opfer, die ihr Beruf mit sich brachte, realistischer ein. »Frauen verzichten auf mehr, als einem lieb ist, um im Musikgeschäft zu sein ... Sie verzichten auf 'n Alten und Freunde, du verzichtest auf jede Konstante auf der Welt außer Musik ... Also, um zu singen, muss 'ne Frau echt das Bedürfnis dazu haben oder's wollen«, erklärte sie der Sängerin Bonnie Bramlett im Festival Express, und sie hätte das Tourneeleben satt und all die »Leute, die versuchen, was aus dir rauszuholen, die versuchen, dir was zu erzählen. Versuch zu schlafen, du kannst nicht schlafen, nix in der Glotze. Um zwei sind die Bars dicht. Es ist einfach nur *ääääähh!*« Aber sie könnte's nicht lassen. Seit sie das erste Mal bei Big Brother gesungen hätte, wollte sie »nichts anderes mehr tun. Es war besser, als es mit jedem Mann gewesen war.« Dann fügte sie hinzu: »Vielleicht ist das 's Problem.«

Ihr Idealismus entfremdete Janis nicht nur der konventionellen Gesellschaft, in der sie groß geworden war, sondern auch ihrem eigenen Milieu der Gegenkultur: der Ehe und Familie den Rücken zu kehren war mit die radikalste Entscheidung, die eine Frau treffen konnte. Janis hatte 1966 ihre Wahl getroffen, als sie bei Big Brother einstieg; danach rechtfertigte sie ihre

Entscheidung eher mit der Überzeugung, ohnehin eine Außenseiterin zu sein, als mit dem Glauben an ihren Gesang. Jetzt nahm sich Janis, nur vier Jahre später, als Musikerin ernst. Doch ihre Entscheidung war nie eindeutig; sie sagte sich nie vollständig los von der Erwartungshaltung der kleinbürgerlichen Welt. Daraus lässt sich leicht die Selbstkasteiung erklären, die ihr Leben als Sängerin durchzog. Janis redete sich ein, dass wirkliche Musiker ein leichtsinniges und unbekümmertes Leben führten, deshalb müsse sie als Sängerin auch dazu berechtigt sein. In Wirklichkeit schadete ihr intensiver Lebensstil ihren musikalischen Fähigkeiten: Der Alkohol und die Zigaretten zogen ihre Stimme in Mitleidenschaft, und wenn sie ernsthaft betrunken war, krächzte ihre Stimme nicht nur, sondern sie brach, wenn sie einen Ton halten wollte. Im Sommer war ihr Konzertgeplauder oft gelallt und zusammenhanglos. Elliot Mazer fing bei einer Show in Calgary im Juli einen solchen Augenblick ein, der auf *Joplin in Concert* verewigt ist. Janis ist zu betrunken, um »Ball and Chain« zu singen, und redet stattdessen die meiste Zeit, während die Band weiter spielt. Dabei macht sie Anleihen bei den Sprüchen, die sie für »Try« und »Get It While You Can« gebracht hatte, als wären die Songs in ihrem Kopf miteinander verschmolzen – ein einziger undurchsichtiger Alkoholnebel. Ausgelaugt und verbittert erklärt sie dem Publikum, es solle im Augenblick leben, denn »morgen kommt nie, Mann, es ist alles derselbe Scheiß-Tag«.

Trotz aller Versuche, ihr Leben in Ordnung zu bringen, lebte sie auch weiterhin auf Messers Schneide. Als Nick Gravenites Janis im September traf, war er alarmiert und sagte ihr die Meinung: »Dieses Leben ist Bullshit. Zum wirklichen Leben gehören Menschen, Beziehungen, Frühstück machen, den Müll rausbringen, langweilige Sachen, langweiliger Scheiß.« Janis war unbeeindruckt: »Ach, Mann, ich will nicht so leben. Ich will brennen. Ich will glühen. Ich will den ganzen Scheiß nicht mitmachen.« Möglicherweise hatte ihr katastrophaler Besuch in Port Arthur nur einen Monat, bevor sie Gravenites traf, Janis' Verlangen zu brennen, ja sich selbst zu zerstören, noch vergrößert.

Janis rief ab und zu in Port Arthur an, aber sie kam selten zu Besuch. Bei einigen ihrer Freunde äußerte sie sich nie über ihre Eltern. »Sie hat nie über ihre Familie gesprochen. Nie«, sagt ihre Mitbewohnerin Lyndall. Bei der Presse war Janis weniger zurückhaltend. Im Juni 1970 erzählte sie Journalisten in Louisville, die Bemühungen ihrer Mutter, sie zu einem anständigen Mädchen zu erziehen, hätten das Leben zu Hause zu einem Schlauch gemacht. Janis hatte sich für ein Leben voller Sex, Drogen und Rock & Roll entschieden, doch was noch schlimmer war, sie stellte es groß heraus. Die meisten Eltern wären in solch einer Situation unglücklich gewesen, dennoch traf sie Seth und Dorothys Missbilligung tief. Janis war am Boden zerstört gewesen, als ihre Eltern nicht erlaubt hatten, dass Michael, der 16 war und Anzeichen zeigte, in ihre Fußstapfen zu treten, einen Teil des Sommers bei ihr in San Francisco verbrachte. Sie sollen erklärt haben: »Einer von euch langt.«

In Port Arthur wusste jeder von Janis' Dauerfehde mit ihrer Heimatstadt. Als Myra die Einladung zu Janis' zehnjährigem High-School-Klassentreffen öffnete, dachte sie sofort, das sei ja phantastisch, denen zeigen wir's. Die Einladung wäre höchstwahrscheinlich in den Papierkorb gewandert, wenn Myra nicht so begeistert gerufen hätte: »Janis, sieh dir das an! Das ist zu viel! Du musst da hin.«

Das böse Blut zwischen Janis und ihrer Heimatstadt war sogar ein so wesentlicher Teil ihrer Legende, dass das Publikum in Lachen ausbrach, als Janis Ende Juni in der *Dick Cavett Show* ankündigte, sie würde zu ihrem High-School-Klassentreffen gehen. Janis Joplin, das missratene Mädel, das ein Rock-&-Roll-Superstar geworden war, kehrt nach Texas zurück, um sich mit einem Haufen verklemmter Rednecks zu treffen, die auf die

Bibel pochten? Janis' Ausgelassenheit war ansteckend. Jeder, der schon einmal das Pech gehabt hatte, unbeliebt zu sein, hatte Verständnis für ihre süße Rache – der Dorftrottel kehrt als Berühmtheit zurück. Janis griff aufgeregt nach Cavetts Knie und fragte ihren etwas überraschten Gastgeber: »Willst du mitkommen, Mann?« »Also Janis, ich hab nicht gerade viele Freunde in deiner High-School-Klasse«, spaßte Cavett. »Ich auch nicht«, gab Janis zurück und lachte. Dann sagte sie leise, aber laut genug für das Mikrofon: »Deswegen geh ich hin.« Das Publikum tobte. Janis erklärte: »Sie haben mich aus der Klasse rausgelacht, aus der Stadt und aus dem Staat, deshalb geh ich *nach Hause*.«

Die Cavett-Show war nicht die erste Gelegenheit, bei der Janis ihre Heimatstadt vor den amerikanischen Medien bitter kritisiert hatte. »Ich war nur die ›dumme, durchgedrehte Janis‹«, erzählte sie der *New York Times*. »Mann, diese Leute haben mir wehgetan. Ich bin glücklich, weil ich weiß, ich schaff's, und die sind da unten und immer noch Klempner.« Dass sie den Groll auf ihre Heimatstadt in den Medien verbreitete, machte Janis bei den Bewohnern Port Arthurs natürlich nicht beliebter. Karleen Bennetts Mutter hatte sie immer unterstützt, aber auch sie nahm Anstoß an der abschätzigen Bemerkung, die Janis über die Klempner gemacht hatte. Die Bennetts hatten schließlich eine Klempnerei. Bis zu ihrem Klassentreffen hatte Janis ihre Seitenhiebe allerdings immer nur aus sicherer Ferne verteilt. Jetzt würde sie ihnen ins Gesicht sehen, und sie würde es ihnen heimzahlen. Janis hatte nicht die Absicht, Frieden zu schließen. »Sie wollte nach Hause, damit es denen Leid tun sollte, und sie hat nur das Gegenteil erreicht«, erinnert sich Linda Gravenites. Janis hatte beschlossen, John Cooke, Bobby Neuwirth und John Fisher, ihren Chauffeur, als Verstärkung mitzunehmen, was die Sache noch schlimmer machte. Sie dachte, sie würden sie beschützen und beweisen, dass sie sexuell attraktiv war. Als Myra davon erfuhr, bekam sie langsam

Zweifel hinsichtlich des Klassentreffens. Heute erklärt sie: »Ich übernehme die volle Verantwortung« für das Debakel, das daraus entstand. Der Künstler Robert Rauschenberg, der in Port Arthur geboren wurde und in Max's Kansas City Stammgast war, unternahm in der Nacht, bevor Janis nach Texas fliegen wollte, einen letzten verzweifelten Versuch, sie davon abzuhalten: »Ich saß mit ihr die ganze Nacht zusammen.« Er hätte mit Janis »einen Tequila nach dem anderen« getrunken, »aber ich konnte sie nicht überzeugen, es bleiben zu lassen«.

Janis kam am 13. August auf dem Golden Triangle Airport an und wurde von ihrer Familie und der Presse empfangen. Später ging sie mit ihrer Schwester Laura aus, die stolz die Hippie-Mode trug, die mittlerweile selbst die Kaufhäuser anboten. Mit der wahren Sache hatten die meisten amerikanischen Jugendlichen nicht viel zu tun. Manche Freunde behaupten, Janis hätte ihre Schwester zunehmend gemocht, doch sie hatte lange Zeit das Gefühl gehabt, dass Laura mit ihr nicht einverstanden war. Kurz vor dem Klassentreffen hatte Janis ein Interview gegeben, in dem sie ihren Bruder als »wirklich cool« bezeichnete und ihre Schwester kritisierte, sie würde sich »in einem ausgefahrenen Gleis« bewegen. Laura war wütend und sagte Janis die Meinung, die mit »gesenktem« Kopf dasaß. Laura behauptet, ihre Schimpftirade hätte für reine Luft zwischen ihnen gesorgt, und vielleicht hat sie das auch. Bevor sie wieder nach Hause kamen, fragte Janis ihre Schwester, ob ihre Eltern stolz auf sie wären. Laura spürte, wie wichtig diese Frage für Janis war, und versicherte ihr, das sei der Fall, aber sie hätte es ihnen »nicht leicht gemacht«. Sie wären noch immer aufgebracht, dass sie der Presse erzählt hätte, sie hätten sie mit 14 aus dem Haus geworfen. Janis hätte tief geseufzt, berichtet Laura, und sei sich »des ganzen Schlamassels bewusst« gewesen. Das Wochenende nahm schnell eine schlechte Wende. Am Morgen des Klassentreffens lud Janis Neuwirth, Cooke und Fisher zu einem ausgedehnten Frühstück ein. Sie hatte angenommen, ihre Eltern würden daran teilnehmen, und war verärgert, als sie abrupt mit der Erklärung aufbrachen, sie hätten bereits eine Verpflichtung für den Tag – eine Hochzeitsfeier. Dorothy und Seth hätten mit ihrer Abwesenheit etwas zum Ausdruck bringen wollen, betont Laura: Sie »nahmen ihr die Art und Weise krumm, wie sie nach Hause gekommen war«. Ihre Eltern hätten nicht die Absicht gehabt, ihre Pläne nur wegen Janis zu ändern, wenn sie sich gelegentlich herabgelassen hätte, sie zu besuchen.

Am Abend rechnete Janis auf der Pressekonferenz des Klassentreffens mit ihren Eltern ab. Sie beschwerte sich scherzhaft, sie hätten ihr Bett verkauft und sie gezwungen, auf einer schmalen Pritsche im Arbeitszimmer zu schlafen. »Ihr denkt bestimmt, sie hätten was Besseres zu bieten gehabt, oder?«, flachste sie und fügte schnell hinzu: »Sie sind immer sehr tolerant gewesen. Heut Morgen sind all meine Freunde zum Frühstück rübergekommen und auf 'n paar Drinks, und sie haben sich verdrückt.« Hinter ihrem amüsanten Vortrag spielte Janis auf mangelnde Großzügigkeit und Zuneigung von Seiten ihrer Eltern an. Auf die Frage, welchen Eindruck sie von Port Arthur hätte, wurde Janis provokanter: »Es scheint 'ne Menge langes Haar und Rock zu geben, was auch Drogenkonsum bedeutet, verstehst du.« Jemand wollte wissen, ob sie jetzt häufiger wiederkommen werde. »Oh, ich komm ziemlich oft«, antwortete Janis und verzog keine Miene. »Ich komm alle paar Jahre hierher.«

Eine Zeit lang behielt Janis die Oberhand. Die Mikrofone waren auf sie gerichtet, nicht auf ihre Klassenkameraden, und die Presse las ihr jedes Wort von den Lippen ab. Doch Janis kam ins Stolpern, als sie ein Reporter fragte, was sie von der Stadt am meisten in Erinnerung habe. Es war eine einfache Frage, aber sie schien Janis in die scheußlichen Flure der Thomas Jefferson High School zurückzuversetzen. Sie sah niedergeschlagen aus, streckte ihre Hände in die Luft und schüttelte den Kopf, als wollte sie sagen, sie hätte genug. »Ich kann mich wirklich nicht erinn ...«, sagte sie mit schwacher Stimme. Dann machte Janis eine Pause und schließlich erklärte sie, vollkommen ungewohnt: »Kein Kommentar.« Ob sie sich auf der High School wohl gefühlt hätte, wurde sie gefragt. »Nur wenn ich zum Ausgang gelaufen bin«, gab Janis zum Besten und machte damit deutlich, wie lebendig der Schmerz ihrer Schulzeit noch war. Als sich ein Reporter erkundigte, was sie von ihren Klassenkameraden unterschieden hätte, verlor Janis ihre Haltung vollends. »Ich weiß nicht. Warum fragst du *sie* nicht?«, gab sie bissig und mit finsterem Blick zurück. Ein anderer setzte nach: »Sind sie der Grund, dass du anders bist?« Janis wusste nicht weiter und war hinter ihrer modischen Sonnenbrille den Tränen nahe. Der Reporter formulierte seine Frage neu und Janis antwortete mit einem leichten Stottern: »Ich hab mich i-isoliert gefühlt.« Sie wurde noch nervöser, als sich jemand erkundigte, ob sie die Football-Spiele der Schulmannschaft besucht hätte, und behauptete, sie wüsste es nicht mehr. Die Presse hatte ihr Thema gefunden und sie ließ nicht locker. Die Fragen, warum sich Janis ausgeschlossen fühlte, hagelten geradezu auf sie ein und ihre offensichtliche Qual war ein schrecklicher Anblick. »Ich bin nicht zum Abschlussball gegangen ...«, platzte Janis unvermittelt heraus, als hätte sie bereits die nächste Frage erwartet. Ein Reporter unterbrach sie: »Oh, aber du bist doch *eingeladen* worden, oder?« Mit einem verkniffenen Lächeln und weit offenen Augen erwiderte Janis: »Nein. Die fanden nicht ... Ich glaub, sie wollten mich nicht dabeihaben.« Ihre Erleichterung war fühlbar, als sie auf einmal wieder scherzte: »Ich leide immer noch darunter. Genug, um den Blues zu singen.«

Das Interview ging mit Fragen über ihre Eltern weiter. Janis erklärte, sie sei mit ihnen »ziemlich gut, ziemlich gut« ausgekommen. »Ja ...« Ihre Stimme verlor sich und ihre mangelnde Überzeugung war unverkennbar. Als Laura, die neben ihr saß, betonte, ihre Eltern hätten die große Schwester immer als »außergewöhnlich« dargestellt, lebte Janis sichtlich auf. Kurz darauf ließ ihre Laune wieder nach, denn Laura gestand ein, dass die Familie zwei von den drei Schallplatten ihrer berühmten Tochter verlegt hatte. Ein Großteil des Interviews ist in dem Dokumentarfilm *Janis: The Way She Was* zu sehen. Es macht – vielleicht mehr als jedes andere Dokument ihres Lebens – deutlich, wie dünn ihr Schutzpanzer war, wie stark sie noch unter der Kränkung und Verachtung litt, die sie auf der High School erfahren hatte. Von ihren alten Klassenkameraden umgeben, musste Janis, das knallharte Mädel, mit ansehen, wie ihr Panzer innerhalb weniger Minuten in Stücke zerbrach.

Nach dem gemeinsamen Abendessen, bei dem die zahlreichen Kinder und Leistungen all der anderen gebührend herausgestellt wurden, erkundigte sich der Zeremonienmeister: »Hab ich was vergessen?« Auf sein Stichwort hin kam die gelangweilte Antwort: »Janis Joplin.« Es gab etwas Applaus und vereinzelte Pfiffe. Janis verneigte sich und bekam ein gelungenes Geschenk überreicht: einen Autoreifen, da sie »die längste Anreise« gehabt hatte. Janis war zutiefst enttäuscht. Die konnten ruhig bescheuert sein, aber sie wollte geliebt werden. Doch in Port Arthur blieb Janis immer eine verhasste Außenseiterin. Es heißt, sie hätte die Party kaum verlassen, als sich die Geschichten bereits überschlagen hätten, wie unerhört sie damals gewesen sei.

Es sollte an diesem Wochenende aber noch schlimmer kommen. Nach dem Klassentreffen machten sich Janis und ihre Reisegefährten zum Pelican Club auf, wo Jerry Lee Lewis spielte. Er war in den Fünfzigern einer der ersten Rock & Roller gewesen und verdiente mittlerweile sein Geld mit der Country Music. Janis hatte ihn vor zwei Monaten in Louisville hinter der Bühne besuchen wollen, war aber schroff zurückgewiesen worden. Jetzt wollte sie es erneut versuchen. Lewis hatte den Ruf, jähzornig zu sein und eine typische Hinterwäldlermentalität zu besitzen, und da sie das Image des durchgeknallten Hippie-

Mädels besaß, hätte Janis besser daran gedacht, dass ihre Begegnung spannungsgeladen sein könnte – was sie auch war. »Du würdest nicht mal schlecht aussehen, wenn du nicht versuchen würdest, wie deine Schwester auszusehen«, meinte der stets übellaunige Lewis zu Laura, als Janis sie ihm vorstellte. Sie wollte ihm darauf eine verpassen, doch Jerry Lee knurrte, wenn sie sich wie ein Mann aufführe, würde er sie auch so behandeln, und bevor ihre Freunde eingreifen konnten, hatte er Janis geohrfeigt. Als sie den Club verließen, sagte Janis immer wieder: »Wie konnte er das nur tun?«

Janis kehrte mit ihren Reisegefährten zum Haus ihrer Eltern zurück, wo sie sich bis spät in die Nacht unterhielten. Neuwirth und Fisher hatten Zimmer in einem Motel gebucht, waren aber viel zu betrunken, um noch zu fahren. Als Janis' Eltern am nächsten Morgen wach wurden, fanden sie Fisher auf der Couch in ihrem Wohnzimmer, und Neuwirth schlief in einem Auto vor dem Haus bei laufendem Motor. Die Joplins waren in Rage, und nicht nur wegen der betrunkenen Langhaarigen, die Janis in ihr Haus gebracht hatte. Sie hatten ihr Interview in den Lokalnachrichten gesehen – oder die eine Minute, die der Sender ausgestrahlt hatte, in der Janis über die mangelnde Gastfreundschaft ihrer Eltern gescherzt hatte. Die Bewohner Port Arthurs sollten noch monatelang über ihr loses Mundwerk, die schräge Aufmachung und die Sticheleien gegen ihre Familie tuscheln. Es kam auf den Schein an, und Janis hatte die wacklige Fassade der Normalität ihrer Eltern zum Einsturz gebracht. Myra erzählt, Dorothy sei gegen ihre Tochter vom Leder gezogen und hätte erklärt, was Eltern manchmal denken, aber nur selten in Worte fassen: »Ich wünschte, du wärst nie geboren worden!« Das behauptet zumindest Myra, auch wenn es dafür keine Bestätigung gibt. Wenn Dorothy in ihrer Wut diese Worte wirklich geäußert hat, bestätigte sie schließlich, was Janis schon lange vermutet hatte: Ihre Mutter liebte sie nicht. Sie war es einfach nicht wert, geliebt zu werden. Janis war am Boden zerstört. Dorothys Gefühle müssen ambivalenter gewesen sein, als ihre zornige Bemerkung vermuten lässt, aber das konnte Janis wahrscheinlich nicht erkennen. 1971 deutete Dorothy in einem Interview mit Myra ihren Streit mit Janis an. Sie gestand, sie hätte Dinge im Zorn gesagt, die sie nicht gemeint hätte, ließ sich aber nicht näher darüber aus. Sie behauptete auch, Janis hätte Reue gezeigt. »Mutter, du hattest Recht und ich hatte Unrecht!«, soll Janis gesagt haben. Myra strich letzten Endes die Worte aus ihrem Buch, die Dorothy ihrer Tochter entgegenschrie, da sie nicht zu dem Schmerz und den Schuldgefühlen beitragen wollte, die Dorothy gewiss empfand, vor allem angesichts dessen, was nur sechs Wochen später geschah. Wie so oft in jüngster Zeit suchte Janis Zuflucht bei Pearl. Am nächsten Tag stürmte sie mit ihren Reisegefährten in die Innenstadt von Port Arthur. Wenn sie sich in ihre neue Rolle verwandelte, ahmte sie gerne die Stimme von W. C. Fields nach, in der sie ihre Heimatstadt kommentierte: »Sie 's phanta-a-a-a-s-tisch. Ich war letzte Nacht übern Fluss im Pelican Club und ich hatte noch nie so viel Spaß in mei'm Le-e-e-e-ben, außer vielleicht in Kalifornien.« Ob sie bald einmal wiederkommen würde, erkundigte sich ein Reporter. »Äh, ich hab kein' unmittelbaren Plan«, antwortete Janis und gackerte laut. Große Töne waren alles, was ihr noch geblieben war. Janis war gekommen, um mit ihrer Heimatstadt abzurechnen, doch stattdessen hatte ihr großartiges Wochenende – das im ganzen Land vom Fernsehen groß herausgestellt wurde – eine Kette von Erniedrigungen gebracht.

Nach dem Klassentreffen hätte Janis das Gefühl gehabt, sie könne nichts richtig machen, erzählt Linda Gravenites, die durch Gerede von dem Fiasko erfahren hatte. »Es war ein Schlag unter die Gürtellinie«, doch Janis versuchte, seine volle Wucht mit einer Entgegnung beiseite zu wischen, die zu ihrer Standardreaktion wurde: »Na gut«, sagte sie mit einem Achselzucken, »du kannst halt nicht mehr nach Hause gehen, richtig?« »Ich wusste, es würde ein Desaster werden«, erinnert sich Robert Rauschenberg; das Erlebnis hätte Janis arg mitgenommen. Lyndall erzählte sie nur, sie hätte keinen Spaß gehabt bei ihrer Familie, ohne Einzelheiten mitzuteilen. Trotz des verheerenden Ausflugs nach Hause machte sich Janis daran, ihr Testament zu ändern, wie es ihr Anwalt Bob Gordon im Juli vorgeschlagen hatte. Die ursprüngliche Fassung von 1968 hatte ihren Bruder Michael als einzigen Begünstigten eingesetzt und Linda Gravenites einen Geldbetrag vermacht. Gordon behauptet, er hätte das Thema angeschnitten, da Janis' Vermögen mittlerweile beachtlich angewachsen sei, sie sich mit Linda entzweit und mehr Sympathie für ihre Eltern und Laura gezeigt hätte. Trotz des schrecklichen Streits verfolgte sie weiterhin ihre Pläne, eine Hälfte ihres Vermögens ihren Eltern zu vermachen und die andere zwischen Laura und Michael aufzuteilen. Es ist durchaus möglich, dass Janis die Schuld für all die Probleme mit ihrer Familie bei sich selbst sah. Schließlich gewann ihre rebellische Ader nie gänzlich die Oberhand über ihr konventionelles Denken.

Janis setzte sich immer wieder über Traditionen hinweg, doch gleichzeitig sehnte sie sich nach ihnen. Das wurde nirgendwo deutlicher als bei der letzten Liebe ihres Lebens. Im August begann Janis eine Beziehung mit Seth Morgan, der in Berkeley studiert hatte und mit Kokain dealte. Sie hatten sich im Mai auf der Party kennen gelernt, bei der Lyle Tuttle die Gäste tätowiert hatte, im Juli einmal miteinander geschlafen, doch ihre Affäre nahm erst ernste Züge an, als sie aus Texas nach Larkspur zurückkehrte. Es dauerte keine zwei Tage, bis die beiden von Heirat sprachen. Es war natürlich nicht das erste Mal, dass Janis sich kopfüber in eine Beziehung gestürzt hatte. Ihr neuer Liebhaber ähnelte in vielerlei Hinsicht ihrem früheren Verlobten aus den Tagen von North Beach. Wie Michel war Seth ein Hochstapler und behauptete, der Enkel des berühmten Bankiers J. P.

Morgan zu sein. In Wirklichkeit war er der Sohn des unbedeutenden, aber angesehenen Dichters Frederick Morgan und stammte aus einer prominenten New Yorker Familie, aber nicht der J. P.-Morgan-Dynastie. Seth fand dennoch immer einen Weg, in einem Gespräch auf sein frei erfundenes Treuhandvermögen oder die Prominenz seiner angeblichen Herkunft aufmerksam zu machen. »Es war schwierig, von seinem Namen nicht beeindruckt zu sein. Er hat ihn dir geradezu ins Gesicht geschleudert«, erinnert sich Lyndall. Sie beachtete seine unaufhörliche Selbstdarstellung kaum, da sie selbst in einer wohlhabenden Familie aufgewachsen war, doch andere waren empfänglicher dafür. Janis hätte in ihren kühnsten Träumen nicht daran gedacht, auf einen gut aussehenden, intelligenten, reichen Mann wie Seth attraktiv zu wirken. Sie setzte großes Vertrauen in seinen Stammbaum und das riesige Vermögen, die sie als Beweis ansah, dass er nicht auf ihr Geld aus war.

Der größte Teil von Janis' Freunden glaubt allerdings, dass Seth der abwegigste ihrer Liebhaber war. Linda Gravenites und Sunshine hatten mit Janis keinen Kontakt mehr und lernten Seth erst nach ihrem Tod kennen, doch Linda hat nur das Wort »scheußlich« für ihn übrig, während Sunshine ihn als »liederlichen Motherfucker« bezeichnet. Ihr hartes Urteil gründet sich weniger darauf, was Seth darstellte, als Janis noch am Leben war, sondern wozu er nach ihrem Tod wurde: ein Junkie, der auf einsamen Highways Frauen überfiel und drei von fünf Jahren absaß, zu denen er wegen bewaffneten Raubs verurteilt worden war. Seth begann im Gefängnis zu schreiben. Sein erster Roman *Homeboy* wurde nach seiner Freilassung veröffentlicht und von den Kritikern gelobt. Er starb 1990 mit seiner Freundin bei einem Motorradunfall. Als Ursache wurde rücksichtsloses Fahren unter Einfluss von Alkohol, Kokain und Perkodan ermittelt. Nur wenige Augenblicke vor dem Unfall hatten Zeugen gesehen, wie seine Freundin auf seinen Rücken einhämmerte und ihn anbettelte, langsamer zu fahren.

Seth war vielen unsympathisch. »Wo hast du diesen Berkeley-*Punk* in der schwarzen Lederjacke her, der sich für einen bösen Buben hält, wenn er auf 'ner Harley sitzt?«, fragte Peggy, als sie Seth zum ersten Mal sah. Es war allerdings nicht schwer zu ergründen, warum Seth auf Janis so anziehend wirkte. Nach dem Fehlschlag in Port Arthur war sie noch empfänglicher für jeden Charmeur, der ihr über den Weg lief. Und Seth war kein gewöhnlicher Charmeur. Er war intelligent, kam aus einer reichen Familie und war ein böser Bube mit jeder Menge Chuzpe – eine unwiderstehliche Mischung.

Janis hätte das Gefühl gehabt, sie wären beide Desperados aus respektablen Familien, »sehr verwundete … sehr deprimierte Menschen«, erklärt Dave Richard, ein Freund von Janis und ihr Roadie. Doch hier endeten die Ähnlichkeiten. Janis konnte anderen gegenüber auf eine verletzende Art gefühllos sein, doch sie war nie mit Absicht rücksichtslos. Das hob sie für sich selbst auf. Seth dagegen war grausam und er wusste, wie er die Grausamkeit bei Frauen zu seinem Vorteil einsetzen konnte. Er schaltete eine Minute seinen Charme ein, um in der nächsten ausfallend zu werden. Janis mag seine Härte zunächst als brutale Ehrlichkeit aufgefasst haben. Sie hasste all die Speichellecker, die sie umgaben, und Seths scheinbare Gleichgültigkeit, ja Feindseligkeit, mit der er auf ihre Berühmtheit reagierte, mag sie überzeugt haben, seine Zuneigung sei ehrlich. Er behauptete, er hätte Janis bei der ersten Begegnung erklärt, er finde ihre Musik »mittelmäßig«, und es scheint, sein Kommentar hatte sie mehr fasziniert als verärgert. Darüber hinaus mussten Seths Gemeinheit und Geringschätzung bei Janis' Selbstverachtung Resonanz finden, die das Klassentreffen zweifelsohne noch verstärkt hatte.

Immerhin schien Seth nicht daran interessiert, Janis in ein Heimchen am Herd zu verwandeln; schließlich hatte ihn hauptsächlich ihr Ruhm angezogen. »Wenn sie einfach irgendwer gewesen wäre«, erklärte er Jahre später, »hätte ich sie gar nicht erst angesehen.« Seth bot Janis den Anschein einer Ehe ohne die üblichen Fesseln. Sie konnte weiterhin Janis Joplin sein. Es schien wahrscheinlicher, dass ihre Karriere auf dem Rücksitz seiner Harley ein plötzliches Ende fand als durch ihre Heirat. Als Janis im August Julie Paul traf, erzählte sie ihr in allen Einzelheiten von ihrem neuen Liebhaber, auch von seiner Vorliebe, mit der Harley durch die Gegend zu rasen. »Denk nur mal an meine Karriere!«, sagte sie im Scherz zu Julie Paul. »Das kurze und glückliche Leben der Janis Joplin endet in einem Motorradunfall!«

Am Anfang hatte Janis das Gefühl, sie hätte einen Mann gefunden, der ihre Arbeit nicht beeinträchtigen würde und der bereit war, mit ihr gemeinsam zu brennen. Doch die Beziehung hatte eine Schattenseite, die sehr schnell offensichtlich wurde: Seth würde Janis wenig Unterstützung, Zuverlässigkeit oder Liebe geben. Ihre Affäre war gerade zwei Wochen alt, als Seth in Larkspur einzog, und Janis flog nach Los Angeles, um ihre Aufnahmen mit Paul Rothchild zu beginnen. Sie hatte nicht erwartet, dass Seth treu sein würde, doch sie hatte schon gar nicht erwartet, dass er mit anderen Frauen in ihrem Bett Sex haben würde. Lyndall sah den ganzen September und Oktober über die Armee junger Frauen in Janis' Schlafzimmer ein- und ausgehen. Sie bemerkt: »Er hat definitiv keine einzige seiner anderen Freundinnen aufgegeben.« Das hätte er auch nicht getan, wenn er Janis geheiratet hätte, denn er machte ihr klar, dass er eine offene Ehe führen wollte. Janis mag von der Freiheit, mit wechselnden Partnern schlafen zu können, begeistert gewesen sein, aber sie wollte seine Gleichgültigkeit nicht unbedingt so offen demonstriert haben. Nach ihrem Tod erklärte Seth, sie hätten eine »wirklich echte Flamme« gehabt. Doch er gestand ein, wenn »sie nicht Janis Joplin gewesen wäre, wären wir einfach nur phantastische Freunde gewesen«, und machte damit die Grenzen seines Respekts und seiner Zuneigung deutlich.

Janis blieb den ganzen September in Los Angeles. Anscheinend war sie den August lang clean geblieben und sie nahm auch kein Heroin, als sie in L.A. ankam. Die Aufnahmen verliefen ohne Zwischenfälle; die Chemie mit Paul Rothchild und der Band stimmte und führte zu ihrer besten Studioerfahrung bisher. Seth, der sie an den Wochenenden besuchte, behauptet jedoch, Janis hätte sich ein Kind gewünscht und ihre Karriere »allmählich beenden« wollen. Das stimmt kaum mit den Gesprächen überein, die sie mit Nick Gravenites und den Jungs von ihrer Band führte. Dort brüstete sich Janis, Albert hätte mit einigen Agenturen einen Vertrag abgeschlossen, der ihr für Auftritte eine halbe Million Dollar jährlich garantierte. Und sie war so begeistert von den Aufnahmen für ihr neues Album, dass sie bereits an das nächste dachte. Janis widersprach sich allerdings oft, wenn es darum ging, sich häuslich niederzulassen. Eins ist klar: Sie und ihr Verlobter waren nicht glücklich, und ihre neue Beziehung war noch nicht einmal einen Monat alt. Janis klagte darüber, dass Seth die ganze Zeit in San Francisco war. Er hätte »emotionale Probleme«, führte sie aus, und »na ja, wir kommen einfach nicht miteinander klar«. Sie vermutete allmählich, Sam würde sie ausnutzen, und die meisten ihrer Freunde waren überzeugt, dass sie Recht hatte. »Seth dachte, es wäre irgendwie ein Schritt nach oben für ihn, wenn er Janis heiraten würde«, erklärt Lyndall Erb. »Er war darauf aus, bei ihr zu holen, was er nur konnte.«

Je länger er mit Janis zusammen war, desto weniger Mühe gab sich Seth, seine Motive für eine Heirat zu verschleiern. Janis wurde argwöhnisch; sie fragte sogar Freunde, ob Seth sie wegen ihres Geldes mochte. Sie hatten sich mit ihrem Anwalt Bob Gordon zusammengesetzt und Seth schien etwas zu erfreut, als Gordon bestätigte, sie hätte unter kalifornischem Recht keinen Zugriff auf sein Treuhandvermögen, aber er ein Anrecht auf die Hälfte ihrer Einkünfte. Das gab Janis zu denken. Gordon schlug später vor, eine voreheliche Übereinkunft aufzusetzen, die ihr Geld vor Seths Händen schützte, und Janis stimmte zu. Ende September stritt sie mit ihm offen über Geld. Bei einem Einkaufsbummel deutete Seth auf ein Hemd, das ihm gefiel, und sagte: »Tausend Dank, das ist echt nett von dir.« Er behauptete zwar, er hätte nur Spaß gemacht, doch Janis war wütend, dass er angenommen hatte, sie würde das Hemd bezahlen. Nachdem sie ihn angetobt hatte, ließ sie Seth stehen und ging schluchzend in ihr Hotelzimmer. Er behauptete, sie sei später wieder aufgetaucht und hätte befürchtet, ihr Wutausbruch sei das Ende der Beziehung gewesen: »Ich hab sie nie so ängstlich gesehen.« Höchstwahrscheinlich hatte Janis Angst, er würde sie benutzen, Angst, ihn zu verlieren, und Angst vor der Panik, die sie hatte, ihn zu verlieren. Es könnte sein, dass Seths Arroganz und spielerische Misshandlung sie im Schlafzimmer erregt hat – Peggy behauptet, das sei der Fall gewesen –, doch ansonsten fühlte sich Janis gedemütigt, wie er seine Gleichgültigkeit zum Ausdruck brachte. Seth schien Janis geradezu mit der Nase auf seinen Mangel an romantischen Empfindungen stoßen zu wollen, darauf, dass er an ihr als berühmter Sexpartnerin interessiert war, nicht als anbetungswürdiger Geliebten.

Janis sollte ihn nach diesem Einkaufsbummel nie wieder sehen. Während er in San Francisco blieb, hielt sie sich an der Fiktion ihrer bevorstehenden Heirat fest, doch wenige Menschen aus ihrem Umfeld teilten die Ansicht, ihre Beziehung würde noch länger anhalten. Myra bezweifelt heute, Janis hätte Seth ernsthaft heiraten wollen. Ihre fehlgeschlagene Liebesaffäre mag Janis veranlasst haben, nach sechs Wochen Abstinenz wieder zum Heroin zu greifen, doch genau diesen Grund gab sie bei ihren Freunden nicht an. Sie erklärte vielmehr, ihre Trinkerei, die mittlerweile exzessiv war, würde sich nicht mit der Studioarbeit vertragen. Sie würde sie außerdem langweilen, da sie oft lange Zeit warten müsste, bis der Gesang aufgenommen werden konnte. Und sie würde es nur einmal versuchen, um herauszufinden, ob sie »es überhaupt noch nehmen wollte«.

Was auch immer der Grund war, Mitte September hing Janis wieder an der Nadel. Es hieß bereits, das Schicksal herauszufordern, wenn man nur im Landmark wohnte, das bei Rock-Insidern als »Landmine« bekannt war. Es lag auf der Franklin Avenue in Hollywood und war mit seiner pseudopolynesischen Dekoration und dem klebrigen, ausgefransten Teppichboden das Motel der Wahl, wenn jemand das Chaos bevorzugte. Doch seine wirkliche Anziehungskraft war »der Vorteil, nahe bei den Straßendealern zu sein, die weiter westlich in Beverly Hills von den Stellvertretern des Sheriffs und der Polizei nicht gerne gesehen wurden«, erklärt David Crosby. Janis wusste, sie war in einer Drogenzone, wo sie vielleicht ihre früheren Dealer treffen konnte oder sogar Peggy, wenn sie dort zufällig übernachten sollte.

Genau das geschah in der zweiten Septemberwoche. Peggy erzählt, Janis hätte George, ihren ehemaligen Dealer, in der Lobby des Landmark getroffen. »Was machst du hier?«, fragte sie. »Was soll'n das heißen, was ich hier mach?«, antwortete er. »Hast du mich nicht angerufen?« Es stellte sich heraus, dass Peggy an diesem Tag im Landmark übernachtete und bei George eine Bestellung aufgegeben hatte, der einfach angenommen hatte, sie würde mit Janis dort sein. Doch Janis hatte Peggy seit drei Monaten nicht mehr gesehen und keine Ahnung, dass sie in dem Motel war. Als das Missverständnis aufgeklärt war, ging Janis in ihr Zimmer, und George brachte Peggy das Heroin. Fünf Minuten später klingelte ihr Telefon. Es war Janis, die verlangte, dass Peggy das Heroin mit ihr teilte. Peggy behauptet, sie hätte sich geweigert, da sie nicht gewollt hätte, dass Janis wieder abhängig würde. Sie »ließ es so klingen, als würde ich's ihr nicht geben, weil ich geizig sei«, erzählt Peggy. Janis hätte sie wutentbrannt angeschrien: »Du Motherfucker, all die Drogen, die ich dir geschenkt hab!« Peggy ließ sich erweichen. »Okay, fein, Janis«, sagte sie. »Das ist echt Scheiße.« Andere Stimmen bezweifeln, dass Peggy Bedenken gehabt hätte, sie könnte Janis' Abstinenz beenden. Warum hätte sie sich im Landmark aufgehalten, wenn sie mit Janis kein Heroin nehmen wollte? Heute erklärt Peggy: »Ein Teil von mir sagt: ›Mensch, was hast du dir nur dabei gedacht?‹«

Zwei Wochen später drückte Janis schon regelmäßig und bat Seth, ihr dabei zu helfen, wieder aufzuhören. Wenn es ein Versuch war, ihn zu bewegen, seine Zuneigung unter Beweis zu stellen, schlug er fehl. »Janis, du springst in 'n Loch und dann verlangst du, dass dir jemand seine Liebe zeigt, indem er dich rauszieht«, warf er ihr vor. »Dann drehst du dich um und springst ins nächste, aber diesmal nur tiefer, und bevor du's überhaupt merkst, fühlt sich der Typ wie 'n Lutscher und lässt dich da unten stecken.« Die wenigen Freunde, die wussten, dass sie wieder drückte, konnten nicht verstehen, warum sie es tat; in den letzten Wochen ihres Lebens hatte sie eigentlich den Eindruck erweckt, seelisch ausgeglichen zu sein. »Janis' Kurve ging nach oben«, betont John Cooke. »Sie hatte das Heroin aufgegeben und gelernt, eine Band zusammenzuhalten, sie hatte das Gefühl, alles unter Kontrolle zu haben.« Er führt ihre Rückkehr zu der Droge auf die Langeweile der Studioarbeit zurück »und die falschen Freunde, die aufgetaucht sind. Peggy tauchte auf.« Kris Kristofferson machte Janis Vorwürfe, als er herausfand, dass sie wieder an der Nadel hing. Er schimpfte im Glauben, ihre Beziehung mit Seth sei in Ordnung: »Mann, bei dir läuft doch alles. Du hast 'n Mann, den du liebst; du hast 'n Produzenten, den du liebst.« Janis gab bedrückt zurück: »Was is 'n das schon wert?« Es mochte so aussehen, als wäre Janis auf einem Gipfel, doch sie war dort ganz allein, wie sie es immer gewesen war. Myra betont mehr als alle anderen, wie mutlos Janis gewesen sei – weniger in den letzten Wochen ihres Lebens als die Zeit davor. Kristofferson hätte ihr erzählt, Janis hätte irgendwann in den ersten Sommerwochen sogar mit Selbstmord gedroht.

Dass Janis' Freunde ihre Gemütsverfassung unterschiedlich

darstellen, ist nicht überraschend. Ihre Beziehung zu Myra war beispielsweise etwas vollkommen anderes als ihre Freundschaft mit Cooke. Die meisten ihrer Freunde – auch Cooke – schienen es vorgezogen zu haben, nicht allzu viel über Janis' sorgenvolles Innenleben zu erfahren. Myra dagegen wollte Näheres wissen. Es scheint, sie hat manchmal den Schmerz und die Verletzungen geradezu aus ihr herausgestemmt. Janis wendete sich gewöhnlich an Myra, wenn sie deprimiert war, vor allem, seit Linda und Sunshine aus ihrem Leben verschwunden waren. Dadurch sah Myra weniger von ihren Hochgefühlen als die meisten anderen Menschen. Cooke dagegen bekam nur die Klagen zu Gehör, die auch alle anderen vernahmen, aber er scheint Janis' Verzweiflung nicht herausgehört zu haben. Er hatte das Gefühl, Janis hätte »verdammt viel Spaß« gehabt, wie er später dem *Rolling Stone* erklärte.

Ganz gleich in welcher Gemütsverfassung Janis war, es gibt keinen Hinweis darauf, dass sie beschlossen hatte, Selbstmord zu begehen. Sie hatte ihren Freunden versprochen, sie wolle mit dem Heroin Schluss machen, sobald sie die Aufnahmen beendet hätte. Sie sprach davon, sich Dolophin zu besorgen, um den Entzug zu erleichtern. Doch wenn sich Janis nicht zum Selbstmord entschlossen hatte, wählte sie auch nicht das Leben. Fredda Slote bemerkt: »Sie hat sich mit genügend Drogen hart am Rand bewegt. Ich glaube nicht, dass sie je die Absicht hatte, Selbstmord zu begehen, aber ich glaube, sie ist immer unbekümmerter mit ihrem Leben umgegangen, und wenn du das tust, hast du's früher oder später nicht mehr.« Jimi Hendrix war Mitte September an einer Überdosis an Barbituraten gestorben, und Janis machte sich damals häufig Gedanken um seinen Tod. Als Myra sie wegen eines Kommentars für Associated Press anrief, sagte sie: »Wie wär's mit: ›Wenn nicht die Gnade Go ...‹« Dann wurde sie nachdenklich. »Ich hab nur überlegt ... ich frag mich, was sie über *mich* sagen werden, wenn ich tot bin.« Seth Moran behauptet, Janis hätte nicht im selben Jahr wie Hendrix sterben wollen, da er berühmter gewesen sei. Peggy gegenüber erklärte sie, zwei Rock-&-Roll-Stars könnten nicht im gleichen Jahr sterben. Bei anderen sagte sie nur: »Gottverdammt noch mal, er ist mir zuvorgekommen.«

Das traurige kleine Mädel war nirgendwo zu finden. Es war der 3. Oktober, der letzte Tag in Janis' Leben. Sie sollte am Abend im Studio sein und drückte – aber keine große Dosis. Die Band hatte die Begleitung für den Song »Buried Alive In The Blues« aufgenommen, den Nick Gravenites geschrieben hatte, und Janis war voller Vorfreude, am nächsten Tag ihren Gesang darüber zu legen. Nach der Session hatten alle herumgestanden und geblödelt, und Vince Mitchell, ihr Roadie und Freund, erinnert sich, ein »seltsamer Blick«, ein »müder Blick« sei in ihren Augen gewesen. Er dachte nicht weiter darüber nach. Ein Teil der Band zog zu Barney's Beanery, wo Janis und Ken Pearson, ihr Organist, sich über das Album unterhielten. Sie fragte ihn, ob die Band sie so lieben würde wie sie die Band. »Wenn nur einer von euch Jungs mich je verlässt, bring ich euch um«, erklärte sie. Sie verließen die Bar um 12 Uhr 30, nachdem sie einige Drinks genommen und viel über die Zukunft geredet hatten. Als sie im Landmark ankamen, gingen alle in ihre Zimmer.

Der Dreier, den Janis mit Seth und Peggy für diesen Abend geplant hatte, kam nie zustande. Seth hatte irgendwann angerufen und erklärt, er würde erst am Sonntag, dem nächsten Tag, einfliegen, und er klang dabei so, als wollte er sich nicht einmal darauf festlegen. Janis hatte später aus dem Studio mit Larkspur telefoniert, doch Seth war nirgendwo zu finden gewesen. Wie sich herausstellte, hatte er mit einer Kellnerin aus dem Trident Strip-Billard gespielt. Peggy war für das Rendezvous nach Los Angeles geflogen, aber vollgepumpt mit Heroin und gerade tief in eine heiße Beziehung verwickelt. Sie blieb mit ihrer neuen Geliebten im Chateau Marmont, statt zum

Landmark aufzubrechen. Sie machte sich nicht einmal die Mühe, Janis anzurufen, die ihrem Dealer erzählte, Peggy hätte sie im Stich gelassen, als er ihr etwas Heroin vorbeibrachte. Seth und Peggy dachten wahrscheinlich, Janis ginge es gut – sie war mit den Aufnahmen beschäftigt, sie hatte die Band und es waren genug Menschen in ihrer Nähe.

Als Janis wieder in ihrem Zimmer war, setzte sie sich einen Schuss. Sie hatte das Zimmer wie immer »Janis-fiziert« und ein Bettuch mit indischen Mustern vor die billigen Gemälde gehängt, ihre Kerzen angesteckt und Spitzenteilchen und »kleine seltsame Bildchen« ausgelegt. Das Zimmer sollte nicht charakterlos sein, als wäre es nur ein Zwischenstop in irgendeinem Motel am Straßenrand. Nachdem sie gefixt hatte, ging Janis in die Lobby, um einen Fünf-Dollar-Schein zu wechseln und ein Päckchen Zigaretten zu kaufen. Sie wollte rauchen, suchte aber auch Gesellschaft. Sie unterhielt sich ungefähr zehn Minuten mit dem Nachtportier und erzählte ihm, wie ihr Tag verlaufen und wie begeistert sie von den Aufnahmen war. Er wusste nicht, wer Janis wirklich war, doch er hörte ihr zu. Dann ging sie wieder in ihr Zimmer und setzte sich aufs Bett. Vielleicht dachte sie an ihre Band oder ihre neue Schallplatte. Vielleicht erweckte das nichts sagende Motelzimmer einsame Gedanken, verzweifelte Gefühle. Vielleicht sang sie ihre Lieblingsmelodie »It's Life«, ein Song, der davon handelt, immer zu kurz zu kommen. Vielleicht dachte sie, Mann, wieder nur 'n Samstagabend-Schwindel für Janis. Wieder nur 'ne Nacht in 'nem schäbigen Motel mit Nichts und Niemandem, sitzen gelassen von nicht nur einem, sondern gleich zwei Menschen. Aber an diesem Abend musste Janis nicht sehr lange unter der unerträglichen Last ihrer Einsamkeit leiden. Sie legte das Päckchen Zigaretten auf den Nachttisch und fiel nach vorn, das Wechselgeld noch immer in der Hand. Das Heroin, das sie an diesem Abend gespritzt hatte, war stärker als der Stoff, den sie gewöhnt war. Es löschte ihren Schmerz für immer aus.

Epilog

Janis' Körper lag volle 18 Stunden zwischen Nachttisch und Bett. John Cooke behauptet, er hätte gerade daran gedacht, bei ihr vorbeizuschauen, als ihn Seth Morgan vom Flughafen in San Francisco angerufen hätte, der mit Janis sprechen wollte. Als er dann von Paul Rothchild erfahren hätte, dass Janis an diesem Abend noch nicht zu den Aufnahmen erschienen war, hätte er den Generalschlüssel geholt und sei in ihr Zimmer gegangen. Vince Mitchell erzählt eine andere Geschichte. Am späten Sonntagnachmittag sei er in Cookes Zimmer geschneit, wo eine kleine Gruppe von Leuten gefeiert hätte. Bei Einbruch des Abends »fragten alle: ›Janis schon gesehen?‹« Mitchell kam es seltsam vor, dass sie den ganzen Tag niemand gesehen hatte, denn nachmittags lag Janis gewöhnlich am Pool, einen Drink in der Hand, und las ein Buch. »Sie war Miss Leseratte«, erklärt Mitchell. Er war erst recht verdutzt, als er ihren Porsche auf dem Parkplatz bemerkte. Zu der Zeit hätte sie im Studio sein sollen, und er betont, Janis »war nie jemand, der 'n Auftritt platzen ließ, geschweige denn einen Studiotermin. Mann, sie hat dafür bezahlt. Sie hat ständig sarkastische Bemerkungen darüber gemacht, dass sie die Aufnahmen bezahlen würde.«

Mitchell schlug Cooke vor, den Schlüssel bei der Rezeption zu holen und ihr Zimmer zu überprüfen. »John hat den Schlüssel in die Tür gesteckt, ich bin reingegangen«, erzählt Mitchell, »und da war sie. Sie lag am Boden.« Ihre Nase schien gebrochen zu sein. Er bückte sich und fasste sie an. »Sie war ... die Totenstarre hatte schon eingesetzt. Sie war kalt, steif. Ich sagte: ›Jesus, Jesus, John, sie ist tot.‹« Auch Cooke berührte Janis und meinte: »Oh mein Gott, ich muss die Polizei rufen.« Mitchell riet ab, die Polizei sofort zu verständigen. »Du rufst besser Albert an und findest raus, was du tun sollst.« Cooke war vollkommen aufgelöst, und Mitchell war auch nicht in bester Verfassung. Albert fand einen Arzt, der kurze Zeit später eintraf und Janis für tot erklärte. »Minuten später hast du dir das Landmark Hotel nicht mehr vorstellen können«, erinnert sich Mitchell. »Da war das LAPD [die Polizei von Los Angeles], Pressefritzen, alle möglichen Leute. Du konntest nicht mal durch die Empfangshalle.«

Die Untersuchungsbeamten waren überrascht, dass sie keine Drogen fanden. Sie zogen sogar in Erwägung, Janis könnte das Opfer eines Mordes sein. Auch Vince Mitchell war perplex. Janis' Zimmer schien zu ordentlich, als er es mit Cooke betreten hatte. »Also, wie zum Teufel ist sie gestorben?«, fragte Mitchell, während er sich im Zimmer nach Hinweisen umschaute. »Da war 'ne kleine Schachtel auf ihrer Kommode und 'ne Spritze und eine Schlinge, alles sauber weggelegt.« Soweit er feststellen konnte, war weder in der Schachtel noch woanders Heroin. »Ich hab das Zimmer nicht durchsucht«, gesteht Mitchell, »aber es war clean, blitzsauber. Seitdem werd ich das Gefühl nicht los, dass noch jemand in dem Zimmer war.« Janis war immer ein auf Ordnung bedachter Junkie gewesen, auch wenn sie es in anderen Dingen nicht zu genau damit nahm. Doch es gibt noch immer offene Fragen, was ihren Tod betrifft. Angeblich verschwand jemand aus Janis' engstem Kreis mit dem Beweisstück – einem Luftballon voll Heroin –, um zu verhindern, dass die Droge in der Presse erwähnt wurde. Als das Heroin am nächsten Morgen wieder in ihr Zimmer gebracht worden war, gab Thomas Noguchi, der amtliche Leichenbeschauer von Los Angeles County, das vorläufige Ergebnis seiner Untersuchungen bekannt: Unfalltod, verursacht durch die außerordentliche Reinheit des Heroins. Sunshine behauptet, der Stoff hätte an diesem Wochenende noch acht weitere Menschen in Los Angeles getötet. Janis' Dealer soll immer einen »Vorkoster« bemüht haben, der die Stärke seiner Ware überprüfte, der an dem Tag aber nicht in der Stadt war. Andere Kunden des Dealers bestreiten allerdings die ungewöhnliche Reinheit des Heroins. Wie dem auch sei, Janis war erst seit drei Wochen wieder auf der Droge gewesen, daher war ihr Körper auf die Wirkung nicht sonderlich eingestellt. Es wurde offiziell festgestellt, dass sie betrunken war, was das Risiko erhöht hatte. (Die Reinheit der Droge wurde auf makabre Art schnell zum Verkaufsargument. In der Woche nach Janis' Tod priesen die Dealer in Los Angeles ihre Ware mit dem Spruch an: »Es ist so stark, dass es Janis umgenietet hat.«)

Selbst diejenigen, die wussten, dass Janis wieder auf Heroin war, waren zutiefst betroffen. Janis hatte während der letzten Tage in Los Angeles so ausgelassen gewirkt. Paul Rothchild hatte in sechs Monaten fünf Menschen durch Drogen verloren, jetzt war Janis der sechste und ihr Tod war der schrecklichste. Dave Getz erinnert sich, er hätte »mehrere Stunden lang hysterisch geweint«. Jae Whitaker, Janis' frühere Geliebte aus North Beach, war »so wütend und verletzt«, als sie die Meldung hörte, dass sie den Fernsehapparat anschrie: »Du gottverdammte bescheuerte Schlampe!« Danny Fields, ein Mitglied der Szene und PR-Mann bei Elektra Records, wurde bei der Nachricht »gewissermaßen im Stehen ohnmächtig«. Wie konnte Janis, die gerade das »Superleben« verkörperte, so plötzlich nur noch eine Leiche sein? Der Journalist David Dalton hatte Janis oft interviewt und er hatte immer den Eindruck gehabt, sie sei »so solide wie der Mount Rushmore«. Jetzt fragte er sich, was Janis umgebracht haben konnte.

Viele hatten sie für eine Alkoholikerin gehalten, aber nie gedacht, sie könnte stark heroinabhängig sein. Myra hatte sogar angenommen, Janis' Heroinproblem würde der Vergangenheit angehören. Als sie Samstagabend mit den Joplins sprach, erklärte Myra, sie müsse an einer Hirnblutung gestorben sein. Was hätte Janis im Alter von 27 Jahren sonst töten können?

Janis' Tod, der so kurz auf Jimi Hendrix' Überdosis folgte, warf eine Vielzahl von Gewissensfragen auf. »Können wir nichts Besseres erreichen?«, fragte der Kritiker Don Heckman, der verbittert war, dass selbst die Gegenkultur versagt hatte, eine Welt mit »genügend Raum für die Hendrixe und Joplins« zu schaffen. Die Frage verfolgte viele von Janis' Freunden. »Haben wir das getan?«, soll Kris Kristofferson geflüstert haben, als er auf ihre Leiche starrte. »Irgendwie hätten wir imstande sein sollen, sie wissen zu lassen, dass sie ein Zuhause hatte«, meint Fredda Slote, »dass sie eine Familie hatte, und dass wir sie geliebt haben.« Milan Melvin gesteht: »Ich werd bis zum heutigen Tag das Gefühl nicht los, dass ich mitschuldig bin an ihrem Tod. Sie fehlt mir die ganze Zeit und es versaut mir den ganzen gottverdammten Tag, wenn ich nur eine Aufnahme von ihr hör.« Albert war am Boden zerstört. »Ich weiß nicht, ob er sich je wieder davon erholt hat«, sagt Sally Grossman. »Mir kam's so vor, als hättest du Albert ungefähr ein ganzes Jahr lang mit Tränen in den Augen gesehen.«

Von ihren Freunden fühlte sich niemand so schuldig wie Peggy, die nach Janis' Überdosis noch tiefer in die Abhängigkeit geriet. Sie blieb jahrelang ein Junkie. Peggys Arme tragen noch immer die Spuren der Nadeln, an einigen Stellen deutlich, an anderen schwächer – Lebensgeschichte, buchstäblich auf den Körper geschrieben. »Janis starb genau hier«, sagt Peggy und deutet auf ein Loch in ihrem Arm. »Ich weiß genau, an welcher Stelle meines Arms sie gestorben ist.« Peggy hatte Janis immer für den unverwüstlichsten Junkie der Welt gehalten. Sie hatte sich die größten Sorgen gemacht, dass sie bei einem Unfall mit ihrem psychedelischen Porsche sterben könnte oder auf dem Rücksitz von Seth Morgans Motorrad, doch sie hatte kaum Bedenken, dass Janis ihren Kampf mit dem Heroin verlieren würde. »Manchmal denk ich, wenn sie George an dem

Tag nicht getroffen hätte ... Denn das ist der Tag, an dem sie wieder damit angefangen hat, und drei Wochen später war sie dann tot. Ich glaub, irgendwann hätte sie ohnehin wieder angefangen. Sie hatte nicht viel Selbstbeherrschung. Die war kaum vorhanden. Trotzdem, vielleicht wär's nicht so ausgegangen, wie's das ist. Aber es ist vorbei. Ich denk eigentlich nicht mehr drüber nach. Wenn ich im Auto sitz und ich hör ihr Lied ...« Peggy bricht ab.

Einigen Freunden von Janis gelang es, ihre jahrelange Abhängigkeit zu überwinden, aber nur wenige glauben, dass es Janis gelungen wäre. Kaum einer kann sich eine ältere, gesetztere Janis vorstellen, die sich ihren lebenslangen Wunsch erfüllt hat, die beste Bluessängerin der Welt zu werden. Keiner sieht sie hinter dem Tresen von »Pearl's«, der Blues-Bar, von der sie mit Linda Gravenites und Sunshine geträumt hat. Für Linda war Janis' Tod eine Selbstverständlichkeit: »Weißt du, Janis hat's so gemacht, wie sie's wollte. Wie sie selbst gesagt hat, sie hat's lieber 'ne Weile volle Kanne getan, als lange Zeit durchzuhalten. Es wäre abscheulich geworden für sie, wenn es weitergegangen wäre.«

Man hätte Janis' Sucht – nach Drogen, Alkohol und selbst zugefügtem Schmerz – nur heilen können, wenn man ihr das bedrückende Gefühl genommen hätte, nicht geliebt zu werden und nicht liebenswert zu sein. Methadon und monatelange psychologische Beratung hätten das nicht erreicht – nur äußerste Disziplin, seelische Unterstützung und Selbstreflexion. Mit ihrem Übereifer, am Rand der Gesellschaft und jenseits aller Grenzen zu leben – dem Leichtsinn als Lebensprinzip –, unterstützte die Welt, in der sich Janis bewegte, ihre Süchte. Und Janis war dieses Prinzip in Großbuchstaben. Wer hätte etwas dagegen unternehmen können, als es noch kein Konzept dafür gab? 1970 standen Drogen noch hoch im Kurs, selbst als die Verlustliste immer länger wurde. Alberts Rückzug im Sommer war möglicherweise auch in dem versteckten, aber zunehmenden Heroinmissbrauch seiner Klienten und Freunde begründet. Michael Bloomfield war ein Junkie, Mitglieder der Band nahmen die Droge, und, was für ihn am schlimmsten war, Peter Yarrows jüngerer Bruder, den Albert wie seinen eigenen Sohn behandelt hatte, war 1969 an einer Überdosis gestorben.

Nirgendwo waren die Drogen so unablässig hochgespielt worden und die Verluste größer als in San Francisco. Im Herbst 1970 konnte jeder, der sich in Haight-Ashbury umsah, den hohen Preis erkennen, den die Erweiterung des Bewusstseins gefordert hatte, doch das hatte keine sonderlich abschreckende Wirkung. Die Musiker San Franciscos schienen eher seltsam unberührt, sogar desinteressiert auf Janis' Tod zu reagieren (der erste unter den Stars der Stadt). Big Brother spielte an dem Abend, als die Nachricht in San Francisco bekannt wurde, im Keystone Club, einer kleinen Bar in North Beach, und die drei restlichen Bands der ursprünglichen Szene – die Grateful Dead, Jefferson Airplane und Quicksilver Messenger Service – traten in Bill Grahams Winterland auf. Es sei »die große Nacht von San Francisco« gewesen, erklärt einer von Janis' Freunden, und alle im Winterland »sind aufgedonnert gewesen, als wär's 1966«. Die Stadt der Hippies war entschlossen zu feiern, auch dann noch, als die Party ein abruptes Ende fand. Die Bands spielten weiter, während sich die Nachricht von Janis' Tod verbreitete. Hinter der Bühne schien allgemein Gleichgültigkeit zu herrschen. Lediglich ein Journalist brach in Tränen aus und wurde prompt gebeten zu gehen, weil »er allen diesen schlechten Trip aufgedrückt hat«.

Die meisten Musiker, die mit Janis in Haight-Ashbury aufgestiegen waren, schien schon die Annahme zu stören, dass sie überhaupt eine Reaktion auf ihren Tod zeigen könnten. Zugegeben, manche mögen Janis den »Star-Trip« verübelt haben und ihrer endlosen Selbstinszenierung müde geworden sein, doch letztendlich verstimmte die meisten, dass Janis' Tod eine unwillkommene Wahrheit enthüllte: Das Vergnügen war tödlich geworden. Niemand wollte dem Spießertum Munition liefern, und vor allem war niemand bereit, auf die Trümmer zu sehen, oder, um Bob Dylan zu paraphrasieren, auf die Narben, die ihr süßes Paradies hinterlassen hatte. »Ich hör doch nicht auf, Auto zu fahren, bloß weil einer bei 'nem Unfall getötet wird«, maulte Grace Slick. »Warum das ganze Zeug drucken über jemanden, der tot ist? Sie ist weg, fertig aus.« Bei den »sensiblen, außergewöhnlichen, irren Menschen« von Haight-Ashbury »hat sich keiner besonders aufgeregt über den Tod«, erklärte Jerry Garcia. »Es war die bestmögliche Zeit für ihren Tod.« Sie sei eine »Rakete« gewesen, die auf dem Gipfel ihres Erfolgs ausgebrannt sei, und das sei besser, als »diesen Punkt zu überschreiten und niederzugehen, verstehst du, aufgemischt zu werden, alt, senil, geschafft«. Bob Weir von den Grateful Dead wies auf die Exzesse hin, die jeder sehen konnte: »Ich weiß nicht, weshalb ich deswegen zutiefst betrübt sein soll, denn ich behaupte, sie hat sich zu Tode getrunken, sie ist nur ihrem Image gerecht geworden.« Janis' Alkoholismus bot eine bequeme Erklärung für ihren Tod, selbst als ihre Heroinsucht öffentlich bekannt war. Um sich von ihr zu distanzieren, erklärten manche, Janis sei nie ein Hippie gewesen. Dafür sei ihre Seele einfach zu düster gewesen; sie hätte kein Acid gemocht.

Dave Getz glaubt, Garcia und andere hätten befürchtet, die »ganze Szene würde sterben«, wenn sie wirklich versucht hätten, sich mit der Bedeutung von Janis' Tod auseinander zu setzen. »Vielleicht hätte sie's tun sollen.« Zwei Tage nach ihrem Tod verglich Nick Gravenites in einem *Rolling Stone*-Interview die Rock-&-Roll-Subkultur San Franciscos mit einem Gefängnis. »Es gibt 'ne Menge Leute in der Rock-Szene, die Junk benutzen, und die sind im Todestrakt, der Rest in Reihe K.« Darby Slick war einer der ersten Rocker in der Stadt, die mit Heroin experimentierten. Jahre später schrieb er: »Das war unser Vietnam, die Schlacht der Gehirnzellen, und Drogen waren die Waffen und Transportschiffe, die Flugzeuge. Auch Menschen waren Waffen.« Der Romanschriftsteller Philip K. Dick bezeichnete 1977 Drogen als »schrecklichen Krieg«. Er hatte seiner Gesundheit durch Amphetaminabhängigkeit ernsthaften Schaden zugefügt. Dick bezweifelte, dass die Zivilisation die Verluste dieses Kriegs jemals vollständig ermessen könnte oder eingestehen würde.

Big Brother blieb die frühen siebziger Jahre hindurch im Zentrum dieses Kriegs, und James Gurley und Sam Andrew lebten eine Zeit lang in Reihe K. Manchmal tauchten Sam, James und die neue Sängerin nicht einmal auf, wenn sie einen Auftritt hatten. Dave hatte die Nase voll und schlug Peter vor, sie sollten die Gruppe vielleicht »Big Brother and the Folding Company« nennen, Big Brother und die Firma, die Pleite geht. Dennoch gelang es ihnen, 1970 ihr erstes Album seit *Cheap Thrills* zu veröffentlichen. Die Band hatte es *Weird Bummer* nennen wollen [mehrdeutiger Titel: weird = unheimlich, verrückt, nervös durch Drogen; bummer = Reinfall, Niete, Gammler, schlechter Trip; Anm. d. Ü.], und Bob Seidemann hatte ein passendes Cover entworfen: »Es war 'n Foto von 'ner Strohpuppe, die verrückt und abgefuckt ausgesehen hat und das Friedenszeichen machte.« Columbia hatte kein Verständnis für den Entwurf, lehnte das Cover ab, und das Album wurde in *Be a Brother* umbenannt. Es wurde trotz guter Kritiken ein Flop und die Gruppe stand weiterhin auf schwachen Beinen. »James fiel von der Bühne, weil er ganz schön zugerichtet war vom Heroin«, erinnert sich Bob Seidemann. »Sam konnte nicht mal seine Gitarre finden. Big Brother war nur ein Trümmerhaufen, der in der Gegend rumlief und Leute durch Verstärker anbellte und an Saiten zerrte. Alle waren nur kaputt.« Die ganze Periode sei »ein einziger unaufhörlicher, quälender Schmerz« gewesen. »Es gab so viel Schmerz und Leid, dass es fast nicht mehr auszuhalten war. Und dreißig Jahre später frag ich mich, was war der Reiz, den diese Welt für mich gehabt hatte? Warum wollte ich so tief in diesen düsteren Ort vordringen und diese gefährlichen Drogen nehmen und diese Sache so intensiv betreiben und so lange?« James Gurley verfolgen die gleichen Gedanken: »Was zum Teufel hat mich geritten, so was zu machen? Warum hab ich mein Leben riskiert und das Leben anderer und diese wahnsinnigen Dinge gemacht? War ich wirklich so dumm?« Natürlich war Janis nicht so dumm; keiner war so dumm, auch ich nicht, und ich habe diese Zeit durchlebt. Doch die Entschlossenheit, außerhalb der Grenzen vernünftigen Verhaltens zu leben, ist gerade das auffälligste Kennzeichen der Generation, die in den Sechzigern erwachsen wurde. Wo hatte besseres Wissen schließlich unsere Eltern hingebracht? Vorsichtiges, vernünftiges Verhalten schien gerade die Wurzel des Problems zu sein, die Ursache von »zwanzig Jahren Marshmallows, Plastik und Himmel- und Höllespiel«, oder, um es mit William Burroughs zu sagen, der »Lüge«.

Amerika wandelte sich in den Sechzigern, aber der Optimismus, die kulturellen Werte zu verändern – »durchzubrechen«, wie es Jim Morrison nannte –, fand seine Entsprechung in verheerenden persönlichen Niederlagen. Dies ist die hintergründige Historie des Jahrzehnts, die Kehrseite der Gegenkultur. Janis erlebte die schlimmsten Verwüstungen nicht mehr mit. Die Zahl der Opfer nahm im Lauf der Jahre stetig zu: Jim Morrison, Ron »Pigpen« McKernan, Michael Bloomfield, Paul Butterfield, Richard Manuel von The Band und Emmett Grogan von den Diggers, dessen Tod auf gespenstische Art stilgerecht schien: Er starb an einer Überdosis in einem Untergrundbahn-Waggon an der Endstation Coney Island, Amerikas erstem Vergnügungspark. Und das sind nur die berühmten Namen. Tommy Stopher, der Maler, war nicht der Einzige aus Janis' Clique in Austin, der an Alkoholismus starb. Ihre Freundin und Geliebte Julie Paul beendete ihren »lebenslangen Kampf mit Rauschmitteln aller Art« in den Trümmern eines Autos. Das

Eingeständnis der Verluste, die all das risikoreiche Experimentieren gefordert hat, soll nicht heißen, die Sechziger sind ein Fehlschlag gewesen. Wäre es Janis letztendlich besser ergangen, wenn sie Chet Helms' Angebot abgelehnt und stattdessen den Traum ihrer Mutter erfüllt hätte, wenn sie in Port Arthur geblieben und Lehrerin geworden wäre? Dennoch, es wurden Fehler gemacht, und die Annahme, dass persönlicher und kultureller Wandel – eine Sache des Loslösens und Durchbrechens – leicht errungen werden könnte, war nicht der geringste. Diese Annahme machte uns blind dafür, wie stark wir von den Konventionen und Erwartungen des provinziell-materialistischen Amerikas geprägt waren, ganz gleich, wie sehr wir uns »dagegen« erklärten.

1971 schrieb die Rock-Kritikerin Lillian Roxon halb im Spaß, der Tod hätte Janis das Schicksal erspart, von ihren Nachahmern übertroffen oder bloßgestellt zu werden. Sie fragte sich, wie Janis damit umgegangen wäre, »auf eine dieser Partys der feinen Gesellschaft zu kommen ... und zu entdecken, dass alle in dem Raum sich aufgedonnert hatten, um wie sie auszusehen? ... Oh, die Lasten des Erneuerers.« Janis trug in vielerlei Hinsicht die Last – und ertrug den Schmerz –, eine Erneuerin zu sein, eine Außenseiterin, eine Frau, die innerhalb der amerikanischen Kultur erfolgreich war. Sie weigerte sich, klein beizugeben und ein Teil der gähnenden, vanillesüßen Leere Amerikas in der Mitte des Jahrhunderts zu werden. Doch es war nicht ihr Kampf allein – Zehntausende Jugendlicher, die wie Janis auf der Klinge des Lebens balancierten, waren ihre Verbündeten. Nur auf einem Gebiet war sie der einsame Pionier, die Frau, die ganz allein stand und in der Männerwelt des Rock & Roll Karriere machte. Sie drang in männliches Territorium ein und forderte die Privilegien, die bezeichnenderweise für Männer reserviert waren – künstlerische Ambition, Sinneslust und das Recht, ihr Leben voll auszukosten. Janis machte sich zu einer »lebenden langen Nase« für alle Arten von veralteten Sitten und Gebräuchen. Aber Janis zerbrach wie zu viele talentierte und gequälte Frauen – Sylvia Plath, Anne Sexton, Billie Holiday, Diane Airbus, um nur einige zu nennen. Sie sollte eine der letzten berühmten Frauen sein, deren Tod in gewisser Hinsicht mit der Unvereinbarkeit verknüpft war, Künstlerin und Frau zugleich zu sein. Der Feminismus verschonte diejenigen, die auf sie folgten. »Der Sexismus hat sie getötet«, erklärte einer ihrer Liebhaber, Country Joe McDonald. Doch wäre Janis nur ein paar Jahre später bekannt geworden, hätte der Feminismus ihren Einfluss schwächen können. Janis' Erfolg hatte sehr viel mit dem Zeitpunkt zu tun, sie artikulierte den Zorn und die Enttäuschung der Frauen, bevor der Feminismus diesen Gefühlsausdruck legitimisierte. Ihre Weigerung, hübsch zu klingen oder auszusehen, nahm die Zerstörung des herkömmlichen Frauenbilds durch den Feminismus vorweg, und ein Großteil ihrer Musik, vor allem »Women Is Losers«, kämpft gegen die Ohnmacht der Frauen in Herzensdingen an. Janis' bekannteste Songs – darunter »Ball and Chain« und »Piece of My Heart« – handeln davon, dass es unvermeidbar ist, von Männern hereingelegt zu werden. Wenige Monate vor ihrem Tod erklärte sie in der *Dick Cavett Show*: »[Männer] halten einfach immer mehr hoch, als sie bereit sind zu geben.«

Obwohl Janis den Feminismus vorwegnahm, versetzte er sie in Schrecken. Wie viele Frauen, denen es aus eigenem Antrieb heraus gelang, erfolgreich zu werden, wahrte sie Distanz zu der noch jungen Bewegung. »Meine Güte, anscheinend haben die monatelang keinen Spaß gehabt«, äußerte sie über radikale Feministinnen, nachdem sie eine Nummer von *Rat* gelesen hatte, einer New Yorker Underground-Zeitung. »Die waren so verrückt von wegen: ›Sie geben mir dies nicht, sie geben mir das nicht.‹ Also, Gott im Himmel, ich sag einfach: ›Schüttel's raus.‹ Ich meine, ich nehm mal an, ich krieg auch nicht gerade 'ne Menge Dinge. Ich krieg kein' Seelenfrieden, ich krieg keine feste Heimat, ich krieg kein' festen Alten ... aber ich hab Spaß. Ich denk, das ist wichtig.«

Janis hielt auch Distanz zu radikalen Lesbierinnen, obwohl sie auf dem Gebiet der Sexualität Neuland erschloss. Selbst heute findet man noch häufig die Ansicht, ihre Schmeiß-die-Blockaden-raus-Sexualität hätte Amerika von seinen Komplexen befreit. Die Sängerin Melissa Etheridge wünschte in ihrer bewegenden Rede zu Janis' Einführung in die Rock & Roll Hall of Fame, sie sei noch am Leben, würde »ein Comeback feiern, bei MTV in *Unplugged* auftreten ... für die Rechte der Frauen eintreten oder die Rechte der Schwulen, gegen Aids und Intoleranz kämpfen«. Wenn sie noch am Leben wäre, hätte es Janis zweifelsohne genutzt, dass die Schwulenbewegung das Stigma der gleichgeschlechtlichen Liebe gemildert hat, doch es gibt keinen Grund zu der Annahme, dass sie die Bewegung mit offenen Armen begrüßt hätte. Janis hatte es nicht gemocht, als Vorbild für Lesbierinnen hingestellt zu werden, und man hätte sie für diese Rolle sicher wieder in Anspruch genommen. Bereits kurze Zeit nach ihrem Tod wurde Janis tatsächlich von Jill Johnston in ihrer Rubrik in der *Village Voice* lauthals geoutet: »Wir wissen, dass Janis schwul war.« Es ist zweifelhaft, dass Janis die Lesbian Nation sympathisch gefunden hätte, selbst wenn sie zu der Erkenntnis gelangt wäre, sie sei lesbisch – was unwahrscheinlich ist. Janis hatte nicht nur eine äußerst ambivalente Einstellung zu ihrer Sexualität, sie glaubte auch an ein Leben außerhalb von Kategorien, statt sie aufrecht zu erhalten. In dieser Hinsicht vertrat sie die frühere Sichtweise der Boheme, die sexuelle Ambiguität in den Vordergrund stellte. »Das war keine traditionelle heterosexuelle Ehe, die da abging«, kommentierte Peggy die geplante Heirat von Janis und Seth Morgan. Janis hätte sich schließlich in der Nacht, als sie starb, auf einen Dreier mit ihr und Seth gefreut.

Feministin, Lesbe, Ikone der Sechziger – all diese Rollen sind Janis zugeschrieben worden, doch sie ist wahrscheinlich überwiegend als tragisches Opfer in Erinnerung, als eine der auffälligeren »Königinnen des Dramas«, wie es kürzlich ein Journalist in der *New York Times* formulierte. Myra Friedmans Biographie hat dazu beigetragen, sie in dieser Rolle zu sehen. Myra wollte den Mythos zerstören, der Janis als Inbegriff der emanzipierten jungen Frau der Sechziger darstellt. Sie hat ihr Ziel durchaus erreicht, Janis dabei aber zu einem pathologischen Fall gemacht. Der Film *The Rose* von 1979, in dem Bette Midler die Hauptrolle spielt, stützt dieses Bild von Janis: die zentrale Figur, eine Popsängerin namens Rose, zaubert Janis höchstens für diejenigen nicht herbei, die kulturell nur wenig bewandert sind. Paul Rothchild war der musikalische Direktor des Films, der ursprünglich *Pearl* heißen sollte, und John Cooke machte den Drehbuchautor mit der Full Tilt Boogie Band bekannt. Im Lauf des Projekts beschlossen die Produzenten, den Schwerpunkt zu verlagern. Sie betonten, Rose sei eine vielschichtige Figur, die auf Jimi Hendrix, Jim Morrison, Janis Joplin, James Dean und Marilyn Monroe beruhe. Der Film bezieht sich jedoch ganz eindeutig auf Janis. Bette Midler verkörpert überzeugend die Trinkerin, aber sie fängt wenig von Janis' Intelligenz, Stärke oder künstlerischer Wirkung ein; Midlers Janis könnte genau genommen jeder beliebige Rock-Star aus den Siebzigern mit einer Sucht und einer gequälten Seele sein. Die Absicht ist, Janis einfach als kolossal kaputte Frau erscheinen zu lassen.

Janis' musikalisches Erbe ist noch schwerer festzumachen als ihre kulturelle Wirkung. Ihr musikalischer Einfluss ist überall und nirgendwo. Die Kritikerin Karen Schoemer schrieb 1994, Janis sei der »ursprüngliche Einfluss«, die Frau, die es für weiße Mädchen ermöglicht hätte, nicht nur hübsch zu klingen. Melissa Etheridge ist der Ansicht, Janis hätte Frauen wie ihr den Weg geebnet, Rock-Stars statt Sekretärinnen zu werden. »Janis hat's erfunden«, sagt die Sängerin Chris Williamson. »Soweit ich weiß, hat das, was sie getan hat, vorher nicht existiert.« Doch wenn Janis die Erfinderin war, so starb ihre Erfindung mit ihr. Nach Janis' Tod »gab die Popmusik den Prototyp praktisch auf«, betont Schoemer. Natürlich ließen sich Janis und die emotionale Intensität ihrer kraftvollen Stimme nicht einfach klonen. Die Sängerinnen Lou Ann Barton, Marcia Ball und Angela Strehli aus Texas tragen ihren Einfluss ebenso wie Sängerinnen der Siebziger, unter anderem Genya Ravan von Ten Wheel Drive und die »neue Janis« von Big Brother. Doch im Ganzen betrachtet gab es nicht viele Sängerinnen, die Janis' Gesangsstil bewusst kopierten. Es waren die Heavy-Metal-Bands, die sich ihre aggressive Art zu singen aneigneten und am Leben erhielten, obwohl es für sie lediglich ein Stil war, der nichts mit ihrem Schmerz und ihrer Verletzlichkeit zu tun hatte. Es sagt viel aus, dass sie nur einen Imitator fand, eine Drag Queen, der sich Pearl nannte und für den Janis »dieses fette Mädel aus Texas« war, »das wie ich klang«. Der Rock & Roll legte nicht nur den Prototyp Janis Joplin beiseite; er gab auch ihrer Musik den Laufpass. *Pearl* wurde Anfang 1971 veröffentlicht und war ein Riesenerfolg, ihr erfolgreichstes Album überhaupt. Es führte die Charts mehrere Wochen an und brachte Janis' einzigen Single-Hit »Me and Bobby McGee« hervor. Aber innerhalb weniger Jahre verschwand ihre Musik. Es schien, als hätte Janis, die einmal einer der größten Superstars des Rock war, musikalisch nie eine Rolle gespielt.

Rock & Roll blieb während der Achtziger ein Männerverein, wenn nicht länger. Janis' merkwürdiges Verschwinden ist allerdings nicht gänzlich auf den Sexismus zurückzuführen. Schließlich waren es die Frauen im Rock & Roll, die lange Zeit brauchten, sie zu akzeptieren. Manche lehnten vor allem die Art ab, wie sie das Publikum ermunterte, sie als erotisches Objekt zu betrachten, und damit die Vermutung bekräftigte, dass auch sie auf der Bühne waren, um Männer anzumachen. »Ich öffne mich in meinen Songs genug, um Gottes willen«, sagte die Sängerin Bonnie Raitt. »Ich verdien mein Geld damit, dass ich mich jeden Abend depressiv mach. Ich glaub nicht, dass ich auch noch mit dem Arsch wackeln muss. Die Rolle würd ich eh nicht spielen.« Auf die Frage, welche Rolle sie gemeint hätte, antwortete Raitt: »Oh, Janis Joplin.« »Janis' Sexualität hatte nichts Zynisches«, bemerkt Tracy Nelson, »aber es hat ihr 'ne Menge Presse eingebracht.«

Die Eigenschaften, die Janis halfen, sie berühmt zu machen – ihr Mangel an Zurückhaltung, ihre augenfällige Verletzlichkeit und ihr Schmerz –, waren bis vor kurzem der wesentliche Grund, dass Frauen es nicht eilig hatten, Janis für sich zu beanspruchen. Sie schienen zu gefährlich. Terry Garthwaite von Joy of Cooking wurde häufig als »eher zurückhaltende Janis Joplin« bezeichnet, doch sie erklärt: »Ich hab das Kratzen in der Stimme mit Janis gemeinsam, aber ich hab nicht ihre emotionale Intensität. Ich glaub, ich will nicht an den gleichen Rand gehen.« Chrissie Hynde war noch ein Teenager in Ohio, als sie einen Auftritt von Janis sah, der für sie elektrisierend, aber auch beängstigend war. »Da hast du dein nettes kleines Leben in den Vorstädten gelebt, und plötzlich war da dieses Zugunglück, und das war Janis.« Und sobald sie an ihrer Überdosis gestorben war, stand Janis als warnendes Beispiel da, dessen Weg einzuschlagen zu riskant schien. »Ich bin nicht über den Rand gegangen, denn ich hab gesehen, wie sie's getan hat«, behauptet Chris Williamson. Niemand projizierte die emotionalen Extreme wie Janis, auch Patti Smith nicht, deren Auftritte wild und hemmungslos waren und die zur gleichen Zeit wie Janis im Chelsea Hotel gewohnt hatte; niemand ging an »die äußersten Grenzen der Wahrscheinlichkeit«, zumindest nicht auf die gleiche Art. »Janis sang aus ihrem Schmerz heraus«, schrieb Ellen Willis nach ihrem Tod. Janis ist mehr als jede andere Frau im Rock & Roll für die Vorstellung verantwortlich, weiblich zu sein bedeute, gequält und unglücklich zu sein – und in den Siebzigern arbeiteten viele Frauen hart daran, diese Vorstellung zu widerlegen. Wenn Helen Reddy sang: »Ich bin

Frau, hör mich brüllen«, Chaka Khan verkündete: »Ich bin jede Frau«, und Patti Smith und Chrissie Hynde voranmarschierten, als sei die Schlacht gewonnen (in der Gesellschaft waren wie für die beiden letztgenannten Geschlechterrollen nicht mehr von Bedeutung), war Janis' Festhalten an dem Schmerz der Frauen und ihrer Opferrolle eine unwillkommene Einmischung. »Janis' gründliche Erkundungen der Nuancen des Schmerzes, ihre Hingabe, die Dinge so zu erzählen, wie sie waren«, schienen der Rock-Kritikerin Ann Powers anfangs »gefährlich, um sie in größeren Dosen zu nehmen«. Auch Melissa Etheridge war unangenehm berührt, als sie Janis das erste Mal im Fernsehen sah: »Ich war elf Jahre alt. Sie hat mir Angst gemacht. Sie bestand nur aus Haaren, und sie schrie, und ich verstand überhaupt nichts ... Ich hab mich mit Joplin nicht beschäftigt, bis ich 21 war, und dann hab ich mich da rein vertieft, weil ich den Schmerz und das Singen und die Seele verstand.« Gefährlich, riskant, beängstigend – das sind die Worte, die die meisten Frauen mit Janis Joplin in Verbindung bringen.

1993 wurde die 3-CD-Anthologie von Janis' Musik veröffentlicht, die endlich eine lange überfällige Neubewertung ihres Werks nach sich zog. Die Kritiker sahen sich gezwungen, die Vorstellung zu überprüfen, Janis sei eine blasse Imitation oder billige Kopie des Originals und sie verdanke ihren Erfolg eher ihrem unerhörten Auftreten als ihrem musikalischen Talent. Robert Christgau schrieb: »Janis demontiert die Falschmeldung, dass sie eine Art Blues-Imitatorin oder Hippie-Närrin war.« Natürlich ist die Vorstellung, sie sei eine musikalische Naive, ein Idiot Savant in der Welt der Musik gewesen, zu einem großen Teil auf die Art zurückzuführen, wie sie sich dargestellt hat. Bestrebt, so authentisch wie ihre Idole zu erscheinen, nervös, damit sie nicht prätentiös erschien, kunstbeflissen oder anspruchsvoll, Janis war das Opfer ihrer eigenen Publicity. Sie erzählte ahnungslosen Interviewern, dass sie Dinge einfach »fühlte«, doch ihr Gesang war alles andere als improvisiert. Sie schrie und plärrte und jammerte, doch alles hatte einen Zweck. Janis sang nicht nur die Töne, sie sang die Aussage wie nur wenige Sänger.

Die Anthologie hat wie die veränderten Zeiten zu einer kritischen Kehrtwende beigetragen. Heute zitieren von Joan Osborne über Stevie Nicks bis hin zu Kim Gordon von Sonic Youth alle ihren Einfluss. Janis ist plötzlich wieder modern. Natürlich ist Rock & Roll nicht mehr das, was er selbst vor zehn Jahren noch war. Heute gibt es so viele profilierte weibliche Rocker, dass der Erfolg von Frauen fast kaum noch beachtenswert und hoffentlich nicht mehr der Anlass für noch eine Sonderausgabe über Frauen in der Rock-Musik ist. Und nach der Wildheit der Riot Girls der Neunziger und dem raffiniert verpackten Aggro-Rock, der ihnen folgte, sind Janis' Verletzlichkeit und Schmerz wieder zu hören. Jetzt, wo der Schmerz der Frauen nicht mehr andauernd im Vordergrund steht, jetzt, wo Frauen wie PJ Harvey wütend Texte knurren wie »I'll make you lick my injuries / Till you say, Don't you, Don't you / Wish you'd never, never met her?« [*Ich werde dich dazu bringen, meine Wunden zu lecken, bis du dir sagst: Wünschst du dir eigentlich nicht, du hättest sie niemals, niemals getroffen?*], jetzt mag es scheinen, als hätte Janis einen sicheren, vielleicht sogar einen behaglich nostalgischen Platz gefunden.

Seltsamerweise verändert sich auch Janis' Bild allmählich. Jüngere Autoren scheinen mehr an ihrem Trotz als an ihrer Verzweiflung interessiert zu sein und entdecken ihre Intelligenz, ihren Humor und beachtlichen Charakter wieder, der sich dagegen sträubte, einer Kultur, die sie als Verliererin betrachtete, als Niemand, die Oberhand zu gewähren. Wohlwollende Lobpreisungen ihres Wagemuts sind ein verständliches Korrektiv von Janis' Porträt als tragischem Opfer, aber sie sind ebenso falsch. Janis' Rebellion und Schmerz waren untrennbar verbunden. Jeder noch so wohl gemeinte Versuch, ihr Leid herunterzuspielen oder ihren Leichtsinn als jugendliche Neugier auszulegen, verzerren das Bild. Janis war keine Sechziger-Version von Madonna oder Courtney Love oder PJ Harvey. »Wenn du an die Geschichte denkst, denkst du, sie wär gerade erst passiert, nur damals«, meint James Gurley. »Aber damals war das Leben anders.« Als Janis 1966 nach San Francisco zog und beschloss, Rock & Roll zu singen, gab es keine Vorbilder, keine treuen Ratgeber. Sie ließ sich auf ein Wagnis nach dem anderen ein – von der Stimme, die sie wählte, bis zu der Art, wie sie sich in eine Sexgöttin der Gegenkultur verwandelte – und riskierte jedes Mal, zum Ziel des Spotts zu werden. Janis' Schmerz anzuerkennen macht in Wahrheit ihren Trotz nur couragierter, prägnanter. Vielleicht können wir jetzt, 30 Jahre nach ihrem Tod, sehen, dass Janis weder die Draufgängerin war, die half, die Türen des Rock & Roll aufzureißen, noch das verlorene kleine Mädchen, das sich nach dem weißen Gartenzaun sehnte.

Die Anthologie von 1993 enthält eine bisher unveröffentlichte Version von »Cry Baby«, die aus den Sessions für *Pearl* stammt. Janis schmettert das erste Wort heraus, steigt auf in diesem überdrehten Joplin-Stil, hält die Note und holt alles aus ihr heraus, und plötzlich bricht sie ab. Statt die Zeile zu beenden, bricht sie in Lachen aus, als sei das ganze Janis-Joplin-Ding ein einziger großer Patzer, ein durchdachter Bluff, ein gigantisches kosmisches Kichern. Genauso schnell singt sie weiter, mit ihrer gewohnten Tiefe und Ausdruckskraft. Janis parodiert sich so schnell, dass der Augenblick schon fast vorbei ist, bis wir ihn erfasst haben, macht sich über ihr Image lustig, die auffällig gequälte Blues-Diva. Es ist ein seltener Augenblick von Selbsterkenntnis, der einfach unwiderstehlich ist, da sie so selbstsicher, so erregt klingt, während ihre Stimme sie wieder einmal ins Nirwana trägt.

Und in diesem Augenblick wusste ich, was mich so gepackt hat, als ich Janis zum ersten Mal singen hörte. Es war im

Herbst 1968, und ich hörte diesen winzigen UKW-Sender aus Gaithersburg in Maryland. Ich war überrascht von Janis' Stimme, die so kratzig und ausdrucksstark war, wie ich es nie bei einer Weißen gehört hatte. Aber ihre Kraft, mich emotional zu berühren, entging mir damals. Später verstand ich, dass man Janis' Ehrfurcht und ihre Freude darüber, alle Regeln zu brechen, hören konnte, wenn sie sang. In ihrer Musik hörte ich die Freiheit, die sie vermitteln wollte. Rock & Roll war dazu da, den Schalter in den Köpfen der Jugendlichen anzuknipsen, damit sie verstanden, dass Leben mehr als langweilige Pflicht, dass Leben reich an Möglichkeiten ist.»»Mag sein, du endest nicht glücklich«, sagte Janis einmal, »aber ich bin im Arsch, wenn ich's nicht versuch. Das ist wie Selbstmord begehen an dem Tag, an dem du geboren wirst, wenn du's nicht versuchst.« Janis verweigerte sich dem kompromissreichen, eingeschränkten Leben der Generation ihrer Eltern und hielt stattdessen eine Fackel an ihr eigenes. Sie war nicht immer glücklich, aber sie ging aufs Ganze und änderte die Regeln für uns alle. So gesehen war sie die große Gewinnerin. Sie hat mehr gewonnen, als sie jemals hätte erwarten können.

Wo sind sie heute?

Kurz nach dem Erscheinen ihres 1971er Albums *How Hard It Is* lösten sich Big Brother and the Holding Company auf. Sam Andrew zog nach New York, wo er Harmonielehre und Kontrapunktik an der New School for Social Research studierte. Dave Getz, Peter Albin und James Gurley spielten weiterhin bei zwanglosen Sessions mit anderen Musikern in der Bay Area. Anfang der Achtziger spielte James bei der Band Maragu Gitarre, und Peter spielte Bass bei den Dinosaurs, einer Gruppe von Hippie-Veteranen aus der Bay Area, der auch John Cipollina, Barry Melton, Spencer Dryden und Merl Sanders angehörten. Obwohl *Cheap Thrills* Big Brother viel Geld eingebracht hatte, waren die Bandmitglieder nicht reich genug, um sich für immer in Marin County zur Ruhe zu setzen. James begann keine zweite Karriere. Dave dagegen erwarb die Lehrberechtigung. Peter begann, als PR-Mann für einen Schallplattenvertrieb zu arbeiten, und Sam zog schließlich in die Bay Area zurück und stieg ins Musikmanagement ein. Als sie sich 1987 wieder als Big Brother reformierten, waren sie solide Musiker geworden. 1994 begann die Gruppe, wieder auf Tournee zu gehen. Sie trat in Japan, Russland, Mexiko und überall in den Vereinigten Staaten auf. 1997 lebten alte Spannungen wieder auf, und James verließ die Gruppe. Die Band spielt jetzt mit einem neuen Gitarristen und sucht eine Sängerin. Obwohl die Big-Brother-Familie nicht intakt geblieben ist, haben alle inzwischen feste Lebenspartner und Kinder. James' Sohn Hongo ist ebenfalls Musiker. Im Lauf der Zeit haben die Kritiker Big Brother positiver bewertet und der Live-Auftritt der Band mit Janis in Bill Grahams Winterland 1968, der 30 Jahre später auf dem Legacy-Label von Columbia veröffentlicht wurde, hat dazu beigetragen, dass die Band in einem noch günstigeren Licht betrachtet wird. Ein Kritiker bezeichnet Big Brother als »eine der zu Unrecht meistverleumdeten Bands jener Ära«.

Peggy Caserta wurde durch ihre Boutique ein reicher Hippie, aber ihre Heroinsucht kostete sie schließlich Mnasidika und das Haus am Stinson Beach. Nach ihrer Verhaftung ging sie auf Entzug und lebte 15 Jahre frei von Heroin. Anfangs der neunziger Jahre eröffnete Peggy ein Kaffeehaus in Südkalifornien, wurde aber kokain- und heroinsüchtig. Nach einer beinahe tödlichen Überdosis im Dezember 1995 hat sie beiden Drogen abgeschworen und ist seitdem clean geblieben. Sie lebt in einer Stadt südlich von Los Angeles, wo sie ihre Zeit damit verbringt, zu meditieren und sich Wege auszudenken, wie sie ein zweites Mal eine Million Dollar verdienen kann.

Nach Janis' Tod hörte John Cooke auf, als Road Manager zu arbeiten. Er lebt jetzt in Jackson, Wyoming, wo er Musik macht und schreibt. Er hat drei Romane veröffentlicht und ist der Schöpfer und Autor der Dokumentarserie *Outlaws and Lawmen*, die 1996 auf dem Discovery Channel Premiere hatte. Er arbeitet zur Zeit an einem Buch über seine Erlebnisse in den Sechzigern und die Musik, die damals populär war – den Schritt von Cambridge nach San Francisco, von der Folk Music zum Rock.

Myra Friedman schrieb Janis' Biographie, die 1973 veröffentlicht und für den National Book Award nominiert wurde. Sie wurde auf den aktuellen Stand gebracht und 1992 erneut veröffentlicht. Myra arbeitet gegenwärtig an den Memoiren einer »außergewöhnlichen persönlichen Erfahrung« und an einem Bericht über ihre ersten Erfahrungen im Musikgeschäft. Sie lebt in Manhattan.

Bill Graham wurde einer der bedeutendsten Veranstalter der Rockmusik. In den späten Achtzigern brüskierten ihn allerdings viele Spitzengruppen, die seinen autokratischen Stil satt hatten, und Graham begann, einen Großteil seiner Zeit der Organisation von Benefizkonzerten zu widmen. 1990 erfüllte sich sein lebenslanger Traum, Schauspieler zu werden, als er die Rolle des Gangsters Lucky Luciano in dem Film *Bugsy* bekam. Er starb 1991 im Alter von 60 Jahren bei einem Hubschrauberabsturz, nur wenige Monate, bevor der Film in die Kinos kam.

Linda Gravenites lebt in Nordkalifornien, wo sie – immer gut aufgelegt – bunte Glasfenster macht, im Garten arbeitet und das Leben mit ihrem Mann genießt.

Albert Grossman zog sich nach Janis' Tod noch mehr zurück. Klienten, die sich mit ihm treffen wollten, mussten nach Woodstock fahren. Anfang der siebziger Jahre war Albert in der Musikindustrie kein Schwergewicht mehr. The Band hatte ihn verlassen und sich bei David Geffen verpflichtet, ein Schritt, der Albert angeblich tief verletzt haben soll. Grossman wurde damals in einen Rechtsstreit mit einer Versicherungsgesellschaft aus San Francisco verwickelt, bei der er 1969 Policen über 200 000 Dollar für jeden seiner 14 Künstler unterschrieben hatte. Dazu hätte Otis Reddings Tod den Anlass gegeben, erklärte Grossman. Nachdem sie Janis' Lebensstil und ihre Überdosis untersucht hatte, kam die Gesellschaft zu dem Schluss, ihr Tod sei ein Selbstmord gewesen, und erklärte ihre Police für nichtig. Albert klagte und erhielt nach außergerichtlicher Einigung eine sechsstellige Abfindung. Er starb 1986 an einem Herzanfall während eines Transatlantikflugs. Er war 59 Jahre alt und zum Zeitpunkt seines Todes immer noch mit Sally verheiratet.

Chet Helms, der ewige Evangelist, veranstaltete nach der Schließung des Avalon weiterhin Happenings und Konzerte. Als er damit aufhörte, kehrte er zu seinen Wurzeln zurück und »wühlte wieder im Müll«: Er eröffnete das Atelier Doré in San Francisco, eine Kunstgalerie, die auf amerikanische und europäische Kunst des späten 19. und frühen 20. Jahrhunderts spezialisiert war. Später nahm er seine alte Tätigkeit lange genug wieder auf, um 1997 ein Konzert zur Feier des 30-jährigen Jubiläums des »Summer of Love« zu veranstalten. Obwohl Chet nie persönlichen Reichtum anhäufte, hatte er die Voraussicht, die Poster urheberrechtlich schützen zu lassen, die für die Family-Dog-Dances im Avalon geworben hatten. Sein Copyright wurde von den Künstlern, die sie entworfen hatten, erfolglos angefochten.

Seth und Dorothy Joplin zogen 1976 nach Prescott in Arizona. Dorothy lebt dort immer noch; Seth starb 1987 an Krebs. Laura Joplin machte ihren Doktor in Erziehungswissenschaft und führte anschließend Motivationsseminare durch. 1992 veröffentlichte sie *Love, Janis*, ihre eigene Schilderung von Janis' Leben. Laura lebt mit ihrem Mann und ihren Kindern in Denver und widmet einen Großteil ihrer Zeit der Nachlassverwaltung ihrer Schwester. Ihr Bruder Michael lebt als Keramikkünstler in Arizona und ist ebenfalls mit der Nachlassverwaltung beschäftigt.

Dave und Patti McQueen trennten sich in den späten Sechzigern. Nachdem er versucht hatte, eine Chemiefabrik vor den Toren Oaklands gewerkschaftlich zu organisieren, bekam Dave einen Job bei dem alternativen Rundfunksender KSAN. Er arbeitet immer noch beim Rundfunk und seine Stimme ist Tausenden von Nordkaliforniern bekannt, die KKSF hören, den seichten Jazz-Sender der Bay Area. Patti McQueen Vickory hat viele Jahre als Kunstverwalterin gearbeitet. Patti ist wieder verheiratet und lebt in Texas, wo sie für den *Navasota Examiner* eine Kolumne über das Leben in der Provinz schreibt und Teilhaberin eines Antiquitätengeschäfts ist.

Milan Melvins Ehe mit Mimi Fariña war nicht von Dauer, und im Sommer 1970 ging er mit Tom Donahue, einem Kollegen bei KSAN, nach England, um bei dem Konzertfilm *Medicine Ball Caravan* mitzuarbeiten, Warner Brothers' fehlgeschlagenem Versuch, am jugendlichen Markt zu verdienen. Nach seiner Rückkehr in die Vereinigten Staaten produzierte er einige

Schallplatten. Er lebt jetzt in Mexiko und ist mit einer Designerin und Künstlerin verheiratet. Er verbringt viel seiner Zeit im Wasser: Er ist Tauchlehrer und lernt Höhlentauchen. Wenn er nicht unter Wasser ist, schreibt er an seinen Memoiren.

Als sich Pat »Sunshine« Nichols im Mai 1970 endgültig von ihrer Heroinsucht löste, die sie 500 Dollar am Tag kostete, machte sie es mit einem kalten Entzug. Sie war entschlossen, auch anderen dabei zu helfen, und begann bei der Haight-Ashbury Free Medical Clinic Heroin Detoxification Unit zu arbeiten. Sunshine wurde 1971 in der Klinik angestellt, dem Jahr, als die Bundesregierung die Entgiftung erstmals subventionierte. Sunshine vermutet, dass all die Vietnamveteranen, die mit »elefantösen Süchten« zurückkamen, den Anlass dazu gaben. Neben ihrer Arbeit in der Klinik arbeitete sie als Barkellnerin in der Coffee Gallery. In den späten Siebzigern studierte sie und machte ihr Bakkalaureat in Archäologie an der Universität von Kalifornien in Santa Cruz. Sie arbeitet heute als Verwaltungsassistentin im Gebiet von Silicon Valley.

Tary Owens ist seit seinem Entzug 1983 in der Musikszene Austins aktiv gewesen und hat eine Vielzahl Schallplatten und Dokumentationen produziert. Er hat auch als Drogen- und Alkoholberater gearbeitet und bei der Aidsaufklärung mitgewirkt. Er schreibt zur Zeit an einer Biographie von Grey Ghost, einem Barrelhouse-Bluespianisten, der angeblich der erste Schwarze in Texas war, der ein Auto besaß. Er lebt mit seiner Frau Maryann Price, einer Sängerin, in Austin.

Travis Rivers managte 1979 die Sängerin Tracy Nelson, zog dann nach New York, um ein Lehrprogramm der Director's Guild zu besuchen, und arbeitete schließlich fünf Jahre als Regieassistent beim Film und bei Musikvideos. 1987 erfand sich Travis neu als Computerberater. Er war mehrere Jahre Präsident von Maxcess Inc., einem Hersteller von Diskettenlaufwerken, und hat als Produktmanager für mehrere Computerfirmen in New York gearbeitet.

Powell St. John beschloss wie die anderen Mitglieder von Mother Earth, in der Bay Area zu bleiben, als Tracy Nelson die Gruppe verließ. Powell spielt noch immer Mundharmonika, verdient seinen Lebensunterhalt aber als Computerberater. Er lebt mit seinen Kindern in Berkeley.

Linda Gottfried Waldron ist medial veranlagt und lässt Janis seit November 1970 durch sich sprechen. Damals hatte sie Janis' Autoharp gekauft. Sie lebt auf Hawaii und in New York.

Diskographie

Big Brother And The Holding Company, Produzent: Bob Shad.
Bye Bye Baby[2] (P. St. John), Easy Rider[1] (J. Gurley), Intruder[2] (J. Joplin), Light Is Faster Than Sound[3] (P. Albin), Call On Me[2] (S. Andrew), Women Is Losers[2] (J. Joplin), Blindman[1] (P. Albin, S. Andrew, D. Getz, J. Gurley, J. Joplin), Down On Me[3] (arr. J. Joplin), Caterpillar[1] (P. Albin), All Is Loneliness[1] (L. Hardin).
Aufgenommen am 12. Dezember =1, 13. Dezember =2 und 14. Dezember 1966=3
Ursprünglich im Herbst 1967 auf Mainstream veröffentlicht.
Janis wird nicht als Autorin von »Women Is Losers« angeführt. Die Band fand »Down On Me« auf einer Sammlung von John Lomax. Laut Peter Albin »bearbeitete« Janis den Text.
Das Album war 30 Wochen in den Charts, höchste Position in *Billboard* # 60.
Die Singleauskopplung »Down On Me« war 8 Wochen in den Hot 100, höchste Position # 43.
Wieder veröffentlicht im August 1999 auf Sony / Columbia CD 492862, digital remastered im SBM-Verfahren. Bonus Tracks: Coo Coo[1] (P. Albin), The Last Time[3] (J. Joplin) – die Mainstream-Single; Call On Me[2], Bye Bye Baby[2] – alternative Takes.
»Coo Coo« war 3 Wochen in den Hot 100, höchste Position # 84.

Cheap Thrills, Big Brother And The Holding Company, Produzent John Simon.
Combination Of The Two[1] (S. Andrew), I Need A Man To Love[5] (J. Joplin, S. Andrew), Summertime[6] (D. Heyward, G. Gershwin), Piece Of My Heart[5] (J. Ragovoy, B. Berns), Turtle Blues[3] (J. Joplin), Oh Sweet Mary[7] (J. Joplin, P. Albin, S. Andrew, D. Getz, J. Gurley), Ball And Chain[4] (W. M Thornton).
Aufgenommen am 19. März =1, 25. März =2, 12. April =3, 13. April =4, 20. Mai =5, 28. Mai =6 und 29. Mai 1968=7
Ursprünglich im Juli 1968 auf Columbia veröffentlicht. Peter Albin spielt Gitarre bei »Turtle Blues« und »Oh Sweet Mary«, John Simon spielt Piano bei »Turtle Blues«, James Gurley die Soli von »Ball And Chain« und »Combination Of The Two«, Sam Andrew die Soli von »I Need A Man To Love« und »Piece Of My Heart«. Das Album war 66 Wochen in den Charts, höchste Position in *Billboard* # 1 für 8 Wochen.

Die Singleauskopplung »Piece Of My Heart« war 12 Wochen in den Hot 100, höchste Position # 12.
Wieder veröffentlicht im August 1999 auf Sony / Columbia CD 492 863, digital remastered im SBM-Verfahren. Bonus Tracks: Roadblock[2] (J. Joplin, P. Albin), Flower In The Sun[2] (Sam Andrew), Catch Me Daddy (P. Albin, S. Andrew, D. Getz, J. Gurley, J. Joplin), Magic Of Love (M. Spoelstra) – beide live im Grande Ballroom, Detroit, 2. März 1968.

I Got Dem Ol' Kozmic Blues Again Mama!, Janis Joplin, Produzent Gabriel Mekler.
Try (Just A Little Bit Harder)[5] (J. Ragavoy, C. Taylor), Maybe[2] (R. Barrett), One Good Man[5] (J. Joplin), As Good As You've Been To The World[1] (Nick Gravenites), To Love Somebody[4] (B. Gibb, R. Gibb), Kozmic Blues[6] (J. Joplin, G. Mekler), Little Girl Blue[6] (L. Hart, R. Rodgers, arr. G. Mekler), Work Me Lord[4] (Nick Gravenites). Aufgenommen am 13. Juni =1, 15. Juni =2, 17. Juni =3, 18. Juni =4, 24. Juni =5 und 25. Juni 1969 =6
Ursprünglich im September 1969 auf Columbia veröffentlicht.
Michael Bloomfield spielt die Soli bei »One Good Man«, wird aber auf der Hülle nicht erwähnt.
Das Album war 28 Wochen in den Charts, höchste Position in *Billboard* # 5.
Die Singleauskopplung »Kozmic Blues« war 41 Wochen in den Hot 100, höchste Position # 9.
Wieder veröffentlicht im August 1999 auf Sony / Columbia CD 492 864, digital remastered im SBM-Verfahren. Bonus Tracks: Dear Landlord[3] (Bob Dylan); Summertime, Piece Of My Heart – live in Woodstock, August 1969.

Pearl, Janis Joplin / Full Tilt Boogie, Produzent: Paul Rothchild.
Move Over[3] (J. Joplin), Cry Baby[1] (J. Ragavoy, B. Berns), A Woman Left Lonely[1] (D. Penn, Spooner Oldham), Half Moon[4] (J. Hall), Buried Alive In The Blues[4] (N. Gravenites), My Baby[2] (J. Ragavoy, M. Shuman), Me And Bobby McGee[3] (K. Kristofferson, F. Foster), Mercedes Benz[5] (J. Joplin, M. McClure), Trust Me[3] (B. Womack), Get It While You Can[2] (J. Ragavoy, M. Shuman).
Aufgenommen am 5. September =1, 24. September =2, 25. September =3, 26. September =4 und 1. Oktober 1970 =5
Ursprünglich im Januar 1971 auf Columbia veröffentlicht.
Das Album war 42 Wochen in den Charts, höchste Position in *Billboard* # 1 für 9 Wochen.
Die erste Singleauskopplung »Me And Bobby Mc Ghee« war 15 Wochen in den Hot 100, höchste Position # 1 für 2 Wochen. Die zweite Singleauskopplung »Cry Baby« war 6 Wochen in den Hot 100, höchste Position # 42.

Die dritte Singleauskopplung »Get It While You Can« war 2 Wochen in den Hot 100 und erreichte Position # 78.
Wieder veröffentlicht im August 1999 auf Sony / Columbia CD 492 865, digital remastered im SBM-Verfahren. Bonus Tracks: Tell Mama (M. Daniel, W. Terrell, C. Carter), Little Girl Blue, Try (Just A Little Bit Harder), Cry Baby – alle live in Calgary, 4. Juli 1970, Canadian Festival Express Tour.

Big Brother And The Holding Company, Cheap Thrills, Kozmic Blues und **Pearl** sind als limitiertes Set **Box Of Pearls** (Sony / Columbia C5K 65937) mit der Bonus-EP **Rare Pearls** erhältlich: It's A Deal (P. Albin, S. Andrew, D. Getz, J. Gurley, J. Joplin), Easy Once You Know (P. Albin, S. Andrew, D. Getz, J. Gurley, J. Joplin) – *Cheap Thrills*-Sessions, 19. März 1968; Maybe – Kozmic Blues Band live in Amsterdam, 1. April 1969; Raise Your Hand (E. Floyd, S. Cropper, A. Isbell), Bo Diddley (E. McDaniel) – Kozmic Blues Band live im Fillmore West, San Francisco, 5. Oktober 1969.

Pearl ist auch als Mastersound Gold-CD erhältlich, Wiederveröffentlichung November 1995 (Sony / Columbia CD 480 415).

Live At The Winterland '68, Janis Joplin With Big Brother And The Holding Company. Erstveröffentlichung im Juni 1998 auf Sony / Columbia CD 485 150.
Down On Me, Flower In The Sun, I Need A Man To Love, Bye Bye Baby, Easy Rider, Combination Of The Two, Farewell Song, Piece Of My Heart, Catch Me Daddy, Magic Of Love, Summertime, Light Is Faster Than Sound, Ball And Chain, Down On Me.
Columbia zufolge wurde die CD nicht nachbearbeitet. Der Musikkritiker Fred Goodman erklärt jedoch, mit der Digitaltechnik könnten leicht Änderungen vorgenommen werden, »und niemand – vielleicht auch die Musiker selbst – würde es merken«.

Joplin In Concert, mit Big Brother und Full Tilt Boogie (*), zusammengestellt von Elliot Mazer.
Down On Me, Bye Bye Baby, All Is Loneliness, Piece Of My Heart, Try (Just A Little Bit Harder)*, Get It While You Can*, Ball And Chain*, Roadblock, Flower In The Sun, Summertime, Ego Rock (N. Gravenites, J. Joplin), Half Moon*, Kozmic Blues*, Move Over*
Die Aufnahmen von Big Brother im Grande Ballroom in Detroit wurden für *Cheap Thrills* verworfen, da der Auftritt zu schlecht beurteilt wurde. Die CD enthält »Down On Me« und »Piece Of My Heart« aus dieser Show. Zumindest »Down On Me« wurde von Mazer nachbearbeitet, der Peters Bass-Parts löschte und selbst neu einspielte. Peter behauptet, Mazer hätte

bei einigen der Alben, die er produziert hätte, auch Dave Getz' Schlagzeug-Parts nachträglich von einem anderen Musiker neu einspielen lassen. Im Grunde ist es praktisch unmöglich, die Qualität eines Auftritts einer beliebigen Band nach einer »Live-Aufnahme« zu beurteilen. Mazer selbst erklärte zur Nachbearbeitung: »Die erste Regel ist: ›Es gibt keine Regeln‹, und die zweite ist: ›Siehe Regel Nummer eins.‹« Der größte Teil der Titel mit Big Brother wurde im Frühling und Sommer 1968 aufgenommen. »All Is Loneliness« und »Ego Rock«, bei dem Nick Gravenites mitsingt, wurde im April live aufgenommen, als Janis mit Big Brother in Bill Grahams Fillmore West auftrat.
Ursprünglich im Juli 1972 auf Columbia veröffentlicht. Wiederveröffentlichung im Juli 1990 auf Sony / Columbia CD 466838.

Janis, aus dem Soundtrack des gleichnamigen Films, Produzent: Paul Rothchild (mit Ausnahme von »Piece Of My Heart«). Doppel-CD.
CD 1: Trouble In Mind (R. M. Jones), What Good Can Drinkin' Do (J. Joplin), Silver Threads And Golden Needles (R. Rhodes, D. Reynolds), Mississippi River (trad.), Stealin' (L. Stock, A. Lewis), No Reason For Livin' (J. Joplin), Black Mountain Blues* (H. Cole), Walk Right In* (G. Cannon, H. Wood), River Jordan* (trad.), Mary Jane* (J. Joplin), Kansas City Blues (C. Parker), Daddy Daddy Daddy (J. Joplin), C. C. Rider (M. Rainey), Fan Francisco Bay Blues (J. Fuller), Winin' Boy (J. R. Morton), Careless Love (H. Ledbetter, A. Lomax, J. Lomax), I'll Drown In My Own Tears (H. Glover).
Dem Begleittext zufolge sollen die meisten dieser Aufnahmen 1963 und 1964 in Austin aufgenommen worden sein. Es ist wahrscheinlicher, dass sie von Ende 1962 und Anfang 1963 stammen und die Waller Creek Boys Janis begleiten. Die Titel mit einem * sollen 1965 mit der Dick Oxtot Jazz Band in San Francisco aufgenommen worden sein.
CD 2: Mercedes Benz (von *Pearl*), Ball And Chain (mit Kozmic Blues live in Frankfurt, 12. April 1969), Try (Just A Little Bit Harder) mit Janis' Ansage, mit Full Tilt Boogie live in Toronto, 28. Juni 1970; Summertime (mit Kozmic Blues live in Frankfurt, 12. April 1969), Albert Hall Interview 1969, Cry Baby (von *Pearl*), Move Over (mit Full Tilt Boogie in der *Dick Cavett Show*, 1970), Dick Cavett Interview, Piece Of My Heart (von *Cheap Thrills*), Pressekonferenz des Klassentreffens in Port Arthur (von KJAC-TV in Port Arthur gesendet), Maybe (mit Kozmic Blues live in Frankfurt, 12. April 1969), Me And Bobby McGee (von *Pearl*).
Ursprünglich 1975 auf Columbia veröffentlicht.
Wieder veröffentlicht im Mai 1997 als Janis Joplin, Early Performance auf Sony / Columbia 467406.

Farewell Song. Janis Joplin, Produzent: Elliot Mazer (*), Begleittext Country Joe McDonald.
Tell Mama* (mit Full Tilt Boogie live in Toronto, 28. Juni 1970), Magic Of Love (mit Big Brother live in Detroit, 1. März 1968), Misery'n* (P. Albin, S. Andrew, D. Getz, J. Gurley, J. Joplin) – Outtake von *Cheap Thrills*, 1. April 1968; One Night Stand (B. Flast, S. Gordon) – mit der Paul Butterfield Blues Band, 28. März 1970; Harry (P. Albin, S. Andrew, D. Getz, J. Gurley, J. Joplin) – *Cheap Thrills*-Sessions, 1. April 1968; Raise Your Hand* (mit Kozmic Blues live in Frankfurt, 12. April 1969), Farewell Song (mit Big Brother live im Winterland, 13. April 1968), Medley*: Amazing Grace (trad., arr. P. Albin, S. Andrew, D. Getz, J. Gurley, J. Joplin) und Hi-Heel Sneakers (R. Higginbotham) – mit Big Brother live im Matrix, 31. Januar 1967; Catch Me Daddy (*Cheap Thrills*-Sessions, 1. April 1968).
Peter Albin erkläert, Mazer hätte einige seiner Bass-Parts und Dave Getz' Schlagzeug-Parts ersetzt. Mazer überspielte Peters Bass bei »Farewell Song« selbst, bestreitet aber, »Magic Of Love« nachbearbeitet zu haben, das im Grande Ballroom mitgeschnitten wurde. »One Night Stand« wurde ursprünglich von Todd Rundgren produziert. Auf seiner Version, die auf der 3-CD-Anthologie enthalten ist, klingt Janis, als sei das Band mit höherer Geschwindigkeit überspielt worden. Hier hat sie die gewohnte Stimmhöhe. Ursprünglich 1982 auf Columbia veröffentlicht. Wiederveröffentlichung im Juli 1996 auf Sony / Columbia CD 484458.

Cheaper Thrills. Big Brother And The Holding Company. Live-Mitschnitt aus der California Hall, San Francisco, vom 28. Juli 1966. Produzent: Dave Getz.
Ursprünglich auf Edsel veröffentlicht, Wiederveröffentlichung bei Rhino. Aus dem Katalog gestrichen.

Janis. Produzent der Anthologie: Bob Irwin, Begleittext: Essays von Ellen Willis und Ann Powers. 3-CD-Box-Set.
CD 1: What Good Can Drinkin' Do (Aufnahme aus John Rineys Wohnzimmer, Austin, Dezember 1962), Trouble In Mind, Hesitation Blues (trad.), Easy Rider, Coo Coo, Down On Me, The Last Time, All Is Loneliness, Call On Me (Live-Aufnahme von Bob Cohen, Avalon Ballroom, 17. März 1967), Women Is Losers (Live-Aufnahme von Bob Cohen, Avalon Ballroom, 9. Dezember 1966), Intruder, Light Is Faster Than Sound, Bye Bye Baby, Farewell Song (*Cheap Thrills*-Sessions), Flower In The Sun (Live-Aufnahme von Dan Healey und Owsley, Carousel Ballroom, San Francisco, 23. Juni 1968), Misery'n (*Cheap Thrills*-Sessions, alternativer Take), Roadblock, Ball And Chain (beide live beim Monterey Pop Festival 1967).

Wenn nicht anders angegeben, stammen die Titel auf CD 1 von *Big Brother And The Holding Company.*
CD 2: Combination Of The Two, I Need A Man To Love, Piece Of My Heart, Turtle Blues, Oh Sweet Mary, Catch Me Daddy (*Cheap Thrills*-Sessions, alternativer Take), Summertime(*Cheap Thrills*-Sessions, alternativer Take), Kozmic Blues, Try (Just A Little Bit Harder), One Good Man, Dear Landlord, To Love Somebody, As Good As You've Been To This World, Little Girl Blue, Work Me Lord, Raise Your Hand (mit Kozmic Blues live in der Ed Sullivan Show, 16. März 1969), Maybe (mit Kozmic Blues live in der Ed Sullivan Show, 16. März 1969).
Titel 1–5 von CD 2 stammen von *Cheap Thrills*, die restlichen Titel von *Kozmic Blues*, wenn nicht anders angegeben.
CD 3: Me And Bobby McGee (akustische Version, Janis' Demo für Paul Rothchild), One Night Stand (alternativer Take aus der Session mit der Paul Butterfield Blues Band, 28. März 1970), Tell Mama (mit Full Tilt Boogie live in Calgary, 4. Juli 1970), Try (Just A Little Bit Harder) (mit Full Tilt Boogie live in Calgary, 4. Juli 1970), Cry Baby (während der Proben zu *Pearl* aufgenommen, 5. September 1970), Mover Over, A Woman Left Lonely, Half Moon, Happy Birthday John (Happy Trails) (Geburtstagsgruß an John Lennon, während einer Pause bei den *Pearl*-Sessions aufgenommen, 26. September 1970), My Baby, Mercedes Benz (mit längerer Vorrede von Janis), Trust Me, Get It While You Can, Me And Bobby McGee.
Wenn nicht anders angegeben, stammen die Titel auf CD 3 von *Pearl*.
Ursprünglich Ende 1993 auf Columbia veröffentlicht.
Wiederveröffentlichung im September 1998 auf Sony / Columbia 491 394.

The Very Best Of Janis Joplin
Me And Bobby McGee, Cry Baby, Kozmic Blues, Move Over, Piece Of My Heart, Mercedes Benz, Try (Just A Little Bit Harder), Get It While You Can, Down On Me, Ball And Chain, Summertime, Mary Jane.
Letzte Veröffentlichung Februar 1989 auf Sony / Columbia CD 451 098.

Janis Joplin Anthology
Piece Of My Heart, Summertime, Maybe, Try (Just A Little Bit Harder), To Love Somebody, Kozmic Blues, Turtle Blues, Oh Sweet Mary, Little Girl Blue, Trust Me, Move Over, Half Moon, Cry Baby, Me And Bobby McGee, Mercedes Benz, Down On Me, Bye Bye Baby, Get It While You Can, Ball And Chain.
Letzte Veröffentlichung Mai 1997 auf Sony / Columbia 467 405, Doppel-CD.

Absolute Janis
Cry Baby, Get It While You Can, A Woman Left Lonely, Piece Of My Heart,

Down On Me*, Try (Just A Little Bit Harder), My Baby, Kozmic Blues, Ball And Chain*, I'll Drown In My Own Tears*, Maybe*, To Love Somebody, Raise Your Hand*, Magic Of Love*, Bye Bye Baby*, Buried Alive In The Blues, Me And Bobby McGee, Move Over, Little Girl Blue, Mercedes Benz, Work Me Lord, Summertime*, Half Moon, Silver Threads And Golden Needles*, San Francisco Bay Blues*, Trust Me, Misery'n*, One Good Man, Tell Mama*, Medley: Amazing Grace / Hi-Heel Sneakers*, One Night Stand, Farewell Song (* = live).
Letzte Veröffentlichung Oktober 1997 auf Sony / Columbia 487832, Doppel-CD.

Greatest Hits
Piece Of My Heart, Summertime, Try (Just A Little Bit Harder), Cry Baby, Me And Bobby McGee, Down On Me, Get It While You Can, Bye Bye Baby, Move Over, Ball And Chain.
Letzte Veröffentlichung November 1998 auf Sony / Columbia CD 491718.

Woodstock Diary. Aufnahmen aus dem gleichnamigen Film. Janis ist mit »Try (Just A Little Bit Harder)« und »Ball And Chain« vertreten. 1994 auf Atlantic veröffentlicht.

Anmerkungen

Nachfolgend sind die Interviews aufgelistet, die von der Autorin durchgeführt wurden. Anschließende Telefonate sind nicht vermerkt.
Francis Abernathy, 6. April 1998; Peter Albin, 27. September 1994 und 18. Mai 1995; Stan Alexander, 4. April 1998; Glen Alyn, 4. April 1998; Ray Anderson, 27. Juni 1995; Sam Andrew, 4. August 1996; Linda Bacon, 20. Juni 1996; Maury Baker, 17. März 1995; Roger Baker, 3. August 1996; Bruce Barhol, 14. Mai 1995; Larry Bell, 30. Juli 1996; Richard Bell, 3. Oktober 1997; Bill Belmont, 28. September 1994; Herman Bennett, 17. Dezember 1996; Karleen Bennett, 26. Januar 1997; Kristine Bennett-Cook, 25. Juni 1995; Peter Berg, 21. Juni 1995; Marvin Bienstock, 21. Januar 1998; Sybil »Debbie« Boutellier, 22. November 1997; Michael Bowen, 18. Mai 1995; Cynthia Brantley, 9 April 1995; Harry Britt, 9. April 1995; Bob Brown, 8. Juni und 28. Juni 1996; Pat Brown, 31. März 1997; Toni Brown, 1. Juli 1995; Edward Burns, 8. Mai 1997; Henry Carr, Mai 1995; John Carrick, 21. November 1997; Peggy Caserta, 27. September 1996 und 13. Februar 1997; Fred Catero, 18. Juni 1995; Stephanie Chernikowski, 25. Februar 1997; Bob Clark, 8. Juli 1997; Guy Clark, 24. September 1997; Allen Cohen, Juni 1995; Bob Cohen, 17. Mai 1995; John Cooke, 15. Dezember 1996 und 16. Mai 1997; Vickie Cunningham, 9. Februar 1998; Barbara Dane, 15. Juli 1998; Frank Davis, 19. Oktober 1996; Diane Di Prima, 26. November 1996; Raechel Donahue, 30. Mai 1996; George Ebbe, September 1998; Phil Elwood, 14. Juli 1998; Lyndall Erb, 20. Mai und 25. Juni 1995; Barry Feinstein, 25. Juni 1997; B. J. Fernea, 27. Mai 1996; Martine Fiero, August 1998; Sallie Fiske, 15. Mai 1996; Snooky Flowers, 27. Juni 1995; Jim Fouratt, August 1994; Myra Friedman, 1. und 2. April 1995; Jeanie Gallyot, 14. November 1997; Terry Garthwaite, 10. Juli 1997; Dave Getz, 23. Juni 1995; Bernard Giarratano, 16. September 1997; Bennett Glotzer, August 1998; Judy Goldhaft, 25. Juni 1995; Carl Gottlieb, 30. Juli 1996; Linda Gravenites, 26. August 1994 und 21. Juni 1996; Mike Gray, Februar 1997; Sally Grossman, 7. Oktober 1997; Ed Guinn, 6. Juni 1996; James Gurley, 13. August 1997; Tommy Hall, 18. Oktober 1997; Bill Ham, 14. Juni 1995; Jim Haynie, 15. September 1994; Chet Helms, 5. Oktober 1994, 22. und 24. Juni 1995; Lee Housekeeper, Januar 1998; Richard Hundgen, 30. Juni 1995; George Hunter, 20. Juni 1996; Fredda Slote Hutchinson, 12. Oktober 1996; Diane Ihley, 14. November 1997; Jack Jackson, 8. Juni 1996; Billy James, 17. November 1997; John Jennings, 20. Juni 1995; Annie

Johnson, Juni 1995; Laura Joplin, 17. Januar 1997; Lenore Kandel, 19. Juni 1996; Alton Kelley, 18. Mai 1995; Lisa Kindred, 20. Mai 1995; Frances Kirkpatrick, August 1997; Edward Knoll, 12. November 1997; Janice Knoll, 17. November 1997; Michael Kondray, 12. Januar 1998; Mary Anne Kramer, 16. November 1996; Jim Langdon, 1. Oktober 1997; Lisa Law, 13. Januar 1998; Sally Lee, 21. September 1997; Grant Lyons, 26. August 1997; Glenn McKay, 29. September 1994; Dave McQueen, 16. Juni 1996; Elliot Mazer, 25. Mai 1995 und 26. März 1997; Milan Melvin, 9. Oktober 1996; Vince Mitchell, 9. und 10. September 1997; Alice Molloy, 14. Juni 1996; Dave Moriaty, 22. Mai und 3. November 1996; Etta Moriaty, 23. November 1996; John Morris, 8. September 1994, Robert Morrison, 19. August 1997; Stanley Mouse, 24. August 1997; Mark Naftalin, Juni 1995; Paul Nelson, 15. Januar 1998; Tracy Nelson, 7. Mai 1997; Pat »Sunshine« Nichols, Juni 1995 und Juni 1997; Michael Ochs, 17. November 1997; Odetta, 2. Januar 1997; Tary Owens, 21. Mai 1996 und 28. Januar 1997; Richard Oxtot, 30. Mai 1996; Deanie Parker, 15. Dezember 1997; Mary Sue Plank, 22. Juni 1995; Pepi Plowman, 26. und 31. Juli 1996; Linda Poole, 30. Juni 1998; Maryanne Price, 21. Mai 1996; Michael Pritchard, 16. Juli 1996; Nancy Quam-Wickham, 13. März 1998; Hillel Resner, 29. Juni 1995; Andy Rice, 4. Februar 1997; Travis Rivers, 8. Juni 1997; Trish Robbins, 19. Juni 1996; Bob Roberts, Oktober 1995; Karen Roberts, Oktober 1995; Rhonda Saboff, Oktober 1995; Powell St. John, 13. Juni 1996; Don Sanders, 21. November 1997; Todd Schiffman, Februar 1996; Bari Scott, August 1995; Bob Seidemann, 31. Mai und 6. Juni 1996; Pat Sharpe, 3. Juli 1997; Roy Siegal, Juni 1995; Bob Simmons, 28. Mai 1996; John Simon, 6. Mai 1995; Darby Slick, Januar 1996; Jack Smith, 30. August 1997; Bruce Steinberg, 14. Januar 1998; Chris Strachwitz, 21. Juni 1996; Wali Stopher, 8. Dezember 1996; Randy Tennant, 24. November 1997; John Till, 15. August 1998; Linda Tillery, 30. Juni 1995; Patti McQueen Vickery, 29. Juli 1996; Frances Vincent, 19. August 1997; Linda Waldron, 22. April und 4. September 1997; Malcolm Waldron, 1. und 5. November 1997; Jae Whitaker, 16. August 1997; Burton White, 9. Juni 1996; Joshua White, 14. August 1994; Vickie Wickham, September 1998; Ramsey Wiggins, Februar 1997; Chris Williamson, Oktober 1995; Mary Works, Juni 1995; Peter Yarrow, 19. Juni 1998.

Einleitung

Seite 11

»Janis, was machst du denn?«: Interview mit Patti McQueen Vickery
»die eindeutig berühmteste Obdachlose«: Interview mit Fredda Slote

Seite 12
»Sie hat die gleichen Veränderungen mitgemacht«: David Dalton, *Piece of My Heart: A Portrait of Janis Joplin*, New York 1991, S. 107
»Zigeunern gleich«: Tom Wolfe, *The Electric Kool-Aid Acid Test*, New York 1969, S. 16
»in das Ghetto, weil sie vor Amerika flohen«: Osha Neumann, »Motherfuckers Then and Now: My Sixties Problem«, in: Marcy Danovsky, Barbara Epstein und Richard Flacks, Hrsg., *Cultural Politics and Social Movements*, Philadelphia 1995
»Geld redet nicht«: Bob Dylan, »It's Alright Ma (I'm Only Bleeding)«, auf *Bringing It All Back Home*
Seite 13
»ersten weiß-schwarzen Menschen«: Laura Joplin, *Love Janis*, New York 1992, S. 124
»Kein Typ hat mir je …«: Dalton, S. 59
Seite 14
»Dynamik der Umkehrung«: Ann Douglas, *Terrible Honesty: Mongrel Manhattan in the 1920s*, New York 1995, S. 414
»welche seltsamen, verrückten Ereignisse«: Dalton, S. 188
Seite 15
»weiblichen Elvis«: Bob Allen, Begleittext zu Janis Martin: *The Female Elvis, Complete Recordings*. In Australien wurde Alis Lesley als »weiblicher Elvis« beworben, und die Rockabilly-Sängerin Wanda Jackson wurde als »weiblicher Gene Vincent« bezeichnet. Frauen als Analogien zu männlichen Stars zu vermarkten war eine gängige Praxis, selbst in den Siebzigern, als Patti Smith der »weibliche Bob Dylan« genannt wurde.
Seite 16
Die Mädchen der fünfziger Jahre: hinsichtlich einer ausführlichen Diskussion von Sexualität, Geschlecht und Rasse im frühen Rock & Roll siehe Alice Echols, »Smooth Sass and Raw Power: R & B's Ruth Brown and Etta James«, in Barbara O'Dais, Hrsg., *Trouble Girls: The* Rolling Stone *Women in Rock*, New York, S. 35–39
»Folk Music war so leicht«: Alice Echols, »30 Years with a Portable Lover: Alice Echols talks to Joni Mitchell«, *LA Weekly*, 25. November 1994, S. 27
»Musik für den Bereich unterhalb des Halses«: Simon Frith, *Sound Effects: Youth, Leisure, and the Politics of Rock*, London 1980, S. 163
Seite 17
»Janis war so kraftvoll«: Bill Graham und Robert Greenfield, *Bill Graham Presents: My Life Inside Rock and Out*, New York 1992, S. 165
»erigiert unter ihrem …«: Robert Christgau, *Any Old Way You Choose It: Rock and Other Pop Music, 1967–1973*, Baltimore 1973, S. 24

Seite 18
Dennoch wurde ihr Stil absorbiert: in den letzten Jahren haben Musiker – hauptsächlich Frauen – begonnen, sie zu erwähnen. Selbst Steven Tyler, der Sänger von Aerosmith, hat erklärt: »Eins sag ich dir, es wäre mir egal, wie sie's treibt oder aussieht oder riecht, aber ich würde dieses Interview jetzt sofort beenden, wenn Janis Joplin auf der anderen Straßenseite spielen würde. Ich wäre sofort dabei.« (David Fricke, »Talk This Way: The *Rolling Stone* Interview with Steven Tyler«, *Rolling Stone*, 3. November 1994, S. 60)
»Leute [Janis] nachmachen«: Cree Mc Cree, »Janis Lives«, *High Times*, September 1993, S. 58

Seite 19
»Du konntest überall in Amerika ...«: Lillian Roxon, »A Moment Too Soon«, in Robert Somma, Hrsg., *No One Waved Good-bye*, New York 1971, S. 93

schwarze Ausdrucksformen: Die Aneignung des schwarzen Stils durch weiße Musiker ist eine beklagenswerte Tatsache der amerikanischen Geschichte, die viele schwarze Künstler aufgebracht hat, auch den freundlichen Jazzstilisten Billy Eckstine, der sich beschwerte: »Tom Jones hat offen erklärt, dass er seinen Stil von Otis Redding hat, von Jackie Wilson, von Chuck Berry, und dass er von meinen Platten gelernt hat, Balladen zu singen. Also wir vier – wo ist unsere Entschädigung? Wo sind wir? Wo ist unser Geld?« Viele schwarze R-&-B-Künstler vertraten die Meinung, Rock & Roll sei weiß getünchter R & B, und sie waren besonders deutlich. Louis Jordan, dessen »Caldonia« als erste Rock-&-Roll-Platte angeführt worden ist, argumentiert: »Rock & Roll war keine Heirat von Rhythm & Blues und Country and Western. Das ist weiße Propaganda. Rock & Roll war nur eine weiße Imitation, eine weiße Adaption des Rhythm & Blues.« (Arnold Shaw, *Honkers and Shouters: The Golden Years of Rhythm and Blues*, New York 1978, S. 73) Bo Diddley erklärte, Rock & Roll stünde für »Betrug und Bullshit. Er sollte verhindern, dass ich Geld in die Finger bekam ... Deshalb war der Rock & Roll für die Weißen und R & B war für die Schwarzen.« (*Rolling Stone*, 12. Februar 1987, S. 12)

»wie ein Engel«: Etta James und David Ritz, *Rage To Survive*, New York 1995, S. 192 – wunderbar lebendige Erinnerungen, vor allem an James' Heimatstadt South Central L. A. in der Zeit nach dem Zweiten Weltkrieg.

Während er erklärt haben soll: bei seinen Recherchen zu *A Turn in the South* interviewte V. S. Naipaul einen ältlichen Schwarzen, der behauptete, Elvis hätte gesagt: »Ich will nur, dass Schwarze meine Platten kaufen und meine Schuhe putzen.« Eric Lott zitiert Naipauls Anekdote in einer Buchbesprechung (»Loving You«, *Nation*, 1. Juni 1992, S. 761), wo ich sie fand. Sie wird u. a. bezweifelt, da es keine weiteren Belege für die Aussage gibt, an-

dere Berichte aber nahe legen, Elvis hätte keine rassistischen Vorurteile gehabt. Wir werden nie wissen, ob Elvis diesen Satz tatsächlich geäußert hat. Das Gerücht wurde allerdings in der populären schwarzen Zeitschrift *Jet* veröffentlicht und Elvis hat die Geschichte nie bestritten, obwohl sie seine Popularität bei Schwarzen beeinträchtigt hat. Venise Berry von der Universität von Iowa sagt, Elvis sei in der schwarzen Gemeinschaft, in der sie groß wurde, sehr populär gewesen, bis die Schuhputzergeschichte publik wurde. Greil Marcus, der Elvis gegen den Vorwurf verteidigt hat, bigott zu sein, vermutet trotz stützender Belege, die Geschichte könnte wahr sein: »Eine Menge Leute glauben daran. Glaub mir, Vernon Reid [von Living Color] hat diese Geschichte gehört. Spike Lee hat diese Geschichte gehört. Chuck D [von Public Enemy] hat diese Geschichte gehört.« Die Geschichte hat sogar so sehr »die Runde gemacht«, dass man wie Eric Lott annehmen kann, Elvis hätte etwas Derartiges gesagt. (Telefonat mit Eric Lott, 23. März 1998) Berrys Äußerung und das Marcus-Zitat stammen aus Gilbert B. Rodman, *Elvis after Elvis: The Posthumous Career of a Living Legend*, New York 1996, S. 36–37
»Sie hat mir gezeigt ...«: Douglas, S. 414. Zu den klassischen Bluessängerinnen der Zwanziger siehe auch Hazel Carby, »It Jus Be's Dat Way Sometime«, in Ellen DuBois und Vicki Ruiz, Hrsg., *Unequal Sisters*, New York, 1990, S. 238–249; Francis Davis, *The History of the Blues: The Roots, the Music, the People from Charley Patton to Robert Cray*, New York 1995, S. 57–85; Douglas; Daphne Harrison, *Black Pearls: Blues Queens of the 1920s*, New Brunswick, 1990
Seite 20
»Selbst Huey Newton und Bobby Seale ...«: Greil Marcus, »Sly Stone: The Myth of Staggerlee«, in *Mystery Train*, New York 1982, S. 108
»flachzulegen«: Peter Coyote, zitiert bei Nicholas von Hoffman, *We Are the People Our Parents Warned Us Against*, Chicago 1968, S. 131. Peter Coyote wird dort mit seinem Taufnamen Peter Cohon benannt.
Seite 21
»Wenn du dich an die Sechziger ...«: Charles Shaar Murray, *Crosstown Traffic: Jimi Hendrix and the Post-War Rock 'n' Roll Revolution*, New York 1989, S. 11
»als sei eine fliegende Untertasse gelandet«: James Miller, *Democracy Is in the Streets: From Port Huron to the Siege of Chicago*, New York 1987, S. 315
»bohemeartigen experimentellen Untergrund«: Paul Buhle, »Looking Forward to Looking Backward«, *Radical America* Vol. 21, No. 6, 1987, S. 26
»emotionalen Dürregebiet«: Neumann, S. 55
Seite 22
»Es war keine Party«: Interview mit Bob Seidemann

»Es gibt eine Zeit«: Mario Savio, »An End to History«, in Alexander Bloom und Wini Breines, Hrsg., *Takin' It to the Streets*, New York 1995, S. 111

Seite 23
»Die Stimmung damals war«: Interview mit Carl Gottlieb
»Ich hab lieber zehn Jahre«: Michael Lydon, »Every Moment She Is What She Feels«, *New York Times Magazine*, 23. Februar 1969, S. 39
Ihre Vorsicht war verständlich: Hier beziehe ich mich auf Ellis Amburn, *Pearl: The Obsessions and Passions of Janis Joplin*, New York 1992, und Peggy Caserta, *Going Down with Janis*, Secaucus 1973. Caserta gibt vor, die sensationslüsternen Teile des Buchs nicht geschrieben zu haben.

Seite 24
»Ein Zittern, diese Spur ...«: Interview mit Milan Melvin. Wenn nicht anders angegeben, stammen alle nachfolgenden Zitate aus diesem Interview.

Seite 26
»Du vergisst, dass du Akne hast«: Neil Louison, »Priming the Pump«, in Somma, S. 39

Das unendliche Nirgendwo

Seite 27
»Was abgeht«: Joplin, S. 71. Als Janis berühmt war, legte sie Wert darauf, über ihre Heimatstadt herzuziehen. Da ihr Freund Jack Smith aus Port Arthur das nicht mochte, sprach er sie darauf an: Janis hätte ihm erklärt, die Fehde mit der Stadt erfunden zu haben, da sie ein gutes Thema für die Medien sei. Zahlreiche enge Freunde bestätigen aber Janis' langjährige Abneigung gegen Port Arthur. Ich kann daraus nur schließen, dass Janis wusste, was Smith hören wollte, und dementsprechend geantwortet hat. Selbst ihr Vater erklärte: »Sie hatte nie viele Freunde hier. Die Leute hatten irgendwie Angst vor ihr ... Seit ihrem Tod hat sie anscheinend mehr Freunde hier, als sie je gedacht hätte.« (Chet Flippo, »An Interview with Janis' Father«, *Rolling Stone*, 12. November 1970, S. 18)
»ein unheimliches Rot«: Jim Langdon, »A Firefly Trapped in Amber«, *Houston Chronicle*, 19. Januar 1988, S. 1
»den Gestank des Geldes«: ibd.
»kamst du dir vor, als ...«: Interview mit Herman Bennett
»ein Fußpilz«: Molly Ivins, »Ezra Pound in East Texas«, Besprechung von Mary Karrs *The Liars' Club* in *Nation*, 3. Juli 1995, S. 21
»sie öle die Welt«: Langdon, S. 1

Seite 28
»Nur Autokinos«: Joplin, S. 71
»Es gab einfach nichts, wohin ...«: Interview mit Dave Moriaty. Wenn

nicht anders angegeben, stammen alle nachfolgenden Zitate aus diesem Interview.
»nichts Besseres einfiel«: Interview mit Patti Skaff. Wenn nicht anders angegeben, stammen alle nachfolgenden Zitate aus diesem Interview.
»Port Arthur ist keine Janis-Joplin-Stadt«: Interview mit Harry Britt
Seite 29
»weit offene Stadt«: Interview mit Dace McQueen. Wenn nicht anders angegeben, stammen alle nachfolgenden Zitate aus diesem Interview.
»Falschheit«: Interviews mit Dave Moriaty und Dave McQueen
Seite 30
»diese Briefumschläge voller Geld«: Interview mit Dave McQueen
Seite 31
»Niggerklopfen«: Janis, zitiert in *Time*, 9. August 1968, S. 71
Rock-&-Roll-Konzerte: zur Diskussion der rassistischen Reaktion auf die Rock-Musik siehe Linda Martin und Kerry Segrave, *Anti-Rock: The Opposition to Rock'n Roll*, Hamden 1988, S. 31–41. Asa Carter war der Verfasser von George Wallaces berühmter Rede von 1963 mit der Aussage: »Segregation heute, Segregation morgen, Segregation für immer.« Er schrieb später unter dem Pseudonym Forrest Carter *Education of Little Tree*. Das Buch wurde von Kritikern und Indianern für seine authentische Darstellung indianischer Kultur gepriesen, bis der Historiker Dan T. Carter die wahre Identität des Verfassers enthüllte.
»auf das Niveau des Negers«: Martin und Segrave, S. 41. Der schwarze Rock & Roller Lloyd Price hatte 1952 mit »Lawdy Miss Clawdy« einen landesweiten Hit. Er äußerte kürzlich, als er 1953 zum Koreakrieg eingezogen worden sei, hätte ihm ein Mitglied der Einberufungskommission erklärt: »Washington will dich in der Armee haben. Die mögen nicht, dass du die Musik integrierst.« (Zitiert bei Jon Pareles, »It's A California Jam Session for the Rock and Roll Hall of Fame«, *New York Times*, 14. Januar 1998, S. B3
Seite 32
»ihres Daseins beraubt«: Interview mit Dave McQueen
Seite 33
»dafür sorgen, dass die Dinge funktionieren«: Joplin, S. 24
Seite 34
»Playboy«: ibd., S. 23
Seite 35
»echt zahm«: Interview mit Jack Smith. Wenn nicht anders angegeben, stammen alle nachfolgenden Zitate aus diesem Interview.
Seite 36
»Das größte Ding«: Dalton, S. 184
»heimlichen Intellektuellen«: ibd.
»beste Lehrerin«: Joplin, S. 37

Seite 37
»letzte Atemzug des ›traditionellen‹ Familienlebens«: Elaine Tyler May, Homeward Bound: American Families in the Cold War Era, New York, S. 11
»Also, sie hat ihren Teil bekommen«: Interview mit Myra Friedman. Friedman betont, bei ihrem offiziellen Interview mit Dorothy Joplin hätte Janis' Mutter diese Äußerung nicht gemacht.
»halb-bitterlich«: Joplin, S. 37
»sehr geradeaus«: Interview mit Bernard Giarratano. Wenn nicht anders angegeben, stammen alle nachfolgenden Zitate aus diesem Interview.
»sehr sittenstreng«: Amburn, S. 17
sehr strenge Frau: Die Quelle möchte nicht genannt werden.

Seite 38
»irgendwie im Hintergrund«: Interview mit Karleen Bennett, die das Gerücht über Seths Trinken bestätigte, das mir zu Ohren gekommen war.
kein Christ: Zu Seths Atheismus siehe Joplin, S. 36
»großen Samstagabend-Schwindel«: Dalton, S. 185. Seth übernahm diese Floskel von seinem besten Freund, laut Janis »der einzige andere Intellektuelle in der Stadt«.

Seite 39
»geologischen Fehler«: Dalton, S. 94. Daltons Gewichtung ist anders, hat aber den gleichen Bezug.
»Dann hat die ganze Welt …«: Myra Friedman, Buried Alive: The Biography of Janis Joplin, New York 1992, S. 12
»Sie war hübsch gewesen«: Amburn, S. 17
»mit vierzehn keine Titten«: Joplin, S. 48
»eine endlose Reihe«: ibd.
»Wenn du in Port Arthur …«: Interview mit Grant Lyons. Wenn nicht anders angegeben, stammen alle nachfolgenden Zitate aus diesem Interview.

Seite 40
»War es laut genug«: Joplin, S. 57

Seite 41
»Unsere Eltern waren in …«: Donald Katz, Home Fires: An Intimate Portrait of One Middle-Class Family in Postwar America, New York 1992, S. 150
»Sie hat sich einfach total verändert«: Joplin, S. 58
»Ich hab mir sogar …«: Friedman, S. 11
»Denk, bevor du redest«: Nat Hentoff, »We Look at Our Parents and …«, New York Times, 21. April 1968, S. 19
»emotional terrorisiert«: Joplin, S. 58

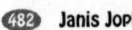

Seite 42
»Du ruinierst dein Leben«: ibd., S. 69
»Wir mussten es nachschlagen«: Interview mit Karleen Bennett. Alle nachfolgenden Zitate stammen aus diesem Interview.
»Schlauch, ein großer Schlauch«: Rundfunkinterview, 1970 von einem Sender in Louisville, Kentucky, ausgestrahlt. Aufzeichnung von Myra Friedman.
»Er war sehr wichtig für mich«: Dalton, S. 184
Seite 43
»wie alle anderen zu sein«: Hentoff, S. 19
»sie konnte nie die Zustimmung ...«: Die Quelle möchte nicht genannt werden
Seite 44
»Lasst ihr sie niemals zu Hause?«: Joplin. S. 67
Seite 45
»Auf deiner größten Schwäche ...«: zitiert bei Ivins, S. 71
»absolut Gift«: Amburn, S. 22
Seite 47
»jeder Typ da unten behauptet ...«: Interview mit Tary Owens. Wenn nicht anders angegeben, stammen alle nachfolgenden Zitate aus diesem Interview.
»Manchmal denken die ...«: Dalton, S. 115
Seite 48
»überhaupt keine Freunde«: Amburn, S. 24
»Wir waren Saboteure«: ibd., S. 28
Seite 49
»Die Leute in Port Arthur dachten ...«: Lydon, S. 94
»sondern als eine, die zum ...«: Interview mit Grant Lyons
»so ziemlich das Gleiche, was wir trugen«: Amburn, S. 23
»äußerst ausdrucksstark«: Interview mit Grant Lyons
Seite 50
»Prominenter aus Beaumont«: Amburn, S. 28
»Wahnsinns durch Umgang«: J. David Moriaty, »Come On, Take Another Little Piece of My Corpse, Now Baby«, *Austin Sun*, 27. Juni 1975, S. 22
Seite 51
»unangemessen«: Joplin, S. 63
»derartigen Anblicken«: ibd.
»Es ging das Gerücht um«: Amburn, S. 17
Seite 52
»Es schien so schal«: »Rebirth of the Blues«, *Newsweek*, 26. Mai 1969, S. 84
»das Dreieck machen«: Dave Harmon, »Janis Joplin: At the University and Beyond«, *Daily Texan*, 27. April 1989, S. 10

»Das ist es«: Robert Shelton, *No Direction Home: The Life and Music of Bob Dylan*, New York 1986, S. 55

»wie ein Blitz«: »Rebirth of the Blues«, S. 84

Seite 53

»die Wucht eines Schmiedehanmmers«: Charles Wolfe und Kip Lornell, *The Life and Legend of Leadbelly*, New York 1992, S. 139. Zu Leadbellys MLA-Auftritt siehe Davis, S. 168

Seite 54

»sie dir Alkohol verkauft haben ...«: Interview mit Dave Mc Queen

»großartige, erdige, fetzige Jimmy-Reed-Bluesmusik«: Chet Flippo, »Janis Reunes at Jefferson High«, *Rolling Stone*, 17. September 1970, S. 8

Seite 55

»Prestiges von unten«: Der Ausdruck wurde anscheinend von Stuart Hall geprägt und wird zitiert bei George Lipsitz, *Time Passages: Collective Memory and American Popular Culture*, Minneapolis 1990, S. 283

»seinen Lebenssaft«: Todd Gitlin, *The Sixties: Years of Hope, Days of Rage*, New York 1987, S. 38

»eine andere Welt«: Michael-Bloomfield-Interview von Tom Wheeler, in Jas Obrecht, Hrsg., *Blues Guitar: The Men Who Made the Music*, San Francisco 1993, S. 265

Seite 56

einen »schwarzen« Sprachstil: »Das Komische daran war, dass eine Menge Leute, auch die Schwarzen, dachten, diese Discjockeys wären schwarz, so wie sie den ganzen aalglatten Jive geschwätzt haben.« (James Brown mit Ken Tucker, *James Brown: The Godfather of Soul*, New York 1986, S. 53)

»Der Neger ...«: Norman Mailer, »The White Negro«, in Judith Albert und Stewart Albert, *The Sixties Papers*, New York 1984, S. 97

»große alte Mann«: Linda Hamalian, *A Life of Kenneth Rexroth*, New York 1991, S. 271, 284

Seite 57

»eine Art Phallussymbol«: James Baldwin, *Nobody Knows My Name*, New York 1961, S. 172. Das Essay wurde im Mai 1961 in *Esquire* erstmals veröffentlicht.

»auch wenn ihre Familie ...«: Interview mit Dave Getz

Seite 58

»Sie haben mit dem Gesetz gedroht«: Joplin, S. 68

»so schlimm«: ibd.

»Trinkens und ungehörigen Benehmens«: ibd., S. 69

Seite 59

»Ich bin jetzt seit zwölf ...«: Dalton, S. 100

»Port Arthur war feindselig«: Joplin, S. 57

Seite 60
»aus der Klasse verlacht«: Janis in der *Dick Cavett Show*, Sommer 1970
»Jedes Mal, wenn etwas schief ging«: Dalton, S. 53
»Alle, die wie ich ...«: Joplin, S 71
»unendlichen Nirgendwo«: Mary Karr, *The Liars' Club*, New York 1995, S. 138. Im Buch macht Karrs Mutter diese Äußerung.
»Du nimmst all diese High Schools«: Amburn, S. 29-30
Seite 61
»mit dem Versprechen ...«: Joplin, S. 74
Seite 62
»die hohe Kunst des Ausgehens«: Eric von Schmidt und Jim Rooney, *Baby, Let Me Follow You Down: The Illustrated Story of the Cambridge Folk Years*, Amherst 1994, S. 185
Die »Jugendlichen, die ihren Ingenieur ...«: Interview mit Tary Owens
»den Jungs vom Land«: Interview mit Wali Stopher
Seite 63
»kalte, freudlose ...«: Interview mit Dave McQueen
Seite 64
»Art Familie«: ibd.
»gewaltige Mengen«: ibd.
Seite 65
»Ich hatte eine der guten Rollen«: Interview mit Frances Vincent
Seite 66
»kontrollieren«: Interview mit Jim Langdon. Wenn nicht anders angegeben, stammen alle nachfolgenden Zitate aus diesem Interview.
»sie würde verbannt«: Interview mit Randy Tennant
»Mutter bestand darauf«: Joplin, S. 80
»Künstlerbaracke«: ibd., S. 81
Seite 67
»eingetrockneten Topf Erbsensuppe«: Joplin, S. 83
Seite 68
»Ich will euer Geld nicht«: ibd., S. 84
Seite 69
»eine unsichtbare Linie«, »sich so zu benehmen ...«: ibd., S. 86
Seite 70
»Das hätte nicht passieren dürfen«: ibd., S. 88
Seite 72
»Warum sind alle außer mir ...«: ibd.
»Da sind Jack und Nova«: Friedman, S. 40
»Janis wollte so sehr ...«: Interview mit Frank Davis
Seite 73
»ein Beatnik«: Dalton, S. 241

Seite 74
»Ich wusste, dass ich 'ne gute Stimme hatte«: ibd.
»in jenen Tagen verprügelten ...«: Interview mit Ramsey Wiggins
Seite 75
»Ich hoffe, wir sterben alle«: Friedman, S. 33
»Keiner von uns hat geplant«: Langdon, S. 1

Magnetische Musik

Seite 77
»das bestgehütete Geheimnis«: Harmon, S. 10
»schrägen Vögel ...«: Interview mit Dave McQueen. Jugendliche Dissidenten fanden Zuflucht in Universitätsstädten wie Berkeley, Ann Arbor und Madison, doch Austin scheint mehr Rebellen angezogen haben als jede andere Stadt in den Südstaaten. Im Wandel der amerikanischen Universitätsstädte spiegelt sich natürlich die enorme Verbreitung höherer Schulbildung und die hohe Zahl der Babyboomer im Collegealter wider.
»rassistisch, stockkonservativ und langweilig«: Clifford Endres, »Homeless with the Armadillo«, in Daryl Janes, Hrsg., *No Apologies: Texas Radicals Celebrate the '60s*, Austin 1992, S. 241
»als bekäme man Asyl gewährt«: ibd., S. 240
Seite 78
»Ich denke, du hast Recht«: Harmon, S. 10
Seite 79
»glatte, hüftlange Haare«: Interview mit Fredda Slote. Alle nachfolgenden Zitate stammen aus diesem Interview.
»Monolithen des Althergebrachten«: Endres, S. 240
Wiederaufleben des Konservatismus: »Wir müssen annehmen, dass das Wiederaufleben des Konservatismus die Jugendbewegung der Sechziger ist«, schrieb der Journalist Murray Kempton 1962 nach dem Konvent der Young Americans for Freedom im Madison Square Garden. Siehe Dan Wakefield, *New York in the Fifties*, New York 1992, S. 270
»Generationsunterschied«: Barry Shank, *Dissonant Identities: The Rock'n' Roll Scene in Austin, Texas*, Hanover 1994, S. 41. Das Manifest der Students for a Democratic Society, in den Sechzigern die führende Gruppierung der neuen Linken, charakterisierte 1962 das typische College als »Ort, an dem die Masse dem Twist zustimmt, aber zögert, den kontroversen Standpunkt einzunehmen«. Siehe auch das »Port Huron Statement« in Bloom und Breines, S. 68
Besuchsregeln: Pat Rusch, »Dorm Coeds Hear UT Housing Segregation Restrictions«, *Daily Texan*, 27. September 1961, S. 1; Mariann Garner-Wi-

zard, »The Lie«, in Janes, S. 84; Interview mit Bari Scott. Ab 1964 hatten Männer zu den Wohnheimen der Studentinnen Zutritt.
Seite 80
»mehr Angst«: Interview mit Pepi Plowman. Alle nachfolgenden Zitate stammen aus diesem Interview.
»einem großen lackierten Helm«: Dave Moriaty, zitiert bei Harmon, S. 10
»die meisten Frauen das Schlafzimmer ...«: Interview mit Ramsey Wiggins. Alle nachfolgenden Zitate stammen aus diesem Interview.
Seite 81
»Sie geht barfuß«: Pat Sharpe, »She Dares to Be Different«, *Summer Texan*, 27. Juli 1962; Interview mit Pat Sharpe
»Alle haben eine bestimmte Pose ...«: Interview mit Jack Jackson
Seite 82
»die Bastion der Gegenkultur«: Interview mit Bob Brown
»seinen Lebensunterhalt und Ruhm«: ibd.
»dürre Junge«: Interview mit Powell St. John
»abgenutzten Taschenbuchausgabe«: Stephanie Chernikowski, »Greetings from the Underground«, *Austin Chronicle*, 12. März 1993, S. 37
Seite 83
»großes Repertoire an Songs«: Interview mit Ramsey Wiggins
»mutig, aber unsicher«: Interview mit Pat »Sunshine« Nichols
»den Maßstab ...«: Interview mit Ramsey Wiggins. Alle Zitate in diesem Absatz stammen aus dem Interview.
Seite 84
»Die Folkies, die Kunststudenten ...«: Interview mit Bob Brown. Alle nachfolgenden Zitate stammen aus diesem Interview.
»Diese erstaunliche Gruppe«: Endres, S. 240
»wie eine Studentenverbindung«: Interview mit Jack Smith
»Es war eine Bruchbude«: Interview mit Jack Jackson. Alle nachfolgenden Zitate stammen aus diesem Interview.
»Party-Station«: Interview mit Dave McQueen
»ein von allen genutztes Liebesnest«: Interview mit Ramsey Wiggins
Seite 85
»Wir haben alle mit Unmengen ...«: Harmon, S. 10
»Shit, Mann ...«: Interview mit Bob Simmons. Alle nachfolgenden Zitate stammen aus diesem Interview.
Seite 86
»Das erste Mal wusste sie nicht ...«: Interview mit David Martinez. Wenn nicht anders angegeben, stammen alle nachfolgenden Zitate aus diesem Interview.
»Moment mal, Jack«: Interview mit Robert Morrison. Alle nachfolgenden Zitate stammen aus diesem Interview.

Seite 87
»am Riff der Folk Music gescheitert«: von Schmidt und Rooney, S. 210
»von der Musik magnetisiert«: ibd., S. 183
Kunststudenten: die Rocker der britischen Invasion wie John Lennon, Pete Townshend, Keith Richards, David Bowie und die New-Wave-Musiker der Siebziger wie die Talking Heads besuchten alle Kunstschulen statt Universitäten. Keith Richards erklärte, im Gegensatz zu Amerika sei in England die Kunstschule der Ort gewesen, »wo sie dich hingeschickt haben, wenn sie dich [nicht] woanders hinschicken [konnten]«. (Frith, S. 76) Doch die große Anzahl der Kunststudenten in der Folk-Szene legt nahe, dass die englischen Rocker nicht die ersten Musiker waren, die Kunstschulen besucht haben.
»ein Tonband besang«: Jim Hershberger, ein Student der Universität von Texas, schnitt Janis an diesem Tag und auch später inoffiziell auf Band mit. Einige seiner Aufnahmen befinden sich auf der 3-CD-Anthologie.
Seite 88
»umgehauen«: Interview mit Wali Stopher. Alle nachfolgenden Zitate stammen aus diesem Interview.
Waller Creek Boys Plus One: Interview mit Ramsey Wiggins
»herumgetrieben und häufig betrunken«: zitiert bei Dalton, S. 95
»Verschleppte«: Michael-Bloomfield-Interview von Tom Wheeler, in Obrecht, S. 262
Seite 89
Universität von Chicago: Mehr zu den Hootenannies auf der Universität von Chicago in: Ed Ward, Michael Bloomfield: *The Rise and Fall of an American Guitar Hero*, New York, 1983, S. 23
30 bis 40 Besucher: Interviews mit Stephanie Chernikowski, Wali Stopher und Ramsey Wiggins
Seite 90
»Es hat ein paar Wochen gedauert«: Interview mit Stephanie Chernikowski. Alle nachfolgenden Zitate stammen aus diesem Interview.
»Fast jeder wusste ...«: Interview mit David Martinez
Seite 91
»richtige Gelehrte«: Interview mit Powell St. John. Wenn nicht anders angegeben, stammen alle nachfolgenden Zitate aus diesem Interview.
»Die wollen nur ...«: Interview mit Fran Kirkpatrick. Shirley Dimmick, eine weiße Bluessängerin aus Austin, die in den Vierzigern und Fünfzigern mit schwarzen Bands auftrat, behauptet, Janis Gesangsunterricht gegeben zu haben. Auch wenn es eine tolle Geschichte ist, die sogar stimmen mag, konnte ich keine Bestätigung dafür finden. (Glyn Alyn, *I Say Me for a Parable: The Oral Autobiography of Mance Lipscomb, Texas Bluesman*, New York 1994, S. 183; Interview mit Alyn)

»keine große Konkurrenz ...«: Interviews mit Wali Stopher und Roger Baker
Seite 92
»Sie konnte kaum ...«: Interview mit Frank Davis
»Hillbilly« und »Race«: zur undifferenzierten Einstufung siehe Shaw, S. 127
Bob Dylan's Debüt: Bob Spitz, *Dylan: A Biography*, New York 1989, S. 144–145. Dylans Freund Mark Spoelstra behauptet, Dylan hätte für sein Debüt nichts zum Anziehen gehabt und Hooker überredet, ihm eine Hose zu leihen.
»einen authentischen Folksong ...«: Spitz, S. 155
Seite 93
»eine Nasenlänge voraus«: Interview mit Peter Albin. Wenn nicht anders angegeben, stammen alle nachfolgenden Zitate aus diesem Interview.
Seite 94
»Domäne der Linken«: Dem Einzug der Folk-Music in die allgemeine Kultur stand die Angst vor dem Kommunismus entgegen, die Amerikas erfolgreichste Folk-Gruppe The Weavers zerstörte. Die Weavers nahmen eine Reihe von Hits auf, darunter Leadbellys »Goodnight, Irene« – der populärste Song des Jahres 1950 –, bis ein Informant des FBI 1952 vor dem HUAC [Ausschuss zur Untersuchung extremistischer Organisationen, Anm. d. Übersetzers] bezeugte, Pete Seeger, Ronnie Gilbert und Fred Hellermann – drei der vier Weavers – seien Mitglieder der kommunistischen Partei. Der Informant wurde später des Meineids überführt, doch sein Zeugnis ruinierte die Gruppe. Die Weavers schlossen sich erst 1955 wieder zusammen. Siehe Robert Cantwell, *When We Were Good: The Folk Revival*, Cambridge, 1996, S. 181, und Barbara Tishler, »Folk Music«, in: Mari Jo Buhle, Paul Buhle und Dan Georgakas, Hrsg., *Encyclopedia of the American Left*, New York 1990, S. 231
Zur Kommerzialisierung der Folk-Music siehe Spitz; Cantwell; Shelton; Fred Goodman, *The Mansion on the Hill*, New York 1997
»jeden vorhandenen Winkel ...«: Spitz, S. 120
Hootenanny: die Sendung wurde zum Streitfall, als ihre Produzenten die reformierten Weavers auf die schwarze Liste setzten. Carolyn Hester und Judy Collins organisierten einen Künstlerboykott. Selbst vor dem Protest hatten viele Musiker abgelehnt, in der Sendung aufzutreten. Albert Grossman hielt seine Künstler mit der Begründung aus der Show, sie schade der Besucherzahl bei College-Konzerten. (Shelton, S. 168)
»Die amerikanische Öffentlichkeit«: Shelton, S. 88
Seite 95
»Manche ›puren‹ Folksinger«: ibd.
»Du hast diesen Song hassen *müssen*«: Spitz, S. 140

Volksfront: mehr zur Folk-Music in dieser Periode in Robbie Lieberman, »*My Song is My Weapon*«: *People's Songs, American Communism, and the Politics of Culture, 1930–1950*, Urbana 1989; Shelton; Cantwell
Seite 96
Die Hootenanny entstand: siehe Shelton, S. 168
Woodie-Guthrie-Klon: »Es liefen Hunderte von kleinen Woodie Guthries herum«, erklärt Rolf Cohn, der das Kaffehaus »Cabal« in Berkeley eröffnet hat. (von Schmidt und Rooney, S. 76)
»Stand-ins«: siehe Endres, S. 239. In den Kinos von Austin herrschte Rassentrennung: Schwarze saßen auf dem Balkon, Weiße im Parkett. Die weißen Demonstranten verlangten am Schalter Karten für den Balkon und Schwarze wollten unten sitzen. Als ihnen erklärt wurde, das sei nicht möglich, stellten sie sich wieder am Ende der Schlange an. Wer den Film tatsächlich sehen wollte, musste dadurch lange Wartezeiten in Kauf nehmen. »Damals bildeten alle ...«: Shank, S. 44
»Wir waren Außenseiter«: Eric von Schmidt, ein Folksänger aus Cambridge, ist noch nachdrücklicher als Chernikowski: »Glaub mir, uns ging es nicht um Politik.« (Gespräch mit der Autorin, 11. August 1996) Die Folkies in Greenwich Village waren eher politisch orientiert als die in Cambridge. Joe Boyd, 1965 Produktionsleiter des Newport Folk Festivals, berichtet, New Yorker Folksänger »sangen Gewerkschaftslieder, schrieben politische Songs und gruben nach den Wurzeln der Folk Music, um zu beweisen, dass alle Menschen Brüder waren«, während die Bostoner Folkies »nach den Wurzeln gruben, um perfekt Banjo spielen zu lernen, wie Dock Boggs«. (siehe seinen Leserbrief im *New York Observer*, 11. Mai 1998) Bob Dylans Fall ist komplexer. Dylan distanzierte sich von seinen »Protestsongs« und behauptete, er hätte sie nur geschrieben, um Aufmerksamkeit zu erlangen. Todd Gitlin weist allerdings darauf hin, es sei unwahrscheinlich, dass Dylans politische Songs aus krassem Opportunismus heraus entstanden seien. Schließlich hätte er kaum neue Fans gewonnen, als er sich im Dezember 1963 bei der Nationalversammlung der SDS gezeigt oder die Organisatoren eines Streiks im Bergbaugebiet von Ost-Kentucky besucht hätte. Dylan trat auch in der Nähe von Greenwood, Mississippi, bei einer Kundgebung auf, die dafür warb, dass sich Schwarze ins Wählerverzeichnis eintrugen. Sie wurde vom SNCC (Student Nonviolent Coordinating Committee) veranstaltet und Dylan hielt sich mehrere Tage bei den Aktivisten der Bürgerrechtsbewegung auf. Seine Freundin Suze Rotolo arbeitete bei der Bürgerrechtsorganisation CORE. Gitlin betont, wenn Dylans »politisches Engagement vorgetäuscht war, um ihn zum Starruhm zu katapultieren ... hat er sich wahrscheinlich genauso getäuscht«. (Gitlin, S. 198) Dylan erklärte 1964 Nat Hentoff: »Ich gehöre keiner Bewegung an. Ich kann einfach nicht rumsitzen und mir von anderen Regeln vorschrei-

ben lassen ... Organisationen sind einfach nichts für mich.« (Shelton, S. 202) Dylans Ablehnung politischer Aktivitäten mag sich auf die ständig wachsenden Ansprüchen der Bewegung zurückführen lassen: Es reichte im Lauf der Zeit nicht mehr aus, sich bei einem Meeting oder einem Konzert sehen zu lassen. Natürlich wusste damals niemand von Dylans außerordentlicher Wandelbarkeit. Einer seiner Freunde kommentierte Dylans spätere Transformation vom »Rolling Stone« zu einem »erklärten Familienmenschen«: »Bob Dylan hat so viele Seiten, dass er rund ist.« (Shelton, S. 383)
Seite 97
Der Spalt zwischen kulturellen und politischen Radikalen: eine unterschiedliche Ansicht findet sich in Doug Rossinow, »The Break-through to New Life: Christianity and the Emergence of the New Left in Austin, Texas, 1956–64«, *American Quarterly* Vol. 46, No. 3, 1994, S. 309–400 Ablehnung der Rassentrennung: die Stadtbewohner und die Eltern der Mitglieder der Clique wehrten sich größtenteils gegen ihre Ablehnung der Rassentrennung. Der Folkie Bob Simmons erinnert sich, dass er mit dem Mischling Ed Guinn eine Billardhalle besucht hätte, und der Manager hätte ihm erklärt: »Du brauchst dich hier nicht mehr blicken zu lassen, wenn du den mitbringst.« Als Konsequenz hätte seine Clique manchmal »neutrales Territorium« aufgesucht, vor allem mexikanische Restaurants, in denen es keine Rassentrennung gab. (Interview mit Bob Simmons) »Ich hab immer gesagt ...«: zitiert bei Robert Draper, »O Janis«, *Texas Monthly*, Oktober 1993, S. 182. Auch Aussteiger der Universität von Texas und Schüler der High Schools standen auf der Liste. Viele glauben, die Universität von Texas hätte mit der Polizei von Austin und vielleicht sogar dem örtlichen FBI gemeinsame Sache gemacht.
Seite 98
Jukebox bei Threadgill's: Interview mit Tary Owens
Jimmie Rodgers: Hintergrundinformationen zu Rodgers in Davis, S. 88, zu Threadgill siehe Shank, S. 39
Seite 99
»ein Mikrofon und ...«: Shank, S. 42
»mussten die Musiker ...«: Stan Alexander, »Janis and the Austin Music Scene«, *Houston Chronicle*, 13. Dezember 1981
Seite 100
»Ihr Stimmumfang«: ibd.
»Das Mädchen ist wirklich gut«: Interview mit Powell St. John
Seite 101
Und dann war da ihre Stimme: Interviews mit Ramsey Wiggins und Tary Owens
»eine Art von hinterwäldlerisch-korrekter Bewunderung«: Alexander

»Er hat sie alle übertroffen«: Dalton, S. 95
Mister Thredgill, wie ihn die Studenten nannten: Shank, S. 42
»Irgendeiner rief«: Dalton, S. 95
»ein Haufen irrer Jugendlicher«: Interview mit Tary Owens
Seite 102
»ziemlich zahmer Haufen«: Interview mit Ramsey Wiggins. Travis Rivers pflichtet bei: »Ich hab dort kein einziges Mal ein missbilligendes Wort gehört.« (Interview mit Rivers)
Seite 103
»zu viel Unruhe«: Shank, S. 45. Guinn, dessen Vater der dritte Schwarze war, der an der Universität von Texas seinen Abschluß in Medizin gemacht hatte, wollte Mitglied der Longhorns werden, der Marschkapelle der Universität, was ihm zunächst untersagt wurde. Nach einer Briefkampagne änderte die Universität ihre Meinung, doch Guinn trat sofort wieder aus der Kapelle aus. Er hatte erkennen müssen, dass der Kampf noch lange nicht gewonnen war, denn er musste als erstes Lied »Dixie« [die inoffizielle Hymne der Südstaaten, eigentlich »Dixie's Land«, 1859 von Daniel Emmett komponiert, Anm. d. Ü.] spielen. Danach schloss er sich den Folkies an. Guinn äußert über Threadgill's: »Ich fand, es war nicht nötig, ihre bukolische Szene zu ruinieren. Alle waren ohnehin meine Freunde. Ich spielte schon längst mit allen.« (Shank, S. 45) Er fügt hinzu: »Du musst dir die Schlachten aussuchen, die du kämpfst. Das Recht, in einer Bar mit schlechter Musik sein zu dürfen, war nicht meine Wahl. Ich stand auf Hank Williams, nicht auf Jimmie Rodgers. Ich war an einer etwas komplexeren und, ehrlich gesagt, eleganteren musikalischen Darbietung interessiert, nicht an dem, was dort abzugehen schien.« (Interview mit Guinn)
eine halbherzige Demonstration: Interview mit Tary Owens
Seite 104
»Heute Abend kommt ein Schwarzer«: Interview mit Powell St. John. Es ist nicht genau festzustellen, wann Lipscomb der erste Schwarze war, der bei Threadgill's auftreten durfte; es wird vermutet, dass es 1966 war.
»vollkommener Musiker«: ibd. Lipscomb konnte besser spielen als viele Musiker, die populärer waren als er, und er beherrschte weitaus mehr Songs als die meisten. Pepi Plowman erinnert sich an einen Auftritt in Boston: »Lightnin' Hopkins versuchte, sich zu produzieren. Mance hat ihn einfach schwindlig gespielt.«
Seite 105
»Schwarze Musiker kamen nicht …«: Interview mit Toni Brown. Brown erinnert sich an phantastische Folk-Music-Partys der Huffmans und Fredricksons – die Vorreiter der Szene in Berkeley – und merkt an, es hätte unter den Gästen wenig inhaltsreiche Gespräche gegeben – ganz gleich ob weiß oder schwarz. Die Partys hätten wegen der Musik stattgefunden.

»noch immer auf der falschen Seite«: von Schmidt und Rooney, S. 198. Spiro und seine Freunde entdeckten House in Rochester, New York. Spiro erwähnt Dick Waterman und Chris Strachwitz als löbliche Ausnahmen.
Seite 106
»Wenn ich dein Stimm hätt«: zitiert bei Alyn, S. 469
»Affenarsch«: Interview mit Roger Baker
Seite 108
»Aus irgendeinem Grund«: Interview mit Travis Rivers. Wenn nicht anders angegeben, stammen alle nachfolgenden Zitate aus diesem Interview.
»Mann, wir hatten Glück«: Lydon, S. 95
Seite 109
»Janis war sich selbst der größte Feind«: Interview mit Frances Vincent
Janis' Sexualität: David Moriaty sagt, Janis sei »AC/DC« gewesen und hätte nicht versucht, es zu verheimlichen. Tary Owens beschreibt Janis als »bisexuell«, sie hätte aber Männer vorgezogen. Stephanie Chernikowski glaubt, Janis sei »auf alle Fälle heterosexuell« gewesen: »Sie hat echt gern gefickt.«
Seite 110
»sie wechselte die Männer wie das Hemd«: Interview mit Ramsey Wiggins
Seite 111
Sie endete, als Janis mit einem anderen davonzog: Amburn, S. 37
»im Zaum hielt«: Joplin, S. 109
Seite 112
»›Hallo-Jungs‹-Stil«: Dalton, S. 101
»Janis hat's den Jungs ...«: Interview mit Peggy Caserta
Seite 113
»Janis hat fortwährend nach Liebe gesucht«: Friedman, S. 333–334
Seite 114
Wenn sie die Straße entlangging: Amburn, S. 38
Wettbewerb: zum »Hässlichen-Mann«-Wettbewerb siehe Harmon, S. 10
Jack Jackson bezweifelt: Jack Smith teilt die Meinung: »Nichts, was in Austin passiert ist, hat Janis Schaden zugefügt.«
Seite 116
Es gab kaum 200 Rebellen: Das ist Jeff Shero Nightbyrds Schätzung (Shank, S. 44)
»Bis dahin hatten die Waller Creek Boys«: Powell ist der gleichen Ansicht: »Janis wusste, dass sie Austin verlassen musste, um Erfolg zu haben.«
Seite 117
»Karriereschritt«: Interview mit Ramsey Wiggins
»Überland-Party«: von Schmidt und Rooney, S. 123

Anmerkungen 493

Als Muldaur und ihre Band in die Stadt kamen: die Session fand entweder auf einer Party oder bei Threadgill's statt.
Seite 118
»Leben am äußeren Rand«: Lydon, S. 88
»Eine Menge Leute fordern dich heraus«: Dalton, S. 92
»So Sad to Be Alone«: hier stütze ich mich auf mein Interview mit Stephanie Chernikowski. Das Tonband habe ich zuerst bei Tary Owens in Austin gehört.

An den Rändern Amerikas

Seite 120
Die »Sechziger«: seit Mitte der achtziger Jahre haben sich die Akademiker von der Vorstellung entfernt, die Sechziger seien ein ganz besonderes, ja außergewöhnliches Jahrzehnt gewesen. Heute herrscht die Ansicht vor, die sozialen Bewegungen dieser Periode seien keineswegs aus einem Vakuum entstanden, sondern sie hätten ihre Wurzeln in dem politischen Aktivismus der Nachkriegszeit. Dieses Argument gegen die Einzigartigkeit der Sechziger ist ein bedeutendes Korrektiv, vor allem auch gegen die Darstellung der Fünfziger als Ära, die vollständig frei von Dissens gewesen sei. Die Bürgerrechtsbewegung, die sich unmittelbar nach dem Zweiten Weltkrieg zu formieren begann, markiert sicherlich in vielerlei Hinsicht den Beginn der Sechziger. Auch die politische Arbeit der Linken, Homosexuellen und Feministinnen der Fünfziger trug dazu bei, ein Klima zu schaffen, in dem auch andere Formen der Ungerechtigkeit in Frage gestellt werden konnten. Es ist zwar wesentlich, die Sechziger im Kontext der Nachkriegsjahre zu betrachten, doch die gesamte Periode ist kein nahtloses Ganzes. Schließlich hatte die *Neue* Linke ihren Namen nicht ohne Grund. Die Fünfziger waren komplexer als bisher angenommen; der ernüchternde Einfluss des Kalten Kriegs und der Eindämmungspolitik ist einfach nicht zu umgehen.
Im Rückblick wird allerdings klar: man kann argumentieren, die ersten Anzeichen einer Veränderung seien bereits früher aufgetreten, in den späten Vierzigern oder frühen Fünfzigern. Die Bürgerrechtsbewegung gewann schließlich in den späten Vierzigern an Bedeutung und viele vertreten die Ansicht, die ersten Rock-&-Roll-Schallplatten seien in den späten Vierzigern oder frühen Fünfzigern entstanden. Kritiker führen oft »Good Rockin' Tonight« von Wynonie Harris (1949) oder »Rocket 88« von Ike Turners Begleitmusiker Jackie Brenston (1951) als die ersten Rockscheiben an. Ich habe 1955 als Wendepunkt gewählt, weil das nationale Bewusstsein den Wandel in diesem Jahr zu registrieren begann.

rassistische Musikindustrie: Leadbelly wurde beispielsweise 1945 daran gehindert, mit weißen Musikern aufzunehmen, weil sich die Musikergewerkschaft dagegenstellte. Bei der lokalen Musikergewerkschaft der Bay Area »gab es eine alte Regel«, dass weiße und schwarze Musiker in der Öffentlichkeit nicht gemeinsam spielen durften. (siehe Wolfe und Lornell, S. 234) Schwarze Künstler nahmen entweder für kleine, unabhängige Label oder die separaten »Race«-Abteilungen der großen Firmen auf. Richard Greener, ein weißer Programmgestalter schwarzer Rundfunksender, weist darauf hin, dass »Race«-Schallplatten nicht neben weißer Musik in den Plattenläden verkauft wurden. Man musste »in Schönheitssalons, beim Friseur, in kleinen Lebensmittelgeschäften und sogar bei Straßenverkäufern danach suchen.« (Leserbrief, *New York Times*, 17. September 1993, S. A12)
Seite 121
»seine Glorifizierung von Wahnsinn«: Wakefield, S. 179
»keiner von uns zu den grauen ...«: zitiert bei Michael Schumacher, *Dharma Lion*, New York 1992, S. 215
»versteckt und geduckt«: Diane Di Prima, *Memoirs of a Beatnik*, San Francisco 1988, S. 127
Seite 122
»Kommunisten, Beatniks und Eierköpfe«: Schumacher, S. 339
»solide wie das Empire State Building«: ibd., S. 532
»Aversion gegen Bewegungen«: Carl Solomon, *Emergency Messages: An Autobiographical Miscellany*, New York 1989, S. 43
»die wussten, was wir wussten«: Di Prima, S. 126
Seite 123
»ausgefallene Leute«: Maria Damon, »The Jewish Entertainer as Cultural Lightning Rod: The Case of Lenny Bruce«, *Postmodern Culture* Vol. 7, No. 2, 1992. Kaufman prägte den Begriff »Beatnik«, nicht Herb Caen vom *San Francisco Chronicle*. Sein »Abomunist Manifesto« findet sich in Bob Kaufman, *Solitudes Crowded with Loneliness*, New York 1965. Einzelheiten seines Lebens stammen aus den Erinnerungen seines Sohns Parker Kaufman in Daniel Pinchbeck, »Children of the Beatniks«, *New York Times Magazine*, 5. November 1995, S. 38, und Mona Lisa Saloy, »Black Beats and Black Issues«, in: Lisa Phillips, Hrsg., *Beat Culture and the New America, 1950–1965*, New York 1996, S. 163
»eine sehr deprimierende Szene«: Interview mit Linda Gravenites. Wenn nicht anders angegeben, stammen alle nachfolgenden Zitate aus diesem Interview.
»um Teil der Beat Generation zu sein«: Amburn, S. 50
Seite 124
»Das Einzige, was ...«: Jack Kerouac, *The Dharma Bums*, New York 1958, S. 95

»der Allgemeinheit fernzubleiben«: Interview mit Pat »Sunshine« Nichols. Wenn nicht anders angegeben, stammen alle nachfolgenden Zitate aus diesem Interview.
Seite 125
»wie die Fünfziger ...«: Interview mit Linda Gottfried Waldron. Wenn nicht anders angegeben, stammen alle nachfolgenden Zitate aus diesem Interview.
Seite 126
»fluchte wie ein Landsknecht«: Amburn, S. 44. Die weiteren Einzelheiten der Reise stammen aus meinen Interview mit Chet Helms.
Janis hatte klare Vorstellungen: Interviews mit Powell St. John, Chet Helms, Linda Gottfried Waldron, Jae Whitaker und Edward Knoll
Seite 128
»stempeln gegangen«: Friedman, S. 47
»Damals hatte noch keiner ...«: Di Prima, S. 97. Weitere Details stammen aus meinen Interviews mit Linda Gravenites, Linda Gottfried Waldron, Janice Knoll, Mary Anne Kramer, Malcolm Waldron und Bob Clark.
»Wir haben alle bei Safeway ...«: Amburn, S. 47
Seite 129
Band der Heilsarmee: Interview mit Sally Lee
Janis »hielt *immer* ihren Fahrplan ein«: Friedman, S. 334
»ist verrückt ...«: ibd.
»Ich werd's schaffen!«: Interview mit Jae Whitaker. Alle nachfolgenden Zitate stammen aus diesem Interview.
Seite 130
»Sie war unglaublich stark«: Interview mit Toni Brown. Browns Freundin Sally Lee und Philip Elwood, ein Musikkritiker des *San Francisco Examiner*, erinnern sich, Janis hätte sich eines Abends im Haus der Folksängerin Barbara Dane mit Sonny Terry und Brownie McGee unterhalten. Dane hat keine Erinnerung an den Abend, erklärt aber, es hätten immer viele Jugendliche bei ihr vorbeigeschaut und Janis hätte darunter sein können. (Interviews mit Sally Lee, Philip Elwood und Barbara Dane)
»unglaublich«: Interview mit James Gurley
Seite 131
»Sie hat verzweifelt jemanden gesucht«: Interview mit Edward Knoll. Alle nachfolgenden Zitate stammen aus diesem Interview. Jorma Kaukonen hat Janis mehrere Male begleitet; eine Aufnahme der beiden findet sich auf der 3-CD-Anthologie.
»Ich hab Janis immer gesagt«: Interview mit Linda Poole
»mit Chet losgezogen ist«: Friedman, S. 48
Eines Nachts verunglückte sie: Interview mit Malcolm Waldron. Alle nachfolgenden Zitate stammen aus diesem Interview.

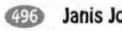

Seite 132
»Willst du mich verarschen«: Amburn, S. 46
»Sie haben die Scheiße...«: ibd., S, 53
»marschierten [sie] geradewegs...«: Friedman, S. 48
»Meine Tante brachte gewöhnlich«: Interview mit Diane Di Prima. Alle nachfolgenden Zitate stammen aus diesem Interview.
Seite 133
»Benzedrin zu essen«: Solomon, S. 35. Zu Ginsbergs Drogenkonsum siehe Schumacher, S. 348. Mehr zu den Drogenexperimenten der Beatniks: Steven Watson, *The Birth of the Beat Generation: Visionaries, Rebels and Hipsters, 1944–1960*, New York 1995.
»Die Alkoholmenge...«: Brad Gooch, City Poet: *The Life and Times of Frank O'Hara*, New York 1994, S. 203
»Wir dachten, wir würden sprunghaft wachsen«: Joplin, S. 126
»Eine Menge Künstler...«: ibd.
Seite 134
»Irgendwo tief innen...«: Interview mit Sally Lee
»Sie hatte das Gefühl...«: Graham / Greenfield, S. 204
»Technisch gesehen konnte ich...«: Interview mit Michael Pritchard
Seite 135
»Ich habe eine Aufnahme...«: Interview mit Frank Davis
»ziemlich heftig«: Friedman, S. 82
»Sie hat Autoharp gespielt«: Interview mit Guy Clark
Seite 136
Ausflug nach New York: Janis erzählte Poole, sie wolle in New York ihr Glück versuchen, da sie dort niemand kennen würde. Poole meint, Janis sei peinlich berührt gewesen von der Aufmerksamkeit, die ihr in San Francisco entgegengebracht wurde: »Wenn sie Erfolg hätte, wo man sie nicht kannte, wäre das in Ordnung.« Chet Helms bleibt jedoch wie andere dabei, Janis hätte die Aufmerksamkeit geliebt; sie sei eine »Glorienjägerin« gewesen. Wenn sie an einen Ort wollte, wo man sie nicht kannte, mag es daran gelegen haben, dass sie in San Francisco den Ruf erlangt hatte, jähzornig und unzuverlässig zu sein. (Interviews mit Linda Poole und Chet Helms)
»Wir haben im Grunde...«: Interview mit Andy Rice
Old Reliable: Siehe John Gruen, *The New Bohemia*, Pennington 1996, S. 23
Seite 137
»Mann, ich lebe...«: Interview mit Janice Knoll. Wenn nicht anders angegeben, stammen alle nachfolgenden Zitate aus diesem Interview. Laura Joplin bestreitet Knolls Version, Janis hätte in New York Speed gespritzt; ihre Schwester hätte Knoll nicht nahe gestanden. Andere haben jedoch be-

stätigt, dass die beiden gute Freundinnen waren und Janis im Sommer 1964 in New York Speed gespritzt hat.

Seite 138
»Sie ging gewöhnlich zu den Typen«: Interview mit Mary Anne Kramer.
»zu protzig«: Friedman, S. 51
»umwerfend«: Joplin, S. 122

Seite 139
»auf Speed war ...«: Friedman, S. 53
»Ist das alles ...«: ibd. Als er von Myra Friedman interviewt wurde, erinnerte sich Seth Joplin, Janis hätte ihm mehrere Briefe geschickt. Janis selbst erzählte David Dalton, sie hätte ihrem Vater einen »großen, langen Brief« geschrieben. (Dalton, S. 184)

Seite 140
»Ich hatte 'n paar Möglichkeiten«: Dalton, S. 96
»einfach angeschaut ...«: Joplin, S. 126

Seite 141
»Ich wollte Dope rauchen«: Friedman, S. 48
fensterloses Kellerapartment: Interview mit John Jennings. Alle nachfolgenden Zitate stammen aus diesem Interview.
Wassermelonensaft: Interview mit Janice Knoll.

Seite 142
The Charlatans: Eric Jacobson, ein Schallplattenproduzent, nahm die Charlatans im Herbst 1965 hauptsächlich wegen ihres Publicityfotos auf.
»Ich hatte keine Ahnung«: Interview mit George Hunter. Alle nachfolgenden Zitate stammen aus diesem Interview.

Seite 143
»knallhart aussehendes Mädel«: Interview mit Richard Oxtot. Malcolm Waldron war an dem Abend mit Janis zusammen und bestätigt Oxtots Schilderung der Publikumsreaktion: »Der ganze Laden wurde einfach totenstill.«

Seite 144
»die Welten der Beatniks und der Schwulen«: Maria Damon schreibt, in Bars wie dem San Remo in Greenwich Village oder dem Anxious Asp in North Beach hätten sich die Subkulturen der Beatniks und Schwulen »überlappt. Manchmal waren sie sich unangenehm nahe, manchmal haben sie sich gegenseitig bestätigt.« (»Victors of Catastrophe: Beat Occlusions«, in Phillips, Hrsg., *Beat Culture*) Brad Gooch bezeichnet das San Remo, das in Kerouacs *The Subterraneans* unter anderem Namen dargestellt wird, als »gemischte Bar zum Reden, die alle Arten von Dichtern, Schriftstellern, Intellektuellen und Bohemiens anzog«. (S. 201)
»In jenen Tagen waren Apostel ...«: Solomon, S. 13
»ein Vierundzwanzig-Stunden-Tag«: Amburn, S. 49

1963 und 1964: die Daten für Janis' Verhältnis mit Jae Whitaker (und später mit Michel Raymond) sind annähernd. Sie ließen sich nicht präzise festlegen, da mir alle, die behaupten, sich zu erinnern, unterschiedliche Daten genannt haben.
Seite 148
»Irgendwie glaub ich ...«: Die Quelle möchte nicht genannt werden.
»Wenn er mit dir zusammen war«: Die Quelle möchte nicht genannt werden.
»seinen Schmerz«: Die Quelle möchte nicht genannt werden.
»Sie hat ihre Meinung ...«: Friedman, S. 57
Seite 150
»Ihm ist nichts anderes eingefallen«: Amburn, S. 57

Die »Beautiful People«

Seite 151
als Laura mit ihr Kleider kaufen ging: meine Darstellung des Einkaufsbummels beruht auf Joplin, S. 131
Seite 152
»Sie hat mir erzählt ...«: Interview mit Frances Vincent. Alle nachfolgenden Zitate stammen aus diesem Interview.
»Gift im sozialen System«: Anne Parsons, zitiert bei Wini Breines, *Young, White, and Miserable: Growing Up Female in the Fifties*, Boston 1992, S. 178. Anne Parsons, die Tochter des prominenten Soziologen Talcott Parsons, schrieb diesen Satz in einem Brief an Betty Friedan, deren Buch *Der Weiblichkeitswahn* sie gerade gelesen hatte.
»Michel sagte, er würde mit mir ...«: Interview mit Debbie Boutellier. Alle nachfolgenden Zitate stammen aus diesem Interview.
Seite 153
»furchtbar korrekt«: Joplin, S. 132. Meine Darstellung von Michels Besuch beruht auf Joplin, S. 132–133, und Interviews mit Linda Gottfried Waldron und Debbie Boutellier.
»hüpfte auf und ab«: Joplin, S. 133
Seite 156
»Sie hatte ihr Haar ...«: Amburn, S. 58–59; Interview mit Grant Lyons
»sehr dünn«: Amburn, S. 59
»Leben als Nonne«: Joplin, S. 135
»Ich meine, sie wurde so bieder ...«: Friedman, S. 60
Seite 157
die Zeit der akustischen Folk Music war vorüber: Jerry Garcia erklärt, die Folk-Szene sei 1965 »bankrott« gewesen. (Philip Ennis, *The Seventh Stream:*

The Emergence of Rock Rocknroll in American Popular Music, Hanover 1992, S. 334)

Haight-Ashbury: das beste Buch über Haight-Ashbury ist immer noch Tom Wolfes *The Kool-Aid Acid Test*. Weitere hilfreiche Informationen in: Charles Perry, *The Haight-Ashbury: A History*, New York 1984; Joan Didion, »Slouching towards Bethlehem«, in *Slouching towards Bethlehem*, New York 1968; Peter Coyote, *Sleeping Where I Fall*, New York 1998; Emmett Grogan, *Ringolevio: A Life Played for Keeps*, New York 1990; Warren Hinckle, »A Social History of the Hippies«, *Ramparts*, März 1967, Reprint in Gerald Howard, Hrsg., *The Sixties: The Art, Attitudes, Politics, and Media of Our Most Explosive Decade*, New York 1982, S. 207–232; das einleitende Essay in Allen Cohen, *The San Francisco Oracle*, San Francisco 1994. Zu den Bands aus San Francisco siehe Joel Selvin, *Summer of Love*, New York 1994, und Jennifer Egan, *The Invisible Circus*, New York 1995, eine starke, fiktive Abhandlung des Themas.

»Peggy, *was* ist hier *los?*«: Interview mit Peggy Caserta. Wenn nicht anders angegeben, stammen alle nachfolgenden Zitate aus diesem Interview. Innerhalb eines Jahres: Peggy kaufte den Friseursalon und machte Bobby Bowles zum Geschäftsführer, der vorher in einer Ecke ihrer Boutique Mnasidika Lederarbeiten angefertigt hatte. Sie ließen zwei Frisierstühle und die Glasvitrinen in dem neuen Geschäft, das sie Boot Hook nannten.

»Leine gezogen« zu haben: Gitlin, S. 242

Seite 158

»Kannst du dir vorstellen«: Interview mit Bob Seidemann. Alle nachfolgenden Zitate stammen aus diesem Interview.

»Ich will euch nicht ...«: Wolfe, S. 121

Seite 159

»das seinen Müll über jeden schüttet«: zitiert bei Gitlin, S. 9

Es war ein nahezu vergessener Stadtteil: Cohen, S. xiii, und Perry, S. 6. Ich stütze mich auch auf die Interviews mit Peter Albin, Peter Berg, Bill Belmont und Pat »Sunshine« Nichols.

Seite 160

»Alles war darauf angelegt ...«: Graham / Greenfield, S. 184

»anonyme Wohltäter«: Didion, S. 99. Das ist ganz entschieden nicht Didions Bild der Diggers.

»coole Heilsarmee«: dieser Ausdruck wurde von Ralph Gleason geprägt, dem Musikkritiker des *San Francisco Chronicle*. Peter Coyote fand, er würde verschleiern, wie radikal die Gruppe war. Der Digger Peter Berg glaubt, Gleason hätte sie als selbstlose Wohltäter dargestellt, um behördlichen Druck von der Gruppe zu nehmen.

Das Free Store: meine Darstellung stützt sich auf ein Interview mit Peter Berg, Coyotes Schilderung in Graham / Greenfield, S. 184, und Emmett

Grogans *Ringolevio*. Grogan schreibt: »Nur ein Bruchteil der Waren, die akzeptiert und verkauft wurden, waren aus zweiter Hand. Sie wurden angeboten und ausgestellt, um einen wohltätigen Schein zu erwecken und die Tatsache zu verbergen, dass der Rest des Zeugs neu und frisch war und vor allem gestohlen.« (S. 249) Peter Berg erzählt, die Diggers hätten auch Bobby Seale nahe gelegt, die Black Panther Party solle ein Programm zur kostenlosen Verköstigung ins Leben rufen. (Interview mit Berg)
Seite 161
»Familien«: Interview mit Richard Hundgen. Alle nachfolgenden Zitate stammen aus diesem Interview.
»zwanzig Jahren Marshmallows«: zitiert bei von Hoffman, S. 131
Seite 162
»das graue Leben satt hatte«: Interview mit Jim Haynie
»dein Jetzt zerstören«: Hentoff, S. 19
Augustus Owsley Stanley III: zu Owsley siehe Wolfe, S. 188, und Perry, S. 4
»Orgasmus hinter den Augäpfeln«: Wolfe, S. 36
»Abenteuermangel«: Perry, S. 7
»Bummer«: Wolfe, S. 159
»wie danach süchtig zu sein ...«: Graham / Greenfield, S. 295
»psychodelisch«: Wolfe, S. 40
Seite 163
»immer wusste, sie würde existieren ...«: Bill Barich, »Dead Reckoning«, *Rolling Stone*, 21. September 1995, S. 78
»Du kannst die ganze Musik hören«: Hank Harrison, *The Dead: Volume 1*, San Francisco 1990, S. 42
Bis zur britischen Invasion: zum Widerstand, auf den der frühe Rock & Roll stieß, siehe Martin und Segrave
Seite 164
»Das aufregendste Ding«: Ray Gosling, zitiert bei: Andrew Ross, *No Respect: Intellectuals and Popular Culture*, New York 1989, S. 148
»Die ersten Bücher«: Graham / Greenfield, S. 216
»Ersatz«: Clinton Heylin, Bob Dylan: *Behind the Shades*, New York 1991, S. 102
Seite 165
»hingerissen«: David Crosby und Carl Gottlieb, *Long Time Gone: The Autobiography of David Crosby*, New York 1988, S. 92
»so aufgekratzt ...«: ibd., S. 83
»Es war großartig«: ibd., S. 93
Seite 166
»Toll, Mann, du kannst drauf tanzen«: Shelton, S. 309
»Plastikmann«: Spitz, S. 210
»in außergewöhnlichem Luxus«: von Schmidt und Rooney, S. 240

Seite 167
»Wenn ich eine Axt hätte«: Goodman, S. 9. Meine Darstellung von Newport 1965 beruht auf Goodmans, Heylins und Michael Bloomfields Schilderung in Ward, *Michael Bloomfield: The Rise and*... und meinem Interview mit Peter Yarrow. Zu den Vorgängen hinter den Kulissen siehe Joe Boyds Leserbrief im *New York Observer* vom 11. Mai 1998. Boyd war Produktionsleiter des Festivals. Der *Observer* gibt fälschlicherweise den Vornamen »John« an. (siehe Goodman, S. 8)
»Kapitulation vor dem Feind«: Goodman, S. 9
»grinsten wie zwei Katzen...«: Spitz, S. 299
»wie man einen Hit schreibt...«: Shelton, S, 333
»Dylan hat sich an Gott verkauft«: Heylin, S. 147

Seite 168
»bedeutender Poet«: Shelton, S. 333
»Als Dylan elektrisch wurde«: Interview mit Bill Belmont. Alle nachfolgenden Zitate stammen aus diesem Interview.
The Jabberwalk: Interview mit Terry Garthwaite

Seite 169
»eine einzige zickige Verstopfung«: Wolfe, S. 95. Einzelheiten zu Kesey und den Pranksters stammen aus Wolfe, Perry, Graham / Greenfield.
»riesige Party-Szene«: Interview mit Chet Helms. Wenn nicht anders angegeben, stammen alle nachfolgenden Zitate aus diesem Interview.
»eine Art Kameradschaft untereinander«: Darby Slick vertritt die gleiche Ansicht in *Don't You Want Somebody To Love: Reflections on the San Francisco Sound*, Berkeley 1991, S. 53
»In seiner Blütezeit«: Interview mit Bob Cohen. Alle nachfolgenden Zitate stammen aus diesem Interview.

Seite 170
große Feiern: Interviews mit George Hunter und Chet Helms

Seite 171
»Es gab eine Rock-&-Roll-Band«: Interview mit Dave Getz. Wenn nicht anders angegeben, stammen alle nachfolgenden Zitate aus diesem Interview.
Avantgarde: siehe Richard Cándida Smith, *Utopia and Dissent: Art, Poetry, and Politics in California*, Berkeley 1995. Zur San Francisco Mime Troupe siehe Graham / Greenfield; R. G. Davis, *The San Francisco Mime Troupe*, Palo Alto 1975.
»was Andy Warhol in New York macht«: Wolfe, S. 8

Seite 172
der »wahre Johnny Appleseed«: Perry, S. 67
»Was zum Teufel ist eine Lightshow?«: Interview mit Alton Kelley. Wenn nicht anders angegeben, stammen alle nachfolgenden Zitate aus diesem Interview.

Seite 173
»Hippies waren die Leute«: Interview mit Carl Gottlieb. Alle nachfolgenden Zitate stammen aus diesem Interview.
»Liebesschwindel«: Grogan, S. 238
Seite 174
»Hippie«: Michael Fallon, »A New Paradise for Beatniks«, *San Francisco Examiner*, 5. September 1965. Dieser Artikel war der erste einer Reihe über Haight-Ashbury. Der Begriff »Beatnik« wurde auch weiterhin von der Underground-Presse benutzt. Anfang 1967, bevor der sogenannte Sommer der Liebe »Hippie« zum geflügelten Wort gemacht hat, forderte beispielsweise die New Yorker *East Village Other* die Sechstklässler einer Grundschule auf der Lower East Side auf, die Frage »Was ist ein Beatnik?« zu beantworten. Der Artikel wurde sogar auf Seite 8 des *Austin Rag* vom 27. März 1967 übernommen.
Seite 175
»weisen jede Verwandtschaft ...«: Hunter S. Thompson, »The ›Hashbury‹ Is the Capital of the Hippies«, *New York Times Magazine*, 14. Mai 1967, S. 29
»Das Bild der Medien«: Graham / Greenfield, S. 195. Der bereits erwähnte Artikel von Warren Hinckle war kritischer als die meisten, obwohl er in der radikalen Zeitschrift *Ramparts* erschien. Hinckle kritisierte die »unnachgiebige Schweigsamkeit« der Hippies, da sie weitere politische Aktivitäten behindere. Er gestand zu, dass Aussteigen Spaß machen könnte, warnte aber: »Danach überlasst ihr den Hell's Angels das Steuer.« (S. 232)
»apokalyptischen Rand«: Susan Gordon Lydon, *Take the Long Way Home: Memoirs of a Survivor*, New York 1993, S. 74
Seite 176
»Für uns *war* diese Show«: Interview mit Joshua White. Alle nachfolgenden Zitate stammen aus diesem Interview. White schließt Marty Balin von Jefferson Airplane bei dieser Charakterisierung aus.
»dunklere Seite«: Slick, S. 44
Seite 177
Kerouac verließ eine Party: die Einzelheiten dieses Vorfalls stammen aus Schumacher, S. 414
Seite 178
»etwas Wilderes und Verrückteres ...«: Wolfe, S. 90
»sehr high und sehr positiv«: Ennis, S. 334
»im Schwarzsein übertroffen«: Wolfe, S. 23
»eine lebenslustige Gruppe ...«: Jack Kerouac, »The Origins of the Beat Generation«, *Playboy*, Juni 1959, S. 32. Eine interessante Schilderung der Beats findet sich in einem Interview mit Neal Cassadys Witwe Carolyn. (Gina Berriault, »Neal's Ashes«, *Rolling Stone*, 12. Oktober 1972, S. 32.) Sie erklärt, all die Männer, »die von Neals Mythos angetan waren, haben nie

gewusst und werden's auch nie wissen, wie jämmerlich diese Männer waren; die denken, sie hätten die Sau rausgelassen – immer nur Vergnügen –, und es war überhaupt nicht so.« Siehe auch Carolyn Cassady, *Off the Road*, New York 1990; Hettie Jones, *How I Became Hettie Jones*, New York 1990, und das Kapitel über die Beatniks in Barbara Ehrenreich, *The Hearts of Men*, New York 1983

Seite 179
»Hippies behandeln ihre Frauen«: Interview mit Bob Seidemann. Als Linke war sich Rifkins Mutter des männlichen Chauvinismus nur allzu bewusst.
»Hippie-Folk-Music«: Shank, S. 46
»Im Grunde genommen ...«: ibd., S. 47
»niggardly«: ibd.

Seite 180
»Hippie-Prototypen«: Tary Owens, zitiert bei Shank, S. 48
»weit höher«: Stephanie Chernikowski. »The 13th Floor Elevators: Visions of Ecstasy«, *Austin Chronicle*, 12. März 1993, S. 37
»sah sie *noch immer* anders aus«: Friedman, S. 58
»Ich war da unten«: Dalton, S. 98

Seite 182
»Dorothy«: Friedman, S. 63
»*Hör auf, ihr Mut zu machen*«: Amburn, S. 61
»wieder auf die Schule ...«: ibd., S. 62

Seite 183
»weibliche Bürokleidung«: ibd.

Seite 184
»wusste nicht, was zum Teufel ...«: Interview mit Don Sanders

Seite 185
»Jean-Ritchie-Falsett«: Amburn, S. 61
»Sie hatte wirklich eine Stimme«: Harmon, S. 10
Red Dog Saloon: Meine Darstellung stützt sich auf Travus T. Hipp, »Legend of the Red Dog Saloon«, *Edging West*, Juni / Juli 1995, S. 20; Mike Sion, »Capturing the Life and Times of the Red Dog Saloon«, *Reno Gazette-Journal*, 17. März 1994, S. 1E; Perry; Selvin; Interviews mit Bob Cohen, George Hunter und Alton Kelley

Seite 187
»ihre Tamburine ...«: Interview mit Ray Anderson
»gelang, gleichzeitig ...«: Slick, S. 54
»Red Dog nach dem klassischen ...«: Hipp, S. 20. Laughlin ist in Wirklichkeit Travus T. Hipp

Seite 188
»war auf gewisse Art romantisch«: Interview mit Jim Haynie. Alle nachfolgenden Zitate stammen aus diesem Interview.

 Janis Joplin

»Meister der mystischen Künste«: Perry, S. 29
Seite 189
»erstaunt«: ibd., S. 30
»Sie können uns nicht alle hopsnehmen«: Selvin, S. 28. John Cipollinas Reaktion findet sich bei Selvin, S. 27
»Gewißheit der Geburt«: Slick, S. 56
Ralph Gleason schwärmte: Perry, S. 31
»das amerikanische Liverpool«: John Glatt, *Rage and Rock and Roll: Bill Graham and the Selling of Rock*, New York 1993, S. 31
Seite 190
»hat uns sofort das Wasser abgegraben«: Glatt, S. 32. Kelley bestätigte diese Auffassung in seinem Interview mit mir. Auch Chet Helms ist der gleichen Ansicht. Es ist umstritten, wie Graham vom Fillmore erfahren hat. Ronny Davis von der Mime Troupe behauptet, er hätte Graham davon erzählt, doch Graham sagt, Ralph Gleason hätte ihn darauf aufmerksam gemacht. (siehe Graham / Greenfield, S. 128–129)
»überragenden kulturellen Ereignisse«: Graham / Greenfield, S. 125
»Kulturrevolution«: ibd., S. 124
Seite 191
»diese verdammte Schlange«: ibd., S. 123
»absolute Kunst-Sklaven«: Peter Coyote, zitiert bei Graham / Greenfield, S. 118
»Stehlen und Betrügen«: Glatt, S. 25
»Glanz«: Graham / Greenfield, S. 199
Seite 192
»Schau, ich bin Frühaufsteher«: Glatt, S. 44. Meine Darstellung der verhängnisvollen Partnerschaft stützt sich auch auf Graham / Greenfield, S. 144–149, und mein Interview mit Helms.
»Fuck It Academy of Dance«: Graham / Greenfield, S. 148
»Pop-Pöbel«: ibd., S. 237
»das Eintrittsgeld ...«: ibd., S. 190
Seite 193
»wie du mit 'nem Hippie Geschäfte machst«: ibd., S. 200
»Ich will mir lieber nicht vorstellen ...«: Glatt, S. 50
Seite 194
»Bills Gewinn war enorm«: ibd., S. 49
»Geld war immer ein Problem«: Graham / Greenfield, S. 199
»wurden all diese Luftnummern ...«: ibd., S. 190
»Es wären *100 000 Volt* ...«: Interview mit Alton Kelley. Die ursprüngliche Quelle möchte nicht genannt werden.
Seite 195
»Nur um der Klarheit willen ...« Didion, S. 103–104

Freikarten: Perry, S. 62
»von der Spitze des Stapels ...«: Interview mit Bob Simmons
Jam Sessions: Einzelheiten zu den Sessions stammen aus meinen Interviews mit Peter Albin und Chet Helms. Albin erinnert sich, der Eintritt hätte 75 Cent gekostet; Chet meint, es seien 50 Cent gewesen.
Seite 196
Aus diesen Sessions: meine Schilderung der allerersten Tage der Band stützt sich im Wesentlichen auf mein Interview mit Peter Albin, dem »Gedächtnis« von Big Brother.
Seite 197
»1984, Monopolkapitalismus ...«: Perry, S. 37
»Oh, Mann, kannst du ...«: ibd.
»alles sehr dilettantisch«: Interview mit Sam Andrew. Wenn nicht anders angegeben, stammen alle nachfolgenden Zitate aus diesem Interview.
Seite 198
»mit einem Stethoskop ...«: Selvin, S. 36
»mit einer zugedröhnten Aura ...«: Interview mit Richard Hundgen
Seite 199
»Scriptarzt«: James Gurley bestreitet, Nancy hätte jemals bei einem derartigen Arzt gearbeitet.
»ein Bündel abgehackter Schnipsel«: Selvin, S. 37
Seite 200
»die Gruppe bei uns schon einige Zeit ...«: die Darstellung stammt von Slick, S. 88–89
Seite 202
»Aura des Erfolgs«: Slick, S. 55
Seite 203
»Klangströme«: Joe Goldberg, Covertext zu John Coltrane, *Lush Life*, 1987. Das Album wurde 1957 und 1958 live aufgenommen.
»eine Erforschung der höchsten ...«: Perry, S. 71
»wichtigsten Merkmale ...«: Slick, S. 52
Seite 204
»direkt«: Interview mit James Gurley. Wenn nicht anders angegeben, stammen alle nachfolgenden Zitate aus diesem Interview.
»der Band eine zu seltsame Aura geben«: Amburn, S. 65
»Sie war seltsam«: ibd., S. 72
Seite 205
Tommy Hall von den Elevators: Hall äußerte in meinem Interview mit ihm, er hätte Janis gegenüber Bedenken gehabt.
»ein Lied nicht nur sang ...«: Bill Bentley, Covertext zu *Where the Pyramid Meets the Eye*, 1990. Siehe auch Chernikowskis Artikel im *Austin Chronicle*.

Seite 206
»Ich mach's«: Interview mit Travis Rivers
»dazu gefickt...«: Dalton, S. 98
Seite 207
»wunderbar«: Friedman, S. 68, und Amburn, S. 68
»Janis auf den Gedanken gebracht«: Interview mit Jim Langdon
»Ohne deinen Einfluss«: Joplin, S. 142
»Mr. Big«: ibd., S. 146

Big Brother

Seite 209
»Er hat nur Spaß gemacht«: Seidemanns Äußerung wurde an anderer Stelle ernst aufgefasst, doch er betont, er hätte gescherzt.
Chet Helms fand Janis großartig: zu Helms' Reaktion und der von Stanley Mouse siehe Amburn, S. 73
»Wir haben vom ersten Augenblick...«: Les Kippel und Robert Bromberg, »Big Brother Speaks: An Interview with Peter Albin«, *Relix*, Vol. 19 No. 5
Seite 210
»in Weltall-City«: Dalton, S. 99
Janis hatte noch überhaupt keine moderne Rock-Musik gehört: Sam Andrew, »Recollections of Janis«, *Blues Revue* No. 17, S. 35
»Ich hab Blues gesungen«: Dalton, S. 69
Es ist kein Zufall: zur Reaktion des Publikums in Austin auf Dylans »elektrischen« Teil der Show siehe Levon Helm mit Stephen Davis, *This Wheel's on Fire: The Story of Levon Helm and the Band*, New York, 1993, S. 137. Stephanie Chernikowski hat mich auf diesen Abschnitt des Buchs hingewiesen.
Seite 211
»Ich kann nicht genug betonen«: Andrew, S. 35
»ein Tonband...«: Amburn, S. 72-73
Die Band übte mit Janis in einem umgebauten Pferdestall: Kippel und Bromberg
»wahnsinnige, temporeiche...«: Andrew, S. 35
»Ich hatte keine modischen Klamotten«: Dalton, S. 99
Seite 212
»Es war fast unmöglich«: Slick, S. 97
Seite 213
»dagestanden und...«: Friedman, S. 74
»großen offenen Töne«: Richard Goldstein, *Goldstein's Greatest Hits*, Englewood Cliffs, 1970, S. 55
»Du kannst so nicht...«: Friedman, S, 74

Sie besuchte einen Hautarzt: Janis erwähnt den Besuch in einem Brief an ihre Eltern vom Herbst 1966. (Joplin, S. 175)
Seite 214
Als Redding im Dezember: Graham / Greenfield, S. 174
»jede Silbe, Bewegung ...«: Andrew, S. 38
»sichtbar«: Janis zitiert bei Dalton, S. 117
»Ich fing an, rhythmisch zu singen«: Goldstein, S. 55
Seite 215
»Es war die Hippie-Version«: Amburn, S. 54
»stundenlang bis in die Nacht hinein«: Andrew, S. 34
Seite 216
»Die Big-Brother-Szene begann mit Speed«: Chet Helms betont, Speed sei bei der Band erst später ins Spiel gekommen, und das hätte an Sam Andrews Freundin Rita gelegen.
»mit Nadeln eine Wahnsinnige«: Amburn, S. 87
Seite 218
mit Travis Rivers ein Apartment geteilt: Die Einzelheiten von Janis' Beziehung mit Travis Rivers stammen aus meinem Interview mit ihm.
Seite 220
»Paar von Desperados«: Amburn, S. 72
Seite 221
»Was für 'ne peinliche Situation«: ibd., S. 80
»die Hippie-Ethik der Freiheit«: ibd., S. 87
»Junge, macht die mich an«: ibd., S. 78. Dave glaubt, Janis hätte Jae Whitaker damit gemeint.
Seite 222
»schmutzigen, abgewetzen, ausgefransten Jeans«: Caserta, S. 43
»als wären sie ...«: ibd.
»Was ist los ...«: ibd.
Peggy war ganz und gar nicht: die Einzelheiten ihres Lebens stammen aus Peggys Buch und meinem Interview mit ihr.
Seite 223
»ganz biedere Kostüme ...«: Caserta, S. 102
Seite 224
»Kumpels«: Joan Baez, *And a Voice to Sing With: A Memoir*, New York 1987, S. 78
»Also, Peggys Geliebte ...«: Amburn, S. 103
während Joe ihn voller Skrupel vermied: Bill Belmont hat Joes Vorliebe für Anonymität und seine Bereitschaft, das Urheberrecht zu teilen, in meinem Interview mit ihm herausgestellt.
Seite 227
»Was alle [bei Big Brother] tun wollten ...«: Amburn, S. 85

 Janis Joplin

»Janis hat 'n paar Trommeln getragen«: Interview mit John Morris. Alle nachfolgenden Zitate stammen aus diesem Interview.
Seite 228
»wegen seiner nervenberuhigenden Eigenschaften«: Slick, S. 97
»alkydelische«: Selvin, S. 102
»brauchten ein paar Gläschen«: Amburn, S. 94
»Solange ich einen Overheadprojektor ...«: Goodman, S. 30
Seite 229
Als die 500 Lightshow-Künstler: Zu dem Streik der Lightshow-Künstler siehe Perry, S. 287
Seite 230
»Die Musiker haben kaum was getan«: Interview mit Joshua White. Wenn nicht anders angegeben, stammen alle nachfolgenden Zitate aus diesem Interview.
Seite 231
»den Druck [von der Band] nahm«: Interview mit Glenn McKay. Zitate stammen aus diesem Interview.
»Du hast Glück gehabt ...«: Interview mit Lyndall Erb
Seite 232
»einige meiner Freunde«: Allen Katzman, Hrsg., *Our Time: Interviews from the* East Village Other, New York 1972, S. 208
»Scheiß drauf«: Graham / Greenfield, S. 168
»diese Band«: Chet Helms, zitiert bei Amburn, S. 91
Empört brach Chet die Audition ab: Peter Albin in: Selvin, S. 73. Einzelheiten der Beziehung von Big Brother zu Chet Helms aus meinen Interviews mit Helms, Albin und Getz.
Seite 233
»immer außergewöhnlicher«: Joplin, S. 162
Seite 234
»Er wird mich zum Star machen!«: Friedman, S. 79
»einen Cadillac und ein Haus ...«: Interview mit Peter Albin. Meine Darstellung stützt sich auf Interviews mit Albin, Getz und Janis' Briefe nach Hause, die in Laura Joplins Buch zitiert werden.
»schulmeisterliche Art«: Amburn, S. 90
Seite 235
»armer schwarzer Landarbeiter«: Spitz, S. 301. Laut Joe Boyd, dem Produktionsleiter des Newport Folk Festivals von 1965, hatte Alan Lomax etwas gegen »weiße Jungs, die einen auf Blues gemacht haben«. (Heylin, S. 138)
»kaum ›In The Midnight Hour‹ ...«: Steve Hochman, »Steve Miller«, *Rolling Stone*, 2. September 1993, S. 22
»bedingungsloser Frontalangriff«: Interview mit Sam Andrew
»Dieser Tussi hingen die Haare runter ...«: Friedman, S. 79

Seite 237
»diese halb nackte Tussi«: Joplin, S. 166
»Meister ziemlich ...«: Andrew, S. 36
Seite 238
»reichlich Gelegenheit ...«: ibd.
»Schiss, dass die Nadel ...«: Amburn, S. 96
Shad, der ihr schmeichelte: in einem Brief an ihre Eltern war Janis ganz stolz auf Shads Meinung (Joplin, S. 168)
Seite 240
David Cohen von Country Joe and the Fish: Interview mit Bill Belmont
»Fick dich ins Knie, Mann«: Amburn, S. 97
Seite 241
ihr »ganzes Leben«: Joplin, S. 202
Die Journalisten waren es inzwischen gewohnt: die Auffassung von Dave Getz
Seite 242
»Wir teilen alles«: Joplin, S. 190
Seite 243
Obwohl auf dem Poster: die Legende besagt, Big Brother hätte gespielt, doch Peter Albin besteht darauf, dass all diese Geschichten falsch sind.
Seite 244
»Lebensdrogen«: zur Unterscheidung zwischen »Lebensdrogen« und »Todesdrogen« siehe Thompson, S. 29 und 120–124, und Hinckle, in: Howard, Hrsg., S. 207–232. Diese wichtigen Essays betonen, die Hippies hätten zwischen Drogen für »Kopf« und »Körper« unterschieden. Beide Autoren ordnen Speed nicht als schädliche »Körperdroge«, sondern als »Kopfdroge« ein. (Thompson, S. 122; Hinckle, S. 217) Chet Helms weist darauf hin, dass Thompson und Hinckle als Außenseiter nur oberflächliche Kenntnisse der Szene gehabt hätten. Er betont, Speed sei nicht als förderliche Droge angesehen worden.
»Wir sind im selben Geschäft«: Hinckle, S. 213
Seite 245
Janis bestand darauf: Korrespondenz mit Robert Crumb
»Sie konnte mit ihnen umgehen«: Amburn, S. 110
Der Dichter Michael McClure: Michael-McClure-Interview von Richard Ogar, 1968–69, Berkeley
Seite 246
»Sie hatten ihre eigene Methode«: Interview mit Bruce Barthol
Seite 247
»die unbewussten Instrumente ...«: Didion, S. 113
Seite 248
»Da haben wir alle zusammengehalten«: Amburn, S. 81

»wirklich nach Showbiz«: Joplin, S. 158
Seite 249
»Berühmtheit«: ibd., S. 192

Hoffnung und Hype in Monterey

Seite 250
»Monterey is' echt groovy, Mann«: *The History of Rock 'n' Roll: Plugging In*, Video. Meine Darstellung stützt sich vorrangig auf Ed Ward, Geoffrey Stokes und Ken Tucker, *Rock of Ages: The Rolling Stone History of Rock & Roll*, New York 1986; Robert Christgau, Graham / Greenfield
»Hippie-Himmel«: Ward et al., S. 375
»Es gibt keine Hippies«: Christgau, S. 14
»Du konntest dir was zu essen holen«: Graham / Greenfield, S. 189
»Wohin du auch geschaut hast«: Robert und Jonalee Hurwitt, »Pops Groove, Cry for More«, *Berkeley Barb*, 23. Juni 1967, S. 3
Seite 251
»Oh, diese fucking Hippies«: Graham / Greenfield, S. 176
»Kulturrevolution«: die Formulierung stammt von Reddings Manager Phil Walden, der die Erfahrung von Redding und anderen »schwarzen Typen aus dem Süden« beschreibt, die mit den Hippies nicht vertraut waren.
»am äußeren Rand«: Christgau, S. 15
»Musikmarkt«: Ward et al., S. 374
Seite 252
»L.A. tut unseren Augen weh«: Goldstein, S. 118
»Hollywood-Geschäftemacher«: Der Begriff stammt aus Michelle Phillips' Autobiographie *California Dreamin': The True Story of the Mamas and the Papas*, New York 1986, S. 141.
»San-Francisco-Sound zu entführen ...«: Glatt, S. 68
»auf dem Erfolg dessen ...«: Graham / Greenfield, S. 193
»Hippies zu spielen«: Christgau, S. 19
»Abschaum von Hollywood«: Derek Taylor, zitiert bei Graham / Greenfield, S. 188
»Rache«: Charles Shaar Murray, S. 91
Seite 254
»Du hast das genommen ...«: ibd.
»Rache des R-&-B-Begleitmusikers«: Nelson George, *The Death of Rhythm and Blues*, New York 1988, S. 109
aus der überwiegend weißen Menschenmenge: Das Publikum in Monterey wurde »Love Crowd«, »Menschenmasse der Liebe« genannt, und Red-

dings Manager Phil Walden schlug ihm vor, darüber eine Ansprache zu halten. Sie schrieben Reddings »Rezitation« gemeinsam. (Graham / Greenfield, S. 191)
»Otis war der König«: Hurwitt, S. 10
»der Satz ›Fast so schlecht ...‹«: Goodman, S. 123. Auch wenn ein kürzlich veröffentlichter Artikel (Deborah Sontag, »An Enigma Wrapped in Songs«, New York Times, 26. Oktober 1997) unterstellt, der ungekürzte Film über das Monterey Pop Festival beweise, dass Nyro ein Erfolg gewesen sei, gibt es dafür keine Belege. Nyro mag nicht von der Bühne gebuht worden sein, wie manche behaupten, aber sie wurde vom Publikum auch nicht ins Herz geschlossen. Goodman berichtet, Nyros Manager Artie Mogull sei »wutentbrannt gewesen, dass Nyro ihn vorgeführt hatte« vor so vielen bedeutenden Größen der Musikindustrie. Clive Davis von Columbia Records empfand ihren Auftritt als »amateurhaft und überdramatisch«. (Clive Davis mit James Willwerth, *Clive: Inside the Record Business*, New York, 1975, S. 98) Michelle Phillips hatte so viel Mitleid, dass sie mit Nyro sofort wegfuhr, um etwas Marihuana und Bier aufzutreiben. (Phillips, S. 147) Peter Albin erklärt, ihr Auftritt sei nicht schlecht, aber »prätentiös« gewesen. Nyro nahm später einige der interessantesten und eingängigsten Titel dieser Zeit auf.

Seite 255
Hauptattraktionen der Stadt: Lydon, S. 43
Janis trat an jenem Samstag: Perry, S. 208
»Janis war so nervös«: John Phillips, Begleittext zur CD-Box *Monterey Pop*, 1997
»Wo kommt die denn her?«: zitiert bei Sam Andrew, »Recollections of Janis«, *Blues Revue* No. 17, S. 36
die Schau gestohlen: John Phillips, *An Autobiography*, New York 1986, S. 178

Seite 256
»ungeheuren Energie«: Lydon, S. 39
»Stimme und Körper ...«: Hentoff, S. 17
»zurückzukommen«: zitiert bei Simon Frith, *Performing Rites: On the Value of Popular Music*, Cambridge 1996, S. 203
»es handelt davon ...«: Goldstein, S. 56
»Wenn ich singe ...«: Lydon, S. 43
»die Wut der Freude«: ibd., S. 39
»eine Reaktion, die ...«: Christgau, S. 24

Seite 257
»einen Augenblick gedrosselt ...«: Davis, S. 77
»Indem sie eine Reihe von ...«: zitiert bei Frith, S. 203
»Er ist echt«: *Janis: The Way She Was*, Video, 1975

Seite 258
»Hört zu, ihr Typen ...«: Amburn, S. 127
»grüne Julius«: ibd., S. 99
»Motorradunfall«: Die Presse stellte Dylans Motorradunfall damals Besorgnis erregend dar. Mehrere Menschen aus seinem nächsten Umfeld behaupten heute, er sei unbedeutend gewesen. (siehe Goodman, S. 102)
»ganz außer sich«: Interview mit Sally Grossman. Alle nachfolgenden Zitate stammen aus diesem Interview.
Seite 259
»Julius Karpen weiß es noch nicht«: Selvin, S. 134
»Sie hat es ›lame‹ ausgesprochen«: Andrew, S. 36
»Big Brothers Titten«: R. E. Maxon, L. A. Free Press, 19. Juli 1968, S. 32
»Janis nur einmal ...«: Goldstein, S. 57
Seite 260
»sie unten zu halten«: Hentoff, S. 19
»wie alle anderen zu sein«: ibd.
»einen der Höhepunkte ...«: Joplin, S. 241
»heiterer Verrücktheit«: Christgau, S. 25
»Das waren echte Blumenkinder«: Joplin, S. 241
»Es gab wirklich überhaupt keine ...«: ibd., S. 195
Seite 261
»es nicht um Geld ging«: Art Garfunkel, Begleittext zur CD-Box *Monterey Pop*, 1997
»Scheckbuchpolitik«: Goodman, S. 77
»die Band mit der unglaublichen Sängerin«: Lydon, S. 96
Seite 262
»zwei Drittel Willie Mae Thornton ...«: Christgau, S. 24
»rasend vor Ekstase«: Interview mit Myra Friedman. Alle nachfolgenden Zitate stammen aus diesem Interview.
»kreativen Wendepunkt«: Fredric Dannen, Hit Men, New York 1991, S. 75. Meine Darstellung von Clive Davis und Columbia Records stützt sich auf Dannen und Goodman.
»sich verkauft ...«: Goodman, S. 52
Seite 263
»Label von Robert Goulet«: Dannen, S. 98
»Lassen Sie mich die offizielle ...«: ibd., S. 66
Seite 264
»Ich lass euch die Bücher da«: Joplin, S. 205
»ein echter Geschäftsmann«: laut John Morris, der im Sommer oder Herbst 1967 Bill Grahams Fillmore East in New York führte, wollte Janis Graham überreden, Big Brother zu managen, der hätte jedoch abgelehnt.

Graham hätte ihm erklärt, es sei ein Vollzeitjob, Janis zu managen. (Interview mit John Morris)
»waren einfach total aus dem Häuschen«: Friedman, S. 91
Seite 265
Power Manager: meine Darstellung Grossmans stützt sich auf Interviews mit Elliot Mazer, John Simon und Peter Yarrow sowie Goodmans Schilderung und Shelton.
»das beste Gras ...«: Goodman, S. 97
»Wenn Albert nicht gewesen wäre«: ibd., S. 102
»The Bear«: Shelton, S. 142
Seite 266
»Hundesohn«: Helm, S. 293
»gerne nein zu sagen schien ...«: Shelton, S. 144
»Du konntest sie sehen«: Goodman, S. 94
»Es war die fürchterlichste Erfahrung ...«: ibd.
»Hinter seinem Schreibtisch ...«: Interview mit Elliot Mazer. Wenn nicht anders angegeben, stammen alle nachfolgenden Zitate aus diesem Interview.
Seite 267
»Er konnte jeden auflaufen lassen«: Shelton, S. 106. Bob Krasnow, zitiert bei Goodman, S. 93
»Er kam in 'ne Geschäftsbesprechung ...«: ibd.
»eine King-Size-Zigarette«: Shelton, S. 106
nur zwei Manager an der Ostküste: Zu Grossmans Rang in der Folk Music siehe Shelton, S. 142–144, und Spitz, S. 176
Albert tendierte auch nach links: Interview mit Mike Gray
Seite 268
»Cheshirekater ...«: Shelton, S. 106
»das Showbusiness-Prinzip«: von Schmidt und Rooney, S. 280
»Weil du jedes Mal zehn Prozent ...«: Goodman, S. 89
»Albert war der erste Typ ...«: ibd., S. 86
»sich für die Aufnahme ihres Albums ...«: Stan Cornyn, zitiert bei Goodman, S. 89
Seite 269
»größte Errungenschaft«: ibd, S. 86
Mary Travers: Shelton, S. 144
Verlagsrechte: Goodman, S. 103–105
»phantastischen, wunderbaren ...«: Interview mit Odetta. Alle nachfolgenden Zitate stammen aus diesem Interview.
»eine starke Einbahnstraße«: Goodman, S. 86
Seite 270
»Star«: Helm, S. 210

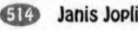

»brutal ehrlich«: Shelton, S. 144
»Es hätte Peter, Paul & Mary nie ...«: Heylin, S. 72
Seite 271
»den Rest schlucken«: Davis, S. 79
Als die Band fragte: Amburn, S. 153; Interview mit Dave Getz
Seite 272
2500 Dollar am Abend: Joplin, S. 197
»Mach hunderttausend draus«: Selvin, S. 137
»Wenn ich dir nicht so viel ...«: Joplin, S. 209
»zurückhaltend«: Amburn, S. 153
»Vertraut mir nie«: Friedman, S. 92
»Nur eins«: Selvin, S. 138
»Ich hab schreckliche Dinge ...«: Friedman, S. 92
Albert sprach nie über die Zerstörung: Zum Tod seiner Frau an einer Überdosis siehe Goodman, S. 105
Seite 273
»Oh, ich brauch 'ne Mutter«: Interview mit Linda Gravenites
»tat alles, was Janis ...«: Amburn, S. 146
»Wir sind die Haight Street runtergelaufen«: ibd., S. 147
Seite 274
»Und weil sie Sängerin war«: Interview mit Stanley Mouse. Alle nachfolgenden Zitate stammen aus diesem Interview.
Seite 275
Janis hatte angeblich Sex: Linda Gravenites und Sunshine betonen, Janis hätte nicht mit Hendrix geschlafen, Peter Albin behauptet das Gegenteil.
»Sie hasste Jim Morrison«: Interview mit Todd Schiffman.
»ein ziemliches Stück Arbeit«: Interview mit Linda Bacon
Seite 276
»Ich hab die Typen, mit denen ich ...«: Dalton, S. 161
Seite 278
»Ich kann mich nicht erinnern«: Amburn, S. 173
Abtreibung: Interviews mit Linda Gravenites und Todd Schiffman, Joplin, S. 213
»in schrecklichen, qualvollen Schmerzen«: Interview mit Todd Schiffman. Alle nachfolgenden Zitate stammen aus diesem Interview.
Seite 279
»so unsicher«: Joplin, S. 191
»Ich bin auf 'm Publikums-Trip«: ibd., S. 179
»Wie die meisten Mädels«: Dalton, S. 119–120
Seite 281
»Man sieht sie kaum«: Joplin, S. 203. Als Big Brother im Frühling 1967 bei dem Fernsehsender KQED in San Francisco auftrat, verabschiedete sich

Janis mürrisch und provokativ mit »Hallo, Mami«, als wolle sie sagen: »Du kannst mich mal.«
»Ist es nicht wundervoll«: meine Darstellung des Besuchs der Joplins stützt sich auf Joplin, S. 204
Seite 282
»glücklicher Zufall«: Christgau, S. 121
1962 betrug der Umsatz: Goodman, S. xi
Seite 283
»Arschloch«: Frank Barsalona, zitiert bei Glatt, S. 98
»Ich möchte nur sagen...«: Goodman, S. 42
Seite 284
»But the Man Can't Bust Our Music«: siehe Abe Peck, *Uncovering the Sixties: The Life and Times of the Underground Press*, New York 1985, S. 164
»als Mensch«: Dannen, S. 75
»Ich ging auf das Monterey Pop Festval...«: ibd., S. 77
Seite 285
»Eine äußerst kommerzielle...«: Christgau, S. 52
»Sie sah psychedelisch aus...«: Cynthia Heimel, *If You Can't Live without Me, Why Aren't You Dead Yet?*, New York 1992, S. 187
»Wenn die Industrie uns haben will«: Goldstein, S. 119
Seite 286
»wer das meiste Kokain...«: Ben Fong-Torres mit Nick Gravenites, »The Saddest Story in the World«, *Rolling Stone*, 29. Oktober 1970, S. 12
»sich eine Menge Bands...«: Jack McDonough, *San Francisco Rock*, San Francisco 1985, S. 22
»alle ihre eigenen Lehnsgüter«: ibd.
»Tragödie«: ibd.
»die Hohen Priester unserer Kultur«: Lipsitz, »Who'll Stop The Rain«, unveröffentlichtes Manuskript, S. 36
einer der ersten Rock-&-Roll-Stars: Das ist eine etwas ironische Bemerkung von Raechel Donahue. (Interview)
Seite 287
»Oh Mann, das war die beste Gaunerei...«: Lydon, S. 43. Im Hinblick auf die biederen Herren in der Chefetage wunderte sich Janis: »Wie kann jemand, der seine sieben Sinne beisammen hat, ausgerechnet *mich* als Werbeträger wollen?« Myra Friedman erklärt, Grossman sei der Meinung gewesen, »es sieht für Janis viel besser aus, wenn sie eine Art ›Geschenk‹ statt einem Scheck erhält.« Sie glaubt, er hätte dafür gesorgt, dass sie ihren berühmten Luchsmantel bei seinem Cousin in Chicago kaufte, der Pelzhändler war.
»vom gefräßigen Rachen...«: Heimel, S. 188

»Die Mädels hatten alle Rüschenkleider«: Graham / Greenfield, S. 166, Dalton, S. 164
»Kids aus dem Mittleren Westen ...«: Dalton, S. 164
Seite 288
»Die Leute sollen nicht sein wie ich ...«: Lydon, S. 94
Rat des Sommers der Liebe: Nähere Einzelheiten in Perry, S. 171
Seite 289
»Innerhalb von einem Monat«: Jeff Jassen, »What Price Love?«, *Berkeley Barb*, 5. Mai 1967, S. 5
»Hippie Hop Tour«: Perry, S. 171
Pete Townshend besuchte Haight-Ashbury: Graham / Greenfield, S. 190
»Einige der Musiker ...«: R. G. Davis, S. 80
»enger und fremder«: Graham / Greenfield, S. 207
»war die Haight Street ...«: Don McNeil, *Moving through Here*, New York 1970, S. 136
Seite 290
»gräulich und schmutzig ...«: Ed Sanders, *The Family*, New York 1972, S. 40
»Es gab eine Periode von sechs Monaten«: zitiert bei Heimel, S. 187
Ashbury Street Nr. 710: zur Razzia bei den Grateful Dead siehe Perry, S. 242
»O oh, die Straßenleute ...«: Interview mit Raechel Donahue
Seite 291
»Außenposten von Nirwana«: Christgau, S. 254
»So was wird's nie wieder geben«: Joplin, S. 241
»Ich hab immer geglaubt ...«: ibd.

Bye-bye Baby

Seite 292
»Wie sollen wir für euch werben«: Friedman, S. 104
»schreckliches Schweigen«: ibd., S. 105
»Wir wussten nicht ...«: Amburn, S. 160
»Ich meine, welche Art Image ...«: Friedman, S. 105
»einem Haufen perlenbehängter Musiker«: ibd., S. 106
»Worauf sie hinauswollten ...«: Amburn, S. 160
Namensänderung: Die Änderung wurde nicht über Nacht oder im ganzen Land gleichzeitig vorgenommen. In San Francisco hieß die Band weiterhin Big Brother, doch anderswo wurde Janis auf den Anzeigetafeln und von der Presse herausgestellt.
Myra Friedman bestreitet vehement: Interview mit Myra Friedman

Seite 293
Von nun an sollte die Stadt: Interviews mit Dave Getz und John Cooke
»Findest du das gut?«: Amburn, S. 162
Seite 294
»New York war damals schrecklich«: Interview mit Bruce Barthol. Alle nachfolgenden Zitate stammen aus diesem Interview.
»Sie hat ihm lautstark ...«: Amburn, S 169
»Ehrgeiz, Druck und Aggressivität«: Friedman, S. xiv
»schien uns alle ...«: Hentoff, S. 19
Seite 295
»Niemand hatte Road Manager«: Interview mit John Cooke. Wenn nicht anders angegeben, stammen alle nachfolgenden Zitate aus diesem Interview. Cooke spaßt hier, doch Road Manager waren in der Welt der Folk Music unbekannt, bis Albert die Praxis einführte.
Seite 296
Schließlich bekamen die Bandmitglieder nur 200 Dollar: innerhalb von sechs Monaten stieg Cookes Wochenlohn auf 200 Dollar. Die Bandmitglieder verdienten natürlich weitaus mehr als ihre wöchentliche Zuweisung. Ende 1968 standen laut Dave Getz 50 000 Dollar auf Big Brothers Konto, die auf die fünf Mitglieder aufgeteilt wurden.
»Mann, kannst du dir vorstellen ...«: Friedman. S. 275
Seite 297
»Magnetismus«: Friedman, S. 106
»ganz schön falsche Fassade«: diese und andere Charakterisierungen von Janis und ihr selbst stammen aus Friedman, S. 123–124
»Vatikan«: ibd., S. 99
»stöhnt«: die verschiedenen Ausdrucksformen der Verärgerung erscheinen bei Friedman auf den Seiten 120, 135, 139, 141, 191, 253 und 261.
Seite 298
»Big Apple«: Phil Baretta, zitiert bei Graham / Greenfield, S. 226
»Seh ich alt aus?«: Friedman, S. 107
»Wir sind nur 'ne schlampige Gruppe ...«: ibd.
Seite 299
»Ich zisch los«: Dalton, S. 187
»Ich hatte nie zuvor ...«: Friedman, S. 108
»die Dollarzeichen in seinen Augen ...«: Graham / Greenfield, S. 229
»wie ein großes Kind«: Louison, S. 39
Seite 300
»Wenn sich herausstellt ...«: Friedman, S. 124 Amburn, S. 158
»dass sie mit sieben Ukrainern ...«: Louison, S. 39

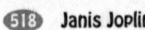 Janis Joplin

Seite 301
»Was soll der Scheiß«: Amburn, S. 158
»Sie ist phantastisch!«: Friedman, S. 109
Seite 302
»ein so beachtliches neues Talent ...«: Robert Shelton, Janis Joplin Is Climbing Fast in the Heady Rock Firmament», *New York Times*, 19. Februar 1968, S. 51
»Ahhh! Wir besaufen uns«: alle Zitate hinsichtlich der Presseparty stammen aus Friedman, S. 113–114
»zog sich zusammen ...«: Interview mit Myra Friedman
Seite 303
»Hör zu, sie versucht nur«: Interview mit Myra Friedman
»Hätte ich sie hochspielen *wollen* ...«: Friedman, S. 118
Ralph Gleason: Zu Janis' positiver Reaktion auf Gleasons Verriss siehe Ralph Gleason, »Perspectives: Another Candle Blown Out«, *Rolling Stone*, 29. Oktober 1970, S. 16. Janis erklärte Gleason kurz nach der Veröffentlichung seiner Kritik, die das Mainstream-Album als »schlechte Repräsentation« des Sounds der Band bezeichnete: »He Mann, danke, weil du das über unsere beschissene Platte gesagt hast.«
Seite 304
»Sängerinnen mussten normalerweise ...«: Interview mit John Simon. Wenn nicht anders angegeben, stammen alle nachfolgenden Zitate aus diesem Interview.
»auf der anderen Seite der Gesellschaft«: »Janis Joplin, New Shout«, *Vogue*, 2. Mai 1968, S. 210
»gesellschaftliches Fenomenomoni«: Linda Gravenites, zitiert bei Joplin, S. 234
»Zauberin mit Worten«: Friedman, S. 115
»Zu sagen, ein Auftritt ...«: Interview mit Myra Friedman
»sich zwanzigmal zu verlieben«: Friedman, S. 136
»schmorten leichte Ressentiments«: Joplin, S. 241
Seite 305
»in mancherlei Hinsicht ...«: Friedman, S. 120
»Vielleicht gefällt dir die Geschichte nicht«: ibd.
»Sag ihm, Janis hat ...«: Interview mit Richard Hundgen
Seite 306
»Ein wunderbarer Produzent ...«: Interview mit Fred Catero. Alle nachfolgenden Zitate stammen aus diesem Interview.
»wurden die meisten Bands ...«: Helm, S. 162
Seite 307
»Albert sagte uns nur ...«: Simon behauptet, er hätte die üblichen 3 Prozent bekommen.

»mit ihren flammenden Gitarren...«: Helm, S. 166
Seite 308
Wenn die Stärke des San-Francisco-Sounds »live« war: Goldstein, S. 117
Seite 311
»Simon bestand darauf«: Der Legende zufolge hat Simon über 200 Bänder aufgenommen, um brauchbare Takes zu erhalten. Simon und Catero bestreiten allerdings diese Zahl; Catero meint, es seien vielleicht 25 gewesen.
»Ihr hört, was vorn ist...«: *Janis: The Way She Was*. Die Ausschnitte wurden von Pennebaker gefilmt, der aber nicht die gesamte Dokumentation aufgenommen hat.
»John hat mehr Können...«: Friedman, S. 120
»Wir sind leidenschaftlich...«: Hentoff, S. 19
Im April kehrten Simon und die Band ins Studio zurück: Dem Begleittext ihrer 3-CD-Anthologie zufolge nahm die Band am 12. April in Los Angeles auf, dem Tag ihrer Show im Winterland in San Francisco. Im Juni allerdings erzählte Janis ihren Eltern, sie hätten gerade ihre Aufnahmen in Los Angeles beendet, die einen Monat gedauert hätten. Dem Terminplan der Band zufolge begannen die Aufnahmen am 29. April. (Siehe John Cooke, *Janis Joplin: A Performance Diary*, Petaluma, 1997)
Seite 313
»sie konnten keine Musik machen«: Friedman, S. 119
»in fast jedem Tonstudio«: Joe Smith von Warner Brothers, zitiert bei Selvin, S. 155
»endlose Jams«: Interview mit Bruce Barthol
»Die meisten Leute...«: McDonough, S. 24
Seite 314
»ihre Grobheit verstärken«: Friedman, S. 131
Seite 315
»Sie hatte jedes einzelne Stöhnen«: ibd., S. 130–131
»Dinge fühlt«: Hentoff, S. 19
Seite 316
»Ball and Chain« auf *Cheap Thrills*: Peter Albin und Dave Getz glauben, diese Live-Version stamme aus den Auftritten im Fillmore und Winterland am Wochenende des 11. April 1968. Wenn das stimmt, hat John Simon die einzige echte Live-Aufnahme des Albums möglicherweise mit zusätzlichen »Live-Effekten« versehen. Die zwei Schreie nach James' anfänglichem Gitarrensolo sind beispielsweise auf den Bändern dieser Shows nicht zu hören. Es kann auch sein, dass die Toningenieure diese Schreie bei der 1998er Fassung von *Janis Joplin with Big Brother and the Holding Company Live at the Winterland 1968* gelöscht haben.
Seite 317
Simons Version enthielt »Harry«: Interview mit Dave Getz

 Janis Joplin

»Frank-Zappa-artiger Song«: Interview mit Dave Getz
»Aufwischen«: Interview mit Elliot Mazer
»die Zusammenstellung der zweiten Seite ...«: Friedman, S. 131
Seite 318
»etwas hatte«: Amburn, S. 169
Er hatte die ganze Zeit gewusst: Fred Catero hatte dagegen keine Vorstellung, wie sich das Album verkaufen würde, und er glaubt, die Mehrzahl derjenigen, die an seiner Produktion beteiligt waren, seien sich auch nicht sicher gewesen. Er vermutet, Simon hätte seinen Namen nicht erwähnt haben wollen, da er besorgt war, ein derart ungeschliffen klingendes Album könne seinem Ruf schaden.
Seite 319
»so gut wie die Band ...«: Kritik von *Cheap Thrills* im *Rolling Stone*, 14. September 1968, S. 21
Für Big Brother war es zynisch: Interview mit Dave Getz
»hart genug zu arbeiten ...«: Joplin, S. 162
Seite 320
»passioniert und schlampig«: »Singers: Passionate and Sloppy«, *Time*, 9. August 1968
»lernen, den Erfolg zu kontrollieren ...«: Hentoff, S. 19
»hot shit«: Janis gebrauchte diese Wendung in einem Brief an Linda Gravenites
»Die Kritiken waren schonungslos«: Davis / Willwerth, S. 86
Seite 321
»Hundekacke«: Fong-Torres / Gravenites, S. 12
»zu viel Soul ...«: Larry Kopp, »Janis Joplin Too Full of Soul for Holding Company Partners«, *L.A. Free Press*, 29. Oktober 1967
»chaotisch und eine generelle musikalische Schande«: Friedman, S. 129
Seite 322
»viele abschätzige Kommentare ...«: Interview mit Lee Housekeeper
»Big Brother ist nur eine miserable ...«: »The *Rolling Stone* Interview: Michael Bloomfield, Part II«, 27. April 1968, S. 11
»dass sich Big Brother weiterentwickeln konnten«: Davis, S. 87
»etwas Urlaub von der Band ...«: Selvin, S. 164
Seite 323
»wohltätig«: Jon Landau, »The Newport Folk Festival«, *Rolling Stone*, 24. April 1968, S. 17
Landau hatte Big Brother nie gemocht: Goodman, S. 19
»Band hinter Janis«: Vince Aletti, »Janis«, *Rat*, 9. August 1968, S. 19
Seite 324
»zumindest Joplin«: Vince Aletti, »Hendrix / Joplin at the Bowl«, *Rat*, 6. September, S. 18

»Spielst du wieder den ganzen Abend ...«: *Joplin In Concert*, 1972
»ein Idiot«: Dalton, S. 234
Seite 325
»Es hat mich verrückt gemacht ...«: Lydon, S. 48. Auch die nachfolgenden Zitate von Janis stammen aus dieser Quelle.
»die beste Musikerin«: ibd., S. 49
»Ich hab nichts getan«: Dalton, S. 135
Janis kam weder schnell zu dem Entschluss: Hinsichtlich Janis' Schwierigkeiten, Big Brother zu verlassen, stütze ich mich auch auf die Interviews mit Milan Melvin und Peggy Caserta.
Seite 326
»Es war 'ne sehr traurige Angelegenheit«: Lydon, S. 48
»Ich will mit Bläsern spielen«: Amburn, S. 164. Amburn erweckt den Eindruck, Janis hätte diese Aussage im März oder April gemacht, doch Sam behauptet, es sei im September gewesen, als die Band in der Fernsehshow *Hollywood Palace* auftrat. Sam kann sich nicht erinnern, wann Janis zuerst erwähnt hätte, die Gruppe zu verlassen, doch er glaubt, es könnte im Juni gewesen sein.
Seite 327
»Ich glaub, es is nicht drin ...«: Dalton, S. 174
Seite 328
Albert hatte ihre wöchentlichen Zuweisungen erhöht: Auch die Jungs verdienten seit Anfang 1969 gut. »Wir haben jeder ungefähr 30 000 Dollar im ersten Quartal von 1969 verdient«, erinnert sich Dave. »Und wir haben bis 1972 gut verdient – zwischen 25 000 und 40 000 Dollar. Ich hab gedacht, ich müsste nie mehr arbeiten.« Janis' Einkommen stieg nach ihrer Trennung von Big Brother sprunghaft an. Mit Big Brother verdiente sie gewöhnlich 7000 bis 10 000 Dollar – durch fünf geteilt – für zwei Abende in Grahams Konzertsälen; weniger als ein Jahr später brachte ihr ein einzelner Auftritt als Solokünstlerin zwischen 25 000 und 30 000 Dollar ein. Interviews mit Dave Getz und Peter Albin, Friedman S. 152
»ein ganz neues Leben für die Band«: Amburn, S. 182
Janis hatte geschwankt: Janis erzählte David Dalton: »Sam und ich haben sehr gut miteinander gesungen.« (Dalton, S. 174) Sam vermutet, Janis sei auf eine gewisse Kontinuität bedacht gewesen.
Seite 329
»Albert war der Todeskuss für die Band«: in der Bay Area wurde weithin angenommen, Janis hätte die Band auf Drängen von Albert Grossman und Clive Davis verlassen. Die Klatschspalte des *Rolling Stone* vom 28. September 1968 meldete: »Letzte Woche haben wir die Möglichkeit, Janis könnte die Band verlassen, auf ihren Manager und ihre Plattenfirma zurückge-

führt. Das ist Janis und allen anderen Beteiligten zufolge nicht richtig. Wir bitten um Entschuldigung.«
»Albert sagte gewöhnlich ...«: Joplin, S. 236
Janis prahlte tatsächlich: ibd., 237
»Ich erkannte an der Art«: Davis, S. 86
Seite 330
»freundschaftlich«: Friedman, S. 131
»Schon mit ihr im gleichen Raum zu sein ...«: Lydon, S. 49
»Mann, er hat Lassie zu mir gesagt«: Selvin, S. 192
Seite 331
»solidesten Typ«: Dalton, S. 171
»Ich wollte nur nett zu dir sein ...«: Selvin, S. 193
»Du wolltest mir nur die Schau stehlen ...«: Joplin, S. 240
Mit dem Gütesiegel der Hell's Angels: Peter Albin zufolge bekamen die Hell's Angels aus San Francisco mit anderen Angels Ärger, weil sie der Gruppe gestattet hatten, ihr Logo und den Satz »Approved by Hell's Angels Frisco« auf dem Cover von *Cheap Thrills* abzudrucken.
Seite 332
»Nehmen wir's erst mal auseinander«: Joplin, S. 228
»immer unterbewertet«: Christgau, S. 76
»eine der großen Sängerinnen«: Bill Fibben, »Reviews and Previews«, *Great Speckled Bird*, 16. August 1968, S. 10
»klingt wirklich genau wie [Janis] ...«: Annie Fisher, »Riffs«, *Village Voice*, 19. September 1968, S. 44
Seite 333
»eine leidliche Annäherung ...«: Kritik von *Cheap Thrills* im *Rolling Stone*, 14. September 1968, S. 21
»Janis Joplin hat eine gute Stimme ...«: Wilson Lindsey, »Sounds«, *Fifth Estate*, 19. September 1968, S. 15
»Jeder Titel auf dem Album klingt falsch«: Bill Kloman, »The 50s Come Back«, *New York Times*, 1. September 1968, S. 18
»Starmacher-Maschinerie«: Joni Mitchell, »Free Man in Paris«, auf *Court and Spark*, 1974
Seite 334
»ein guter Hintergrund für Janis«: Ellen Willis, »Rock Etc.«, *New Yorker*, 15. März 1969, S. 173
Als Lester Bangs 1972: Lester Bangs, »Try (Just A Little Bit Harder)«, *Rolling Stone*, 8. Juni 1972, S. 62, S. 64
»raues Alles-ist-erlaubt«: Robert Christgau, »Consumer Guide«, *Village Voice*, 21. Dezember 1993, S. 32
Seite 335
»umherirrende Energie«: Bangs, S. 115

Chet und seine Partner: Perry, S. 287
Seite 336
»Janis, bitte ...«: der Fotograf Bruce Steinberg erinnerte sich kurz nach Janis' Tod in einem Interview mit David Dalton an dieses Detail
»erschienen wie ein Versagen ...«: Lydon, S. 39, S. 48
Seite 337
»Rock & Roll war ein beschissener Ort«: Robert Christgau, »Are You Experienced? Bette Midler Sings Everything«, *Village Voice*, 5. Oktober 1993, S. 71
»sehr primitive Einstellungen«: Interview mit Tracy Nelson
»Das ist der Mann ...«: Interview mit Bob Simmons
»Die haben wirklich 'ne Menge ...«: Dalton, S. 174
»Nachdem wir monatelang ...«: Bangs, S. 62
Seite 338
»Das Zeug hat mich berühmt gemacht«: Friedman, S. 121
»nahezu brillant«: ibd., S. 178. Danny Fields nannte sie ein »Wunderkind.« (Danny Fields und Jeff Nesin, »Conversation«, in Somma, S. 57)
Seite 339
»Wenn du lange genug übst ...«: Joplin, S. 231
»Aufruhr und Verstärkung ...«: Friedman, S. 128
»wie ich versuche ...«: Dalton, S. 175
»unsicheren Mixtur«: Lydon, S. 39
Seite 340
»aufmüpfige, irre«: Dalton, S. 85
»Ich kapier das nicht«: ibd., S. 120–121
Sie schimpfte noch zwei Jahre später: Friedman, S. 138
»das Paar am Nachbartisch ...«: Dalton, S. 58
Seite 341
»Wenn ja, bitte schicken«: Joplin, S. 226
Seite 343
»sie könnte überhaupt nicht singen«: Friedman, S. 137. Peggy Caserta bestätigt, dass Janis sich ihrer Gesangskünste nicht sicher gewesen sei.
»Sie sah zu einsam und verloren aus ...«: Lillian Roxon, »A Moment Too Soon«, in Somma, S. 96
Seite 344
»alles bezahlen«: Robert Hilburn, »Joy For Janis Was Onstage Rush«, *Austin American Statesman*, 8. November 1970
»Du siehst nichts als Flughäfen ...«: »Rebirth of the Blues«, S. 84
»Ein Mädel, das ...«: Friedman, S. 157
»absurd«: Kathleen Orloff, *Rock 'n' Roll Woman*, Los Angeles 1974, S. 101
»Sie war etwas angetrunken ...«: Graham / Greenfield, S. 205

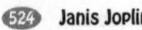 Janis Joplin

Das traurige kleine Mädchen

Seite 345
»wo's abgeht«: Stanley Booth,»The Memphis Debut of the Janis Joplin Revue«, *Rolling Stone*, 1. Februar 1969, S. 4
Sie hatte wie Jimi Hendrix nur wenige schwarze Fans: bei Stax' Entscheidung, Janis einzuladen, stütze ich mich auf mein Interview mit Deanie Parker, die für die Öffentlichkeitsarbeit des Labels verantwortlich war. Eine liebevolle, detaillierte Darstellung der Soul-Musik der Südstaaten findet sich in Peter Guralnick, *Sweet Soul Music: Rhythm and Blues and the Southern Dream of Freedom*, New York 1986; siehe auch das wichtige Buch von Nelson George, *The Death of Rhythm and Blues*, New York 1988.
Seite 346
»Sie hatte ewig Angst...«: Friedman, S. 145
»lockeren Flanell-Outfits«: Booth, S. 4. Die beiden überlebenden Mitglieder der Bar-Kays reformierten die Gruppe.
»Es war das erste Anzeichen...«: ibd.
Seite 347
»Sie haben wenigstens nichts geworfen«: ibd., S. 1
»die Bedeutung eines militärisch-industriellen Komplexes«: Dalton, S. 22
»Janis Joplin starb in Memphis«: Booth, S. 1
»der reine Wahnsinn...«: Amburn, S. 190
Seite 348
»mit dem Schwarzen Handel trieb«: Lou Reed,»Fallen Knights and Fallen Ladies«, in Somma, S. 88
Seite 349
»großen warmen Decke«: Crosby / Gottlieb, S. 120
»Ich will einfach nur meine Ruhe, Mann«: Interview mit Linda Gravenites
»was Neues«: Friedman, S. 93
Seite 350
»Wir mussten uns nur anschauen«: Amburn, S. 176
»[1967] war keiner von uns süchtig«: Joplin, S. 233
»Adrenalinspiegel...«: ibd., S. 232
»Es kam uns damals...«: ibd., S. 233
Seite 351
»äußerste Langeweile«: Dalton, S. 134
»Es war der Mythos...«: Joplin, S. 233
»Chemische Seele«: Interview mit Tracy Nelson. Alle nachfolgenden Zitate stammen aus diesem Interview.
Seite 352
»Blues hat etwas mit diesem...«:»Rebirth of the Blues«, S. 85
Muddy Waters: Interview mit Tracy Nelson

»Ich werde immer in der Schuld ...«: Interview mit Bill Belmont
Seite 353
Das weiße Publikum: Michael Bloomfield vermutete, dass weiße Musiker populärer waren, weil die Schallplattenkäufer im Teenageralter sich »sexuell und persönlich eher mit einem Weißen identifizierten als zum Beispiel mit Otis [Redding].« (»The *Rolling Stone* Interview: Michael Bloomfield«, *Rolling Stone*, 6. April 1968, S. 14)
»Note für Note«: John Swenson, »Albert King: 1923–1992«, *Rolling Stone*, 4. Februar 1993, S. 12. In dem Artikel erklärt Jimmie Vaughan, King hätte seinem Bruder Stevie Ray »das Geheimnis seiner scheinbar unergründlichen Gitarrenstimmung« verraten. Bill Belmont arbeitete mit King bei Fantasy Records und lernte ihn recht gut kennen. »King ist immer gern über weiße junge Gitarristen hergezogen. Sie gingen ihm auf die Nerven, weil sie seine Phrasen stahlen und berühmt wurden, während er sich durchkämpfte. Stevie Ray sollte eine seiner Schallplatten produzieren, aber das kam nie zustande, weil sein Management der Ansicht war, er würde auf den Tourneen zu viel Geld verdienen, um an der Platte zu arbeiten. Albert hat mich dauernd gefragt: ›Ich hab ihm doch alles beigebracht, was er kann. Warum produziert er meine Platte nicht?‹«
Die schwarzen Musiker: Interviews mit Mark Naftalin, Sam Andrew, Peter Albin, James Gurley
Howlin' Wolf: Tracy Nelson erinnert sich an einen Abend, als ein bekannter weißer Gitarrist (nicht Michael Bloomfield) auf die Bühne von Silvio's kam, einem Blues-Club in Chicago, um mit Wolf zu spielen. Der hätte ihn »buchstäblich von der Bühne geschlagen«. Nelson verkehrte in den Blues-Clubs von Chicago und vermutet, die Verehrung hätte Wolf amüsiert, auch wenn er manchmal grimmig geknurrt hätte. »Freunde von mir kennen ihn und sagen, er sei ein absolut netter Kerl, aber er hat sich einfach lustig gemacht über all die kleinen weißen Kids. Und wir sind einfach darauf reingefallen.«
Seite 354
»dieser sorglose Blues-Lifestyle«: Nick Gravenites, »Bad Talkin' Bluesman«, *Blues Revue*, Juni / Juli 1996, S. 15
»Ich versuch immer wieder ...«: Hentoff, S. 19
Seite 355
»Janis Joplin singt den Blues ...«: Dalton, S. 38
»Sie hatte an dieser Southern-Comfort-Flasche gesaugt ...«: Charles White, *The Life and Times of Little Richard: The Quasar of Rock*, New York 1984, S. 141
»Das Mädel fühlt wie ich«: Interview mit Chris Strachwitz
»Sie hat mir Respekt entgegengebracht ...«: Etta James und David Ritz, *Rage to Survive*, New York 1995, S. 192

Seite 356
Mickey Hart: zu Harts Versuch, Janis in eine Supergroup zu locken, siehe Selvin, S. 194
»Alles änderte sich bei Stax«: Guralnick, S. 335
»Unterströmung von Rassentrennung ...«: ibd., S. 364. Ich vertrete eine andere Ansicht als Guralnick, der schreibt, sein »unmittelbares Engagement« für die Soul-Musik hätte nach der Ermordung Kings geendet: »Das Klima hatte sich geändert, eine neue Note der Feindseligkeit lag in der Luft.« Auch ich bedaure, dass nach Kings Tod der Rassismus wieder auflebte, doch ich denke, Black Power hat auch Erfolge erzielt, das Selbstbewusstsein der Schwarzen gestärkt und den institutionalisierten Rassismus aufgedeckt. Selbst wenn Guralnick diese Ansicht vertreten mag, scheint er doch dem Einfluss von Black Power auf die Soul-Musik größere Bedeutung beizumessen als den ungleichen Machtverhältnissen, die vor Kings Ermordung herrschten.
»Schwarze haben die Musik gemacht ...«: ibd., S. 384
»Auf einmal haben die Leute gemerkt ...«: ibd., S. 387
anfangs der siebziger Jahre: ibd., S. 379. Jim Stewart, der Stax Records mit seiner Schwester gegründet hatte, wurde 1972 von seinem Partner Al Bell ausbezahlt.

Seite 357
»Wir haben Dylans ...«: Harry Shapiro und Caesar Glebeck, *Jimi Hendrix Electric Gypsy*, New York 1990, S. 156. Zu Hendrix' Reaktion auf die Veränderung der politischen Landschaft siehe auch Murray, besonders Kapitel 4. Murray behauptet, Hendrix' Manager und seine Schallplattenfirma seien sich sehr bewusst gewesen, dass seine Fans ihn »ehrenhalber« als »Weißen« betrachtet hätten. Der Blues-Gitarrist Johnny Winter, ein Albino, Texaner und Janis' Freund, spielte oft mit Hendrix. Er erklärt, als Hendrix 1969 die Band of Gypsies gründete, die ausschließlich aus Schwarzen bestand, hätten »weiße Typen und Manager [zu Jimi] gesagt: ›Spiel nicht mit diesen Niggern, Mann; die Vierzehnjährigen können mit dem ganzen abgefahrenen Zeugs nichts anfangen. Hol die süßen Engländer zurück.‹« Und dabei hätten »ihm die Schwarzen erzählt, er würde sich an die Weißen verkaufen. Jimi war ein ziemlich sensibler Mensch, außerdem war er die ganze Zeit ziemlich zugedröhnt und er hat nicht gewusst, was er tun sollte.« (Murray, S. 84)
»Die können fast alles spielen ...«: »Rebirth of the Blues«, S. 83. Wenige Jahre später holte Muddy Waters weiße Musiker in seine Band und er unterstützte sogar Butterfield, Bloomfield, Gravenites, Clapton und Johnny Winter. Der weiße Gitarrist Bob Margolin spielte sieben Jahre in Waters' Band. Er behauptet: »Keiner der schwarzen Musiker hat JEMALS das Thema Rasse erwähnt. Sie fanden, wenn du spielen kannst, kannst du

spielen, und wenn nicht, dann nicht.« (»Down at the Crossroads, There's a Devil of a Debate«, *New York Times*, 5. März 1995, S. 16)

Ein Großteil der neueren Literatur: Ich denke hierbei an Davis, Douglas; Stanley Crouch, *Notes of a Hanging Judge: Essays and Reviews, 1979–89*, New York 1990; Eric Lott, *Love and Theft: Blackface Minstrelsy and the American Working Class*, New York 1993; Andrew Ross, »Hip and the Long Front of Color«, in: *No Respect: Intellectuals and Popular Culture*, New York 1989. Albert Murray betonte den »Mischlingscharakter« der amerikanischen Kultur schon lange, bevor es modern wurde. Siehe *Stomping the Blues*, New York 1976, und The Omni-Americans: *Black Experience and American Culture*, New York 1983 (Erstveröffentlichung 1970).

»etwas über 20 Weiße ...«: Natürlich gab es auch einige ältere Kritiker wie Phil Elwood und Ralph Gleason, die früher Jazz und Folk Music besprachen.

»[Onkel] Tom Travestien«: zitiert bei Frith, *Sound Effects* ..., S. 22

Seite 358

»fehlgeleitete Vorstellung ...«: Mary Wilson, *Dreamgirl: My Life as a Supreme*, New York 1986, S. 210

»Was ist aus den Tagen geworden ...«: zitiert bei Frith, S. 22

»hat die Authentizität ...«: »Lady Soul: Singing It Like It Is«, *Time*, 28. Juni 1968, S. 62

In einer seiner ersten Attacken: »Stop This Shuck, Mike Bloomfield« wurde im *Rolling Stone* vom 11. Mai 1968 veröffentlicht (S. 10). Nick Gravenites verteidigte Bloomfield in der nächsten Ausgabe: »Stop This Shuck, Ralph Gleason«, *Rolling Stone*, 25. Mai 1968, S. 17.

Erma Franklins Version: Jon Landau, »The Newport Folk Festival«, S. 17

»Minstrelshow in Stereo«: Kloman, S. 18. Janis wurde generell von weißen Kritikern attackiert, doch der *Village Voice* zufolge, soll ihr eine schwarze Zeitschrift vorgeworfen haben, die schwarze Musik auszuplündern.

Seite 359

»Albert King scheint ...«: Goldstein, S. 183

»Wenn du am Abend 10000 Dollar verdienst ...«: »Rebirth of the Blues«, S. 83. In ähnlicher Form verkündete Peter Guralnick den Tod der Soul-Musik – »Soul ist vorbei« –, als eine Platte von Solomon Burke, einem Soulsänger aus den Südstaaten in die Top 40 kam. Siehe Guralnicks Besprechung von Burkes LP im *Rolling Stone* vom 9. August 1969, S. 34.

»Janis zeigt Aretha ...«: zitiert in »Random Notes«, *Rolling Stone*, 28. September 1968, S. 6

»ein viel zu deprimierender und einsamer Trip ...«: Dalton, S. 181

Seite 360

»Ich-wach-mitten-in ...«: Amburn, S. 213

»Eines Tags saß ich in 'ner Bar ...«: Dalton, S. 182
Seite 361
»Michael war so eigensinnig ...«: Fong-Torres / Gravenites, S. 12
»Sie macht das Schwierigste ...«: Lydon, S. 39
»Sound-Test«, »Probeauftritt«: Paul Nelson, »Janis Joplin: The Judy Garland of Rock?«, *Rolling Stone*, 15. März 1969, S. 6
»Das Konzert war ein Flop ...«: Ellen Willis, »Changes«, *New Yorker*, 15. März 1969, S. 173
Seite 362
»die neuen Lieder auf 'ner Platte«: Nelson, S. 8
Die *New York Times* zog: Mike Jahn, »New Band Liberates Joplin Blues Sound«, *New York Times*, 12. Februar 1969
»sich nicht länger selbst zu töten«: Willis, S. 173
»Die Band machte an jedem Bahnhof Halt«: Nelson, S. 6
Seite 363
»langweilige, blasse Version ...«: der *Rolling Stone* druckte nach Janis' Tod Teile von Gleasons Besprechung in einer Zusammenfassung ihrer Karriere ab. (*Rolling Stone*, 29. Oktober 1970, S. 10)
»Sie-wird-zu-groß ...«: Amburn, S. 207
Seite 364
»Janis kam ...«: Jonathan Cott und David Dalton, »Janis and London Came Together«, *Rolling Stone*, 31. Mai 1969, S. 6
Englische Presse: Die begeisterten Kritiken der englischen Presse finden sich in Cott / Dalton, S. 6
»He Mann ...«: Randy, »Pearl or Memories of a Stone Soldier«, *Rag*, 22. Februar 1971
Seite 365
Janis' Band: hinsichtlich der zahlreichen Wechsel stütze ich mich auf »John Cooke Tells It Like It Was«, *Rolling Stone*, 12. November 1970, S. 19
Seite 366
»Alle hatten das Gefühl ...«: Amburn, S. 215
»mit all den Typen ...«: Interview mit Maury Baker. Alle nachfolgenden Zitate stammen aus diesem Interview
»Scheiße geredet ...«: Interview mit Vince Mitchell. Alle nachfolgenden Zitate stammen aus diesem Interview.
»Als er ankam ...«: Sam Andrew, »Recollections of Janis«, S. 10
Seite 367
»Wir waren Musiker ...«: Interview mit Snooky Flowers. Wenn nicht anders angegeben, stammen alle nachfolgenden Zitate aus diesem Interview.
»die Band war besser ...«: Joplin, S. 262
»Jeder hat jeden niedergemacht ...«: Friedman, S. 161
»mehr gesagt und mehr getan«: Interview mit Sye Mitchell

Seite 368
»Die Blechinstrumente in ...«: Flippo, »An Interview ...«, S. 18
Michael Bloomfields feuriger Gitarre: Auf dem Cover des Albums ist nicht angeführt, dass Bloomfield das Solo in »One Good Man« gespielt hat. Man fragt sich, ob John Burks vom *Rolling Stone* das Solo als »erträgliche, obligate Vorstellung des Bottleneck-Stils« charakterisiert hätte, wenn er gewusst hätte, dass das Lieblingskind der Zeitschrift und nicht Big Brothers Sam Andrew bei diesem Titel gespielt hatte. (Besprechung von *Kozmic Blues, Rolling Stone*, 1. November 1969, S. 40)
Jumbo: mehr zu diesem Musical bei William G. Hyland, *Richard Rodgers*, New Haven, 1998, S. 103–104

Seite 369
»klobiger als ein ...«: Burks, S. 40
»Die haben mich nicht ...«: Dalton, S. 89

Seite 370
»im Hintergrund ...«: Interview mit Toni Brown. Alle nachfolgenden Zitate stammen aus diesem Interview.
»Laura wollte ihr sagen ...«: Davis / Willwerth, S. 86
»nicht gerade freundlich«: »Joni Mitchell Missed Woodstock«, *Interview*, Juli 1994, S. 59

Seite 371
»Lebens ohne Angst«: John Colapinto, »Heroin«, *Rolling Stone*, 30. Mai 1996, S. 16
»robusten Pionieren«: Amburn, S. 216
»Na ja, manche Menschen sterben ...«: Friedman, S. 174
»Das Leben eines Junkies ...«: Michael-Bloomfield-Interview von Tom Wheeler, S. 266

Seite 372
»Junk ist kein Nervenkitzel ...«: Watson, S. 57
»grau« und »niedergeschlagen«: Dalton, S. 188
»Southern Comfort als Talisman«: »Rebirth of the Blues«, S. 84
»in Holiday Inns und ...«: Friedman, S. 135. Myra argumentiert, Janis' Verhalten sei widersprüchlich gewesen, doch sie betont ihre Indiskretionen und bemerkt: »Heroinsüchtige sind bekannt dafür, sich in der Rolle des Outlaws zu gefallen.« Zum Beweis führt sie einen Fall in Cincinatti an, bei dem Mitglieder von Big Brother mit Fremden gedrückt hätten, Janis Sorglosigkeit gegenüber einem Reporter von *Playboy*, ihre Bemerkungen zu Elliot Mazer über das »high werden«, die zahlreichen Andeutungen ihr gegenüber und ihre »Beichten« bei Ärzten. Ich bezweifle diese Vorfälle nicht, doch ich glaube, das Bild ist nicht so eindeutig, wie Myra nahe legt. Andere behaupten: Janis' letzter Liebhaber Seth Morgan behauptet, Janis hätte ihr Motelzimmer selbst sauber gehalten und keine Zimmermädchen

eingelassen. Nur bei langen Aufenthalten hätte sie einmal pro Woche den Zimmerservice gestattet:»Sie hatte panische Angst, ihr Heroin und die Paraphernalien könnten entdeckt werden.« (Seth Morgan,»Pink Cocaine: A True Account ... of the Last Days of Janis Joplin«, *Fortune News*, Juli / August 1978, S. 5)
Seite 373
»Joe, wo bist du, Joe?«: Friedman, S. 182
Seite 374
»sexuelle Vorlieben«: ibd., S. 5
Seite 375
»Sie hatte schreckliche Angst«: ibd., S 127
Seite 376
Zone befreiter Sexualität: Die Angst vor Homosexualität in Haight-Ashbury wurde von anderer Seite erwähnt. Richard Hundgen behauptet: »In der Hippie-Szene war keiner schwul.« Für Bob Seidemann war die Szene»überwiegend heterosexuell«. Trotz ihres politischen Engagements waren auch die Diggers nicht erleuchteter, wenn es um Schwule und Lesben ging. Emmett Grogan unterbrach eine Versammlung des SDS mit dem Ausruf:»Ihr seid Homos! Ihr habt nicht die Eier, auszurasten.« (Jonah Raskin, *For The Hell of It: The Life and Times of Abbie Hoffman*, Berkeley 1996, S. 104) Timothy Leary erklärte indes, LSD sei»ein spezielles *Heilmittel* für Homosexualität«. (Hinckle bei Howard, S. 225)
»Ich war splitterfasernackt«: Caserta, S. 7
Seite 377
»besonders attraktiv für Janis«: Interviews mit Lyndall Erb, Milan Melvin und Linda Gravenites. Janis' letzter Liebhaber Seth Morgan erzählte Myra Friedman, Peggy sei»die Freundin« gewesen,»die Janis am meisten bewunderte«.
Seite 380
»Das ist jetzt mein Leben«: Amburn, S. 206
»Sie hat in gewisser Hinsicht geflirtet«: Milan erklärt weiter:»Das Bild der Lesben damals waren echt kurzhaarige Frauen, die Anzüge und Krawatten trugen und in Clubs Zigarren rauchten.« Weder Janis noch ihre Freundinnen seien so gewesen.»Das war ein neues Ding. Das war kein lesbisches Ding.« Milan mag Recht haben, doch Peggy und Kimmie gehörten zur lesbischen Gemeinschaft von San Francisco. Ich bin mir nicht sicher, ob Peggys Affären mit Männern bei Lesben in der zweiten Hälfte der Sechziger so ungewöhnlich waren. Die Annahme, Lesbierinnen schliefen nur mit Frauen, mag auf den Feminismus der Lesben in den Siebzigern zurückzuführen sein, der Sex mit Männern verurteilte, nicht auf tatsächliches Verhalten.
Seite 383
»Ich war so wütend auf sie«: Amburn, S. 175

Junkie-Freunde: Interview mit Peggy Caserta. Peggy gehörte nicht zu diesen unglücklichen Freunden, kann sich aber an Janis' Verhalten erinnern.
Seite 385
»Überdosispatienten«: Amburn, S. 210
Seite 386
»Sie hatte ihren Grundsatz«: Amburn, S. 203
Seite 387
»Theoretisch...«: Friedman, S. 188
»Der traurigste Teil...«: Kathy Dobie, »Midnight Train: A Teenage Story«, in O'Dair, S. 234
»Mit wem kannst du reden«: Reed, S. 90
Seite 388
»da hinten, raffte sich...«: »Riffs«, *Village Voice*, 8. August 1968, S. 18
Seite 389
»Auf der Bühne hab ich Sex«: Ellen Willis, »Musical Events«, *New Yorker*, 14. August 1971, S. 81

Tilt

Seite 391
»Die einzige... wirkliche Überraschung...«: Ellen Willis, zitiert bei Stacey D'Erasmo, »Woodshlock Nation«, *Village Voice*, 19. Juli 1994, S. 25
»Welche Art Kultur...«: Reprint des Leitartikels der *New York Times* in *Rat*, 27. August 1969, S. 12. Auch Peck zitiert daraus, S. 179.
»Ich kann immer erkennen...«: Graham / Greenfield, S. 288
»Statt der weit verbreiteten Vorstellung...«: Leserbrief von David Clurman, *New York Times*, 10. August 1994, S. A14
»Woodstock war scheußlich«: Graham / Greenfield, S. 287
Seite 392
»Die haben erwartet...«: ibd., S. 283
»wunderbare, transzendente Akzeptanz«: D'Erasmo, S. 25
Seite 393
»Woodstock war 'n Haufen...«: Graham / Greenfield, S. 297
»Erstes jährliches...«: ibd., S. 294
»ob die Jugendkultur...«: Peck, S. 226
Seite 394
Sie hatte das Pech: hier stütze ich mich auf Informationen aus Bob Spitz, *Barefoot in Babylon*, New York 1979. Meine Darstellung ihres Auftritts basiert auf dem kürzlich veröffentlichten Director's Cut des Films *Woodstock* (Janis war in der Fassung von 1970 nicht zu sehen) – sie enthält »Work Me,

Lord« – und auf die CD *Woodstock Diary,* die »Try (Just a Little Bit Harder)« und »Ball and Chain« enthält.
Seite 395
»gequält, und sie heulte«: Joel Makower, *Woodstock: The Oral History,* New York 1989, S. 234
»Ich red verdammt ...«: ibd.
Seite 396
»Ich hab den Part geschrieben«: Joplin, S. 289
»die zugrunde liegende Trostlosigkeit«: Friedman, S. 115
»das wahre Geheimnis ...«: Susan Cheever, *Home before Dark: A Biographical Memoir of John Cheever by His Daughter,* New York 1984, S. 165
»Erfolg ist ein Hindernis«: »Rebirth of the Blues«, S. 84
»Oh, das ist keine Art zu leben«: Interview mit Pepi Plowman
»Also, du hast's wirklich geschafft«: Moriaty, S. 27
Seite 397
»Es wurde nur schlimmer«: Dalton, S. 172
»musste das Publikum ...«: Friedman, S. 174
»Wenn Janis sie nicht ...«: ibd., S. 175
Seite 398
»Hör zu, Mister«: »Janis Busted for Naughty Words«, *Rolling Stone,* 13. Dezember 1969, S. 8
»Ich sag auf der Bühne ...«: Joplin, S. 263
»Es wäre illegal ...«: Johanna Schier, »Riffs«, *Village Voice,* 25. Dezember 1969
Seite 399
»wegen ihrer generellen Einstellung«: Friedman, S. 307
»Mit dem bisschen ...«: ibd., S. 174
»war Janis ziemlich am Boden«: Interview mit Myra Friedman
Seite 400
»anderen Weg«: Friedman, S. 171
»Albert versagt hat«: Goodman, S, 108
»hätte dieses Thema nicht mit Myra diskutiert«: Sally Grossman erklärt, Albert hätte dafür gesorgt, dass Janis wenigstens zwei Ärzte wegen ihrer Heroinabhängigkeit aufgesucht hätte.
»Er war keine ...«: Interview mit Peter Yarrow. Wenn nicht anders angegeben, stammen alle nachfolgenden Zitate aus diesem Interview.
Seite 401
»Ich kann das«: Friedman, S. 177
»gereizt«: ibd., S. 182
»grün-weißen Glanz«: ibd., S. 184
»Oje, bin ich froh ...«: Joplin, S. 266
Seite 402
»Von jetzt an ...«: Friedman, S. 185

»ihre Unterstützung zu zeigen«: Joplin, S. 270
Seite 403
»Weißt du was, du siehst ...«: ibd., S. 275
»mit 'nem richtigen Bären ...«: Dalton, S. 280
Myra erzählte sie: Friedman, S. 189
»Ihr seid Fotzen«: Joplin, S. 273
Seite 404
»Jedes Mal, wenn wir aus dem Haus ...«: ibd., S. 275
»Der ist fest entschlossen ...«: Amburn, S. 248
»unterwegs auf der Suche ...«: diese Ansprache findet sich auf Janis' 3-CD-Anthologie von 1993.
»Bewegung, Bewegung, Bewegung«: Friedman, S. 254
Seite 405
Ein andermal drückten Janis, Peggy und Michael Bloomfield: Interview mit Peggy Caserta. Pat »Sunshine« Nichols erklärt, Bloomfield sei sehr häufig durch Überdosen in Lebensgefahr geraten, da er ein schwaches Herz gehabt hätte, was ihm nicht bewusst gewesen sei.
Seite 406
»Er verdient zu viel Geld an mir«: Linda Gravenites zufolge soll Janis das geäußert haben.
»jährliches Bruttoeinkommen«: Albert Grossmans Anwalt Harold Davis sagte bei dem Prozess gegen die Versicherungsgesellschaft nach Janis' Tod aus, sie hätte im letzten Jahr ihres Lebens Bruttoeinnahmen von 750 000 Dollar gehabt. (»Another Look at Janis' Death«, *Rolling Stone*, 25. April 1974)
Seite 407
»Was soll der Scheiß ...«: Caserta, S. 232. Peggy bestätigt die Geschichte, auch wenn Teile ihres Buchs nicht akkurat sind.
Manchmal kichert Peggy: Interview mit Peggy Caserta.
Seite 408
Sie begann wieder als Chipper: Interviews mit Linda Gottfried Waldron und Sam Andrew
Seite 409
Travis Rivers behauptet: Amburn, S. 251
Seite 410
»Janis war echt gut ...«: Interview mit Lyndall Erb. Alle nachfolgenden Zitate stammen aus diesem Interview.
Sie war – nicht unbegründet – verärgert: Interview mit Stanley Mouse
»und dann gemeckert ...«: Friedman, S. 203
Seite 411
»Es ist wahr!«: ibd., S. 240
»separate Bühnenpersönlichkeit«: Joplin, S. 279. Janis führte zweifellos

derartige Gespräche mit Bobby Neuwirth, doch ihr Freund und ehemaliger Roadie Dave Richards behauptet, der Name sei aus einer Unterhaltung mit ihm heraus entstanden: »Ich war in einem Reformhaus und sah die Bezeichnung Perlgraupen. Ich hab einen Scherz darüber gemacht und so hat diese Pearl-Sache angefangen.« (Amburn, S. 156)
»Federn in ihrem Haar«: George Ebbe, ein Freund und Liebhaber für eine Nacht, erklärt, Janis hätte angefangen, Federn im Haar zu tragen, um es voller erscheinen zu lassen und die gespaltenen Enden zu verbergen. Janis hätte ihr raues Haar auf den Heroingebrauch zurückgeführt. (Interview mit George Ebbe)
Seite 412
»Wenn du mit besser meinst ...«: Friedman, S. 201
Seite 413
»Fuck you!«: ibd., S. 209
»Die Leute mögen ihre ...«: Dalton, S. 190
»Vielleicht hat mein Publikum ...«: ibd., S. 58
Seite 414
Als ihre Trinkerei diesen Sommer: Friedman, S. 210
Seite 415
»Ich kann diesen Typen sagen ...«: ibd., S. 197
Full Tilt Boogie Band: Zu Informationen über die Entstehung der Band siehe Dalton, S. 87–88
Seite 416
»jault, schreit ...«: zitiert bei David Dalton, »Janis Joplin's Full-Tilt Boogie Ride«, *Rolling Stone*, 6. August 1970, S. 10
»die Vorzüge der Spontaneität ...«: ibd., S. 10–11
»Diese Band ist solide ...«: Dalton, S. 88
Seite 417
»nur die Spitze des Eisbergs ...«: Amburn, S. 291–292
»weißen Soul«: Ian Chambers, *Urban Rhythms*, New York 1985, S. 120
Seite 418
»vorherrschenden Geist der Reise«: Dalton, S. 197
»Könnte mal einer das Ding stimmen?«: Die Anekdote stammt aus Friedman, S. 234–235. Wali Stopher sprach kurz mit Janis und fand, sie schien »unter Jetlag und Drogen zu leiden«. Das würde mit Linda Gottfried Waldrons Darstellung ihres Besuchs in Hawaii übereinstimmen, der vor ihrer Reise nach Austin stattfand. Linda erklärt, Janis hätte später zugegeben, auf Hawaii Heroin genommen zu haben.
Seite 419
»Ich habe gestern etwas ...«: John Cooke zufolge soll Rothchild das gesagt haben.
»Ich will die größte ...«: Joplin, S. 292

Seite 420
»Das ist meine nächste Konkurrentin«: Amburn, S. 270; Interview mit Pat »Sunshine« Nichols
»Ich kann nicht schlafen«: Friedman, S. 218
»Albert hat immer gesagt ...«: Goodman, S. 106
»Ich weiß, ich bin nicht The Band ...«: Friedman, S. 219
Seite 421
»Es bringt dich um«: ibd.
»Dann *hör auf*«: ibd., S. 269
Doch Janis machte ihr klar: Myra behauptet, Janis' provokantes Verhalten hätte »ernsthafte Auswirkungen« auf ihre Buchungen gehabt (Friedman, S. 176), doch Sally Grossman und Alberts Partner Bennett Glotzer können sich an keine Probleme erinnern. Janis' Leadgitarrist John Till erinnert sich an kein »einziges Konzert, das von meinem Standpunkt aus nicht gut besucht war, und ich hab von der Bühne runtergeblickt«. Er fand, »ihre Popularität wurde immer größer, sie nahm nicht ab«. (Interviews mit Sally Grossman und Bennett Glotzer, persönliches Gespräch mit John Till)
Seite 422
»Frauen verzichten auf mehr ...«: Dalton, S. 239–240
»Leute, die versuchen ...«: ibd., S. 131
»nichts anderes mehr tun ...«: ibd., S. 241
Seite 423
zu betrunken, um »Ball and Chain« zu singen: in der Mitte des Songs singt Janis immer wieder das Wort »Tryyyy«, doch ihre Stimme verrät sie. Danach beginnt sie davon zu reden, in der Gegenwart zu leben, wobei sie ihre Ansprache aus »Get It While You Can« aufgreift.
»Dieses Leben ist Bullshit«: Amburn, S. 292–293
Seite 424
Bei einigen ihrer Freunde: Interview mit Myra Friedman. Myra wusste von Janis' Eltern, erfuhr aber, dass andere Freunde das nicht taten, als sie für ihr Buch recherchierte.
»Einer von euch langt«: Interview mit Linda Gravenites.
Dick Cavett Show: meine Darstellung ihres Auftritts in der Show stützt sich auf *Janis: The Way She Was*.
Seite 425
»Ich war nur die ›dumme, durchgedrehte Janis‹«: Lydon, S. 40
Karleen Bennetts Mutter: Interview mit Herman Bennett
Seite 426
»Ich saß mit ihr die ganze Nacht zusammen«: »Buddy and Janis«, *Magazine of the Houston Post*, 19. Januar 1986, S. 9
»wirklich cool«: die Schilderung dieses Besuchs findet sich in Joplin, S. 296–298

Seite 427
»Ihr denkt bestimmt, sie hätten ...«: Flippo, »Janis Reunes ...«, S. 8
»Es scheint 'ne Menge ...«: die Schilderung der Pressekonferenz stützt sich auf *Janis: The Way She Was.*
Seite 429
»Hab ich was vergessen?«: Joplin, S. 301
Es heißt, sie hätte die Party: Friedman, S. 288
Seite 430
»Du würdest nicht mal ...«: Joplin, S. 302
Als Janis' Eltern am nächsten Morgen: meine Darstellung des Morgens nach dem Klassentreffen stützt sich auf Laura Joplins Buch und mein Interview mit Myra Friedman.
»Ich wünschte, du wärst nie geboren worden!«: Myra erklärt, Janis hätte ihr sofort nach ihrer Rückkehr nach Kalifornien von dem Streit erzählt. Ich konnte dafür keine Bestätigung finden, doch Lyndall Erb berichtet, Janis' Aufenthalt bei ihrer Familie (Michael ausgenommen) sei nicht angenehm gewesen und sie hätte das Gefühl gehabt, sie würden sie nicht mögen. Weder Linda noch Sunshine, die beiden Freundinnen, denen Janis am ehesten von dem Streit erzählt hätte, hatten damals Kontakt zu ihr. Myra hat diese Darstellung hier zum ersten Mal offiziell bekannt gegeben.
Seite 431
»Mutter ...«: Friedman, S. 291
»Sie 's phanta-a-a-a-a-s-tisch«: *Janis: The Way She Was.* Siehe auch Flippo, »Janis Reunes ...«, S. 8
»Na gut«: Friedman, S. 291
Seite 432
»Ich wusste, es würde ein Desaster werden«: »Buddy and Janis«, S. 9
Seite 433
»liederlichen Motherfucker«: Amburn, S. 279
Er starb 1990: Joplin, S. 306
Seite 434
»sehr verwundete ...«: Amburn, S. 289
»mittelmäßig«: Morgan, »Pink Cocaine«
»Wenn sie einfach irgendwer ...«: Joplin, S. 305
Seite 435
»Denk nur mal ...«: Friedman, S. 297
»wirklich echte Flamme«: Joplin, S. 305
Seite 436
»allmählich beenden«: Friedman, S. 306
Dort brüstete sich Janis: Zu Alberts Vertrag und dem neuen Album siehe Amburn, S. 291–292
»emotionale Probleme«: ibd., S. 290

Sie hatten sich mit ihrem Anwalt Bob Gordon zusammengesetzt: zu dem Treffen mit Bob Gordon siehe Friedman, S. 306. In seinen Erinnerungen »Pink Cocaine« erwähnt Seth Morgan die voreheliche Vereinbarung, doch er bestreitet, Janis und er hätten kurz vor der Heirat gestanden. Er behauptet, Grossmans Büro hätte am Tag nach ihrem Tod die Nachricht von ihrer bevorstehenden Heirat »verbreitet«, da der amtliche Leichenbeschauer von Los Angeles Thomas Noguchi an Janis eine »psychologische Autopsie« vorgenommen hätte, um zu entscheiden, ob ihr Tod ein Unfall oder beabsichtigt gewesen sei: »Heiratspläne waren ein glaubhafter Beweis, dass sie glücklich war«, und es sei wohl kein Zufall, dass Grossman dadurch auch die Versicherung kassieren konnte, die er auf Janis abgeschlossen hatte.

Seite 437
»Tausend Dank ...«: Friedman, S. 315. Hinsichtlich Janis' wachsender Vorsicht gegenüber Seth stütze ich mich auf mein Interview mit Peggy Caserta.
»es überhaupt noch nehmen wollte«: Friedman, S. 314. Hinsichtlich Janis' anderer Gründe, wieder zum Heroin zu greifen, siehe Joplin, S. 307.

Seite 438
»der Vorteil, nahe bei den ...«: Crosby / Gottlieb, S. 198

Seite 439
»Janis, du springst ...«: Morgan, S. 4
»Mann, bei dir läuft doch alles«: Friedman, S. 314
Kristofferson hätte ihr erzählt: ibd., S. 253. Kristoffersons Manager Vernon White erklärt heute, die Bemerkungen des Schauspielers seien übertrieben worden. Meine Bitten, mit Kristofferson über diese Angelegenheit sprechen zu dürfen, wurden abgelehnt.

Seite 440
»verdammt viel Spaß«: »John Cooke Tells It Like It Was«, S. 19
Gemütsverfassung: Myra Friedman schließt die Möglichkeit eines Selbstmords nicht aus; sie charakterisiert Janis' Leben als »chronischen Selbstmord«. Niemand, mit dem ich sonst gesprochen habe, glaubt, sie hätte sich das Leben nehmen wollen.
»Wie wär's mit ...«: Friedman, S. 313

Seite 441
»Gottverdammt ...«: Dalton, S. 107
»Wenn nur einer von euch Jungs ...«: Friedman, S. 319

Seite 442
»Janis-fiziert«: der Ausdruck stammt von Linda Gottfried Waldron, zitiert bei Friedman, S. 334
»It's Life«: Dalton, S. 91

Epilog

Seite 443
John Cooke behauptet: das ist der Bericht, den John Cooke dem *Rolling Stone* nach ihrem Tod gegeben hat; er hat mir die Geschichte genauso erzählt.

Seite 444
Doch es gibt noch immer offene Fragen: Viele haben sich gefragt, warum so viel Zeit – vielleicht 10 bis 15 Minuten – zwischen der Injektion und ihrem Tod verstrich. Laura Joplin vermutet, die Verzögerung sei darauf zurückzuführen, dass Janis an diesem Abend intramuskulär statt intravenös gespritzt hätte. Das mag stimmen, doch ihre Freunde betonen, sie hätte wegen dem unmittelbaren Hochgefühl immer in die Vene gespritzt. Andere, darunter auch Scott Carrier, der Sprecher des Leichenbeschauers von Los Angeles, erklären, Heroin würde nicht immer zum sofortigen Tod führen, wenn es intravenös genommen würde. Merkwürdigerweise scheint die Stärke des Heroins 1974 bei den Untersuchungen der Versicherungsgesellschaft zu Janis' Tod keine Rolle gespielt zu haben. Es gibt einige Dinge, die wir einfach nicht wissen können, und dazu gehört, was genau sich in der Nacht ihres Todes ereignet hat.

Seite 445
»Es ist so stark ...«: Interview mit Richard Hundgen
»jetzt war Janis der sechste«: Joplin, S. 311
»gewissermaßen im Stehen ohnmächtig«: Fields / Nesin in Somma, S. 60–61
»so solide wie der ...«: Dalton, S. 106

Seite 446
»Können wir nichts Besseres erreichen?«: Don Heckman, »Janis Joplin, 1943–1970«, *New York Times*, 6. Oktober 1970

Seite 448
Heroinmissbrauch seiner Klienten: als Bloomfield in den Achtzigern frei von der Sucht war, sprach er offen über seine Abhängigkeit; Levon Helm schrieb über den Heroingebrauch in The Band, und Goodman erwähnt den Tod von Peter Yarrows jüngerem Bruder in seinem Buch.
»die große Nacht von San Francisco«: Fields / Nesin, S. 59
»er allen diesen schlechten Trip ...«: Charles Perry, »The News Reaches San Francisco«, *Rolling Stone*, 29. Oktober 1970, S. 14

Seite 449
»Ich hör doch nicht auf ...«: »Janis Joplin«, *Rolling Stone*, 29. Oktober 1970, S. 7
»sensiblen, außergewöhnlichen, irren Menschen«: Perry, S. 14. Rock Scully, der früher am Management der Grateful Dead beteiligt war, be-

hauptete kürzlich, Garcia sei »erschüttert« gewesen, als er an jenem Abend im Winterland von Janis' Tod gehört hätte. (Rock Scully mit David Dalton, »Chronicles of the Dead«, *Playboy* 1996, S. 192)
»Ich weiß nicht ...«: Perry, S. 14
»Es gibt 'ne Menge Leute ...«: Fong-Torres / Gravenites, S. 12
»Das war unser Vietnam ...«: Slick, S. 63

Seite 450
»schrecklichen Krieg«: Philip K. Dick, *A Scanner Darkly*, New York 1991, S. 259
Dave hatte die Nase voll: Susan Gordon Lydon, S. 119. Susan Lydon war früher mit dem Rock-Kritiker Michael Lydon verheiratet und hatte während dieser Zeit eine Beziehung mit Dave Getz.

Seite 451
»zwanzig Jahren Marshmallows ...«: Peter Coyote, zitiert bei von Hoffman, S. 131
»lebenslangen Kampf mit Rauschmitteln«: Interview mit Ramsey Wiggins

Seite 452
»auf eine dieser Partys ...«: Lillian Roxon, »A Moment Too Soon«, in Somma, S. 96

Seite 453
»lebenden langen Nase«: ibd., S. 95
»Der Sexismus hat sie getötet«: Gillian Gaar, *She's A Rebel: The History of Women in Rock and Roll*, Seattle 1992, S. 107
»[Männer] halten einfach immer ...«: *Janis: The Way She Was*
»Meine Güte, anscheinend ...«: Interview eines Rundfunksenders in Louisville, Kentucky vom Sommer 1970. Tonband von Myra Friedman.

Seite 454
»ein Comeback feiern«: »Melissa Etheridge on Janis Joplin«, *Rolling Stone*, 23. Februar 1995, S. 50
»Wir wissen, dass Janis ...«: Johnstons Artikel vom November 1971 findet sich in *Lesbian Nation*, New York 1973, S. 231. Ihre Behauptungen wurden auch in der Klatschspalte »Random Notes« des *Rolling Stone* vom 20. Januar 1972 wiedergegeben.

Seite 455
»Königinnen des Dramas«: Daniel Mendelsohn, »The Drama Queens«, *New York Times Magazine*, 24. November 1996, S. 72
Bette Midler verkörpert: Jennifer Jason Leighs Darstellung einer heroinsüchtigen Sängerin in *Georgia* (1995) scheint dagegen von Janis' Reizbarkeit, emotionaler Labilität und überwältigender Deprivation beeinflusst zu sein. Die Figur gibt sogar eine Äußerung wieder, die Janis bei Dick Cavett gemacht hat: »Ich schreib keine Songs, ich erfinde sie.«

»ursprüngliche Einfluss«: Karen Schoemer,»Heaven Sent«, *Mirabella*, März 1994, S. 64
»Janis hat's erfunden«: Interview mit Chris Williamson
Seite 456
Lou Ann Barton, Marcia Ball und Angela Strehli:»Alle drei haben mir erzählt, Janis hätte sie inspiriert«, erklärt Tari Owens.
»dieses fette Mädel aus Texas«: Charles Perry,»Pearl: The Voice is Janis', but He Shaves«, *Rolling Stone*, 10. Mai 1973, S. 12
»Ich öffne mich...«:»Bonnie Raitt: The *Real Paper* Interview«, *Real Paper*, 24. Oktober 1973, S. 28
Seite 457
»eher zurückhaltende Janis Joplin«: Interview mit Terry Garthwaite
»Da hast du dein nettes...«: Chrissie Hynde, Begleittext zu *Janis Joplin with Big Brother and the Holding Company Live at Winterland*, 1998
»Janis sang aus ihrem Schmerz...«: Willis,»Musical Events«, S. 81
Seite 458
»Janis' gründliche Erkundungen...«: Ann Powers,»Janis Without Tears«, Juli 1993, S. 31, Begleittext zur 3-CD-Anthologie
»Ich war elf Jahre alt«: Karen Ocamb,»Melissa Etheridge«, *Lesbian News*, September 1993, S. 44
»Janis demontiert...«: Christgau,»Consumer Guide«, S. 97
Seite 461
»Mag sein, du endest nicht glücklich«: Dalton, S. 164

Danksagung

In den fünf Jahren, die ich an diesem Projekt gearbeitet habe, habe ich mehr Schulden angehäuft, als ich je zurückzahlen kann. Auch wenn ich nicht jedem Einzelnen danken kann, der sich die Zeit genommen hat, mit mir zu reden, möchte ich jedoch einige Menschen erwähnen. Ich hätte dieses Buch nie ohne die Hilfe von Peter Albin, Sam Andrew, Dave Getz und James Gurley schreiben können – Janis' Bandkollegen von Big Brother and the Holding Company. Peter, Sam und Dave sind besonders hilfreich und immer freundlich gewesen, selbst wenn ich sie dazu anhielt, sich an die schwierigen Zeiten zu erinnern, nachdem Janis die Band verlassen hatte. Von Janis' Freunden in San Francisco möchte ich Peggy Caserta, Linda Gravenites, Milan Melvin, Pat »Sunshine« Nichols und Jae Whitaker danken, deren Erinnerungen, Einblicke und hart erkämpftes Wissen dieses Buch bereichern. Ich bin auch Bob Seidemann dankbar, dass er mir so weit vertraut hat, um seine Hipster-Rolle aufzugeben und ehrlich mit mir über das Leben in Haight-Ashbury zu sprechen. Bill Belmont, John Morris und Jim Haynie haben mich vieles über Bill Graham und den Rock & Roll von San Francisco gelehrt. Elliot Mazer, John Simon und Fred Catero haben ihre Ansichten über die Aufnahmetechnik und ihre Erlebnisse bei der Arbeit an *Cheap Thrills* vermittelt, dem Album, das Big Brother den Durchbruch brachte. Die drolligen Beobachtungen von Sally Grossman waren unbezahlbar, selbst wenn sie inoffiziell waren; sie hat mich auch mit vielen Menschen in Verbindung gebracht. Das hat auch Casey Monahan, der Leiter des Texas Music Office des texanischen Staats. Janis' Freunde in Texas waren großartige Geschichtenerzähler und bemerkenswert offen und engagiert, dass ich »es richtig hinkriege«. Ich bin besonders Chet Helms, Dave McQueen, Dave Moriaty, Pepi Plowman, Travis Rivers, Powell St. John, Bob Simmons, Fredda Slote, Jack Smith, Wali Stopher, Patti McQueen Vickery, Frances Vincent und Ramsey Wiggins dankbar. Myra Friedman teilte offenherzig ihre Ansichten über Janis mit mir – und vieles andere. Obwohl wir bei einigen Schlüsselfragen unterschiedlicher Meinung sind, habe ich aus ihrer beeindruckenden Biographie von Janis großen Nutzen gezogen. Es war ein Vergnügen, mit den Fotografen Bill Brach, John Cooke, Leonard Duckett, Herb Greene, Lisa Law, Steve Rahn, Bob Seidemann, Betsy Siggins, Bob Simmons, Bruce Steinberg, Burton Wilson und Baron Wolman zu verhandeln, wie auch mit Richard Hundgen, der mir freundlicherweise gestattet hat, mehrere Fotografien aus seiner Sammlung zu verwenden.

Lois Banner, Wini Breines, Ellen DuBois, Tania Modleski, Connie Samaras und Alice Wexler haben das Manuskript gelesen und ausführlich kommentiert. Sie sind anspruchsvolle Kritiker und hilfreiche Freundinnen und waren immer da, wenn ich Rat brauchte. Susan Harris, Adriene Jenek, Vivien Rothstein und Devra Weber haben auch das Manuskript gelesen und viele nützliche Vorschläge gemacht. Gespräche mit M. J. Echols, Janis Butler Holm, Peg Lourie, Karen Merrill, Charlotte Nekola, Paula Rabinowitz, Torrey Reade, Hilary Schor, Katie Stewart und Lydia Szamraj haben geholfen, einige Vorstellungen zu klären. Joseph Style hat mir ein äußerst wichtiges Tonband mit früheren Aufnahmen von Songs zusammengestellt, die Janis berühmt gemacht hat. Ich weiß nicht, wie er sechs Versionen anderer Sängerinnen von »Little Girl Blue« finden konnte, aber seine Ausgrabungen haben sich für mich von entscheidender Bedeutung erwiesen. Patti McCarthy und Jim Welch haben mir auf unvergleichliche Art bei meinen Recherchen assistiert. Kate Arnold und Kay Trimberger haben mich als Gast aufgenommen, wenn ich Menschen in der Bay Area interviewt habe.

Meine Lektorin Sara Bershtel hat dieses Buch absolut unermüdlich unterstützt. Sowohl sie als auch Riva Hochermann haben eine Spitzenleistung vollbracht, ein etwas unbeholfenes Manuskript in eine zusammenhängende Schilderung zu verwandeln. Roslyn Schloss war als Lektorin wirklich volle Kanne.

Ein großes Dankeschön an meine Agentin Geri Thoma, die mich von Anfang bis Ende sachkundig durch diesen ganzen Prozess geführt hat.

Register

Abrahams, Roger 89
A Coney Island of the Mind 62
Adams, Don 339
Adderly, Cannonball 192
Adler, Lou 251 ff., 282
Adrianne 137
Aerosmith 371
A Hard Days Night 165
Airbus, Diane 453
Aibin, Cindy 215
Albin, Lisa 215
Albin, Peter 54, 93, 169, 195 ff., 209 ff., 310, 330, 336, 376, 462
Albin, Rodney 195 ff.
Aletti, Vince 323
Alexander, Stan 100
Alk, Howard 318
»All Is Loneliness« 239
Almanac Singers, The 96
Altamont 282, 392, 413
Bandstand 232
American Bandstand 232
American Conservatory Theater (ACT) 169, 171
Amos and Andy 55
Andrew, Sam 196 ff., 209 ff., 311, 326, 345 ff., 374, 385, 406 ff., 415, 450
Animals, The 93
Are You Experienced? 323
Arrowsmith, Bill 107
Austin American-Statesman 182
Avalon Ballroom 82, 169, 192, 228 ff., 353, 464
Avalon, Frankie 52

Bach, Johann Sebastian 315
Bacon, Linda 275
Baez, Joan 16, 53, 90, 93, 96, 100, 103, 118, 135, 182, 224, 267, 380
Baker, Maury 365, 372, 397
Baker, Roger 89, 106
Baldwin, James 57
Balin, Marty 127, 202
Ball, Marcia 456
»Ball and Chain« 220, 236, 255 ff., 280, 298, 316, 325, 328, 334, 347, 361, 395, 423, 453
Band, The 265, 307, 314, 317, 420, 448, 464
Bangs, Lester 334 ff.
Banks, Homer 356
Bar-Kays, The 345 ff.
Barthol, Bruce 246, 294, 319
Barton, Lou Ann 456
Be a Brother 450
Beach Boys, The 251
Beatitude 123
Beaties, The 22, 120, 164 ff., 167, 180, 262, 313
Beck, Paul 196
Bee Gees, The 347, 362
Belafonte, Harry 283
Bell, Larry 24
Bell, Richard 415
Belmont, Bill 168, 212, 230 ff., 286
Bennett, Herman 44 ff.
Bennett, Karleen 40 ff., 51, 58, 152, 185, 402, 425
Berg, Peter 190

Berkeley Barb 251, 254
Berkeley Free Speech Movement 23, 170
Berry, Chuck 120
Big Bopper 55
Big Brother and the Holding Company 17, 127, 130, 169 ff., 195 ff., 227, 233 ff., 245, 253, 263 ff., 271.ff., 292, 343, 450, 462
Billboard 92
»Black Mountain Blues« 100, 130
Black Panther Party 20, 268, 248
Black Power 178, 356, 417
»Blindman« 239
Blood, Sweat, and Tears 263, 359
Bloomfield, Michael 20, 22, 54 ff., 235, 250, 266, 322, 345 ff., 351 ff., 354, 358, 360, 368, 371, 405, 448, 451
Blue Cheer 278, 350
Bluesbreakers, The 165 ff.
Blues Brothers, The 183
Blues Project 359
Blue Yard Hill 196
Boogie Kings, The 54
Booker T. and the MGs 345
Booth, Stanley 346 ff.
»Born to Be Wild« 365
Boutellier, Debbie 152 ff., 181, 218
Bramlett, Bonnie 422
Brammer, Billy Lee 97
Bridges, Harry 188
Bringin' It All Back Home 166
Britt, Harry 28
Brown, Bob 82, 84 ff., 96, 104, 179, 183, 246, 402, 409
Brown, Joan 171
Brown, Rita Mae 377
Brown, Toni 105, 130, 370, 388
Buck, Peter 180
Buffalo Springfield 176, 251
Bugsy 464
Buhle, Paul 21

Bull, Sandy 190
»Buried Alive In The Blues« 441
Burroughs, William 121 ff., 132, 372
Butterfield, Paul 20, 54, 166, 191, 235, 258, 352, 354, 451
Byrds, The 127, 165 ff., 187, 232, 251, 417

Caen, Herb 121
Cage, John 212
Campbell, Brad 345 365, 415
Capitol Records 262
Carpenter, John 191 ff.
Carter, Asa 31
Carter Family, The 90
Casady, Jack 356
Caserta, Peggy 112, 157, 214, 221 ff., 241, 255, 274, 329, 351, 371 ff., 376 ff., 402, 405 ff., 438, 446, 454, 463
Cassady, Neal 122 ff., 177, 276
Castell, Luria 170, 188 ff.
Castille, Lonnie 365
»Catch Me Daddy« 298
Catero, Fred 306 ff.
Cato, Bob 332
Chad Mitchell Trio, The 94
Champlin, Bill 313
Chandler, Len 53
Chantels, The 16, 361, 368
»Chantilly Lace« 55
Chappell, Kim 222 ff., 379 ff.
Charlatans, The 142, 169, 187 ff.
Charles, Ray 17, 351
Charles River Valley Boys, The 295
Cheap Thrills 17, 245, 306, 316 ff., 325, 327, 331 ff., 343, 348, 350, 358, 450, 462
Cheever, Susan 396
Chelsea Hotel 301, 457
Chernikowski, Stephanie 82, 88, 90, 94, 97 ff., 100, 108 ff.

Cherry, Keith 365
Chicago 263
Christgau, Robert 17, 250, 257, 259 ff.,
 284, 320, 332, 334, 337, 458
Cipollina, John 189, 462
Clapton, Eric 164, 254, 352
Clark, Bob 180
Clark, Dick 192
Clark, Gene 165
Clark, Guy 135
Clarke, Michael 165
Clay, John 78 ff., 103, 107
Cleaver, Eldridge 356
Clements, Terry 345, 365
Clurman, David 391
Cohen, Bob 169,186 ff., 228
Cohen, David 240
Coleman, Ornette 201
Collins, Judy 90, 100, 135, 267
Coltrane, John 203
Columbia Records 17, 239, 262, 271,
 284, 293, 315, 331, 450
»Combination of the Two« 325
Committee, The 171, 190, 246
Conner, Bruce 199
Conqueroo, The 82
Cooke, John 224, 295 ff., 305, 330,
 364 ff., 372, 401, 414, 418 ff., 425 ff.,
 439 ff., 443, 455, 463
Corwyn, Stan 283
Cott, Jonathan 364
Cotten, Elizabeth 90, 105
Country Joe and the Fish 168, 176,
 212, 224, 230, 246, 286, 298, 336
Count Basie 367
Courson, Pamela 275
Cousin Emmie 166
Coyote, Peter 160 ff., 191, 246, 253,
 265, 268, 337
Crabgrassers, The 130
Crawdaddy 299
Cream, The 353

»Cripple Creek« 88
»Cry Baby« 404, 460
Crosby, David 127
Crosby, Stills and Nash 127
Crumb, Robert 173, 178, 332, 348,
 359

Daily Texan 81, 114
Dalton, David 60, 338, 359, 364, 369,
 397, 413, 416, 445
Dannen, Fredric 263
»Das Geheul« 120 ff.
Dave Clark Five, The 167
Davis, Clive 257, 262 ff., 271, 284, 293,
 317, 320, 323, 329, 365, 367, 370, 401
Davis, Frank 72 ff., 92,135
Davis, Judy 214
Davis, Ronny 169, 171 ff., 190, 289
Dean, James 455
De Feo, Jay 171
Delaney and Bonnie 418
Denson, Ed 286
Dialing for Dollars 129
Dick, Philip K. 450
Dick Cavett Show 424, 453
Diddley, Bo 203, 353 ff.
Didion, Joan 195, 247
Diggers 160, 253, 288
Diltz, Henry 395
Dinosaurs, The 462
Di Prima, Diane 121 ff., 128, 132 ff.,
 140, 144, 177
Disc 364
di Suvero, Mark 24
Dixiecups, The 335
Dodds, Johnny 142
Donahue, Rachel 290
Donahue,Tom 290, 465
Doors, The 167, 233, 393, 418
Doubleday, Marcus 345, 361, 365
»Down on Me« 211, 255, 325
Dryden, Spencer 462

Du Bois Club 170
Dunn, Donald »Duck« 356
Dunn, June 356
Dylan, Bob 12, 20 ff., 41, 52, 87, 90, 92 ff., 95 ff., 120, 130, 163 ff., 179, 196, 210, 227, 258, 264, 269 ff., 295, 338, 362, 417, 420, 449

East, Mimi 34, 66 ff.
Eastman, Linda 300
Ed Sullivan Show 44
Einer flog über das Kuckucksnest 168
Electric Flag, The 127, 258, 262, 314
Elektra Records 233, 445
Eiliot, Cass 257
Elster, Arlene 44
Elwood, Philip 193
EMI 262
Erb, Lyndall 231, 407 ff., 421, 435 ff.
Erickson, Roky 180, 205
Etheridge, Melissa 454 ff., 458
Evans, Mark 144
Everly Brothers, The 165
Eye 305

Family Dog 188 ff., 335, 393, 465
Fariña, Mimi 278, 465
Fariña, Richard 166
Faulkner, William 62
»Feel-Like-I'm-Fixin'-To-Die-Rag« 176
Ferlinghetti, Lawrence 62, 121, 167
Festival Express 418
Fibben, Bill 332
Fields, Danny 445
Fields, W. C. 431
Fifth Estate 333
Fillmore East 300, 305, 361, 388
Fillmore 169, 189, 229, 332
Fisher, Annie 332
Fisher, John 425
Floating Bear 123

Flowers, Cornelius »Snooky« 365, 369, 415
Floyd, Eddie 347, 361
Forest City Joe 94
»For What It's Worth« 176
Fouratt, Jim 284
Frankenthaler, Helen 133
Franklin, Aretha 20, 302, 324, 329, 358, 366
Franklin, Erma 236, 302, 358
Freed, Alan 54
Freewheelin' Frank 245, 275, 413
Freiberg, David 126
Friedan, Betty 247
Friedman, Mike 266
Friedman, Myra 270, 292, 296 ff., 313 ff., 337, 342, 369, 372, 374, 395, 412, 420 ff., 430, 439 ff., 445, 454, 463
Fugs, The 190, 290
Fuller, Jesse 94
Full Tilt Boogie Band, The 415 ff., 455
Furry Freak Brothers, The 82

Garcia, Jerry 12, 127, 163, 175, 177 ff., 191, 193 ff., 200, 283, 356, 449
Garfunkel, Art 261
Garthwaite, Terry 127, 168, 370, 457
Gasca, Luis 365
Gaye, Marvin 20
Geffen, David 464
George, Nelson 254
»Get it While You Can« 423
»Get Together« 176
Getz, Dave 54, 57, 172, 190, 200 ff., 209, 272, 292, 312, 317, 331, 347, 411, 445, 449, 462
Giarratano, Bernard 37, 154 ff., 180, 182, 204
Ginsberg, Allen 120 ff., 133, 144, 167, 177, 189, 243

Girl Groups 16
Gitlin, Todd 393
Glamour 305
Gleason, Ralph 167, 171, 303, 333, 358, 363
Glotzer, Bennett 420
God Nose 82
Going Down with Janis 376
Goldstein, Richard 259, 321, 359
Goodman, Fred 269
Gordon, Bob 263, 432, 436
Gordon, Kim 459
Gore, Lesley 335
Gottfried, Linda 124 ff., 133, 139 ff., 144, 153, 278, 351, 408, 467
Gottlieb, Carl 173, 246, 276, 372, 409 ff.
Goulet, Robert 263
Grace, Teddy 354
Grace of My Heart 16
Graham, Bill 189 ff., 214, 232, 255, 263, 286, 298, 316, 344, 392, 463
Grande Ballroom 308
Grateful Dead, The 21, 157, 163, 169, 176 ff., 214, 232, 236, 245, 253, 264, 283, 290, 313, 394, 418, 448
Gravenites, Linda 123 ff., 243 ff., 273, 276, 278 ff., 291, 327, 330, 337, 349 ff., 371 ff., 399, 405 ff., 432, 447, 464
Gravenites, Nick 54, 89, 127, 236, 266 ff., 286, 320, 329, 345 ff., 361, 395, 415, 423, 441, 449
Gray, Mike 268
Great Society, The 187 ff., 191, 201 ff., 212
Greene, Herb 157
Greenhill, Manny 267
Grogan, Emmett 246, 253, 265, 268, 297, 393, 451
Grossman, Albert 94, 134, 165, 192, 258, 262 ff., 286, 292, 306, 309, 323, 347, 360 ff., 415, 420, 464

Grossman, Sally 166, 258, 270, 400, 420, 446, 464
Grossman, Stefan 233, 418
Guevara, Che 170
Guinn, Ed 102 ff., 179
Guralnick, Peter 356
Gurley, Hongo Ishi 215, 385
Gurley, James 54, 127, 130, 196 ff., 209, 220, 260, 293, 324, 328, 385 ff., 450 ff., 460, 462
Gurley, Nancy 198, 214, 220 ff., 349, 385
Githrie, Arlo 290
Guthrie, Woody 90, 95 ff.
Guy, Buddy 418

Hall, Rick 356
Hall, Tommy 180, 205
Halinan, Terence 170
Ham, Bill 172,186,188
»Hangman, Hangman« 135
Hanks, Larry 127
»Happy Birthday« 317
Hardy, John 190
Harrison, George 372
»Harry« 317
Harry, Debbie 18
Hart, Mickey 356
Harvey, PJ 459 ff.
Haston, Adrian 48, 61
Havens, Richie 53, 272
Hawkins, Ronnie 415
Haynie, Jim 162, 188, 194, 230, 258
Heckman, Don 446
Heimel, Cynthia 285
Hell's Angels 167, 188, 244, 292, 413
Helm, Levon 269, 307
Helms, Chet 82, 116, 124, 128, 134, 144, 148, 150, 174, 185, 189 ff., 199, 204, 207, 209, 218, 232, 252, 255, 452, 464
Hemingway, Ernest 62

Hendrick, Wally 171
Hendrix, Jimi 18, 20, 127, 203, 216,
  252 ff., 270, 290, 323 ff., 348, 357,
  441, 446, 455
Hensley, Terry 365
Hentoff, Nat 162, 256, 260, 320, 354
Hesseman, Howard 132, 294
»Hey Joe« 127
»Hey Jude« 417
Hilburn, Robert 344
Hill, Big Bill 352
Hill, Ken 136
Hillman, Chris 165
»Hippie Hop Tour« 289
Hochman, Jerry 367
Hoffman, Abbie 284, 286
Holiday, Billie 129, 134, 351, 453
Hollywood Bowl 406
Hollywood Palace 339
Homeboy 433
Hooker, John Lee 92, 193
Hootenanny 94
Hootenanny Hoots, The 99
Hoover, J. Edgar 122
House, Son 105
Housekeeper, Lee 321
Houston, Cisco 95
Howell, George 197
How Hard It Is 462
Howlin' Wolf 98, 236, 353
»Human Be-In« 243
Hundgen, Richard 161, 215, 245, 305,
  351, 374, 385
Hunter, George 124, 142, 144, 161,
  274
Huxley, Aldous 85, 163
Hynde, Chrissie 457 ff.

»I Can't Turn You Loose« 398
*I Got Dem Ol' Kozmic Blues
  Again Mama!* 365 ff., 372, 386,
  419

»I Know You Rider« 211
I Love Lucy 55
»In the Hall of the Mountain King«
  203
»In the Midnight Hour« 236, 357
Irwin, Barbara East 67 ff.
»It's a Deal« 213
»It's All Over Now« 164

Jackson, Jack 82, 84 ff., 102, 114, 245,
  410
Jackson, Teodar 183
Jackson, Wayne 356
James, Etta 17, 19, 189, 304, 315, 355
Janis: The Way She Was 311, 429
Jefferson, Blind Lemon 94
Jefferson Airplane, The 17, 127
Jennings, John 141, 149
Jim Kweskin Jug Band, The 87, 117,
  176, 188, 190, 202, 230, 252 ff., 262,
  286, 391, 448
Johnson, Lyndon B. 246
Johnston, Jill 454
Jones, Brian 250
Jones, Chuck 196
Jones, George 210
Joplin, Dorothy East 33 ff., 58, 61,
  138 ff., 151, 153, 182, 207, 281 ff., 424,
  427, 465
Joplin, Laura 36, 41, 43, 69, 136, 138,
  151, 153 ff., 281, 426, 428 ff., 432, 465
Joplin, Michael 36, 281, 432, 465
Joplin, Seth 33 ff., 58, 61, 78, 128, 139,
  153, 182, 206 ff., 282, 343, 402, 424,
  427, 465
Joplin In Concert 324, 334, 337 ff., 422
Joy of Cooking 168, 370
Jumbo 368

Kael, Pauline 171
Kandel, Lenore 243, 247, 413
Kantner, Paul 232

Karpen, Julius 135, 257 ff., 263 ff.
Karr, Mary 45
Katz, Steve 359
Kaufman, Bob 123
Kaukonen, Jorma 127
Kelley, Alton 172,188 ff., 211
Kennedy, John F. 29
Kermode, Richard 365
Kerouac, Jack 12, 56, 63, 122, 124, 133, 177 ff.
Kesey, Ken 23, 167 ff., 171, 178, 244, 289
Khan, Chaka 458
Kilgallen, Dorothy 147
Killeen, Bill 111
King, Albert 345, 361, 365
King, B. B. 298, 323, 352, 366
King, Bill 345, 361, 365
King, Carole 16
King, Martin Luther 167, 348, 356
Kingmen, The 164
Kingston Trio, The 93, 197
Kloman, Bill 333, 358
Knapp, Dan 377
Knoll, Edward 131, 135, 137, 146 ff., 220
Knoll, Janice 137 ff., 141, 146
Kooper, Al 360
Kozmic Blues Band, The 366, 395, 415
Kramer, Mary Anne 137
Kristofferson, Kris 410, 412, 416, 439, 446

L. A. Free Press 259, 321 ff.
LaCroix, Jerry 54
Lamar Tech 60 ff., 69
Landau, Jon 323, 358
Langdon, Jim 37, 48, 50, 54, 59 ff., 61, 66, 68 ff., 74 ff., 156, 182, 184 ff., 205, 207, 221, 319
Laughlin, Chan 186

Leary, Timothy 85, 168 ff., 172, 243
Ledbetter, Huddie (Leadbelly) 52 ff., 62, 91, 95, 129, 197
Led Zeppelin 18
Lee, Sally 68, 134
Leiber, Jerry 56
Lennon, John 362
Lesh, Phil 163
Leventhal, Harold 267
Lewis, Jerry Lee 429 ff.
Life 341
»Like A Rolling Stone« 167, 357
Limelighters, The 94
Lipscomb, Mance 104 ff.
Lipton, Lawrence 68
»Little Girl Blue« 368
Little Richard 55, 120, 254, 355
Lloyd, Charles 192
Locks, Seymour 172
Lomax, Alan 166, 235, 313, 357
Lomax, John 52
Look 68
Lorenz, George »Hound Dog« 56
»Louie, Louie« 164
Louison, Neil 299
Louisville Courier-Journal 416
Love, Janis 465
Love, Courtney 460
»Love Pageant« 243
Lovin' Spoonful, The 165
Lydon, Michael 256, 336
Lyons, Grant 39, 45, 48 ff., 60, 156

McClure, Michael 121, 167, 245
McDonald, Joe 224 ff., 350, 453
McDonald, Kathi 329
McGee, Brownie 94
McGuinn, Roger (Jim) 165 ff.
McKay, Glenn 230, 280
McKenzie, Scott 173, 252
McKernan, Ron »Pigpen« 216, 232, 451

McNeil, Don 290
MC5, The 308
McQueen, Dave 63 ff., 70, 72, 74 ff., 343, 421, 465
Madison Square Garden 393, 398
Madonna 460
Maddox, Rose 94
Mahal, Taj 233, 241, 418
Mailer, Norman 56, 354
Mainliners, The 142
Mainstream Records 232, 237, 263, 271
Mamas and the Papas, The 239, 251
Manson, Charles 290, 391
Manuel, Richard 451
Maragu 462
Marcus, Greil 256 ff.
Markowitz, Roy 345, 365
Martin, Janis 15
Martinez, David 86, 89, 106
Matrix 185, 200, 222
May, Elaine Tyler 37
Mayall, John 165
»Maybe« 16, 361, 368
Mazer, Elliot 266, 269, 271, 293, 306 ff., 329, 334, 337, 346, 350, 373
Mazur, Crystal 171
»Me and Bobby McGee« 416 ff., 456
Medicine Ball Caravan 465
Mekler, Gabriel 365 ff.
Melody Maker 364
Melton, Barry 391, 462
Melvin, Milan 24 ff., 173, 187, 193, 276 ff., 343, 372, 380, 409, 446, 465
Memoirs of a Beatnik 122
Memphis Minnie 91
Merry Pranksters 23, 168, 177 ff., 185
Midler, Bette 420, 455
Miller, Arthur 159
Miller, Mitch 263
Miller, Roger 416
Miller, Steve 236, 262

Mitchell, Joni 16, 333
Mitchell, Sye 367, 372
Mitchell, Vince 382, 415, 441, 443
»Moanin' at Midnight« 236
Moby Grape 280, 285
»Mona« 203, 353
Monroe, Marilyn 455
Monterey Folk Festival 130, 140, 255
Monterey Pop Festival 17, 92, 173, 225, 227, 239, 250, 282, 305, 392
Monterey Pop 257
Moondog 239
Morgan, Seth 432 ff., 454
Moriaty, Dave 28, 30, 48, 51, 57, 60 ff., 82, 84, 102 ff., 156, 396
Morris, John 227, 279, 355, 394
Morrison, Jim 18, 275, 359, 451, 455
Morrison, Robert 86, 115, 305
Morton, Jelly Roll 184
Moscoso, Victor 201
Mother Earth 82, 337, 370, 467
Motown Records 352, 357
Mouse, Stanley 209, 211, 215, 276
»Mr. Tambourine Man« 165
Muldaur, Geoff 165
Muldaur, Maria 87, 117, 165, 344
Murphy, Turk 143
Murray the K, 192
Music from Big Pink 307

Naked Lunch 121
Namath, Joe 305, 373
Nelson, Paul 362
Nelson, Tracy 337, 351, 370, 417, 457, 466 ff.
Neuwirth, Bobby 165, 167, 224, 265, 295, 297, 317, 337, 411 ff., 415, 425 ff.
Newport Folk Festival 163, 165, 267, 323
New Riders of the Purple Sage, The 412, 417 ff.
Newsweek 250, 252, 337, 352, 396

Newton, Huey 20
New Yorker 334, 362, 391
New York Times 95, 266, 301, 305, 333, 362, 391, 425
New York Times Magazine 174
Nichols, Pat »Sunshine« 124 ff., 141, 148, 150, 161, 173, 195, 212, 224, 273 ff., 349 ff., 447, 466
Nicks, Stevie 459
Niehaus, David 402 ff.
Niles, John Jacob 135
Nixon, Richard 124
Nobles, Gene 56
Noguci, Thomas 444
Nord, Eric 68
Nyro, Laura 254, 263, 370

Ochs, Phil 96
Ode Records 253
Odetta 16, 53, 95, 100, 267, 269, 355, 388, 409 ff.
»Oh, My Soul« 213
»Oh, Pretty Woman« 353
»Old Joe Clark« 87
Olivera, Pauline 171
»One Good Man« 368
Open Theater 171, 199
Oracle 247
Osborne, Joan 459
Otis, Johnny 56, 189
Owens, Tary 47 ff., 51, 61 ff., 85, 96 ff., 103, 116, 183, 342, 396, 466
Oxtot, Richard 143

Paredes, Americo 89
Pariser, Alan 251
Parker, Charlie 211
Parker, Colonel Tom 15
Parker, Nancy 217
Parks, Rosa 120 ff.
Parsons, Gram 417
Paul, Julie 83, 109, 118, 409, 435, 451

Paupers, The 365
»Peace Rock« 201
Pearl 455 ff., 460
Pearl 456
Pearson, Ken 441
Pennebaker, D. A. 257, 311
Perkins, Roger 127
Perry, Charles 197, 203
Perry, Suzy 273
Peter, Paul & Mary 16, 93, 95, 165, 167, 268 ff.
Petulia 214
Phillips, John 251 ff., 282
Pickett, Wilson 357
»Piece of My Heart« 236, 328, 331, 334, 347, 358, 361, 453
Pierson, Clark 415
Plant, Robert 18
Plath, Silvia 453
Playboy 373
Plowman, Pepi 80, 91 ff., 97, 100, 106 ff., 114, 210, 342, 396, 409, 412
Podhoretz, Norman 121
Polte, Ron 258, 264
Poole, Linda 131, 136, 148
Port Arthur College 65
Port Arthur News 341
Powers, Ann 458
Presley, Elvis 15, 19, 55, 59, 82, 120
Price, Maryann 466
Pritchard, Michael 134, 141, 144
»Puff the Magic Dragon« 95

Quicksilver Messenger Service 126, 189, 201, 203, 214, 252, 262, 353, 448

»Railroad Bill« 88
Rainey, Ma 359
»Raise Your Hand« 347, 361
Raitt, Bonnie 456
Ramparts 190
Rat 453

Rauschenberg, Robert 426, 432
Ravan, Genya 456
Raymond, Michel 146 ff., 152 ff., 181, 218
RCA Victor 15, 131, 262
Redding, Otis 20, 214, 251 ff., 324, 345, 357 ff., 398, 464
Red Dog Saloon 185 ff., 289
Reddy, Helen 457
Reed, Jimmy 54
Reed, Lou 348, 387
Reich, Steve 171
R.E.M. 180
Resner, Bill 170
Resner, Hillel 170
Rexroth, Kenneth 56, 171
Rice, Andy 136
Richards, Dave 434
Richards, Keith 17
Richbourg, John »R« 56
Riepen, Ray 228
Rip Off Press 82
Rifkin, Danny 179, 264
Ritchie, Jean 93, 185, 335
Ritter, Tex 28
Rivers, Travis 82, 107 ff., 111, 113, 205 ff., 218 ff., 281, 409, 466
»Roadblock« 255
Roberts, Billy 127
Robertson, Robbie 265, 270
Robeson, Paul 95
Rodgers, Jimmie 90, 94, 98,101, 104
Rodgers and Hart 368
Rohan, Brian 386
Rolling Stone 203, 282, 305, 319, 321, 333 ff., 337, 346 ff., 357, 362, 369, 373, 416, 449
Rolling Stones, The 20, 163 ff., 167, 196, 283, 352, 392 ff.
Romero, Elias 172
Rooney, Jim 87, 165, 268
Ross, Diana 16, 335

Rothchild, Paul 167, 233, 239 ff., 319, 418, 435 ff., 443, 445
Rothschild, Ed 386, 400 ff.
Roxon, Lillian 19, 343, 452
Rubin, Jerry 243
Rubinrote Rita 377

St. James, Margo 247
St. John, Powell 79, 82, 88, 90 ff., 96 f., 100 ff., 110 ff., 114 ff., 179, 183, 210, 387, 410, 467
»Sal's Got a Wooden Leg« 100
Sanders, Don 184
Sanders, Ed 290
Sanders, Merl 462
»San Francisco (Be Sure to Wear Some Flowers in Your Hair«) 173, 252
San Francisco Chronicle 167, 189, 303
San Francisco Examiner 174, 193
San Francisco Mime Troupe 160, 162, 169, 171, 188 ff., 289, 393
San Francisco State College 159, 169
San Francisco Art Institute 169
Santana 263
Sartre, Jean Paul 62
»(I Can't Get No) Satisfaction« 163
Savio, Mario 23
Scheer, Robert 190
Schiffman, Todd 278, 283, 339
Schoemer, Karin 455 ff.
Scully, Rock 264
Seale, Bobby 20
Sebastian, John 165
Seeger, Pete 90, 94, 96
Seidemann, Bob 22, 161, 163, 173, 175, 198 ff., 209, 215, 217, 244, 247, 258, 274, 289, 371, 385, 450
Sender, Ramon 171
Sgt. Pepper's Lonely Hearts Club Band 180
Sexton, Anne 453

Shad, Bob 232, 237 ff., 263
Shapiro, Ben 251
Sharpe, Pat 81
Shattuck, Roger 107
Shelton, Gilbert 82, 116
Shelton, Robert 266 ff., 301, 321
Shero Nightbyrd, Jeff 89, 96
Shirelles, The 163
Silber, John 107
Simmons, Bob 174, 229, 231, 337
Simon, John 266, 305 ff.
Simone, Nina 368
Sinatra, Frank 20
Sixteen 232
Sixty Minutes 361
Skaff, Patti 24 ff., 28, 32, 42 ff., 46, 48, 54, 62 ff., 69 ff., 154, 343, 465
Slick, Darby 176, 187, 189, 200, 202 ff., 212, 449
Slick, Grace 17, 176, 191, 202, 228, 250, 392, 449
Slote, Fredda 79, 82, 88, 91, 108 ff., 112 ff., 338 ff., 409, 440, 446
Sly and the Family Stone 394
Smith, Bessie 14, 18 f., 90 ff., 100, 129 ff., 135, 183, 335, 337
Smith, Jack 35, 50 ff., 70 ff., 75 ff., 100, 114, 117, 152, 156, 180, 210
Smith, Joe 263, 283
Smith, Patti 457 ff.
Snow, Hank 130
Solomon, Carl 122, 133, 144
»Somebody to Love« 176, 202, 252
Sonic Youth 459
»So Sad to Be Alone« 118
»Speedfreak« Rita 216, 349
Spillane, Mickey 47
Spiro, Phil 105
Stanley, Augustus Owsley 132, 162, 169, 243
Staple Singers, The 345
Staples, Mavis 355

Stax Records 345 ff., 352, 356
Stepanian, Michael 386
Steppenwolf 365
Stewart, Zack 171
Stills, Stephen 360
Stokes, Frank 98
Stoller, Mike 56
Stone, Sly 20
Stookey, Paul 95, 270
Stopher, Tommy 62, 69, 83 ff., 89, 110, 118
Stopher, Wali 69, 83 ff., 88, 92, 107, 118, 179
Straight Theater 170
»Strange Brew« 353
Strehli, Angela 179
Streisand, Barbra 329
Subotnik, Morton 171
»Summertime« 311, 315 ff., 334, 337, 361
Sunday Costs Five Pesos 48
»Sunday Morning Coming Down« 418
Sun Records 15
Supremes, The 358
Sweet William 413

Taylor, Derek 251 ff.
Taylor, Johnny 345
Tennant, Randy 48, 66, 68
Ten Wheel Drive 456
Terry, Sonny 94
Texas Ranger 82, 89, 111, 114
»T for Texas« 101
»The Black Boy Looks at the White Boy« 57
The Blast 171
The Boyfriend 65
The Bride Got Farblundjet 298
The Dharma Bums 124
The Furry Freak Brothers 82
The Holy Barbarians 68

»The House, of the Rising Sun« 93, 165
The Liar's Club 45
The Love Book 243
The Rose 455
Thomas, Danny 283
Thomas Jefferson High School 39, 44 ff., 60, 302, 427
Thompson, Bill 286 ff.
Thompson, Hunter S. 175
Thornton, Big Mama 236, 262, 315, 335, 348, 355
Threadgill, Kenneth 98 ff., 210, 223, 417 ff.
Threadgill, Mildred 100
Threadgill's 86, 98 ff., 117
Till, John 415
Time 49, 139, 252, 341, 358
Tiny Tim 333
»To Love Somebody« 347, 361
»Tom Dooley« 94
Townshend, Pete 192, 194, 253 ff., 286, 289, 391
Travers, Mary 16, 269
»Try (Just a Little Bit Harder)« 395, 423
»Turkey in the Straw« 166
Turner, Ike 17, 399
Turner, Tina 17, 304, 315, 332, 399
»Turtle Blues« 151, 314, 316 ff., 337
Tuttle, Lyle 412
»Twist and Shout»Tyler, Steven 371

»Under My Thumb« 393
University of Texas 78
Unobski, Mark 186
Unterwegs 56

Vancouver Trips Festival 227
Van Ronk, Dave 93, 95
Village Voice 259, 290, 305, 332, 398, 454

Vincent, Frances 65, 109, 152, 155, 183, 185, 319
Vogue 304 ff.
von Schmidt, Eric 87

Wadleigh, Michael 391
»Waitin' for a Train« 101
Walden, Phil 356
Waldron, Malcolm 131, 135, 153
»Walking the Dog« 137
Waller Creek Boys, The 88 ff., 99 ff., 116
Warhol, Andy 24, 171 ff.
Warlocks, The 169, 195
Warner Brothers Records 263, 268, 283
Washington, Jackie 53
Waters, Muddy 352 ff., 357
Watts, Alan 171
Weavers, The 96, 197, 267
Wein, George 269
Weir, Bob 285, 449
Wells, Kitty 262
Wenner, Jann 282, 321 ff.
Wexler, Jerry 356
»What Good Can Drinkin' Do« 412
What's My Life 147
»Whisperman« 213
Whitaker, Jae 129 ff., 144 ff.
White, Josh 197
White, Joshua 176, 230, 298 ff., 393 f.
White, Morris 298 ff.
»White Rabbit« 176, 202
Who, The 192, 252 ff.
»Who's Making Love« 345
Wickham, Andy 283
Wiggins, Lanny 83, 88, 96, 100, 117
Wiggins, Ramsey 83, 87, 96, 102 ff., 110, 112
Wildflower 141, 196, 201
»Wild Thing« 357
Williams, Hank 94, 130

Williams, Neal 24
Williams, Robin 21
Williamson, Chris 455, 457
Willis, Ellen 321, 334, 361 ff., 391, 457
»Will You Still Love Me Tomorrow« 163
Wilson, Mary 357
Winterland 216, 316, 363, 448, 462
Wolfe, Tom 12, 158, 171, 178
»Women Is Losers« 453
Wonder, Stevie 20
Wonder Warthog 82

Woodstock 22, 250, 286, 350, 376, 390 ff.
Woodstock 282, 391 ff.
Woodward, Dave 366
»Work Me, Lord« 395
Works, Don 186

Yarrow, Peter 95, 167, 270, 400, 420 ff., 448
Yetnikoff, Walter 284

You Are What You Eat 318